Eduard Schall

Mosaisches Recht: Staat, Kirche und Eigentum in Israel

1. Teil

Eduard Schall

Mosaisches Recht: Staat, Kirche und Eigentum in Israel
1. Teil

ISBN/EAN: 9783744654708

Hergestellt in Europa, USA, Kanada, Australien, Japan

Cover: Foto ©ninafisch / pixelio.de

Weitere Bücher finden Sie auf **www.hansebooks.com**

Die

Staatsverfassung der Juden

auf Grund des Alten Testaments

und

namentlich der fünf Bücher Moses

mit fortlaufender Beziehung auf die Gegenwart.

Von

Eduard Schall,

Pastor in Babrdorf.

I. Teil.

——— ———

Leipzig.
A. Deichert'sche Verlagsbuchhandlung Nachf.
(Georg Böhme).
1896.

Mosaisches Recht.

Staat, Kirche und Eigentum

in Israel.

Von

Eduard Schall,

Pastor in Bahrdorf.

Leipzig.
A. Deichert'sche Verlagsbuchhandlung Nachf.
(Georg Böhme).
1896.

Vorwort.

Im Jahre 1893 gab ich mein Buch „die Sozialdemokratie in ihren Wahrheiten und Irrtümern u. s. w." heraus und folgte damit der Stimme meines Gewissens, der zu widerstehen mir unmöglich war. Benachbarte Geistliche zwar stellten mir schlimme Folgen in Aussicht, aber — ganz unerwartet für mich und zu meiner desto größeren Freude hat das Buch doch viele Freunde in allen Parteien gewonnen. Ich habe zahlreiche Zuschriften erhalten aus der Heimat und aus fernen Ländern, von Männern und Frauen aus allen Ständen, und sonderlich aus dem der Pastoren. Hierdurch ermutigt wage ich es nun, die Frucht meiner letzten Studien der Öffentlichkeit zu übergeben, und bitte wie damals um gütige Nachsicht.

Seit ich mich mit sozialen Studien beschäftige, habe ich es mir noch mehr wie sonst zur Pflicht gemacht, gleichzeitig dem Studium der Heiligen Schrift meine Zeit und Kraft zu opfern. Der treffliche Meyersche Kommentar ist mir so fast zum Erbauungsbuch geworden. Sehnsüchtig aber schaute ich immer aus nach einer klaren und gründlichen Darstellung des Reiches Gottes nach seiner irdisch-materiellen Seite hin. Im Alten Testamente hoffte ich zu finden was ich suchte. Wiederholte Anläufe aber ließen mich bei dem Mangel eines Führers in dem Labyrinth der mosaischen rituellen Bestimmungen verirren, und traurig erkannte ich selbst dann erst meine große Unkenntnis im Alten Testament. Wo ich mir Rat erholen wollte, überall dasselbe Kopfschütteln. Man wußte allerlei in der biblischen Geschichte, von messianischen Weissagungen u. s. w., aber in der Kenntnis der irdischen Dinge des täglichen Lebens war man allgemein weniger gefördert als in der Kenntnis des griechisch- und römisch-bürgerlichen Lebens. Wie ist das zu begreifen? Die Bibel ein Volks- und Schulbuch und dennoch dieser Kontrast! Sollte hier bewußt oder unbewußt eine Absicht zu Grunde liegen? Die Folgerungen, die man aus dem bürgerlichen Staatsleben der heidnischen Griechen und Römer ziehen könnte, ließen sich viel leichter abweisen als die zum Teil recht gefährlichen Folgerungen aus der von dem lebendigen Gott geoffenbarten Staatsverfassung der Juden.

Die erste Anregung in dieser Beziehung erhielt ich von dem Württemberger E. Kübel; danach lernte ich den alten J. D. Michaelis in seinem „Mosaisches Recht" (6 Bde.) kennen. Auf seinen Schultern steht der Königsberger Rabbiner Saalschütz in seinem ebenso betitelten zweibändigen Werk, das durch seine reichen Zusätze aus den rabbinischen Schriften noch wertvoller geworden ist. Auch Hengstenberg, Keil, Kinzler gaben reiche Anregung.

In einigen Jahren hoffe ich die Fortsetzung des Buches liefern zu können, denn von den sieben geplanten Abteilungen enthält das vorliegende nur drei. Gott gebe, daß ich an der Fortsetzung mit mehr Ruhe und Freude arbeiten kann, als mir bei der Ausarbeitung des ersten Bandes vergönnt war. Verdrießlichkeiten mannigfachster Art, Denunziationen und unangenehmste Verhandlungen erregten immer wieder neue Störungen. Und zu all dieser Aufregung kam häusliche Plage und Not in längerer schwerer Krankheit. Gott half aus dieser Not und wird auch weiter helfen über Bitten und Verstehen in dem Verfahren, das meine Behörde gegen mich angestrengt hat und auf Amtsentlassung zielt.

Mitten aber aus der Alpenwelt, wo ich die letzte Korrektur gelesen habe, bringe ich den zahlreichen Schweizer Freunden, die mir so viel Liebes erwiesen haben, meinen Gruß, sonderlich meinem lieben Freund und Gastgeber, den Pfarrer zu Horgen. Vieles in diesem Buch paßt, wie ich deutlich gesehen, auch auf die Schweizer Verhältnisse, und wenn auch dort Schattenseiten vorhanden und mir nicht verborgen geblieben sind, so habe ich anderseits doch viel Ursache gefunden, das liebe Schweizerland glücklich zu preisen. Gott erhalte ihm das Gute und Herrliche und bewahre es vor dem Fortschritte auf abschüssiger Bahn.

Rigi, 23. August 1895.

E. Schall,
Pastor zu Vahrdorf, Herz. Braunschweig.

Plan des Buches.

Die möglichst genaue Darstellung der jüdischen Staatsverfassung auf Grund namentlich der fünf Bücher Mosis soll nach Anlage dieses Buches einem doppelten Zweck dienen. Einmal, einem sozialpolitischen Zweck, indem sie der Gegenwart einen Spiegel vorhält; denn aus der jüdischen Staatsverfassung, wie sie in den fünf Büchern Mosis enthalten ist, erkennen wir, daß man die Probleme, die gegenwärtig die ganze Kulturwelt beschäftigen, schon vor vielen tausend Jahren gelöst hat oder doch zu lösen versucht hat. Aus solcher Erkenntnis ist nun so mehr Frucht zu erhoffen, als die Quelle, aus der sie geschöpft werden soll, in allen Kulturvölkern, ohne Ausnahme, nicht bloß bekannt ist, sondern auch Ehrfurcht beanspruchen darf.

Es kann aber nicht unsere Absicht sein, in der jüdischen Gesellschaftsordnung ein sozialpolitisches System als Muster aufzustellen, nach dem nun in der Gegenwart die sozialen Fragen gelöst werden sollten, und gar im besonderen dafür die Autorität der Bibel in Anspruch zu nehmen. Es wäre ein solches Unternehmen nicht bloß ganz aussichtslos und unverständig, sondern es stände auch im vollen Widerspruch sowohl zu dem Alten Testament, als ganz besonders zu dem Neuen Testament und dem Christentum selbst.

Abgesehen davon, daß weder Moses noch Christus der Welt eine irdische Gesellschaftsordnung geben wollten, ist es rein unmöglich, ja widersinnig, eine Ordnung, die vor Jahrtausenden in einem fern wohnenden kleinen Völkchen gemacht ist, auf ein unter ganz anderen Verhältnissen lebendes Volk unserer Zeit übertragen zu wollen. Die Sitten, die Lebensweise, der Charakter eines Volkes, der mannigfache Einfluß der jeweiligen Nachbarvölker, sowie die mancherlei abweichenden Verhältniffe und Umstände, die Land und Zeit mit sich bringen, müssen jeden Versuch einer solchen Übertragung als unvernünftig erscheinen lassen.

Das schließt aber nicht aus, daß die Gegenwart aus solch alter grauer Vorzeit viel lernen kann. Dazu kommt noch die hohe geschicht= liche Bedeutung, die das Alte Testament in der Gegenwart nicht bloß vom kirchlichen, sondern auch vom staatsrechtlichen Standpunkte aus hat. Unsere gegenwärtige Gesellschaftsordnung stützt sich in vielen, ja un= zähligen Punkten auf das Alte Testament, und es ist noch gar nicht lange her, daß das Alte Testament und namentlich die fünf Bücher Mosis noch die Grundlage der ganzen Rechtsprechung z. B. in Schweden und Norwegen bildeten. Die Gesetze über die Todesstrafe, über den wöchentlichen Ruhetag, über Diebstahl, Ehescheidung, Ehehindernisse in den Verwandtschaftsgraden gehen in allen Kulturstaaten bis heute in ihren ersten Ursprüngen zumeist auf die mosaischen Bestimmungen zurück. Vor allem ist aber die heilige Weihe zu beachten, die diese Gesetze wenigstens für Juden und Christen dadurch haben, daß sie im Namen Jehovahs gegeben sind und dadurch den Stempel göttlichen Ursprungs an sich tragen. Schon aus diesem Grunde müssen wir in allen diesen Gesetzen einen heiligen, ewig gültigen Kern vermuten, wenn auch das jüdische Gewand daran längst veraltet ist. So sind sie in der That, wie der Apostel Paulus im Galaterbrief sagt, die στοιχεῖα τοῦ κόσμου, die Grundelemente der weltlichen Ordnung gewesen und geblieben. Das Gesetz ist heilig und gut, und Christus bestätigt es, indem er sagt: „Ich bin nicht gekommen, das Gesetz aufzulösen, sondern zu erfüllen. Es soll eher Himmel und Erde vergehen, ehe auch nur ein Jota oder Tüttel von diesem Gesetze vergehen soll". So kommt es also darauf an, diesen Kern des Gesetzes herauszufinden, um an ihm unsere Gegenwart zu prüfen.

Dazu kommt nun der hohe archäologische Wert solch alter Gesetze, so daß ihre möglichst genaue Darstellung mit Recht ein ganz allgemeines Interesse bei allen Ständen, Theologen und Juristen, Nationalökonomen und Industrieherren fordern kann. Wo unsere Schrift also ihren ersten Zweck nicht erreichen kann, da wird sie als geschichtliche Darstellung auf Beachtung rechnen dürfen und dem Zwecke allgemeiner Belehrung dienen können.

Aus diesen Gesichtspunkten ergeben sich nun die Grundsätze für die folgende Bearbeitung.

Über die Gesetzgebung der fünf Bücher Mosis kann man heute nicht schreiben, ohne vorher Stellung zu der wissenschaftlichen Kritik des Alten Testaments genommen zu haben. Freilich hat diese für unser Buch nicht die normative Bedeutung, weil wir kein Religionsbuch schreiben, aber dennoch erscheint die Gesetzgebung in verschiedenem Lichte, je nach der Stellung, die man zu dem Text der Quellen einnimmt. Wir werden daher in einer langen Einleitung uns zuerst mit dieser Kritik aus= einandersetzen und zeigen, welche Bedeutung sie hat für die Wissenschaft, für die protestantische Kirche, für die gegenwärtige Zeit im allgemeinen.

Nur da wird der hebräische Urtext kritisch herangezogen werden müssen, wo die bis heute noch zweifelhafte sprachliche Bedeutung erst festzustellen ist, oder wo durch eine leichte kritische Textänderung der verständige Zusammenhang hergestellt werden kann. Auch soll dieses Buch nicht auf Vollständigkeit Anspruch machen, so daß nun alles und jedes aus dem jüdischen Staatsleben auf Grund der fünf Bücher Mosis herbeigezogen werden müßte. Es wird das Buch zwar eine reiche Fülle von allerlei Einrichtungen und weisen Gesetzen in Gruppen zusammen= stellen, aber die leitenden Grundsätze sind weder die Vollständigkeit noch die Berücksichtigung der eigentlich himmlischen Seite des Reiches Gottes, sondern vor allen Dingen gilt es, auf Grund des mosaischen Gesetzes ein klares Bild von dem irdischen Gesellschaftsleben der Juden zu ge= winnen und nur soweit, als dieser Gesichtspunkt Vollständigkeit und Beachtung der himmlischen Seite des Reiches Gottes erfordert, kommt beides zur Geltung. Daher werde ich auch in der Disposition des Buches keine mir bekannte systematische, streng wissenschaftliche Gliede= rung des Stoffes eintreten lassen, sondern versuchen, den Stoff um ge= wisse Hauptgedanken herum zu gruppieren. Joh. David Michaelis war vielleicht in Deutschland der erste, der nach solchen oder ähnlichen Ge= sichtspunkten das mosaische Recht behandelt hat, und ist, wie er in der Vorrede des vierten Bandes sagt, schon allein um dieser Gesichtspunkte willen von der damaligen Orthodoxie der Ketzerei beschuldigt worden. Er hat auch seinen sechs Bänden fast gar keine Disposition zu Grunde gelegt; aus einer Privatvorlesung ist ihm offenbar sein Buch unter den Händen so angeschwollen.

Wer durch unser Buch angeregt noch vollständigere Kenntnis be= gehrt, den verweise ich auf die genannten Bücher und auf die vor= handenen Archäologieen, namentlich von Keil und Jahn u. a.

Auch in Darstellung und Stil soll sich mein Buch wesentlich von den meisten Behandlungen des Stoffes unterscheiden, nicht als ob ich mir irgend ein Lob erteilen wollte, sondern weil ich die Sprache der meisten gelehrten Bücher auf das bitterste tadele. Welch ein Unter=

schied besteht doch zwischen der Sprache Luthers und der der heutigen
Gelehrten. Es ist als ob man dort auf gerader sicherer Straße in
herrlicher Luft, von Gottes Sonne beschienen, seinen Weg zöge, und
hier — nur leider gar zu oft — als ob man verurteilt sei, auf einer
schmalen, dunkeln und dumpfigen Straße zu wandeln und die helle
schöne Sonne aus den Augen verlöre, weil die gelehrte Sprache mit
unendlichen Citaten, Anmerkungen und Einschachtelungen verunstaltet uns
jeden fröhlichen Blick unmöglich macht.*) — O! wie hat man dich ver=
hunzt, du liebe deutsche Muttersprache, die du so lieblich klingst und so
gerne wie eine liebe Braut unser Herz einnimmst, daß du uns be=
geistern und erfüllen möchtest mit frohem Leben und frischem Mut.
In enge Schnürleiber hat man dich gezwungen und dann noch dazu
verunstaltet mit allerlei Firlefanz, daß du daherstolzieren sollst bloß
zur Lust und Freude der eingetrockneten und griesgrämigen Feder=
fuchser, die jahraus jahrein aus ihren Akten nicht herauskommen, und
die Welt, welche sich nicht aktenmäßig mit Journalnummern ein=
gruppieren läßt, überhaupt als nicht vorhanden ansehen.

Kurz, ich werde mich befleißigen, hoffentlich nicht auf Kosten der
Gründlichkeit und Wahrheit, den sogenannten gelehrten Stil, dessen
Perioden wie ein abscheulicher Bandwurm durch halbe Seiten hinlaufen,
zu vermeiden.

Chemnitz, examen Tridentinum, würde, ins Deutsche übersetzt, von
jedem Menschen, der seinen natürlichen Verstand und Interesse für die
Sache hätte, verstanden werden können. Im buchstäblichen Sinne ist
aber heute nur zu oft unverständlich die sogenannte Beamtensprache.
Hat heute einer ein besonderes Monstrum solcher Reskripte, das oben
anfängt und in demselben Satz auf der anderen Seite aufhört mit
sintemal und weil und im anbetracht und zumal erhalten, so muß er
zwei= und dreimal lesen, ehe ihm ein Schimmer aufgeht, was man
eigentlich von ihm will. Klar und verständlich, lebendig und zu Herzen
dringend möchte ich die Darstellung gestalten. Aus diesem Grunde
werde ich es vermeiden, in dem Texte die ungeheure Fülle von
Citaten aus dem Alten Testament zu vermerken; dieselben haben nach
meiner Überzeugung fast gar keinen anderen Wert und Zweck, als die

---

*) Die Sprache meines ersten Buches hat die verschiedenste Kritik gefunden,
sie ist teils hoch erhoben, teils getadelt worden: das letztere meistenteils aber da,
wo man der Sache nicht gewogen war, und die Form dann gern entgelten ließ,
was man der Sache zuschieben möchte.

Gelehrsamkeit oder ihren Schein anzudeuten; denn unter tausend Lesern ist gewiß oft kaum einer, der zur eigenen Belehrung und Prüfung diese Belegstellen nachschlägt. Wo es nötig ist, werde ich die Beleg= stellen wörtlich anführen, oder sonst nach ihrem wesentlichen Inhalt so charakterisieren, daß man ohne nachzuschlagen genau weiß, um was es sich handelt; vielleicht wird der eine oder andere dadurch geneigt, die Quelle selbst genauer zu durchforschen.

Ich beabsichtige nicht, auf diesem Gebiete irgend etwas Neues zu liefern, wie ich denn überzeugt bin, daß, abgesehen von den technischen Wissenschaften und der Naturkunde, es überhaupt fast unmöglich ist, irgend etwas Neues zu ersinnen oder dergleichen darzustellen. Die alten Schächte ausgraben, sie rein und sauber erhalten, in ihnen tiefer bohren, daß sie auch für uns noch klares Wasser geben, das ist die eigentliche Aufgabe der Wissenschaft.

So werde ich denn versuchen, ein möglichst klares Bild der israeli= tischen Gesellschaftsordnung zu zeichnen und sie, wo es thunlich scheint, mit der gegenwärtigen zu vergleichen. Wie oben angedeutet, soll in der Einleitung zuerst das Resultat der negativen alttestamentlichen Bibel= kritik nach verschiedenen Seiten hin beleuchtet werden.

In den ersten beiden Büchern soll das öffentliche Leben nach seinen zwei Seiten hin gezeichnet werden, nämlich erstens die ganze Staats= verfassung im engeren Sinne und ihr Charakter, und zweitens die Religion und deren Pflege und Übung. Es wird unmöglich sein, über= all genau diese beiden Abschnitte zu scheiden, weil überhaupt Staats= verfassung und Religion eng verknüpft sind, hier aber beide geradezu in eins zusammenfließen, denn die jüdische Staatsverfassung war wesent= lich Theokratie. Diese Theokratie durchdringt so sehr das ganze öffent= liche und private Leben der Juden, daß auch nichts darin von der Religion losgelöst werden könnte; so ist jedes Unrecht Sünde gegen Jehovah, und ohne Verletzung seiner Heiligkeit gibt es kein Unrecht und keine Sünde.

In einem dritten und vierten Buche werden wir die ewigen Grund= pfeiler des öffentlichen Lebens wieder in zwei Abschnitten darstellen, nämlich das Eigentum und die Ehe und damit die wichtigsten Teile des Privatrechtes. In dem ersten Abschnitt werden wir dann nicht bloß die Grund= und Bodenfrage nach den fünf Büchern Mosis be= sprechen, sondern auch zugleich das ganze Erwerbsleben, und das Straf= recht, soweit es sich auf das Privateigentum bezieht. In dem zweiten Abschnitt wird uns Gelegenheit geboten, die Stellung der Frau und

ihre Rechte und überhaupt das Eheleben nach jüdischen Gesetzen kennen
zu lernen. Hierher gehört auch die Vielweiberei im jüdischen Volke
und alles was über die Pflege der Sittsamkeit und Keuschheit und über
das wichtige Kapitel der Volksvermehrung zu sagen ist.

Hieran soll sich in einem vierten Buche in verschiedenen Abschnitten
die Pflege der Bildung anschließen. Im fünften Buche soll sich dann
die Darstellung des Strafrechts anschließen und das sechste Buch wird
das peinliche Recht der Juden zur Darstellung bringen.

Diese ganze Darstellung würde aber den schlimmsten Mißverständ=
nissen ausgesetzt sein, wenn sich ihr nicht noch ein siebentes Buch an=
schlösse.

Die ganze Darstellung bis dahin hat es nämlich weniger mit dem
jüdischen Volke zu thun gehabt, als vielmehr mit dem mosaischen Ge=
setze. Wir werden notwendig nun untersuchen müssen, wie das jüdische
Volk, sowohl zu Mosis Zeit als späterhin sich zu diesem Gesetze ver=
halten hat und ob überhaupt oder wie lange das letztere in seinem
wesentlichen Inhalte Geltung gehabt hat. Hieran schließt sich dann
eng und sachgemäß ein Schlußabschnitt an über die messianischen Er=
wartungen des jüdischen Volkes. So möge denn Gott, der Herr,
Jehovah Zebaoth, zu dem Wollen das Vollbringen und Gedeihen geben
zu Seines Namens Ehre und unseres Volkes Bestem.

Einleitung.

— —

„Die Staatsverfassung der Juden, auf Grund der fünf Bücher Mosis", welch ein Unterfangen, solches Buch zu schreiben; sollen wir den Verfasser mehr bemitleiden oder mehr belachen? das habe ich schon wirklich gehört und ich höre im Geiste noch viele so reden. Hat es doch niemals solche Staatsverfassung gegeben, wie es denn vor dem Jahre 400 vor Christi Geburt überhaupt niemals fünf Bücher Mosis gegeben hat, noch weniger jemals vorher eine Staatsverfassung nach mosaischer Gesetzgebung. Diese Meinung hegt gegenwärtig die alttestamentliche kritische Wissenschaft, oder nein, das ist ihr das unumstößlich feststehende Ergebnis der neuesten Forschungen, das nur entweder hartnäckige Befangenheit oder einfache thatsächliche Beschränktheit noch länger leugnen kann.

Wir wollen uns nun hier an dieser Stelle gar nicht über die Berechtigung solcher Kritik des Alten Testamentes aussprechen, sondern nur erklären, daß wir, diese Kritik als richtig vorausgesetzt, in ihr, und wenn wir selbst ihr eigener Prophet wären, gar durchaus kein Hindernis sähen, dieses Buch zu schreiben, weil die fünf Bücher Mosis, mag die Kritik sagen was sie will, doch einmal da sind, so wie sie sind. Es wäre danach gar nicht nötig gewesen, den gegenwärtigen Stand der alttestamentlichen Kritik bei dieser Arbeit zu berücksichtigen, weil sie für den Zweck, den wir verfolgen, fast wertlos ist.

Dennoch sind wir von unserem anfänglichen Vorsatz abgewichen und wollen in dieser Einleitung, so gut und so gründlich als möglich, uns mit dieser alttestamentlichen Kritik auseinandersetzen, einerseits, weil wir damit dem guten Rate angesehener Professoren folgen und anderseits, weil wir damit auch zugleich unser Buch vielleicht wertvoller machen und für die fünf Bücher Mosis apologetisch wirksam sein können.

Wir wollen daher im folgenden möglichst genau den Stand, d. h. das Ergebnis dieser Kritik objektiv hinstellen und danach in verschiedenen Absätzen sehen, 1) welche Bedeutung dieses Ergebnis für das gegenwärtige Buch haben könnte, 2) wie sich dieses Ergebnis zur Wissenschaft, 3) zur protestantischen Kirche, 4) zur gegenwärtigen Zeit verhält.

I.

Das Ergebnis der wissenschaftlichen Kritik des Alten Testamentes.

Um im folgenden nicht an jeder Stelle citieren zu müssen, so nennen wir hier gleich alle diejenigen Schriften, die wir zu Grunde legen: Lehrbuch der alttestamentlichen Religionsgeschichte von Dr. Rudolf Smend in Göttingen; Prolegomena zur Geschichte Israels von J. Wellhausen; Geschichte des Volkes Israel von Dr. Bernhard Stade, Gießen; Die Feste der Hebräer von Henry Green, Dr. Prof. zu Princeton N.J., deutsch von Becher, Bertelsmann, Gütersloh; Die Heilige Schrift des Alten Testamentes von Kautzsch, Prof. in Halle, hiervon namentlich die letzte Lieferung.

Ein klares und doch kurz zusammenfassendes Bild zu geben ist eigentlich sehr schwer, weil im Grunde von der gewohnten Anschauung der Geschichte des Volkes Israel fast nichts übrig bleibt und das wenige, was stehen bleibt, auf den Kopf gestellt wird. Es verhält sich hier umgekehrt wie mit dem Zukunftsstaat der Sozialdemokraten. Die Sozialdemokraten stehen in der Gegenwart und verlegen ihren Staat in die Zukunft, sind aber außer Stande, ihn einigermaßen genau zu zeichnen. Umgekehrt konstruieren diese Kritiker des Alten Testamentes eine Geschichte des Volkes, die sie in die Vergangenheit verlegen; nach ihr legen sie sich die vorhandene alttestamentliche Litteratur zurecht und verwickeln sich dabei natürlich in die furchtbarsten Widersprüche, denen sie eben entgehen wollten. Stade sagt (II. 203), nachdem er die Entstehung des Pentateuchs im Exil nachgewiesen: „So kommt jene den Verlauf der Geschichte Israels auf den Kopf stellende Betrachtungsweise, die der Priesterkoder angebahnt hat, zum Abschluß. Das Judentum ist nicht das Ziel der Entwickelung in der Geschichte des alten Israel, sondern es stellt nur eine bescheidene Restauration des einst Vorhandenen und durch die Schuld der nachdavidischen Zeit verloren Gegangenen dar. An den Beginn der Geschichte tritt an Stelle des alten Israel ein Idealbild des vorgriechischen Judentums. Die Könige des alten Israel werden mit den Tugenden und Lastern bekleidet, von welchen dieses weiß, damit der Jude sich an ihnen ein Beispiel nehmen kann." Danach ist also das Ende der Entwickelung künstlich an den Anfang gebracht, wie denn auch die Stiftshütte in der Wüste nicht das Urbild des Tempels in Jerusalem ist, sondern umgekehrt der Tempel ist das Urbild der Stiftshütte, sie ist seine Kopie oder der für die Bedürfnisse der Wüstenwanderung beweglich gemachte Tempel.

Auf zwei Wegen können wir ein klares Bild davon gewinnen, wie sich diese kritische Wissenschaft das jüdische Volk vorstellt. Entweder entkleiden wir die im Alten Testament gegebene Geschichte ihrer angeblich falschen Hüllen und bekommen dann die ursprüngliche nackte Gestalt; oder wir gehen den umgekehrten Weg, wir nehmen diese nackte Gestalt in Empfang und verfolgen ihre Entwickelung und reichen ihr dann von Zeit zu Zeit die Hüllen dar, mit denen sie sich bekleidet hat, bis sie sich in ihrer völligen Entwickelung mit der Bildung des Pentateuchs nach dem babylonischen Exil vor unsern Augen präsentiert. Den ersten Weg geht vornehmlich Wellhausen und zwar mit großem Geschick, den zweiten Weg geht Stade in seinem oben angeführten Werke, das von Oskar Holtzmann ergänzt und zu Ende geführt ist.

Wir gehen den letztern Weg und schließen uns dabei möglichst genau an Stades eigene Worte an, ohne aber Wellhausen, Smend und Kautzsch daneben zu vergessen.

Die Geschichte des Volkes Israel fängt an mit der Ausführung der Israeliten aus Ägypten. Alles, was dieser Thatsache vorhergeht, gehört in das Gebiet der Sage und Mythe. Der Aufenthalt der Väter im Westjordanlande und der Aufenthalt des Volkes in Ägypten ist historisch verdächtig. Joseph, Jakob, Isaak, Abraham sind Stammesheroen; die drei letzten sind bei berühmten Heiligtümern verehrt worden, von denen das des ersten Ahnen am wenigsten berühmt war. Die Heiligtümer Israels haben schon den Ureinwohnern als Heiligtümer gegolten.

Die Israeliten haben die an jenen Orten verehrte und gefeierte Heroen=
figur von den Kananäern übernommen, oder sie haben eine hebräische
dort lokalisiert, um einen Rechtstitel auf den Besitz jener vorisraelitischen
Heiligtümer zu gewinnen. In beiden Fällen kann von einem vor=
ägyptischen Aufenthalte israelitischer Familien im Westjordanlande nicht
die Rede sein. Alles was uns von den Erzvätern und den zwölf
Söhnen Jakobs erzählt wird, ist Sage, ist in späterer Zeit ausgeschmückt
und redigiert.

Nicht ganz so schlimm steht es mit der Sage vom Aufenthalte
Israels in Ägypten vor seiner Einwanderung ins Ostjordanland. In
der Form, daß sich das Volk Israel als ganzes in Ägypten befunden
habe, ist sie allerdings zweifellos irrig, da sich dieses Volk Israel erst
infolge der Einwanderung in das Westjordanland gebildet hat. Daß
sich in den ägyptischen Nachrichten trotz ängstlichen Suchens keine Spur
von Mose und den Hebräern hat finden lassen, ist ebenso verdächtig,
wie der andere Umstand, daß die israelitische Sage nicht weiß, was
zwischen Joseph und Moses geschehen ist. Joseph ist, da er auf dem
Gebirge Ephraim bei Sichem begraben liegt, Heros Eponymos des
Stammes Joseph, welcher erst nach Besiedelung des Westjordanlandes
in Ephraim und Manasse auseinanderging; sein Grab ist, wie andere
Gräber, ein als heilig verehrtes Heroengrab gewesen. Und zwar ist es
entweder in dem kananäischen Sichem lokalisiert worden, oder falls Josephs
Grab schon früher in Sichem gezeigt wurde, ist seine Figur als kananäisch
in Anspruch zu nehmen. Es scheint, als habe der Flug der sagespinnenden
Phantasie zwar genügt, um sowohl die historische Person Mose als
den Heros Eponymos Joseph nebst den Eponymen der beiden von ihm
abgeleiteten Stämme nach Ägypten zu versetzen, nicht aber um die
Zwischenzeit auszugestalten. Dennoch aber ist nicht zu leugnen, daß
sich einzelne hebräische Stämme oder Geschlechter in Ägypten aufgehalten
und unter Mose befreit hätten. Ja es sind gewichtige Gründe vor=
handen, welche uns zu der Annahme zwingen, daß irgend etwas
derart stattgefunden haben muß; alles aber, was uns die biblische Sage
erzählt, ist erst Ausschmückung des im Anfang des 7. oder Ende des
6. Jahrhunderts (vor Chr. G.) entstandenen Deuteronomiums und
seiner Geschichtsschreibung. Was nun dieser Sage zu Grunde liegt, ist
die Thatsache, daß ein Teil hebräischer Stämme, die sich hernach zum Volke
Israel zusammengeschlossen haben, vorübergehend in Ägypten gewohnt
hat und hierbei in die Knechtschaft der Ägypter geraten ist. Mit Hilfe
der außerhalb des ägyptischen Reiches auf der Sinaihalbinsel nomadi=

fierenden Stammverwandten mögen fie unter Führung Mofes fich die
Freiheit erfochten haben. Über den von Israel bei der Auswanderung
eingeschlagenen Weg fehlt jede hiftorifche Überlieferung. Was wir jetzt
in Exodus darüber lefen, ift als Gefchichte verkleideter und daher mit
gefchichtlichem und geographifchem Detail ausftaffierter Mythus. Den
von den Israeliten eingefchlagenen Weg nachzurechnen, hat denfelben
Wert, als etwa den von den Burgunden bei der Reife zu König Etzel
nach der Nibelungenfage zurückgelegten zu unterfuchen.

Für Ägypten war diefe Auswanderung von minimalfter Bedeutung,
aber von defto größerer für die verbündeten hebräifchen Stämme, weil
fie in dem Gelingen des Unternehmens die Hand des Gottes Mofes,
des Jahve vom Sinai erkannten und infolgedeffen nach ihrer Ver=
einigung auf der Sinaihalbinfel den Kult diefes Gottes, als National=
gottes übernahmen.

Für die Kenntnis der Religion und des Kultus in diefem Volke
fehlt es vollftändig an gleichzeitigen Schriftftellern. Alles was aus der
älteften Zeit erhalten ift, find etwa das Deboralied Richter 5 (um
1250), Davids Trauerlied auf Saul und Jonathan (1000) und noch
einiges andere. Die erfte wefentliche Quelle, das fogenannte Bundes=
buch 2. M. 21—23, ftammt erft aus der Zeit Jofaphats etwa 873—849.

Folgen wir nun diefen alten Spuren (indeffen find in diefer Zeit
noch entftanden die Sagen Jakobs 1. M. 49, die Heldengefchichte im
Richterbuch, die Davids= und Saulsgefchichten), fo ergibt fich folgendes:
Die Erkenntnis, daß es ein höchftes geiftiges Wefen gibt, einzig
in feiner Art, Schöpfer und Erhalter aller Dinge, fehlt dem
alten Israel völlig. Israels Gott ift freilich einer, aber nur einer
neben anderen, wie fchon daraus hervorgeht, daß er einen Eigennamen
Jahve trägt, durch den er fich von anderen Göttern unterfcheidet. Im
alten Israel befteht Monolatrie aber nicht Monotheismus.
Jahve ift hier nur ein Gott neben anderen, eines der unbeftimmt
vielen in die Kategorie der geiftigen Machtwefen gehörigen Wefen, welche
bei den Menfchen Verehrung genießen. Daß es neben Jahve andere
Götter gibt, ift dem alten Israel felbftverftändlich; denn das Dafein
anderer Völker, welche diefe verehren, lehrt es ihnen ja deutlich.
Jahve ift Israels Gott, wie Kemofch der Moabs, Milkom der
Ammons, Baalzebub der der Efroniten. Für das alte Israel handelt
es fich daher nicht um den Gegenfatz Gott und Götzen, oder Gott
und Nichtgötter, fondern Jahve und die Götter der Fremde,
oder der Gott Israels und der Gott anderer Völker. Daher ift

Jahve im Munde Fremder Gott der Hebräer, wie Kemosch im Munde dieser der Moabs, Baal der der Sidonier. Jene Götter haben ihren Völkern ihre Länder gegeben und beschützen sie, wie Jahve Israel Kanaan gegeben hat und es dort beschützt. Der Israelit steht im fremden Lande unter dem Einfluß der Götter dieses Landes (Stade 1, 428). Israel empfindet Jahve weder als allwissend, noch als all= mächtig, sondern nur als sehr wissend und überaus mächtig und daher als furchtbar. Im alten Israel hat eine Theokratie als Verfassungs= form nie bestanden. Die Herrschaft Jahves ist eine ideale Vorstellung, und erst seit dem Exil werden Versuche gemacht, sie als Herrschaft des Heiligen mit äußerlichen Mitteln durchzuführen. Moses hat weder den Pentateuch geschrieben noch auch die Gemeinde Israels organisiert; wohl hat Moses in den Acker der Zeit einen Samen gestreut, so daß er etwa Urheber der mosaischen Verfassung zu nennen wäre, wie etwa Petrus der der römischen Hierarchie (Wellhausen 429—434). Jahve ist der wirkliche König des Landes und des Volkes und darum Gerech= tigkeit seine Haupteigenschaft und Hauptforderung. Diese Gerechtigkeit aber ist lediglich ein sozialer Begriff. Die Gerechtigkeit der Bergpredigt kann erst an die Reihe kommen, wenn diese bürgerliche Rechtsordnung selbstverständlich ist (W. 434). Von dem, was zu jener Zeit Recht und Sitte war, gibt uns das viel später redigierte Bundesbuch Exod. 21—23 und 34 ein Bild. Die Lade Jahves ist ein auf der Halbinsel heilig gehaltenes Idol, hat aber wahrscheinlich inwendig nichts enthalten, als höchstens unbeschriebene Steine. Auch der Dekalog ist schwerlich mosaischen Ursprungs Die Pflichten des Israeliten gegen Gott sind schon in alter Zeit in kurze, aber nicht redigierte Sprüche zusammengefaßt worden. Und zwar scheint es aus mnemonisch=technischen Gründen schon frühe Sitte geworden zu sein, gerade zehn zu bilden. Es ist dieses wohl von den Heiligtümern des Landes ausgegangen. Ein solches wahrscheinlich ursprüngliches Zehngebot finden wir Exod. 34. 1. Du sollst keine anderen Götter außer Jehovah verehren. 2. Du sollst dir kein Guß= bild machen. 3. Du sollst das Mazzenfest feiern. 4. Alle Erstgeburt ist mein. 5. Du sollst den Sabbat halten. 6. Du sollst Pfingstfest und Herbstfest feiern. 7. Du sollst das Blut meines Opfers nicht auf Sauerem schlachten. 8. Vom Pesachopfer soll nichts übrig bleiben bis zum Morgen. 9. Die Erstlinge der Früchte deines Landes sollst du zum Tempel Jehovahs bringen. 10. Du sollst das Böckchen nicht in der Milch seiner Mutter kochen.

Dagegen verrät unser bekannter Dekalog Exod 20 schon stark den

Einfluß prophetischer Ideen und stammt aus viel späterer Zeit als das Bundesbuch.

Es fehlte also dem alten Israel nicht an gottgegebenen Grundlagen für die Ordnung des menschlichen Lebens, nur waren sie nicht schriftlich fixiert. Ein größeres Gewicht wird aber auf die besondere Thora Jahves gelegt, die nicht allgemein gültige Gesetze des Handelns aufstellt, sondern dem Menschen in bestimmten schwierigen Fällen, wo er selbst nicht Rat weiß, den Weg zeigt. — Aber diese Thora blieb ein mündliches Entscheiden und Bescheiden. Als Ganzes ist sie immer nur Potenz und zwar Gottes, beziehungsweise der Priester, von diesem Subjekte kann sie nicht abstrahiert werden. Die Lehre ist nur als Aktion des Lehrers gedacht. Es gibt keine Thora als ein fertiges, ohne den Urheber bestehendes, jedem zugängliches System; sie wird nur wirksam in den einzelnen Sprüchen, die natürlich allmählich eine feste Tradition begründen. „Sie (die Priester) bewahren deine Worte, und hüten dein Gesetz, sie lehren Jakob deine Rechte, Israel deine Weissagungen". (W. 414.)

Sehen wir nun auf den eigentlichen Kultus in diesem ersten Stadium der Geschichte, so wird uns versichert, daß zwischen diesem Kultus und dem des Leviticus und Numeri ein himmelweiter Unterschied sei. In der alten Geschichte Israels finden wir die Anbetung Jahves an den verschiedensten Orten des Landes; ohne irgend welchen Widerspruch werden Altäre gebaut, wohl an zwölf Orten werden sie uns genannt; selbst die älteren Propheten erheben dagegen gar keinen Widerspruch, wogegen sie protestieren, ist nicht der Ort und das Opfer selbst, sondern seine falsche fleischliche Art und Weise. „Nach alledem ist es absurd, von einer Illegitimität dieser Opfer und dieses Gottesdienstes zu reden, in der ganzen älteren Zeit der israelitischen Geschichte ist die Beschränkung des Kultus auf einen einzigen auserwählten Ort auch als fromme Forderung keinem bewußt gewesen." (W. 22.) Die Heldengeschichten der Richter, die Davids- und Saulsgeschichten liefern hierfür die klarsten Beweise. Auch in Bezug auf die Opfer finden wir in der ältesten Zeit bis zu der Reformation des Hiskias und noch nachher keine Ahnung von den vielen späteren rituellen Vorschriften. Jede Schlachtung ist zugleich auch ein Opfer, und der Gebrauch uralt, das israelitische Opfer unterscheidet sich vom heidnischen nur durch das „Wem", nicht durch das „Wie". Nirgends begegnet man der Vorstellung, daß ein Opfer, dem Gotte Israels geweiht, doch illegitim sein könnte. Der Begriff des Legitimen und des Ketzerischen fehlt ganz, ebenso noch bei den Propheten Amos 4, 4 und 5, 21 und Hosea.

Damit hängt zusammen, daß die ältesten Quellen wenig wissen von einem Priesterstand und noch weniger von dem Unterschied zwischen Priestern und Leviten; die ältesten Söhne der Familie waren die geborenen Priester und werden dann bei der mit dem Opfer verbundenen Schlachtung auch wohl für andere Familien diesen Dienst vertreten haben. Diesem Zustand entspricht auch die ursprüngliche Ausstattung des Klerus. Von ihr ist wenig die Rede, nur werden die Priester bei den Opfermahlzeiten, die zu jedem Opfer gehörten, unter allen Freunden und Bekannten einen hervorragenden Platz eingenommen haben. Die Feste der Hebräer sind ganz auf natürlichem Boden erwachsen. Die Landwirtschaft, die ganze Grundlage des öffentlichen Lebens, haben die Israeliten von den Kananitern gelernt und so auch von ihnen die drei großen landwirtschaftlichen Feste angenommen, an denen es im ganzen Lande fröhlich und laut herging.

Die Religion also, die bürgerliche Gesetzgebung und die ganze Kultur dieser Periode steht noch auf der allerersten Stufe, von der aus das bürgerliche und religiöse Leben sich erst durch zwei nachfolgende Stadien entwickelt hat. Das ganze statutarische Gesetz, das nach unserer alten Vorstellung Moses dem Volke gegeben haben soll, hat danach bis zum Jahre 621 v. Chr. G. nicht vermocht irgend eine Wirksamkeit auf die Religion und Sitte Israels auszuüben, ja hat nicht einmal ein Zeichen seiner Existenz gegeben (St. I 518).

Diese Periode schließt also, was das Schrifttum angeht, abgesehen von den allerältesten, früher erwähnten kurzen Resten mit dem sogenannten Bundesbuche ab. (Exod. 20, 14—23. 33 u. 34, 3—8; aus der Zeit Josaphats.) Es ist ein Versuch, dem aufkommenden Fremden gegenüber das Einheimische zu sichern und zur Geltung zu bringen. Denn damals war Israel in Verbindung gekommen mit den assyrischen Völkern. Das Eindringen des assyrischen Kultus in Israel bedeutete auch eine Bereicherung der Gedankenwelt Israels. Denn dadurch wurde Israel mit einer reich entwickelten Mythologie, mit den babylonischen Vorstellungen von der Welt und ihrem Laufe bekannt. (St. I 631.) Das Bundesbuch ist das erste Zeichen einer vaterländischen Reaktion, das uns begegnet. Es ist im großen und ganzen natürlich altes Recht, das uns hier geboten wird, eben weil es seit Menschengedenken gegolten hat und daher den Zeitgenossen wichtig und teuer war.

In demselben Jahrhundert, in dem wir das Bundesbuch entstehen sehen, um 30 Jahre später, etwa 840, entsteht die erste Grundschrift des Pentateuch und des Buches Josua, die jehovistische Geschichtsquelle, so genannt, weil in ihr der Name Jahve zur Anwendung kommt. Etwa hundert Jahre später, um 750, findet man die elohistische Ge= schichtsquelle im Pentateuch und Josua, so genannt, weil in ihr vor= nehmlich der Name Elohim für Gott angewandt wird. Diese beiden Geschichtsquellen laufen parallel nebeneinander, bis sie etwa hundert Jahre später zur Zeit Manasses, aber unter bemerkbarer prophetischer Beein= flussung mit einander verschmolzen sind zu einem Werk, das dann etwa wieder zwei Jahrhunderte später noch einer gründlichen Um= und Über= arbeitung unterworfen wurde. Unterdessen haben sich die Richterhelden= sagen auch zu dem Richterbuch verschmolzen, das dann aber ebenso noch einer Überarbeitung unterworfen wurde. Ehe wir nun diese Periode verlassen, müssen wir notwendig noch reden von einem Buche, das wir von Jugend auf in diese Zeit zu verlegen gewohnt sind, das aber nun nach diesen Kritikern spät nach dem Exil angesetzt werden soll, wir meinen den Psalter. Wir hören auch hier wieder ausführlich Stade (II 85): „Der Psalter ist kein Erzeugnis des Israelitismus, sondern des nachexilischen Judentums. Seine Lieder weisen sich durch Gedanken und Sprache gleichmäßig als Kinder der nachexilischen Zeit aus. Die in ihnen zum Ausdruck kommende Frömmigkeit ist in ihrer individuellen Eigenart ein charakteristisches Eigentum dieser Zeit. Vor dem Exile fehlte für die Psalmendichtung so gut wie vollständig der Boden. Damit soll nicht behauptet werden, daß sich im Psalter nichts Vorexilisches finden könne. Allein, wenn überhaupt solches vorhanden ist, wird es an Umfang verschwindend klein sein. Von vornherein spricht bei jedem Psalm die Wahrscheinlichkeit dafür, daß er ein nach= exilisches Produkt sei. Und es müssen sehr gewichtige Gründe vor= handen sein, um uns zur Annahme des Gegenteils zu berechtigen." Ferner an anderer Stelle: „Es verrät wenig Überlegung, wenn man Davids Bedeutung für die religiöse Entwickelung Israels etwa davon datiert, daß er der Vater der geistlichen Lyrik sei. Sie ist ein Produkt des nachexilischen Judentums und hat die mit der Wirklichkeit sich nicht deckende jüdische Beurteilung der israelitischen Vergangenheit zur Voraussetzung. David wurde idealisiert. So ist er für das spätere Judentum nicht nur ein Dichter heiliger Liturgieen, sondern geradezu ein Heiliger geworden. Er war eins so wenig wie das andere. Diesen Strahlenkranz mußten wir ihm rauben. Aber das rein menschliche, im wesentlichen edle Antlitz, welches nach seiner Abstreifung zu Tage tritt, ist unendlich liebenswürdiger und berührt uns viel sympathischer, als jene ins Geistliche verzerrte Figur" (St. II 293).

Das nun so beschriebene bürgerliche und gottesdienstliche Leben der Juden wäre zu einem reinen Heidentum ausgeartet, wenn nicht Propheten unter ihnen erstanden wären und auf der gesunden Grundlage des Bestehenden die religiöse Erkenntnis weiterentwickelt hätten. Diese Weiterentwickelung bezog sich namentlich auf eine reinere und vollkommene Erkenntnis Jahves, daß derselbe nun nicht mehr als Nationalgott, sondern als Gott Himmels und der Erden und aller Völker erkannt wurde, so daß Jahve bleibt in Ewigkeit, auch wenn sein Volk um seiner Sünde willen zu Grunde gehen muß; aber auch der Kultus des Jahve wurde von den Propheten gereinigt, namentlich dadurch, daß das falsche, fast abgöttische Opferwesen scharf gestraft wurde. Wir wissen, wie das israelitische Volk geschichtlich sich weiter entwickelt hat. Hiskias, der fromme König, durch die gleichzeitigen Propheten veranlaßt, versucht eine gründliche Reformation. Trotz des guten Willens aber gerät sie wieder ins Stocken, bis unter seinem Nachfolger Manasse (698—643) die religiöse Verwirrung und abgöttische Greuel noch ärger wurden als zuvor.

Immer mehr machte sich in den leitenden Kreisen der Priesterschaft in Jerusalem und der Propheten die Erkenntnis geltend, daß ohne eine gründliche Reformation des Gottesdienstes an kein Heil zu denken sei. Der Kern dieser Reformation sollte bestehen in der Zentralisation des ganzen Gottesdienstes auf den Tempel zu Jerusalem und in dem allgemeinen Verbot des Höhendienstes, wie er seit Moses bis dahin überall getrieben war. Da faßte vielleicht unter Manasse, in Erwartung besserer Tage, ein Priester seine Gedanken zusammen und schrieb sie auf eine Rolle, legte diese im Tempel nieder an irgend einem verborgenen Ort, in der gewissen Hoffnung, daß zu seiner Zeit die Rolle schon würde gefunden werden. Vielleicht auch waren die amtierenden Priester im geheimen ganz einverstanden. Siehe da, im 18. Jahre des Josia im Jahre 621 fand auf Befehl des Königs eine Generalreinigung des Tempels statt und man fand bei dieser Gelegenheit die alte vergilbte Rolle und brachte sie dem Könige. Derselbe war hoch erfreut und zugleich tief erschrocken über diesen Fund, erfreut, weil er das Gesetz Jahves kennen lernte, wie es ihm bis dahin noch nicht bekannt geworden war, erschrocken, weil er zwischen diesem Gesetz und dem thatsächlichen Zustand eine große Kluft fand. Man lese das Genauere weiter in 2. Könige 23. Aus den Maßnahmen des Josia, welche dort erzählt werden, läßt sich schließen, daß dieses gefundene „Buch der Lehre" 1) jeden Kult außer dem Kult Jahves verpönt hat,

2) daß es verlangt hat, allein im königlichen Tempel zu Jerusalem sollen geopfert, allein dort Passah gefeiert werden, 3) daß es die Beseitigung derjenigen Einrichtungen der altisraelitischen Gottesverehrung vorgeschrieben hat, welche an heidnischen Kult erinnerten, aber, weil damals der Prophetie noch unanstößig, von der Reform des Hiskias noch nicht mit betroffen waren.

Alle diese Vorschriften finden sich nun zusammen in dem Buche Deuteronomium oder besser in seinem Kerne, der Urdeuteronomium (Kap. 12—26) genannt wird. Dieser Abschnitt verlegt sich in den Mund Mosis, was nach Ansicht sämtlicher Kritiker ganz unanstößig und harmlos ist, weil damals über litterarisches Eigentum ganz andere Ansichten herrschten wie heute. Er will Vorschriften enthalten, welche von Moses Israel vor Eroberung des Westjordanlandes mit der Bestimmung gegeben worden sind, daß sie in Kraft treten sollen, wenn Israel in dem eroberten Lande zur Ruhe gekommen ist, d. h. es unbestritten besitzt. Diese Zeit der Ruhe ist aber nach Auffassung des Buches eingetreten mit der Regierung Salomos. Es erklärt sich die Wahl dieses Terminus daraus, daß von Salomo vor Einführung der Gebote, welche wir Deuteron. 12—26 lesen, um deswillen nicht die Rede sein konnte, weil erst er den Tempel auf Zion gebaut hat.

Weil dies Gesetz die Fiktion erhebt, von Mose vor Einwanderung in das Westjordanland gegeben zu sein, so darf es natürlich den Namen „Jerusalem" nicht aussprechen, und kann nur im allgemeinen „von dem einen Orte, welchen Jahve erwählen wird" reden. Deuteron. 17. 8 lesen wir: „Wenn zu schwierig ist für dich eine Rechtssache, einen Rechtsspruch zu finden rc., da sollst du zu den levitischen Priestern gehen und zu dem Richter". Der Verfasser hat nur deshalb diese Instanzen genannt, weil er natürlich nicht „König" sagen darf, da er die Fiktion erhebt, in der Zeit vor der Einwanderung ins Westjordanland zu schreiben. Diese Fiktion der Zurückdatierung der Gesetze hat dann bald Schule gemacht; überall wo wir bei den spätern Propheten und in den Psalmen solche Hinweisungen auf die Gesetzgebung Mosis finden, da muß der Leser vorsichtig sein und die durch den Deuteronomiker angewandte Geschichtsschreibung vorausdatieren. Wenn z. B. Ezechiel im Exil 33. 10 schreibt: „Und da ich sie aus Ägyptenland geführt hatte und in die Wüste gebracht, gab ich ihnen meine Gebote und lehrte sie meine Rechte, durch welche lebet der Mensch, der sie hält. Ich gab ihnen auch meine Sabbate" so ist dieses nach Stade und allen anderen nur so zu verstehen, daß Ezechiel diese Satzungen des Lebens nach dem

Vorgange des Deuteronomikers in die Zeit des Mosis zurückverlegte. Kurz alles, was über die Entstehungsgeschichte des Königtums rück=wärts hinaus überliefert ist, ist fast ausschließlich Sage und zwar Sage, welche in tendenziöser Form und Rekonstruktion auf uns ge=kommen ist. Alle Opferstätten außerhalb Jerusalems fallen jetzt weg. Jetzt erst konnte man, was vorher unmöglich war, auch ohne Opfer, überall ein Tier schlachten, ein jeder in seinen Thoren, und das Fleisch davon essen nach Herzenslust.

Dieses zweite Stadium in der Entwickelung der Religionsgeschichte übte nun natürlich den allergrößten Einfluß aus auf die hebräische Litteratur. Um das Jahr 602 werden die zwar schon vorhandenen Geschichten der Könige durch einen Deuteronomiker neu umgearbeitet und redigiert. Etwa 50 Jahre später um das Jahr 561 entsteht das jetzige fünfte Buch Mosis durch die deuteronomistische Redaktion, wohl gleichzeitig mit der Verschmelzung des Jehovisten und Elohisten mit den deuteronomistischen Anschauungen. In dieselbe Zeit fällt die deu=teronomistische Redaktion des Richterbuches und der Bücher Samuelis und der Könige, das Ganze wird dann zu einem großen Geschichtswerke verschmolzen. Dieses Geschichtswerk soll nun kein Kompendium der äußeren Geschichte Israels sein, sondern eine Art Kirchengeschichte; vor allem eine Geschichte der Prophetenwirksamkeit in beiden Reichen. Der Maßstab, nach dem geurteilt wird, ist überall das Deuteronomium. Der Verfasser setzt eben voraus, daß alle Könige das deuteronomistische Gesetz hätten kennen und befolgen müssen. Zwar finden sich namentlich in den Büchern der Könige zahlreiche Stellen, welche sicher für den vor=exilischen Standpunkt des Deuteronomisten zeugen. Somit hat man, wie oben angedeutet, zwischen zwei Redaktionen der Königsbücher zu unter=scheiden. Auf Rechnung des zweiten Redaktors kommen dann die so=genannten Synchronismen, nach denen die ganze Geschichte in zweimal 480 Jahren (von dem Auszug aus Ägypten bis zum Tempelbau, von da bis zur Rückkehr ins Exil) eingeteilt wird, d. h. in 12 Generationen zu 40 Jahren, und nach denen in den Regierungsjahren der Könige die Zahl 12 eine große Rolle spielt.

Wir sind in der Geschichte schon etwas vorausgeeilt. Wir kehren zurück. So wenig wie die Reformation des Hiskias, so wenig ver=mochte die des Josias nachhaltig zu wirken. Das Volk geht seinem Verfall entgegen und läßt nicht ab von dem Höhendienst. Samaria ward schon 722 zerstört, und das Volk weggeführt. Die Propheten Je=saia und Jeremia verkünden Juda dasselbe Schicksal, aber ernten

dafür nur Schmach, Hohn, Spott, ja Gefängnis und Schläge. Da
tritt die von den Propheten längst vorausgesehene Katastrophe ein. Im
Jahre 597 wird, nachdem das Land schon vorher verwüstet war, die
Stadt eingenommen, der Tempel zerstört und das Volk weggeführt in
die babylonische Gefangenschaft. Diese hat nun auf die Weiterbildung
und Entwickelung der israelitischen Religion den größten Einfluß. Wie
die Wüstenwanderung das Volk Israel geboren werden ließ, so wurde in
der babylonischen Gefangenschaft das Judentum geboren. Doch hören
wir nun Wellhausen selbst (Seite 28): „Wären die Judäer ruhig in
ihrem Lande geblieben, so wäre [die Reformation Josias schwerlich] im
Volke durchgedrungen, weil die Fäden zu stark waren, die die Gegen=
wart mit der Vergangenheit verbanden. Um die Bamoth, an die sich
von den Vätern her die heiligsten Erinnerungen knüpften, die wie
Hebron und Beerseba durch Abraham und Isaak selber gestiftet waren,
in den Ruf abgöttischer und ketzerischer Greuelstätten zu bringen, dazu
bedurfte es eines vollständigen Durchschneidens der natürlichen Tradition
des Lebens, des Zusammenhangs mit den ererbten Zuständen. Dies
wurde bewirkt durch das babylonische Exil, wodurch die Nation ge=
waltsam aus ihrem Mutterboden herausgerissen wurde und für ein
halbes Jahrhundert von demselben getrennt blieb, ein Einschnitt in die
geschichtliche Kontinuität, wie er kaum größer gedacht werden kann.
Die neue Generation hatte kein natürliches, sondern nur noch ein künst=
liches Verhältnis zu der Vorzeit; die so fest eingewurzelten Gewächse
des alten Ackers, Dornen in den Augen der Frommen, waren ausge=
rissen, der Neubruch bereit für neuen Samen. Es ist allerdings nicht
an dem, daß eine allgemeine Bekehrung im Sinne der Propheten da=
mals das ganze Volk ergriffen hätte. Vielleicht die Mehrzahl gab die
Vergangenheit preis, verlor sich aber eben dadurch unter die Heiden
und kam für die Zukunft nicht mehr in Betracht. Nur die Frommen,
die zitternd Jahves Worte folgten, blieben der Rest; sie allein hatten
die Kraft, in dem Völkergewoge, in dem sie umhertrieben, die jüdische
Besonderheit zu bewahren. Aus dem Exil kehrte nicht die Nation zu=
rück, sondern eine religiöse Sekte, welche sich mit Leib und Seele den
reformatorischen Ideen ergeben hatten. Es ist kein Wunder, daß diesen
Leuten, die sich noch dazu bei ihrer Heimkehr alle in der nächsten Um=
gebung Jerusalems ansiedelten, nicht der Gedanke kam, die lokalen
Kulte herzustellen. Es kostete sie keine Kämpfe, die zerstörten Bamoth
in Trümmern liegen zu lassen, ihnen war es völlig in Fleisch und Blut
übergegangen, daß der eine Gott auch nur eine Anbetungsstätte hätte,

und seitdem galt das für alle Folgezeit als eine selbstverständliche Sache."

In der babylonischen Gefangenschaft entstand dort unter den Juden der bis dahin noch ganz unerwähnt gebliebene dritte wesentliche Teil des Pentateuchs, der sogenannte Priestercodex, den wir vornehmlich im Levitikus vorfinden, während in den zwei ersten und in dem vierten Buche des Pentateuchs Priesterkodex und Jehovist sich so ziemlich die Wage halten.

Nach der früher herrschenden Ansicht wäre die Zeit des Exils — abgesehen von Ezechiel und Klagelieder — in litterarischer Beziehung eine Zeit des Todesschlafs gewesen. In Wahrheit hat jedoch gerade in dieser Zeit eine große litterarische Regsamkeit geherrscht. Das Alte wurde überarbeitet; daneben fehlte es nicht an grundlegenden Neuschöpfungen und zwar auf zwei scheinbar ganz verschiedenen Gebieten, dem der Gesetzgebung und dem der Prophetie. Der Prophet Ezechiel, im Jahre 597 nach Babylonien weggeführt, im Jahre 593 in Babylonien zum Propheten berufen, ist in seiner 22jährigen Prophetenwirksamkeit das Bindeglied zwischen beiden Gebieten. Er tritt gesetzgeberisch auf und wird dadurch für die Theokratie von unermeßlicher Bedeutung. Ezechiel 40—48 enthält den Grundriß der priesterlichen Gesetzgebung. Der vermeintliche Stubengelehrte wird zum Schöpfer originaler Gedanken, zum Bahnbrecher für eine neue Ordnung der Dinge, kurz zu einem Manne des praktischen Wirkens, und zwar eines außerordentlichen erfolgreichen Wirkens. Er fordert zuerst die Unterscheidung von Priestern und Leviten, die noch das Deuteronomium nicht kennt, während sie im priesterlichen Gesetz eine überaus wichtige Rolle spielt. Dieser Sachverhalt allein ist ausreichend, dem sogenannten Priesterkodex seine richtige Stelle nach Ezechiel anzuweisen. Hier schließt sich eine Reihe litterarischer Produkte an, in denen nicht nur der Sprachgebrauch, sondern auch der Geist des Deuteronomiums fortwirkt. Hier entsteht jetzt neben den Klageliedern das Trostschreiben des großen Unbekannten Jesaias 40—48, in dem sich die Niederwerfung des medischen und lydischen Reiches durch Cyrus 546 widerspiegelt. Hier bei Deuterojesaja treffen wir zuerst die monotheistische Gottesvorstellung des Judentums; bei ihm ist zuerst die Nichtexistenz anderer Götter neben Jahve Glaubenssatz. Aus dem Nationalgott ist nun erst der wahrhaftige Gott Himmels und der Erde (Geist) geworden, aber dennoch im besonderen Sinne Gott Israels geblieben. Daß Jesaias 52, 13 bis 53, 12 bildlich gemeint ist, versteht sich ganz von selbst und geht schon daraus hervor, daß sich diese verschiedenen Züge gar nicht auf dasselbe Individuum und seine Schicksale deuten lassen. Aber auch einzelne dieser Züge genügen zur Widerlegung der individuellen Auffassung. Derselbe Knecht, welcher den ungerecht erlittenen Mißhandlungen erlegen und aus dem Lande der Lebendigen hinweggerafft worden ist, soll wieder auferweckt werden und mit den Gewaltigen Beute teilen. Da nun jene Zeit von einer individuellen Auferstehung nicht das mindeste weiß, so ist damit erwiesen, daß das Ganze bildlich gemeint ist. In diese Zeit fällt die schon erwähnte deuteronomistische Überarbeitung der Geschichtswerke und die Entstehung des Sammelwerkes J. E. Gleichzeitig nun hiermit entstand im Exil das sogenannte Heiligkeitsgesetz Levit. 17—26. Die Geistesverwandtschaft mit Ezechiel 40—48 ist eine derartige, daß dieser Prophet von namhaften Kritikern geradezu für den Verfasser des Heiligkeitsgesetzes gehalten worden ist.

In der babylonischen Gefangenschaft entsteht nun im Anschluß an dieses Heiligkeitsgesetz und an Ezechiel 40—48 ein ausführlich und sorgfältig ausgearbeitetes Ritual= und Kultusgesetz, das nun erst die in der Reformation von Hiskias und Josia gemachten Anfänge, nach Anleitung der von Ezechiel gemachten Andeutungen, zur Vollendung bringt. Der Levitenstand wird hier jetzt geschaffen, und die Institution des Hohenpriesters, der jetzt der eigentliche geistliche und weltliche Gebieter des Volkes ist, das keinen König mehr hat, erblickt hier das Licht der Welt. Natürlich aber wird das alles nach den schon bekannten Vorbildern zurückdatiert, und diese Einrichtung dem Moses in der Wüste nach der Gesetzgebung in den Mund gelegt. Die Schilderung, welche dieses letzte Gesetz, der Priesterkodex genannt, von den Zuständen in der Zeit des Moses und Josua entwirft, entlehnt ihre Farbe durchweg von der zeitgenössischen messianischen Hoffnung. Das zukünftig Gehoffte wird als einst vorhanden in die Vergangenheit getragen. Das erstrebte Ideal erscheint als das Gut, welches das Volk einst besessen, aber durch seine Sünde verloren hat. Was durch Gesetzeserfüllung erworben werden soll, erscheint als vergangen. Man versteht daher diesen Priesterkodex nur dann völlig, wenn man seine Zusammenhänge mit der messianischen Hoffnung beachtet. Die innere Berechtigung dieser kühnen Zurückdatierung des Zukunftsideals in die Vergangenheit, mit anderen Worten dieser großartigen Geschichtsfälschung, dieser litterarischen Revolutionierung, wodurch die Geschichte auf den Kopf gestellt wird, ist gar nicht zu beanstanden, denn sie lag begründet in dem Bedürfnis, das Neugewordene sowohl an die Ver=

gangenheit anzuknüpfen als es sicher zu stellen. Dazu kommt, daß die alten Dinge für die Anschauung jener Zeit nur noch als Beispiele und Muster, nicht in sich selber, Wert haben, ganz ähnlich wie man auch in der Gegenwart von dieser Anschauung bei Verwendung des Alten Testamentes für den Unterricht der christlichen Gemeinde den ausgiebigsten Gebrauch macht. Die historische Wirklichkeit und die historische Bedeutung dieser Dinge ist überall eine ganz andere Frage. Der Mann nun, welcher dieses in Babylonien entstandene neue Ritualgesetz, den sogenannten Priesterkodex, nach Jerusalem brachte, war Esra. Im Jahre 538 war durch das Edikt des Cyrus den Verbannten der Weg nach der Heimat aufgethan. Bald wird zu dem Tempel der Grund gelegt, aber erst seit 520 der Bau kräftiger bebetrieben. Der Besitzer des Gesetzbuchs faßt den Plan nach Jerusalem zu gehen und eine Reform der Gemeinde zu versuchen. Es ist der Priester und Schriftgelehrte Esra, ein Nachkomme Zadoks, also ein naher Verwandter des in Jerusalem amtierenden Hohenpriesters. Dieses in Babylonien entstandene Gesetzbuch war kein einheitliches Werk. Es hatte dort bereits Erweiterungen seines ursprünglichen Bestandes erfahren. Die Grundlage des von Esra nach Jerusalem gebrachten Buches bildet eine auf das Verständnis des gesamten Volkes berechnete Erzählung über die Entstehung des heiligen Volkes — seiner Institutionen, die sich durchweg an Gang und Inhalt des älteren deuteronomistisch überarbeiteten Geschichtsbuches anschließt.

Dieser Priesterkodex besteht nun aus zweierlei Elementen, 1) aus dem selbständigen Kern, dem sogenannten Vierbundesbuche, und 2) aus zahlreichen Nachträgen und Ergänzungen, die sich dem ganzen Hexateuch überall anschmiegen (von Genesis 1, 1 an). Die formelle und materielle Gleichartigkeit, die völlige Übereinstimmung in Tendenz und Vorstellung, in Manieren und Ausdrücken zwingen dazu, es, wenngleich es keine litterarische Einheit ist, dennoch als eine geschichtliche Einheit zu betrachten.

Das Programm zu der Theokratie der Zukunft, zum Priesterstaat war von Ezechiel entworfen worden. Seine Grundgedanken werden jetzt bis zu ihren letzten Konsequenzen verfolgt und die Gesetzgebung dementsprechend ausgebaut. Dabei kann es geschehen, daß — um der Konsequenz willen — Theorien aufgestellt werden, deren Durchführung (Jubeljahr, dreimaliger Besuch des Tempels im Jahr 2c. 2c.) einfach unmöglich (Well. 190) war und sich als Utopie (Smend 288, Stade II 279) erwies, so daß sie nach dem Zeugnis der jüdischen Überlieferung niemals auch nur versucht wurde. Die Grundgedanken des Priestergesetzes sind: Jahve ist der Herr alles Raumes, aller Zeit, alles Besitzes, alles Lebens. Mit dem Erscheinen des Gesetzes hörte die alte Freiheit auf, nicht bloß auf dem Gebiete des Kultus, sondern auch auf dem Gebiete des religiösen Geistes; es war jetzt eine höchst objektive Autorität vorhanden. Das war der Kodex der Prophetie.

Ziehen wir nun das Fazit: Das Vorhandensein des Priestergesetzes in vorexilischer Zeit könnte nur behauptet werden unter der gleichzeitigen Annahme, daß kein Mensch, auch nicht die geistlichen Leiter des Volkes, von ihm gewußt habe. Wäre schon dieses eine ungeheuerliche Annahme, so nicht minder die andere, daß eine so tiefe und feinsinnige Symbolik, eine solche erschöpfende Ausführung der religiösen Grundgedanken den Anfang der Kodifikation gemacht haben sollte, um dann doch gänzlich unbeachtet zu bleiben. Was in aller Welt hätte denn die Söhne Zadoks zu Jerusalem bewegen sollen, nicht lieber dieses Gesetz einzuführen, anstatt des schlichten prophetischen Gesetzes im Urdeuteronomium. Und was hätte Ezechiel bewegen sollen, mühsam nun einen neuen Grund zu legen, wenn das ganze Gebäude in der wünschenswerten Gestalt und Ausdehnung bereits vorhanden war? Dagegen stellt sich uns alles in bester Ordnung und wie selbstverständlich dar, wenn wir die Kodifikation in der Reihenfolge Deuteronomium, Ezechiel 40—48, Heiligkeitsgesetz, Priesterkodex entstanden denken. Der letztere hat durch Esra offizielle Geltung erlangt, und ist seitdem für Kultus und Leben und die gesamte Geschichtsauffassung der Juden maßgebend geblieben; er war in der allmählichen schriftlichen Ausgestaltung der Lebensordnungen für Israel das letzte Wort. Mit der offiziellen Einführung des Priestergesetzes ist bis 444 gewartet worden, um so mehr als die Levitenfrage die größte Schwierigkeit machte, weil der Levitendienst nun nicht mehr begehrenswert war, und die größte Zahl der Leviten in Babylon zurückzubleiben Anstalt machte. Jetzt wurde im Geiste des Priesterkodex wahrscheinlich von Esra selbst noch einmal das ältere Werk J. E. D. neu redigiert, zwar mit großer Schonung, aber doch so, daß von Genesis 1, 1 an und sonderlich im Leviticus und Numeri bis Josua der Priesterkodex eingearbeitet resp. eingeschoben wurde. In welcher Weise aber das endlich abgeschlossene Werk für kanonisch und nach allen seinen Teilen maßgebend erklärt wurde, das entzieht sich gänzlich unserm Wissen; nur ist zweifellos, daß die Kanonisierung sich nur auf den Pentateuch, mit Ausschluß von Josua, erstreckte.

Das große durch die bisher besprochenen Bemühungen entstandene

Werk stellte den Geschichtsverlauf von Anfang der Welt bis zur Befreiung Jojachims (561) vor. Es fehlte somit noch an einem Werke, das über die Wiederaufrichtung des jüdischen Staates, namentlich auch über die Reformen Esras und Nehemias auf Grund des priesterlichen Gesetzbuchs Auskunft gab. Das that der Chronist, der wahrscheinlich auch Esra und Nehemia verfaßt hat. So entstand ein Werk, das fortlaufend die ganze Geschichte von Adam bis zum zweiten Aufenthalte Nehemias 432 darstellte. Der Standpunkt ist der des strengsten Levitismus, in einer Gestalt, wie er sich erst nach längerer Herrschaft des Priestergesetzes herausbilden konnte. Der Verfasser, selbst Levit, formt die alte Geschichte im Geiste des Levitismus um. Als ganz selbstverständlich gilt dem Chronisten, daß das priesterliche Gesetz Mosis von Anfang an in Geltung gestanden habe und daher als Maßstab der Beurteilung aller Vorgänge zu betrachten sei. Das Buch ist verfaßt frühestens um 250 oder nach anderer Deutung etwa 300 v. Chr. G. Von allen Büchern des Alten Testaments wird daher die Chronika am schlechtesten behandelt, mit beißender Ironie, mit Hohn und Spott machen verschiedene Kritiker sich darüber lustig; Kautzsch, wie überhaupt in seiner ganzen Darstellung, zeichnet sich auch hier durch maßvolle Nüchternheit aus.

Wir sind am Ende, und erwähnen nur noch, daß wie der schon früher erwähnte Psalter, so nun auch die ganze noch nicht erwähnte alttestamentliche Litteratur in diese Zeit fällt, also namentlich Ruth, Hiob, Prediger Salomo, obwohl die wunderlichsten Gründe dafür geltend gemacht werden.

Wir könnten nun hiermit die objektive Darstellung des Ergebnisses der gegenwärtigen alttestamentlichen Kritik abschließen, ziehen es aber doch vor, gleich hier den gleichfalls ganz objektiven Nachweis zu führen, welche Konsequenzen sich aus dieser Geschichtsauffassung des Alten Testaments für das Neue Testament ganz von selbst ergeben. Auch hier folgen wir nur dem großen Geschichtswerk von Stade oder besser O. Holtzmann, der im 2. Bande die zweite Hälfte bearbeitet hat.

Das Judentum entwickelte sich auf der vorher gewonnenen Grundlage immer mehr und suchte mit wahrem Fanatismus zur Zeit der Ptolemäer-Seleuciden Proselyten zu machen. Je größer sein Eifer war, desto mehr fühlte es auch das Hindernis, daß den Heiden sein Patriotismus von der Religion Israels fern hielt. Man suchte diese Hindernisse wegzuräumen, indem man teils auf die Sittlichkeit den Hauptwert legte, teils den Eintritt in das Judentum erleichterte. Aber dennoch blieb der Anstoß,

„bis (Stade II 275) im Christentum eine neue Form israelitischen Glaubenslebens erstand, die gerade das Wertvolle der bisherigen israelitischen Religionsentwickelung in höchster Vollendung bewahrte und dabei die Übertragung dieser Religion auf andere Völker ermög= lichte, ohne deren Selbständigkeit und individuelle Art irgendwie zu verletzen. Und so ist das Christentum das wichtigste Gebilde, das der Hellenismus gezeitigt hat. Denn in Kunst und Wissenschaft haben die Orientalen nichts geleistet, was die ursprünglich griechische Bildung wesentlich überragte."

Das Christentum ist danach eine höhere Stufe der jüdischen Religionsentwickelung und ein Gebilde des jüdischen Hellenismus, in dem die bisher gewonnene Entwickelung in höchster Vollendung bewahrt wurde. So ist Jesus Christus, der Sohn der Maria und Josephs, ein Prophet, der sich zu einem religiösen Genius der Weltgeschichte entwickelte. Jesus hat schwerlich je an die Gründung einer Gemeinde gedacht; sie ist mehr durch den Zwang der Verhältnisse als aus der be= wußten Absicht ihres Stifters heraus erwachsen. Er hat selbst nichts anderes sein wollen als ein Lehrer, der in neuer Offenbarung die Wahr= heit und Gerechtigkeit Gottes kund machte als Grundlage eines Reiches, darin alle Menschen in Liebe und Einigkeit zusammenwohnen. Darum ist Jesus Christus im wahren Sinne der erste soziale Reformator dieser Welt, der in der Bergpredigt die wahre und rechte Auslegung des sozialen Gesetzes des Alten Testaments gab. Daher lesen wir z. B. St. II. 591: „Der Mensch ist seinem Gott über die Verwendung der ihm geschenkten Gaben Rechenschaft schuldig. Das ist in der alttesta= mentlichen und heidnischen Religionsentwickelung ein u n e r h ö r t e r u n d n e u e r Gedanke." Daß Jesus den Pharisäern antwortet: Gebet dem Kaiser was des Kaisers ist, ist eine Weisheit, die fast zum Zentralpunkt seiner ganzen Lehre gemacht wird, denn wir lesen: „Und dieser rasch hingeworfene Ausspruch wirft allerdings ein neues Schlag= licht über die ganze künftige Staats = und Religionsgeschichte. Der größte religiöse Genius der Weltgeschichte hat hier die Befreiung großer Lebensgebiete von hierarchischer Bevormundung ausgesprochen." Jesus ist der Schöpfer einer neuen und idealen Kultur. Dagegen lesen wir: „In anderer Weise bedeutungsvoll für die Folgezeit ist Jesu kurzes Wort über den Wert seines Todes gewesen: „ein wertvolles Lösegeld". Daran hat sich schon sehr frühe eine ganze Mythologie angeknüpft. Jesus hat dieses Wort höchst wahrscheinlich aus einem Gedankenkreise herausgesprochen, der ihm feststand, seitdem er von der Notwendigkeit seines Todes sich überzeugt hatte." Das Wesentliche der an die Person Jesu geknüpften Verkündigung des Apostels Paulus war, daß der Messias, der mit hohen Prädikaten, welche die jüdische Theologie dieser idealen Zukunftsgestalt beilegte, ausgestattet wurde, gekreuzigt sei und damit die Menschen befreit habe von dem Zwange alttestamentlicher pharisäischer Satzungen, so daß jetzt ein Leben im Heiligen Geist ermöglicht sei, da man ohne Zwang aus innerem Antriebe Gottes Willen erfülle." Der hervorstechendste Zug in dem messianischen Zukunftsbilde, nämlich daß Recht und Gerechtigkeit geübt werde, daß die schamlose Ausbeutung der Armen und Schwachen ein Ende nehme, ist der wesentliche Inhalt der Predigt Jesu sowie seiner Jünger. Nur der Apostel Paulus mischt seine eigene Gedankenbildung ein. Den Nachteil, den dieses paulinische Christentum gegenüber der Verkündigung Jesu hatte, bestand in der Verlegung des Schwerpunktes des Lebens Jesu aus seinem geschichtlichen prophetischen Wirken in seinen Kreuzestod, wodurch eben nach Paulus das mosaisch-pharisäische Gesetz beseitigt wurde. Ein zweiter Hauptpunkt christlicher Verkündigung wurde dann die Sendung des Messias in die Welt, die Geburt Christi. Was eigentlich der Mittelpunkt der Verkündigung von Jesus hätte sein müssen, seine das ganze damalige Leben prinzipiell umgestaltende Predigt, fiel in dieser Dogmatik einem Anhange zu, der genau genommen mit dem geschichtlichen Leben Jesu nichts mehr zu thun hatte. Man darf aber nicht verkennen, daß gerade dieses kurze, starre, an mancherlei Göttersagen anklingende Schema (der sterbende Adonis, der gefesselte Prometheus) für die Ausbreitung des Christentums ohne Frage überaus günstig war. Allerdings hat das Heidenchristentum auch dieses Schema bald genug noch weiter umgestaltet. An die Stelle des künftigen Gottesreiches auf Erden setzte man das jenseitige Vaterhaus, dahin sich die Gläubigen nach ihrem Tode vereinigen. So war auch das Wort „Christus" zu einem bloßen Namen Jesu geworden. Den Wert dieser Person fand man inhaltlich in der Zusicherung ewigen Lebens im jenseitigen Vaterhause an die Gläubigen; formell bestimmte man diesen Wert durch den der ältesten Überlieferung entnommenen Namen „Gottes Sohn" und durch die aus dem Gedankenkreise des Paulus stammende Annahme seines vorzeitlichen Daseins, auch wohl durch den jüdisch-hellenischen Ausdruck: „Logos", d. h. Gottesoffenbarung. Ueber das Verhältnis dieses Gottessohnes zu Gott und über das Verhältnis zwischen dem vorzeitlichen Gottessohne und seiner irdisch-geschichtlichen Erscheinung hat die christliche Kirche im vierten und fünften Jahrhundert unserer

Zeitrechnung schwere und überaus folgereiche Kämpfe zu bestehen ge=
habt. Die Folge dieser Kämpfe war die Ausbildung eines orthodoxen
Dogmas, das seitdem sämtliche christliche Teilkirchen beherrscht und das
im wesentlichen ganz ohne Rücksicht auf das geschichtliche Leben Jesu
entworfen ist. Dazu ist die daneben hergehende evangelische Über=
lieferung, durch welche die Geschichte dieses Lebens im Gedächtnisse der
Gemeinde erhalten bleiben soll, von Anfang an mit einem reichen Wunder=
apparat ausgestattet und durch die Hinzufügung einer neuen, dem
späteren Christusbilde entsprechenden Darstellung des Lebens Jesu
(Joh. Ev.) ergänzt worden. Es ist das gewaltigste Zeugnis für die
Bedeutung und Wucht der Gedanken Jesu, daß sie trotz solcher dichten
Verschleierung dennoch einen so mächtigen Einfluß auf die ganze spätere
Kulturentwickelung ausgeübt haben."

Von den Jüngern in Jerusalem nach Jesu Himmelfahrt und der
Ausgießung des Heiligen Geistes lesen wir Stade 619: „Für diesen
Glauben warben sie sich Genossen. Daß diese Genossenschaft unter sich
enge zusammenhielt, namentlich, soweit es irgendwie anging, gemeinschaft=
lich aß, daß es auch an gewaltsamen Ausbrüchen der Begeisterung in
Liedern ohne Worte (der sogenannten Zungenrede) nicht fehlte, versteht
sich von selbst. Bei diesen gemeinsamen Mahlen erinnerte man sich
in der Weise, wie Jesus es vor seiner Verhaftung eingesetzt hatte, beim
Brot und Becher des Opfertodes Jesu. Schon frühe kam auch die
Sitte auf, den Eintritt in die Genossenschaft, an der selbstverständlich
nur Juden teilhatten, durch ein Reinigungsbad zu feiern. Das war
der Ursprung der christlichen Taufe".

Dieses ist so ziemlich das einmütige Resultat der negativen Kritik
des Alten Testaments, oder der kritischen Schule, die mit Wellhausen
die jüdische Religion sich so entwickeln läßt. In verschiedenen mehr oder
minder nebensächlichen Punkten herrscht hier und da Differenz, und die
Konsequenzen für das Neue Testament, ja für das Christentum werden
nicht überall so klar und deutlich ausgesprochen, wie oben geschehen
ist, wenn auch schließlich niemand dieser Konsequenz sich entziehen kann.

II.

Es fragt sich nun, ob man bei diesem Stand der Wissenschaft
überhaupt von einer Staatsverfassung der Juden auf Grund der fünf
Bücher Moses reden, geschweige denn ein Buch darüber schreiben kann.

Um diese Frage zu beantworten, stellen wir uns zunächst auf den
Standpunkt dieser Hypothese selbst. Es handelt sich für uns gar nicht
darum, eine Religionsgeschichte der Juden zu schreiben, sondern wesentlich
darum, die sozialen und gesellschaftlichen Verhältnisse, wie sie in alter
Zeit im jüdischen Lande geherrscht haben, kennen zu lernen. Nun wird
von allen Kritikern einstimmig zugegeben, daß die Summa der sozialen
Gesetzgebung, wie sie Exodus 21—23 u. 34 zusammengefaßt wird,
uralt ist, ja daß die dort gezeichneten gesellschaftlichen Verhältnisse ein
Alter haben, das nicht bloß bis zu dem geschichtlichen Moses, sondern
wahrscheinlich zum großen Teil noch weit darüber hinaus reicht. Gerade
aber diese sozialen Ordnungen haben für uns in diesem Buche den
allergrößten Wert.

Ferner geben diese alttestamentlichen Kritiker zu oder müssen zu=
geben, daß die nach ihnen erst nach dem Exil entstandene Gesetzgebung
bis zu einer gewissen Grenze doch praktisch geworden ist, d. h. daß der
jüdische Staat wirklich versucht hat, sich nach dieser Gesetzgebung aus=
zugestalten. Ob nun diese Gesetzgebung nach der alten Anschauung
an den Anfang gestellt ist, oder nach der andern Anschauung an das
Ende, ist ja für die Religionsentwickelung der Juden und für die christ=
liche Kirche von größter Bedeutung, aber für den Zweck, den wir uns
vorgesetzt haben, nämlich die soziale Ordnung des alten jüdischen Volkes
einmal im Zusammenhang kennen zu lernen, hat diese Frage nur ganz ge=
ringen Wert. In dem einen Fall hat diese Staatsverfassung ein Alter
von etwas über 2000 Jahren, in dem andern ein Alter von etwas
über 3000 Jahren, ein Zeitunterschied, der hier wenig ausmacht.
Selbst aber auch, wenn diese Kritiker die ganze jüdische Gesetzgebung,
den sogenannten Priesterkodex für eine Utopie, für von fanatischen
Priestern ersonnenes Hirngespinst ansehen wollten, so würde dennoch
das unserm Interesse für diese Untersuchung wenig Abbruch thun; denn
auch selbst von solchen alten Utopien und Hirngespinsten aus grauer
Vorzeit Tagen sich eine klare Vorstellung zu machen, würde nicht
bloß sehr interessant, sondern auch lehrreich, von kulturgeschichtlichem
Werte sein.

Allerdings, das ist keine Frage, der Wert solcher Darstellung wird
wesentlich alteriert, je nachdem man dieser alttestamentlichen Kritik
zustimmt oder nicht. In dem einen Fall steht diese Gesetzgebung in
dem hellen Lichte einer göttlichen Offenbarung und verlangt Hoch=
achtung und Ehrfurcht, in dem andern Falle aber ist sie nur die Frucht
einer fanatischen religiösen Sekte, noch dazu mit viel Unlauterkeit und

Betrügerei, wenn auch nicht ersonnen, so doch zur Geltung gebracht. Aber auch dieser Umstand kann das Interesse an der Untersuchung nicht im geringsten schmälern. Denn diese ganze Gesetzgebung, wenn sie auch als göttliche Offenbarung angesehen wird, kann und will und darf doch nach christlicher Lehre für unsere Zeit nicht maßgebend sein; denn das bürgerliche Gesetz der Juden, zu dem dieser ganze Stoff gehört, das weiß jedes protestantische Kind schon aus der Volksschule, ist abgeschafft und hat als solches für uns weder gesetzliche noch göttliche Kraft. Es wäre nichts anderes als eine gefährliche, aber auch bodenlos dumme Schwärmerei, die Staatsverfassung der Juden auf Grund der fünf Bücher Moses als Vorbild für unsere Staatsverfassung hinzustellen, weil sie von Jahve vor 3000 Jahren dem kleinen Volke der Juden für Palästina offenbart ist. Was an dieser Staatsverfassung vielleicht für unsere Zeit noch wertvoll sein kann, sind unmöglich die einzelnen gesetzlichen Bestimmungen, sondern nur der Geist, der diese Gesetze durchweht. Ohne Zweifel werden wir später finden, daß dieser weise, soziale, herrliche Geist noch heute unsere Bewunderung verdient, die bei einem Christen sich in Anbetung verwandelt mit dem stillen oder lauten Ausruf: O welch eine Tiefe des Reichtums, beides der Weisheit und der Erkenntnis. Nichtsdestoweniger könnte diese Weisheit in unsrer Zeit, unter unsern so ganz anders gearteten Verhältnissen nur dann neue Gestalt gewinnen, wenn sie sich auch dem gesunden Menschenverstande als wertvoll erwiese. Dieser Erfolg, den wir allerdings erhoffen und wünschen, ist möglich, ob die Gesetzgebung so oder so entstanden ist; je vollkommener aber dieser Nachweis gelingt, um so mehr wird er ohne ausgesprochene Absicht für die idealere göttliche Entstehung der Gesetzgebung zeugen.

Eine nüchterne, möglichst vollständige Zusammenstellung dieser ganzen sozialen Gesetzgebung, die nach der gegenwärtigen Kritik in ihren einzelnen Teilen um ein Jahrtausend auseinanderliegt, wird so vielleicht einen nicht geringen apologetischen Wert gewinnen. Vielleicht wird diese ganze Gesetzgebung auf uns den Eindruck eines einheitlichen Ganzen machen, das unmöglich aus einzelnen Bruchstücken zusammengesetzt werden konnte, um so weniger als seine Grundgedanken erst am Ende erdacht und ersonnen sein sollen.

Nun aber verlassen wir diesen Standpunkt und, ohne irgend ein Urteil über die negative Kritik selbst zu fällen, nehmen wir sie hin für das, wofür sie sich zunächst noch selbst ausgibt, für eine Hypothese. Von dieser Hypothese hat das christliche Volk in weiten Kreisen noch gar keine Ahnung; bis jetzt ist sie eigentlich nur der theologischen Welt bekannt gemacht, und gewiß von kaum hundert Gelehrten wirklich gründlich verstanden worden. Wir kommen auf diesen Punkt nochmals zurück, behaupten aber schon hier, daß eine selbständige wissenschaftliche Begründung dieser Hypothese ein ganzes Lebensstudium voraussetzt, eine solche genaue Kenntnis der hebräischen und morgenländischen Litteratur, wie sie sich weder in dem akademischen Studium noch im Pfarramt unter den gewöhnlichen Verhältnissen gewinnen läßt. Deswegen sage ich, das Volk im allerweitesten Sinne, eingeschlossen auch alle wissenschaftlich Gebildeten, hat von dieser Hypothese keine Kenntnis, es sei denn durch einige ganz oberflächliche Zeitungsartikel. Die ganze protestantische Bevölkerung, soweit sie sich überhaupt mit Bewußtsein zur Kirche hält, stellt sich zu dieser neuen Lehre nur ablehnend, und ich zweifle keinen Augenblick, selbst die Kritiker der Neuzeit, mit Ausnahme vielleicht von einigen verbissenen Fanatikern, würden selbst kaum die Verantwortung über sich nehmen wollen, nun jetzt an die Stelle der alten Anschauung auf einmal diese neue zu setzen. Dazu kommt noch, worauf wir später an anderer Stelle großes Gewicht legen, daß die ganze katholische Christenheit, und die jüdische Gemeinde, als solche, in diesem Stück ganz und gar mit der protestantischen Bevölkerung übereinstimmt. Wir müssen danach also gestehen, daß es nichts als eine hochmütige Vermessenheit wäre, einer solchen Darstellung, wie wir sie beabsichtigen, die Berechtigung abzusprechen und sie mit vornehmer Herablassung abzulehnen, weil wissenschaftlich längst der ganze Stoff als ungeschichtlich erwiesen sei.

Endlich kommt noch hinzu, daß diese ganze Untersuchung nicht bloß das religiöse und soziale Interesse in Anspruch nehmen kann, sondern im hohen Grade auch ein juristisches Interesse hat. Es ist ganz erstaunlich, wie tief unsere ganzen Staatsverfassungen bis etwa noch vor 2 bis 3 Jahrhunderten im Alten Testament wurzelten, und dem aufmerksamen Beobachter kann unmöglich verborgen bleiben, wie weltliche und kirchliche Gesetzgebung in unzählig vielen Punkten noch bis heute ihre letzte Begründung dem Alten Testamente entnehmen. Die Jurisprudenz hat natürlich, wie jede andere Wissenschaft, auch ein Interesse daran, zu wissen, woher ihre Quellen stammen und wie alt sie sind, aber ich zweifle nicht daran, daß dieses Interesse zurücksteht hinter dem, das sie an den thatsächlich vorhandenen Quellen selbst hat. Gewiß fragt auch sie, woher bist du, und wie alt bist du? Aber ihre vornehmlichste Frage wird sein: Was bist du, was lehrst und sagst du?

Danach kann es für die Jurisprudenz nur von großem Interesse sein, einmal im Zusammenhang zu lesen, was nach dem mosaischen Gesetz rechtens gewesen ist, wie denn das Grund legende Werk: „Das mosaische Recht" von Johann David Michaelis seine Entstehung dem Umstande verdankt, daß ein schwedischer Staatsmann, Olaus Stabenius, Dr. juris und später Professor und Syndikus der Universität Upsala, im Jahre 1757 sich von genanntem Michaelis über das jus mosaicum ein Privatissimum lesen ließ.

Wenn wir nun auch unserer Schwachheit uns bewußt sind, und wissen daß der gute Wille nicht immer das Vermögen ersetzt, so wollen wir doch trotz jener negativen Kritik getrost ans Werk gehen und einen Gedanken ausführen, den wir selbst seit Jahren hegten und der danach sowohl von Naumann in seinem „Sozialen Programm der evang. Kirche" als auch von v. Nathusius in seinem zweiten Bande: „Die Mitarbeit der Kirche" wiederholt ausgesprochen ist.

Doch zuvor prüfen wir noch die Bedeutung dieser negativen Kritik für die Wissenschaft, für die protestantische Kirche und für unsere gegenwärtige Zeit im allgemeinen.

III.

Wie verhält sich nun die alttestamentliche, negative Kritik zur **Wissenschaft?** Wir denken nicht daran, diese schwerwiegende Frage im folgenden irgendwie abschließend zu behandeln, es fehlt, von allem anderen abgesehen, dazu schon an Raum in dieser Einleitung. Objektiv aber und ruhig, wie wir die Kritik selbst im 1. Abschnitt geschildert haben, wollen wir unsere Gedanken niederlegen, mehr zur Orientierung für die vielen, die in diesen Fragen nicht unterrichtet sind, als um die Wissenschaft selbst dadurch zu fördern.

Wir beginnen mit einer kurz gedrängten Uebersicht der Geschichte dieser ganzen Kritik.

Im Jahre 1866 gab K. H. Graf († zu Meißen 1869) sein Buch: „Die geschichtlichen Bücher des Alten Testaments" heraus. Seit jener Zeit, also seit noch nicht dreißig Jahren, macht diese Grafische Hypothese, die wesentlich sich mit unserer früheren Darstellung deckt, in der theologischen Welt so viel Aufsehen, und dies namentlich seit Wellhausen sie 1878 in seinem „Prolegomena zur Geschichte Israels" mit großem Geschick, mit scharfer Dialektik, mit siegesgewisser Überzeugung nicht bloß verteidigt, sondern sich vielmehr bemüht hat, sie als historisch notwendig nachzuweisen. Freilich ist auch Graf nicht der Vater dieser Hypothese, sondern vielmehr schon seit 1833 der Straßburger Professor Reuß und dann Vatke. Graf, ein Schüler von Reuß, hat diese verschollene Hypothese wieder von den Toten erweckt, und Wellhausen sie mit modernem Leben elektrisiert.

Die ganze Urkunden= und Ergänzungshypothese ist allerdings viel älter, obgleich ihr Alter auch 140 Jahre nicht übersteigt. Der Leibchirurg Ludwigs XIV., Jean Astruc (1684—1764) gab im Jahre 1753 anonym in Brüssel seine „Vermuthungen über die mosaischen Originalquellenschriften" heraus. Ihn leitete bei seiner Untersuchung nur ein apologetisches Interesse. Er war es, der zuerst in der Genesis den verschiedenen Gebrauch von Jahve und Elohim entdeckte und daraus den Schluß auf eine sogenannte Jahve und Elohimgrundschrift machte. Moses hätte, so meinte Astruc, bei der Abfassung des Pentateuchs die beiden Quellenschriften benutzt. Wie Graf nicht der erste war, welcher die Entstehung des Gesetzes in die Exilzeit verschob, so war auch Astruc nicht der erste, welcher an der überlieferten Entstehungsweise des Pentateuchs zweifelte. Vor ihm sind schon zu nennen Peter Hobbes in England (1651), Peyrerius († 1655) und Baruch Spinoza in seinem tractatus theologicus politicus. Astruc aber war der erste, der diesem Zweifel durch seine Entdeckung Fleisch und Bein gab.

Diese Astrucsche Hypothese wurde erst 1780 durch Eichhorn in Deutschland allgemein bekannt, nachdem schon vorher Gelehrte, wie J. David Michaelis sie geprüft und abgelehnt hatten. Diese sogenannte Urkundenhypothese, nach welcher die zwei (oder nach Ilgen drei) selbstständigen Quellenschriften ganz äußerlich zusammengeschweißt sein sollten, entwickelte sich dann später zu der sogenannten Ergänzungshypothese, nach der dann 4 Hauptquellen (Jahvist, zwei Elohisten und der Deuteronomiker) angenommen wurden. Wie diese Quellen sich zu einander verhalten, ob sie zum Teil schon vorher redigiert sind (J. E.) und dann mit D. zu J. E. D. vereinigt wurden, bis sie zuletzt nach dem Exil mit P. in ein Werk J. E. D. P. zusammenschmolzen, oder ob sie bis zur letzten Redaktion selbständig blieben, darüber herrscht noch Zwiespalt. Ferner ist man sich auch nicht einig, welche von den Quellen die älteste sei, ob J. vor E. und P. oder ob P. vor E. und D. zu denken sei. Doch wie gesagt, die sogenannte Grafische Hypothese hat dann nahezu die Alleinherrschaft erlangt.

Wenn wir nun dazu übergehen, zu alle diesen Hypothesen und

namentlich zu der letzteren wissenschaftlich Stellung zu nehmen, so bemerken wir zuvor, daß solche Stellungnahme aus zwei Gründen sehr schwer ist.

Zuerst ist es mit dieser, nun noch nicht dreißig Jahre alten, Hypothese so gegangen, wie es mit allen neuen Fündlein zu gehen pflegt. Ich erinnere an den Darwinismus, oder weil die Parallele noch viel mehr hierher paßt, an Strauß' Leben Jesu. Wer in solchen neuen Dingen nicht gleich mitmacht, und sich nicht wie die anderen, in der neu entdeckten Weisheit berauscht, läuft Gefahr, von der zünftigen Wissenschaft geächtet zu werden, weil sie häufig von unwissenden und phrasenhaften Nachschwätzern vertreten wird, die an der Wissenschaft selbst kein Interesse haben, aber desto mehr an dem mit der Neuentdeckung verbundenen Widerspruch. Die eigentlichen Gelehrten halten sich von dieser Unart mehr oder weniger frei; je mehr sie sich selbst mit solcher Unart bemengen, um so mehr ist man berechtigt, an ihrer Wissenschaftlichkeit zu zweifeln.

Ich bedaure nun sehr, in sämtlichen Schriften furchtbar harte Urteile über die gefunden zu haben, die diese ganze Hypothesentheorie verwerfen. Selbst der sonst so nüchterne Kautzsch weiß eine andere Ansicht nur durch Unwissenheit oder Borniertheit zu erklären, ein drittes gibt es für ihn nicht. Er schreibt (S. 151 unten): „In der That ist jetzt die Vierzahl, sowie der besondere Charakter dieser Hauptquellenschriften mit so unwiderleglichen Gründen erwiesen, dazu auch in der Quellenscheidung im einzelnen ein solches Maß von Übereinstimmung unter allen kompetenten Forschern erzielt, daß die Ablehnung obiger Ergebnisse zur Zeit nur noch aus zwei Gründen erklärt werden kann: entweder aus der Unbekanntschaft mit den Thatsachen, oder aus dem ein für allemal gefaßten Entschluß, sich durch keine Gewalt der Thatsachen in dem Festhalten an längst widerlegten Vorurteilen beirren zu lassen.“ Wellhausen weist alle die, die den Priesterkodex oder seinen Inhalt schon zu Samuels Zeit für vorhanden oder in Geltung erachten, ab mit den Worten (S. 283): „Wer aber die Hierokratie in diese Zeiten zurückträgt, der hat zu einem historischen Verständnis des hebräischen Altertums noch nicht den Anfang gemacht“. Noch viel unfreundlicher und abstoßender schreibt Stade (I 358): „Die folgenden Erörterungen rechnen außerdem nur auf das Verständnis solcher, die die sittliche Kraft, überkommene Vorstellungen zu korrigieren, besitzen, und die sich die der jüngeren theologischen Generation nicht ohne Geschick aberzogene Fähigkeit, Gründe von Ausflüchten zu unterscheiden, erhalten

oder wieder erarbeitet haben. Auf ein Verständnis auf seiten jener übel be=
ratenen Apologetik, die das Christentum zu verteidigen wähnt, indem sie
seine wesentlichsten Erkenntnisse in vorchristliche Zeit zurückträgt, ver=
zichte ich selbstverständlich." Es ließen sich mit leichter Mühe noch
eine Menge solcher Citate anführen, jedem aber, der sich mit dieser
Litteratur beschäftigt, werden sie zur Genüge begegnen.*) Daher ist es
begreiflich, wenn Männer wie Hengstenberg und Keil von dieser Wissen=
schaft eigentlich nur mit bemitleidenswertem Achselzucken angeführt
werden, aber auch selbst Gesinnungsgenossen, wie sogar Ewald, müssen
sich als längst veraltete Größen hinstellen lassen, weil sie die Radikalkur,
den von Graf und Wellhausen proklamierten Umsturz, ablehnten. Wie
schon oft auf eine Geistesverwandtschaft zwischen der Sozialdemokratie
und dieser negativen Kritik in den öffentlichen Blättern hingewiesen ist,
so erblicken wir auch hier in dem Verhalten gegen Andersdenkende
eine auffallende Ähnlichkeit. Der „Vorwärts" teilt auch die Gegner
und namentlich die Geistlichen ein in Unwissende und Wissende, die
einen sind Gegner der Partei aus Borniertheit, die andern aus
Heuchelei.

Da auch wir, trotz fleißigen Studiums, uns von der Wahrheit
dieser Kritik nicht haben überzeugen können, so laufen also auch wir
Gefahr, entweder mit vornehmem verachtenden Stillschweigen, oder mit
einem sonst bezeichnenden Prädikat bestraft zu werden. Deswegen,
sage ich, ist die Widerlegung aus formellen Gründen schwer. Das
vorher dargestellte Ergebnis ist eben namentlich bei der jüngeren theo=
logischen Generation eine so unumstößliche, durch die Wissenschaft er=

---

*) Mit diesem stolzen Selbstbewußtsein verbindet sich oft auch ein frivoler
Geist. Ich hielt irgendwo einen Vortrag und hatte unter meinen Zuhörern eine
ganze Anzahl akademischer Lehrer aus verschiedenen Fakultäten. Ein angesehener
Professor der Theologie meinte am späten Abend: „Herr Pastor, Sie würden noch
Großes wirken können, wenn Sie erst das moderne Denken würden gelernt haben".
Nachdem ich mich erkundigt, was das eigentlich wäre, und darauf hingewiesen hatte,
daß die revolutionäre Trinität des vorigen Jahrhunderts: Gott und Unsterblichkeit
und Tugend namentlich in dem modernen Fortschritt Gott und Unsterblichkeit abge=
streift hätte, und daß nur die Tugend — und was für eine — übrig bliebe und
auch bemerkt hatte, daß der Herr Professor mit solcher modernen Denkungsart doch
nichts zu thun haben werde, da antwortete er: „Herr Pastor, wenn Sie erst wüßten,
wie ich stehe, würden Sie erschrecken, in welch heißem Feuer der Hölle ich einst
braten muß". Wenn solche Redensart, die von einem Bierphilister in einer Kneipe
gethan, abscheulich ist, von einem Professor der Theologie geschehen kann, dann
naht sich das Gericht Gottes.

wiesene Thatsache, daß, wer auf wissenschaftliche theologische Bildung und auf Wählbarkeit in großstädtischen protestantischen Kirchen Anspruch machen will, sich unmöglich noch länger ablehnend verhalten kann.

Sodann aber ist eine wissenschaftliche Auseinandersetzung auch aus sachlichen Gründen sehr schwer, ja fast geradezu unmöglich.

Soweit es sich um die alte Urkundenhypothese handelt, ist eine verständliche Diskussion und somit eine Verständigung möglich; sobald es sich aber um die Quelle D und um die exilische Quelle P und um ihre verschiedene Ineinanderarbeitung handelt, sehe ich, wenigstens aus zwei Gründen, kann die Möglichkeit einer Verständigung zwischen den beiden entgegenstehenden Ansichten.

Man werfe nur einen Blick in die Tabellen dieser Kritiker, in denen die einzelnen Bruchstücke der hebräischen Litteratur und die Quellen und die verschiedenen Redaktionen schön einregistriert nacheinander stehen, und man wird merken, daß es für ein gewöhnliches Menschenkind ganz unmöglich ist, sich hier selbständig ein Urteil zu bilden. Es handelt sich nämlich darum, aus der überlieferten hebräischen Litteratur alle die dort schön registrierten einzelnen Stücke herauszuschälen, und überall die inneren Gründe, z. B. in der Verschiedenartigkeit der Sprache und in dem Gebrauche eigentümlicher Wortbegriffe u. s. w. nachzuweisen. Nun liegt diese Litteratur weit über 2000 Jahre hinter uns und ist nur mangelhaft auf uns gekommen. Welch eine genaue Kenntnis der Sprache, ich meine natürlich nicht bloß der Grammatik, sondern des eigentümlichen Sprachidioms, gehört dazu, um jetzt, nach mehr als 2000 Jahren, entscheiden zu können, daß in dem und dem Jahrhundert dieser und jener Abschnitt nicht geschrieben sein könne, sondern in das oder jenes Zeitalter gehöre und unmöglich dem oder jenem Schriftsteller eigentümlich sein könne, sondern einem andern angehören müsse? Ich will diese gründliche, gewiß oft bewunderungswürdige Sprachgelehrsamkeit gewiß nicht bezweifeln, aber das behaupte ich: sie kann nur das Vorrecht einer an Zahl ganz geringen Klasse sein, die ihre ganze Lebenszeit diesem Sprachstudium gewidmet haben. Deswegen aber haben für alle andern Menschenkinder, die dieses Spezialstudium nicht getrieben haben, die langen Reihen von Spracheigentümlichkeiten, mit denen jeder aufgezogen kommt, gar keine beweisende Kraft. Anderseits aber muß jeder Unparteiische zugestehen, daß in dieser Art der Beweisführung die größte Gefahr verborgen liegt, daß sie der Willkür, der persönlichen Neigung Thür und Thor öffnet. Deshalb begreifen wir recht wohl, wenn Green in beißendem

Sarkasmus Dr. Robertson Smith, der den Nachweis versucht, daß „das korrespondierende Verbum von Passah notwendig eine religiöse Verrichtung, offenbar einen Tanz bezeichne, wie 1. König 18, 26" abfertigt. Er schreibt (S. 177): „Diese famose Vermutung nimmt sich gerade so aus, wie wenn man von der Thatsache, daß „Revolution" von dem lateinischen Wort „revolvere" abgeleitet ist, schließen wollte, die englische Revolution wäre so genannt worden, weil es Sitte war, Revolver zu tragen, und daher hätte dieselbe nicht 1688 stattfinden können, wie man allgemein geglaubt hat, sondern müßte in eine spätere Periode nach der Erfindung des Revolvers durch Oberst Colt im Jahre 1835 versetzt werden."

Ich erinnere mich, in meiner Studentenzeit gehört zu haben, daß ein recht kritischer Kopf einmal den gründlichen und gelehrten Nachweis erbracht habe, daß Napoleon I. gar nicht gelebt habe, sondern eine mythische Person sei. Oder kehren wir zu unserer eignen Sprache zurück. Sollte es wirklich so unmöglich sein? nein, wir glauben, es wäre dem Lessing, wenn er heute lebte, ein leichtes, die Preisaufgabe zu lösen, daß z. B. Schillers Glocke unmöglich ein einheitliches Werk sein könne, sondern nur aus den verschiedenartigsten Bruchstücken zusammengesetzt und zum Schluß von Schiller mit ganz deutlich nachweisbaren Zuthaten redigiert worden wäre.

Hiermit hängt eng zusammen, daß jedem unparteiischen Leser dieser gelehrten kritischen Werke sich der Eindruck unwillkürlich aufdrängen muß, daß Ursache und Wirkung hier fort und fort ineinander laufen. Zunächst sind die nachgewiesenen verschiedenen Quellenschriften die Grundlage für die Annahme, daß verschiedene Stadien in der Geschichte der Religionsentwickelung anzunehmen sind. Sind nun diese Stadien erst gewonnen, so werden sie wieder umgekehrt die Ursache, neue Quellenschriften zu finden, so daß Ursache und Wirkung fortlaufend im Kreise sich herumdrehen. Man weiß ja, daß, wer sich einmal in eine bestimmte Idee verliebt hat, dann auch immer leicht Gründe für diese seine Idee findet. Wer suchet, der findet, das ist ein Wort, das auch hier leider seine weiteste Anwendung findet.

Hieraus geht nun zur Genüge klar hervor, daß auf diesem Gebiete eine Diskussion zur gegenseitigen Verständigung selbst zwischen den weisesten Sprachgelehrten, die verschiedener Meinung sind, nahezu unmöglich ist, weil die gemeinschaftliche Grundlage, die hebräische Litteratur, gleichsam in einen schwankenden und wankenden Untergrund verwandelt ist.

Wenn diese Unmöglichkeit schon Platz greift zwischen gelehrten
Sprachforschern, wieviel mehr, wenn auf der einen Seite gelehrte
Sprachforscher stehen, die das Blaue vom Himmel beweisen können, und
auf der andern Seite Männer, die zwar auch nicht auf den Kopf ge=
fallen sind, aber doch den Anspruch nicht erheben können und wollen,
daß sie diese morgenländischen Sprachen sich zum Spezialstudium erkoren
haben. Jeder Versuch einer Verständigung auf dem gemeinsamen Boden
fällt sogleich ins Wasser, weil der eine diese oder jene Belegstelle für
seine Ansicht sich entrissen sieht, da der Gegner ihm triumphierend
entgegentritt mit dem Machtspruch, daß diese Stelle unmöglich beweisend
sein könne, weil sie eben interpoliert sei, und aus ganz anderer Zeit
und von einem ganz andern Verfasser herstamme, als der erstere ange=
nommen hat. Denn die verschiedenen Quellenschriften umfassen nicht
nur einzelne Abschnitte und Bücher, sondern auch zahllose einzelne
Verse, die überall hier und dort angeblich eingeschmuggelt sein sollen.
Dazu kommt, daß selbst für einen Laien die wunderlichsten Gründe
hier und da zum Vorschein kommen zum Beweise, daß dieses oder jenes
Buch aus dieser oder jener Zeit stammen müsse. Wir haben schon An=
deutungen darüber gemacht, als wir vom Psalter und Jesajas 53
sprachen; ähnliche Gründe müssen herhalten zum Beweise, daß das
Buch Ruth, das sonst für alt gehalten wurde, aus der Zeit nach dem
Exile stammt. Der wunderlichste Grund ist mir begegnet bei dem Buche
Hiob. Dieses Buch ist von namhaften Gelehrten für eins der ältesten
gehalten worden. Joh. David Michaelis hält Moses für den Verfasser.
Das aber kann alles nicht möglich sein nach Stade, Kautzsch und Well=
hausen, schon deshalb nicht, weil die herrliche Beschreibung eines Kro=
kodils und Nilpferdes, wie wir sie im Buche Hiob lesen, nur möglich
war zur Zeit der Makkabäer. So lesen wir Stade I 351: „Es ist
ganz unzweifelhaft, daß diese Weltanschauung (im Buche Hiob) erst
seit Esra aufkommen konnte, und die nationale Verwaschenheit, der=
zufolge Edomiter als maßgebende Vorbilder der Frömmigkeit und Weis=
heit auftreten, paßt allein in die hellenistische und zwar ptolemäische
Epoche, in der auch die Bilder des Krokodils und Nil=
pferdes am besten angesetzt werden.“

Aus allen diesen Gründen ist, das wiederholen wir, eine Diskussion,
geschweige denn eine Widerlegung, auf diesem Gebiete ein Ding der
Unmöglichkeit.

Es ist also deshalb diese ganze kritische Anschauung ein Gebiet, das
lediglich der gelehrten Wissenschaft angehört, und das sollte sie auch bleiben.

Daher ist es zu tadeln und für die ruhige Entwickelung der Wissen=
schaft störend und gefährlich, wenn diese ganze Materie zu einer Partei=
sache zu werden droht, und die Stellung zu dieser Kritik zu einem
Kriterium gemacht zu werden scheint, ob man theologische Bildung be=
sitze oder nicht; oder gar, ob man wahlfähig oder nicht wahlfähig sei
in den Ämtern derer, die diese Weisheit zu ihrer Privatprovinz gepachtet
zu haben glauben.

Wir verlassen deshalb nun dieses Gebiet, und versuchen eine ruhige
Diskussion anzubahnen, indem wir Stellung nehmen zu den von der
kritischen Schule angewandten Grundsätzen und zu den von ihr ge=
wonnenen Ergebnissen.

Was die Grundsätze angeht, so stellen wir deren vier hier zusammen,
nämlich die Beweisführung erstens e silentio, zweitens aus dem
Verhalten der vorexilischen Propheten, drittens aus der Reform
Josias, viertens aus Esras Wirksamkeit.

Was den ersten Grundsatz angeht, so lassen wir am besten wieder
Wellhausen reden. Er schreibt (381): „Gegen die allgemeine Art der
Begründung der Grafschen Hypothese ist Einspruch erhoben worden.
Es soll eine unerlaubte Argumentation e silentio sein, wenn daraus,
daß die priesterliche Gesetzgebung noch bei Ezechiel latent ist, wo sie
wirksam, unbekannt, wo sie bekannt sein sollte, geschlossen wird, daß sie
damals noch nicht vorhanden gewesen sei. Was verlangt man denn
aber? Soll die Nichtexistenz des Nichtvorhandenen etwa auch noch
vorher bezeugt werden? Ist es verständiger e silentio positiv den
Beweis der Existenz zu erbringen? zu sagen: in der Richter= und
Königszeit gibt es keine Spuren der Hierokratie, also stammt sie aus
dem höchsten Altertume, von Moses her? Das Problem bliebe dann
dasselbe, nämlich zu erklären, wie es kommt, daß mit und nach dem
Exil die Hierokratie des Priesterkodex praktisch zu werden beginnt.
Was die Gegner der Grafschen Hypothese Argumentation e silentio
nennen, ist weiter nichts als die allenthalben gültige Methode historischer
Forschung."

Mit kluger Dialektik, leider nicht im Interesse der Wahrheit,
sondern nur in dem einer bestimmten liebgewordenen Meinung, ist hier
Wahres und Falsches durcheinandergemengt.

Zunächst muß man Wellhausen darin zustimmen, daß eine große
Schwierigkeit vorliegt und damit zugleich eine große Versuchung, sie im
Sinne Wellhausens zu lösen.

Wie Wellhausen von sich berichtet, so mag es vielen gegangen sein,

wenigstens mir selbst ist es ebenso gegangen, nur daß ich die Konse=
quenzen nicht zog, die Wellhausen gezogen. Wer sich in die historischen
Bücher, namentlich Richter und Könige und Samuelis hineinliest, wird
sich kaum jemals eine Vorstellung von der Staatsverfassung machen
können, die nach den fünf Büchern Mosis dieser Geschichte zu Grunde
gelegen haben soll. Wendet er sich dann von dieser Lektüre zu den
fünf Büchern Mosis, so wird er wieder mit Wellhausen in den meisten
Fällen zugestehen, daß durch solche Lektüre seine Verwirrung nur noch
größer geworden sei. So sei es ihm gegangen, sagt Wellhausen, da
habe er zufällig von dem 1866 herausgegebenen Buche Grafs gehört
und von dessen Hypothesen, daß danach das Gesetz erst an das Ende
der Geschichte Israels zu stellen sei, da sei er, noch ehe er Kenntnis
von dem Buche genommen, schon gleich für die Hypothese gewonnen
worden.

Nun muß ich gestehen, so interessant mir dieses Bekenntnis war,
so sehr hat es mich doch in Erstaunen gesetzt; denn so leichten Kaufes
verlasse ich die von mir eingenommenen Positionen nicht, und erst recht
nicht, wenn das gewonnene Resultat die erste Position zwar übertrifft,
aber doch lauter neue Schwierigkeiten und Rätsel bietet.

Es liegt eine große und nicht leicht zu lösende Schwierigkeit darin,
daß diese Gesetzgebung Mosis, daß diese mosaische Staatsverfassung so
bitterwenig erwähnt wird, wenn sie schon zu Mosis Zeit geschaffen war.
Mit dieser Schwierigkeit haben wir uns zunächst auseinanderzusetzen
und nicht aus dieser Schwierigkeit nun gleich einen Schluß zu ziehen,
der die ganze bisherige Anschauung auf den Kopf stellt, einen wahr=
haften Umsturz proklamiert, gegen den der Zukunftsstaat der Sozial=
demokraten ein Kinderspiel ist. Diese durch die gewaltsame Hypothese
begonnene neue Entwickelung hat nun umgekehrt ein lebhaftes Interesse
daran, diese oben statuierte und zugegebene Schwierigkeit nicht zu heben,
vielmehr zu vergrößern. Wo daher diese mosaische Gesetzgebung durch
die historischen Bücher hindurchblickt, wo ganze deutliche Andeutungen
gemacht werden, da werden sie einfach — man entschuldige das Wort
— weg eskamotiert, denn Geschwindigkeit ist keine Hexerei; und mit
dem vorher angeführten langen Register von hebräischen Wörtern und
Begriffen u. s. w. kommen die starken Helden angezogen und beweisen,
daß dieser Satz und jener Satz gar nicht dahin gehört, sondern während
des Exils dahin geschmuggelt sei, und wer dem nicht zustimmt, dem
mangelt es entweder an den nötigen Kenntnissen oder an dem guten
Willen, er sei entweder dumm oder borniert. Und wenn nun selbst

gelehrte Männer, die wesentlich auf demselben Boden wie diese neuen
Kritiker, ja auf deren Schultern die letztern stehen, deutlich Zeugnis ablegen,
daß von dieser mosaischen Gesetzgebung reichlich Spuren genug vorhanden
sind, so übt die siegesgewisse und man verzeihe, stellenweise recht hoch=
mütige Proklamation der neuen nun unwiderleglichen Sätze auf uns
nur die entgegengesetzte Wirkung aus. Gerade die Gesetzgebung über
die Feste der Hebräer spielt in der Beweisführung dieser neuen Kritiker
eine große Rolle, ja wie in einem Bollwerk haben sie sich hier ver=
schanzt; denn gerade die Festgesetze ließen — wie sie sagen — am
besten erkennen, wie so allmählich erst das mosaische Gesetz entstanden
und im Exil erst zur Vollendung gekommen sei. Ewald, dem Well=
hausen als seinem Lehrer sein Buch widmet, schreibt Neue Zeitschrift für
Kunde des Morgenlandes (Vol. III, S. 411, 434*)) über die Festge=
setze: „Hier haben wir ein Gebäude vor uns, einfach, erhaben und voll=
kommen. In allem lebt ein Geist, alles repräsentiert eine Idee, Gleiches
tritt durch Gleiches in Kraft und wird, wie nach der Schnur fortlaufend
aufgezählt. Es ist kein geringer Ruhm, daß die vorigen mehr natür=
lichen Feste sehr weislich nicht aufgehoben, oder hochmütig auf die Seite
geworfen, sondern wieder eingerichtet und mit neuer Kraft erfüllt und
mit tieferer Bedeutsamkeit bekleidet wurden. Während andere alte
Völkerschaften eine Menge von Festen mit keinem sichtbaren Zusammen=
hang haben, sind diese wenigen, aber unter sich zusammenhängenden
Feste von einem Licht erleuchtet zu dem einen großen Endzweck, daß
jedes ein Sabbat Jehovas sei. Wer eine hinreichende Kenntnis
von diesen Festen hat, kann sich des Eindrucks nicht erwehren, daß sie
nicht in langsamer Stufenfolge durch den blinden Impuls äußerlicher
Natur, auch nicht durch die Geschichte des Volkes entstanden sind, sondern
daß sie das Produkt eines großen Genies sein müssen."

Bertheau schreibt zu derselben Sache (ebenda citiert Seite 37):
„daß er zu der Überzeugung gekommen sei, daß die Gesetze des Penta=
teuchs und besonders die, die sich mit den Festen beschäftigen, ein zu=
sammenhängendes, einheitliches gesetzgeberisches System bilden, und das
Produkt eines Geistes und einer Zeit sind, und daß sie niemand
anders als Moses zuzuschreiben sind, der sie während der Wüsten=
wanderung verfaßt hat". Von Bähr, dem Verfasser des mosaischen
Kultus 1874, schreibt Green (Seite 68): „Er findet ein zusammenhängendes
harmonisches System religiöser Ideen in den ganzen Kultus eingekleidet,

*) Citiert in Green Seite 39.

generisch verschieden von denen jedes anderen Volkes. Alles ist von einem Geist durchdrungen und ist der Ausdruck e i n e r Auffassung und zeigt, daß das ganze Zeremonialgesetz das Produkt e i n e s Geistes ist. Sein Glaube an die historische Thatsache, daß dieser Geist kein anderer als der eines Moses ist, steht ihm trotz aller widersprechender Hypothesen unerschütterlich fest." Die Schwierigkeit also, daß in den historischen Büchern so wenige Andeutungen von der mosaischen Gesetz= gebung enthalten sind, soll nicht weggeleugnet werden, aber sie soll auch nicht im Interesse einer Hypothese vermehrt werden. Eigentlich müßten nun hier diese Andeutungen eine nähere Ausführung finden, aber Zeit und Raum und der ganze Plan gestatten das nicht. Es fragt sich nur, ob die Nichterwähnung nicht auch anders und auf vernünftige Weise zu erklären ist. Es handelt sich nicht, wie Wellhausen dialektisch unter= schiebt, um eine Nichterwähnung der Nichtexistenz des Nichtvorhandenen, sondern um die Nichterwähnung der Existenz des Vorhandenen.

Nun ist doch hier die Thatsache zu berücksichtigen, daß von der alten hebräischen Litteratur uns nur Bruchstücke überliefert sind, daß ganz ohne Zweifel eine reiche Litteratur untergegangen ist. Die vor= handene Litteratur reicht deshalb nicht aus, um solche gewagte Hypo= thesen zu begründen, die allerdings diese eine Schwierigkeit heben, aber tausend andere wieder dafür entstehen lassen. Wie oft reicht in der noch vorhandenen Litteratur nur eine einzige Stelle aus, um eine jetzt allge= mein anerkannte Thatsache zu beweisen, ich erinnere an Jeremias 34, 8—11, ohne welche Stelle das Alter der im sogenannten Bundesbuche Exod. 21—23 enthaltenen Bestimmungen gewiß nicht so allgemeine An= nahme gefunden hätte. Ferner ist denn wirklich die Annahme so absurd, daß die Erwähnung der Einrichtungen unterbleibt, die seit Moses Zeit als selbstverständlich angesehen werden konnten? Wem fällt es denn heute ein nur noch zu bestätigen, daß wir nach dem Gregorianischen und nicht nach dem Julianischen Kalender rechnen? Dazu aber kommt, wie wir später bei der Darstellung der gottesdienstlichen Verfassung noch sehen werden, daß die Nichterwähnung in den historischen Büchern und die angebliche große Differenz zwischen dem Gottesdienst dort und dem von Mose vorgeschriebenen auf eine ganz minimale Bedeutung zurück= zuführen ist. Man denke nur einmal an unsere gegenwärtige Zeit. Wäre es nicht möglich, daß von unserer gegenwärtigen Litteratur nach etwa tausend Jahren nur ein verschwindend kleiner Rest übrigbleiben werde? Nun denke man sich, es wären übrig gebliebene Bruchstücke aus verschiedenen Kriegen, z. B. dem dreißigjährigen, dazu wahrheitsge=

treue und ziemlich realistische Kulturschilderungen, dazu etwa noch die lex Heinze mit ihren Verhandlungen. Würde sich nicht der schönste Schluß nach tausend Jahren ziehen lassen, daß in Deutschland vorher Vielweiberei geherrscht und die schändlichste Unzucht Regel gewesen sei, daß aber erst zur Zeit der lex Heinze in Deutschland die Kenntnis des sechsten Gebotes allgemein geworden wäre? Oder man denke an das tapfere und wirklich vorbildliche Eintreten der sozialdemokratischen Partei für die Feiertagsruhe; sollte nicht nach tausend Jahren unter ähnlichen Verhältnissen dann Wellhausen, der Zweite, den haarscharfen Nachweis führen können — dem zu widersprechen bei Verlust der allgemeinen Bildung gefährlich wäre —, daß in Deutschland erst durch die Sozialdemokraten die Kenntnis und Anerkennung des dritten Gebotes verbreitet worden sei, während vorher von einer Feiertagsruhe eigentlich gar keine Rede gewesen sei, weder im Kriege noch im Frieden, ja selbst an öffentlichen Bußtagen sei selbst in kaiserlichen Palästen gemauert und gezimmert worden, dagegen sei im ganzen Lande der höchste Feiertag und der allgemeinste Freudentag der Geburtstag des Kaisers und des Landesherrn gewesen? Ja wahrlich dieser in der Hypothese Grafs resp. Wellhausens allerwichtigste Beweis, der am meisten befestigte Haken, an dem die ganze Hypothese hängt, gibt bei näherer Untersuchung des Mauerwerks nach, und die daran gehängte These gerät ins Schwanken und wird fallen dahin, wohin schon soviel klug erdachte Dinge gefallen sind.

Wir wenden uns zu dem zweiten Punkt, dem Verhalten der vorexilischen Propheten in ihren Strafpredigten gegen die Sünden des Volkes. Wir wollen auch hier Wellhausen ausführlich hören. Er schreibt (Seite 58):

„Den Eindruck, den man aus den geschichtlichen Büchern gewinnt, vervollständigen die Propheten. Es ist wahr, indem sie gegen die Verwechselung des Kultus mit der Religion kämpfen, lassen sie erkennen, daß er zu ihrer Zeit auf das eifrigste und glänzendste betrieben wird und in der höchsten Wertschätzung steht. Aber diese Wertschätzung gründet sich nicht auf die Meinung, daß der Kultus seiner Materie nach auf Moses oder Jahve selbst zurückgehe, der Theokratie den unterscheidenden Charakter gebe und eben das übernatürliche Priesteramt Israels unter den Völkern ausmache, sondern einfach auf den Glauben, daß Jahve von seinen Anhängern ebenso müßte geehrt werden, wie die andern Götter von ihren Unterthanen, durch Opfer und Gaben, als die natürlichen und, ebenso wie das Gebet, allgemein üblichen Äußerungen der religiösen Huldigung ..... Daher können denn die Propheten fragen, ob denn Jahve befohlen habe, sich mit dergleichen Leistungen für ihn anzustrengen, in der Voraussetzung, daß ein solcher Befehl nicht existiere und daß niemand von einer Thora rituellen Inhalts etwas wisse. Amos 4, 4 sagt: „Kommt nach Bethel zu sündigen, nach Gilgal noch mehr zu sündigen und bringt alle Morgen eure Opfer, alle drei Tage eure Zehnten — so liebt ihr es ja, ihr Kinder Israel." In dem wegwerfenden Urteil über den Wert des Kultus widerspricht er dem Glauben seiner Zeit: aber wäre die Meinung verbreitet gewesen, gerade der Kultus sei die Stiftung Jahves in Israel, so könnte er nicht sagen: so liebt ihr es ja, ihr, nicht Jahve: es ist eitel selbstgewählter Gottesdienst. Noch deutlicher spricht er sich 5, 21 aus: „Ich hasse, verschmähe eure Feste und rieche nicht in eure Feiertage; bringt ihr mir Vollopfer und eure Gaben dar, ich mag sie nicht, und euern Dank an Mastkälbern sehe ich nicht an. Fort von mir mit dem Lärm deiner Lieder, dein Harfenspiel will ich nicht hören, es quille aber wie Wasser das Recht hervor und Gerechtigkeit, wie ein unversieglicher Bach. Habt ihr mir Opfer und Gaben in der Wüste dargebracht, die vierzig Jahre, Haus Israels?" Schwerlich fürchtet Amos mit der Behauptung dieser letzten Frage auf irgend welchen Widerspruch zu stoßen, er folgt darin im Gegenteil der allgemeinen Annahme. Seine Polemik ist gegen die Praxis seiner Zeitgenossen gerichtet, er gründet sie aber auf eine theoretische Grundlage, in der sie mit ihm übereinstimmen, nämlich darauf, daß der Opferdienst nicht mosaischen Ursprungs sei. Wenn endlich die Stelle 2, 4*) „So spricht der Herr: Um drei und vier Laster willen Juda will ich sein nicht schonen, darum, daß sie des Herrn Gesetz (Thora) verachten und seine Rechte (chukav) nicht halten und lassen sich ihre Lügen verführen, denen ihre Väter nachgefolget haben," echt wäre, so würde sie dasselbe lehren. Unter der Thora Jahves, welche die Väter verachtet haben, kann Amos nichts verstehen, was mit einer Ritualgesetzgebung die entfernteste Ähnlichkeit hat.

An Amos schließen sich Hosea, Jesaia und Micha an. Der erstere führt 4, 6 bittere Klage darüber, daß die Priester statt der Thora die Opfer kultivieren. Die Thora, die Jahve ihrem Stande anvertraut, gibt ihnen den Beruf, die Kenntnis Gottes in Israel zu verbreiten, daß er Treue und Liebe, Recht und Billigkeit fordert und keine Geschenke, aber aus niederer Selbstsucht befördern sie den Hang des Volkes zum Kultus, in dessen Überschätzung sein Aberglaube, seine Sünde und sein Verderben besteht. „Mein Volk geht unter aus Mangel der Erkenntnis, denn ihr selbst (ihr Priester) verachtet die Erkenntnis, so will auch ich euch verachten, daß ihr mir nicht Priester sein sollt; ihr habt die Thora eures Gottes vergessen, so will ich auch euer vergessen. So viel sie sind, so sündigen sie gegen mich, ihre Ehre vertauschen sie gegen die Schande. Meines Volkes Sünde essen sie und nach seiner Verschuldung tragen sie Verlangen." . . . . . Aus Jesaias Reden gehört hierher die bekannte Stelle des ersten Kapitels: „Wozu mir eure vielen Opfer, sagt Jahve; ich bin der verbrannten Widder und des Fettes der Mastkälber satt, und das Blut von Rindern und Schafen mag ich nicht. Wenn ihr kommt mein Angesicht zu schauen, wer verlangt das von eurer Hand? meine Vorhöfe zu zertreten!" Über diese Äußerung hat man sich von alters her Sorge gemacht und allerdings hätte der Prophet sie nicht thun können, wenn der Opferdienst, nach irgend welcher Tradition, für spezifisch mosaisch gegolten hätte. . . . . Der Priesterkodex paßt schlecht in die Thora von Jes. 1, 10. Von hervorragender Bedeutung ist endlich noch Michas Antwort auf die Frage des Volkes, wie man sich die Gunst des zürnenden Gottes wieder erwerben könne (6, 6). „Soll ich mit Brandopfern ihm entgegen kommen, mit jährigen Kälbern? hat er Gefallen an Tausenden von Wid-

---

*) Die Stelle ist wieder unecht nach der früher beschriebenen Methode.

dern, an unendlichen Ölströmen? soll ich meinen Erstgebornen für meine Sünde geben, meines Leibes Frucht als Sühne meiner Seele? .... Es ist dir gesagt, Mensch, was frommt und was Jahve von dir fordert: vielmehr Recht pflegen, und Liebe üben und demütig wandeln vor deinem Gott."

Obwohl die schroffe Entgegensetzung von Kultus und Religion gewiß eigentümlich prophetisch ist, so kann sich Micha doch darauf berufen: es ist dir gesagt, Mensch, was Jahve fordert. Es ist nichts Neues, sondern eine bekannte Sache, daß die Opfer nicht der Inhalt der Thora Jahves sind.

Daß aus diesen Aussprüchen der ältern Propheten nicht zu viel geschlossen ist, erhellt aus ihrer Fortsetzung durch Jeremias, der kurze Zeit vor dem babylonischen Exil lebte. Wie er 6, 19 die Thora dem Kultus entgegensetzt, so läßt er sich 7, 21 also vernehmen: „Eure Brandopfer fügt zu euren Dankopfern und esset Fleisch! Denn ich habe euren Vätern nichts gesagt und ihnen nichts befohlen, als ich sie aus Ägyptenland führte, inbetreff von Brand- und Dankopfern. Sondern das habe ich ihnen befohlen: höret auf meine Stimme, so will ich euch Gott und ihr sollt mir Volk sein, und gehet auf dem Wege, den ich euch immer weisen werde, damit es euch wohl gehe" .... Also Jeremias kennt jedenfalls die mosaische Gesetzgebung, wie sie im Priesterkodex enthalten ist, nicht. Geflissentlich ignoriert hat er sie nicht, denn von Haß gegen den Kultus war er fern (17, 26). Als Priester und Prophet, der beständig im Tempel zu Jerusalem sich aufhielt, hätte er sie aber kennen müssen, wenn sie vorhanden und aufgeschrieben war. Es wird schwer sein daran vorbeizukommen.

Also geben die geschichtlichen Zeugen, insbesondere die Propheten den Ausschlag zu gunsten der jehovistischen Tradition. Nach der allgemeinen Meinung der vorexilischen Zeit ist der Kultus zwar alter und dem Volke sehr heiliger Brauch, aber nicht mosaische Einrichtung, das Ritual ist nicht die Hauptsache daran und auf keine Weise Gegenstand der Thora. Mit andern Worten, man findet keine Spur der Bekanntschaft mit dem Priesterkodex, dagegen aber recht deutliche der Unbekanntschaft mit seinen Vorstellungen."

So weit Wellhausen. Wir haben ihn so ausführlich hier reden lassen, in der Meinung, daß sich für einen praktischen Theologen die Widerlegung dieser Schlußfolgerungen wahrhaftig gar nicht lohne. Es läge uns wirklich hier sehr nahe, auf die Verteidiger einer so begründeten These die harten Urteile anzuwenden, die namentlich Stade und Kautzsch auf ihre Gegner anwenden. Wir thun es aber nicht. Nachdem durch die ganz unkontrollierbare und umstürzende Textkritik die hebräische Litteratur von allen Hindernissen der Hypothese gesäubert ist, wird hier mit einer wunderbaren und anderseits erheiternden Sophistik nachgewiesen, daß die vorexilischen Propheten von dem mosaischen Gesetz, dem Priesterkodex, keine Ahnung gehabt haben.

Weil wir uns unter unsern Lesern auch Nichttheologen denken und ihrer eine große Zahl wünschen, so wollen wir doch mit wenigen Strichen die Sophisterei und den Mangel an jeder praktischen Erfahrung in den obigen Schlußfolgerungen bloßstellen.

Fangen wir mit der Stelle aus Jeremias an. Weil der Prophet sagt, Jehovah habe dem Volke nichts gesagt noch befohlen, als er es aus Ägyptenland geführt habe, von Brand= und Dankopfern, so hat der Prophet also nichts von dem Priesterkodex, dem levitischen Gesetz gewußt.

Abgesehen von einer andern Auskunft, liegt es denn hier nicht sehr nahe, den Ton zu legen auf das Befehlen? Befohlen hat Jahve auch nicht das Darbringen von Dank= und Brandopfern, sondern hat es in euern freien Willen gestellt, sie sollten sein ein Zeugnis eines freiwilligen Gottesdienstes, kein opus operatum. Bringt ihr sie aber dar, so hat allerdings Jahve die Art und Weise der Darbringung an= geordnet. Das letztere aber hat hier gar kein Interesse, da in dem ganzen 7. Kapitel Jeremias die bodenlose Heuchelei geißelt, die darin liegt, daß sie rufen: „Hier ist der Tempel, hier ist der Tempel, hier ist der Tempel" und doch ihn zu einer Mördergrube machen, indem sie den Fremdlingen, Witwen, Waisen Gewalt anthun und unschuldig Blut vergießen.

Wohl hat Gott den Israeliten „das nach seinem Namen genannte Haus gegeben, und den Ort, darauf sie sich verlassen", aber nichtsdesto= weniger nennt oben Jeremias die Rede: „Hier ist der Tempel" eine Lüge, und weißsagt, daß es dem Tempel ebenso gehen soll, wie es Silo gegangen ist, „da vorhin mein Name gewohnet hat". Jeremias straft die Herzenshärtigkeit und Hartnäckigkeit des Volks darum, daß es mit äußerlicher Gesetzlichkeit seine Sünde zudecken will.

Weil Amos in bitterer Ironie ruft: „So liebt ihr es ja, Kinder Israel", nämlich alle Morgen eure Opfer u. s. w. darzubringen, so er= innert — man entschuldige, ich kann mir nicht helfen — nun Well= hausen, als ein weiser Schulmeister, den Amos daran, daß er ja so nicht hätte sagen dürfen, weil ja eigentlich Jehovah es ist, der solche Opfer angeordnet und deshalb Jehovah es ist, der solche Opfer liebt. Wer aber einmal A gesagt hat, der muß auch B sagen.

Warum spricht auch Amos so geringschätzig von den Opfern? Daß er's gethan hat, muß er nun ewig büßen mit dem Zeugnis seiner Unwissenheit, die nur darum einigermaßen entschuldigt wird, daß er mit seiner Unwissenheit wenig oder nichts versäumt hat. Daß sich aber nun Amos sogar herausnimmt, zu sagen, Jahve wolle nicht mal in die Festversammlungen riechen, den Lärm ihrer Lieder nicht hören, und sie daran erinnert, daß das Volk doch in der Wüste solchen Unfug nicht getrieben hat, das schlägt dem Faß den Boden ganz aus, denn wie können diese Festversammlungen von Jahve angeordnet sein, wenn er nicht mal herein riechen mag? Daß Amos sagt, die Israeliten hätten das Gesetz des Herrn verachtet und seine Rechte nicht gehalten, so kann unmöglich damit gemeint sein das Gesetz des Herrn und seine Rechte, sondern die von Wellhausen konstruierte Thora u. s. w., sintemal noch dazu kommt, daß diese Stelle interpoliert ist, unmöglich von Amos ab= stammen kann, sondern von irgend einem nachexilischen fanatisierten Priester dazwischen geschoben ist. So sind alle vorher citierten Propheten einig darin, daß das levitische Gesetz zu ihrer Zeit nicht dagewesen sein kann, ja, Micha wirft den ganzen Quark von Brandopfern und Kälbern und Widdern über den Haufen und sagt dem Volk, woran allein es ge= legen sei, nämlich recht thun, Liebe üben und demütig sein, und das sei, wie Micha sagt, nicht geschrieben, nein, offen stehe es da, nur gesagt, also habe es gar keine geschriebene Thora gegeben; sie sei nur durch die Priester von Mund zu Mund weiter gegeben worden.

Offen gestanden, es ist uns unbegreiflich, wie solche Beweisführung hat angewandt werden und noch dazu so lauten Beifall finden können; wir können es uns nur dadurch erklären, daß diesen Gelehrten und ihrem Anhang mehr an dem Ergebnis der Beweisführung, als an dem Beweise selbst lag und noch liegt. Praktische Erfahrung muß den Herren wirklich ganz und gar abgehen, und in die Kirche kommen sie wohl nicht, und Predigten lesen sie auch nicht. Es stehen mir augen= blicklich keine Citate zu Gebote, und sie jetzt zu suchen, fehlt mir Zeit und Lust; sonst würde ich Bände füllen können mit Citaten aus allen Zeiten der christlichen Kirche bis heute, die der Predigtweise der ge= nannten Propheten ähnlich sind, wie ein Ei dem andern. Nichts ist gewisser für einen Protestanten, als daß Jesus, Gottes Sohn, die Kirche gestiftet, Wort und Sakrament eingesetzt, und daß auch kirchliche Obrigkeit vorhanden sein muß. O welch heiliger Grimm, ja welch teutonischer Furor sollte nicht heute und schon längst die wahren auf= richtigen Protestanten verzehren, über der schändlichen Heuchelei und Verleugnung der göttlichen Wahrheit, gerade da, wo das Kirchenwesen seine Orgien feiert, daß sie wie Micha, Jesaias und Jeremias in dieses modernde Gebäude hineinschrieen: „Nicht riechen mag ich in eure Ver= sammlungen, nicht will ich hören den Lärm, das Geplärr eurer Lieder, Gott hat euch nicht geboten Kirchen zu bauen und eure Kinder mit Wasser zu besprengen und am Altar Brot zu essen und Wein zu trinken. Wehe euch, ihr Heuchler, die ihr Gottes Haus zu einer Heuchel= bude machet." Wehe, wehe, wehe solcher Rede; so berechtigt sich dazu der Redner glaubt, so würde er doch nun von Wellhausen vor sein Forum gezogen und nun entweder gesteinigt oder gekrönt, oder auch beides zusammen. Gesteinigt, weil er die Grundwahrheiten geleugnet haben soll in solcher Strafpredigt (so ging es dem Jeremias), gekrönt, weil er mit solcher Strafpredigt den Beweis geliefert hat, daß es überhaupt keine göttliche Stiftung gibt, und weil er das schönste Beweismaterial herbeibringt, daß die neueste Hypothese, die von Strauß verteidigt, von Graf und Wellhausen gestützt, von der Bourgeoisie ge= hätschelt, von den Sozialdemokraten anerkannt, nun durch solchen Pro= pheten die kräftigste Unterstützung gefunden haben soll. O, wehe dir, du armer Prophet, zwischen diesen beiden Folgen deiner Predigt stehst du; den Tod der Steinigung einerseits, den Tag der Krönung ander= seits vor Augen, beides ist dir ein Ekel und Überdruß, das letzte aber noch tausendmal ärger, als das erste. Doch fürchte dich nicht, predige, rede, zeuge, ja erhebe deine Stimme und brülle wie ein Löwe; denn der Herr verlässet nicht, die sich auf ihn verlassen.

Wir schließen diesen zweiten Punkt mit dem unumwundenen Zeugnis, daß für jeden unparteiischen Leser und Beobachter aus den Citaten der vorexilischen Propheten unmöglich die Schlüsse gefolgert werden können, die jene Kritiker gezogen haben, daß, wenn Wellhausen sagt, es sei schwer daran vorbeizukommen, wir hier gar nicht die Spur von einer Schwierigkeit gefunden haben, sondern nur einen hohlen Berg von Sophismen, der in sich zusammenfiel, sobald wir ihn nur mit dem gesunden Menschenverstand näher untersuchten.

Betrachten wir weiter die Beweisführung aus der Reformation des Josias im Jahre 621, 2. Könige 23.

Es spielt dieser Abschnitt die allerwichtigste Rolle; hier ist, um an ein früheres Gleichnis anzuknüpfen, der zweite Haken eingemauert, an welchem die ganze Hypothese von der Entstehung des Deuterono= miums hängt.

Wir hören also zunächst die vorhandenen Quellen, die selbst= verständlich hier wieder überall stark überarbeitet sind. Nach 2. Könige 22 sandte der sechsundzwanzigjährige Josia, König in Juda, nachdem er schon achtzehn Jahre regiert hatte, seinen Schreiber Saphan in das Haus des Herrn mit dem Auftrage, dem Hohenpriester Hilkia auf Treu und Glauben das vorhandene Geld auszuzahlen zur gründlichen Reno= vierung des Tempelgebäudes. Die Renovation ist schon im vollen Gang, da übergibt Hilkia dem Saphan das Buch des Gesetzes (sepher hathora), das er unter den Trümmern im Tempel gefunden hat.

Saphan thut Bericht von seinem ausgeführten Auftrag, und bringt das Buch dem Könige und muß es ihm vorlesen. Als der König von dem Inhalt des Buches Kenntnis genommen hat, zerreißt er seine Kleider und erschrickt. Der König befiehlt, den Herrn zu fragen, und der Hohepriester und Saphan gehen zu der Prophetin Hulda, dem Weibe Sallums, des Hüters der Kleider, die zu Jerusalem im Mischneh wohnte. Die Prophetin erteilt die Antwort, erstens, daß über das Land ein Unglück kommen werde, darum weil man Jahve verlassen und andern Göttern geräuchert habe, trotz der klaren Worte des eben wiedergefundenen Gesetzes. Der König aber soll Gnade finden, daß er mit Frieden wird in sein Grab versammelt werden, darum daß er erschrocken ist und hat Buße gethan und geweint vor Jahve (2. Könige 23). Der König Josia aber, zum Erweise seiner aufrichtigen Buße, bewirkt nun noch neben der Renovation des Tempels auch eine gründliche Reformation des ganzen Gottesdienstes im Lande.

„Der König versammelte alle Männer von Juda und alle Einwohner zu Jerusalem, Priester und Propheten und alles Volk, klein und groß, und man las vor ihren Ohren alle Worte des Buches vom Bunde, das im Hause des Herrn gefunden war. Und der König trat an eine Säule und machte einen Bund vor dem Herrn — und alles Volk trat in den Bund. Dann befahl der König durch den Hohenpriester Hilkia die Reinigung des Tempels von allerlei abgöttischem heidnischen Unrat. Es war zu der Zeit im Tempel dem Baal, der Sonne, dem Mond und den Planeten geräuchert worden, ja selbst lebende Sonnenpferde wurden jetzt hinweg gethan. Josia brach ab die Häuser der Hurer, die am Hause des Herrn waren, in denen sie die Zelte zu ihrem Schanddienst wirkten. So schafft Josia im ganzen Lande den Götzendienst ab und was daran erinnern konnte. Am Schlusse und zur Krönung dieser Arbeit gebot der König dem Volke: „Haltet dem Herrn eurem Gott, Passah, wie es geschrieben steht im Buche dieses Bundes. Denn es war kein Passah so gehalten, als dieses, von der Richter Zeit an, die Israel gerichtet haben, und in allen Zeiten der Könige Israels und der Könige Judas, sondern im achtzehnten Jahre des Königs Josia ward dieses Passah gehalten dem Herrn zu Jerusalem.“

So lautet also im Auszuge der Bericht, den jeder am angegebenen Orte nachlesen kann. Seit Salomo, seit der Teilung des Reiches, seit der Wegführung Samariens ist das Volk in Juda immer mehr gesunken.

Unter Hiskia flammte noch mal ein feuriger Geist auf, aber die fünfundfünfzigjährige Regierung Manasses hatte dem Götzendienst und damit dem Dienst aller Unreinigkeit und Hurerei und sogar dem Menschenopfer Thür und Thor geöffnet. Wohl hatte sich der levitische Jahvedienst noch erhalten, aber nur äußerlich dem Namen nach, Jahve und Baal wurden in Wirklichkeit nicht mehr unterschieden.

Ohne Zweifel wurde unter dem Vorwand des größeren geistigen Fortschritts und der tieferen Erkenntnis aller Geheimnisse dem libertinistischen Götzendienst im Volke freie Bahn gemacht. Der Jahvedienst war ein totes Werk, und um seine Grundlage bekümmerte sich kein Mensch und kein Priester; man hatte wichtigere Dinge zu thun. Obwohl ohne Zweifel Gesetzesrollen vorhanden waren, so waren sie doch schon seit vielen Jahrzehnten, vielleicht schon Jahrhunderten immer seltener geworden und zuletzt ganz verschollen. Da wird eine solche Rolle im Tempel bei Gelegenheit einer gründlichen Renovation gefunden und die Priester und der König hören zum erstenmal in ihrem Leben deutlich und klar, wie eigentlich der Gottesdienst hätte sein sollen. Die Reformation beginnt, und zur Feier dieses großen Segens wird im ganzen Lande ein Passah gefeiert, an dem jetzt nicht bloß das Volk aus Juda, sondern auch aus Israel teilnimmt, ein Fest, das durch seine Großartigkeit innerlich und äußerlich, nach der heiligen Begeisterung und nach dem Umfang der Beteiligung seinesgleichen kaum findet; wenigstens ist seit der Richter Zeit bis auf den Tag des Josia kein solches Passah gehalten. Das ist der Inhalt und Sinn dieser schönen Geschichte, wie sie im Verstande jedes unparteiischen Lesers haften bleiben wird. Nun sehen wir, was Graf und Wellhausen im Interesse ihrer Hypothese aus dieser Geschichte machen.

Zunächst erkennen sie klar, daß dieser Geschichte ein fein ersonnenes Komplott mit etwas Romantik zu Grunde liegt. Saphan und Hilkia sind geheime Verbündete. Saphan und sein Sohn Ahikam sind den Gedanken der Propheten gewonnen worden, auch Jeremias hat seine Hände im Spiel; denn Ahikam tritt später schützend für den bedrohten Jeremias ein (Jer. 26, 24), und noch zu zwei anderen Söhnen Saphans zu Eleasa und Gemarja scheint Jeremia freundschaftliche Beziehungen gehabt zu haben (Jerem. 29, 3 u. 36, 10). Ein Priester oder Prophet oder Hilkia selbst hat die etwa zu Manasses Zeit, in Erwartung besserer Zeiten, geschriebene Bücherrolle, die unser gegenwärtiges Deuteronomium 12—26 zum Inhalt hatte, an einer Stelle des Tempels niedergelegt. Der Zweck ist, den Gottesdienst allein auf Jerusalem zu zentralisieren, denn vorher wurde der Gottesdienst überall auf den verschiedenen Höhen im Lande gefeiert, und eben dort fanden auch die Nationalfeste statt. Erst durch Zentralisation kann dem Götzendienst der Lebensnerv abgeschnitten werden. Die Prophetin Hulda ist auch in das Komplott hineingezogen. Der König Josia wird an der Nase herumgeführt. „Sein frommer Sinn macht ihn zum Werkzeug der Pläne, die sich an die Auffindung des Buches der Lehre knüpfen." Daher ist es auch charakteristisch, daß der König der Deputation die Befragung des Orakels überläßt. Diese Deputation wählt die Frau eines königlichen Beamten. Das Orakel, welches Hulda gibt, ist leider nicht mehr erhalten; denn ihre Antwort, die wir (20, 15—20) lesen, ist offenbar untergeschoben; sie lautete ganz anders, und Stade weiß genau wie. Denn daß Josias in Frieden sterben werde, und seine Augen das Unglück über Jerusalem nicht sehen sollten, konnte Hulda doch nicht wissen, deshalb ist diese Aussage erst nach der Zerstörung Jerusalems eingeschoben.

„Nach einem solchen Orakel war nun alles andere eher zu erwarten, als daß man sich auf eine durchgreifende Reform des Staates einlassen werde. Was sollte man sich damit bemühen, wenn der Untergang doch nicht abzuwenden war? Wäre V. 15—20 das ursprüngliche Orakel der Hulda, so würden wir dahinter höchstens zu finden erwarten können, daß Josia Gott für seine Gnade gedankt und mit jener den Orientalen üblichen Resignation sich in das schlimme Schicksal seines Reiches gefügt habe, wie die Legende dies z. B. Hiskia thun läßt (2. Könige 20, 19)." (Stade I, 652.)

Hulda hat offenbar die Aufgabe gehabt, dem Könige den Gedanken nahezulegen, Josia möge das in so überraschender Weise aufgefundene Buch zum Reichsgesetze proklamieren. Das ist ursprünglich an der Stelle zu lesen gewesen, an welcher wir jetzt 2. Könige 22, 15—20 finden. „Das ursprüngliche Orakel Huldas wird dahin gelautet haben, daß Jehovah davon absehen wolle, Juda für die bisherige Nichterfüllung der Gebote dieses Buches nach den darin zu lesenden Drohungen zu züchtigen, wenn man in Zukunft genau auf seinen Willen achten wolle." Nur so ist nach Stade die Reformarbeit des Königs zu begreifen.

Ferner, daß dieses aufgefundene „Buch der Lehre" nicht der Pentateuch gewesen sein kann, steht natürlich schon deshalb fest, weil er erst ca. 400 Jahre später entstanden ist, ist aber auch schon deshalb ganz klar, weil nach 2. Könige 22 u. 23 Josias es las, was doch in solcher Eile gar nicht möglich war, sintemal es hebräisch geschrieben, und hebräische Schrift nicht so leicht zu lesen sein soll; aber ein paar Kapitel vom Deuteronomium 12—26, das ließ sich wohl in der Eile machen, sonderlich wenn die schlauen Priester schnell dazu einen Kommentar lieferten.

Hilkia und Saphan und Josias haben, nachdem sie Kenntnis von dem Buche genommen hatten, nach dem Berichte offenbar gar keine Ahnung gehabt von solcher Art des Gottesdienstes; in ihrer Unschuld hielten sie den vor der Entdeckung des Buches allgemein geübten Zustand ganz für normal. Sie werden aber plötzlich durch die Offenbarung dieser alten Rolle ganz wie elektrisiert und in rasender Eile machen sie dieses ganz neue Gesetz zum Staatsgrundgesetz und verpflichten in einem feierlichen Gottesdienst das ganze Volk darauf, und das ganze Volk ist von dieser Staatsumwälzung auch sofort begeistert und stimmt willig ein.

Wenn wir in 2. Könige 23, 22 lesen „Denn es war kein Passah so gehalten, als dieses von der Richter Zeit an, die Israel gerichtet haben und allen Zeiten der Könige Israels und der Könige Judas", so müssen doch nun jedem Kritiker die Augen aufgehen, daß dieses das erste Passah gewesen ist, das überhaupt in Israel jemals gefeiert wurde. Es steht ja ausdrücklich da: „Kein Passah ist jemals so gefeiert worden, wie dieses Passah". Was vorher ist gefeiert worden, das waren Naturfeste, bei Tanz und Klang zum Beginn der Ernte, bei denen die in Monolatrie schwärmenden Juden ihrem Nationalgott so gut dienten, wie die anderen Völker ihren Götzen. Deshalb kann Stade mit gewisser Überzeugung nur den Schluß ziehen (I, 657): „So ist denn nach kurzen, jetzt nur noch schwer verständlichen Schwankungen die Erkenntnis, daß sich das „Buch der Lehre", auf Grund dessen die Reform des Jahres 621 stattgefunden hat, in einem noch näher zu bestimmenden Umfange (näml. 12—26) im Buche Deuteronomium findet, immer mehr zu einem Gemeingut der alttestamentlichen Wissenschaft und zur eigentlichen Grundlage kritischer Untersuchungen über das Alte Testament und die Entwickelung der altisraelitischen Religion geworden."

Daß sich nach ganz genauer Exegese diese Kritiker selbst die größte Schwierigkeit bereiten, wird ganz von ihnen übersehen. Ist nämlich dieses Passah des Josia wirklich das erste seit der Richter Zeit, so muß also zur Richterzeit doch ein ähnliches Passahfest gefeiert worden sein, und wie dieses dann wieder aus der Geschichte heraus kritisiert werden soll, wird ganz verschwiegen; und doch muß es geschehen, denn das Passahfest zur Richterzeit, so gut wie zur Zeit der Könige, ist und bleibt ein Rätsel, wenn man es erst 621 erfunden hat.

Wir schließen also hiermit auch diesen Punkt mit dem Geständnis, daß wir uns durch diese Kritik für die Hypothese Graf-Wellhausen

4*

nicht haben überzeugen können, und es sollte mich freuen, wenn meine Leser mit mir dieses Geständnis teilten.

Wir wenden uns zum letzten Punkt, nämlich der Beweisführung der Kritiker aus Esras Auftreten. Wir können uns hier aber kürzer fassen, weil wir auf das früher Gesagte und auf den letzten Abschnitt in diesem 3. Absatz verweisen (cf. Seite 54—55) können. Wir sagen nur kurz, daß nach unserer Überzeugung trotz aller angewandten Dialektik und Sophistik diese Kritiker ihre ganze Beweisführung nicht aus der Geschichte Esras herauslesen, sondern umgekehrt hineinlesen. Denn es ist nicht schwer, im Gegenteil leicht begreiflich, daß das aus dem Exil zurückgekommene Volk, geläutert durch schwere Heimsuchung, sich nun den altväterlichen Sitten mit übertriebenem sektiererischen Eifer hingab.

Die festen Stützen also dieser ganzen Hypothese, nämlich die Be= weisführung 1) ex silentio, 2) aus dem Verhalten der vorexilischen Propheten, 3) aus der Reform Josias, 4) aus Esras Wirksamkeit er= weisen sich als morsch, und werden, sobald dies erkannt ist, die Hypo= these in die Antiquitätenkammer begraben, wo sie dann auch sehr gut aufgehoben sein wird.

Wir wenden uns jetzt zu dem durch diese Hypothese gewonnenen Ergebnis.

Dies Ergebnis, daß die jüdische Religion von der Monolatrie sich zum reinsten Monotheismus durch die Stufen: Bundesbuch 2. Mosis 22, Deuteronomium, Ezechiel, Priesterkodex entwickelt habe, bis im Jahr 444 das mosaische Gesetz proklamiert und etwa 250 vor Christi Geburt der Pentateuch kanonisiert wurde, will die in der Geschichte vorhandenen Schwierigkeiten fortschaffen, schafft aber dafür eine solche große Summe von unglaublichen Schwierigkeiten und gibt solche Rätsel auf, daß die Annahme dieser Hypothese dem gesunden Menschenverstand eine größere Verleugnung zumutet, als die alte kirchliche Anschauung, nach der die fünf Bücher Mosis wesentlich aus der Zeit und Hand dieses großen Mannes stammen sollen.

Wie so oft, so zeigt sich auch hier, daß gerade die starke Seite umgekehrt durch Überanspannung wieder zu der verwundbarsten schwächsten Seite wird.

Die starke Seite dieser Hypothese besteht darin, daß nach ihr alle Schwierigkeiten gehoben sind, weil die Entwickelung der Geschichte Israels zu einer rein natürlichen wird. Pfleiderer (Entwickelung der protest. Theologie S. 339) rühmt es als einen besonderen Vorzug des von Wellhausen gegebenen Bildes der Geschichte Israels, daß, während bei

dem früheren traditionellen von Anfang bis Ende „eine Reihe von
Rätseln, von psychologischen und historischen Unbegreiflichkeiten" vorliege,
hier alles begreiflich sei, eine „klare und sonstiger Geschichte analoge Ent=
wickelung", „nirgends von Wundern unterbrochen, oder in unvermittelten
Sprüngen den Zusammenhang des Geschehens abbrechend". So verhält
sichs in der That. Es geht alles ganz natürlich zu. Die Geschichte
Israels kommt auf gleiche Linie zu stehen mit der Geschichte der übrigen
Völker. Das wäre also der Vorzug. Dieser Vorzug, das gestehe ich,
weckt in mir ein beängstigendes Gefühl. Es ist, als ob ich aus meiner
Studierstube in die gute Stube trete, da ist alles fein und nett und glatt,
jedes Ding liegt schön in seiner Ordnung, man fürchtet sich aufzutreten,
und wenn man sich hinsetzt, springt man fast erschrocken wieder auf,
weil man entweder einsinkt oder weil es irgendwo in den Fugen
kracht, oder weil man beinahe hier oder da etwas in Unordnung ge=
bracht oder gar umgestoßen hat. Ich bin froh, wenn ich diesen Ort
wieder verlasse, und entweder in meiner Studier= oder Kinderstube
weilen darf, da ist nicht alles fein und glatt, aber eben dafür ist auch
Leben da, wo ich hinblicke und mich hinsetze. Die Hypothese Graf=
Wellhausen, das muß man ihr lassen, läßt alles natürlich zugehen,
Wunder und Weissagungen gibt es da nicht; die heiligen Propheten
werden zu weisen Politikern, die allerlei moderne Ränke gar nicht ver=
schmähen. Es ist mir so, als ob Wellhausen aus lauter Totengebeinen,
die er in der hebräischen Litteratur durcheinander gewürfelt vorge=
funden hat, nun einen neuen schönen Leib, d. h. ein schönes Knochen=
gerüst zusammengesetzt hat, aber Leben ist nicht drin, und ich werde
das Gefühl nicht los, als ob mancher Esels= und Ochsenknochen mit
darin verarbeitet sei. Alles klappt, zu rechter Zeit stellt sich jedesmal
der rechte Nothelfer ein, die natürliche Entwickelung wird mir gerade
durch ihre Kunstfertigkeit zur Unnatur. Es fehlt die höhere Idee, die
heilige Geschichte wird im rohen Sinne zur Profangeschichte, und zwar
zu der profansten, die es gibt, so daß man fast bedauern muß, daß Stade
recht hat, wenn er schreibt (I, 4): „In diesem Punkte (nämlich daß
die biblische Geschichte fast einzige Grundlage des Wissens im Volke sei)
ist unser Volk durch und durch hebraisiert, oder wenn man will, semi=
tisiert." Doch mit diesen Ausführungen wird man kaum jemanden
überzeugen, es sei denn er sei schon vorher durch andere Gründe über=
zeugt worden.

Kautzsch freilich wehrt sich, aber ob er will oder nicht, er muß
mit den andern Kritikern zugeben, daß die ganze Hypothese nur haltbar

ist, wenn man die Verfasser von mehr als der Hälfte der ganzen Bibel zu den dreistesten Geschichtsfälschern und Betrügern macht. Ich rede hier gar nicht vom christlichen Standpunkt, sondern lediglich nur von dem der Wissenschaft. Ist es wirklich psychologisch möglich, anzunehmen, daß sich ein Volk seine Geschichte von einzelnen Fanatikern so hätte fälschen lassen, wie das nach dieser Hypothese (in dem Priesterkodex, in den Geschichtsbüchern und namentlich in den Psalmen) geschieht, daß man dem Volke vorfaselt von einer Geschichte, von der man weiß, daß sie nur ersonnen ist, daß man dem Moses in den Mund legt, was erst tausend Jahre nach ihm erdacht und angeordnet ist? Man lese — um statt unzähliger Exempel nur eins zu nennen — den 78. Psalm, und man steht vor einem schweren psychologischen Rätsel, wenn man meint, daß der Dichter diesen ganzen Inhalt bewußt nur als Mythe und Sage besungen und zum gottesdienstlichen Kultus bestimmt habe. Wie hätte sich ein Volk, das wie kaum ein anderes stolz ist auf seine Geschichte, so um seine Geschichte betrügen lassen können? Da wäre niemand hinter diesen Pfaffenbetrug gekommen? Ein Volk, das wie kein zweites stets von einem zügellosen Freiheitsgeist erfüllt war, hätte sich jedesmal wie am Narrenseil führen lassen, wenn die Priester dazu die Zeit für gekommen erachteten? Ich gestehe, diese psychologische Schwierigkeit würde, von allem andern abgesehen, mich stets hindern, dieser Hypothese zuzustimmen. Man erlaube eine Parallele. Das deutsche Volk hat in seiner politischen Entwickelung sehr viel Ähnlichkeit mit der von Wellhausen angenommenen religiösen Entwickelung Israels. Wie bei Israel sich erst aus den schwächsten Anfängen, nach vielfachen Versuchen und Kämpfen erst am Ende die Theokratie mit der Hierarchie entwickelt haben soll, so ist auch im deutschen Volke nach vielen miß= glückten Versuchen erst am Ende das Kaisertum mit einem wirklichen deutschen Volke unter einem Kaiser entstanden. Bei Israel wurde die letzte Entwickelung durch Pfaffenbetrug, natürlich ad majorem gloriam civitatis Dei, an den Anfang, 1000 Jahre rückwärts gestellt. Können wir uns den Gedanken auch nur denken, daß unsere deutsche Reichs= verfassung ad majorem gloriam civitatis imperatoris etwa dem Bar= barossa oder Karl dem Großen zugeschrieben würde, und daß unsere deutsche Geschichte danach umgearbeitet würde, um diese deutsche Reichs= verfassung so historisch entstehen zu lassen. Ich sage, man braucht diesen Gedanken nur hinzustellen, um sich von ihm abzuwenden, und doch traut diese Hypothese dem jüdischen Volke und seinen Schriftstellern und uns allen zu, solche Möglichkeit zu glauben ad majorem gloriam hypothesis criticorum novissimorum.

Denken wir nun an die Geschichtschreibung des Buches der Richter, der Könige und namentlich der Chronika, so wird sie uns in solchen Farben geschildert, daß Till Eulenspiegels Künste weit zurücktreten müssen. Mit Recht vergleicht Stade die Geschichtschreibung besonders der Chronika mit der Kartenzeichnung der Geographen, die unbekannte Länder, von denen weder sie selbst noch sonst jemand etwas gesehen haben, bevölkern, bebauen und bewässern. Die Verfasser haben nach Annahme dieser Kritiker richtig in der Geschichte gepantscht, nicht bloß in der Verteilung der Thatsachen und in der Bildung der Perioden, sondern auch in der ganz beliebigen Erdichtung von ersonnenen Namen, deren Träger sie dann schematisch beleben und zu Trägern der heiligen Geschichte machen. Es ist nicht Raum und Zeit, hier von dieser Geschichtschreibung eine Darstellung zu geben. Als Probe will ich nur hinstellen, was die Kritiker aus den Zahlen der Bücher der Könige und Chronika machen. Der ganze chronistische Zahlenbericht ist nichts als ein künstlicher Synchronismus, als ein vorher erdachtes, schematisches Gebäude, in das die Geschichte hineingezwängt wurde.

Zuerst gehört hierher natürlich der doppelte Zeitraum von 480 Jahren, der offenbar künstlich gemacht ist; wie könnte sonst die Zeit vom Auszug aus Ägypten bis zum Anfang des Tempelbaues, und von da bis an das Ende des Exils, dem Anfange des zweiten Tempelbaues so schön harmonieren! In der Chronika entsprechen dem zweiten Abschnitt 11 Hohepriester, also mit Einschluß des Exils genau 12, also zwölf Generationen à 40 Jahre macht 480 Jahre, welche unglaubliche Harmonie! Die Einzelposten, aus denen sich die Gesamtsumme zusammensetzt, sind hier kraußer, teilweise gewiß aus dem Grunde, weil sich gegebene Daten darunter befinden. „Doch tritt auch hier in den Regierungsjahren der Könige Judas die Vierzig als Grundelement hervor, denn von der Spaltung des Reiches bis zur Zerstörung Samariens in sechsten des Hiskias regieren Rehabeam Abia 20, Asa 41, Josaphat Joram Ahazia Athalja 40, Joas 40, Amasia Usia 81, Jotham Ahas Hiskia 38, von der Zerstörung Samariens bis zum letzten Datum unseres Buches haben Hiskia Manasse Amon 80, Josia Joahas Jojakim Jehanja 79 ¼ Jahre, daß die Posten 41 + 81 + 38 sich durch Zufall 40 + 80 + 40 ergänzen, glaube wer mag." (Wellhausen S. 284.)

Die Zahlenreihe der Könige Judas ist folgende:

$$37 + \overbrace{17 + 3}^{20} + 41 + \overbrace{25 + 8}^{40} + 1 + 6 + 40 + \overbrace{29 + 52}^{81}$$

$$+ \underbrace{16 + 16}_{38} + \underbrace{(6 + 23)}_{\text{Hiskias}} + 55}_{80} + 2 + 31 + 11 + 11 = 430 \text{ Jahre.}$$

Die Zahlenreihe der Könige Israels ist folgende:

$$\underbrace{22 + 2 + 22 + 2}_{48} + \overbrace{\underbrace{12 + 22 + 2 + 12}_{48}}^{96} + 28 + 17 + 16$$

$$+ 41 + 1 + 10 + 2 + 20 + 9.$$

„Die ersten 8 Könige regieren 96 Jahre; die ersten 4 und die letzten 4 je 48 Jahre, zwei den Durchschnitt (96 8) von 12 Jahren; bei den übrigen sechs teilen sich drei Paare von Vater und Sohn so in die ihnen zukommenden 2 × 12 Jahre, daß der Vater 12 + 10 der Sohn 12 — 10 bekommt, offenbar weil der Vater für viel wichtiger gilt als der Sohn." (Wellhausen 285.)

Wem fällt nun hier nicht wieder der Lobspruch Pfleiderers ein, daß nach dieser Hypothese alles so natürlich und einfach zugehe? Ja, wahrlich, daß einem ordentlich angst und bange werden soll; und solche Geschichtschreibung hat das jüdische Volk sich bis auf diesen Tag aufbinden lassen. Ich schließe mit Wellhausens Worten (Seite 284) aber in entgegengesetzter Anwendung: „Das glaube, wer mag".

Ich füge zum Schluß noch eine andere Zahlenreihe hinzu:

$$\underbrace{30 + 16 + 13 + 36}_{95} + \overbrace{\underbrace{36 + 27 + 10 + 11 + 21}_{105}}^{200}$$

$$\underbrace{+ 48 + 25 + 27}_{100} + \overbrace{\underbrace{46 + 11 + 43}_{100}}^{200} = 400.$$

Diese 15 Zahlen machen genau 400, die ersten 9 genau 200 und die letzten 6 wieder genau 200. In der letzten Reihe sind die ersten 3 genau zusammengesetzt (50 — 2) + 25 + (25 + 2) genau zusammen 100 mit dem Grundelement 25, die letzten 3 sind ebenso zusammengesetzt (50 — 4) + (4 + 7) + (50 — 7) mit dem Grundelement 50 nur daß die mittlere Zahl ohne selbständige Bedeutung nur zur Ergänzung zwischengeschoben ist. Die erste Zahlenreihe, aus den 9 ein-

zelnen Posten bestehend, entspricht der letzten in der Summe genau,
ist aber nach anderen Gesichtspunkten zusammengesetzt. Die Grundzahl
ist hier offenbar 30. Die 9 Zahlen werden geteilt durch 4 und 5, die
ersten 4 machen genau 95, dagegen die letzten 5 genau 105. Die erste
Hälfte ist 3 × 30 + 5 und die letzte ist genau 3 × 30,5, sie setzen
sich so zusammen:

30 + (30 − 1) [statt 16 + 13] + (30 + 6) und die zweite Hälfte
so (30 + 6) + (30 + 7) [statt 27 + 10] + (30 + 2) [statt 11 + 21].

Ganz offenbar ist hier in diesen 15 Zahlen ein genauer harmonisti-
scher Synchronismus nachgewiesen, der unmöglich zufällig sein kann,
und erst recht nicht, wenn man damit die künstliche preußische Geschichte
vergleicht; denn diese 15 Zahlen entsprechen ganz genau der Regierungs-
zeit der letzten 15 preußischen Herrscher seit 1440, von denen 9 kommen
auf 1440—1640 und 6 kommen auf 1640—1840 und die unselbständigen
Ergänzungszahlen 4 + 7 = 11 genau auf den unbedeutendsten Herrscher Friedrich Wilhelm II. mit dem Zunamen „der Dicke".

Zu dieser Zahlentheorie habe ich eine halbe Stunde gebraucht, ich
zweifele nicht, sie lassen sich mit verblüffender Schlagfertigkeit noch
schöner und besser herbeibringen und dann von Wellhausen und Kom-
panie als erdrückendes Beweismaterial benutzen, daß die ganze Weltgeschichte eigentlich mit dem Lineal und dem Rechenstift in der Hand
künstlich zusammengesetzt wird.

Nein, diese Hypothese traut unserem gesunden Menschenverstand
mehr zu, als fast alle Schwierigkeiten der Bibel zusammengenommen.
Dennoch aber schwärmen Wellhausen und seine Anhänger für den hohen
Idealismus, für die geistige Kraft, für den bewunderungswürdigen Geist
der Poesie, weil diese Zeit Bücher wie Psalmen, Ruth und Hiob hervorgebracht hat, für welche die starken Helden der Vorzeit zu ohnmächtig
gewesen sein sollen. Erst die letzte, entartete Generation, die mit
lauter Ränken und Listen in der Geschichte ihres Volkes herumpantscht,
aber in sektiererischem Fanatismus das sich gesteckte Ziel verfolgt, diese
Generation muß sich durch hohen Idealismus auszeichnen.

Ja selbst davor schrickt man bei der Hypothese nicht zurück, daß
man diese Männer, wie Esra und Nehemia, überhaupt die Verfasser
und Redaktoren des Priesterkodex, trotz ihrer fein durchdachten Gesetze,
die nun zum Staatsgrundgesetz erhoben werden, zu reinen Narren
werden läßt, die, nicht etwa in Ironie oder in wohlüberlegter Absicht,
nein, in purem Fanatismus sich dadurch zu Narren machen, daß sie in
Utopien sich verlieren müssen. Denn so begreiflich die Ackerbaugesetze

und das Jobeljahr und die Festbesuche am Anfang der Entwickelung sind,
zu so unbegreiflichen Utopien werden sie selbst nach dem Zugeständnis
dieser Kritiker am Schluß der Entwickelung.

Wir schließen hiermit diesen Abschnitt. Diese Hypothese steht zur
Wissenschaft auf sehr gespanntem Fuße. Wir vergleichen ihre Entstehung
und Wirkung mit dem Leben Jesu von Strauß. Was dieses letzte
Werk für das Neue Testament bedeutete, das bedeutet jene kritische
Arbeit für das Alte Testament, wie aber die erste Arbeit, so begeistert
sie anfangs Beifall gefunden, vor dem Forum der Wissenschaft nicht
hat bestehen können, so wird es dieser alttestamentlichen Kritik erst recht
ergehen, wenn stärkere Geister über sie kommen, als ich bin. Zum
Schluß noch eine allgemeine Bemerkung.

Vom wissenschaftlichen Standpunkte aus hat man eigentlich nur
Grund und Ursache sich über solche Arbeiten herzlich zu freuen. Gehen
die Resultate auch auseinander, so reicht man sich doch in Frieden die
Hände, denn man arbeitet im Grunde an einer Aufgabe, die Wahrheit
zu erforschen, und ein jeder nach der Gabe, die Gott darreicht.

Die Wissenschaft muß deshalb frei sein und frei bleiben. Jeder
Angriff auf diese Freiheit, mag er aus absolutistischem Gelüste der
Staatsomnipotenz oder aus Kurzsichtigkeit und falscher Orthodoxie
hervorgehen, sollte von vornherein abgewiesen und mit einem Stempel
der Verachtung gekennzeichnet werden. Nichts soll der freien
Wissenschaft verschlossen bleiben, auch selbst nicht die Religion. In
einem Artikel des Reichsboten vom November 1894 las ich etwa Folgendes: „Es sei nicht zu leugnen, daß im Alten Testament manches
verdächtig sei, und verschiedene frühere Positionen nicht mehr zu halten
seien. Dagegen sei auch nichts zu erinnern, aber eine Grenze müsse
festgestellt werden, das sei Jesus Christus, seine Geburt, Leben und
Tod, an dieses Thema dürfe die freie Wissenschaft mit ihrer ätzenden
Kritik nicht heran." Nein und tausendmal nein, das wäre trotz alles
Scheinerfolgs nur der sichere Tod des Christentums. Gelänge es der
Wissenschaft, die Unhaltbarkeit des Christentums zu erweisen, wer sollte
es dann noch halten können. Würde aber diese wissenschaftliche Kritik
verboten, so wäre das das offenkundigste Eingeständnis der wissenschaftlichen Unhaltbarkeit. Nein erst im Kampfe wird die Wahrheit an
den Tag kommen und im siegreichen Besitze bleiben. Deshalb müssen
wir die Worte der Evangelischen Kirchenzeitung (redigiert vom Sup.
Holzheuer) verurteilen: „Weit schlimmer als die unflätigste Be-
geiferung des christlichen Glaubens ist die wissenschaftliche Minierarbeit

an seinen Fundamenten, die täglich unter dem Schutze der Obrigkeit getrieben wird. Kein Gesetz, mit einem solchen Beschimpfungspara=graphen, wie er hier beabsichtigt wird, kann auch nur im mindesten das wett machen, was so in gedeckter Stellung an dem Mark des Glaubens unserer Studierenden und in weiterer Folge an dem Mark des Glau=bens unseres ganzen Volks zehrt. Gewiß, so weit es möglich ist, muß der Staat auch den Verunglimpfungen der Religion durch Gesetz wehren. Aber viel wichtiger ist es, daß er im Verwaltungswege, soweit er die Aufsicht über die Lehre in seine Hand genommen hat, falscher Lehre den Weg vertritt und reiner Lehre den Weg bahnt. Daß es aber Theologie ist, Wissenschaft dieses Namens, die soviel Totengräberarbeit thut, um den Glauben unseres Volks unter den Rasen zu bringen, das ist mit das schmerzlichste Kapitel in der laufenden Periode der Geschichte unseres Volks." Gerade weil in diesen Worten manches wahre Wort enthalten ist, gerade deshalb wirken sie in ihrer Grundanschauung um so gefährlicher, sie sind ein Ausfluß der Cäsaropapie und wirken zugleich Heuchelei. In folgendem Abschnitt bietet sich Gelegenheit hieran weiter anzuknüpfen. Eins aber allerdings erfordert die Wissenschaft selbst, und zwar um so mehr je tiefer sie in diese Frage gedrungen ist, daß man Vermutungen nicht für Wahrheit selbst ausgebe, Hypothesen nicht für unumstößliche Resultate. Der Wahrheit wird damit kein Dienst geleistet; sie wird dadurch weder aufgehalten noch gefördert, aber ihre Diener, die Priester der Wahrheit, schaden sich selbst in der Achtung, die ihnen sonst gebührt.

Also freie Wissenschaft ohne irgend eine Einschränkung, aber Vor=sicht und Bescheidenheit gehe mit ihr Hand in Hand.

IV.

Wie verhält sich das Resultat dieser negativen Kritik zur prote=stantischen Kirche?

Gerade im gegenwärtigen Augenblick (Febr. 1895) ist diese Frage in den öffentlichen Blättern besprochen worden, aber so viel ich davon Kenntnis genommen, überall mit jener Unklarheit und Begriffsver=wirrung, die seit etwa 40 Jahren zur Grundlage der protestantischen Kirche zu gehören scheint. Eine größere Anzahl evangelischer preußischer Pastoren aus Rheinland und Westfalen hatten zwei Professoren der Universität Bonn mit Erfolg gebeten, in der Zeit der Universitätsferien sie einmal gründlich über den Stand der negativen Kritik des Alten

Testaments zu unterrichten. Diese Bitte wurde erfüllt, die Vorlesungen fanden statt und nach der wissenschaftlichen Stellung der dortigen Professoren wird das Resultat der Forschung, d. h. die Hypothese Graf-Wellhausen in großer Ausführlichkeit vorgetragen sein. Darüber ist nun in kirchlichen und politischen Zeitungen viel Hallo entstanden, für und gegen, und die oberste Kirchenbehörde resp. die Generalsuperintendenten und der Vorstand der General-Synode sollen nach den öffentlichen Zeitungen Anlaß genommen haben, eine genaue Untersuchung anzustellen, über deren Resultat noch nichts verlautet. Ach, es wäre auch gut, wenn nichts weiter darüber verlautete und die Sache im Sande verliefe; denn so wie die Sachen einmal stehen, würde die protestantische Kirchenbehörde*) sich eine öffentliche Schlappe holen, die mehr dem protestantischen Volke als ihr schaden würde.

—

*) Wie berechtigt diese Befürchtung war, zeigt der Erlaß des Oberkirchenrats, der nach Vollendung des Manuskripts veröffentlicht wurde. Wir lassen den Erlaß hier wörtlich folgen:

Evangelischer Ober-Kirchenrat. Berlin, 8. März 1895. Die Eingabe, die das Presbyterium in Übereinstimmung mit einer Anzahl anderer Presbyterien dortiger Provinz durch Vermittelung des Generalsynodal-Vorstandes unterm 3. Januar d. J. an uns hat gelangen lassen, ist von dem durch Hinzutritt des Generalsynodal-Vorstandes erweiterten Kollegium des Evangelischen Ober-Kirchenrats zum Gegenstand eingehender Erwägungen gemacht worden. Auf Grund derselben eröffnen wir dem Presbyterium das Nachstehende.

Wir verkennen nicht, daß wissenschaftliche Erörterungen über die Heilswahrheiten des Christentums und die heilige Geschichte, insoweit sie zu dem in der Kirche anerkannten Ausdruck des Glaubens in Gegensatz treten, geeignet sind, in den an dem schlichten Glaubensgehalt der Heiligen Schrift festhaltenden Kreisen der evangelischen Christenheit Beunruhigung hervorzurufen, und wir würdigen die deshalb bei Leitern und Pflegern christlicher Gemeinden entstandenen Bedenken und Sorgen. Insbesondere beklagen wir, daß es nicht immer vermieden worden ist, zweifelhafte Aufstellungen gelehrter Forschung weiteren Kreisen in einer Form näherzubringen, welche den Unterschied ausgesprochener Vermutung und erwiesener Wahrheit auch bei solchen Punkten nicht erkennbar macht, wo es sich um den Grundbestand des gemeinen Christenglaubens und der Kirche von ihrem Herrn übergebenen Gnadenmittel handelt.

Dem gegenüber kann es zur Beruhigung dienen, daß solche Ausführungen einzelner Gelehrten untereinander sich vielfach widersprechen, daß sie nur geteilte Anerkennung auch in den theologisch wissenschaftlichen Kreisen finden, und daß im Streit der Meinungen, der von der Arbeit der Wissenschaft niemals ausgeschlossen werden kann, die evangelische Wahrheit, wie sie von der Kirche, dem reformatorischen Bekenntnis gemäß, geglaubt wird, unter den Männern der theologischen Wissenschaft keineswegs verlassen und unbezeugt dasteht.

Anderseits darf nicht unbeachtet bleiben, daß es der grundsätzlichen Stellung

Was in aller Welt kann denn daran Verkehrtes sein, wenn pro=
testantische Geistliche sich gern über solche Dinge wollen unterrichten
lassen, und wenn sich Professoren aus reiner Menschenliebe, ohne irgend=
welche Entschädigung, der gar nicht geringen Arbeit unterziehen, solche Vor=
lesungen in den Ferien zu halten? Ich für meine Person hätte sofort
daran teil genommen, wenn es mir möglich gewesen wäre, so gut wie
ich mit Begeisterung an dem evangel.-sozialen Kursus in Berlin vor
etwa 2 Jahren (1893) teilnahm, obwohl ich schon vorher einigermaßen
unterrichtet war. Wenn man die Teilnahme an solchen Vorlesungen
tadeln und verhindern will, so kann es nur geschehen, wie jenes

unserer evangelischen Kirche, welche auch auf dem Gebiete der Lehre zu immer
größerer Klarheit und Wahrheit hindurchzudringen trachtet, widersprechen würde,
wollte man jenen Forschungen mit äußerlichen Mitteln zu begegnen suchen; viel=
mehr muß daran festgehalten werden, daß Irrtümer, welche bei der wissenschaftlichen
Forschung auftauchen, nur durch Bezeugung der Wahrheit und durch die Waffen
wissenschaftlicher Erörterung bekämpft und überwunden werden können. Auf diesem
Wege hat in der Kirche des reinen Evangeliums schon manche ernste Krisis zur
Läuterung und Befestigung christlicher Glaubenserkenntnis geführt.

Neben der wissenschaftlichen Forschung handelt es sich aber für die Kirche bei
den theologischen Fakultäten um die grundlegende Ausbildung der für das geistliche
Amt sich vorbereitenden jungen Männer. Die Kirche muß erwarten, daß die
theologischen Universitätslehrer sich in ihrem Gewissen gebunden halten, ihre wissen=
schaftliche Lehrthätigkeit unter die Autorität des Wortes Gottes zu stellen und auf
das Bekenntnis der Kirche, welcher sie angehören und der ihre Arbeit dienen soll,
gebührende Rücksicht zu nehmen. Deshalb erkennen wir es nach wie vor für unsere
Pflicht dahin zu wirken, daß es den theologischen Fakultäten an fest im evangeli=
schen Glauben stehenden Lehrern nicht fehle.

Wir haben nicht unterlassen, das, was wir in dieser Beziehung für notwendig
halten, auch an der Stelle, welche über die Besetzung der akademischen Lehrstühle zu
entscheiden hat, zum Ausdruck zu bringen und dürfen hoffen, daß es unseren Be=
mühungen an Entgegenkommen nicht fehlen wird.

Dabei zweifeln wir nicht, daß auch die kirchlichen Einrichtungen zur weiteren
Ausbildung der jüngeren Geistlichen für das Pfarramt erfolgreich dazu mitwirken
werden, die zukünftigen Diener der Kirche über Unsicherheiten und Schwankungen,
welche die bloß theoretische Beschäftigung mit der Theologie hervorruft, hinweg und
in eine christlich vertiefte, charaktervolle Überzeugung hinein zu leiten.

Zu Gott aber hoffen und flehen wir, daß es auch fortan unserer evangelischen
Kirche nicht an Männern fehlen werde, die ausgerüstet mit den Waffen des Geistes,
festwurzelnd im Glauben an unsern Herrn und Heiland, ihre Gaben in den Dienst
der theologischen Wissenschaft stellen und mannhaft das Panier Dessen hochhalten
und verteidigen, welcher verheißen hat, daß Er bei uns bleiben will bis an der
Welt Ende.

Barkhausen.

Ministerium es seinerzeit that. Auf eine Anfrage dort, in betreff der Teilnahme, antwortete dasselbe, daß solche Teilnahme zwecklos oder unnötig sei; entweder sei man schon unterrichtet, dann sei sie zwecklos, oder man sei nicht unterrichtet, und dann sei sie unnütz weil ungenügend. Also verbrannt wird der Jude jedenfalls, gerade so wie weiland von den Türken die Bibliothek in Alexandrien und zwar mit der bekannten Motivierung: entweder enthält die Bibliothek dasselbe, was im Koran steht, dann fort mit ihr, weil unnötig; oder sie enthält etwas anderes, was im Koran steht, dann fort mit ihr, weil schädlich.

Diese Vorlesungen also waren wirklich nicht geeignet, so viel böses Blut zu machen, solche scharfe Artikel und solche Maßregeln zu veranlassen. Man wird die Ursache der Erbitterung vielleicht mehr in der Form als in der Sache suchen müssen. Auf dem Boden des gegenwärtigen preußischen Staatskirchentums kann von keiner Seite, auch nicht von der der orthodoxen Geistlichkeit irgend eine kirchliche oder juristische Bedenklichkeit gegen solche Vorlesungen erhoben werden. Anzunehmen, daß den Herren erst jetzt Kenntnis gekommen sei von den Ergebnissen dieser Hypothese, ist gar nicht möglich, da wie gesagt schon seit ca. 30 Jahren diese Hypothese bekannt und weit verbreitet ist. Oder soll die Thatsache, daß jetzt solches Ergebnis auch in die Reihen der praktischen Geistlichen eindringt, diesen Schrecken verursacht haben? Auch das ist wirklich nicht anzunehmen, denn daß aus einem kleinen Jungen ein Bengel und dann ein Mann wird, das ist doch am Ende keine neue Entdeckung, über die man besonders erschrecken dürfte. Wenn Professoren an deutschen Universitäten schon seit 30 Jahren, nein schon seit Anfang dieses Jahrhunderts (de Wette), nein noch länger (Eichhorn) angestellt werden, trotzdem sie offen und ohne Anstand solche Lehren, freilich damals noch vorsichtiger oder wer weiß auch noch dreister (de Wette) vortrugen, was in aller Welt ist denn passiert, daß heute auf einmal Kirche und Staat ob solcher Hypothese aus den Fugen gehen will.

Solche Vorlesungen an sich selbst schaden der Kirche und sonderlich der protestantischen nicht. Das Verbot derselben aber durch Staatsobrigkeit würde umgekehrt großen Schaden bringen, die Wahrheit verdunkeln und der Unwahrheit leicht Märtyrer schaffen.

So wollen wir denn im folgenden versuchen, unsere Ansicht von der Sache klar zu legen, ohne auch nur ein Tütelchen unseres orthodoxen Standpunktes aufzugeben, oder ein Tütelchen von unserer Ansicht über die Notwendigkeit der Freiheit der Wissenschaft. Freilich eins geht dabei verloren, das Staatskirchentum. Das Staatskirchentum ist ein Widerspruch in sich selbst und ein Rückschritt von der erworbenen und erkannten Freiheit des Neuen zur Knechtschaft des Alten Testaments. Die protestantische Kirche kann nicht wieder lebendig werden und Deutschland nicht von seinem sozialen und politischen Elend erlöset werden, es sei denn daß das protestantische Volk zuvor von den Ketten des Staatskirchentums befreit werde. Dasselbe hat die Gewissen verwirrt, die Begriffe vermengt und die freie Rede in Fesseln geschlagen und dadurch der Heuchelei und Tyrannei zu sehr die Bahn geebnet. Das Staatskirchentum hindert die Wahrheit und dadurch die von Jesu Christo gestiftete und durch die Reformation erneuerte Kirche. Das Staatskirchentum hat seine geschichtliche Aufgabe erfüllt. Es war von Anfang an eine Verirrung der Hierarchie, aber dennoch haben wir ihm im Mittelalter manche gute Frucht zu verdanken. Heute aber ist's eine Ruine, die abgetragen werden muß, soll sie nicht begraben, die sich darunter flüchten.

Wir müssen nun einfach gegenüberstellen, was die protestantische Kirche lehrt und sehen, ob diese negative Kritik dieser Lehre widerspricht oder nicht, und ob zwischen beiden ein Einverständnis sein kann, und wenn nicht, wie allein eine friedlich-schiedliche Lösung möglich ist.

Was die protestantische Kirche lehrt, das darf ich unmöglich zu erfahren suchen hier oder dort, bei dieser oder jener Autorität, wir haben solche in der protestantischen Kirche nicht. Nur allein die öffentlich anerkannten Bekenntnisschriften sind hier maßgebend, auf Grund derer den protestantischen Kirchen in Deutschland Religionsfreiheit eingeräumt wurde. Man mag noch so sehr von papierenen Päpsten schwadronieren, das ist alles nur Zeitungsgefasel, das beim urteilslosen Publikum leider noch immer Eindruck macht, in Wirklichkeit aber wird jeder urteilsfreie und nüchterne Mensch zugeben, daß die Lehre der protestantischen Kirche, sofern sie eine historische Größe ist und juristische Berechtigung hat, nur gesucht werden darf in ihren Bekenntnisschriften. Dieselbe Bedeutung, die die Verfassung und das Strafrecht für den politischen Staat hat, hat auch die öffentlich anerkannte Lehre für die Kirche. Gesetzt den Fall, ein Richter wäre zu der vollberechtigten Überzeugung gekommen und hätte die schlagendsten Beweisgründe dafür, daß nämlich das deutsche Strafgesetzbuch nach ganz falschen Grundsätzen aufgebaut sei, daß die und die bestimmten Paragraphen einfach absurd, weil unlogisch und heidnisch wären. Es ist gar nicht ausgeschlossen, daß vielleicht einer unserer Richter eine solche oder eine ähnliche Meinung hat. Dieselbe wird dem Staat gerade nicht lieb sein, man würde solchen

Richter nicht zum Justizminister machen, aber man würde nicht Ursache haben, ihn an seiner Ansicht zu hindern. Sofort bekommt die Sache ein anderes Bild, wenn dieser Richter in der Praxis anfänge Recht zu sprechen, nicht nach dem im Staate gültigen Strafgesetzbuch, sondern nach dem vielleicht gar erst in seinem Kopfe existierenden Paragraphen, oder auch nach dem von ihm sorgfältig, fleißig mit Ausdauer ausgearbeiteten Strafgesetzbuch, das in der Schublade seines Schreibtisches liegt, und an dem er sich abends ergötzt. Sobald sein Verfahren zu allgemeiner Kenntnis käme, würde man ihn zur strengen Verantwortung ziehen, ihn auf seinen Gesundheitszustand untersuchen, im besten Fall ihn ernstlich verwarnen, in jedem Fall aber bei einer Wiederholung ihn einfach entlassen.

Eigentlich sollte es nun wohl nicht des Nachweises bedürfen, daß in der protestantischen Kirche Deutschlands die Bibel Alten und Neuen Testaments die Grundlage und Norm aller Lehren und alles Lebens ist und sein soll. Dennoch setzen wir hierher was die Formula Concordiae sagt: „Wir glauben, lehren und bekennen, daß die einige Regel und Richtschnur, nach welcher zugleich alle Lehren und Lehrer gerichtet und geurteilt werden sollen, sind allein die prophetischen und apostolischen Schriften Altes und Neues Testamentes" und (Seite 568 der Müllerschen Ausgabe) „Weil zu gründlicher beständiger Einigkeit in den Kirchen vor allen Dingen von nöten ist, daß man einen summarischen einhelligen Begriff und Norm habe, darin die allgemein summarische Lehre der Kirche aus Gottes Wort zusammengezogen sei . . . . so haben wir uns gegeneinander mit Herzen und Mund erkläret, daß wir kein neu Bekenntnis unseres Glaubens machen oder annehmen wollen, sondern uns zu den öffentlichen Schriften bekennen . . . ., als erstlich zu den prophetischen und apostolischen Schriften Alten und Neuen Testaments, als zu dem reinen lauteren Brunnen Israelis, welche allein die einige wahrhaftige Richtschnur ist, nach der alle Lehrer und Lehren zu richten und zu urteilen sein." Alle Bekenntnisschriften der protestantischen Kirchen sollen diesem einen Buche unterworfen bleiben, das nur Gottes Wort, als die ewige Wahrheit, zu Grunde gelegt hat; dagegen alle anderen Schriften nur zum Zeugnis der Wahrheit und für den einhelligen rechten Verstand unserer Vorfahren anzusehen sind. Die Bibel genießt also in der protestantischen Kirche das allerhöchste Ansehen, sie gilt im wahren Sinne des Wortes als Gottes Wort und ist der Grund und Eckstein, darauf sie gebaut ist und zwar so sehr, daß die christliche Kirche in sich zusammenfällt, aufhört das zu sein, was sie ist, wenn die Bibel aufhört Norm und Richtschnur des Lebens zu sein. Es fragt sich nun, ob diese Anschauung bei dem als richtig an= genommenen Ergebnis der alttestamentlichen negativen Kritik noch ferner möglich ist. Es ist bekannt, daß diese Frage von einer großen Anzahl dieser negativen Kritiker und ihrer Anhänger entschieden bejaht wird. Es wird in diesen Kreisen ganz besonders betont, daß das Alte Testament auch nach dieser Kritik „das auf Christum vorwärts weisende Zeugnis der Propheten" enthält. Es sei von keiner prinzipiellen Bedeutung für das Christentum, ob im Alten Testament die Religionsentwickelung so oder so gewesen sei, ob die Gesetzgebung „auf dem Berge Sinai" der Grundstein oder der Schlußstein in dieser Entwickelung sei. Namentlich Kautzsch tritt am Schluß seiner Abhandlung in der zehnten Lieferung seines Bibelwerkes kräftig für diese Anschauung ein. Er erinnert erstlich an die Erfahrungswahrheit, daß sich schon bisher alle Ver= suche, geschichtliche Thatsachen auf Grund vermeintlicher Glaubensgründe zu entstellen oder zu leugnen, auf die Dauer machtlos erwiesen haben; zweitens, daß es eine unredliche Kampfesweise sei, wenn man durch den beständigen Hinweis auf vieles noch Unsichere und Umstrittene bei den Unkundigen immer aufs neue den Schein zu erwecken suche, als ob alle wissenschaftliche Schriftforschung nie etwas anderes als sub= jektive Meinungen zu Tage gefördert habe, die heute aufgestellt, morgen widerlegt und übermorgen vergessen seien, und fährt dann drittens fort: „Die Forderung, auch wirkliche (nicht bloß eingebildete) geschicht= liche Thatsachen und Erkenntnisse im angeblichen Interesse des Glaubens ableugnen zu sollen, ist eine grobe Verleugnung evangelischer und reformatorischer Grundsätze". Er schließt dann: „Und je länger sich das Sinnen des Schriftforschers in solche Betrachtung der Wege Gottes (nämlich des Ergebnisses der negativen Kritik) vertieft, desto williger wird er in das Bekenntnis einstimmen, mit dem der Apostel seine Be= leuchtung des göttlichen Geheimnisses schließt, das in den Wegen mit Israel vorliegt: O welch eine Tiefe des Reichtums und der Weisheit in der Erkenntnis Gottes! Von ihm und durch ihn und zu ihm sind alle Dinge. Ihm sei Ehre in Ewigkeit! Amen."

Wohl verstanden, es handelt sich hier nicht darum, wie sich die Hypothese, sondern wie sich das durch die Hypothese gewonnene Ergebnis, das sich bereits bei den Kritikern zu einer festen geschichtlichen bestimmten Thatsache verdichtet hat, zu der Lehre der protestantischen Kirche ver= hält. Wir erinnern hier nur an das vorher dargestellte Ergebnis.

Danach besteht der alttestamentliche Kanon im Grunde aus einer Reihe von Falsifikaten, in denen Widersprüche, dreiste Fälschungen, Fiktionen vorliegen.*) Das Alte Testament ist entstanden ganz ebenso wie andere Bücher entstehen, auf ganz natürlichem geschichtlichem Wege, nur daß hier nachweisbar noch vielmehr menschliche Unlauterkeit, fanatische Sektiererei und wissentliche Geschichtsfälschung zu Tage tritt, als irgend wo anders. Moses wird zu einer nebelhaften Person, und gleichsam nur aus Mitleid gesteht man noch zu, daß er eine geschichtliche Person gewesen sei, alles aber, was von ihm in der Bibel Alten und Neuen Testaments geschrieben steht, ist Dichtung und Mythus; niemals hat es eine Gesetzgebung auf dem Berge Sinai gegeben, unser Dekalog ist eine einfache menschliche Erfindung, die an ein altes mnemotechnisches Zehngebot angeknüpft ist. Alle Weissagungen sind aus dem Alten Testament verschwunden, oder was noch schlimmer ist, sind ewig Zeugnisse und Beläge für schlauen Pfaffenbetrug sektiererischer Juden, die eine Priesterherrschaft, eine hierarchische Theokratie auf Erden gründen wollten. Der Messias, auf den diese Theokratie hinweist, ist allerdings ein Heiland und Erlöser, oder wie wir in der zweiten Hälfte des zweiten Bandes von Stade sehen, ein religiöser Genius, der sich zu einem sozialen Reformator nicht nur des jüdischen Volkes, sondern der Welt entwickelt, ganz genau nach der messianischen Erwartung der alttestamentlichen Propheten. Er selbst, natürlicher Sohn des Joseph und der Maria, hat gar nicht daran gedacht, eine Gemeinde zu gründen, ebensowenig wie die Apostel, sondern ohne und gegen ihren Willen durch den Drang der Verhältnisse ist es so geworden. Alles, was über diese sozial-reformatorische Bestimmung Jesu hinaus liegt, ist wie im Alten Testament lauter Mythusbildung, die schon der Pharisäer Paulus angebahnt hat, die dann von der Vertretung der Kirche weitergebildet ist. Trotz dieser Mythen und Anklänge an den gefesselten Prometheus, trotz der nach alttestamentlichem Vorbilde in den Versammlungen entstandenen „Lieder ohne Worte" hat dennoch die Lehre Jesu bis heute so großen Einfluß gehabt, eben durch die sittliche Kraft. Wo im Neuen Testament Jesus und die Apostel sich auf Moses und die Propheten und deren im Alten Testament erzählte Geschichten berufen, da beweisen sie nur ihre Befangenheit und Unwissenheit, für die sie aber nicht verantwortlich gemacht werden können, weil auch sie Kinder ihrer Zeit waren.

---

* Hiermit im Zusammenhang ist der ernste Vorschlag gemacht worden, das Alte Testament ganz aus dem christlichen Religionsunterricht zu entfernen, weil es für diesen Unterricht nicht nur „entbehrlich" sondern sogar „gefährlich" sei.

Nun ist es, meine ich doch, dem Blinden klar, daß diese Lehren und die Lehre der christlichen Kirche im schroffen Gegensatz stehen. Nur parteisüchtige Voreingenommenheit kann das leugnen und ich bin fest überzeugt, Männer, die längst der christlichen Kirche den Rücken gewandt haben, aber sonst sittlich brave und verständige Glieder der menschlichen Gesellschaft sind, treiben ihren Spott über alle die hals=brechenden Versuche, hier eine Übereinstimmung nachzuweisen. Ich fürchte, gerade in den Kreisen, die der Kirche ganz entfremdet sind, wird die Abneigung gegen die Kirche durch solche Unklarheit nur noch vermehrt.

Ist das durch diese negative Kritik gewonnene Ergebnis wahr, so kann nur eins wahr sein, entweder dieses Ergebnis, dann ist die Lehre der Kirche falsch —, oder die Lehre der Kirche ist wahr und dann ist jenes falsch. Beides verträgt sich nicht in einem Satz, sie verhalten sich wie Feuer und Wasser; entweder ist die Bibel Gottes Wort und enthält göttliche Offenbarung, oder sie ist nicht Gottes Wort und ist lediglich ein Produkt geschichtlicher Entwickelung, wie andere Bücher auch sind, unbeschadet, daß es köstliche weise und herrliche Dinge enthalten kann. Wie nun soll die Kirche sich gegen solche Lehre verhalten? Dreierlei Wege bieten sich dar. Doch für alle drei Wege ist die Grundvoraussetzung, daß die protestantische Kirche — von der reden wir eigentlich immer — sich gegen die Freiheit der Wissenschaft nicht anders verhalten kann, wie die ganze andere menschliche Gesellschaft. Dieses Palladium der Volksfreiheit darf auch die Kirche nicht antasten, und Kautzsch hat ganz recht, daß ein Kampf der protestantischen Kirche gegen dieses Palladium eine Verleugnung ihrer eigenen Existenz sein würde. Ist die Kirche von der Wahrheit ihrer Lehren überzeugt und damit auch von dem Irrtum jener Kritik — und dazu hat sie, wie wir sahen, allen Grund — so braucht sie nicht gleich zuzufahren, sondern sie kann unter Umständen dieser geistigen Entwickelung ruhig zusehen, ja es ist denkbar, daß sie nicht bloß sich passiv verhält, sondern sogar aktiv diese geistige Entwickelung noch unterstützt. So lange der Kampf nämlich mit geistigen Waffen geführt wird, in idealer Begeisterung für Erforschung der Wahrheit, wird das Ende immer sein, daß die wirkliche Wahrheit Gewinn aus solchem Kampfe davonträgt. Eines starken Mannes ist es unwürdig, sich gegen jeden Angriff zu wehren, er ist darüber erhaben, ja er hat vielleicht gar seine Freude über solch ohnmächtigen Angriff, wird doch seine Stärke dadurch nur mehr in das Licht gestellt. Auf diesem Standpunkte könnte die Kirche vielleicht immer stehen bleiben im festen Glauben und Vertrauen auf die ewige Wahrheit. Die Hilfe und der Schutz des lebendigen Gottes ist immer größer, als der noch so starke Angriff einer trunkenen, von dem Beifall der großen Menge begleiteten Wissenschaft. Ja, vielleicht muß sie auf diesem Standpunkte stehen bleiben, wenn die Fluten ihr bis an den Hals gehen und sie sich nicht wehren und helfen kann, durch die Macht der irdischen Verhältnisse eingeengt.

Wehe aber der Kirche, wenn sie dieses Gottvertrauen macht zu einem Pfühl der Bequemlichkeit, und in den Zeiten, wo dieser Kampf gegen die Grundfesten anstürmt, sich ohne zwingende Ursache oder aus falschen Rücksichten, aus Politik und aus Furcht ihre Popularität zu verlieren, ganz passiv verhält, sich mit Worten zwar auf den göttlichen Beistand beruft, aber in Wirklichkeit diesen göttlichen Beistand ver= leugnend alles gehen läßt, weil sie aus der Gottseligkeit ein Gewerbe macht.

Die Kirche muß in solchen Zeiten gegen falsche Lehren Zeugnis ablegen und zwar zunächst auf demselben Gebiete, auf dem sie an= gegriffen ist, und mit denselben Waffen, mit denen sie angegriffen wird; sie darf unmöglich den Kampf des Geistes dämpfen wollen mit dem Kampf des fleischlichen Schwertes und muß jeden heimlichen un= lauteren Weg, dem Feinde den Mund zu stopfen, verabscheuen. — Zweitens muß die Kirche ihre Glieder durch feste Organisationen schützen und durch um so stärkere Beweise der That auf dem Gebiete des christlichen Lebens, dadurch daß sie die christliche Liebe, kurz die ganze christliche Sittenlehre auf allen Gebieten zur fröhlichen Entwickelung bringt. Die Kirche in ihrer irdischen Organisation muß diese Er= gebnisse der freien Wissenschaft, die sie nicht mit äußerlichen Macht= mitteln unterdrücken darf, mit dem Schwerte des Geistes bekämpfen, so lange sie überzeugt ist, daß sie gegen die Wahrheit sind. Sollte dagegen die Kirche, was gar nicht ausgeschlossen ist, hier und dort die freie Wissenschaft, teilweise oder ganz, als nicht gegen die Wahrheit laufend, anerkennen, so darf sie nicht stehen bleiben, sondern müßte dann ihre alten Satzungen, so weit sie mit der Wahrheit im Wider= spruch befindlich wären, einer Prüfung auf allgemeinen Synoden und Kirchentagen unterwerfen; nur so würde sie ihre Bestimmung erfüllen und den Zweck erreichen, ein Salz der Erde zu sein. Diese Forderungen sind so selbstverständlich, daß, meine ich, kein verständiger Mensch, er sei Heide, Jude, Türke, dagegen irgend etwas einwenden kann.

Wir kommen nun zu dem dritten Weg, den die Kirche betreten kann und leider betreten hat, das ist der Weg der Halbheit, des

Schwankens und Wankens, der unendliches Verderben für Staat und
Reich Gottes mit sich bringt. Dieser Weg ist die notwendige Folge
des gegenwärtigen Staatskirchentums, aus dem nur solche Anschau=
ungen, wie die vorher erwähnten, geboren werden können.

Wir wollen daher im folgenden die Verhältnisse des Staats=
kirchentums, so weit sie mit diesem Thema in notwendigem Zusammen=
hang stehen, zu zeichnen suchen und zugleich damit den Nachweis
führen, daß die Staatskirche in ihrer gegenwärtigen Organisation gar
nicht im stande ist, sich gegen solche und noch schlimmere Angriffe zu
wehren; ja, sie verdient es auch gar nicht, so lange und so weit
sie selbst das Staatskirchentum verteidigt. Wenn daher die Kirche,
scheinbar wie ein Riese Goliath, gewappnet mit starkem Mut, sich zu
wehren Anstalt macht, so muß sie notwendig dann das Schicksal dieses
Helden erleiden und erleidet es mit Recht.

Das gegenwärtige Staatskirchentum besteht wesentlich darin, daß
die höchste Kirchengewalt unzertrennlich mit der Herrschergewalt des
Landesfürsten verbunden ist, und nur in seinem Namen alle kirchen=
regimentlichen Handlungen zu geschehen haben. Wir wollen uns hier
nicht aufhalten mit der Entstehung dieses Staatskirchentums und der
Stellung der Reformation dazu, sondern lassen uns genügen an der
einfachen Thatsache, daß es da ist. Doch bevor wir in diese Sache
eingehen, ein kurzes Wort zur Verständigung.

Notwendig muß klar und bestimmt die eigentliche Aufgabe der
Kirche und die eigentliche Aufgabe des Staates erkannt werden, um
hier in dieser Frage klar zu sehen. Hat die Kirche wesentlich die Auf=
gabe hier auf Erden ein friedliches und ruhiges Leben zu fördern, hat
die Kirche in erster Linie den Beruf, den großen Kulturaufgaben des
Staates zu dienen, dann ist die Form der Staatskirche die einzig
richtige, und jeder Versuch, sie als falsch zu erweisen, prallt an
dieser Grundanschauung ab. Ohne uns hier auf einen Beweis ein=
zulassen, halten wir diese Grundanschauung für falsch; vielmehr
setzen wir die wesentliche und vornehmste Aufgabe der Kirche darin,
Himmelsbürger, nicht Staatsbürger zu erziehen, die Kirche hat es
mit den unsterblichen Seelen zu thun, die in Christo Ruhe finden
sollen und nur insoweit, als diese ihre erste Aufgabe eine Fürsorge
für den Leib und für alle die vielen Kulturaufgaben des Staats
fordert, hat auch sie die heilige Pflicht, sich dieser irdischen Seite an=
zunehmen, eingedenk des alten Spruches mens sana in corpore sano.
Der Staat dagegen hat gerade umgekehrt für den Leib, für das irdische

Leben zu sorgen, für die irdischen Kulturaufgaben dieses Lebens, kurz seine Aufgabe ist in erster Linie gute Staatsbürger zu erziehen. Die Beweggründe, warum jemand ein guter Staatsbürger sein will, gehen ihn zunächst gar nichts an, sondern nur die Thatsache, ob er es ist oder nicht; während wieder umgekehrt die Beweggründe das ausschlaggebende sind bei der Sorge und Arbeit der Kirche für ihre Glieder.

Gewiß hat der Staat ein großes Interesse an der Kirche, richtiger gesagt an der Religion, weil er weiß wie Gedanken und Thaten eng zusammenhängen, denn aus dem Herzen gehen hervor arge Gedanken, Mord, Ehebruch u. s. w. Gerade deswegen muß dem Staat daran liegen, ein Mittel zu haben, wodurch die Herzen gezügelt werden können. Aber nur als Mittel zum Zweck kann er die Kirche gebrauchen; er muß deshalb auch in seinen Entschlüssen volle Freiheit behalten, sich je nach den Umständen für die oder die Kirche, oder für die oder die Religion, und wenn es die jüdische oder türkische wäre, zu entscheiden, eben weil der Staat die Kirche nie anders, denn als Mittel zum Zweck, gebrauchen kann*). Wer nun mit diesen Grundanschauungen übereinstimmt, der lese weiter, im anderen Fall rate ich ihm das Folgende zu überschlagen, so braucht er sich wenigstens nicht zu ärgern.

Das nun vorher kurz geschilderte Staatskirchentum hat namentlich

---

*) Es ist gar traurig, aber eben eine Folge unseres Staatskirchentums, daß hierin die Begriffe so schrecklich durcheinander gehen. Eben als ich dieses schreibe, lese ich in den Verhandlungen des Reichstages vom 21. Februar 1895 eine Rede meines Freundes und Namensvetters Pastor Schall im Reichstag. Er sagt darin folgendes (es handelt sich um die wirtschaftlichen, gesundheitlichen, sittlichen Verhältnisse der Arbeiterinnen): „Wir (die Konservativen) sehen solche Fragen vom Gesichtspunkte des christlichen Lebens an, wir sehen die Frauen nicht als Menschenmaterial an, sondern wir sehen in jeder Frau und in jedem Mädchen der Fabrik die unsterbliche Seele, für die zu sorgen eine der Hauptaufgaben des christlichen Staates ist". Welche entsetzliche Begriffsverwirrung und Verschiebung, da dieser I. Schall dem Staate etwas als Hauptaufgabe zuschieben will, was gar nicht seines Amtes ist, und dem entgegen ist der gute Mann an derselben Stelle für das Duell eingetreten und hat selbst die Sklaverei in Amerika in Schutz genommen alles in majorem gloriam civitatis christianae. Wenn der gute Mann sich doch auch nicht immer als Vertreter dieses seines Idols ansehen wollte, und sich nicht immer präsentierte als Vertreter der christlichen Kirche. Das letzte ist er gar nicht, denn weder der Papst, noch die Generalsynode hat ihn in den Reichstag geschickt, sondern lediglich seine Wähler in Osthavelland, und die haben es gethan, nicht weil er Pastor ist und war, sondern weil er konservativ ist. Ach wenn doch Hilfe von Zion käme, und erst endlich die protestantische Kirche auch im Reichstag ohne und trotz ihrer Organe eine Vertretung fände.

in diesem Jahrhundert alle die Veränderungen mitgemacht, die durch das Revolutionszeitalter notwendig geworden sind. Anfangs war diese Kirchengewalt des Fürsten nichts anderes, als ein ihm persönlich als membro nobilissimo übertragenes persönliches Recht; dann wurde es ein Recht der Krone. Als die Rechte der Krone in diesem Jahrhundert durch die Verfassungen wesentlich eingeschränkt und der Absolutismus durch den Konstitutionalismus abgelöst wurde, da mußte auch dieses Kronrecht, nämlich die oberste Kirchengewalt, denselben Wechsel mit= machen, und der Inhaber der Krone mußte seine Kirchengewalt ebenso wie viele andere Gewalten mit dem gewählten Landtage teilen. Alle Landtage aber entledigten sich in ihrer Entwickelung immer mehr aller kirchlichen und religiösen Bande, damit man sonst die Politik hatte umschließen wollen. Statt Gewissenszwang und Religionszwang drang immer mehr die Forderung der Religions= und Gewissensfreiheit durch und wir fügen hinzu: Gott sei Dank. Die einzelnen Länder hoben erst die Zugehörigkeit zur Konfession und danach später die Zu= gehörigkeit zur Religion überhaupt als Bedingung für staatliche Ämter und Stellungen auf. Ohne irgend welche Rücksicht auf reli= giöse Überzeugung steht der Eintritt in die Landtage und in den Reichs= tag und in jedes Staatsamt jedem frei, der nur sonst die geforderten, wissenschaftlichen und technischen Bedingungen erfüllt. Nun haben wir das Schauspiel, wahrhaftig ein solches für die Götter — daß Landtage, die selbst an keine religiöse Überzeugung gebunden sind und thatsächlich auch aus Personen mit den verschiedensten Bekenntnissen (Atheisten, Theisten, Pantheisten, Lutherische, Reformierte, Unierte, Katholische, Juden, Heiden) bestehen, die oberste Kirchengewalt über die protestan= tische Kirche ausüben.

Dieser Zustand ist natürlich der Gipfel oder wer weiß auch erst der Anfang des erstrebenswerten Zustandes für alle, die die Bedeutung der Kirche in ihren irdischen Kulturaufgaben aufgehen lassen, und daher mit Recht als endliches Ziel verfolgen, die Kirche einfach zu einem Zweige der Staatsthätigkeit zu machen.

Alle anderen aber, die solche Grundanschauung nicht teilen, sondern der Kirche als Selbstzweck eine viel höhere Aufgabe zuerkennen, finden in solchem Zustande eine ewige Schmach und ein Brandmal, weil die Schmach zwar erkannt wird, aber nicht Mut vorhanden ist, sie zu geißeln und abzuschütteln. Geduldig und mit frommen Worten im Munde trägt man als Gottes Schickung, was nur eine Schickung der Sünde und Trägheit, ja des Unglaubens ist.

Außer dieser Kirchengewalt, die nur unter Zustimmung der Land=
tage ausgeübt werden kann, enthält die Gewalt des obersten Bischofs
eine ganze Summe von Befugnissen, die der persönlichen Ausübung
des Landesfürsten vorbehalten sind. Dahin gehört *) z. B. Ernennung
von Abgeordneten zur Kirchenkonferenz u. s. w., Eröffnung der Landes=
synode und Ernennung einiger Mitglieder, Genehmigung der dort ge=
faßten Beschlüsse, Ernennung der Mitglieder des Konsistoriums, der
Mitglieder der Prüfungskommission, der Generalsuperintendenten, bezw.
Superintendenten, der Geistlichen und Hilfsgeistlichen, die Bestätigung
der in der Hauptstadt gewählten Prediger, Verabschiedung und Emeri=
tierung der Geistlichen, Entscheidung über Beschwerden gegen Verfügungen
des Konsistoriums und noch viele andere Befugnisse. Nun ist zweierlei
zu bemerken. Die Ausübung der Befugnisse der Kirchengewalt ist nir=
gends an irgend ein kirchliches Bekenntnis oder an eine Religion über=
haupt gebunden. Der Inhaber der obersten Kirchengewalt selbst ist
persönlich in seiner kirchlichen und religiösen Überzeugung keinen Schranken
unterworfen, er steht darin so frei, oder noch freier, wie jeder andere
Staatsbürger. Nur darf er in manchen Fällen sein Glaubensbekennt=
nis nicht öffentlich wechseln, wie deutsche Prinzessinnen dies heutzutage
oft und gern zu thun scheinen, aber persönlich kann er unter dieser
Einschränkung denken, glauben, thun, was er will, und niemand hat
das Recht Einspruch zu erheben, wenn die Glieder solcher Familien
ihr Bekenntnis wechseln, wie andere Leute die Handschuhe. Ja auch
selbst der Religionswechsel oder von der Landeskirche verschiedene Kon=
fession ist, wenn nur kein Eklat erfolgt, gar kein Hindernis die oberste
Kirchengewalt in der protestantischen Kirche auszuüben. So ist z. B. der
Prinz Albrecht, Regent von Braunschweig, Glied der unierten Kirche
und bleibt es auch, und ist der Inhaber der obersten Kirchengewalt
in der lutherischen Landeskirche des Herzogtums Braunschweig, trotz
§ 214 der Neuen Landschafts=Ordnung.

Das braunschweigische Landrecht schreibt zwar ausdrücklich vor,
daß der Landesfürst, wenn er Inhaber der Kirchengewalt sein will,
Glied der lutherischen Kirche sein muß. Die braunschweigische Ver=
fassung hat ihr Recht auf die Verfassung auf das genaueste gewahrt,
der Landesfürst hat mit eigener Namensunterschrift an Eides Statt zu ver=
sichern, daß er die Verfassung halten wolle und ist solches Schriftstück
von den Landständen im Archiv anzuheben; aber daß die Rechte der

---

*) Das evangel. Kirchenrecht von v. Schmidt=Phiseldeck.

Kirche gewahrt werden, ist kaum der Mühe wert.*) Dazu handelt es
sich hier nicht etwa um kirchliche Spitzfindigkeiten, sondern um klare
juristische Thatsachen. Die unierte Kirche ist thatsächlich juristisch eine
andere, als die lutherische.

Endlich hat der Landesfürst als Inhaber der obersten Kirchengewalt natürlich gar nicht Zeit sich persönlich um alle diese Dinge zu
bekümmern, die doch seiner persönlichen Leitung übertragen sind. So
zieht er seine Räte, die Minister zu. Diese Minister sind wiederum
auf Grund der Gesetze an gar kein Bekenntnis gebunden. Natürlich
vermeidet man den Eklat, man wird also keinen Juden, oder sonst einen
Mann, der sich offen vor der Welt als einen Atheisten bekennt, zum
Minister berufen, aber sonst steht jedem die Thür zu diesem Amte offen,
er mag glauben und denken, was er will. Bekanntlich sind aber Atheisten
und Ungläubige, die es offen und ehrlich sind, und sich als solche
offen bekennen, für andere Glaubensrichtungen lange nicht so gefährlich,
als die zwar innerlich ganz ebenso stehen, aber sonst auf Kommando
in Reden die Gottheit und Allweisheit im Munde führen und selbst
bei Synodaleröffnungen christliche Redensarten wie Raketen steigen
lassen. Es soll hiermit nicht gesagt sein, daß alle Minister und Diener
derartige Gesinnung haben; aber das soll gesagt sein, daß nicht die geringste Garantie vorhanden ist, daß die höchsten Diener der Krone,
die in der Kirche einen ausschlaggebenden Einfluß besitzen, nicht solcher
Gesinnung und Geistesrichtung huldigen und ferner, daß thatsächlich solche
Gesinnung in diesen Kreisen durchaus nicht selten ist.**) Es hängt das
alles von Zufälligkeiten ab, von der Persönlichkeit des Fürsten, und

---

*) In dem Entwurf einer Verfassungsurkunde vom Herzogl. Konsist. mit Vor-
wort vom 4. Mai 1850 herausgegeben, heißt es nach § 75: „Über die verfassungsmäßige Ausübung der dem Landesfürsten zuständigen Befugnisse der Kirchenleitung
wird er eine förmliche Zusicherung erteilen, deren Urkunde der Landessynodal-
ausschuß in Empfang zu nehmen und in dem Archive der Landessynode zu depo-
nieren hat." In dem im Januar 1894 vom Präsidenten des Herzogl. Konsist.
Schmidt=Phiseldeck herausgegebenen Kirchenrecht (also nach 44 Jahren) heißt es
Seite 41: „Mit der landesfürstlichen Gewalt im Herzogtum ist die Kirchengewalt
in der Landeskirche unzertrennlich verbunden" und in der Anmerkung „Die besondere Schutzpflicht (Religionsassekuration) des Landesfürsten gegenüber der Landeskirche ist durch § 211 der Neuen Landschafts=Ordnung (vom Jahre 1832) beseitigt.
[§ 211 sichert freie öffentliche Religionsübung zu.]

**) Ein angesehener Geistlicher versicherte mir als feste Thatsache, daß ein ihm
bekannter Kultusminister, der die Kirche regiere, ausgesprochener Atheist sei und
das Christentum verleugne.

auch selbst von so vielen anderen Dingen, von denen der gewöhnliche
Sterbliche Gott sei Dank nichts weiß, und von denen man gerne schweigt.

Die oberste Verwaltungsbehörde der Kirche, das Konsistorium wird
zusammengesetzt nur aus Räten, die der Fürst ernennt; so ist schon
gleich der Eingang in dieses Kollegium dem Verlangen nach Unab=
hängigkeit verbarrikadiert und sollte sich dennoch ein Abtrünniger dahin
verlaufen haben, so gibt es Wege und Mittel genug, ihm bald den
Mund zu stopfen.

Unter solchen Umständen ist die Kirche an Händen und Füßen ge=
knebelt. Nun ist ferner zu bedenken, daß der Staat ganz allein aus
eigener Machtbefugnis das ganze Schulwesen zu seiner eigentümlichen
Provinz macht, dahin gehören vornehmlich die Universitäten. Die
Anstellung der sämtlichen Professoren ist Sache des Staates, beziehungs=
weise des betreffenden Ministers, der sich natürlich beraten, aber nur
vom Staatsinteresse leiten läßt und leiten lassen muß. In
diesem Staatsinteresse spielt natürlich und mit Recht Religions= und
Gewissensfreiheit und freie Wissenschaft eine hohe Rolle. Daß die er=
nannten Professoren der Theologie und Philosophie nicht immer den
berechtigten Wünschen der verschiedenen Kirchen entsprechen, ist natürlich
und begreiflich. Mit dem Schulwesen hängt auch aufs engste zusammen
die vom Staate durch Gesetz geregelte Vorbildung zu den verschiedenen
Ämtern und so auch zum geistlichen Amt. Dazu gehört ein Studium
auf deutschen Universitäten von ca. sechs bis sieben Semestern und eine
Prüfung vor der Staatsbehörde. So haben wir denn hier folgendes
Schauspiel vor Augen.

Die protestantische Kirche hat eine in den Bekenntnisschriften fest
und klar ausgesprochene Lehre und darf und will keinen im geistlichen
Amt anstellen, der nicht diese Lehre bekennt. Die Kirche schickt — so=
weit bei ihrer Sorglosigkeit auf diesem Gebiete von Schicken die Rede
sein kann — ihren jungen Nachwuchs auf die Staatsschulen. Die
Lehrer auf diesen Staatsschulen sind von dem religionslosen Staate
angestellt nach ganz anderen Gesichtspunkten, als sie in der Kirche
maßgebend sind. Diese Lehrer lehren pflichtgemäß das, was ihnen
recht deucht, unbekümmert, ob ihre Lehre mit der Lehre der Kirche
stimmt oder nicht, und dazu sind sie berechtigt und verpflichtet, weil sie
vom Staate und nicht von der Kirche ihren Auftrag erhalten. Die
Kirche nun empfängt ihren jungen Nachwuchs nach 3, 4 oder 5 Jahren
wieder. Sagt er nun, was er gelernt hat, so läuft er Gefahr, ab=
gewiesen zu werden, oder er sagt nicht, was er gelernt hat, sondern

was er in einem halben Jahr sich eingepaukt im sogenannten Hutterus redivivus u. s. w., so wird er angenommen. Oben an der Spitze der Behörden der protestantischen Kirchen herrscht natürlich und selbst=verständlich Abneigung gegen kirchliche Selbständigkeit; die Bildungs=stätten der Kirche, ihrem eignen Einflusse entzogen, schlagen oft der Kirchenlehre ins Angesicht, ihre Verwaltung ist wie mit Ketten gebunden und eingeschnürt; ihre von dem Landesfürsten ernannten Geistlichen befinden sich sämtlich in steter Abhängigkeit: So schleppt das pro=testantische Staatskirchentum sein Dasein hin und wartet getrost bis ihm der letzte Gnadenstoß gegeben wird, und das Gericht Gottes sich voll=zogen hat.

Hier erkennen wir, welche hohe Bedeutung jenes Ergebnis der negativen Kritik auf die protestantischen Kirchen ausübt und wie sich unter den geschilderten Verhältnissen die Kirche nicht wehren kann, ja es auch nicht einmal will. Das macht mich traurig und brächte mich der Verzweiflung nahe, wenn Gott nicht meine Zuversicht wäre.

Soll es deshalb anders und besser werden, so muß das Staats=kirchentum fallen. Der Begriff vom christlichen Staat ist ein wahrer Popanz; ein christlicher Staat wäre ein solcher, in dem entweder christ=liche Gesetze herrschen, oder das Volk christlich wäre, oder in dem am besten beides beisammen wäre.

Wer aber nun eins von diesen beiden Dingen von unserem Vater=land behauptet, der ist blind und macht sich blind, denn von beiden Dingen haben und hatten wir niemals eine Spur; die Politik be=kümmert sich nicht um Christentum, die Politik bekümmert sich — ich sage die Wahrheit — nur allein um die Groschens — d. h. weltliche irdische Rücksichten, Machtbefugnisse und wenn es hoch kommt auch Kulturaufgaben, aber niemals waren es die Interessen des Christentums, die die Politik geleitet haben; wo es dennoch so schien, oder wo man einen Anlauf dazu genommen hatte, da sind es stets die traurigsten Zeiten gewesen. Nein, Politik und Kirche, Reich Gottes und Reich der Welt, die gehen nicht in einer Hand, die kann man nicht in einem Topf zusammen kochen; „jeder lern' seine Lektion, so wird es wohl im Hause stohn." Gerade die Thatsache, daß in Deutschland die deutschen Landesfürsten zugleich die Inhaber der höchsten Kirchen=gewalt sind, thut dem ewigen Gefasel vom christlichen Staat so viel Vorspann und deshalb halten auch an diesem Staatskirchentum so viele schwache Christen fest, wie Israel an seinem goldnen Kalb, in der Meinung: das sind die Götter, die jene aus, uns aber in Ägyptenland geführt haben. Dennoch mögen seine Tage gezählt sein; daß die Zustände haltlos sind, erkennt fast jeder, der seine fünf Sinne hat. Keiner aber will Panier aufwerfen, keiner will auffordern zum Kampfe; weil, wie sie sagen, ein plötzlicher Bruch solche Verwirrung herbeiführen würde, der die protestantische Kirche an den Abgrund bringen und die katholische Kirche zur lachenden Erbin machen würde.

O Thorheit und unglückselige Verblendung, die in diesen Worten liegt. Wer redet denn von einem plötzlichen Bruch? Der unhaltbare unbiblische Zustand muß nur erkannt und bekannt, der Unglaube überwunden werden. Statt dessen hört man reden: „Ja, die Zustände sind schlimm, aber jetzt ist noch nicht die Zeit, ein andermal ist vielleicht bessere Zeit." Der Abschied und die Trennung muß nur vorbereitet werden, und das kann geschehen in aller Ruhe, dazu gehört aber öffentliche Agitation zu allermeist im Volke, das es ja allein in seiner Hand hat, das Joch abzuschütteln; es braucht ja bloß aus der Kirche auszutreten und sich die Pfarrer selbst zu wählen. Eine andere Lösung ist doch niemals möglich, denn der Staat und auch selbst jetzt die Landesvertretungen werden nun und nimmermehr gut und freiwillig auf ihre Macht verzichten, so daß entweder ein Bruch niemals eintritt, oder dann, wenn es zu spät, wenn der Protestantismus in der langen Knechtschaft und in dem täglichen Anblick der Heuchelei und Tyrannei die ganze Lebenskraft verloren hat und dann dem Katholizismus zum Raube fällt. Noch steht die Thür zur Errettung auf, zwar geht das Wasser schon bis an den Hals, aber dennoch ist in dem protestantischen Volke Deutschlands eine Lebenskraft — das hoffen wir zu Gott — und dem Mutigen gehört die Welt.

Dann kann die protestantische Kirche auch zu dieser negativen Kritik die rechte Stellung nehmen. Außerhalb ihrer Mauern verteidigt sie im Interesse der Kulturaufgaben die freie Wissenschaft und nimmt aus ihren Ergebnissen von Zeit zu Zeit so viel auf, als ihr in ernsten Beratungen der Wahrheit entsprechend scheint. Das andere lehnt sie ab und ihre Jugend bildet sie zu gottesfürchtigen Dienern der Kirche auf ihren eigenen Schulen aus.*) Dort macht sie ihre als Wahrheit er=

---

*) Bekanntlich geht der vortreffliche Pastor von Bodelschwingh mit dem Plane um, in Herford eine freie evangel. Fakultät zu gründen. Er hatte gehofft, wenigstens keinen Widerspruch bei dem Kultusministerium zu finden. Der Präsident des Oberkirchenrats schreibt dazu am 30. März 1895 in einem Briefe an Bodelschwingh: . . (nachdem festgestellt ist, daß sowohl das Kultusministerium als der Kultus=

kannte Lehre zum Mittelpunkt aller Wissenschaft und rüstet ihre Diener aus mit den Waffen des Geistes, in edler Begeisterung nach der Wahrheit zu forschen und die falsch berühmte Kunst mit denselben Waffen zu bekämpfen.

V.

Wie verhält sich das Ergebnis jener negativen Kritik zu der gegenwärtigen Zeit im allgemeinen? Das ist nach unserer Absicht der letzte Abschnitt in dieser Einleitung.

Wir hatten früher Seite 67 unter gewissen Voraussetzungen es als möglich hingestellt, daß die Kirche sich gegen die negative Kritik rein passiv verhalten könne, ja sogar solches wissenschaftliche ideale Streben und Kämpfen zu unterstützen vermöge.

Dieser letzte Abschnitt soll nun vornehmlich zeigen, daß eine solche Haltung der protestantischen Kirche gegen die negative Kritik unter den gegenwärtigen Zeitumständen unmöglich, ja unverantwortlich wäre.

Unsere gegenwärtige Zeit ist in einer furchtbaren Gährung begriffen; jeder Tag bringt neue Ereignisse und Gruppierungen, deren Ziel, bei Lichte besehen, der Umsturz der gegenwärtigen gesellschaftlichen Ordnung ist, und kein Staatsbürger, sofern er thätig eingreift in diese gegenwärtige Entwickelung, ist sicher vor dem Vorwurf, daß er den Umsturz begünstige. Das krasseste Beispiel zeigt sich in unseren Tagen an der großen gewaltigen Bildung des Bundes der Landwirte. Eben hat gerade dieser, gewiß am meisten konservative, Stand im Staate die Sozialdemokratie und alles, was dahin sich zu neigen schien, des Umsturzes beschuldigt, als nun gerade er selbst, nachdem er sich in genanntem Bunde organisiert hat, von den anderen sogenannten Ordnungsparteien am lautesten der Umsturzgedanken beschuldigt wird und zwar so energisch, daß diese letztgenannten Parteien öffentlich in ihrer Presse die Krone dringend warnen, diesen Umsturzgedanken ihr Ohr zu leihen.

In diese allgemeine Gährung tritt nun die negative Kritik des

minister dem Plane entgegensteht) . . „Meinerseits möchte ich Ihnen keinen Zweifel darüber lassen, daß ich dem von Ihnen angeregten Plane nicht allein nicht zustimme, sondern die Verfolgung desselben im Interesse der ev. Landeskirche für hochbedenklich und verhängnisvoll ansehe und verpflichtet sein werde, demselben mit allen mir zu Gebote stehenden Mitteln entgegenzutreten."

Alten Testaments, verläßt die stillen Hörsäle der Universitäten und die Stuben der Gelehrten. Welch eine nahe Verwandtschaft zwischen allen den sozialen und politischen Umsturzgedanken und dieser negativen Kritik besteht, geht allein schon daraus hervor, daß gerade diese Kritik, sonderlich in der sozialdemokratischen Presse, als Bundesgenossin begrüßt wird.

Auch sämtliche liberalen und andere demokratischen Blätter begrüßen mit wahrer Wollust dieses Ergebnis der wissenschaftlichen Theologie, wie es jetzt — so viel ich weiß — von weit mehr als der Hälfte aller deutschen Professoren der Theologie vertreten wird. Ich hoffe und fürchte zugleich, daß sich in absehbarer Zukunft diese Stellung gänzlich verschieben kann und wird, sobald nämlich das Interesse an dem sozialen Inhalt der Schrift das Übergewicht erhält. Zunächst aber tritt jetzt nur das Interesse für den Umsturz in den Grundlagen der christlichen Religion in den Vordergrund. Was vor etwa 40—50 Jahren David Strauß mit seinem „Leben Jesu“ unternahm, das versucht jetzt die alttestamentliche negative Kritik sonderlich in der Gestalt der Graf-Wellhausen'schen Hypothese im Alten Testament durchzuführen. Der unkirchliche, ja ganz antireligiöse Geist, der schon so seine reiche Nahrung in der ganzen sozialen, politischen und kirchlichen Entwickelung des letzten Jahrhunderts gefunden hat, wird jetzt noch durch diese Kritik mächtig gestärkt, sowie umgekehrt natürlich auch diese Kritik durch die begeisterte Aufnahme, die sie überall findet, nicht wenig gefördert wird. Jeder Versuch, irgend eine Autorität, sei es eine irdische oder himmlische, eine leibliche oder geistliche zu zerstören, kann sicher sein, reichliche Anerkennung zu finden; und in demselben Grade mehr, als der Ansturm gegen die Autorität intensiver ist. Wir wollen hier durchaus kein ungünstiges parteiisches Urteil über die gelehrten kritischen Professoren fällen, als ob sie sich diese günstige Zeit ausgesucht hätten.

Nein, gewiß nicht, so wenig Luther die Zeit seiner Geburt sich ausgesucht hatte, sondern von Gott erweckt wurde, als die rechte Zeit da war, ebenso auch kommen nach Gottes Willen alle Mächte des Umsturzes, wenn er sein Gericht kommen lassen und sein Volk im Zorn heimsuchen will. Diese Zeit steht vor der Thür, und für alle aufrichtigen Christen gilt es nun, allen Gläubigen die Augen zu öffnen, damit sie sich nicht fremder Schuld durch falsche Parteinahme teilhaftig machen. Hier handelt es sich nicht um Personen. Die Personen dieser Kritik sind mir so fremd, wie die der Sozialdemokratie und der Bourgeoisie und des flachsten Liberalismus, aber in der Sache verfolgen alle dasselbe Ziel und diese negative Kritik am allerstärksten und frechsten. Würde die negative Kritik immer auftreten als das, was sie ist, für was sie sich auch anfangs immer ausgibt, nämlich als eine wissenschaftliche Vermutung, so würde der Vorwurf gegen sie nicht so hart sein dürfen; denn die wahre freie Wissenschaft ist niemals zu fürchten, sie ist eine Tochter des Höchsten und macht selbst die Hoffährtigen zunichte. Freilich hat die Kirche selbst unendlich viel verschuldet, weil sie in ihrer Organisation nicht Raum und Zeit fand, dieser kritischen Wissenschaft mit denselben geistigen Waffen entgegen zu treten, sondern ihr das Feld überließ. Doch wir wollen dieser organisierten Kirche nicht zu wehe thun, haben wir ja die Ursache ihrer Sünden in ihrer Knechtschaft und Verblendung erkannt. Buße kann und wird sie nicht thun, es sei denn, daß diese ganze Organisation weggefegt werde. Ihre Totengräber stehen vor der Thür. O! daß es dann nicht zu spät sein möchte für mein liebes deutsches Volk, das sicherlich nicht in solche Verbitterung und Verblendung gekommen wäre, wenn die protestantische Kirche frei gewesen wäre und in ihrer Freiheit, als das Salz der Erde, beizeiten Buße gepredigt hätte.

Nun aber ist diese negative Kritik auf den öffentlichen Markt getreten. In Volksversammlungen und auf den Tribünen der Land- und Reichstage werden für und gegen sie Lanzen gebrochen. Man könnte darüber spötteln und lächeln; aber spöttische Ironie ist hier am wenigsten angebracht. Es handelt sich um gar gewaltig ernste Dinge. Mag die Art und Weise, wie man wissenschaftliche Fragen in Volksversammlungen und in Kreisen der Arbeiter behandelt, auch oft den Gelehrten befremden; in Wirklichkeit muß der Wissensdrang in den unteren Schichten des Volkes unsere Bewunderung und Hochachtung erregen, um so mehr, als sich nicht selten in den höheren Kreisen der sogenannten besseren Gesellschaft eine erschreckliche Gleichgültigkeit, Blasiertheit und geradezu ängstliche Indolenz offenbart. Muß es nicht das größte Staunen namentlich in den Arbeiterkreisen erregen, wenn man hören muß, daß sich Hochstapler männlichen und weiblichen Geschlechts unter den wunderlichsten Titeln und Prätensionen jahrelang in den höchsten Kreisen der Gesellschaft, ja sogar in der letzten Zeit selbst in hohen Ämtern halten konnten, obwohl sie sonst nur in der Gesellschaft von Barbieren, Kellnern und Bierjungfern gewesen waren. Wahrlich, die höheren Stände haben nicht Ursache über die Wissenschaftlichkeit der Arbeiter die Nase zu rümpfen. Ein wahrhafter Hunger nach größerer Bildung thut sich kund und jeder Patriot kann sich im Grunde nur darüber freuen. Diesem

Hunger kommt die sozialdemokratische Partei am meisten entgegen. Mit wirklich bewunderungswertem Eifer sucht sie die Wissenschaft volkstüm= lich zu machen; leider natürlich immer im kirchenfeindlichen Sinne, wobei nun die negative Kritik dieser Partei die allerbesten Dienste leistet.

Diesem Wissensdrang einen Stillstand gebieten, ihm eine Grenze zu setzen, oder ihm eine bestimmte Richtung zu geben und eine andere ihm zu verschließen, das ist ein Beginnen, das nur die größte Hilf= losigkeit verrät, die sich leider in dem sogenannten Umsturzgesetz so recht breit macht. Die freie Wissenschaft soll natürlich das Recht be= halten an Eigentum, Ehe, Kirche, Monarchie die schärfste Kritik zu üben, aber die aus ihren Vordersätzen mit eiserner Notwendigkeit sich ergebenden Nachsätze in kräftigem Deutsch auszusprechen, das soll den Arbeitern bei harter und schwerer Strafe verboten sein. Das ist der wesentliche Inhalt dieses unglücklichen Gesetzentwurfs; denn der Begriff „beschimpfend“ ist noch weicher wie Wachs, und gibt mit all den anderen Unklarheiten Anlaß, die Diktatur des Staatsanwalts zu etablieren, obwohl solche Diktatur auch jetzt schon möglich und wirk= lich ist.

Nein, der Wissensdrang ist nicht einzudämmen. Abgesehen von allem anderen müßte dann zuvor die allgemeine Schulpflicht, die all= gemeine Wehrpflicht, das allgemeine Wahlrecht, die Gewerbefreiheit und die damit eng verbundene Konzentrierung großer Arbeiterheere, kurz es müßte zuvor die seit der ersten Revolution errungene politische und persönliche Freiheit wieder abgeschafft und die patriarchalische Hörig= keit wieder an ihre Stelle gesetzt werden. Doch man braucht ja alle diese Dinge nur zu nennen, um sich bewußt zu werden, daß solcher Rückschritt wahnsinnig ist; nicht freilich deshalb weil alle diese Errungen= schaften ohne Fehl wären, sondern weil sie notwendige Stufen in der historischen Entwickelung sind.

Kurz, also in tausend Kanälen dringt das Ergebnis dieser negativen Kritik in alle Schichten der Bevölkerung und findet, weil sich die protestan= tische Kirche in ihrer Ohnmacht nicht wehren kann, auch sich wegen der vielen Rücksichten, die sie als Staatskirche zu nehmen hat, nicht wehren mag, sowohl in der bürgerlichen als in der sozialdemokratischen Presse, sowohl in volkswirtschaftlichen Schriften als in der Unterhaltungs= litteratur, sowohl in der schönen Litteratur als im Theater, ja sowohl im Spezialitäten-Theater als im Tingeltangel Anerkennung und Beifall.

Welche Folgen wird das in unserer gegenwärtigen Zeit haben? das ist nun die Frage.

Mit allgemeinen Betrachtungen und Redensarten ist hier nicht viel gewonnen, es handelt sich um die Zukunft unseres Vaterlandes und unserer protestantischen Kirche. In dieser negativen Kritik steht die protestantische Kirche ganz allein. Was ihre Stärke ist, offenbart sich hier als ihre Schwäche. Protestieren ist eine schöne Sache, so lange man guten Grund unter den Füßen hat, aber bei immerwährendem Protestieren verliert man den Boden unter den Füßen. Die ganze katholische Kirche verhält sich absolut ablehnend gegen die Weisheit der protestantischen Professoren. Es kommt hier gar nicht darauf an, den Grund dieser Erscheinung zu suchen, ob sie in einer Beschränktheit des Geistes, oder in der Organisation der Kirche, ob sie in unwissenschaftlichem Gehorsam, oder in der klaren Nüchternheit begründet sei; sondern darauf kommt es hier lediglich an, daß diese Ablehnung der katholischen Kirche eine nackte klare Thatsache ist. Die ganze katholische Kirche steht hier wie ein Mann und erhebt Klage gegen den Protestantismus, gegen die protestantische Kirche.

Genau ebenso verhält sich die jüdische Wissenschaft, die jüdische Synagoge. Es ist hier nicht die Rede von einer Anzahl sogenannter Reformjuden, die ein religiöses Interesse kaum mehr kennen, sondern von der jüdischen Synagoge, der jüdischen Wissenschaft, hinter der die ganze Judenschaft und am Ende auch die Reformjuden stehen. Das jüdische Volk hängt mit zu großer Liebe, Begeisterung und Ehrfurcht an seiner Geschichte, so wie sie im Alten Testament und sonderlich in den fünf Büchern Moses überliefert ist, als daß es jemals diese Geschichte preisgeben sollte. Noch heute halten sie sich allesamt für Abrahams Kinder nach dem Fleisch, und Moses für ihren größten Propheten, ja selbst die Einteilung nach verschiedenen Stämmen scheint selbst heute noch nicht ganz verschwunden zu sein, wenigstens spielt der Stamm der Leviten noch in der gegenwärtigen Judenschaft eine große Rolle.

So ist es gar nicht unwahrscheinlich, daß im gegebenen Zeitpunkt die Katholiken und Juden, in engerer Gemeinschaft, laut Zeugnis ablegen gegen diese aus der protestantischen Kirche geborene negative Kritik und gegen diesen Umsturz ihrer gemeinsamen Grundlagen. Wenn dann auch die Väter dieser Kritik von der protestantischen Kirche abgeschüttelt würden, weil sie nicht als Glieder der Kirche, sondern als vom protestantischen Staate beauftragte und angestellte Professoren solche Thätigkeit entwickelt hätten, so würde das wenig helfen. Der gemeinsame Vorstoß wird sich nicht gegen diese Personen, sondern gegen

6

die Kirche richten. Nun vergegenwärtige man sich noch den großen
Einfluß, den die Juden in der Sozialdemokratie haben, und die große
Wahrscheinlichkeit, daß dieser Einfluß noch bedeutend zunehmen wird,
so thut sich uns hier ein Blick in die Zukunft auf, der zuerst fast
lächerlich wirkt. Dennoch aber müssen wir diese Möglichkeit noch mehr
betonen, weil noch ein anderer Beweggrund hinzu kommt, der selbst
die Sozialdemokraten bewegen kann und wird, gegen diese negative
Kritik aufzutreten und für die Wahrheit und Echtheit der in den
fünf Büchern Mosis überlieferten jüdischen Geschichte einzutreten.

Heute erklären die Sozialdemokraten die Religion für eine Privatsache, und verhalten sich, als Partei angesehen, ziemlich gleichgültig gegen
die Bibel, als Grundlage der christlichen Religion. Aber schon heute sehen
und hören wir in der sozialdemokratischen Partei und in ihrer Presse,
namentlich im „Vorwärts", gar nicht selten ein solches kräftiges Eintreten
für die soziale Gerechtigkeit, wie sie von den Propheten des Alten Testaments
und von Jesus gepredigt ist, daß man sich oft verwundert fragen möchte,
ist das denn ein sozialdemokratisches Blatt oder ein kirchliches! Kleinere
Artikel und Gedichte habe ich in der angegebenen Quelle schon oft gefunden, die gerade so gut in der orthodoxen Predigtlitteratur hätten Platz
finden können. Natürlicherweise kommt dergleichen nur sehr selten
vor, aber die Möglichkeit, daß die Haltung der sozialdemokratischen Presse,
namentlich gegen das Alte Testament, sich noch wesentlich nach der angedeuteten Seite ändert, liegt sehr nahe, sobald ihr sozialer Inhalt erst noch
weiter bekannt wird. Die negativen Kritiker gehen über diese Materie alle
nur sehr kurz hinweg und können von ihrem Standpunkt auch nicht anders
handeln. Nun wird aber von fast allen Sozialökonomen die Thatsache zugegeben, daß die jüdische Geschichte, namentlich die Wirksamkeit Josephs in
Ägypten und die ganze mosaische Gesetzgebung der fünf Bücher Moses
außerordentlich viel Anknüpfungspunkte für eine soziale Neuordnung
unserer heutigen Gesellschaft darbietet. Es ist im Alten Testament eine
solche Summe sozialer Weisheit enthalten, daß sich billig jeder darüber
wundern muß, der sich einmal gründlich damit beschäftigt hat.

Ja, man wird die Frage gar nicht los, woher es kommen mag,
daß unser Volk ohne Ausnahme über diese Materie sehr wenig
unterrichtet ist, obwohl die Bibel in wahrem Sinne des Wortes ein
Volksbuch des deutschen Volkes geworden ist? Warum muß unsere
Jugend auf dem Gymnasium, und später etwa auch auf den Universitäten,
lernen und wissen, welche soziale Ordnungen bei den Römern und
Heiden geherrscht haben, ja muß sie stellenweise diese betreffenden Ge-

setze in der Ursprache auswendig lernen? Über die soziale Ordnung im Alten Testament bei dem jüdischen Volke, nach den fünf Büchern Moses, herrscht aber eine bodenlose Unwissenheit. Die Gesetze jener Völker waren heidnische, die Gesetze dieses Volkes gelten uns, man mag sich zu dem Alten Testament stellen wie man will, immer als ehrwürdig und der höchsten Beobachtung wert. Wie nahe liegt da der Verdacht, daß man im Interesse einer anderen Gesellschaftsordnung die Kenntnis dieser ehrwürdigen Ordnung vernachläſſigt habe, dagegen die der Heiden gepflegt habe, weil die Schlußfolgerung aus der letzteren leichter abzuweisen war, als die, die sich etwa in der biblischen Geschichte aufdrängte? Nun soll nach dem Ergebnis der negativen Kritiker diese ganze Gesetzgebung zum großen und wesentlichen Teile eine Utopie sein. Nein, wird man sagen, wir haben ein wichtiges, soziales Interesse daran, diese Gesetzgebung uns nicht zu einer Utopie machen zu lassen, wir wollen sie als ein altes hochehrwürdiges Denkmal sozialer Gerechtigkeit behalten, nicht als ob wir danach uns heute richten sollten, sondern damit unser Geist von diesem sozialen Geist der Gerechtigkeit, der durch das Alte Testament hindurch weht, begeistert und zu unermüdlicher Arbeit angespornt werde.

So ist es wahrlich kein Hirngespinst, wenn wir in dieser Zeit der allgemeinen Gährung, wo sich alles bewegt, eine Parteistellung aufsteigen sehen, in der Katholiken, Juden und Sozialdemokraten aus religiösen und sozialen Beweggründen auf das allerentschiedenste gegen die negative Kritik der protestantischen Profeſſoren und damit gegen die protestantische Kirche selbst Front machen. Ob sie dann diesen Stoß aushalten würde, steht bei Gott, wir wagen nicht die Frage zu entscheiden. Daß aber dann eintreten würde, was jetzt schon ängstliche Theologen fürchten, ist mir unzweifelhaft; denn dann steht sicherlich die katholische Kirche als lachende Erbin zur Seite. Wohl kann man diese Gedanken weit von sich schieben, mit der billigen Redensart: „Kommt Zeit, kommt Rat"; aber im Angesichte solcher Gefahren so sich aus aller Angst und Sorgen herauszuziehen, verrät eine Gesinnung, die auf derselben Linie steht wie das: après nous le déluge.

Zum Schluß wollen wir diesen Gedanken einen festen Untergrund geben, indem wir aus politischen Zeitungen einige Artikel hier wörtlich wiedergeben.

In der Mitte November 1894 brachte die Voſſiſche Zeitung in Berlin folgenden Leitartikel:

„Sollte es auch in der evangelischen Kirche eine doppelte Wahrheit geben? Eine Wahrheit, die die Kirche lehrt, und eine Wahrheit, das gerade Gegenteil der ersteren, die die Professoren lehren? So fragt die Kreuzzeitung und trifft damit den Kernpunkt des Streitens zwischen Kirche und Wissenschaft. Die Kirche behauptet, daß die Bibel durch die Eingebung des Heiligen Geistes entstanden, also göttlichen Ursprungs ist, und deshalb unumschränkte Autorität zu beanspruchen hat. Die Wissenschaft lehrt, daß die Bibel menschlichen Ursprungs ist ungleichwertig nach Form und Inhalt, nicht frei von Irrtümern, Entstellungen und Widersprüchen. Die Wissenschaft ist im stande, dies an zahllosen Bibelstellen nachzuweisen. Die Schöpfungsgeschichte, die im ersten Kapitel der Bibel erzählt wird, ist längst als Mythus nachgewiesen, dessen Einzelheiten von der Naturwissenschaft widerlegt sind. Die Geschichte des Volkes Israel ist besonders durch die Arbeiten von Wellhausen und Stade einer gründlichen Umgestaltung unterzogen worden. Man weiß heute, daß die Patriarchen Abraham, Isaak, Jakob so wenig als Einzelpersonen gelebt haben, wie Herkules, Theseus und Jason. Man weiß, daß der größte Teil des dem Moses zugeschriebenen Gesetzes erst der Zeit der Verbannung und der Rückkehr aus der Verbannung ihre Entstehung verdankt. Man weiß, daß die Geschichte der Könige in einseitiger und zum teil geradezu tendenziöser Weise dargestellt ist und daß deshalb diese biblischen Geschichtserzählungen von der exakten Geschichtsforschung nur mit der äußersten Vorsicht benutzt werden dürfen.

Mit dem Neuen Testament steht es nicht viel besser. Abgesehen von einigen Briefen des Paulus ist über den Verfasser dieser Schriften nichts bekannt. Keins der Evangelien ist in der Form, in der wir es heute besitzen, von einem Zeitgenossen des Jesus von Nazareth verfaßt worden. Die drei ersten Evangelien stehen mit dem vierten in einem unlösbaren Widerspruche. Ebenso widersprechen sich zum teil die übrigen Evangelien, so Matthäus und Lukas in den Geschlechtsregistern Jesu. Die Bekundungen der Apostelgeschichte stehen in schroffem Gegensatze zu den echten Briefen des Apostels Paulus. Wir haben hier nur einige besonders auffällige That= sachen angeführt. Wir könnten sie ganz beliebig vermehren. Und wir haben nur solche Thatsachen angeführt, die wissenschaftlich ganz unumstößlich feststehen, die von niemand geleugnet werden können, der überhaupt einer wissenschaftlichen Beweis= führung zugänglich ist. Man kann diese Thatsachen ablehnen, man kann sich stellen, als wüßte man nichts davon, aber man kann sie nicht wissenschaftlich widerlegen.

Aber die Kirche erklärt die von der Bibel berichteten Vorgänge für Heilsthat= sachen, an denen menschlicher Fürwitz nicht rütteln dürfe. Sie verlangt, daß noch heute für Wahrheit gelten soll, was vor Jahrhunderten für Wahrheit angesehen wurde, heute aber längst als Irrtum erkannt worden ist. So erhalten wir denn thatsächlich eine doppelte Wahrheit, die eine von der Kirche gelehrte und gebilligte, die andere von der Wissenschaft erforschte und erwiesene. Wie ist aus diesem Zwie= spalt herauszukommen? Die Kreuzzeitung ist schnell mit der Antwort bei der Hand: „Auch die Professoren sollen Diener der Kirche sein". Die Professoren sollen also das lehren, was die Kirche lehrt, auch wenn es ihrer wissenschaftlichen Überzeugung ins Gesicht schlägt: auch wenn sie Beweise haben, daß diese Lehre der Kirche der von ihnen erkannten Wahrheit widerspricht. Was wäre die Folge? Keine andere, als daß die Theologie aus der Reihe der Wissenschaften ausschiede. Wollten die Professoren der Theologie dieser Forderung nachgeben, so würde sich erfüllen, was schon Schleiermacher vorausgesagt hat, daß die Kirche mit der Unwissenschaftlichkeit zusammengeht und die Wissenschaft mit dem Unglauben. Will man einen solchen Zustand herbeiführen, wie man denn heute auf dem besten Wege dazu ist, so möge man es thun, aber man beklage sich dann auch nicht, wenn die Gebildeten sich von einer solchen Kirche abwenden, die von ihnen nicht gute Werke und gottgefälliges Leben, sondern ein Opfer ihrer Wahrheitsliebe und ihrer Gewissenhaftigkeit fordert.

Vorläufig indessen verhält es sich noch nicht so, daß die Professoren der Theologie Diener der Kirche sind. Sie sind Diener des Staates und haben so gut wie die Lehrer aller anderen Fakultäten die Pflicht, nach bestem Fleiß und Gewissen die Wahrheit zu erforschen und dem heranwachsenden Geschlecht zu lehren. Auf die Ansprüche der Orthodoxie kann man nicht besser antworten, als mit dem Worte des jetzigen Kultusministers Bosse bei dem Festmahl zu Ehren des Professors Curtius: „Die Wissenschaft läßt sich nicht kommandieren und nicht knechten, auch in Preußen nicht; die Lebensluft der Wissenschaft ist harmonische Freiheit und Ehrlichkeit."

Wir hoffen, daß die preußische Regierung auch diesem neuesten Ansturm der Dunkelmänner gegenüber die Freiheit der Wissenschaft, insbesondere der theologischen Wissenschaft beschirmt und fördert. Die deutsche Theologie marschiert an der Spitze der theologischen Wissenschaft aller Länder. Sie verdankt diese Ehrenstellung der Freiheit und Unabhängigkeit, mit der sie sich entwickeln durfte. Wollte man ihr jetzt den Lebensfaden abschneiden, so hätten vielleicht einige orthodoxe Politiker einen kurzen Triumph, aber was der Kirche nützen soll, würde zu einem schweren Schaden für die Religion ausschlagen. Und zugleich würde man den Vorwurf auf sich sitzen lassen müssen, daß der gegenwärtige Staat die Wahrheit nicht verträgt. Denn das Gerede von einer doppelten Wahrheit ist eine Thorheit. Es gibt nur eine Wahrheit, und die ist bei der Wissenschaft."

In diesem Aufsatz der Vossischen Zeitung zeigt sich so recht die gehässige und verächtliche Gesinnung gegen die Kirche (gemeint ist immer die protestantische) und der wirklich hohle phrasenhafte aber dialektisch aufgeblasene Weisheitsdünkel, denn bei einer ernstlichen Diskussion würde von dieser hier so bombastisch auftretenden Wissenschaft fast gar nichts übrig bleiben. Weniges erwiese sich als von der gesamten Wissenschaft begründet und das übrige als von der Kirche längst anerkannt, ohne im geringsten die Wissenschaft zu verleugnen.

Doch wir haben den Zeitungsartikel ja abgedruckt, nicht um ihn zu widerlegen, das verdient er an dieser Stelle wenigstens nicht, sondern um den Lesern damit deutlich zu zeigen, wie die öffentliche Meinung wirklich denkt. Es ist mir nicht einen Augenblick zweifelhaft, daß hinter diesem Artikel fast die ganze sogenannte Bourgeoisie Deutschlands steht, und die Glieder fast aller anderen Fakultäten im öffentlichen Leben, bis hoch hinauf in die allerhöchste Beamtenwelt, von wo die eigentliche Direktive für die Regierung der Kirche ausgeht, und endlich unzählige Glieder der theologischen Fakultät, wie denn auch fast ohne Zweifel ein solcher Theologe diesen Zeitungsartikel verfaßt hat.*)

Wie stellte sich nun zu diesem Artikel die sozialdemokratische Presse?

Der Vorwärts nahm den Artikel mit Wohlbehagen auf, druckte ihn in der Nr. 275 desselben Jahres als Leitartikel wörtlich ab, fertigte aber die Vossische Zeitung mit scharfer Rede ab und warf ihr die schlimmste Heuchelei vor. Im Auszuge lauten diese Zusätze so:

„Was die Vossische Zeitung hier über die doppelte Wahrheit sagt, ist Wahrheit, aber es ist nicht die ganze Wahrheit. Das bürgerliche Blatt deckt wohl den Widerspruch auf, in dem die Wahrheit der Wissenschaft und die der Religion stehen, aber es hütet sich wohl die gähnende Kluft zu zeigen, die zwischen der wissenschaftlichen und religiösen Wahrheit einer= und der Wahrheit unserer kapitalistischen Gesellschaft und ihres gehorsamen Dieners: des modernen Klassenstaats anderseits sich aufgethan hat. Der Staat nennt sich „christlich" und er bekennt sich zur Wahrheit der Religion, gleichzeitig aber bekennt er sich auch zur Wahrheit der Wissenschaft, obgleich beide Wahrheiten einander ausschließen, wie Feuer und Wasser. Allein das ist nur eine theoretische Inkonsequenz und nur eine vergleichsweise harmlose Heuchelei, die auf Gedankenlosigkeit zurückgeführt werden kann. Weit gewichtiger und moralisch weit verwerflicher ist die Heuchelei, die sich in Widerspruch zwischen Theorie und Praxis, zwischen Lehre und Handeln äußert.

*) Auf dem christlichen Studentenkongreß, der sich 1894 an den evangelisch= sozialen Kongreß in Frankfurt anschloß, hielt Professor Cremer aus Greifswald eine sehr gehaltvolle und fast grob=ernste aber zeitgemäße Ansprache. Bald danach redete ein prof. juris. forderte die Studenten auf zum Eintritt in eine sozial christliche Studentenvereinigung, meinte aber zuvor müsse solch christlicher Verein seine Thore weit aufmachen. Diese Weite bezeichnete er dann mit 4 Forderungen: 1) Den Glauben an einen persönlichen Gott könnte man vernünftigerweise nicht mehr fordern. 2) Die jungfräuliche Geburt Jesu sei doch ein überwundener Standpunkt. 3) An Wunder zu glauben könne man keinem vernünftigen Menschen zutrauen. 4) Der Glaube an die persönliche Auferstehung sei nur dem Hochmut des menschlichen Geschlechts entsprungen. Wenn so die Thore weit aufgethan würden, dann würde der christ= liche Studentenverein Großes wirken. Die wirklich ernst gemeinte Rede — in Wirklichkeit eine schlechte Bierrede — fand keine Entgegnung, wenigstens so lange ich da war, aber zwei lutherische Geistliche, die ich persönlich kannte, für den Kon= greß sehr thätig, forderten mich nachher auf gemeinschaftlich zu essen und platzten dann mit dem begeisterten Lob heraus: „Schall, der prof. juris L. der hat doch herr= lich gesprochen, nicht wahr?" Ich sagte: „O ja und wie!"

(Die kapitalistische Gesellschaft wolle jetzt gegen den Umsturz für Religion, Sitte und Ordnung kämpfen.) Religion, Sitte und Ordnung! Doch wo bleibt die Wahrheit? Gibt es eine Religion ohne Wahrheit? Eine Ordnung ohne Wahrheit? Gibt es eine Sitte ohne Wahrheit? Die Frage verneinen, heißt Religion, Sitte und Ordnung für verlogenes Blendwerk erklären, ihnen die sittliche und intellektuelle Grundlage entziehen, ihnen das Recht der Existenz nehmen. Wo ist nun aber die Wahrheit in der heutigen Gesellschaft? Wir haben eine doppelte Wahrheit sagt die „Vossische Zeitung". Und wir gehen weiter und sagen: die heutige Gesellschaft hat nicht bloß eine doppelte Wahrheit — sie hat d r e i e r l e i Wahrheit, drei verschiedene Wahrheiten: sie hat die Wahrheit der Religion, die Wahrheit der Wissenschaft und die Wahrheit der Gesellschaft. Sie hat die Religion im Mund, feiert die Wissenschaft, die die religiöse Wahrheit in nichts auflöst, und sie hat für sich noch die gesellschaftliche Wahrheit, die der Religion und der Wissenschaft ins Gesicht schlägt. Die Religion sagt: eher geht ein Kamel durch ein Nadelöhr, als daß ein Reicher in das Himmelreich kommt; die Wissenschaft sagt, es gibt kein Himmelreich und die Erde, die das Himmelreich sein sollte, wird durch die „Reichen", d. h. die kapitalistische Wirtschaft, zur Hölle gemacht. Und die christliche und die wissenschaftliche Gesellschaft verkündet die Wahrheit, daß diese Hölle die beste der Welten ist, und sie tanzt im Mammonstempel um das goldene Kalb, Religion und Wissenschaft unter die Füße trampelnd.

Die Gesellschaft und ihr gehorsamer Diener, der Klassenstaat haben Christus im Mund. Und Christus hat gesagt: „Die Menschen sollen einander lieben" und „Wer das Schwert zieht, soll durch das Schwert untergehen". Und die Gesellschaft und ihr gehorsamer Diener der Klassenstaat treiben im Tempel des Moloch ebenso wüste Orgien, wie im Tempel des Mammon, sie haben den wildesten Klassenkampf entzündet, die Menschen in zwei feindliche Armeen geteilt und verfolgen mit unerbittlicher Härte die Partei, die dem Klassenkampf ein Ziel setzen will — sie hetzen die Völker gegeneinander, haben Europa in ein großes Heerlager verwandelt und mit zwölf Millionen zur Vernichtung des Menschenlebens systematisch abgerichteter Menschen, die bereit sind, auf ein Wort hin, über einander herzufallen und einander abzuschlachten, besäet wie die Drachensaat des Kadmus. Und diese Barbarei, all der namenlose Greuel im Namen Gottes, im Namen Christi des Menschensohnes, im Namen der Religion, Ordnung und Sitte! Und das hat die Stirn, von Wahrheit zu reden. Und das hat die Stirn sich als

Träger der „Ordnung, Sitte und Religion" hinzustellen. Pfui der Heuchelei."

Soweit der Vorwärts. Es liegt uns hier nicht daran die in diesen letzten Artikel enthaltene Grundanschauung anzuklagen oder zu verteidigen, sondern nur daran liegt uns, daß der Vorwärts, das Zentralblatt der Sozialdemokratie, den frechsten Angriff auf die Religion seitens der Bourgeoisie als eine gemeine Heuchelei brandmarkt.

Als ferneren Beleg der im vorigen auseinandergesetzten Gedanken bringen wir noch wörtlich den Weihnachtsartikel des Vorwärts von 1894.

Weihnachten.

Weihnachten, das Fest der Liebe, das Friedensfest! Heute wie seit Jahrhunderten wird der Menschheit das Evangelium der Liebe verkündet, von allen Kanzeln herab ertönt das

Friede auf Erden
Und den Menschen ein Wohlgefallen!

Vor nahezu 19 Jahrhunderten, so lautet die „unumstößliche Wahrheit", sei der leidenden, darbenden Menschheit der Erlöser geboren, Christus der Gottmensch. Er, der empfangen von dem Heiligen Geist, geboren von der unbefleckten Jungfrau, sei herabgestiegen zur sündigen Erde, habe sich erniedrigt und gedemütigt, um durch seine Menschwerdung, durch sein Leben und sein unschuldiges Leiden, durch den Tod am Kreuze die Sünden der Menschen zu büßen. Wer kennt nicht jene biblischen Geschichten, die uns in der Kindheit erzählt wurden, denen wir andächtig gelauscht haben, ohne sie recht zu begreifen? Die Zeiten der Kindheit sind verflogen, und das rauhe Leben hat gar bald die Zweifel bekräftigt, die Zweifel an der Friedensbotschaft.

Frieden und Zufriedenheit sollte die neue Lehre den Menschen bringen, Liebe und Glück ward ihr verheißen. Die Apostel des Friedens, die Anhänger des Neuen, sie wurden verfolgt und gerichtet, man warf sie als Verbrecher in die Gefängnisse. Aber die härtesten Strafen, die brutalste Gewalt war nicht im stande, die Idee der Verbrüderung der Menschheit zu unterdrücken. Rasch vermehrten sich die Anhänger der Christuslehre, die davon sprach, daß die Menschen gleich, daß sie Brüder seien, und mit Bangen sahen es die Mächtigen. — Es war die Lehre der Armen, der Unterdrückten, die alle auf eine Erlösung ihrer zahllosen Leiden hofften, und scharenweise schlossen sie sich der Lehre an. Die Herrschenden aber in dem weiten, großen Römerreich zitterten für ihre Privilegien, für ihren Besitz, ihr Eigentum, das sie aus allen Ländern geraubt hatten, gewaltsam oder durch List. Ausnahmegesetze wurden erlassen, um der rasch aufstrebenden Christenheit den Weg zu versperren, ihre „verderbliche Lehre" zu unterdrücken. Und die Reichen und Mächtigen umgaben sich mit einem Heer von „Schriftgelehrten" — heute heißen sie anders, können aber auch „alles beweisen" — die legten die Schrift aus und sprachen Recht im Sinne der Machthaber.

So sind Hunderte und Tausende von Christen hingerichtet, hingemordet worden, durch die scheußlichsten Verbrechen zu Tode gequält — von Rechts wegen und im Namen der wahnsinnigen Cäsaren. Je größer aber die Verfolgungswut, je gräßlicher die Strafen: desto mehr Opfermut und Ausdauer, desto größer der Helden= mut und die Todesverachtung der Verfolgten. Und schließlich mußte die geschichtliche Notwendigkeit eintreten, daß alte herrschende System, korrupt, morsch, wie es war, mußte zusammenbrechen und die v e r f o l g t e Lehre wurde die h e r r = s c h e n d e.

Hat nun aber die „R e l i g i o n d e r L i e b e" gehalten, was sie versprochen hat, hat sie der Menschheit den Frieden gebracht? Nichts von alledem.

Die christliche Kirche, die seit Jahrhunderten in allen Kulturländern die herr= schende ist, sie hat nicht vermocht, die Gegensätze zwischen Arm und Reich auszu= gleichen, sie wird, sie kann es nicht vollbringen.

Mehr denn je haben sich die Gegensätze zugespitzt. Die christlichen Völker stehen gewappnet bis an die Zähne einander gegenüber und lauern nur auf den günstigen Augenblick sich aufeinander zu stürzen und sich gegenseitig zu zerfleischen.

Unblutig zwar, aber viel grausamer noch ist der wirtschaftliche Kampf, der ge= kämpft wird nicht zwischen den Völkern, sondern zwischen den Klassen des Volks. Kalt und unerbittlich werden hier Existenzen vernichtet, in das Heer der Besitzlosen hinabgestoßen, neue und immer wieder neue Scharen dem langsamen Hungertode überantwortet. Die Arbeitslosigkeit wird größer und größer, die Not drückender. Erfindung reiht sich an Erfindung und macht wiederum neue Massen brotlos. Gleichzeitig aber vermehren sich die Güter, wächst der Reichtum. Der Kreis derjenigen dagegen, die in der Lage sind, die vorhandene Fülle von Gütern sich zu beschaffen, zu genießen, wird kleiner und kleiner, trotz des besten Bemühens vermögen sie nicht, den Überfluß zu konsumieren. Und so füllen sich Magazine und Scheunen. Die große Masse aber, die all diesen Reichtum hervorbrachte, die all diese Güter produ= zierte, hat kaum das Notwendigste, das nackte Leben zu erhalten, viele hungern und darben, die Nachkommenschaft degeneriert.

Mit Entsetzen sehen die Machthaber, wie dieser Zustand sich verschlimmert von Jahr zu Jahr, und es bangt ihnen vor der Zukunft, sie zittern für ihre Vorrechte. Aus der Geschichte haben sie nichts gelernt, die Ursachen dieser Entwickelung können oder wollen sie nicht begreifen. In ihrer Kurzsichtigkeit meinen sie, daß an der tiefgehenden Unzufriedenheit der Massen nichts schuld sei, als die Agitatoren, die „Hetzer und Wühler". Was Wunder, wenn sie diese unschädlich machen wollen, wenn sie glauben, mit der Beseitigung der „Führer" höre die Unzufriedenheit auf. Wie die herrschende Kaste im alten Römerreich in fanatischer, grausamer Wut ihre Widersacher verfolgte, um ihrer Meinung willen, so wird auch heute von der herr= schenden Klasse jede ihr mißliebige Meinung zu unterdrücken versucht. Ob es ihr gelingen wird? Oder ob auch ihr das Schicksal der alten antiken Gesellschaft be= schieden ist? — — —

Und die heutige Kirche? Sie steht auf der Seite der Herrschenden, sie ist eine der hauptsächlichsten Stützen und Säulen des Bestehenden. Auch sie vermag also die Kluft nicht zu überbrücken, die Gegensätze nicht zu versöhnen. Den einzigen Trost, den ihre Diener der darbenden Menschheit geben können, ist der Hinweis auf das Jenseits. Ein Großes glaubt sie zu thun, wenn sie die Besitzenden ermahnt, Mildthätigkeit zu üben. Namentlich um die Weihnachtszeit erinnert sich der bevorzugte Teil der Bevölkerung auch einmal, daß es außer seiner Sphäre noch

Menschen gibt, welche entbehren. Man sammelt und bettelt, Wohlthätigkeits-Konzerte und Bälle werden arrangiert, um einige Brocken herauszuschlagen für die Armen. Für eine kurze Spanne Zeit überwinden die vom Glücke Begünstigten ihren Ekel, und steigen herab in den bodenlosen Sumpf der Armut, den gerade ihre Ordnung erzeugt und vertieft und suchen durch allerlei Wohlthätigkeit die Schmerzen auf kurze Zeit zu lindern, die sie selbst den Armen erzeugt. Alles dies aber vermag nicht die bestehende Kluft zu beseitigen, die sich im Gegenteil mehr und mehr erweitert. Ebenso wenig ist es möglich, selbst mit den brutalsten Gewaltmitteln nicht, die tief-gehende, aus den Verhältnissen heraus entstehende Gährung zu unterdrücken.

Erst, wenn der wirtschaftliche Kampf dem wirtschaftlichen Frieden auf Grund einer gerechten Organisation der Arbeit gewichen ist, erst, wenn alle Güter, erzeugt durch gemeinsame Arbeit, gemeinsames Eigentum der Menschen sind — erst dann wird auch der Kampf ausgetobt haben, zwischen den Nationen und der Klassenkampf wird sein Ende erreicht haben. Dann erst wird in Wahrheit herrschen

Friede auf Erden."

Diese hier wörtlich wiedergegebenen Artikel geben uns den Beweis für folgende Gedanken:

Die Anfänge einer wunderlichen Entwickelung liegen da schon klar vor unsern Augen. Der von dem Taumelkelch der Weisheit trun-kene Protestantismus wird von der Sozialdemokratie zwar dankbar registriert, aber mit einer wohlverdienten Sprache schmählich verhöhnt. Sie knüpft dagegen in ruhiger, ja fast erbaulicher Sprache an die soziale Bedeutung Jesu Christi und seiner ersten Jünger und der Kirche der ersten Jahrhunderte an, läßt deutlich durchblicken, daß die Kirche ihre Aufgabe aus dem Auge verlor, als sie aufhörte Volkskirche zu sein und anfing Staatskirche zu werden. Wie erst wird die Sozial-demokratie an die soziale Bedeutung der mosaischen Gesetzgebung an-knüpfen, sonderlich da es sich um das Heiligtum der Juden handelt; und wie wird sie die Arbeit der negativen Kritiker verhöhnen und verlachen, die dann selbst Gefahr laufen, in den Verdacht zu kommen, daß sie im Interesse der herrschenden Gesellschaft an diesem ehrwürdigen alten Bau der jüdischen Staatsverfassung ihre ätzende Kritik geübt hätten?

Ist die jüdische Staatsverfassung wirklich das, was diese Kritiker bewiesen zu haben glauben, ein Produkt menschlicher Klugheit, oder besser menschlicher und noch dazu fanatischer Erdichtung sektiererischer Priester, die niemals wirklich gewesen ist, so hat sie auch dann noch zwar ein hohes kulturhistorisches Interesse, weil es gleichsam die aller-älteste Utopie eines glücklichen Staats wäre; ist dagegen die jüdische Staatsverfassung wirklich zu Moses Zeit entstanden, ihm durch göttliche Weisheit eingegeben, so hat sie noch heute eine religiöse, soziale, sittliche

Bedeutung, nicht als ein Vorbild für die gegenwärtige Zeit, aber als eine Stimme des lebendigen Gottes aus alten Tagen für alle Zeit bis in Ewigkeit, daß er will, daß Gerechtigkeit wohne auf Erden.

———

Wir werden nun im folgenden versuchen, so gut wir können, ein Bild dieser Staatsverfassung zu geben, die negative Kritik im allgemeinen dabei nicht mehr berücksichtigen, nur in besonderen Fällen, wo sich Gelegenheit bietet, sie auf ihrem eigenen Gebiete zu widerlegen suchen. Wir hoffen zu Gott, daß dann die ganze Darstellung die Einheit des Bildes zeigen und zugleich die beste Apologie sein wird, weil sie beweist, daß dies Werk nicht in Bruchstücken, die Jahrhunderte auseinander liegen, entstanden sein kann, sondern daß es ein Werk aus einem Guß ist, ohne daß ein Einverständnis mit der negativen Kritik in vielen einzelnen Punkten ausgeschlossen wäre.

Erstes Buch.

Die Staatsverfassung.

1. Kapitel. Ihre Grundlagen.

Bevor wir in eine eigentliche Schilderung der jüdischen Staatsverfassung eintreten, ist es nötig, sie in ihrer tiefsten Eigentümlichkeit zu erfassen, durch die sie sich von allen anderen unterscheidet.

Die Geschichte des jüdischen Volkes lassen wir zu unserm Zwecke beginnen mit der Ausführung aus Ägypten, dem Zug durch die Wüste und dem Einzuge in das gelobte Land. Wohl liegen die Anfänge des jüdischen Volkes in einer noch viel älteren Zeit, an die auch, wie wir später sehen werden, die mosaische Gesetzgebung anknüpft, aber doch ist die eigentliche Geburtsstunde des jüdischen Volks, als eines organischen, zum gemeinsamen Handeln berufenen Volkes, der Tag, da Moses es aus dem Lande der Knechtschaft in das gelobte Land der Freiheit führte. Die Thatsache der Befreiung aus ägyptischer Knechtschaft ist so sehr der Mittelpunkt alles öffentlichen, staatlichen, kirchlichen und sozialen Lebens der Juden, daß im buchstäblichen Sinne von der ganzen mosaischen Gesetzgebung nichts als eine leere Schale übrig bliebe, wenn man diese Thatsache wegstreichen wollte. In unzähligen Wendungen wird immer wieder hierauf Bezug genommen; diese Thatsache ist der Angelpunkt, um den sich alles dreht. Sie ist aber nicht das Werk des Moses; Moses ist nur ein Handlanger des Jehovah, des Herrn, der als der allein wahre Gott die Kinder Israel erlöset hat. Das den Juden ins Gedächtnis zu rufen, wird Moses nicht müde, wir erinnern an 5. M. 7 V. 6 u. ff.:

„Denn du bist ein heiliges Volk, Gott, deinem Herrn. Dich hat Gott dein Herr (Jehova Elohecha) erwählet zum Volk des Eigentums aus allen Völkern die auf Erden sind. Nicht hat euch der Herr angenommen und euch erwählet, daß euer mehr wäre denn alle Völker, denn du bist das wenigste unter allen Völkern; sondern daß er euch geliebet hat, und daß er seinen Eid hielte, den er euren Vätern geschworen hat, hat er euch ausgeführet mit mächtiger Hand und hat dich erlöset von dem Hause des Dienstes aus der Hand Pharao, des Königs in Ägypten."

Diese Erlösungsthat Jehovahs ist der Kern und Stern aller mosaischen Gesetze und Rechte, und so lange sie dankbar er= und bekannt wird, so lange wird Israel sicher bewahrt werden. Deshalb schreibt Moses (5. M. 6 B. 20 u. ff.):

„Wenn dich nun dein Sohn heute oder morgen fragen wird, und sagen: Was sind das für Zeugnisse, Gebote und Rechte, die euch der Herr, unser Gott, geboten hat, so sollst du deinem Sohne sagen: Wir waren Knechte des Pharao in Ägypten und der Herr führete uns aus Ägypten mit mächtiger Hand und der Herr that große und böse Zeichen und Wunder über Ägypten und Pharao und alle seinem Hause vor unsern Augen und führte uns von dannen, auf daß er uns einführte und gäbe uns das Land, das er unsern Vätern geschworen hatte, und hat uns geboten der Herr, zu thun nach allen diesen Rechten, daß wir den Herrn unsern Gott fürchten, auf daß es uns wohlgehe alle unsere Lebtage, wie es gehet heutigestags. Und es wird unsere Gerechtigkeit sein vor dem Herrn unserm Gott, so wir halten und thun alle diese Gebote, wie er uns geboten hat."

Gott, der allein wahre Gott, außer dem kein wahrer Gott, hat sich dem israelitischen Volke durch solche offenbare, sichtbare, das irdische Leben ganz beherrschende Heilsthaten offenbart und dadurch erst die Grundlage sowohl zur Volks= als Staatsbildung gelegt, sodaß nun dieser Jehovah der eigentliche Regent, Herr und König im Lande ist. Wir bezeichnen diese Staatsverfassung nach altem eingebürgerten Sprachgebrauch mit dem Worte: Theokratie. Von dieser Theokratie die richtige Vorstellung zu gewinnen, ist die wesentliche Vorbedingung zum Verständnis der mosaischen Einrichtungen.

Wie schon erwähnt steht das ganze Leben der Juden öffentlich und häuslich in steter enger Beziehung zu Jehovah und seiner sichtbaren Heilsthat. Das sichtbare Mittel nun, durch das Jehovah seine Herrschaft ausübt, ist nicht irgend ein geheimes Orakel, nicht irgend

ein Gottesurteil,*) es geschieht auch nicht durch Weissagung, die an
eine bestimmte Menschenklasse gebunden wäre, sondern das Mittel der
Theokratie ist lediglich allein das Gesetz. Das Gesetz hat seine unbedingte Geltungskraft nur von Jehovah. Jehovah befiehlt durch das
Gesetz und das Gesetz befiehlt im Namen Jehovahs. Gott hat gleichsam durch das Gesetz sich selbst Schranken auferlegt, darum aber ist es
auch ein Frevel, von dem Gesetz irgend etwas abzuthun oder irgend
etwas hinzuzuthun. Diesem Gesetze waren alle gleichmäßig unterworfen;
jeder Israelit hatte die Pflicht, diese heilige Giltigkeit des Gesetzes für
sich und seine Umgebung zu schützen und zu schirmen.

Diese theokratische Staatsverfassung hat äußerlich angesehen große
Ähnlichkeit mit der noch heute gültigen modernen Staatsverfassung.
Zwar spricht kein Gerichtshof heute ein Urteil im Namen Gottes, sondern des Kaisers oder des Landesfürsten, aber auch hierfür wird eine
Art göttlicher Sanktion in Anspruch genommen, wie das schon in dem
Titel „von Gottes Gnaden" ausgedrückt erscheint. Und so spielt auch
der Eid, als eine ganz besonders kirchliche Einrichtung, ja im wahren
Sinne als ein rechter Gottesdienst, in userm Rechtsverfahren eine so
große Rolle, daß ohne ihn unser ganzes Gerichtswesen fast nicht gedacht
werden könnte. Ebenso werden auch alle Gesetzesübertretungen, die in
irgend einer Beziehung zur Ehrverletzung Gottes stehen, als Tempel-
raub und Tempelschändung noch heute von dem weltlichen Richter
sonderlich scharf gestraft. Der Unterschied zwischen dieser noch vorhandenen Theokratie und der jüdischen besteht weniger in der Sache
als in der Form und Ausdehnung, und vor allen Dingen darin, daß
die Theokratie der Gegenwart nichts anderes ist als eine alte stehen
gebliebene Ruine, ohne Lebenskraft und ohne Halt im Volksleben, eine
Formalität, der in tausend und abertausend Fällen auf das schnödeste
widersprochen wird, gleichsam ein Hilfsmittel, zu dem man in der Not
greift, um mit ihm die Sache am schnellsten und einfachsten zu ordnen
oder zu verwirren. Das zeigt sich auch in der leichtfertigen Anwendung
des Eides bei unserer heutigen Gesetzgebung und Gerichtspraxis. So
wird er bei jeder Lappalie verlangt und der Richter hält es vielfach
nicht einmal der Mühe wert, eine Belehrung über die Heiligkeit des
Eides vorauszuschicken!

Noch ist darauf hinzuweisen, daß die Theokratie nicht im geringsten
mit Hierarchie zu verwechseln ist, eine Verwechselung, der man leider

*) Das Eieropfer, das mit solchem Gottesurteil noch am meisten Ähnlichkeit
hatte, war, wie wir sehen werden, etwas ganz anderes.

nur zu oft begegnet. An dieser Stelle mag der Hinweis genügen, im zweiten Buch wollen wir den genauen Nachweis führen, daß Moses geradezu mit bewunderungswürdiger Vorsicht allen hierarchischen Gelüsten vorbeugt, so daß der Priesterstand nach Mosis Willen auf das öffentliche Staatsleben als Stand nur sehr geringen, ja fast keinen Einfluß hatte.

Mit dieser theokratischen Grundanschauung war auf das allerengste der hohe Wert der Persönlichkeit verbunden. Wir werden noch sehr oft Gelegenheit haben diese im Gesetze ängstlich vorgeschriebene Wertschätzung der Persönlichkeit zu bewundern. Hier wollen wir auf den Zusammenhang dieser Wertschätzung mit der Theokratie hinweisen, und zugleich zeigen, daß dieses Freiheitsbewußtsein des Volkes ein wesentliches Merkmal der ganzen mosaischen Rechte und Gebote ist. Wie wir im Neuen Testamente lesen: „Ihr seid teuer erkauft, werdet nicht der Menschen Knechte", so zieht sich durch die ganze mos. Gesetzgebung als ein roter Faden hindurch: „Ihr seid ein heiliges Volk". Daß man keinen Juden als Sklaven verkaufen darf, wird begründet (3. M. 25, 42): „denn sie sind m e i n e Knechte, die ich aus Ägyptenland geführt habe, darum soll man sie nicht auf leibeigne Weise verkaufen; und sollst nicht mit der Strenge über sie herrschen, sondern dich fürchten vor deinem Gott".

Es muß nun einleuchten, daß bei einer Darstellung der jüdischen Staatsverfassung es sehr schwer, ja fast unmöglich ist, die Scheidung und Trennung der verschiedenen Stoffe zu beobachten, die bei einer modernen Staatsverfassung selbstverständlich ist.

Hier läuft, das öffentliche, staatliche, kirchliche und soziale Leben alles in einen Brennpunkt zusammen, jedes kann unter jeden Gesichtspunkt gestellt werden.

Die Staatsverfassung ist sozial und kirchlich; das soziale Leben ist zugleich staatlich und kirchlich und wieder das kirchliche Leben ist staatlich und sozial und gerade der letzte Umstand wird für uns weiterhin von ganz besonderem Interesse werden. Das kirchliche Leben in der jüdischen Staatsverfassung hatte es so wenig mit einer abstrakten Gottesverehrung zu thun, daß es sich vielmehr überall fast nur in den verschiedenen konkreten Lebensgestaltungen offenbaren konnte. Die Religion stand nicht neben dem täglichen Leben, sondern das Leben selbst war Religion. Die Staatsverfassung, das kirchliche und soziale Leben sind daher eigentlich nicht drei verschiedene Gebiete, sondern verschiedene Seiten derselben Sache, die dem Beobachter je nach dem Standpunkt, von dem aus er die mosaische Gesetzgebung ansieht, ins Auge fallen.

Dem bisherigen entsprechend ergeben sich nun zwei Grundgedanken, die sich durch die ganze mosaische Gesetzgebung hindurchziehen, und auf die wir jetzt unsere Aufmerksamkeit richten wollen. Der erste Grundgedanke ist: Erhaltung des Glaubens an den Einen Gott und Hinderung des Götzendienstes; der andere Abscheidung von allen götzendienerischen Völkern.

In der mosaischen Gesetzgebung bezieht sich jedes Gesetz und jede Einrichtung auf Jehovah als den letzten Grund. Die einschneidendsten wichtigsten Gesetze wie „Du sollst keine andere Götter neben mir haben" oder „Du sollst Vater und Mutter ehren" haben ganz dieselbe Begründung wie die äußerliche Vorschrift, das Lager rein von Kot zu halten: „Und du sollst außen vor dem Lager einen Ort haben, dahin du zur Not hinausgehest. Und sollst ein Schäuflein haben und wenn du dich draußen setzen willst, sollst du damit graben und wenn du gesessen bist, sollst du zuscharren, was von dir gegangen ist. Denn der Herr dein Gott wandelt unter deinem Lager. Darum soll dein Lager heilig sein, daß keine Schande unter dir gesehen werde, und er sich von dir wende" (5. Mos. 23 V. 13). Das Verbot sich Male zu stechen (tätowieren) wird begründet damit, daß „ihr Kinder des Herrn eures Gottes seid. Denn du bist ein heiliges Volk, dem Herrn deinem Gott, und der Herr hat dich erwählet, daß du sein Eigentum seiest aus allen Völkern, die auf Erden sind" (5. Mos. 14, 1). Darum war Anbetung des einen wahren Gottes und Erhaltung des wahren Gottesdienstes das Hauptziel der ganzen mosaischen Staatsverfassung. Es ist daher auch begreiflich, daß der Abfall von Jehovah und der offenbare Götzendienst nicht bloß ein religiöses Vergehen, sondern ein Staatsverbrechen war, ein frevelhafter Angriff gegen das eigentliche jüdische Staatsgrundgesetz; im wahren Sinne ein Majestätsverbrechen. Dies recht zu verstehen haben wir uns aber wieder vor Abstraktionen zu hüten, denn hier ist alles konkret. Der Götzendienst unter den heidnischen Völkern war ebenfalls nicht etwa irgend eine stumme, persönliche Anbetung eines oder mehrerer Götter außer Jehovah, sondern war, wie bei den Juden, der wahre Gottesdienst, der Sauerteig, der das ganze politische, religiöse und soziale Leben durchdrang und beherrschte. Wir erinnern hier namentlich an die entsetzlichen geschlechtlichen Verirrungen, an die despotische Tyrannei, und die große Verachtung und Geringschätzung der Menschen als Personen, alles Folgen, die sich, sonderlich zu jener Zeit, wo der

Götzendienst zum Merkmal des „gesunden Menschenverstandes" gehörte, aus ihm notwendig ergeben. Daß mit dem Verbot des Götzendienstes hauptsächlich das Verbot dieser Greuel gemeint war, lesen wir z. B. ausdrücklich 5. Mos. 12, wo die Kinder Israel gewarnt werden, daß sie nicht in den Strick der heidnischen Völker vor ihnen fallen, die Gott der Ausrottung preisgegeben hat. „Du sollst nicht also an dem Herrn, deinem Gott, thun; denn sie haben ihren Göttern gethan alles, was dem Herrn ein Greuel ist und das er hasset, denn sie haben auch ihre Söhne und Töchter mit Feuer verbrannt ihren Göttern." So werden uns die harten Strafen verständlich, die Moses auf den offenbaren Götzendienst und die Verführung dazu setzte. Ein Prophet, der sich als ein Götzendiener erwiesen hat, soll sterben; dein Bruder, dein Sohn, deine Tochter, dein Weib in deinen Armen, so sie zum Götzendienst verführen, sollen ohne Barmherzigkeit sterben. „Dein Auge soll ihrer nicht schonen, du sollst dich sein nicht erbarmen, noch ihn verbergen, sondern sollst ihn erwürgen. Deine Hand soll die erste über ihn sein, daß man ihn töte und danach die Hand des ganzen Volks. Man soll ihn zu Tode steinigen, denn er hat dich wollen verführen vor dem Herrn, deinem Gott, der dich aus Ägyptenland geführt hat, auf daß ganz Israel höre und fürchte sich und nicht mehr solches Übel vornehme unter euch." Desgleichen soll eine ganze Stadt, nachdem ihr offenbarer Götzendienst und Abfall genau erwiesen ist (5. Mos. 13, 15) mit der Schärfe des Schwertes ausgerottet werden und aller Raub soll verbrannt werden.

Diese scheinbar grausame Strenge gegen den Götzendienst darf mit nichten mit Glaubenstyrannei oder Gewissenszwang in Verbindung gebracht werden, denn sie hat mit diesen großen Verirrungen rein gar nichts zu thun. Sie lag bei weitem mehr im Interesse der Erhaltung des Staatsorganismus als der jüdischen Religion, obwohl, wie wir noch oft sehen werden, beides aufs engste miteinander verbunden war.

Um eine Parallele aus unserer Geschichte herbeizuziehen, so erinnern wir an die Greuel der Wiedertäufer in Münster, die auszurotten und mit der Schärfe des Schwertes zu bestrafen, im Interesse der Selbsterhaltung des Staates lag. Dabei ist nicht ausgeschlossen, daß trotz solcher Strenge in dem Münsterschen Falle Gewissens- und Glaubensfreiheit hätte bestehen können. So wäre es auch in unserem aufgeklärten Zeitalter nicht unmöglich, daß der Staat sich gezwungen sähe, gegen eine an sich zu duldende religiöse Richtung mit seinen Machtmitteln einzuschreiten, falls sich nämlich unter religiösem Deckmantel allerlei libertinistische Gelüste und Laster heimlich oder öffentlich breitmachten, wir erinnern dabei nur an die Vielweiberei oder noch schändlichere Ausschreitungen auf sexuellem Gebiete, wie sie die Gegenwart nach antikem Muster gezeitigt hat. Trotz der Anerkennung der Gewissensfreiheit würde der Staat solchem Treiben nicht ruhig zusehen dürfen, sondern geradezu mit aller Strenge solches Verderben auszurotten suchen und selbst den Quell verschütten, wenn solches Verderben thatsächlich oder notwendig aus ihm herausflösse.

Eine ganz ähnliche Anschauung liegt der republikanischen Staatsverfassung der Vereinigten Staaten Nordamerikas zu Grunde. Es ist gewiß nirgendwo mehr der gute und vernünftige Grundsatz der Religionsfreiheit zur allgemeinen Anerkennung gekommen als dort. Die Religion ist Privatsache der Gläubigen, d. h. sie ist eine Angelegenheit, um die sich der Staat nicht zu kümmern hat, sondern die allein die Gläubigen angeht; deshalb ist den Gläubigen in religiösen Dingen freie Hand zu geben, so lange sie nicht den Staatsorganismus selbst bekämpfen. Diese Trennung von Politik und Religion ist dort nicht aus Geringschätzung oder gar Haß gegen die Religion eingeführt, sondern im Gegenteil aus Hochachtung und Liebe zu ihr, wie es denn keinem Zweifel unterliegt, daß die eigentlichen Gründer der nordamerikanischen Republik persönlich zum großen Teil rechtschaffene fromme Christen waren. Nichtsdestoweniger gehört aber zu diesem nordamerikanischen Grundgesetz eine feindliche Stellung zu dem eigentlichen Begriff der Gottlosigkeit, des Atheismus, der Religionslosigkeit, und zwar wohl deshalb, weil jene weisen Männer in dieser Geistesverirrung eine Gefahr, einen Quell des Verderbens für den Staatsorganismus entdeckt haben. Eigentlich darf kein amerikanischer Bürger Atheist sein, weil aber ein solches Gebot zwecklos wäre, so ist nur die Vorschrift öffentlich anerkannt, daß ein Mann, der von Gott los, d. h. Atheist ist, als ein Religionsloser niemals Präsident der nordamerikanischen Republik sein darf.

Wir wollen nun hier gleich den Nachweis dafür bieten, daß die ganze mosaische Staatsverfassung trotz der oben nachgewiesenen Strenge gegen den Götzendienst dennoch sehr weitherzig gegen jede andere religiöse Anschauung und überhaupt in religiösen Dingen duldsam war, wie sich denn auch das wahre Christentum stets von der Unduldsamkeit in religiösen Dingen fern gehalten hat, wie die Sonne von der Nacht. Wo die Geschichte diese Behauptung Lügen zu strafen scheint, da erkennen wir weniger eine Verkennung dieses alt- und neubiblischen heiligen Grundsatzes, als eine schreckliche traurige Verirrung solcher

Christen, die sich am lautesten Vertreter des Christentums nannten, in Wahrheit aber solche Feinde waren, von denen Christus sprach: „Es wird eine Zeit kommen, da man wird meinen, Gott einen Dienst zu thun (δόξῃ λατρείαν προσφέρειν τῷ θεῷ Joh. 16. 2) die Jünger Jesu zu töten."

Moses hat mit seinem Gesetzbuch keine symbolischen Bücher schreiben wollen, die in allen ihren einzelnen Teilen irgend eine verpflichtende Autorität beanspruchten. Nur den offenbaren thatsächlichen Götzendienst mit seinen das öffentliche Leben verpestenden Folgen, die dem hierarchischen Pfaffenbetrug wiederum Thür und Thor öffnen, duldete er in Israel nicht, sonst aber war Moses weit entfernt, irgend einen gewaltsamen Einfluß auf die Gewissen ausüben zu wollen. Innerhalb dieser Schranke stand es jedem Israeliten frei, zu glauben was er wollte, und an dieser oder jener Hoffnung zu zweifeln, z. B. an der Auferstehung des Fleisches oder an der Erscheinung des Messias. Niemand hatte das Recht oder den Beruf danach zu forschen und zu fragen, und eine Anzeige dieserhalb wäre nicht allein, wie jede Denunziation, verpönt, sondern geradezu lächerlich gewesen. Der Götzendienst, so sehr er damals dem gesunden Menschenverstand entsprach, war nach mosaischer Grund-anschauung überhaupt lächerlich; denn Jehovah, der Herr dein Gott, hat dich Israel ja aus dem Diensthause der Knechtschaft Ägyptens heraus-geführt!

Wie duldsam Moses selbst und mit ihm sein Volk gegen Anders-gläubige war, sofern sie nur den thatsächlichen Götzendienst mieden, er-kennen wir aus der Stellung, die Jethro sowohl zu seinem Schwiegersohn, Moses, als zu der ganzen Gesetzgebung und Regierung des Volkes ein-nimmt. Moses Schwiegervater ist kein Israelit, sondern heidnischer Priester, und dennoch holt Moses bei ihm Rat, und sein Rat wird hoch-geachtet. In Israel wohnten Fremdlinge (ger), die dort heimisch waren, und es verkehrten dort Fremdlinge (nokri) als Durchreisende; aber überall an den zahlreichen Stellen des Pentateuchs, die sich darauf beziehen, sehen wir die schönsten Beweise der Milde und Gerechtigkeit gegen diese und sonderlich gegen die einheimischen Fremdlinge, gegen die das bürgerliche und soziale Gesetz in ganz gleicher Weise wie gegen Israeliten zur Anwendung kommen soll. Wohl hat Moses den Ver-kehr mit bestimmten, genau genannten heidnischen Völkern verboten, aber nirgends der Ehe eines Juden mit einer Heidin aus andern als den genannten Völkern Hindernisse in den Weg gelegt, wenn er sie naturgemäß auch nicht empfohlen hat.

Die Stelle 5. Moſ. 21, 10—14 iſt gerade ein herrlicher Beleg ebenſo für die Duldſamkeit wie das Zartgefühl der moſaiſchen Verfaſſung: Wenn ein Jude eine Kriegsgefangene, die ſchön von Geſtalt iſt, zur Frau nehmen will, ſo ſoll er ihr vier Wochen Zeit laſſen ihren Schmerz zu beweinen, dann ſolle er ſie zum Weibe nehmen, darf ſie aber ſpäter niemals als Sklavin verkaufen. Neben dem feinſinnigen Zartgefühl finden wir da nirgendwo eine Spur von der Notwendigkeit eines Religionswechſels.

So gut ein Jude eine Heidin heiraten konnte, ſo haben wir um= gekehrt klare Beweiſe, daß auch ein einheimiſcher heidniſcher Fremdling in eine jüdiſche Familie ſich hereinheiraten und es zu wichtigen Stellungen bringen konnte (Urias, Mann der Bathſeba, war Kananiter).

Ja ſelbſt im jüdiſchen Heiligtum durften die heidniſchen Fremd= linge erſcheinen und beten und Opfer bringen. Moſes verbietet es nirgendwo und Salomo betet bei der Einweihung des neuen Tempels: Wenn auch ein Fremder (hanokri ascher lo meamecha), der nicht deines Volkes Israel iſt, kommt aus fernem Lande, um deines Namens willen und kommt, daß er bete vor dieſem Hauſe, ſo wolleſt du hören im Himmel, im Sitz deiner Wohnung und thun alles, darum der Fremde dich anruft, auf daß alle Völker auf Erden deinen Namen erkennen, daß ſie auch dich fürchten.

Die Fremdlinge nahmen teil an den jüdiſchen Feſten und ſonder= lich an den Freudenmahlen; daß es regelmäßig geſchehe, iſt eine ſtändige Vorſchrift Moſis. Nur an dem jüdiſchen Paſſahmahl durfte niemand teilnehmen, wes Standes, Alters und Volkes er auch ſein möge, er ſei denn zuvor beſchnitten.

Das giebt uns Veranlaſſung, nun auch noch in dieſem Zuſammen= hang von der Beſchneidung zu reden, obwohl an anderem Orte noch davon die Rede ſein wird. Es könnte nämlich hier die Frage entſtehen: Iſt nicht die Forderung der Beſchneidung ſchon ſelbſt ein Akt der Un= duldſamkeit und Glaubenstyrannei. Iſt das nicht ähnlich, als wollten wir jeden Hausgenoſſen zwingen an irgend einer religiöſen Zeremonie teilzunehmen?

Die Beſchneidung war das Bundeszeichen, und jeder männliche Nachkomme Abrahams, d. h. jeder Israelit, mußte beſchnitten werden; außerdem ſollte jeder leibeigene Knecht der Israeliten beſchnitten werden, ohne daß irgendwo die Notwendigkeit eines Religionsunterrichts oder =wechſels angedeutet würde. Weil er als Leibeigener mit zu dem Hauſe und der Familie gehörte, ſo ſollte und mußte er auch an allen nationalen

Volkseinrichtungen teilnehmen, da diese zu eng mit dem ganzen öffent=
lichen Staatsleben verbunden waren. Die Beschneidung war daher
mehr ein Akt der Naturalisierung als ein Religionswechsel. Mit dieser
Naturalisierung waren nun für die Leibeigenen große Vorteile ver=
bunden, denn er war nun ein esrach geworden, d. h. wie ein ein=
geborener Israelit. Wollte ein einheimischer Fremdling am Passahmahl
teilnehmen, so mußte er sich naturalisieren lassen, d. h. er mußte sich
beschneiden lassen, nicht aber etwa, damit er nun selig würde und ein
Kind der Verheißung, sondern damit er nun ein richtiger nationalisierter
Jude würde. Kein Fremdling wurde dazu weder direkt noch indirekt irgend=
wie gezwungen, wohl aber vielleicht noch von solchem Schritt abgehalten.

Wir haben schon gehört, daß es einem unbeschnittenen Heiden nicht
einmal verwehrt war, im Heiligtum der Juden zu beten oder zu opfern.
Nirgendwo finden wir bei Moses oder sonst irgend eine Vorschrift
oder Ermahnung, daß sich jemand, der nicht Abrahams Nachkomme ist,
beschneiden lasse, es sei denn zum Zwecke der Teilnahme am Osterlamm.
Die wahre Gotteserkenntnis soll von Zion ausbrechen als ein Licht in
der Finsternis und alle Völker erleuchten, daß sie kommen zuhauf
und loben Jehovah, den wahren Gott: aber nirgendwo finden wir
eine Spur, eine Andeutung, daß für Ausländer zur Seligkeit oder zum
Bekenntnis ihres Glaubens die Beschneidung nötig sei. Wohl gab es
im jüdischen Volke Eiferer, die sie für nötig hielten und forderten, aber
von ihnen reden wir nicht, sondern von der mosaischen Verfassung.

Nach dem Apostel Paulus konnte unmöglich zwischen dem wahren
Judentum und dem Christentum ein Gegensatz bestehen, vielmehr war
dieses die Erfüllung jenes, und das Christenvolk das wahre Israel, das
von dem Geist erzeuget ward. Wie weit ist aber der Apostel Paulus
entfernt davon, die Beschneidung für nötig zur Seligkeit zu halten.
Er widerstehet vielmehr den Eiferern, die das fälschlich verlangen, bis
aufs Blut. Daß aber Paulus nicht der erste Kämpfer für solche
Freiheit gewesen ist, sondern nur der rechte Ausleger des mosaischen
Gesetzes, das beweist eine recht interessante Mitteilung des Josephus
im 20. Buch seiner Altertümer (Kap. II. § 3), die ich hierher setze:
Izates, König von Adiabene, hatte vorher als Prinz einen Juden,
namens Ananias, kennen gelernt und war durch ihn von der Wahrheit
der jüdischen Religion überzeugt worden. Als er nach seines Vaters
Tode zur Regierung gelangte, erfuhr er, daß seine Mutter, Helena, eben=
dieser Religion sehr geneigt war. Bald darauf bekam er Gewissens=
zweifel, ob er auch ohne Beschneidung ein wahrer Jude sein könnte.

Er wollte sich also beschneiden lassen; allein seine Mutter, die wohl nicht ein so enges Gewissen haben mochte, widersetzte sich aus politischen Gründen. Sein Lehrer in der jüdischen Religion, Ananias, ward also befragt: Dieser erklärte sich sehr nachdrücklich für das, was die Mutter gesagt hatte und fügte hinzu, er selbst werde den König sogleich verlassen, wenn er die Beschneidung annähme, denn er stünde in Gefahr, als einer, der dem Könige etwas Ungeziemendes beigebracht hätte (διδάσκαλος τῷ βασιλεῖ ἀπρέπων ἔργων γενόμενος), zur Verantwortung und Strafe gezogen zu werden. Der König könne auch ohne Beschneidung den wahren Gott verehren, dies sei, falls er die väterlichen Sitten der Juden annehmen wolle, das Wesentliche.

Ich glaube hiermit den Nachweis geführt zu haben, daß der erste Grundgedanke der mosaischen Gesetzgebung, so strenge er zur Geltung gebracht wird, sowohl den gesunden Grundsätzen der Selbsterhaltung eines Staates entspricht, als auch durchaus nicht die guten Grundsätze der Glaubensfreiheit verletzt.

Der zweite Grundgedanke, der sich durch die ganze mosaische Gesetzgebung hindurchzieht und notwendig an den ersten anschließt, ist die Abscheidung von allen götzendienerischen Völkern.

Den Glauben an den allein wahren Gott zu erhalten, war das vornehmste Staatsgrundgesetz; denn auf ihm war das ganze öffentliche Leben gegründet. Ringsum aber war Israel umgeben von götzendienerischen Völkern. Der Götzendienst gehörte aber zu jener Zeit so sehr zu der allgemeinen Weltanschauung, daß sich niemand seinem mächtigen Einfluß entziehen konnte, er lag gleichsam in der Luft, so daß in den meisten Fällen nur eine verhältnismäßig geringe Versuchung dazu gehörte, ihn anzunehmen. Jeder, sagt man noch heute, ist ein Kind seiner Zeit, und staunen muß man, wie oft die größten Geister, welche ihrer Zeit in Erkenntnis und Weisheit Jahrhunderte vorausgeeilt sind, dennoch in so vielen Stücken den später erst erkannten Vorurteilen ihrer Zeit den schuldigen Tribut geleistet haben. Je größer also die Gefahr der Verführung zum Götzendienst durch den Umgang mit anderen heidnischen Völkern war, um so nachdrücklichere Veranstaltungen zur Vermeidung dieser Gefahr mußten getroffen werden.

Die Veranstaltungen hätten nun etwa so radikal sein können, daß Moses sein Volk von allen anderen Völkern abgeschlossen hätte, wie etwa die Chinesen es durch ihre chinesische Mauer thaten. Moses hat das nicht gethan und uns dadurch Ursache gegeben, seine Weisheit zu bewundern. Alle sogenannten Radikalkuren, mögen sie augenblicklich den gewollten Zweck auch erreichen, erweisen sich nicht bloß immer ohne Ausnahme als unnütz und schädlich, sondern sie erreichen sogar das Gegenteil der beabsichtigten Wirkung. Ganz besonders aber gilt das, wenn es sich um Bekämpfung einer Lehre und Anschauung handelt, die mehr im Geiste und Verstande, als im Materiellen ihre Wurzel hat. Entweder wird durch solche Radikalkur der falsche Geist ertötet, aber zugleich mit ihm auch der Geist überhaupt, das fröhliche frische Leben und Arbeiten und Ringen des Geistes; oder aber es dringt der falsche Geist, so sehr er abgehalten und bekämpft wird, doch durch die dicksten Mauern, durch die kleinsten Ritzen, er übersteigt die höchsten Berge, kurz kann nach dem alten Wahrspruch nitimur in vetitum auf die Dauer durch nichts mit Gewalt zurückgedrängt werden.

Welcher Art sind denn die mosaischen Veranstaltungen? Erstlich ist es die Pflege der Vaterlandsliebe auf einer natürlichen materiellen Grundlage. Wie der Glaube an Jehovah und die Liebe zu ihm nicht zuletzt in der wohl tausendmal wiederholten Thatsache gegründet war, daß Jehovah das Volk aus der Knechtschaft in das gelobte Land geführt habe, so wird die Liebe zum Vaterland auf die Thatsache gegründet, daß jeder Israelit im buchstäblichen Sinne dort seine Heimat hatte: nicht in dem abstrakten Sinne, den das Wort in der Gegenwart hat, wo es fast zur leeren Phrase geworden, sondern in dem Sinne, daß jeder dort seinen eigenen Herd hatte und ihm ein festes Eigentum für sein Leben garantiert war. Wichtiger war in der mosaischen Staatsverfassung der Grundsatz: es soll überall unter dir kein Armer (ebjon) gefunden werden.

Wir werden an einer anderen Stelle eine genauere Darstellung dieser Einrichtungen im einzelnen zu geben versuchen. Hier genügt es darauf hinzuweisen, daß jeder Israelit, welcher sein Vaterland verließ und in ein anderes Land zog, sehr viele materielle Vorteile verließ, die er schwerlich jemals irgendwo wiederfand, die ihm aber trotzdem in seiner Heimat gesichert blieben, wenn er wieder dahin zurückkehrte. Ganz umgekehrt verhielt es sich mit den auswärtigen heidnischen Völkern, weil ihnen so weise Gesetze natürlich fehlten. Moses schloß durch kein gewaltsames Mittel sein Volk ab von dem Verkehr mit anderen Völkern, im Gegenteil schärfte er seinem Volke allenthalben Gerechtigkeit, Liebe und Milde gegen die Fremdlinge ein, mochten sie nun als gerim (etwa Anbauer) oder thoschabim (etwa Häuslinge) oder als nokrim (Durchreisende) die Gastfreundschaft in Anspruch nehmen. Der heilige Grundsatz (3. Mos. 19, 18): „Du sollst deinen Nächsten (reacha) lieben

wie dich selbst, denn ich bin der Herr", beherrscht nicht bloß das Ver=
halten gegen die Brüder des Volkes, sondern auch das gegen die Glieder
anderer Völker, „denn gedenke, daß du ein Knecht gewesen bist in
Ägyptenland". Aber durch andere weise Einrichtungen wußte Moses
den fremden Völkern den dauernden Aufenthalt und Verkehr in Israel
zu verleiden. Das Land Palästina liegt bekanntlich am Meer, gerade
im Mittelpunkt der damaligen großen Welt. Oben lag Syrien mit
seinen weltberühmten großen Handelsstädten Tyrus und Sidon. Moses
nun gründete seinen Staat nicht auf Handel und Verkehr mit Außen=
völkern, sondern lediglich auf Ackerbau. Israel war ein durchaus
ackerbautreibendes Volk, und das ganze mosaische Gesetz war dazu an=
gethan, den Bau von Landfrüchten und von Öl und Wein zu heben und
zu pflegen, damit sich Kaufleute in Israel nicht heimisch fühlen sollten.

Hierzu kommen nun noch die vielen rituellen Religionsvorschriften
über Speise und Gottesdienst. Freilich könnte man leicht antworten,
daß diese Speisegesetze ja deshalb kein Hindernis bereiteten, weil sich
jeder Jude selbst davon freimachen konnte, wenn er auswanderte. Gewiß
konnte er es, wenn er wollte, aber wer damit diese Kluft zwischen
Juden und Heiden überbrücken zu können meint, der kennt die mensch=
liche Natur wenig. Von allen Dingen haftet dem Menschen nichts
leichter sein lebenlang an, als in der Jugend ihm zur Pflicht gemachte
und durch die Erziehung ihm angewöhnte äußere Zeremonieen. Es
liegt dies in der Natur des Menschen, der sich gerne auszeichnen will.
Je weniger er geistige oder andere Vorzüge hat, desto lieber sucht er
dann durch solche Zeremonieen die allgemeine Aufmerksamkeit auf sich zu
lenken. Solche Zeremonieen behält er dann um so hartnäckiger bei, je
auffallender sie sind und je näher die Gefahr des Fanatismus mit
ihnen verbunden ist. Kurz, ein jeder Jude mußte sich in jedem anderen
Volke ungemütlich fühlen und sich auf allen Wegen behindert oder im
Gewissen beengt und bedrückt sehen, wenn er wirklich versucht hätte, sich
von den rituellen Geboten seines Gesetzes frei zu machen. Dagegen
mußten solche rituellen Gebote gerade die umgekehrte Wirkung auf
Glieder eines anderen Volkes ausüben, wie überhaupt das ganze Leben
dieses allen Handel verschmähenden ackerbautreibenden Volkes mit seinen
besonderen Sitten und abweichendem Verhalten gegen Gott und Menschen
nur ausnahmsweise einen Außenwohnenden anziehen konnte. Wer sich
aber doch vielleicht gerade dadurch angezogen fühlte und seine Heimat
dort aufzuschlagen Lust verspürte, dem wurde kein Hindernis in den
Weg gelegt, der war willkommen, und niemand versuchte etwa ihn zu

bekehren oder verlangte gar einen Religionswechsel und die durch die Beschneidung zu erlangende Naturalisation von ihm. Von alledem war nirgends die Rede, das blieb ihm selbst überlassen; trotzdem genoß er den Schutz der Gesetze, so gut wie die Kinder des Volkes. „Verhöret eure Brüder und richtet recht zwischen jedermann und seinem Bruder und dem Fremdling (ger). Keine Person sollt ihr im Gerichte ansehen, sondern sollt den Kleinen hören wie den Großen, und vor niemandes Person euch scheuen (5. Mof. 16). Denn der Herr, euer Gott, ist ein Gott aller Götter und Herr über alle Herren . . . und hat die Fremd= linge (ger) lieb, daß er ihnen Speise und Kleider gebe. Darum sollt ihr auch die Fremdlinge lieben, denn ihr seid auch Fremdlinge gewesen in Ägyptenland (5. Mof. 10, 17—19) und sollt fröhlich sein vor Gott, deine Tochter, dein Knecht, deine Magd und der Levit, der in deinem Thor ist, und der Fremdling . . . Und gedenke, daß du Knecht in Ägypten gewesen bist, daß du haltest und thust nach diesen Geboten" (5. Mof. 16, 11).

Mit bestimmt genannten Völkern soll nach der mosaischen Gesetz= gebung jeder Verkehr abgebrochen sein, das waren insonderheit sechs kana= nitische in schreckliche oben schon angedeutete Laster versunkene Völker. Mit ihnen soll kein Umgang, kein Vertrag, kein Handel, am wenigsten jemals eheliche Gemeinschaft stattfinden. Dagegen mit anderen Völkern war je nach Lage der Sache der Umgang, Verkehr, Handel und Bündnis wohl gestattet, nirgendwo verbietet Moses solche Bündnisse, wie denn ja auch thatsächlich solche vielfältig geschlossen worden sind. Wenn Jesaias dagegen eifert, so thut er das weniger aus religiösen als aus wohlverstandenen klugen politischen Interessen. Es widerspricht ja auch allem gesunden Menschenverstand und jeder Humanität, wegen ver= schiedener religiöser Anschauungen irgend einem Menschen im Falle der Not die Hilfe zu verweigern, als ob man einem Ertrinkenden deshalb die Hand nicht reichen dürfte, weil er einen andern Glauben von gött= lichen Dingen hat.

2. Kapitel.
Der Charakter der jüdischen Volksverhältnisse.

Nachdem wir im vorigen die eigentlichen Grundvoraussetzungen der ganzen jüdischen Staatsverfassung dargestellt haben, die ihr in jeder

Erscheinung das eigentümliche Gepräge geben, das alle Änderungen in der Form überdauert, wollen wir nun diese Staatsverfassung selbst in ihren wesentlichen öffentlichen Einrichtungen schildern. Wir wollen erstens das Volk in seiner Gesamtheit, Einteilung und Repräsentation; zweitens seine Gerichtsbarkeit, die Richter und das Königtum; drittens seine Steuern und Abgaben; viertens seine allgemeine Wehrpflicht und endlich fünftens noch kurz die Anstalten zur Erhaltung des Gesetzes in je einem besonderen Kapitel einer Untersuchung unterziehen. Um aber Wiederholungen zu vermeiden, wollen wir zuvor in diesem Kapitel den allgemeinen gemeinsamen Charakter der jüdischen Volksverhältnisse nach der mosaischen Gesetzgebung zu zeichnen suchen.

Wir haben schon oben erwähnt, daß sich durch die ganze mosaische Gesetzgebung überall die unumschränkte Herrschaft Jehovahs hindurch= zieht und daher auf der anderen Seite das Volk ein lebendiges Bewußt= sein seiner Heiligkeit und seines hohen Berufes hatte. Mit diesem Be= wußtsein, das Moses an unzähligen Stellen dem Volke ins Gewissen ruft: „denn du bist ein heiliges Volk" war das Verlangen nach mög= lichst großer Freiheit auf das engste verknüpft. Aus seinem heiligen, göttlichen Berufe sollte dem jüdischen Volke, als aus einem reinen, un= versiegbaren Quell die rechte bürgerliche Freiheit fließen. So bemerken wir in der ganzen mosaischen Gesetzgebung, in allen Volksverhältnissen einen solchen Freiheitssinn, daß man sich über ihn noch heute freuen kann. Das Alte Testament, so zahlreich es Beispiele für alle Volksverhältnisse, und also auch für absolute Monarchieen, ja Tyranneien liefert, befür= wortet doch nach seinem eigentlichen inwendigen Geiste freiheitliche Institutionen und zwar in der allerweitesten Ausdehnung, möge sich die Form solcher Freiheit in Republiken und konstitutionellen Monarchien, oder in absoluten und patriarchalischen Regierungsformen darstellen. Keine Regierungsform an sich garantiert die Volksfreiheit, sie kann ge= bunden und geknebelt sein in Republiken und sie kann sich in absoluten Monarchieen frei und fröhlich ausbreiten, das hängt nicht ab von der Form der Regierung, sondern von dem Geiste des Volkes, das regiert wird. Nirgendwo in der ganzen Weltgeschichte werden wir aber besser lernen, wie dieser edle, gute, wahre Freiheitssinn im Volke genährt und gepflegt werden kann, als in der mosaischen Gesetzgebung. Wenn wir im Neuen Testamente von Christo hören, daß die Wahrheit aus seinem Worte und aus der Wahrheit die Freiheit (die Wahrheit wird euch frei machen Joh. 8) quelle, so geht derselbe herrliche Grundsatz durch die ganze mosaische Gesetzgebung und folgeweise durch alle

jüdischen Volksverhältnisse hindurch). Von Jehovah kommt die Wahr=
heit und aus der Wahrheit fließt die rechte Freiheit.

Daher muß alle Freiheit wieder zur Knechtschaft werden, wo sie
sich von diesem Quell loslöst, und alles Geschrei und Verlangen nach
Freiheit ist nichts denn Verirrung oder gar absichtliche Verführung des
Volkes zur größeren Knechtschaft, wo sich dieser Freiheitskampf grund=
sätzlich von Gott und jeder Religion loslöst.

Diese rechte, wahre Freiheit ist aber nicht ein abstrakter Begriff,
sondern kann sich nur in ganz konkreten Gestaltungen geltend machen.
So weit das öffentliche Leben, und davon reden wir, in Betracht
kommt, handelt es sich dabei um zwei Seiten, die man die politische
und die soziale nennt. Nach jeder der beiden Seiten hin stattet Moses
das öffentliche Leben mit den herrlichsten freiheitlichen Institutionen aus,
so daß dem unparteiischen Beobachter noch heute darüber das Herz weit
wird und er ausbricht in den Jubel des 119. Psalms: „Dein Gesetz ist
süßer wie Honig und Honigseim und macht die Albernen weise."

Jehovah herrscht im Volk unumschränkt und zwar durch das ge=
schriebene Gesetz. Dieses Gesetz ist heilig und unantastbar, und wehe
dem, der sich freventlich daran vergreift. Kein Mensch aber, er sei wer
er wolle, soll und darf sich irgendwelche Gewalt und Macht aus sich
selbst anmaßen; das Volk Gottes soll sich selbst durch dieses Gesetz
regieren. Es wählt sich in Volksversammlungen seine Oberen und
Richter selbst; auch das Gericht ist öffentlich im Thor. Der König, der
erst in späteren Jahrhunderten gewählt wird, erhält sein Ansehen durch
das Volk und seine königliche Gewalt wird in Volksversammlungen
und schriftlichen Verträgen genau begrenzt. Seine Pflichten werden
ihm schon durch Moses eingeschärft (5. Mos. 18) und klar und deutlich
geht daraus hervor, daß durch des Königs Regiment der freiheitliche
Geist des Volkes nicht gebannt werden soll. Wohl ist ein Stand da,
der unmittelbar ohne Volkswahl ein höheres Ansehen zu beanspruchen
scheint, nämlich der Priesterstand. Aber es scheint nur so; ein genauerer
Einblick in diese Verhältnisse offenbart das Gegenteil. Der Priester=
stand ist vornehmlich erst eine Vertretung des Volkes, die im Namen
des Volkes und an seiner Stelle seines Dienstes warten soll. Der
priesterliche Dienst lag ursprünglich den Erstgeborenen ob; so noch in
der Wüste vor und während der Gesetzgebung am Berge Horeb. Daher
sollen alle Erstgeborenen bei Menschen und Vieh dem Herrn geheiligt
sein. Diese Erstgeburt der Menschen im jüdischen Volk ist gleichsam
abgelöst, und dafür der ganze Stamm Levi zu dem heiligen Dienste

geweiht, der eigentlich von allen Erstgeborenen des Volkes verrichtet werden sollte. Wie sehr aber dem Priesterstand jedes hierarchische Ge= lüste fast zur Unmöglichkeit gemacht wurde, zeigen die mosaischen Be= stimmungen an zahlreichen Stellen. Wahrscheinlich hatten die ägyptischen Erfahrungen des Moses dazu beigetragen, daß im jüdischen Volke eine solche Priesterherrschaft gleich im Keime erstickt wurde. Wir ver= sparen uns den genauen Nachweis hierfür auf das folgende Buch.

Wenn wir also im politischen Leben der Freiheit möglichst große Zugeständnisse gemacht sehen, so finden wir nun als vor= nehmsten Grundsatz für das soziale Leben die möglichste Gleichheit aller einzelnen Glieder des Volkes. Du bist ein heiliges Volk, Jehovah ist dein Vater, und ihr seid untereinander Brüder, das ist der Grundton, der sich durch alle sozialen Volksverhältnisse hindurchzieht.

Der Grund und Boden gehört Jehovah; zwar wird er dem Volke nach seinen Stämmen, Geschlechtern und Familien ausgeteilt, aber nicht zu einem unumschränkten Eigentum. Was jeder erarbeitet, ist sein eigen, aber weil der Grund und Boden nicht erarbeitet ist, sondern eine Gabe Gottes an alle, so kann er so wenig, wie Luft und Wasser zum unumschränkten Privateigentum werden. Wir werden im späteren Abschnitt bewundern, wie geschickt Moses Privateigentum und Gemein= eigentum zu verbinden weiß. Hier weisen wir nur kurz darauf hin, wie die politische Freiheit in der sozialen Freiheit ihre notwendige Er= gänzung hatte. „Es soll allerdings kein Armer in Israel gefunden werden", das ist das Ziel und die Aufgabe der mosaischen Gesetzgebung. Keiner konnte arm, d. h. ohne Grundbesitz geboren werden, und wo es dennoch geschah, da hatte er sicherlich Aussicht bald Grundbesitz zu er= langen. Mit dieser Grundaufgabe ist die andere eng verbunden, keinen Grundadel aufkommen zu lassen. Selbst für das Heiligtum war es fast unmöglich, einen großen Grundbesitz in seine Hand zu bekommen.

Die 2½ Stämme des Volkes, die sonderlich Viehzucht trieben, blieben diesseit des Jordans, in den weiten zur Weide geeigneten Triften. Hier wäre am ersten die Entstehung eines Adels von großen Hirtenfürsten möglich gewesen. Aber wie sehr unterscheidet sich doch dieser Adel von dem des festen unumschränkten Privateigentums an Grund und Boden; denn ein einziges Viehsterben konnte solchen Herdenbesitzer zum armen Manne machen, abgesehen von den vielen anderen Unterschieden zwischen ihm und dem Grundadel. Moses ver= hinderte die Erstehung der sogenannten Latifundien, wohl weil er Ge= fahr für die Freiheit seines Volkes darin witterte. Moses gründet seinen ganzen Staat jenseit des Jordans ausschließlich auf Ackerbau, er verbietet nicht den auswärtigen Handel, aber erschwert ihn so sehr, daß er zur Unmöglichkeit wurde; den Binnenhandel mit den Produkten der Landwirtschaft befördert er dagegen durch jährliche große Messen. Durch gleichmäßigen Erwerb und gleiche Lebensart entstand im Volke auch ein nahezu gleichmäßiger Genuß, gleichmäßige Bedürfnisse, gleich= mäßige Anschauungen und gleichmäßige Interessen. In Israel ent= standen keine Interessenparteien, sie konnten unter der mosaischen Gesetz= gebung nicht aufkommen, und das Volk spalten, zerreißen und verwüsten, wie es heute leider bei uns der Fall ist. Es existierte überhaupt in Israel kein Standesunterschied. Am auffallendsten zeigt sich das für uns darin, daß die rechtmäßige Eheschließung nirgends an einen Stand geknüpft war. Der Begriff „ebenbürtige Ehe" oder dergleichen wäre bei den Juden ein unverständliches Ding gewesen, ja würde eine Be= leidigung und Verletzung jedes frommen Israeliten in sich eingeschlossen haben. Jeder, Priester und Hohepriester, Richter und König konnte sich ungestört sein Weib holen, wo er wollte, nur daß er es lieb hatte; denn Ehre und Vermögen und Reichtum konnte er durch sein Weib nur sehr selten erlangen, es sei denn durch die Tugend, Fleiß und Umsicht desselben. Nur der Hohepriester war gebunden, nicht aber an einen Stand, sondern an andere Bestimmungen bei Auswahl der Hausfrau.

3. Kapitel.
Das Volk in seiner Einteilung und Repräsentation.

Am ersten Tage des anderen Monats des anderen Jahres, fünf Wochen nach Aufrichtung der Stiftshütte, erhielt Moses Befehl, das Volk zu zählen. Schon 9 Monate vorher hatte eine Zählung stattgefunden zum Zwecke einer Steuererhebung. Da diese Zählung genau mit jener über= einstimmt, so wird die Annahme wohl gerechtfertigt sein, daß beide mit einander identisch sind, nur daß hier, für den anderen Zweck der Kriegs= aushebung, das Volk nach Geschlechtern und Väterhäusern eingeteilt ist. Weil im letzten Jahre in der Wüste noch eine Zählung stattgefunden hat, so wollen wir hier gleich zum Zwecke der Vergleichung die Resultate nebeneinander stellen.

	1. Zählung.	2. Zählung.
Ruben	46 500	43 730
Simeon	59 300	22 200

	1. Zählung.	2. Zählung.
Gad	45 650	40 500
Juda	74 600	76 500
Isaschar	54 400	64 300
Sebulon	57 400	60 500
Ephraim	40 500	32 500
Manasse	32 200	52 700
Benjamin	35 400	45 600
Dan	62 700	64 400
Aser	41 500	53 400
Naphtali	53 400	45 400
	603 550	601 730

Wir beachten zunächst die Zahl, dann die Einteilung und endlich die Repräsentation des Volkes.

Was die Zahl angeht, so wird es sich darum handeln, wie die schnelle Vermehrung als möglich zu denken ist, und wie ein verhältnis= mäßig so zahlreiches Volk in solch kleinem Ländchen hat Nahrung finden können.

Die Zählung aus dem 2. und 39. Jahre des Aufenthaltes in der Wüste umfaßte die waffenfähige Mannschaft von 20 Jahren und darüber. Nehmen wir nun nach einer jetzt üblichen Durchschnittsrechnung an, daß unter je 10 000 Einwohnern 5580 über 20 Jahre alt sind und daß die Hälfte davon Männer sind, so ergibt das eine Bevölke= rung von rund $\frac{600\,000}{2790} \times 10\,000 = 2\,150\,000$, hierzu kämen noch die Leviten.

Es wurden gezählt rund 22 000 von einem Monat und darüber, verdoppeln wir diese Zahl auf 44 000, so würde sich eine Gesamt= bevölkerung von ca. $2^{1}/_{4}$ Millionen ergeben.

Diese große Zahl hat schon oft ungläubiges Staunen erweckt. Vor noch nicht drittehalb Jahrhunderten habe das Volk aus 70 Seelen bestanden. In dieser Zeit habe es sich in geometrischer Reihe 16 mal verdoppelt, so daß also das Volk in je 15 Jahren sich habe ver= doppeln müssen. Wenn nun diese außerordentliche sonst fast unbekannte Volksvermehrung auch keine Unmöglichkeit ist, so ist sie doch sehr un= wahrscheinlich. Hat sich das jüdische Volk in Zeiträumen von je 15 Jahren verdoppelt, wie wäre es möglich, daß dasselbe Volk dann in einem Zeitraum von ca. 38 Jahren statt sich um 2 mal zu ver=

doppeln, d. h. auf 10 Millionen zu wachsen, sogar von 603530 waffen=
fähigen Männern auf 601730 gesunken ist. Freilich wenn die Juden
damals schon die Bekanntschaft des schottischen Geistlichen Malthus ge=
macht hätten, so würden wir bei Moses gewiß die heute bei allen Na=
tionalökonomen für notwendig erachtete Empfehlung der vorbeugenden
Präventivmaßregeln finden und daneben noch eine absolute Hinde=
rung der Volksvermehrung; aber in beider Hinsicht lassen uns die
Quellen im Stich und Moses schlägt der malthusischen Weisheit
geradezu ins Angesicht, daß er dem jüdischen Volk es als eine Ehren=
sache vorstellt, möglichst viele Nachkommen zu haben und danach, wie
wir später sehen werden, seine Einrichtungen trifft.

Nein, die große Volksvermehrung wird alles Auffallende verlieren,
wenn wir die Anfangsgemeinde nicht nach Willkür, sondern auf Grund
unserer Quelle um ein Bedeutendes vermehren. Es ist nicht bloß wahr=
scheinlich, sondern gewiß, daß die ganze Haus= oder Familiengemeinde,
die mit mehr als 1000 Seelen nach Ägypten zog, die Urgemeinde des
Volkes Israel war. Abraham schon hat 318 in den Waffen geübte
Knechte, und außerdem noch ohne Zweifel eine Anzahl, die zur Hut bei
den Herden zurückblieben. Daß Sklaven und Knechte nationalisiert
wurden, finden wir selbst sogar bei Griechen und Römern, die doch die
persönliche Menschenwürde sehr gering achteten. Joseph wurde bei den
Ägyptern nationalisiert und Abraham steht im Begriff, seinen damas=
zenischen Knecht Elieser zu nationalisieren und ihn in seine Familie
hineinzuziehen. Ziehen wir nun die große Familie Jakobs in Betracht
und die besonderen günstigen Umstände, unter denen Joseph seinem Volk
in Ägypten Aufnahme verschaffte, so können wir die durch nationalisierte
Knechte gewachsene Urgemeinde wohl auf 3000 Personen schätzen, so
daß, sonderlich wenn diese Nationalisierung Fremder noch als fortlaufend
gedacht wird, die große Volksvermehrung nichts Ungewöhnliches mehr
hat. Die Volksvermehrung vollzieht sich dann so, daß die Periode der
Verdoppelung bis zu 25 Jahren steigt. Daß in der Wüste das Volk
sich nicht in gleicher Weise vermehrt hat, ist nach der mosaischen Ge=
schichtsschreibung leicht begreiflich. Mannigfache Plagen sind in der
Wüste über das jüdische Volk ergangen, und daß einzelne Stämme je
nach ihrer Schuld besonders heimgesucht sind, wird mehr als wahr=
scheinlich durch das, was (4. Mos. 25) von einem Fürsten aus dem
Stamme Simeon, Simri mit Namen, erzählt wird. Damals fielen
wegen der Schuld des Götzendienstes, der mit den früher angedeuteten
Geschlechtssünden verbunden war, 24000 Mann, ein Verlust, der z. B.

allein die Verminderung dieses Stammes von 59 300 Männern auf 22 200 bei der zweiten Zählung erklärt. Neben dieser auffallenden Verminderung einzelner Stämme beobachten wir bei anderen wieder eine bedeutende Vermehrung, z. B. bei Isaschar in den 38 Jahren der Wüstenwanderung um 19 %, bei Benjamin und Aser gegen 29 %, bei Manasse sogar um 63 %. Nichtsdestoweniger hat sich das Volk in dieser Zeit um 1820 streitbare Männer vermindert. Eine andere Frage ist, wie dieses verhältnismäßig große Volk von ca. 2¼ Millionen sich in der Wüste ernähren und sonderlich wie es in Palästina eine Unterkunft finden konnte.

Die hier gemachten Einwürfe, soweit sie die Ernährung des Volkes in der Wüste betreffen, fallen hin, weil die Kenntnis der hier in Betracht kommenden Verhältnisse thatsächlich mangelhaft ist. Jedenfalls steht erstens fest, daß der gegenwärtige Kulturzustand der Halbinsel Sinai keinen Rückschluß auf eine Zeit vor 4000 Jahren zuläßt. Jedenfalls beweisen die vielen Reste und Ruinen von Klöstern, daß früher hier ein anderer Kulturzustand wirklich vorhanden war, und zweitens ist die Annahme gänzlich ungerechtfertigt, daß sich das jüdische Volk, ganz abgesehen von dem Manna, nur von dem Ertrage der sinaitischen Halbinsel genährt und während dieser Zeit keine bedeutende Zufuhr von auswärts gehabt habe.

Was aber das eigentliche Palästina angeht, so steht fest, daß es zur Zeit Davids ca. 5 Millionen Einwohner, also eine Volksdichtigkeit hatte, wie gegenwärtig etwa das Königreich Sachsen, oder Belgien, oder in der Rheinprovinz der Regierungsbezirk Düsseldorf. Die 2½ Stämme Ruben, Gad und halb Manasse blieben diesseit des Jordan in den großen weiten Weidegefilden. Die übrigen 9½ Stämme verteilten sich auf das eigentliche gelobte Land, das wir zu 500 Quadratmeilen abschätzen können, so daß selbst die 2½ Stämme eingerechnet, auf die Quadratmeile 4500 Einwohner zu rechnen sind. Das ist zwar eine immerhin noch dichte Bevölkerung, die aber in anbetracht der Fruchtbarkeit und des Klimas durchaus nicht als besonders auffallend anzusehen ist. Das Land Palästina war sehr fruchtbar, das Klima gelinde, so daß für Feuerungsmaterial nur ein geringer Holzbestand reserviert zu werden brauchte. Durch den Weinbau und Ölbau wurden Länderstrecken nutzbar gemacht, die anderswo nur wenig oder gar nicht bebaut werden. Durch die günstige Lage und Nachbarschaft großer Handelsvölker war die Ausführung überflüssiger Erträge und Einführung von Nahrungsmitteln und anderen fehlenden Waren leicht möglich.

Es fragt sich nun, wie dieses Volk sich gliederte. Der wesentliche Unterschied zwischen unserer gegenwärtigen Volkseinteilung und dieser alten jüdischen wird wohl darin zu suchen sein, daß in der Gegenwart das Land, der Wohnsitz, damals aber die Menschen nach ihrer Abstammung das entscheidende Merkmal abgaben. Wer heute in diese oder jene Gegend zieht — und nach dem Recht der Freizügigkeit steht jedem der Weg überallhin offen —, der gehört meistens schon ohne weiteres, sonst aber nach Erfüllung oft nur geringfügiger Bedingungen rechtlich und politisch zu dieser oder jener Volksgemeinschaft. Das war im Altertum wesentlich anders, z. B. bei den Deutschen und Schotten, kurz bei fast allen heidnischen Völkern; und vom jüdischen Volke haben wir in der mosaischen Geschichtsschreibung eine ziemlich genaue Überlieferung über diese Frage. Zunächst erinnern wir an Josua 7, 14, wo zum Zwecke der Entdeckung eines Diebstahls die ganze Volkseinteilung uns vor Augen geführt wird. Da heißt es: „Und sollt euch frühe herzumachen, ein Stamm (schebeth) nach dem andern, und welchen Stamm der Herr treffen wird, der soll sich herzumachen, ein Geschlecht (mischpach) nach dem andern, und welches Geschlecht der Herr treffen wird, das soll sich herzumachen ein Haus (bath. pl. bottim) nach dem andern, und welches Haus der Herr treffen wird, das soll sich herzumachen, ein Hauswirt (geborim) nach dem andern. Und welcher erfunden wird im Bann, den soll man mit Feuer verbrennen." Das ganze Volk Israel teilte sich also zunächst in 12 Stämme. Jeder Stamm (schebet oder matteh-Stab) war aus einem der 12 Söhne Jakobs: Ruben, Simon, Levi, Judah, Sebulon, Isaschar, Dan, Gad, Ascher, Naphtali, Joseph, Benjamin hervorgegangen; doch zerfällt der Stamm Joseph in die beiden Teile Ephraim und Manasse. Der Stamm teilt sich wieder in Familien (mischpachoth), die Familien in Häuser (bottim), die Häuser endlich in Männer (geborim) d. i. Familienväter. Die letzte Klasse teilte sich aber dann wieder in einzelne Familien im engeren Sinne, die nochmals wieder (geborim) in einzelne Hausväter sich spalten. Vers 18 desselben 18. Kapitels lesen wir, daß, nachdem der Hauswirt (geborim) Cobdi getroffen war, derselbe sein Haus, einen Wirt (lageborim) nach dem anderen herzuführte, bis Achan, der Sohn Chorni des Sohnes Sobdi, des Sohnes Serah aus dem Stamme Judah getroffen wurde. Sonst werden namentlich in den fünf Büchern Mosis wahrscheinlich statt der Geborim genannt die obersten Väter der Gemeinde (rasch aboth haeda) 4 Buch Mos. 31, 26. Diese rasche haaboth sind aller Wahrscheinlichkeit nach gleichbedeutend mit den sonst sogenannten Fürsten der Väter (sare haaboth. nesie haab) nicht also die Häupter der einzelnen Familien, sondern im wahren Sinne Häupter der Väter, welche als gemeinschaftliche Oberhäupter einer ganzen Gruppe von Familien vorstanden.

Aus einer Bemerkung 1. Chronika 23, 11: „Aber Jeus und Bria hatten nicht viele Kinder, darum wurden sie für eines Vaters Haus (lebeth ab liphkudah echath = nach dem väterlichen Hause in einer Rechnung) gerechnet" scheint hervorzugehen, daß eine gewisse Anzahl von Familien dazu gehörte, um ein Beth aboth zu bilden. So ist es auch begreiflich, daß Micha 5, 1 Bethlehem als zu klein bezeichnet wird, als daß es unter die Familien Juda gerechnet werden durfte. Die Fürsten der Stämme werden (4. Mos. 1, 16) auch Häupter der Tausende Israels genannt, wo Tausende weniger die Zahl als eine größere Volksabteilung bezeichnet. So werden auch (2. Mos. 18, 21; 5. Mos. 1, 15) Tausende als die größten Abteilungen bezeichnet, über welche Moses nach dem Rate Jethros besondere Fürsten einsetzte.

In dieser Volkseinteilung haben wir den eigentlichen Grund= charakter der jüdischen Staatsverfassung, der erhalten bleibt, auch wenn die Theokratie statt der Form einer Republik die einer Monarchie an= genommen hat, nur daß unter der letzteren die despotischen Gelüste sich hier und da hervordrängen, aber jedesmal durch die Fürsten der Väter= häuser, die eigentlichen Vertreter des Volkes in Schranken gehalten oder ganz zurückgedrängt werden. Bevor wir nun diese durch Häupter der Väter wahrgenommene Volksvertretung näher beleuchten, wollen wir nicht unterlassen, auf die Wichtigkeit der Geschlechtstabellen im Volke hin= zuweisen. Im dritten Buche, wo wir vom Eigentum handeln werden, wird uns dann erst recht klar werden, wie die ganze jüdische Staats= verfassung eigentlich in diesen Genealogieen wurzelte. Persönliche po= litische Rechte, Eigentumsrechte, ja gar die persönliche Ehre standen und fielen mit der Richtigkeit dieser staatlich und öffentlich durch die Schreiber (schoterim) geführten Geschlechtstabellen.

Es fragt sich nun weiter, wie das so organisierte Volk an seiner eigenen Gesetzgebung, an der Ordnung seiner Volkseinrichtungen beteiligt gewesen ist. Schon ein flüchtiger Blick in die fünf Bücher Mosis und überhaupt in das Alte Testament zeigt sofort, daß das ganze Volk Israel in aus= gedehntem Maße auf seine irdischen Einrichtungen selbstbestimmend ein= gewirkt hat. Die ganze jüdische Staatsverfassung trägt überall einen patriarchalisch=demokratischen Stempel, der unverwischt bleibt auch unter

der späteren Monarchie und in der Zeit nach dem Exil. Wir haben
es hier vornehmlich mit der mosaischen Staatsverfassung zu thun.

An zahlreichen Stellen, die wegen ihrer großen Fülle zu citieren
ganz unmöglich erscheint, lesen wir, daß Moses das Volk versammelt,
um mit ihm zu verhandeln, so in der Zeit vor dem Auszug aus
Ägypten und nach dem Auszug in der Wüste. Moses macht gleichsam
dem ganzen Volke seine Vorschläge, und das Volk nimmt sie an oder
macht auch seinerseits mit Erfolg Vorschläge zu Verbesserungen. Für
beides diene folgendes als Beispiel: Wir lesen 5. Mos. 1, 9—14, wie
Moses vor der Versammlung des Volkes die Motive einer neuen Einrichtung, die er auf den Rat Jethros treffen will, angibt, worauf die
feierliche Zustimmung des Volkes erfolgt. „Ich sprach zu der Zeit zu
euch: Nicht kann ich allein euch tragen. Der Ewige, euer Gott, hat
euch gemehret und ihr seid heute zahlreich, wie die Sterne des Himmels.
Der Ewige, der Gott euer Väter, mehre euch noch tausendfach und
segne euch, wie er euch zugesagt. Doch wie könnte ich allein tragen
eure Mühe, eure Last und euren Streit (d. i. die Mühe der vielen
nötigen Rechtsentscheidungen). Wählet euch weise, einsichtsvolle und bekannte Männer je für eure Stämme und ich werde sie an eure Spitze
stellen. Ihr antwortetet mir und sprachet: Gut ist, was du gesprochen hast, es zu thun." Dagegen wird V. 22, 23 erzählt, wie
die Versammlung selbst dem Gesetzgeber ihren Wunsch ausdrückt, in den
er seinerseits einwilliget, wiewohl seine gegenwärtigen Anordnungen
dadurch Aufschub erleiden. „Ich sprach zu euch: Ihr seid gekommen
bis zu dem Berge des Emoriters, gehet hin und nehmet das Land in
Besitz. Da tratet ihr alle zu mir und sprachet: wir wollen Männer
vor uns herschicken, daß sie uns das Land auskundschaften und uns
Nachricht bringen über den Weg, auf dem wir hinaufziehen und über
die Städte, zu denen wir kommen. Und solches gefiel mir und
ich nahm von euch zwölf Männer, je einen für den Stamm."

Unmöglich kann Moses im buchstäblichen Sinne also mit dem
ganzen Volke, das nach Millionen in seiner Gesamtheit und nach
Hunderttausenden in seiner waffenfähigen Mannschaft zählte, verhandelt
haben. Er hätte sich unmöglich einer solch großen Zahl verständlich
machen können, sowohl was seine Stimme, als die Art einer solchen
Versammlung angeht.

Wir werden also nun im folgenden den Spuren nachgehen, die
uns, wenn möglich, eine klare Anschauung der das Volk repräsentierenden
Versammlung zu geben vermögen.

8*

Schon in Ägypten begegnen wir einer Verfassung, in der das Volk (ha-am) durch die Ältesten repräsentiert wird. 2. Mos. 4, 29 lesen wir von Mose und Aaron: „Und sie gingen hin und versammelten alle Ältesten (sikne bne jisrael) von den Kindern Israel." Dagegen lesen wir weiter: „Und Aaron redete alle Worte, die der Herr Mose geredet hatte und that die Zeichen vor dem Volk und das Volk glaubte." Die Ältesten des Volks stehen also hier für „das Volk"; 2. Mos. 3, 16—18 soll Moses die Ältesten des Volks versammeln und ihnen den Ratschluß Gottes kundthun. Danach soll er und die Ältesten in Israel hineingehen zum Könige in Ägypten und zu ihm sagen: „Der Herr, der Hebräer Gott, hat uns gerufen, so laß uns nun gehen in die Wüste, daß wir opfern dem Herrn unserm Gott."

Noch anschaulicher ist die Stelle 2. Mos. 19, 3—8, wo Moses im dritten Monat nach dem Auszuge von Gott den Befehl erhält: „So sollst du sagen zu dem Hause Jakob und verkündigen den Kindern Israel: Ihr habt gesehen, was ich den Ägyptern gethan habe und wie ich euch getragen habe auf Adlers Flügeln und habe euch zu mir gebracht." V. 7: „Mose kam und forderte die Ältesten im Volk und legte ihnen alle diese Worte vor, die der Herr geboten hatte. Und alles Volk antwortete zugleich und sprachen: Alles, was der Herr geredet hat, wollen wir thun. Und Mose sagte die Rede des Volks dem Herrn wieder." Es werden also hier die beiden Begriffe „Ältesten" und „Volk" fortwährend vertauscht, es ist also entschieden das Volk durch die Ältesten repräsentiert worden. Wer diese Ältesten waren, und wie diese Repräsentation sich gestaltete, werden wir noch sehen. Richter 10, 18 heißt es: vajomeru haam sare Gilead „es sprachen das Volk, die Fürsten Gileads", wo offenbar das Wort Volk durch die Apposition „Fürsten Gileads" näher bestimmt wird. Josua 23, 2: Und Josua berief das ganze Israel: ihre Ältesten, Häupter, Richter und Amtsleute u. s. w. und Josua 24, 1 und 2 heißt es: Josua versammelte alle Stämme gen Sichem und berief die Ältesten von Israel, die Häupter, Richter und Amtleute. Und da sie vor Gott getreten waren, sprach er zum ganzen Volk V. 16. Da antwortete das Volk und sprach: Das sei ferne von uns, daß wir den Herrn verlassen und anderen Göttern dienen. Von ganz besonderer Bedeutung ist die Stelle 5. Mos. 29, 1 V. 9 2c.: „Und Mose berief das ganze Israel" V. 9. „Ihr stehet heute alle vor dem Herrn, eurem Gott, die Obersten eurer Stämme, eure Ältesten, eure Amtleute, ein jeder Mann in Israel (kol isch israel), eure Kinder, eure Weiber, dein Fremdling, der in deinem

Lager ist, beide, dein Holzhauer und dein Wasserschöpfer." Vers 13 heißt es dann weiter: „Denn ich mache diesen Bund und diesen Eid nicht mit euch alleine, sondern beides mit euch, die ihr heute hier seid und mit uns stehet vor dem Herrn unserm Gott, und mit denen, die heute nicht mit uns sind."

Ganz ohne Zweifel sehen wir hier das ganze Volk bis zum Fremdling, Holzhauer und Wasserschöpfer in dieser großen Volks= versammlung durch seine Vertreter repräsentiert. Von allen anderen Gründen abgesehen, fragen wir mit Recht, was sollen Weiber und Kinder in dieser großen Volksversammlung, in welcher Moses, seinem Ende nahe, seinem Volk nochmal ernstlich den Bund mit Gott ans Herz legt? Wenn nun Keil B. 13 unter den Nichtanwesenden die Nachkommen verstehen will, so scheint er den Zusammenhang und das Nächstliegende außer acht zu lassen; denn offenbar sind mit den Nicht= anwesenden alle die gemeint, die durch die anwesenden Volksglieder ver= treten werden.

Als einzelne Glieder dieser Volksvertretung erscheinen 1. die Stammesfürsten n e s i e e d a h, 2. Älteste sekenim. 3. Beamte schoterim, zu denen dann 4. noch die Richter schoftim hinzukommen.

Aber nicht alle diese Männer versammeln sich jedesmal auf eine Aufforderung Moses hin, sondern es treten auf ein vorher bestimmtes Signal nach gewisser Ordnung der kleine Rat, oder der große Rat, oder eine ganz besondere Ratsversammlung, die zwischen beide ein= gegliedert war, zusammen.

Der kleine Rat bestand lediglich aus den obersten Stammes= häuptern, die bei den wichtigsten Angelegenheiten versammelt wurden. Als nach 4. Mos. 1 das Volk gezählt werden soll, wird Mose zuvor befohlen, je einen Mann von jedem Stamme zu sich zu nehmen, der das Haupt ist von dem Hause seiner Väter (rosch lebeth abothaw); nach= dem diese zwölf an der Zahl mit Namen aufgeführt worden sind, heißt es B. 16: Dieses sind die (kerie haedah) zur Versammlung Berufenen (nesie matoth abothem), die Fürsten unter den Stämmen der Völker, die Häupter der Tausende in Israel. 4. Mos. 10, 4 wird genau das Signal angegeben, bei dem sich diese Ratsversammlung am Zelte ein= finden soll. Zwei Trompeten von echtem Silber soll sich Moses machen. Wenn man mit einer schlecht bläset, so sollen sich zu dir versammeln (hanesiim) die Fürsten (rasche alfe jisrael), die Häupter der Tausende in Israel.

Dieser sogenannte kleine Rat wurde leicht erweitert durch die

ferneren Familienhäupter, deren Zahl natürlich nicht auf zwölf beschränkt
bleiben konnte. Welchen Umfang die größere Volksversammlung nahm,
läßt sich vielleicht aus 4. Mos. 16 erkennen, wo uns der Aufstand der
Rotte Korah erzählt wird. Da heißt es V. 2: „Die (nämlich Korah
Dathan und Abiram) empörten sich wider Mose, samt etlichen Männern
unter den Kindern Israel, zweihundert und fünfzig der (nesie edah)
Vornehmsten in der Versammlung, (kerie moed) Berufene zur Versammlung, (ansche schem) namhafte Männer." Diese Männer werden
dieselben sein, die schon 2. Mos. 12, 21 „die Ältesten in Israel" genannt werden (vajikra mosheh lekol sikne) und aus deren Zahl
Mose die siebzig Ratsherren erwählen soll. 4. Mos. 11, 16 heißt es:
„Versammle mir siebzig Männer von den Ältesten Israels, die du
kennst als Älteste und Amtleute (schoterim) des Volks und hole sie
zum Zelt der Versammlung." Die vollständige Versammlung dieser
Männer heißt Moed und die so Versammelten heißen Edah d. h.
Gemeine. Nun verstehen wir, was nach der Berufung Josuas
4. Mos. 27, 21 geschrieben steht: „Nach seinem Munde", d. h. nach dem
Ausspruche, den der Hohepriester vermöge des ihm verliehenen Rechtes
der Urim und Thumim thut, „sollen aus- und einziehen beide, er und
alle Kinder Israel (vekol ben jisrael) und die ganze Gemeinde"
(vekol haedah). Keil bemerkt zu dieser Stelle: „kol haedah" im
Unterschiede von „allen Söhnen Israels" ist die Gesamtheit der Volks-
häupter oder das die Gemeinde vertretende und ihre Angelegenheiten
verwaltende Kollegium der Volksältesten. Diese also sind die (kerie
moed) zur Versammlung Berufenen, (nesie haeda) die Fürsten der
Versammlung. Diese verfassungsmäßige Vertretung des Volkes ist, wie
wir schon andeuteten, nicht von Moses eingerichtet, sondern wie so viele
andere mosaische Einrichtungen von ihm vorgefunden und in die neue
Ordnung mit herübergenommen worden. Bei den Anordnungen über
das Osterlamm heißt es 2. Mos. 12, 2 für Mose und Aaron: Sagt
der ganzen Gemeinde Israel (koledath jisrael) und Vers 21 heißt es
von derselben Versammlung: Und Mose forderte alle Ältesten in
Israel (lekol sikne jisrael) und sprach zu ihnen. Kurz vor dem
Ende seines Lebens läßt der altersgraue Mann Moses das Volk noch
einmal um sich versammeln, denn 5. Mos. 31, 28 heißt es: So versammelt nun vor mich alle Ältesten eurer Stämme (kol sikne schib-
techem) und eure Amtleute (veschoterechem). In einer kurzen Zu-
sammenfassung Vers 30 heißt es dann von dieser Versammlung: „Also
redete Mose die Worte dieses Liedes ganz aus vor den Ohren der ganzen

Verſammlung" (beosne kol kehal jisrael). Beide Ausdrücke alſo ſind identiſch und bedeuten dasſelbe, nämlich das durch ſeine Repräſentation gegenwärtige Volk Israel. Die Verſammlung (kehal) beſtand eben aus den Älteſten der Beamten und den Richtern.

Dieſe Verſammlung können wir den großen Rat nennen. Auch ſie wurde wie jene andere durch ein beſonderes Signal zuſammengerufen (4. Moſ. 10, 3). Wenn man mit beiden Trompeten ſchlecht bläſet, ſo ſoll ſich zu dir verſammeln die ganze Gemeine (kol haedah) vor der Thür der Hütte der Verſammlung (ohel moed). Zwiſchen dieſen beiden Repräſentativ-Verſammlungen des Volkes ſteht in der Mitte gleichſam noch ein Senat als eine beſondere Elite der Repräſentanten

Als dem Moſe ſein Amt zu ſchwer wird, weil die Laſt des ganzen Volkes auf ihm liegt, und er, der Verzweiflung nahe, ausruft: „Ich vermag das Volk nicht allein zu ertragen; denn es iſt mir zu ſchwer. Und willſt du alſo mit mir thun, ſo erwürge mich lieber, habe ich anders Gnade vor deinen Augen gefunden, daß ich nicht mein Unglück ſo ſehen müſſe," da ſprach der Herr zu Moſe 4. Moſ. 11, 16: „Sammele mir 70 Männer unter den Älteſten Israels, die du weißt, daß ſie Älteſte im Volk und ſeine Amtleute ſind," V. 24: „Der Herr kam hernieder und legte des Geiſtes, der auf ihm war und legte ihn auf die ſiebenzig älteſten Männer. Und da der Geiſt auf ihnen ruhete, weisſagten ſie und höreten nicht auf."

Während die beiden anderen Verſammlungen nur nach Zeit und Umſtänden in unregelmäßigen Zwiſchenräumen berufen wurden, ſehen wir hier eine Verſammlung, die der Zahl nach beſtimmt, fortwährend als ein bleibender Senat in Wirkſamkeit iſt.

Dieſe dreifach gegliederte Volksrepräſentation wird für die Volks= entwickelung um ſo bedeutſamer, wenn wir uns noch vergegenwärtigen, welcher Art dieſe Repräſentanten waren. Zunächſt ſtehen obenan die oberſten Häupter der 12 Stämme, Männer mitten aus dem Volke, durch Geburt und Herkommen von großem Anſehen. Im Grundbeſitz und Reichtum nicht weſentlich viel verſchieden von allen anderen Mit= bürgern, aber für das Wohl und Wehe und Anſehen des eigenen Stammes ſehr beſorgt. An ſie ſchließen ſich die Familienhäupter in großer Zahl an, angeſehene namhafte Männer, durch keinen Standes= oder Klaſſenunterſchied von allen anderen getrennt, von dem Anſehen und der Achtung der einzelnen größeren Familienverbände getragen. Sie ſtanden mitten im Volk, kannten ſeine Lage und hatten alle mit= einander naturgemäß kein höheres Intereſſe als des Volkes Wohl zu beraten. Kaum war ein Platz und Raum für Bildung verschiedener politischer Parteien, es sei denn, daß unter den einzelnen Stämmen hier und da eine Rivalität um den Vorrang entstand. Die Ältesten des Volkes sind gleichsam die natürlichen Vertreter. Beachten wir noch, daß die dritte Art der Repräsentanten, die Richter und Beamten, Männer waren, die von dem Volke aus der Zahl der Ältesten frei gewählt wurden, und also dadurch beim Volke in hohem Ansehen standen, so müssen wir gestehen, daß das Volk selbst durch diese Repräsentanten in hohem Grade berufen war, im Genusse einer weitgehenden Freiheit selbst sein Geschick zu bestimmen. Jedes Mitglied der dreifachen Rats= versammlung war im wahren Sinne ein Vertreter der Volksinteressen, durch keinen anderen Stand berufen, von keinem anderen abhängig; seine eigenen Interessen waren immer nur die der Gesamtheit. Sicher= lich ist es nicht zufällig, daß wir in dieser ganzen Repräsentation die Priesterschaft gar nicht erwähnt finden. Moses hatte in Ägypten genug Gelegenheit gehabt, den freiheitsfeindlichen Einfluß der dortigen Priester= kaste auf das Volk zu erkennen; mit peinlicher Sorgfalt hat er deshalb alles vermieden, was den Herrschaftsgelüsten eines Priestertums Vor= schub leisten konnte. Er hat im Gegenteil alles gethan, um solche Priesterherrschaft fast zur Unmöglichkeit zu machen. Im zweiten Buch ist mehr davon die Rede. Wie diese ganze Repräsentation des Volkes ein großes Hindernis jeder Priesterherrschaft war, so stand sie nicht minder allen despotischen Herrschergelüsten scharf entgegen. Viele Jahrhunderte lang hat sich ohne ein besonderes Haupt das jüdische Volk selbst regiert, und dann sich später unter der monarchischen Regierungsform seine Freiheit durch seine Repräsentativverfassung zu erhalten gewußt. Diese Freiheit ist begründet in dem thatsächlichen Verhältnis des Volkes zur Regierung, und braucht durch deren äußere Form nicht notwendig wesentlich berührt zu werden. Deshalb kann unter Umständen ein despotischer Staat ein reiches Maß von Freiheiten in sich schließen, während umgekehrt ein republikanischer Staat die Frei= heit des Volkes geknechtet und geknebelt halten kann.

Wie sehr die Annahme des Gesetzes seitens des Volkes sich als sein freier Entschluß darstellt, geht noch viel mehr aus der Art und Weise hervor, wie die Annahme der spezifisch göttlichen Gesetze dargestellt wird. Selbst ihre Annahme wird als ein von seiner Seite freiwilliges Eingehen in den Bund betrachtet, 2. Mos. 24, 3—8; 5. Mos. 29, 1—14; gleichwie schon Abraham das Gott gegenüber einzugehende Verhältnis 1. Mos. 15, 18 als einen Bund bezeichnet, in den der Mensch frei=

willig und mit Bewußtsein eingehen soll. Diese Grundlage der mosaischen und aller späteren Staatsordnungen der Juden, d. h. mit anderen Worten die sehr große Freiheit des Volkes in seiner Selbst= regierung, war nur durchführbar, wenn sich die höchste Absicht, die wie ein goldener Faden sich durch die fünf Bücher Moses hindurchzieht, er= füllte: daß das Gesetz Gottes, des Herrn über alles Lebendige, des Höchsten, der Himmel und Erde gemacht hat, in dem Volksbewußtsein eine lebendige Macht blieb. So lange das war, so lange entbehrt das Volk keiner einheitlichen Regierungsform, denn seine Stelle vertrat das Gesetz oder auch Jehovah selbst, von dem das Gesetz ausging. Sobald aber dieses Gesetz keine lebendige Kraft mehr war, sondern nur eine leere Schale, ein Schatten, eine Form, der eigentlichen Lebenskraft in der Volksseele beraubt, da mußte diese Freiheit dem Volke zum Ver= derben gereichen, es mochte die Regierungsform sein wie sie wollte. Aus der geschichtlichen Entwickelung des jüdischen Volkes auf die Qualität der jüdischen Staatsverfassung einen Schluß zu machen, wäre sehr übereilt und falsch; denn das mosaische Gesetz ist erstens nach jüdischer und christlicher Auffassung von Jehovah und zwar dem jüdischen Volke gegeben, nicht etwa vor dem Sündenfall, sondern nach ihm, und in der klaren Erkenntnis, daß die Sünde eine gewaltige Macht im Volksleben sei. Nichtsdestoweniger muß es nach dem weisen Willen Jehovahs, den er durch Moses kund that, doch für möglich gehalten worden sein, daß ein Volk in solcher Staatsverfassung seine irdische Lebensaufgabe erfüllen und ein gerechtes und glückliches Gemeinschaftsleben seiner Volksgenossen herstellen könne. Erfüllt es diese Aufgabe nicht, so kann und darf die Ursache nun und nimmermehr in dieser so ge= heiligten und geweihten Staatsverfassung gesucht werden, es sei denn daß man entweder die Schuld mit Bewußtsein auf Gott schieben will, oder aber diese ganzen Berichte über solche Verfassung als gefälscht oder als ein Phantasiebild einzelner Phantasten hinstellen will. Aber selbst solche phantastische Hypothesen würden hier nichts erklären, denn sie würden die Bewunderung, die wir sonst für Jehovahs Gesetz haben, dann nur übertragen auf die Bewunderung für den, welcher solche herr= liche Gesetze vor Jahrtausenden ersonnen hat.

Hier wird auch klar, wie thöricht und unverständig das heute so oft gehörte verächtliche Gerede von Rückschritt ist. Auf viele Menschen macht das Wort einen wahrhaft komischen Eindruck, daß sie ihrer Sinne kaum noch bewußt, den Rückschritt und alles was damit gestempelt wird, wie die Pest fliehen. O, die armen blinden, thörichten Leute, daß sie nicht ahnen, daß sehr oft der Rückschritt das einzig Gescheite ist, was der Mensch thun kann. In geistlichen Dingen erinnere ich nur an die Worte Jesu, womit er seine Predigt einleitete: Kehret zurück, thut Buße, fangt von vorne an; in weltlichen Dingen aber ist es für die Welt= erfahrenen gar keine Frage mehr, daß der Rückschritt zu den Ein= richtungen der Väter und zwar, wie wir hier sehen, sogar der Väter in altersgrauer Zeit, vor vielen Jahrtausenden, und sogar fern von uns, im kleinen Palästina, für unzählig viele Menschen der Gegenwart das Sehnen und Verlangen des Herzens ist, wonach sie mit aller Kraft und Glut verlangen. Zwar sind jene Einrichtungen zu solchem Zweck nicht gemacht und werden auch niemals auf irgend ein anderes Volk und Land übertragen werden können, dennoch aber ist der Geist, der in ihnen lebendig war, derselbe, der auch noch heute lebendig ist und wenn auch in anderen Formen doch dasselbe Leben schaffen wird und soll.

Alle Freiheitsbestrebungen aber — das lernen wir aus dieser Dar= stellung — sind eitel und vergeblich, wenn ihnen nicht eine Gebunden= heit im Herzen und Gewissen an eine höhere ewige Autorität zu Grunde liegt. Wir sollten uns aber doch wohl hüten, diese Freiheitsbestrebungen selbst als ungöttlich oder gar unchristlich auf Grund des göttlichen Wortes zu verdammen; wer das thut, der kennt Gottes Wort nicht und verwirft für sein Zeugnis im Volk die Autorität, auf die er sich selbst beruft. Nein, im Gegenteil, auf Freiheit ist das ganze Reich Gottes auch in seinen irdischen Ordnungen aufgebaut, und gerade die Ver= kennung dieser Wahrheit hat seit alters bis heute das Kirchentum entstellt und leider oft mehr zur Fratze, als zu einem Bilde des Reiches Gottes gemacht. Die Staatsverfassung der Juden bleibt uns ein Ideal, dem wir nacheifern, weil das Gesetz Jehovahs, wie es im Alten Testa= ment geahnt, im Neuen Testament durch seinen Gesalbten der Welt verkündigt ist, als das Gesetz der Liebe, eine Lebenskraft im Volke ist und immer mehr werden kann.

4. Kapitel.
Die Obrigkeit des Volkes. Beamte, Richter und Könige.

Eine eigentliche Obrigkeit im modernen Sinne hat das jüdische Volk niemals gehabt, selbst nicht zur Zeit der Könige, denn das König= tum Israels unterscheidet sich wesentlich von dem unserer Zeit. Von der Zeit Moses bis zu der Sauls, d. h. also etwa 400 Jahre lang, hatte das Volk Israel überhaupt keine Landesobrigkeit. Moses hatte zwar zu seinem Nachfolger den Josua ernannt, aber eigentlich nur mit der ganz speziellen Aufgabe, das Land einzunehmen: dagegen hatte er keinerlei Bestimmung getroffen, wer nun im verheißenen Lande das Volk regieren solle. Offenbar lag die Voraussetzung zu Grunde, daß das Volk, wenn das Gesetz Jehovahs geheiligt und gehalten würde, eines eigenen Herrschers, außer dem Jehovah im Himmel, gar nicht bedürfe, daß es vielmehr, brüderlich und einig, seine irdischen Ordnungen selbst bestimmen könne, während in Zeiten besonderer Heimsuchung Jehovah Männer der Hilfe erwecken werde.

Dennoch aber gab Moses in weiser Voraussicht ein herrliches Königsgesetz, für den Fall nämlich, daß das Volk seine Verfassung ändern und wie die andern Völker sich auch einen König aus seinen eigenen Brüdern erwählen würde. Schon Moses also hielt nicht starr fest an irgend einer Verfassungsform oder Gesellschaftsordnung, sondern war der Meinung, daß die eine Form unbedenklich zerschlagen werden könne, wenn sie den überströmenden Inhalt nicht mehr zu fassen vermöge und eine andere Form diesen Zweck besser erfüllen würde. Nur eins ist ihm unveränderlich, das Grundgesetz Jehovahs, daß Er der Herr und Israel sein Volk ist, alles andere gibt er preis, wenn nur diese Grundforderung unangetastet bleibt.

So kann uns Moses und das jüdische Volk zum Lehrmeister werden für unsere Stellung in der Politik. Der Satz: ein Christ könne niemals ein Demokrat sein, wenn er in einem monarchischen Staate geboren ist und lebt, ist nur eine ganz oberflächliche Behauptung, die weder durch die Bibel noch durch den gesunden Menschenverstand und noch weniger durch die Weltgeschichte irgendwie bewiesen wird; so viel dieser Satz auch gegenwärtig bejubelt und beklatscht wird, dennoch muß er großes Unheil anrichten. Das Christentum steht mit keiner einzigen Form von Staatsverfassung im Widerspruch, so lange in ihr Gottes Gesetz und Evangelium Raum findet. Eine bestehende Monarchie hat nach Gottes Wort nun und nimmermehr den Grund ihres Bestandes darin, daß sie besteht, sondern allein darin, daß das Wohl des Volkes in ihr am besten geschützt wird. So lange das geschieht, darf ein Christ für Änderung einer Verfassungsform nicht eintreten; geschieht das aber nicht, sondern erheischt das Wohl des Volkes eine Änderung, so ist nach dem Beispiel Moses und des jüdischen Volkes für einen Christen kein Hindernis da, wie für Änderung der Republik in eine Monarchie, so auch umgekehrt für Ver=

wandlung der Monarchie in eine Republik einzutreten (Washington,
Nordamerika). Weil aber in diesen Fragen schließlich alles auf die
Erkenntnis der einzelnen Person ankommt, und die Gaben und Geister
so sehr verschieden sind, so thäte man viel besser, solche Fragen überhaupt
beiseite zu lassen. Eins steht einem Christen obenan, die Ehre seines
Gottes und der Gehorsam gegen sein Wort und daneben, daß alles in
menschlichen Dingen ehrlich und ordentlich zugehe. Verfasser ist ein
Monarchist vom Scheitel bis zur Zehe, aber offen gestanden, nicht weil
er ein Christ ist, sondern weil sein Verstand und seine Welterfahrung
ihn gelehrt haben und noch täglich lehren, daß diese Staatsverfassung
selbst unter den ungünstigsten Zuständen die beste von allen ist.

Ob ein Christ Sozialdemokrat werden kann, ist eine Frage, die in
letzter Zeit fast bis zum Ekel abgedroschen ist und von dem einen so,
von dem anderen anders beantwortet wird, aber selten nach der Wahr=
heit. Mit der größten Plerophorie meiner Überzeugung würde ich die
Frage mit „Ja" beantworten können, und ebenso unter anderen Voraus=
setzungen mit „Nein". Sollte uns Christen es aber nicht stutzig machen,
daß gerade diese Frage am meisten in solchen Kreisen erörtert wird, die vom
Christentum gar nicht viel wissen wollen, und daß sich gerade da ein
Sturm des Entsetzens erhebt, wenn jemand die Frage mit „Ja" be=
antwortet. Ein Christ darf nach dem Tode sich verbrennen lassen, ein
Christ darf Fortschrittler, darf Liberaler, darf Juden=freund oder =feind sein,
kurz, was er will, ein Christ darf Kirchenvorsteher, Synodalmitglied, Pastor,
Konsistorialrat, Oberkirchenrat, ja, was er will, sein. wenn er gar nichts
glaubt und selten oder nie die Kirche besucht, kurz, ein Christ darf
räsonieren, je mehr desto besser gegen alles Bestehende: das alles sind
selbstverständliche, feststehende unumstößliche Wahrheiten in den Kreisen
dieser großen Männer und Staatsstützen, aber ein Christ darf nun und
nimmermehr bei Strafe des großen und kleinen Bannes ein Sozial=
demokrat sein, denn diese Partei legt Hand an den Gesalbten dieser
Helden, an die geheiligte Gottheit der modernen Welt, nämlich an
Seine Majestät, den Götzen Mammon.

Diese nackte Wahrheit sollte alle ernstgesinnten Christen stutzig machen
und zu vorsichtigem Urteil und ernster Erwägung mahnen.

Moses also, davon gingen wir aus, trug kein Bedenken, in weiser
Voraussicht der Zukunft, seinem Volke Anweisung zu geben, wie die
demokratische Form der jüdischen Republik in eine Monarchie
verwandelt werden könne. Da aber doch zu jeder Zeit und in jedem
Falle Obrigkeit vorhanden sein muß, so soll im folgenden näher unter=

sucht werden, wie sie während des Aufenthalts in der Wüste, wie sie später vierhundert Jahre hindurch und schließlich in der Monarchie geartet war. Bei dem letzten Zeitpunkt werden wir notwendig auch Rücksicht auf andere Bücher des Alten Testaments nehmen müssen. Wir haben schon im vorigen Kapitel bei der natürlichen Gliederung des Volkes gehört, daß es sich gleichsam in konzentrischen Kreisen auf dem Grunde der ursprünglichen Gottes- und Naturordnung, nämlich der Familie, auf= baute. Wir sahen, wie infolgedessen die Häupter oder Fürsten des Volkes, die Ältesten und der aus siebzig Ältesten bestehende besondere Rat ein hohes Ansehen hatten. Noch eine andere Art von Beamten begegnet uns beim jüdischen Volke schon in Ägypten unter dem Namen „schoterim“. Es fragt sich nun, welchen besonderen Beruf diese Männer, die offenbar in großer Zahl vorhanden waren, gehabt haben. Die Septuaginta gibt die Übersetzung „γραμματεῖς“ und in den deutschen Übersetzungen werden sie Schreiber genannt. Es ist aber nicht gewiß, ob diese Bedeutung „Schreiber“ erst aus der Thätigkeit abgeleitet ist, die sich später mit diesem Beruf verbunden hat, oder ob sich umgekehrt an diese ursprüngliche Thätigkeit „des Schreibens“ der spätere eigentliche Beruf anknüpfte. Zuerst begegnen uns diese schoterim in Ägypten neben den nogsim „den Treibern“ (2. Mos. 5. 6. 10. 14. 19) zu der Zeit, da das Volk geplagt wurde mit dem „Ziegel= streichen“, und ihm anbefohlen ward, das früher gelieferte Stroh sich selbst zu beschaffen, ohne daß die Zahl der fertig zu stellenden Ziegel verringert wäre. Daß diese schoterim nicht gleichbedeutend sind mit den anderen Beamten, geht klar daraus hervor, daß sie 5. Mos. 1, 15 und 4. Mos. 11, 16; 5. Mos. 16, 18 und Josua 23, 2 ausdrücklich von den Häuptern (rosche), den Ältesten (sikne) und den Richtern (schottim) geschieden werden. Aus der Zahl der Ältesten und den schoterim soll Moses nach 4. B. 11, 16 sich die 70 weisen Männer erwählen. 5. Mos. 20 wird uns erzählt, was zu thun sei, wenn das Volk in einen Krieg zieht wider seine Feinde. „Zuerst soll der Priester (hakohen) vor das Volk treten und es ermutigen. Danach sollen die schoterim mit dem Volke reden und sagen: Welcher ein neues Haus gebauet hat und hats noch nicht eingeweihet, der gehe hin und bleibe in seinem Hause, auf daß er nicht sterbe im Kriege und ein anderer weihe es ein. Welcher einen Weinberg gepflanzt hat und hat ihn noch nicht gemein gemacht (καὶ οὐκ ηὐφράνθη, ἐξ αὐτοῦ) der gehe hin und bleibe daheim, daß er nicht im Kriege sterbe und ein anderer mache ihn ge= mein. Welcher ein Weib ihm vertrauet hat, und hat sie noch nicht heim=

geholet, der gehe hin und bleibe daheim, daß er nicht im Kriege sterbe und ein anderer hole sie heim. Und die schoterim sollen weiter mit dem Volke reden und sprechen: Welcher sich fürchtet und ein verzagtes Herz hat, der gehe hin und bleibe daheim, auf daß er nicht auch seiner Brüder Herz feig mache, wie sein Herz ist. Und wenn die schoterim ausgeredet haben mit dem Volke, so sollen sie die Hauptleute (sare zebaoth) vor das Volk an die Spitze stellen." In einem ähnlichen Zusammenhange lesen wir Josua 1, 10: „Da gebot Josua den schoterim des Volkes und sprach: Gehet durch das Lager und gebietet dem Volk und sprechet: Schaffet euch Vorrat; denn über drei Tage werdet ihr über diesen Jordan gehen, daß ihr hineinkommet und das Land ein= nehmet, das euch der Herr, euer Gott, geben wird." (Auch Josua 3, 2—4.)

Aus diesen Stellen kann man sich eine Vorstellung von der Be= rufsthätigkeit dieser Beamten machen.

Alle waffenfähigen Männer sollen bei einer allgemeinen Aushebung zum Kriege antreten. Es steht nicht im freien Willen der oben näher bezeichneten Kategorieen einzelner Männer wegzubleiben, vielmehr müssen sie sich alle ohne Ausnahme einfinden. Die schoterim haben dann obiges kund zu thun und unter ihrer Aufsicht und Kontrolle dürfen sich die entfernen, die nach dem Gesetze dazu berechtigt sind. Ganz offenbar müssen also diese schoterim eine genaue Kenntnis der persön= lichen und häuslichen Verhältnisse der Mannschaften gehabt haben, um beurteilen und bestätigen zu können, ob diese gesetzlichen Bestimmungen in jedem einzelnen Falle Anwendung fanden. Wir gehen daher nicht irre, wenn wir unter den schoterim die eigentliche „Polizei" begreifen. Wir verstehen dann auch leicht, daß diese Klasse von Beamten niemals mit den „Ältesten" kombiniert wird; denn ihr Beruf erforderte gerade kräftige Männer in dem besten Mannesalter. Die Polizeigewalt war also von dem eigentlichen Richteramt getrennt, eine weise Trennung, die in jenen altersgrauen Zeiten um so höher anzuschlagen ist, weil die zu enge Verbindung des Richteramts mit der Polizeigewalt sich seit alters bis in die Neuzeit immer als schädlich für die Volksfreiheit er= wiesen hat. Nichtsdestoweniger darf diese Trennung aber keine voll= ständige sein, weil eine vollständige Trennung dieser beiden Gewalten unter Umständen noch schädlicher wirken kann, als ihre zu enge Ver= bindung. Wir werden später noch oft Gelegenheit haben, die Weisheit der mosaischen Bestimmungen, sonderlich bei der Strafexekution zu be= wundern.

Beachten wir nun die hohe und wichtige Bedeutung der Ge=

schlechtsregister im jüdischen Volk, von denen für jeden Israeliten die Ehre im Leben, ja selbst nach dem Tode und im jüdischen Lande auch das Besitzrecht abhing, so haben wir gewiß recht, unter diesen schoterim zugleich die Standesbeamten, die Rollenführer des Volkes Israel, zu vermuten. Wenn auch die Schreibekunst in Ägypten und im jüdischen Volke schon im grauen Altertume weit verbreitet war, so werden wir sie vornehmlich doch hier bei diesen schoterim als wirklich vorhanden annehmen müssen; sei es nun, daß diese Führung der Geschlechtsregister ihre ursprüngliche Amtsthätigkeit war und daran die Polizeigewalt sich anschloß, oder sei es, daß umgekehrt die polizeiliche Aufsicht ihr ur= sprüngliches Amt war und später sich die Führung der standesamtlichen Register daran anschloß. Saalschütz weist (Seite 63, Bd. I) darauf hin, daß namentlich bei dem Heere schon in der frühesten Zeit auch bei anderen Völkern Listenführer vorhanden waren und daß das ordent= liche Einschreiben der Soldaten überall für notwendig erachtet wurde (scribere milites bei den Römern und καταγραφὴν bei den Griechen); er spricht die Vermutung aus, daß das deutsche Wort „Graf" mit dem griechischen γράφειν (schreiben) eng zusammenhänge, um so mehr, weil auch in der englischen Sprache sowohl „Schreiben" grave als auch das deutsche Wort „Graf" grave heiße.

Von diesem schoterim geschieden, begegnen uns die schoftim (suffetes der Karthager), die Richter, auf die wir jetzt unsere Auf= merksamkeit richten wollen. Die vornehmste Stelle über die Einsetzung des Richteramtes 2. Mos. 18, 13—23 setzen wir wörtlich hierher: „Des anderen Morgens setzte sich Mose, das Volk zu richten und das Volk stand um Mose her von Morgen an bis zu Abend. Da aber sein Schwäher sahe alles, was er mit dem Volk that, sprach er: Was ist's, das du thust mit dem Volk? Warum sitzest du allein und alles Volk stehet um dich her von Morgen an bis zu Abend? Mose antwortete ihm: Das Volk kommt zu mir und fragen Gott um Rat. Denn, wo sie was zu schaffen haben, kommen sie zu mir, daß ich richte zwischen einem jeglichen und seinem Nächsten und zeige ihnen Gottes Rechte und seine Gesetze. Sein Schwäher sprach zu ihm: Es ist nicht gut, das du thust. Du machst dich zu müde, dazu das Volk auch, das mit dir ist. Das Geschäft ist dir zu schwer, du kannst es allein nicht ausrichten. Aber gehorche meiner Stimme, ich will dir raten; und Gott wird mit dir sein. Pflege du des Volkes vor Gott und bringe die Geschäfte vor Gott und stelle ihnen Rechte und Gesetze, daß du sie lehrest den Weg, darin sie wandeln und die Werke, die sie thun sollen. Siehe dich aber

um unter allem Volk nach redlichen Leuten, die Gott fürchten, wahr=
haftig und dem Geiz feind sind (mikol haam ansche chajil jiree
elohim, ansche emeth, schonee baza), die setze über sie, etliche über
tausend, über hundert, über fünfzig und über zehn, daß sie das Volk
allezeit richten. Wo aber eine große Sache ist, daß sie dieselbe an dich
bringen, und sie alle geringe Sachen richten, so wird dir's leichter
werden und sie mit dir tragen. Wirst du das thun, so kannst du aus=
richten, was dir Gott gebeut und alle dies Volk kann mit Frieden an
seinen Ort kommen. Mose gehorchte seines Schwähers Worten und
that alles, was er sagte und erwählete redliche Leute a u s d e m g a n z e n
I s r a e l und machte sie zu Häuptern über das Volk, etliche über
tausend, über hundert, über fünfzig und über zehn, daß sie das Volk
allezeit richteten, was aber schwere Sachen wären, zu Mose brächten
und die kleinen Sachen sie richteten. Also ließ Mose seinen Schwäher
in sein Land ziehen."

Es ist möglich, daß diese hier näher bezeichneten Häupter über
das Volk, in der fast ganz militärisch organisierten Volksgemeinschaft
während des Zuges durch die Wüste in der größten Mehrzahl nichts
anderes waren, als die vorher erwähnten schoterim, die eine polizei=
liche Aufsicht über kleine Häuflein des Volkes hatten. Für die Folge
aber, nachdem das Land eingenommen ist, ordnet Moses 5. B. 16, 18:
„schottim reschoterim sollst du dir setzen in allen deinen Thoren, die
dir der Herr, dein Gott, geben wird unter deinen Stämmen, daß sie
das Volk richten mit rechtem Gericht." Diese Richter erwählete sich das
Volk durch seine Repräsentanten aus dem ganzen Volk (mikol haam)
unter den Stämmen (leschibtechem): denn 5. Mos. 1, 13. 15, wo die
Stelle 2. Mos. 18 kurz wiederholt wird, heißt es: „Schaffet her weise
(ansche chochamim) verständige und erfahrene Leute unter euern
Stämmen, die will ich über euch zu Häuptern setzen rc." Nachdem
sie vom Volke erwählt waren, setzte sie Moses in ihr Amt ein.

Michaelis spricht die Vermutung aus, daß diese Richter vornehm=
lich aus den Priestern und Leviten genommen sein möchten. Nichts ist,
was dieser Vermutung auch nur die Spur einer Berechtigung geben
kann. Zwar mag in späteren Jahrhunderten, als das Volk sein eigenes
Gesetz nicht mehr kannte, und die Priester und Leviten ein Interesse
daran hatten, es nicht allzu sehr unter dem Volke bekannt werden zu
lassen, diese Priesterherrschaft auch mit dem Richteramt Mißbrauch ge=
trieben haben, aber hier an der eigentlichen Quelle, in den 5 Büchern
Mosis, sehen wir gerade das Gegenteil, nämlich wie Moses den unbe=

rechtigten Einfluß der Priester in irdischen Dingen eher zurückdrängt als fördert. Die Richter wurden mit nichten aus den Leviten genommen, sondern ausdrücklich aus dem ganzen Volk und allen seinen Stämmen; 5. Mos. 19, 12 werden kurz „die Ältesten der Stadt" genannt. Wie sollte das Volk, das sich seine Richter selbst erwählte, auch darauf kommen, sie aus einem besonderen Stamme zu erwählen, der an gewisse ganz vereinzelte Wohnörter gebunden war. Wir erinnern uns, wie eine scheinbar geringe Bevorzugung des Stammes Levi durch Moses einen Aufstand im Volke, durch die sogenannte Rotte Korah verursacht. Wir sehen später, daß das Volk im Bewußtsein seiner wohlberechtigten Freiheiten von Rehabeam abfällt. Wie hätte sich ein solches Volk seine Freiheiten rauben und sich durch einen privilegierten Stamm bevormunden lassen! Nein, aus dem ganzen Volke wurden sie erwählt aus den Ältesten und schoterim und so natürlich auch aus den Leviten, nicht aber weil sie diesem Stamme, sondern weil sie dem priesterlichen Volke Jehovahs angehörten. Von den 14 in dem Buch der Richter genannten Richtern ist nur einer ein Priester, und gerade über ihn wird ein hartes Urteil gefällt und seine Kinder „nichtsnutzige Leute" genannt; außer ihm ist noch einer aus dem Stamme Levi darunter. So hoch das Ansehen des Priesterstandes in den fünf Büchern Mosis ist, so sehr wird mit peinlicher Sorgfalt allen hierarchischen Gelüsten entgegengearbeitet.

Die Richter bildeten also keinen besonderen Stand, sondern waren im besten Sinne volkstümlich. Die Rechtsprechung geschah öffentlich in den Thoren der Stadt auf Grund mündlicher Verhandlung, obwohl schriftliche Vernehmung und Protokolle nicht ausgeschlossen waren. Die Richter standen mitten im Volke, waren im besten Sinne seine Volksgenossen, und waren durch kein privilegiertes Standesbewußtsein von dem Volksleben getrennt, genossen vielmehr durch die Volkswahl und natürliche Volksgliederung stets das größte Ansehen im Volke.

Was nun die Grundsätze der Rechtsprechung angeht, so sind die mosaischen Vorschriften so schön und herrlich, daß sie noch heute verdienten, jedem Gesetzbuch vorgedruckt zu werden. 5. Mos. 1, 16. 17 heißt es: „Verhöret eure Brüder und richtet recht zwischen jedermann und seinem Bruder und dem Fremdling. Keine Person sollt ihr im Gericht ansehen, sondern sollt den Kleinen hören wie den Großen und vor niemandes Person euch scheuen. Denn das Gerichtamt ist Gottes." Neben dieser Unparteilichkeit und Furchtlosigkeit wird den Richtern strenge, genaue Untersuchung anbefohlen 5. Mos. 13, 15: „So sollst du fleißig suchen und forschen und fragen. Und so sich findet die

Wahrheit, daß es gewiß also ist, daß der Greuel unter euch geschehen ist, so sollst du die Bürger derselben Stadt schlagen mit des Schwertes Schärfe 2c" oder 5. Moj. 17, 4: „und wird dir angesagt und hörest es, so sollst du wohl danach fragen. Und wenn du findest, daß es gewiß wahr ist, daß solcher Greuel in Israel geschehen ist, so sollst du denselben Mann oder dasselbe Weib ausführen, die solches Übel gethan haben, zu deinem Thor und sollst sie zu Tode steinigen" oder 5. Moj. 16, 19 und 20: „Du sollst das Recht nicht beugen und sollst auch keine Person ansehen noch Geschenke nehmen, denn die Geschenke machen die Weisen blind und verkehren die Sachen der Gerechten. Was recht ist, dem sollst du nachjagen, auf daß du leben und das Land einnehmen mögest, das dir der Herr, dein Gott, geben wird." Ganz besonders eindringlich wird die Gerechtigkeit gegen die Fremdlinge den Richtern ans Herz gelegt 2. Moj. 23, 6—8: „Du sollst das Recht deines Armen nicht beugen in seiner Sache. Sei ferne von falschen Sachen. Den Unschuldigen und Gerechten sollst du nicht erwürgen, denn ich lasse den Gottlosen nicht recht haben. Du sollst nicht Geschenke nehmen, denn Geschenke machen die Sehenden blind und verkehren die Sachen der Gerechten. Die Fremdlinge sollt ihr nicht unterdrücken, denn ihr wisset um der Fremdlinge Herz, dieweil ihr auch seid Fremdlinge in Ägyptenland gewesen." Überall wird der Arme und Gedrückte und Fremdling in Schutz genommen. Durch die ganze mosaische Rechtsprechung zieht sich als leitender Grundgedanke die Rücksicht auf die Schwachen und Bedrängten hindurch, damit ihnen der so nötige Schutz nicht fehle. In dieser Beziehung besteht ein wesentlicher Unterschied zwischen dem Gesetzbuch Mosis und den modernen Gesetzbüchern, die beim ersten Anblick fast zu keinem anderen Zwecke gemacht zu sein scheinen, als den Besitzenden und Mächtigen und Angesehenen in seinem Besitz und seiner Macht und Ansehen zu schützen. Damit aber diese gleichsam dem Gesetze angeborene Vorliebe für die Armen nun nach dieser Seite hin zu keiner Parteilichkeit werde, so schreibt Moses vor: „Begehet keine Rechtsverletzung im Gerichte, ziehe nicht vor den Armen und huldige nicht dem Großen; nach dem Rechte sprich das Urteil deinem Nächsten."

Wie ein parteiischer Richter wegen eines absichtlich falschen Urteils bestraft werden soll, gibt Moses nirgends an, es ist aber nach der ganzen Natur der sonstigen Strafbestimmungen wahrscheinlich, daß ein solcher Richter zum Schadenersatz verpflichtet wurde. Welches hohe Ansehen dieses Gericht im Volksbewußtsein hatte, erkannten wir schon aus der Stelle 5. Moj. 1, 17, wo es „ein Gericht Gottes" genannt wird. Vor dem Gericht stehen ist nach 5. Mos. 19, 17 gleichbedeutend mit „vor dem Herrn" (liphne jahveh) stehen, daher werden die Richter selbst auch elohim, d. h. Götter, göttliche, Gottesmänner genannt (2. Mos. 22. 27 V. 8, V. 7; 21, 6). 1. Chronika 19, 6 heißt es: „und Josaphat sprach zu den Richtern: Sehet zu, was ihr thut, denn nicht für den Menschen richtet ihr, sondern dem Herrn, und er ist mit euch im Gericht." Daher waren auch die Amtsbefugnisse recht weitgehend, die Richter verurteilten zu Schlägen, Geldstrafen und zum Tode. 5. Mos. 25, 1—3; 5. Mos. 22, 18. 19; 5. Mos. 21, 19—21.

Es fand von diesem Gerichte für die Verurteilten keine Berufung statt, ihr Rechtsspruch war endgültig. Dagegen aber konnten die Richter vor dem Urteil, wenn die Sache ihnen zu schwer war, an einen höheren Gerichtshof appellieren; waren aber dann bei Todesstrafe an dieses Urteil gebunden.

Von diesem höchsten Gerichtshof ist nun noch folgendes zu bemerken. Die Hauptstelle steht 5. Mos. 17 V. 8—13. „Wenn dir eine Sache zu schwer sein sollte im Rechte, zwischen Blutschuld und Blutschuld (z. B. zwischen Mord und vorsätzlichem Totschlag, und durch stößige Tiere, oder unbedeckt gelassene Gruben verursachten Tod), zwischen Rechtssache und Rechtssache (d. i. gewöhnliche Prozesse, wo jede der Parteien das Recht auf ihrer Seite glaubt) und zwischen Beschädigung und Beschädigung (z. B. tödlicher oder nicht tödlicher 2. Mos. 21, 18) was irgend von streitigen Rechtssachen vorkommt in deinen Thoren, so sollst du dich aufmachen und hingehen an den Ort, den Gott erwählen wird, daß du kommst zu den levitischen Priestern und zu dem Richter, der zu selbiger Zeit sein wird, und nachforschest und sie dir sagen den Ausspruch des Rechts. Dann thue nach Maßgabe des Worts, das sie dir sagen werden, von jenem Orte, den der Ewige wählen wird und habe acht zu thun, nach allem, wie sie dich lehren. Nach der Lehre, die sie dich lehren, und nach dem Rechtsspruche, den sie dir sagen, sollst du thun und von dem, was sie dir sagen, nicht abweichen, weder rechts noch links. Der Mann aber, der frevelhafterweise nicht auf den Priester hört, der da stehet, um daselbst dem Ewigen, deinem Gott, zu dienen, oder auf den Richter, der soll sterben."

Zunächst sei bemerkt, daß dieser höchste Gerichtshof, den Moses als zukünftig vorhanden hinstellt, kein Appellationsgerichtshof im eigentlichen Sinne ist. Abgesehen davon, daß die Streitenden überhaupt keine Berufung einlegen konnten, soll von den Richtern der Städte, die hier offenbar angeredet werden, der höchste Gerichtshof angerufen werden, bevor ein Urteil von ihnen gefällt worden ist. Die Widersetzlichkeit gegen dieses Urteil von seiten der Stadtrichter soll mit dem Tode bestraft werden, denn es ist eine Auflehnung gegen Gott, in dessen Namen Recht gesprochen wird.

Es fragt sich nun, wie wir uns diesen höchsten Gerichtshof zu denken haben und zwar insonderheit, ob er, wie es scheinen könnte, wesentlich und vornehmlich aus levitischen Priestern oder aus den vorher näher beschriebenen Richtern des Volkes bestand. Es wird in der Stelle eine Mehrheit von levitischen Priestern und ein Richter erwähnt, während Vers 12 wieder nur ein Priester genannt ist. Zum besseren Verständnis nehmen wir hinzu 5. Mos. 19, 17 und 18, wo von einem frevelhaften Zeugen die Rede ist. Jede Sache soll auf zweier oder dreier Zeugen Mund bestehen, wo aber nur ein Zeuge auftritt und der Verdacht, daß er ein frevelhafter sei, nahe liegt, so sollen „die beiden Männer vor dem Herrn vor den Priestern und den Richtern stehen, die zur selben Zeit sein werden, und die Richter sollen wohl forschen u. s. w." Mit Saalschütz und Keil gehen wir gewiß nicht fehl, hier bei dieser schwierigen Rechtsfrage dasselbe Obertribunal wie 5. Mos. 17 wiederzufinden. Es ergibt sich also danach ein hoher Gerichtshof an dem Ort des Heiligtums, seit David in Jerusalem; an der Spitze steht ein Priester und zwar der Hohepriester oder ein Oberrichter, und mehrere Mitglieder nehmen daran teil. Daß an dem Orte des Heiligtums, an diesem Obertribunal mehrere Priester teilnehmen, ist so selbstverständlich, wie das Gegenteil, nämlich daß an den Ortsgerichten weder Priester noch Levit teilnehmen, eben weil sie an dem ersten Orte in großer Zahl, an den letzteren gar nicht vorhanden waren. Dazu kommt, daß mit Recht vorausgesetzt werden mußte, daß die Priester besondere Kenntnis des Gesetzes hatten, weshalb Keil an angezogener Stelle auch sagt: „Bei dem Obergerichte kommen übrigens die Priester mehr als Kenner und Lehrer des Gesetzes in Betracht (3. Mos. 10, 11) denn als eigentliche Richter. Daher soll man sich nicht bloß an sie, sondern gleich an den Richter wenden, dem jedenfalls die gerichtliche Untersuchung und Fällung des Urteils oblag." Da also an dieser Stelle keine Bestimmung darüber getroffen wird, wer der oberste Richter sein, oder wie der oberste Gerichtshof gebildet werden soll, sondern nur das Verhältnis zwischen dem Ortsgericht und dem Obertribunal festgestellt wird, so können wir uns etwa folgendes Bild machen: Wenn eine solche schwere Sache vorliegt, so soll der Ortsrichter sich an den Hohenpriester der

Hauptstadt oder an den Oberrichter wenden, oder an den noch höheren Richter den König, wenn das Volk in Zukunft einen solchen wählen sollte. In der Amtsthätigkeit Samuels haben wir etwa ein Bild, wie sich die Sache praktisch gestaltete. Samuel hatte seinen Wohnsitz zu Ramah, hielt aber jährlich Gericht in Bethel, Gilgal und Mizpah und zwar nicht allein, sondern von mehreren Richtern umgeben. Aller Wahrscheinlichkeit nach also stellte sich Samuel an die Spitze des an dem Orte befindlichen Ortsgerichtes und bildete also zur Zeit den obersten Gerichtshof, der so offenbar in seinen Beisitzern noch lange nicht immer aus Priestern bestand. Samuel war zwar ein Levit, er war aber neben Eli der einzige Richter aus priesterlich levitischem Geschlechte. Hätten die fünf Bücher Mosis der Priesterhierarchie Vorschub leisten wollen, so muß man gestehen, daß die Geschichtschreibung nicht unpraktischer hätte verfahren können, als es geschehen ist. Moses tritt nirgends als Priester auf, obwohl er aus levitischem Geschlecht ist, er ernennt zu seinem Nachfolger einen Mann aus ganz anderem Stamme. Fast alle Richter, die Gott durch das Volk erwählt, sind nicht aus dem Stamme Levi, erst der letzte Richter Samuel, war aus dem Stamme Levi. Der erste König ist ein Mann aus dem Stamme Benjamin; der Stamm Levi dagegen wird schon in dem alten Segensspruche Jakobs 1. Mos. 49, 5—7 mit Vorwürfen überhäuft. Ziehen wir das Ergebnis, so wird danach also der Gerichtshof der Hauptstadt aus einem gemischten Rate von Priestern und Nicht-Priestern bestehen. „Niemals also konnte es an einer rechtskundigen obersten Entscheidung im Lande fehlen, wenn in der Hauptstadt des Landes ein Gerichtshof war, und hier, wenn kein anderer Oberrichter gewählt worden, der Priester stets befähigt blieb, als Oberrichter aufzutreten" (Saalschütz). Von Interesse ist es, noch an eine andere Stelle zu erinnern, 5. Mos. 21, 5. Es handelt sich hier um das Verfahren, wenn auf dem Felde ein Ermordeter gefunden worden ist. Die Ältesten der Stadt und die Richter treten zunächst in Thätigkeit, danach die Ältesten der dem Fundort nächsten Stadt. Nachdem diese ihr Richteramt ausgeübt, sollen (B. 5) „herzukommen die Priester, die Kinder Levi, denn der Herr, dein Gott, hat sie erwählt, daß sie ihm dienen und seinen Namen loben und nach ihrem Munde sollen alle Sachen und alle Schäden gehandelt werden". Und alle Ältesten derselben Stadt sollen herzutreten und ihre Unschuld beteuern um so allesamt durch die Priester versöhnt zu werden.

Es erübrigt uns jetzt, noch einen Blick auf die mosaischen Bestim=
mungen über das Königtum zu werfen.

Die eigentliche Hauptstelle ist bekanntlich 5. Moj. 17 V. 14—20.
„Wenn du in das Land kommst, das der Ewige, dein Gott, dir gibt,
du nimmst es ein und wohnest in demselben und du sprichst dann: Ich
will setzen über mich einen König, gleichwie alle Völker, die rings um
mich her; so magst du setzen über dich einen König, den der Ewige,
dein Gott, erwählen wird. Aus der Mitte deiner Brüder sollst du
setzen über dich einen König, du kannst nicht einen ausländischen Mann
über dich stellen, der nicht dein Bruder ist. Jedoch habe er nicht viel
Pferde, damit er das Volk nicht nach Ägypten zurückführe, um sich viele
Pferde zu schaffen, da doch der Ewige zu euch gesprochen, ihr sollt diesen
Weg nicht mehr zurückgehen. „Und er schaffe sich nicht viele Frauen, damit
sein Herz sich nicht abwende; und Silber und Gold schaffe er sich nicht
sehr viel. Und wenn er nun sitzen wird auf dem Throne seiner Herr=
schaft, so soll er sich Abschrift nehmen von diesem Gesetze, in einem
Buche, von seiten der Priester vom Stamme Levi. Und solches sei mit
ihm und er lese in demselben alle Tage seines Lebens, damit er lerne
zu fürchten den Ewigen seinen Gott, zu beobachten alle Worte dieser
Lehre und diese Gesetze, sie zu erfüllen; damit er im Herzen sich nicht
erhebe über seine Brüder und daß er von dem Gebote nicht weiche,
rechts oder links, damit er lange bleibe in seiner Herrschaft, er und
seine Söhne inmitten Israels.“

Dieses mosaische Grundgesetz über die spätere Monarchie trägt
offenbar weder despotischen noch hierarchischen, sondern vielmehr einen
konstitutionell = theokratischen Charakter. Umsomehr ist das zu bewun=
dern und anzuerkennen, weil zu jener Zeit ringsum bei allen Heiden,
wie noch bis heute in Asien Despotismus und Hierarchie einander den
Rang streitig machen.

Es ist gar keine Frage, daß das Königtum nicht zu den Lieblings=
ideen des großen Staatsmanns Moses gehört hat, daß er viel lieber
wünschte, daß das Volk beständig die Staatsform der Republik bei=
behalten hätte. So sehen wir auch den Samuel erschrecken, als ihm
der Wunsch nahegelegt wird, dem Volke einen König zu geben; er
nennt das Verlangen einen Abfall von Gott. Nichtsdestoweniger wollen
weder Moses noch Samuel sich dem freien Willen des Volkes
widersetzen, und die äußere Staatsform nicht unveränderlich in starre
Formen und Schranken einschnüren; beide tragen vielmehr den Ver=
hältnissen und dem veränderten Volksgedanken Rechnung und helfen

durch Wort und That kräftig mit, daß die berechtigten Wünsche einer Staatsumwälzung in aller Ruhe und Ordnung verwirklicht werden.

Es wäre von vornherein auffallend, daß das Volk sich nach der warnenden Rede Samuels für eine Monarchie an Stelle der Republik entscheidet, wenn wirklich mit der letzteren nach der Auffassung der modernen Zeit notwendig ein Verlust der Freiheit verbunden wäre. Es wäre wirklich nicht zu begreifen, wie sich das freiheitsliebende Volk Israel auf einmal freiwillig in ein Joch der Knechtschaft begeben hätte. Wir werden daher im folgenden sehen, daß so groß auch die Gefahr des Despotismus im streng monarchischen Staaten wirklich ist, dennoch der Verlust der Volksfreiheit nicht notwendig mit solcher Staatsverfassung verbunden sein muß, ja daß in einem monarchischen Staate vielleicht eine größere Freiheit dem Volke garantiert werden kann, als sie in einem republikanischen Staate jemals wirklich gewesen ist.

Schon Moses und nach ihm das Volk in der Königszeit ist mit Ängstlichkeit darauf bedacht die Volksfreiheit zu sichern. Wir werden nun im folgenden besonders nach dieser Seite hin das Königsgesetz einer genaueren Betrachtung unterziehen.

Zunächst wird dem Volke das Recht garantiert, daß es selbst ganz allein einen König über sich setzen darf und kann. Zwar soll niemals ein anderer dazu genommen werden, als den der Herr erwählen wird. Niemals ist er durch die Priester erwählt, sondern aus dem Volk heraus durch wahrhafte Volksmänner, Propheten, wie Samuel einer war. Die ausdrückliche Einwilligung des Volkes machte den zur Königswürde etwa schon bestimmten erst wirklich zum Inhaber der Königsmacht, die ein solcher niemals ohne des Volkes Willen und Zustimmung hätte erlangen können.

Niemals soll über Israel jemand herrschen, der nicht ein Volksgenosse, ein Bruder aus seiner eignen Mitte ist. So wohlwollend und gerechtigkeitsliebend das mosaische Gesetz überall gegen Fremdlinge ist, so treibt es doch seine Fremdenliebe nicht so weit, daß Israel jemals einen König aus einem anderen Volke über sich setzen soll. Wie tief muß sich die deutsche Geschichte vor dieser mosaischen Bestimmung verhüllen, und wie wenig hat Deutschland für solches Nationalbewußtsein ein Verständnis, sonst hätten die Ereignisse der früheren und letzten Jahren sicherlich eine andere Richtung genommen. (Die deutsche Kaisergeschichte und das Herzogtum Koburg.)

Außer dieser Garantie für die Volksfreiheit sehen wir denn auch zu der Zeit der Könige selbst, wie die Freiheit des Volks einen weiten

Spielraum hat. Nachdem der König Saul auf Gottes Geheiß durch den Propheten ausgesucht und von den Vertretern des Volkes zum König ernannt ist, trägt das Volk kein Bedenken erst im Stamme Juda, dann nach und nach in seinen vereinigten zwölf Stämmen statt des Saul= schen Herrscherhauses sich einem andern, dem Davidischen zuzuwenden. Als dann aber nach dem Tode Salomos dessen Sohn Rehabeam im jugendlichen Leichtsinn und Übermut den berechtigten Vorstellungen der Häupter und Ältesten kein Gehör schenkt, im Gegenteil diese sogar arg beleidigt, fallen die 10 Stämme wieder ab und wählen sich einen anderen König. Wie sehr dieser Abfall zu jener Zeit im Volksbewußt= sein als ein berechtigter Eingriff des Volks angesehen wurde, davon zeugt der Rat des Propheten Semaja an Rehabeam (1. Könige 12 V. 21—24) „Und da Rehabeam gen Jerusalem kam, sammelte er das ganze Haus Juda und den Stamm Benjamin, hundertundachtzigtausend junge streitbare Mannschaft wider das Haus Israel zu streiten, um das Königreich wieder an Rehabeam, den Sohn Salomos, zu bringen. Es kam aber Gottes Wort zu Semaja, dem Manne Gottes und sprach: „Sage Rehabeam, dem Sohne Salomos, dem Könige Juda und zum ganzen Hause Juda und Benjamin und dem andern Volk und sprich: So spricht der Herr: Ihr sollt nicht hinauf ziehen und streiten wider eure Brüder, die Kinder Israel, ein jeder Mann gehe wieder heim denn solches ist von mir geschehen. Und sie gehorchten dem Worte des Herrn und kehrten um, daß sie hingingen, wie der Herr gesagt hatte."

Ferner läßt sich mit ziemlicher Bestimmtheit schließen, daß außer dem Grundgesetz 5. Mos. 17 noch eine bestimmte Kapitulation zwischen dem Volke und seinem Könige geschlossen wurde. Samuel hatte ver= geblich das Volk abgemahnt von seinem Vorsatz abzustehen und keinen König zu wählen (1. Samuel 8, 11—18), und, wohl nach dem Vorbilde der umwohnenden Völker, die Rechte des Königs in einem für das Volk wenig günstigen Lichte dargestellt. Danach aber, als die Königs= wahl geschehen war, heißt es von ihm 1. Sam. 10, 25, daß er dem Volke alle Rechte des Königs sagte und schriebs in ein Buch und legte es vor dem Herrn nieder. Wenn wir auch von dem Inhalt dieses Buches nichts wissen, so läßt sich ziemlich sicher vermuten, daß in diesem Buche nicht bloß die Rechte des Königs einseitig gewahrt, sondern neben seinen Rechten auch die des Volkes sichergestellt wurden.

Nachdem deswegen später, trotz der erblichen Königswürde sich zuerst Juda und Benjamin an das Haus David angeschlossen hatten, kommen (2. Sam. 5, 1) alle Stämme Israel und alle Ältesten in Israel zu David gen Hebron „und der König David machte mit ihnen einen Bund (berith) zu Hebron vor dem Herrn und sie salbten David zum Könige über Israel". Von solchem Bunde ist noch oft die Rede z. B. 2. Könige 11, 17: „Da machte Jojada einen Bund zwischen dem Herrn und dem Könige und dem Volke, daß sie des Herrn Volk sein sollten, also auch zwischen dem Könige und dem Volk." (2. Könige 21, 23—24.)

Der israelitische König stand unter dem Gesetz, dies bildete die höchste Autorität und höchste Instanz. Daran durfte auch er nichts ändern, nach ihm mußte er sein Regiment einrichten. So war auch unter den Königen die Freiheit der Rede und die Freiheit des Eigentums garantiert. Wie weit die Redefreiheit unter den Königen ging, davon liefern die Propheten Jesaias und Jeremias die großartigsten Beispiele. Wir kommen darauf noch in dem folgenden Kapitel zurück. Wie sehr anderseits der Besitz, das Eigentum gesichert war, zeigt uns trotz des traurigen Ausgangs, die Geschichte von Naboths Weinberg 1. Könige 21. Selbst unter der Herrschaft der ränkesüchtigen, heidnischen Jesabel, der Gemahlin des Königs Ahab war es nicht möglich, durch einen Gewaltstreich dem Naboth seinen ihm gehörigen Weinberg zu rauben. Es mußte zu diesem Zwecke ein Prozeß angestrengt werden, der allerdings leider, aber nach der Erfahrung begreiflich, einen traurigen Ausgang nahm.

Wie trefflich sind endlich die herrlichen Ermahnungen in dem Königsgesetz und welche heilsame Wirkung mußten sie auf König und Volk ausüben, um so mehr als das Gesetz sowohl im allgemeinen als besonders dieses Königsgesetz bekannt war. Der König soll eine Abschrift von diesem Gesetz nehmen und darin fleißig jeden Tag lesen und forschen, damit er lerne die Furcht des Herrn und bewahre seine Gebote, auf daß sich nicht sein Herz über seine Brüder erhebe, er nicht hochmütig werde und nicht zur Rechten und Linken von den Geboten abweiche, damit er mit seinen Nachkommen auf dem Throne lange lebe. Wir sahen schon früher, daß im israelitischen Volke Standes- und Klassenunterschiede durch die mosaischen Bestimmungen unmöglich gemacht waren. Überall im Gerichtsverfahren in der Behandlung gegen Verbrecher, und in den gesetzlichen Bestimmungen gegen Fremde tritt uns in dem mosaischen Gesetze die hohe Würde des Menschen entgegen. Sicherlich gibt es kein besseres Mittel in einem Volke, in allen Klassen und Ständen die Menschenwürde recht hoch zu halten, als die fleißige

und ernstliche Beschäftigung mit dem göttlichen Gesetze. Wenn heut=
zutage diese Menschenwürde oft so schändlich mit Füßen getreten wird,
sowohl durch schmähliche Verachtung und Geringschätzung der Ohn=
mächtigen als durch erbärmliches Kriechen vor den Mächtigsten, so ist
das in erster Linie eine Frucht davon, daß unsere Zeit sich längst von
dem göttlichen Gesetz emanzipiert hat und statt dessen unter gelehrt
scheinendem Redeschwall die Richtschnur des Lebens im Denken aus
dem heidnischen Recht der Römer holt, das statt der Gottesfurcht und
Menschenwürde, die Selbstsucht zum Mittelpunkt alles Rechtes ge=
macht hat.

Der König soll sich nicht sehr viel Gold und Silber anschaffen,
d. h. also, er soll auf Anhäufung von Schätzen und Reichtümern nicht
sehr bedacht sein. Das ganze mosaische Gesetz zielt überall wie auf
der einen Seite auf Erreichung eines allgemeinen Wohlstandes durch
den Ackerbau, so auf der andern Seite auf Abwehr eines großen
Reichtums im Überfluß durch Erschwerung des Außenhandels. Der
ganze israelitische Staat ist gleichsam auf der Grundlage einer mög=
lichst gleichen Erwerbsfähigkeit aufgebaut. Übermäßiger Reichtum, der
als natürliche Folge den Luxus nach sich zieht, drohte diese Gleichheit
zu stören. Ein glänzender Hofstaat hatte überdies die Notwendigkeit
vermehrter Abgaben zur Folge, die um so drückender und gehässiger
wurden, als später die durch Moses beabsichtigte Gleichheit des Ver=
mögens immer mehr verloren ging. In der That wurde die Trennung
des Reiches in erster Linie durch die Übertretung dieser mosaischen
Gesetzesbestimmung veranlaßt. Der Besitz vieler Reichtümer und der
Glanz des Hofstaates versetzte auch den König und seine Kinder äußer=
lich in eine Sphäre, in die sie sich nach dem Gesetze (B. 20) gar nicht
erheben sollten. Auch hier liegt eine Parallele mit der Gegenwart
sehr nahe. Es ist zwar unmöglich, für unsere Tage jene altersgraue
Zeit in ihren sozialen Verhältnissen irgendwie zum Muster auf=
zustellen, nichtsdestoweniger aber darf, ja muß mit Recht auf einen
großen Schaden, nämlich die fast an Abgötterei grenzende Verehrung
und Verhimmelung des Herrschers, hingewiesen werden. Denn es ist die
Gefahr vorhanden, daß solch ungesunde Übertreibung rechter loyaler
Denkungsweise schließlich das bedauerlichste Gegenteil hervorrufen könnte.
Extreme berühren sich! Leider ist es so weit gekommen, daß schon die
Behandlung dieses Themas mit großer Vorsicht geschehen muß, aus
Furcht, daß ein übereifriger Staatsanwalt sich die Sporen verdienen
will. Wer in bester Absicht betrübende Verhältnisse oder Erscheinungen

in den regierenden Kreisen aufdecken und rügen will, z. B. den Über=
tritt deutscher Prinzessinnen zu einer andern Konfession, den kein Pre=
diger ungestraft lassen würde bei irgend einer Tochter seiner Gemeinde,
läuft Gefahr auf unangenehme Weise mit dem Strafgesetz in Be=
rührung zu kommen, wenn ihm auch sonst die Liebe und Hochachtung
vor dem Herrscherhause von keinem Menschen abgestritten werden kann.
Zur Zeit, als der Kulturkampf so recht in hohen Wogen ging, erschien
in einer niederschlesischen politischen Tageszeitung eine solche nieder=
trächtige Verhöhnung der katholischen Messe, in der durch die lüsterne
Vermengung unreiner tierischer Liebe mit dem Allerheiligsten solche
Blasphemie stand, daß mir als einem separierten Lutheraner aus Groll gegen
solchen Unfug das Gewissen schlug und ich Strafantrag beim Staats=
anwalt stellte, natürlich aber damals vergeblich. Ganz bald nachher
erschien in derselben Zeitung eine auf Wilhelm den Ersten gerichtete
Verhunzung des Gesangbuchsliedes: Dies ist der Tag den Gott ge=
macht, sein werd in aller Welt gedacht, in der eine solche an Blasphemie
grenzende Abgötterei mit dem ehrwürdigen Kaiser getrieben wurde, daß
ich versucht war, das Gedicht, das damals durch die ganze Presse ging,
an die Behörde einzuschicken, auf daß die Zuchtrute Gottes nicht auf
unser Volk durch solchen ungestörten Unfug herabbeschworen würde.

Der König soll sich ferner nicht viele Frauen anschaffen, damit
sein Herz sich nicht abwende von Jehovah. Trotz der im mosaischen
Gesetz geduldeten Vielweiberei, ist doch ohne Zweifel das Ziel und der
Wunsch der mosaischen Bestimmungen die Monogamie, die aller Wahr=
scheinlichkeit nach in Israel auch die Regel bildete. Wir kommen auf
diesen Punkt im vierten Buch noch zurück. Der König sollte also in
diesem Stück mit gutem Beispiel vorangehen, ohne daß ihm die Grenzen
enger gezogen würden wie irgend einem der Bürger. Wird ihm doch
besonders seine Pflicht ans Herz gelegt, ein gutes Vorbild zu sein.
Sonderlich zu jener Zeit that solche Ermahnung not, denn im Morgen=
lande hatten die heidnischen Könige sonder Zweifel ein großes Serail,
schon allein um so königlichen Luxus und Verachtung der Menschen=
würde an den Tag zu legen. Beides sollte dem israelitischen Könige
verboten bleiben. Dazu kommt, daß bei einem großen Hofstaat die
Gefahr nahe lag, Fürstinnen zu Frauen zu nehmen. Fürstinnen
aber gab's in Israel nicht, wo alle jüdischen Mädchen auf der gleichen
Stufe des sozialen Lebens standen und jedes jüdische Mädchen, ohne
eine Meßalliance zu fürchten und ohne Aufsehen zu erregen, auf den
Thron erhoben werden konnte. Richtige Fürstinnen, wie die heidnischen

Könige sie hatten, waren auch nur bei den Heiden zu suchen und zu finden. Das vermehrte eben die große Gefahr des Abfalles von Jehovah und der Verführung zum Götzendienste. Wie sehr diese Warnung berechtigt war, hat die Geschichte Salomos, des Ahab und der Jesabel nur zu deutlich erwiesen.

Endlich wird der König gewarnt, „nicht viele Pferde zu haben, damit er das Volk nicht nach Ägypten zurückführe, um sich viele Pferde zu schaffen, da doch der Ewige zu euch gesprochen, ihr sollt diesen Weg nicht mehr zurückgehen." Man hat gerade aus dieser Stelle besonders den nachmosaischen Ursprung der fünf Bücher Mosis zu erweisen gesucht, aber wirklich ganz ohne Grund. Wir gehen darauf nicht weiter ein. In Ägypten blühte die Pferdezucht, während die Pferde in Palästina fast unbekannt und ihr Gebrauch bis zu David noch sehr selten war. David behielt von den von Syrern erbeuteten Kriegsrossen nur 100 für sich, die übrigen ließ er töten, 2. Sam. 8, 4. Diese Warnung war also in erster Linie gerichtet gegen ein Bündnis mit dem heidnischen Ägypten, das späterhin niemals für Israel Segen brachte. Dazu kommt, daß reichbespannte Staatswagen und ein luxuriöser Marstall dem Geiste der demokratischen Monarchie nicht entsprachen. In dem Gebirgslande Palästina war in einem Verteidigungskrieg für eine große Reiterei keine Verwendung, und Eroberungskriege sollten nach Einnahme des Landes nicht geführt werden.

5. Kapitel.

Steuern und Abgaben.

Im engen Anschluß an das vorige Kapitel sollen nun die Steuern und Abgaben des Volkes Israel an den Staat im eigentlichen Sinne, an die Obrigkeit, den König nachgewiesen werden, während die Abgaben und Steuern an Leviten und Priester des Heiligtums im folgenden Buch behandelt werden. Schon soviel dürfen wir hier vorwegnehmen, daß die gesamte Steuerlast des israelitischen Volkes, entgegen der Meinung von Saalschütz (Seite 289) keine geringe, sondern vielmehr eine recht hohe war. Nichtsdestoweniger wird sie kaum drückend gewesen sein, jedenfalls würde ein Vergleich der damaligen Zeit mit der unseren wegen der grundverschiedenen Umstände unstatthaft sein. Die ganze Lebensweise damals ging weniger auf den Erwerb, als den Genuß und gerade diese Lebensanschauung wurde durch das ganze mosaische Gesetz wesentlich gefördert. Ferner fielen im Vergleiche zu unserer Zeit damals so sehr viele Lasten weg, die zwar keine Steuern und Abgaben im engern Sinne sind, aber thatsächlich ebenso wirken. Alle indirekten Steuern, die heute den Bürgern meist verborgen sind, waren nicht vorhanden, Feuerversicherungen, Lebensversicherungen, Witwen= und Alters=versorgungsversicherungen, Erziehungsausgaben und noch vieles andere fehlten damals.

Würde heute der Familienvater zusammenrechnen, was er für Ausgaben und Lasten zu tragen hat, die nicht dem Genuß dienen, sondern irgendwelcher Versicherung für die Zukunft sei es vor oder nach dem Tode, so würde gar mancher Bürger auf eine Ausgabe kommen, die nahezu drei Zehntel seiner Einnahmen erreicht oder gar übersteigt, z. B. von einer jährlichen Einnahme von 3000 Mark wird mancher 900 Mark und mehr abgeben an indirekten und direkten Steuern, für Versicherungen allerlei Art und für das Recht irgendwo wohnen zu dürfen. So hoch nämlich wird, wie wir später sehen werden, der Gesamtsteuerbetrag des jüdischen Volkes gewesen sein, und um so weniger bedrückend, weil erstens das Volk in seinen Lebensansprüchen sehr bescheiden war und zweitens diese Steuer immer nur in Naturalien, ohne andere Kontrolle als die des Gewissens gezahlt wurde.

Darin hat Saalschütz recht, daß die Steuern noch geringer wurden, als sie hätten sein können, weil fast alle in dem vorigen Kapitel genannte Beamte, namentlich aber die schoftim. ihr Amt unentgeltlich verrichteten. So lesen wir von Samuel (1. Sam. 12, 3. 4): „Siehe hier bin ich. Antwortet wider mich vor dem Herrn und seinem Gesalbten, ob ich jemandes Ochsen oder Esel genommen habe, ob ich jemand habe Gewalt oder unrecht gethan? ob ich von jemandes Hand ein Geschenk (kopher. ἐξίλασμα munus) genommen habe und mir die Augen blenden lassen? so will ich's euch wiedergeben. Sie sprachen: Du hast uns keine Gewalt noch unrecht gethan und von niemandes Hand etwas genommen." Hieraus und aus vielen anderen Stellen läßt sich mit ziemlicher Gewißheit schließen, daß die Richter ihr Amt als Ehrenamt unentgeltlich verrichteten. Wir wollen nun im folgenden versuchen, nach den im Alten Testament vorhandenen Spuren die sämtlichen Steuern und Abgaben an Obrigkeit oder Könige zusammenzustellen.

1. Zuerst ist zu erinnern an die in der ganzen Welt, besonders aber im Morgenlande übliche Sitte, die Obrigkeit und namentlich Fürsten durch Geschenke zu erfreuen. Freilich gehören freiwillige Ge=

schenke nicht im strengen Sinne zu den Steuern, daß sie aber durch die regelmäßige Wiederholung zu einer wirklichen Abgabe werden können, ist leicht einzusehen.*) So lesen wir 1. M. 43, 25 von Josephs Brüdern in Ägypten, daß sie das Geschenk zubereiteten, bis „daß Joseph kam auf den Mittag; denn sie hatten gehört, daß sie daselbst das Brot essen sollten". So will Saul, als er die Eselinnen seines Vaters Kis suchen will, nicht ohne Geschenk zu Samuel gehen; denn 1. Sam. 9, 7 lesen wir: „Saul aber sprach zu seinem Knaben: Wenn wir schon hin= gehen, was bringen wir dem Mann? Denn das Brot ist dahin aus unserm Sacke, so haben wir sonst keine Gabe, die wir dem Mann Gottes bringen. Was haben wir? Der Knabe antwortete Saul wieder und sprach: Siehe, ich habe ein Vierteil eines silbernen Seckels bei mir, den wollen wir dem Mann Gottes geben, daß er uns den Weg sage." Als Saul zum Könige gewählt ist, beeilt man sich, ihm Geschenke zu bringen, und die von dieser allgemeinen Sitte sich ausschließen, werden 1. Sam. 10, 27) „lose Leute", nichtswürdige Buben, Kinder Belials genannt, weil sie den Saul verachten. Als Saul zu Isai schickt mit der Bitte, ihm seinen Sohn David zu senden, da nahm (1. Sam. 16, 20) Isai einen Esel mit Brot und ein Legel Wein und ein Ziegenböcklein und sandte es Saul durch seinen Sohn David. Außer diesen willkür= lichen Geschenken lesen wir (1. Könige 10 V. 14—25) von jährlich wiederkehrenden regelmäßigen Geschenken und zwar in ziemlichem Um= fang: Des Goldes aber, das Salomo in einem Jahre bekam, war an Gewicht sechshundertsechsundsechzig Zentner, ohne was von Krämern und Kaufleuten und Apothekern kam, „und jedermann brachte ihm Ge= schenke, silberne und goldene Geräte, Kleider, Harnische, Würze, Stoffe, Maultiere jährlich". (V. 25.)

Zu diesen regelmäßigen jährlichen Abgaben wird von vielen auf Grund der Stelle 2. Mos. 30, 12—16 eine Kopfsteuer von einem halben Schekel gerechnet: „Wenn du aufnimmst die Kopfzahl der Kinder Israels, nach ihren Gemusterten, so sollen sie ein jeder dem Ewigen ein Personenlösegeld geben, indem sie gemustert werden. Es soll aber ein jeglicher, der mit in der Zahl ist, einen halben Schekel

---

*) An der Hecke meines Gartens stand ich einmal im Gespräche mit meinem Nachbar zur Zeit der Obsternte. Freundlich schmunzelnd schenkte mir der Nachbar von seinen schönen Birnen, setzte aber dann doch bedenklich hinzu: „Herr Pastohr aber nich opschriven, dann möt ik de Beeren nach ein poor Johren wedder af löſen."

geben, nach dem Schekel des Heiligtums. Der Reiche soll nicht mehr
geben und der Arme nicht weniger geben als den halben Schekel, den
man dem Herrn zur Gabe gibt für die Versöhnung ihrer Seelen.
Und du sollst solches Geld der Versöhnung nehmen von den Kindern
Israel und an den Gottesdienst der Hütte des Stifts legen, daß es sei
den Kindern Israel ein Gedächtnis vor dem Herrn, daß er sich über
ihre Seelen versöhnen lasse."

So gewiß es ist, daß diese Abgabe auf Grund dieser Stelle nach
der babylonischen Gefangenschaft und so zu Christi Zeit zu einer regel=
mäßigen Steuer erhoben wurde, so gewiß ist es, daß die Steuer im
mosaischen Recht keinen Grund hat und im mosaischen Zeitalter bis
zur babylonischen Gefangenschaft auch nicht gefordert worden ist. Diese
Steuer im Betrage von (2. Mos. 38, 25—28) hundert Zentner tausend=
siebenhundertfünfundsiebzig Schekel Silbers von den 603550 erwachsenen
Männern des Volks war nur zu einmaligem Bedarf bei der Aus=
schmückung des Zeltes eingesammelt und verwandt worden und zwar
zu den hundert Füßen des Heiligtums und des Vorhangs, je einen
Zentner zum Fuß. Aus den 1775 Schekel wurden die Säulen, Knäufe
und ihre Köpfe überzogen und ihre Reife. Daher finden wir auch bei
der zweiten Zählung 4. Mos. 26 nicht die geringste Spur von dieser
Kopfsteuer. Ferner würde eine jährliche Volkszählung geradezu zu den
Unmöglichkeiten gehören; nahm doch damals die erste Volkszählung in
der Wüste unter den für eine Zählung günstigsten Umständen zwei
Jahre in Anspruch. Moses hat in 40 Jahren nur Zählungen am An=
fang und Ende dieses Zeitraums veranstaltet. Nirgends findet sich im
Alten Testament eine Spur von dieser Steuer. Erst als in, während
und nach der babylonischen Gefangenschaft bei dem jüdischen Volke die
Kenntnis ihrer eignen väterlichen Sitte verloren ging, und eine besondere
Sekte, die der Pharisäer, entstand, die die Gerechtigkeit in einem Eifer
über das Gesetz heraus suchten, erst da fing man an das Gesetz 2. Mos.
30, 12 so auszulegen, daß jeder Israelit jährlich einen halben Schekel an
das Heiligtum, an den Tempelschatz zu zahlen hätte. Nicht Eifer um
das Gesetz, nicht Gottesfurcht und Liebe zum Volk, sondern hierarchische
Herrschaftsgelüste und scheinheiliger Gottesdienst im Gewande einer sich
nicht selbst genug thuenden Gesetzesbeobachtung leitete diese Volksver=
führer, die Gottes Gerechtigkeit wohl wußten, aber sie nicht allein nicht
thun, sondern auch Gefallen haben an denen, die sie nicht erfüllen,
die gesetzt waren die Thüren der Wahrheit zu öffnen, aber nicht allein
das nicht thaten, sondern ihre Freude und Lust daran hatten sie zu

schließen. Moses wollte weder Hierarchie, noch große Schätzeansamm=
lung, aber die Pharisäer kehrten die Ordnung des Moses um und
haben leider in der Kirche Christi bis auf den heutigen Tag ihre
eifrigsten Nachfolger gefunden und zwar unter denen, die da vermeinen,
wie jene, das Gottesreich weiter zu bauen. Mit dieser fälschlich
ungesetzlich, aber thatsächlich eingeführten Abgabe von einem halben
Schekel läßt sich heute billig am besten der sogenannte Peterspfennig
vergleichen.

Es soll aber nicht verschwiegen werden, daß dennoch im Alten
Testamente zwei Stellen in Anspruch genommen werden, um die Spuren
dieser Steuer in eine ältere Zeit zu verlegen. 2. Chronika 24, 6 lesen
wir: „Da rief der König Jojada den Vornehmsten und sprach zu ihm:
Warum hast du nicht acht auf die Leviten, daß sie einbringen von
Juda und Jerusalem die Steuer (maseath Mosche: τὸ κεκριμένον
ὑπὸ Μωσῆ. pecuniam, quae constituta est a Moyse), die Mose,
der Knecht des Herrn, gesetzt hat, die man sammelte unter Israel zu
der Hütte des Stifts . . . Da befahl der König, daß man eine Lade
machte und setzte sie außen ins Thor am Hause des Herrn und ließ
ausrufen in Juda und Jerusalem, daß man dem Herrn einbringen
sollte die Steuer, von Mose, dem Knechte Gottes, auf Israel gelegt in
der Wüste. Da freuten sich alle Obersten und alles Volk und brachten
es und warfen es in die Lade bis sie voll ward." Die andere Stelle
steht nach der Wiederkunft aus der babylonischen Gefangenschaft Nehe=
mia 10, 33. 34: „Und legten ein Gebot auf uns, daß wir jährlich
einen dritten Theil eines Schekels gäben zum Dienst im Hause unsers
Gottes, nämlich zu Schaubrot, zu täglichem Speisopfer, zu täglichem
Brandopfer des Sabbats, der Neumonden und Festtage, und zu dem
Geheiligten und zu dem Sündopfer, damit Israel versöhnet werde, und
zu allem Geschäft im Hause unsers Gottes."

Offenbar ist an diesen beiden Stellen von etwas ganz anderem die
Rede als 2. Mos. 30; denn hier finden wir weder etwas von einer
Zählung, noch von einem halben Schekel, sondern von dem dritten
Teil eines Schekels, und einer freiwilligen Gabe, die man in den
Schatzkasten im Tempel wirft. Allerdings wird anderseits diese Opfer=
gabe mit klaren Worten „eine Auflage Mosis" pecuniam, quae est
constituta a Mose genannt. Zur Lösung dieser Schwierigkeit liegt
es aber sehr nahe, die Stelle 2. Mos. 25, 1 heranzuziehen, wo von
einer freiwilligen Steuer die Rede ist. Es heißt dort: „Und der Herr
redete mit Mose, und sprach: Sage den Kindern Israel, daß sie mir

ein Hebopfer geben und nehmen dasselbe von jedermann, der es
williglich gibt. Das ist aber das Hebopfer, das ihr von ihnen nehmen
sollt, Gold, Silber, Erz u. s. w.". Es muß also als ausgemacht angesehen werden, daß diese Steuer von jährlich einem halben Schekel an
den Tempelschatz keine mosaische Einrichtung ist.

Wenn es auch nicht eng in diesen Zusammenhang gehört, so
dürfte es doch das Interesse der Leser erwecken, zwei Stellen aus
dem Neuen Testamente in diese Materie hereinzuziehen. Daß zu
Jesu Zeit diese jährliche Steuer allgemein üblich gewesen ist, zeigt
uns deutlich Matth. 17, 24. „Da sie nun gen Kapernaum kamen,
gingen zu Petrus, die den Zinsgroschen einnahmen, und sprachen:
Pflegt euer Meister nicht den Zinsgroschen (τὰ δίδραχμα) den halb Schekel
zu geben? Er sprach: Ja". Diese Steuer wurde zu jener Zeit von
allen Juden auch außerhalb Palästinas gefordert und gezahlt. Sie
war in der That kein Gebot Mosis und Jesus hätte sich ihr mit Recht
entziehen können, weil sie auf einer falschen Auslegung des Gesetzes
beruhte und ein bloßer Aufsatz der Ältesten war. Doch das thut er
nicht, sondern er fragt nur Petrum, ob auch weltliche Könige von
ihren Söhnen Kopfgeld nehmen? Petrus sagt: Nein! — Wohl, sagt
Jesus, so hätte ich eigentlich nicht nötig, zum Tempel ein Kopfgeld zu
geben, denn ich bin der Sohn Gottes; aber damit niemand sich daran
ärgere und es als Verachtung des Tempels ansehe, will ich das Kopfgeld gern geben, wie ich es immer gegeben habe. In diesem Zusammenhang findet nun die bekannte Stelle Matth. 22, 15—22 „Gebet
dem Kaiser was des Kaisers ist, und Gotte was Gottes ist", eine ganz
neue Beleuchtung. Die gewöhnliche Auslegung, nach der Jesus die
Staatssteuer damit begründet, daß das Geldstück das Bild des Kaisers
oder sonst das Symbol des Staates trage, ist wenig haltbar, weil
danach jeder Landesfürst überall, wo das von ihm geprägte Geld im
Umlauf ist, eine Steuer mit Recht verlangen könnte. Dazu kommt,
daß zu jener Zeit die Juden die Münzgerechtigkeit noch selbst hatten,
wonach sie Schekel des Heiligtums schlagen durften. Es handelt sich bei
dieser Frage nicht in erster Linie um den Gehorsam gegen den Kaiser
oder um Zölle und Abgaben überhaupt, sondern ganz besonders um
den Zinsgroschen, um das jährliche Kopfgeld. Die Pharisäer müssen
also bei diesem Kopfgelde etwas Besonderes im Sinne haben und in
ihrer Scheinheiligkeit sich im Gewissen beschwert erachtet haben. In
ihrer Bosheit soll Jesus ihnen die Frage lösen. Was mag nun ihre
Eng- und Kurzsichtigkeit hervorgerufen haben? Die Antwort Jesu läßt

Schall, Staatsverfassung.

es vermuten. „Das Kopfgeld", sagen die Pharisäer, „gehört nach dem Gesetze Gott und wir machen uns daraus ein Gewissen, dem Kaiser zu geben, was Gottes ist". Hätte nun wirklich der Kaiser, wie später Vespasianus, den Befehl gegeben, den bisher an den Tempel gegebenen Schekel an das Kapitolium von Rom zu zahlen, so wäre die Eng- herzigkeit eines Pharisäers, wenn auch falsch, so doch wenigstens noch begreiflich gewesen. Allein der Kaiser dachte gar nicht an dieses Kopf- geld, forderte auch nur die Hälfte, einen Denarius. Die Meinung Jesu in seiner Antwort ist also die: „Ihr sehet, daß der Kaiser nicht das Kopfgeld von euch fordert, das ihr dem Tempel zu zahlen pflegt, er fordert einen Denarius und der würde nicht einmal im Tempel an- genommen werden. Ihr könnt also mit gutem Gewissen dem Kaiser die jährlichen vier guten Groschen in Kaiserlicher Münze mit seinem Bild und Überschrift bezahlen: und Gotte die zur Unterhaltung des Tempels bestimmten acht guten Groschen in heiliger Münze". Das sagt Jesus kurz mit den schönen Worten: „Gebet dem Kaiser, was des Kaisers ist und Gotte was Gottes ist".*)

2. Nach dieser Abschweifung kehren wir zurück.

Zu diesen willkürlichen und regelmäßigen Einnahmen kam nun noch 1. Sam. 8, 15 der Zehnte (das ist der dritte): „Eure Saaten und Weinberge wird der König verzehnten". Die scharfen Vorstellungen der zehn Stämme bei Rehabeam dem Sohne Salomos und der danach erfolgte Abfall und die Wahl Jerobeams zum Könige in Israel lassen vermuten, daß die Einziehung dieses Zehnten hart und drückend gewesen sein mag. Ob diese Zehnten oder sonst noch andere Abgaben als eine Reallast auf den Grundstücken gelegen haben, läßt sich nicht mit Bestimmtheit sagen, aber eine Andeutung (1. Sam. 17, 25) läßt es als wahrschein- lich erscheinen. Saul läßt dort öffentlich im Heer und Lande verkün- den, daß er gesonnen sei, den Besieger des Goliath nicht bloß reich zu machen und ihm seine Tochter zum Weib zu geben, „sondern auch seines Vaters Haus will er frei machen in Israel" (chaphschi = lasten- frei, ἐλεύθερον, faciet absque tributo). In Zeiten besonderer Landes- nöte und Kriegsgefahren wurden besondere Kriegssteuern ausgeschrieben und zwar recht erhebliche. Wir lesen 2. Könige 15, 20: „Menahem setzte ein Geld in Israel auf die Reichsten, 50 Schekel Silbers auf einen jeglichen Mann" und 2. Könige 23, 35: „Und Jojakim gab das

---

*) Vergleiche hierzu: Michaelis, Mosaisches Recht 3. Band Seite 120 § 173 Frankfurt 1772

Silber und Gold Pharao, doch schätzte er das Land (ἐτιμολόγησε), einen jeglichen nach seinem Vermögen schätzte er an Silber und Gold unter dem Volke im Lande, daß er dem Pharao Necho gäbe".

3. Aus 1. Sam. 8, 14 geht klar hervor, daß der zukünftige König einen größeren Grundbesitz haben wird; denn danach wird der König „die besten Äcker und Weinberge und Ölgärten nehmen und seinen Knechten geben und eure Knechte und Mägde und eure feinsten Jünglinge und eure Esel wird er nehmen und seine Geschäfte damit ausrichten. Von euren Herden wird er den Zehnten nehmen und ihr müsset seine Knechte sein". Wie gar schnell dieser Grundbesitz des Königs, trotz aller Hindernisse zugenommen haben mag, kann man aus 1. Chronika 27, 26. 27 schließen, wo uns die Schätze Davids mit folgenden Worten aufgezählt werden: „Über die Ackerleute, das Land zu bauen, war Esri, der Sohn Chelubs, über die Weinberge war Simei, der Ramathiter, über die Weinkeller und Schätze des Weins war Sabdi, der Siphimiter, über die Ölgärten und Maulbeerbäume in den Auen war Baal Hanan, der Gaderiter".

Der dritte König im Volke Israel, Salomo, hatte diesen Besitz wieder erweitert, so daß er Prediger Salom. 2, 4—8 schreibt: „Ich that große Dinge, ich bauete Häuser und pflanzte Weinberge, ich machte mir Gärten und Lustgärten und pflanzte allerlei fruchtbare Bäume darin, ich machte mir Teiche, daraus zu wässern den Wald der grünenden Bäume. Ich hatte Knechte und Mägde und Gesinde, ich hatte eine größere Habe an Rindern und Schafen, denn alle die vor mir zu Jerusalem gewesen waren. Ich sammelte mir auch Silber und Gold und von den Königen und Ländern einen Schatz, ich schaffte mir Sänger und Sängerinnen und Wollust der Menschen, allerlei Saitenspiel".

Wie war es möglich, fragen wir, daß der König solchen großen Grundbesitz erlangen konnte, da doch das Land längst verteilt war und nach der eigentümlichen Agrarverfassung Mosis, die wir im dritten Buch schildern werden, der Grundbesitz dauernd nicht verkäuflich war? Es gab verschiedene Wege, die auf dem Boden des Gesetzes diesen Grundbesitz ermöglichten. Wir heben zuerst den hervor, der zwar auch gesetzlich war, weil die größte Gewalt, so lange die Welt steht, auch immer jeden Gewaltstreich legalisiert hat, der aber wie seiner Natur nach böse, immer mehr zu unlautern Wegen verführt. Das Erbteil von Staatsverbrechern und Reichsfeinden wurde eingezogen. So gerecht dieser Grundsatz an sich auch immer ist, so nahe liegt die Gefahr, bei lüsternem Auge nach irgend einem Besitz, den Inhaber des

Eigentums zu einem Reichsfeinde zu stempeln. Ein abscheuliches Bei=
spiel liefert uns die Geschichte des Naboth zu der Zeit des Königs
Ahab und seiner ränkesüchtigen Frau Jesabel. Als Naboth durch falsche
Zeugen, aber auf dem gesetzlichen Wege eines Prozesses, zu einem Reichs=
feinde gemacht und dann gesteinigt worden war, lesen wir 1. Könige
21, 15: „Da Jesabel hörte, daß Naboth gesteinigt und tot war, sprach
sie zu Ahab: Stehe auf und nimm ein den Weinberg Naboths, des
Jesreeliten, den er sich weigerte dir um Geld zu geben; denn Naboth
lebt nimmer, sondern ist tot. Da Ahab hörte, daß Naboth tot war,
stand er auf, daß er hinab ging zum Weinberge Naboths, des Jesree=
liten, daß er ihn einnähme". Sicherlich sind solche Ereignisse nicht
selten geblieben, denn gerade sie standen dem Propheten Ezechiel vor
Augen, als er nach der babylonischen Gesangenschaft für eine völlige
Neuordnung schrieb: 45, 7. 8: „Dem Fürsten aber sollt ihr auch einen
Platz geben zu beiden Seiten, zwischen dem Platz der Priester und
zwischen dem Platz der Stadt, gegen Abend und gegen Morgen und
sollen beide gegen Abend und gegen Morgen gleich lang sein. Das
soll sein eignes Teil sein in Israel, damit meine Fürsten nicht mehr
meinem Volk das Ihre nehmen, sondern sollen das Land dem Hause
Israel lassen für ihre Stämme". Ezechiel 46, 16—18 lesen wir:
„Wenn der Fürst seiner Söhne einem ein Geschenk gibt von seinem
Erbe, dasselbe soll seinem Sohne bleiben und sollen es erblich besitzen.
Wo er aber seiner Knechte einem von seinem Erbteil etwas schenkt,
das sollen sie besitzen bis auf das Freijahr; und soll alsdann dem
Fürsten wieder heimfallen; denn sein Teil soll allein auf seine Söhne
erben. Es soll auch der Fürst dem Volk nichts nehmen von seinem
Erbteil, noch sie aus ihren Gütern stoßen, sondern soll sein eignes auf
seine Kinder erben, auf daß meines Volkes nicht jemand von seinem
Eigentum zerstreut werde".

Ferner konnte der König dadurch in den dauernden Besitz von
Grundeigentum gelangen, daß er mit Einwilligung der sämtlichen
Volksrepräsentanten von dem noch brachliegenden Gemeindeland Besitz
ergriff, das bei der Verteilung aus irgend welchen Gründen weder in
Besitz noch in Kultur genommen war. Endlich ist es nicht unwahrschein=
lich, daß es in Israel von Anfang an, wenn auch nur vereinzelt Grund=
eigentum gab, das überhaupt den Bestimmungen der mosaischen Agrar=
verfassung nicht unterworfen war. Es fehlen uns zwar hiervon genaue
Kenntnisse, aber die Geschichte des Caleb läßt es vermuten. Caleb gab
seine Tochter Achsa dem Athniel, dem Sohne Kenas, zum Weibe, darum

daß er Kiriath Sepher erobert hatte. (Richter 1, 12—15; Josua 15, 17. 18.) „Und es begab sich, da sie einzog, ward ihr geraten einen Acker zu fordern von ihrem Vater. Und sie fiel vom Esel. Da sprach Caleb zu ihr: Was ist dir? Sie sprach: „Gib mir einen Segen, denn du hast mir ein Mittagsland gegeben, gib mir auch Wasserquellen. Da gab er ihr Quellen oben und unten.“ Diese Landverteilung Calebs an seine Tochter Achsa ist nach dem Gesetze, da Caleb selbst Söhne hatte (cf. 1. Chronika 2) unstatthaft, weil die Töchter nicht miterbten. Daß dennoch hier im Anfange der Geschichte diese Grundbesitzverteilung an eine Tochter möglich war, läßt sich nur daraus erklären, daß Caleb außer seinem gesetzlichen Erbteil noch ein besonderes Gut zu seiner freien Verfügung besaß. Solche ganz besondere Landdotation scheint nun Caleb auch mit Zustimmung des ganzen Volkes erhalten zu haben, denn Josua 14, 14 lesen wir: „Daher ward Hebron Calebs, des Sohnes Jephunne's, des Kenisiters, Erbteil bis auf diesen Tag, darum, daß er dem Herrn, dem Gott Israels, treulich gefolget hatte".]

4. Wird es aus der Warnungsrede, die Samuel hielt (Samuel 8, 12 u. 13) mehr wie wahrscheinlich, daß die Könige des jüdischen Volkes auf sogenannte Herrendienste Anspruch hatten. Denn Samuel sagt, daß der König die Söhne nehmen würde zu seinem Wagen — und zu Ackerleuten, die ihm seinen Acker bauen und zu Schnittern in seiner Ernte, und daß sie seinen Harnisch, und was zu seinem Wagen gehört, machen. Gerade die ungebührliche Ausnutzung dieses Rechtes mochte dem Jerobeam samt der ganzen Gemeine Israel die Worte in den Mund legen (1. Könige 12): „Dein Vater hat unser Joch zu hart gemacht, so mache du nun den harten Dienst und das schwere Joch leichter, das er uns aufgelegt hat, so wollen wir dir unterthänig sein".

Ferner stand trotz der Verteilung des Landes immer noch viel Gemeindeland sowohl im Westjordanland als ganz besonders im Ost= jordanland bis zum Euphrat und Tigris und ferner in den Wüsten Arabiens frei und offen. Es steht nichts entgegen, daß in erster Linie die Könige von dieser freien Hut reichlich Gebrauch gemacht haben. 1. Chronika 27, 29. 30. 31 lesen wir von dem Besitz Davids und daß er insonderheit Weiderinder und andere Rinder in den Gründen hatte, daß er für Kamele und Esel und Schafe je einen Oberhirten hatte. Daß diese Herden vornehmlich in Arabien weideten, scheint daraus ge= schlossen werden zu dürfen, daß zwei der Oberaufseher, Obis, der Ismae= lite, und Jasis, der Hagariter, offenbar Araber waren.

Endlich floß dem Könige eine ziemliche Einnahme zu aus der Bente und dem Tribut der überwundenen Völker, die Salomo noch insonderheit durch den ausgedehnten Außenhandel und durch dessen Monopolisierung erweiterte.

6. Kapitel.

Allgemeine Wehrpflicht.

Im jüdischen Volke galt unter Moses der alte gute Grundsatz: tot cives tot milites, d. h. jeder waffenfähige Bürger war auch zum Kriegsdienst verpflichtet. 4. Mos. 26, 2—4 heißt es: „Nehmet auf die Kopfzahl der ganzen Gemeinde der Kinder Israels vom Zwanzigjährigen und darüber nach ihrer Väter Häuser, jeden, der da auszieht zum Dienst (zaba) in Israel". Dieser Ausdruck „zaba", der natürlich den Kriegsdienst im Auge hat, wurde so sehr zum Sprachgebrauch, daß er, ähnlich wie in der deutschen Sprache das Wort „Dienst", auch auf andere Verhältnisse übertragen wurde. Der Mann muß „dienen"; er hat „Dienst" wird auch bei uns in erster Linie auf den Soldatenstand bezogen, aber das ganze bürgerliche Leben hat sich danach in diesen Sprachgebrauch gleichsam eingekleidet. So wird dasselbe Wort auch von den Leviten angewandt, obwohl sie vom Kriegsdienst befreit waren, wenn 4. Mos. 4, 2 u. 3 gesagt wird: „Nimm die Summa der Kinder Kahath, aus den Kindern Levi, nach ihrem Geschlecht und ihrer Väter Häusern, von dreißig Jahren an und darüber, bis ins fünfzigste Jahr, alle die zum Heere taugen (kol ba lazeba), daß sie thun die Werke in der Hütte des Stifts". Die Geläufigkeit dieser kriegerischen Vorstellungen, die Notwendigkeit stets zum Kampfe gerüstet zu sein und die gleiche Verpflichtung eines jeden, daran teilzunehmen, war in jenen Zeiten und Verhältnissen durchaus natürlich.

Während der vierzig Jahre in der Wüste war das ganze Volk beständig in einer kriegerischen Organisation, und danach im gelobten Lande blieb das Volk wegen der Kriege gegen die Eingebornen beständig in der Kriegsrüstung. Nur selten wurde das ganze waffenfähige Volk mobil gemacht und wo es geschehen ist, z. B. zur Bestrafung des Stammes Benjamin, erwies sich solche Mobilmachung aus leicht begreiflichen Gründen nicht bloß als unnütz, sondern sogar als schädlich. Sonst wurde das Volk zum Kriegszweck immer nur ausgehoben in bestimmter dem Zwecke entsprechender Zahl. Als nach 4. Mos. 31 ein Kriegszug gegen die Midianiter beschlossen war, sprach Moses: „Rüstet unter euch Leute zum Heer wider die Midianiter, daß sie den Herrn rächen an den Midianitern, aus jeglichem Stamm tausend, das ihr aus allen Stämmen Israels in das Heer schickt. Und sie nahmen aus den Tausenden Israels, je tausend eines Stammes, zwölftausend gerüstet zum Heer".

Die drittehalb Stämme jenseit des Jordans hatten ihre zur Vieh= zucht bequemen Länder unter der Bedingung von Mose erhalten, daß sie Palästina diesseits erobern helfen wollten. 4. Mos. 32, 17. 32. Obwohl nun der Stamm Ruben und Gad zusammen allein schon 84 230 waffenfähige Männer zählte, so zogen dennoch von diesen ca. 100 000 waffenfähigen Männern nur vierzigtausend zu Felde und da= durch war das Versprechen erfüllt, das sie Mose gethan hatten.

Bevor wir hier weitergehen, stehen wir wieder einen Augenblick still, und sehen auf die Gegenwart. Die allgemeine Wehrpflicht in Deutschland, eine Errungenschaft der neuesten Geschichte, die erst in dieser Gegenwart zur Wirklichkeit erhoben werden soll, erscheint im Lichte dieser jüdischen Staatsverfassung durchaus nicht als ein Fort= schritt, sondern als das, was sie wirklich ist, ein Rückschritt, nur mit dem Unterschied, daß dieser Rückschritt sich, wie so unzählige Male, als vernünftig und gerecht erweist. Die ganze Einrichtung des „ Einjährig = Freiwilligen = Militärdienstes" entpuppt sich bei näherer Betrachtung als eine möglichste Aufhebung dieser allgemeinen Wehr= pflicht. Es ist nicht zu leugnen, daß in vielen Fällen diese Einrichtung gut und nötig und vornehmlich im Interesse des Staates und der Kultur liegt, nämlich überall da, wo ein langer Militärdienst wirklich hinderlich in die Ausbildung zu bestimmten, dem Staate nötigen Be= rufsarten eingreift. Daß aber in der Gegenwart nur in solchen Fällen diese Berechtigung zugestanden würde, wird hoffentlich auch der größte Optimist nicht behaupten. Nicht Bildung und Wissenschaft, sondern der Geldbeutel, die Bequemlichkeit und die elende Vornehmthuerei genießen in unzähligen Fällen dieses Vorrecht. Wie groß mag die Zahl der jungen Leute sein, die dieses besondere Vorrecht genießen und sich vor anderen Soldaten nur dadurch auszeichnen, daß sie in einer langen Reihe von Jahren dieses Recht sich auf den Schulbänken ersessen haben und in dieser langen Sitzung den wenigen Verstand, den sie hatten, in Dünkel, Halbbildung und, offen gestanden, in Borniertheit noch ver= loren haben.

Wenn irgend etwas in unserem Militärwesen einer gründlichen

Änderung bedarf, so ist es diese Berechtigung zum einjährigen frei=
willigen Dienst. Niemand soll sich dieses Recht verschaffen durch Vor=
zeigung eines Zeugnisses. Wer auf dieses Recht Anspruch machen will,
soll den Nachweis führen, daß er nicht bloß die dazu nötige Bildung
hat, sondern vornehmlich, daß für seine individuelle Berufsbildung im
Interesse des Staates eine Ausnahmestellung berechtigt ist. Dann
würden auch unsere höheren Bildungsanstalten von einem Ballast, der
jetzt sie in ihrer Entwickelung nur stört, befreit werden. Die heftige
Agitation der Volksschullehrer für den einjährigen freiwilligen Militär=
dienst läßt diese ganze Einrichtung und damit diese Agitation in ihrer
Thorheit und Ungerechtigkeit deutlich erkennen.

Wie haben wir uns nun die Aushebung zum Kriegsdienst bei den
Juden zu denken? Alle waffenfähigen Mannschaften hatten sich auf
Grund der von den schoterim geführten Rollen einzufinden. Wer die
Aushebung verrichtete, hatte einen Stab; mit dem berührte er den so
und sovielten Mann, den die Zahl traf und bestimmte ihn hierdurch
zum Feldzuge. Hier war alle Parteilichkeit ausgeschlossen und alles
kam auf den Zufall an, wie Tod und Geburt die Rolle des Volkes ge=
macht hatten. Wenn im Liede Debora die Stämme besungen werden,
die alle den Mut gehabt hatten, zu Felde zu ziehen, heißt es von
Sebulon, aus diesem Stamm wären gewesen, die den Stab des Zählen=
den ergriffen. Richter 5, 14.

Aus der Zahl der Ausgehobenen wird der Tüchtigste, der bei allen
allgemein in Achtung steht, zum Führer erwählt. Dieselben Gründe
indes, die die Wahl eines Königs als wünschenswert erscheinen ließen,
machten bei den häufigen kriegerischen Einfällen und Verwüstungen ein=
zelner Nachbarvölker und anderseits bei der Schwerfälligkeit der jedes=
maligen Aufgebote ein stehendes Heer notwendig, dessen Anfänge wir
schon gleich bei dem ersten Könige Saul finden. Die folgenden Könige
David und Salomo müssen nach 1. Chronika 27, 1 und 1. Könige 10,
26 schon ein ziemlich großes stehendes Heer besessen haben, denn es heißt
an der ersten Stelle: „Die Kinder Israel aber nach ihrer Zahl waren
Häupter der Väter und über tausend und über hundert und Amtleute,
die auf den König warteten, nach ihrer Ordnung ab= und zuzuziehen,
einen jeglichen Monat einer, in allen Monaten des Jahres. Eine jeg=
liche Ordnung aber hatte vierundzwanzigtausend". An der andern Stelle
lesen wir: „Und Salomo brachte zuhauf Wagen und Reiter, daß er
hatte tausendundvierhundert Wagen und zwölftausend Reiter und ließ
sie in den Wagenstädten und bei dem Könige zu Jerusalem". Unter

solchen Umständen genügten natürlich die mehr oder weniger zufällig erwählten Feldherren nicht mehr, sondern an ihre Stelle traten Berufs- soldaten als eigentliche Oberfeldherren, wie Abner unter Saul und Joab unter David. Die Verproviantierung des Heeres wird schon Richter 20 V. 10 einer besonderen Abteilung übertragen: „Laßt uns losen und nehmen zehn Mann von hundert und hundert von tausend, und tausend von zehntausend, aus allen Stämmen Israels, daß sie Speise nehmen für das Volk". Daß der König Amazia nach 2. Chr. 25, 6 aus Israel hunderttausend tapfere Helden für hundert Zentner (kikar. talenta) Silber dingete, scheint auf ein Handgeld hinzudeuten, weil diese Summe auf die einzelnen Krieger verteilt für den Kopf nur drei Schekel be- trägt, während doch sonst schon ein gewöhnlicher Knecht dreißig Schekel wert war. Eigentlicher Sold wurde nicht bezahlt, an seiner Stelle aber wurden Naturalien verteilt und das zu jener Zeit überall bräuchliche Recht auf Beute gewährt.

Gänzlich befreit vom Kriegsdienst waren die Leviten, die deshalb auch bei der Zählung der waffenfähigen Mannschaften übergangen werden, um nachher besonders für sich gezählt zu werden. Diese besondere Aus- nahmestellung war in der ganzen Stellung begründet, die die Leviten im Volke Israel einnahmen (s. im folgenden Buche). Es war diese Ausnahmestellung durchaus keine besondere Vergünstigung, sondern eine natürliche Folge davon, daß Levi auch kein Grundeigentum besaß. Dennoch war durchaus nicht ausgeschlossen, daß auch die Leviten, wie denn ihr Dienst nach obiger Deutung auch auf der allgemeinen Grund- anschauung beruht (kol ba lazeba), in besonderen Fällen zu den Waffen griffen. So lesen wir 4. Mos. 32, 26, daß Moses nach dem schänd- lichen Abfall Aarons und Anbetung des goldenen Kalbes in das Thor des Lagers trat und sprach: „Her zu mir, wer dem Herrn angehöret! Da sammelten sich zu ihm alle Kinder Levi. Und er sprach zu ihnen: So spricht der Herr, der Gott Israels: Gürte ein jeglicher sein Schwert um seine Lenden und durchgehet hin und wieder von einem Thor zum andern im Lager, und erwürget ein jeglicher seinen Bruder, Freund und Nächsten. Die Kinder Levi thaten wie ihnen Mose gesagt hatte und fielen des Tages vom Volke dreitausend Mann". Unter David finden wir sogar einen Leviten, mit Namen Benaja, den Sohn Jojada des Priesters, als Feldhauptmann und unter seiner Ordnung waren vierundzwanzigtausend. Das ist Benaja der Held 1. Chronika 27, 5. Von solchen und ähnlichen Ausnahmefällen aber abgesehen, waren die Leviten vom Kriegsdienst frei.

Wenn wir auch durchaus nicht behaupten können und wollen, daß sich die Kirche Christi, und namentlich in ihrer gegenwärtigen Entwicke= lung die mosaischen Bestimmungen zum Muster genommen hat, so müssen wir doch hier in diesem Falle festhalten, daß die katholische Kirche stets und namentlich in der neusten Zeit mit Recht an dem Grundsatz festgehalten hat, daß die Priester vom Kriegsdienst befreit sein sollten, in der richtigen Annahme, daß beiderlei Dienste nicht in harmonischen Einklang zu bringen sind. Nur der protestantischen Kirche ist es vor= behalten geblieben, sich in falscher einseitiger Betonung der staatsbürger= lichen Pflichten zu diesem Kriegsdienst zu drängen, so daß gegenwärtig die protestantischen Theologen ihrer Dienstpflicht genügen, während die katholischen davon befreit sind. Es scheint sich mir darin ein böses Verhängnis zu offenbaren. Der oberste Kriegsherr ist kraft dieser seiner Stellung, selbst wenn die schlimmsten Bedenken, ja auch die krasseste Abweichung von dem öffentlichen Bekenntnis der Kirche klar zu Tage lägen, dennoch der oberste Bischof in der protestantischen Kirche und der Inhaber der höchsten Kirchengewalt; so steht denn auch damit in guter Harmonie, daß Theologen das Schwert führen und Leutnants die Kanzel besteigen.

Es ist aber keine Frage, daß diese falschen Grundsätze, und wenn sie in der Gunst der Zeitumstände unter dem Beifall der maßgebenden Organe mit noch so viel Sophistik verteidigt und gestützt werden, den= noch unendlich viel Unheil angerichtet haben, und sicherlich noch die ganze organisierte protestantische Kirche zu Grunde richten werden, wenn sich nicht bald das protestantische Volk, sofern noch so viel Lebenskraft in ihm ist, aufmacht und endlich die göttlich und menschlich berechtigte notwendige Scheidung vollzieht.

Außer den Leviten waren vom Kriegsdienst unter gewissen Umständen noch bestimmte Klassen befreit. Es ist von dem höchsten Interesse, und lehrreich für die Gegenwart sowohl die Art und Weise, wie diese Befreiungen vom Kriegsdienst bewilligt wurde, als auch die Klassen von Personen, die sie genossen, kennen zu lernen.

Was nun die Art und Weise angeht, so bewundern wir zunächst den Mangel eines jeglichen Zwanges und jeglicher Gewaltmittel. Ja, im Gegenteil, wir sehen eine solche weite Ausdehnung der individuellen Freiheit, daß mancher General heute bedenklich den Kopf schütteln würde, im Zweifel, ob es denn unter solchen Umständen überhaupt möglich sei, ein Heer zusammen zu bringen. Es ist ein wahrer Jammer,

wie heute überall, nicht etwa bloß beim Militär, nein, vielleicht noch
viel mehr in anderen Ständen und Beamtenklassen die Gewalt zur An=
wendung gebracht wird. Alles muß nach strenger Order gehen, der
zugleich die Strafandrohung*) zugefügt wird; Widerspruch, eine auch
nur bescheidene Gegenvorstellung wird nicht geduldet und als straf=
würdige Verletzung der schuldigen Hochachtung gegen hohe Behörden
gestraft, wo nicht gar mit Amtsentsetzung bedroht. Wie damals vor
50 Jahren die Dragoner in Hönigern, einem schlesischen Dörflein, den
Lutheranern, weil sie hoher Obrigkeit widersprachen und nicht uniert
werden wollten, die Kirche mit Gewalt und unter Schwertstreich nahmen
mit dem Ruf: Der Name des Königs muß geheiligt werden, so steht
ganz sicherlich bei vielen hohen Verwaltungsbehörden als der höchste
und oberste Grundsatz fest: Zuerst muß Order pariert werden. O es
ist ganz unsagbar traurig, was für ein Geschlecht großgezogen ist, und
zu welchen ekelerregenden Kriechereien und Amtsjägereien diese Unter=
drückung der individuellen Freiheit noch führen wird. Jeder fürchtet
sich, den Mund nach oben hin zu öffnen, wie wohl er's gern thäte, er
trägt kein Bedenken die Wahrheit zu verleugnen und durch Wort und
That eine Ergebenheit an den Tag zu legen, wovon sein Herz nichts
weiß und das alles nur in majorem gloriam einer bequemen und
ruhigen Lebensstellung. Alle diese traurigen Erfahrungen sind nicht
im stande den Bureaukraten, die ihr lebenlang nicht vom grünen Tisch
wegkommen, die Augen zu öffnen. Wie gefährlichen revolutionären
Neuerungen schauen sie heimlich allen den Bestrebungen zu, die auf der
Anerkennung der persönlichen Freiheit aufgebaut sind, um, wenn die
Sache schief geht, sogleich mit der Schärfe ihrer ihnen zu Gebote stehen=
den büreaukratischen Verfügungen hervorzutreten. Wenn die Sache
aber gut geht und Erfolg hat, so treten sie mit dem Bewußtsein her=
vor, eigentlich selbst das größte Verdienst zu haben, weil erst die Sache
ihren Fortgang genommen, nachdem sie von der Gnadensonne hoher
Behörde beschienen ist. Nein, alle unnötigen Einschränkungen sind vom
Übel, man lasse dem Menschen seine individuelle Freiheit, so wird
man nicht bloß Erfolge haben, sondern auch ein ehrliebendes, freies und
wahrhaftiges Volk erziehen, während täglich die entgegengesetzte Erfahrung
zeigt, daß durch unnötige Gewalt und einfältige, oft sogar dummdreiste Be=

---

*) z. B. Bei jeder Holzauktion auf dem Lande wird mit Bezug auf eine ganze
Reihe von Paragraphen des Strafgesetzbuches jedesmal mit furchtbaren Strafen
gedroht, dem, der sich nicht genau an die Order hält.

vormundung das Ehrgefühl in einem Volke ertötet wird. Wie weit das schon geschehen ist, o darüber will ich schweigen, denn schmerzliche Traurig= keit erfüllt meine Seele, wenn ich die Verwüstungen ansehe und überdenke, die täglich jedem ehrlichen Beobachter vor die Augen treten. Damit ich aber dabei nicht mißverstanden werde, gestehe ich ohne Bedenken, daß ich bei dieser wehmütigen Erinnerung meine Augen nicht minder auf die höheren Stände gerichtet habe, als auf das hart arbeitende Volk. In den höheren Klassen hat die persönliche Unselbständigkeit und damit verbundene soziale Abhängigkeit weit um sich gegriffen. Allenthalben dagegen, wo man der individuellen Freiheit den weitesten Spielraum gelassen hat, erblicken wir gleichsam blühende Gefilde, lustiges fröhliches Leben, und lobenswerten Ehrgeiz. Hunderte von Beispielen ständen mir zu Gebote, nur eins, das ich in der neuesten Zeit in meiner Vaterstadt Essen in der großartigen Kruppschen Fabrik machen durfte, will ich kurz erwähnen. Überall da, wo Krupp seine großartigen Wohlfahrtseinrichtungen wesentlich mit auf Anerkennung der individuellen Freiheit gegründet hat, da durfte er die schönsten Früchte erblicken. Streit, Zank, Zwietracht, grobe Unsittlichkeit waren eigentlich unbekannte Dinge, aber Friede und Eintracht und edle Geselligkeit und biederer Sinn waren der Stempel der Arbeiterkolonieen, deren Wohl und Heil Krupp wesentlich auf die selbstverständliche gute Gesittung seiner Leute baute.

Nach dieser Abschweifung kehren wir nun zurück: Die kriegsfähige Mannschaft also sammelte sich, nachdem hierzu im Lande wahrscheinlich durch Trompetenstöße aufgefordert war. Dann sollte nach 5. Mos. 20 der Priester vortreten und eine Anrede an das Volk halten, danach traten die vorher erwähnten schoterim vor die Menge und gaben allen denen Erlaubnis nach Hause zurückzukehren, denen Moses dieses Recht nach 5. Mos. 20 garantiert hatte. Wer ein Haus gebaut, einen Weinberg gepflanzt, ein Weib genommen hatte, wer sich fürchtete und feige war, durfte das Heer verlassen und nach Hause gehen. Es be= stand keinerlei Einschränkung, es gab keinerlei Besorgnis und Angst, daß nun noch schnell die jungen Männer Weiber nähmen, Häuser bauten, oder Weinberge pflanzten; nein, das alles war ihrer individuellen Freiheit gänzlich überlassen, nur die Stellung zum Aufgebot war ihre Pflicht.

Es ist mir keinen Augenblick zweifelhaft, daß schon in der Heimat die betreffenden Männer mehr zum Aufbruch aufgemuntert als davon abgehalten wurden. Als erst das Volk versammelt war und schoterim

öffentlich die Bekanntmachung 5. Mos. 20, 5—9 verlesen, da war nicht
die geringste Gefahr vorhanden, daß von dieser besonderen Erlaubnis
ein ungebührlicher Gebrauch gemacht wurde, denn der Ehrgeiz war
noch im Volke lebendig und mächtig. Selbst die mit gutem Recht und
ohne Schande von dieser Erlaubnis Gebrauch machen durften, werden
sicherlich lange nicht alle der Heimat zugeeilt sein, sondern nur in den
Fällen, wo wirklich das Staatsinteresse mehr ihre Rückkehr als ihren
Kriegsdienst erheischte. Diese Freiheiten haben außer ihrer einleuchtenden
Billigkeit noch einen sehr großen politischen Nutzen, Anbau des Landes
und Heiraten zu befördern, was niemals nötiger ist, als zur Kriegszeit.
Der größte Schaden des Krieges besteht vielleicht nicht darin, daß viele
Tausende in Schlachten umkommen, sondern daß die Äcker aus Furcht
unbebaut liegen bleiben und wenig Ehen geschlossen werden, also aus
Mangel der Geburten das künftige Geschlecht abnehmen muß. Sobald
also ein Krieg drohte oder einbrach, dachte manch einer daran ein Weib
zu nehmen, oder Weinberge zu bauen, um so den Schäden des Krieges
entgegenzuwirken. Das aber ist, was uns mit Bewunderung und
Freude erfüllt, daß Moses den Gebrauch und die Anwendung dieser
Freiheiten getrost seinem Volke ohne Zwang und Drohung von Gewalt=
maßregeln anvertrauen konnte, in der sicheren Voraussetzung, daß der
Ehrgeiz und Biedersinn genügende Schranken des Mißbrauchs seien.

Die letzte Ursache der Exemtion war diese 5. Mos. 20, 9: „Wer
sich fürchtet und ein verzagtes Herz hat, der gehe hin und bleibe daheim,
auf daß er nicht auch seiner Brüder Herz feig mache, wie sein Herz
ist". Im Buch der Richter 7, V. 3—4 wird uns ein wunderbares
Beispiel von der Anwendung dieser Erlaubnis mitgeteilt, so daß dort
von zweiunddreißigtausend nur zehntausend blieben, bis zuletzt auch
nach ganz besonderer Aufforderung und Probe nur dreihundert übrig
blieben, mit denen Gideon sein Werk ausrichten sollte. Es ist nicht
anzunehmen, daß jede Probe solches Resultat geliefert habe. Wohl dem
Volke, in dem aber ohne Gefahr solche Proben gewagt werden dürfen.
1. Makkab. 3, 56 wird uns von Judas dem Makkabäer berichtet, daß
er dieselbe Probe gemacht, daß aber niemand aus dem Heere Gebrauch
von der Erlaubnis gemacht habe.

7. Kapitel.

Anstalten zur Erhaltung des Gesetzes.

In diesem Schlußkapitel des ersten Buches soll nicht davon die Rede sein, wie das Gesetz durch Bildung und Unterricht im Hause und in der Kirche erhalten, sondern vielmehr von den Anstalten, durch die das Gesetz unverfälscht, rein und lauter erhalten und den nachfolgenden Geschlechtern vererbt wurde. Zunächst ist hier zu bemerken, daß nach Mosis Vorschrift das Gesetzbuch neben der Lade des Bundes niedergelegt werden sollte, wie es auch mit anderen Gesetzen geschah. Für unverfälschte Abschriften waren die Priester verantwortlich (5. Mos. 17, 19). Auch wurde von Moses angeordnet, die Gesetze in Stein zu graben und diese Steine auf einem Berge nahe bei Sichem aufzustellen, um so der spätesten Nachwelt ein unverfälschtes Exemplar seines Gesetzes zu erhalten (5. Mos. 27, 1—8). Ganz besonders merkwürdig ist die Anordnung Mosis, diese Steine mit Kalk oder Gips zu überziehen. Wenn auch Keil und viele andere dem alten J. D. Michaelis nicht zustimmen, so glaube ich doch, daß eben er den richtigen Grund dieser Behandlungsweise der Steine gefunden hat. Sollten wirklich die Steine, wie Keil annimmt, mit Kalk oder Gips bezogen werden, um danach auf diesen Überzug das Gesetz zu schreiben, so sieht jedermann ein, daß solche Schrift nicht von langer Dauer sein konnte, zumal wenn die so beschriebenen Steine auf dem Berge dem Wind und Wetter ausgesetzt waren. Ein Hinweis auf solche oder ähnliche Sitten bei den Ägyptern kann unmöglich durchschlagen, weil die Jahrtausende alten Inschriften der Ägypter auf den steinernen Pyramiden noch jetzt bekannt sind.

Nein, dieser Kalküberzug geschah über die bereits fertiggestellten mit Inschriften versehenen Steine, um so selbst der allerfernsten Zukunft eine genaue Abschrift der Gesetze zu erhalten. Unter solcher Kalkdecke war die eigentliche Inschrift vor Wind und Wetter geschützt, und wenn große Weltreiche längst zerfallen und die Steine selbst eingestürzt waren, so mußte sich dennoch immer diese Inschrift erhalten. Es ist deshalb nicht ausgeschlossen, daß die Steine überhaupt nicht gefunden sind, wovon allerdings die Geschichte nichts berichtet, sondern erst noch werden gefunden werden. Was den Inhalt und Umfang dieser Inschriften angeht, so ist der Ausdruck Mosis: „alle Worte dieses Gesetzes" zu unbestimmt, um irgend eine genaue Angabe oder Vermutung aussprechen zu können. Jedenfalls stand aber der wesentliche Inhalt des ganzen Gesetzbuches darauf. Ob nun darin die 613 Gebote, die nach jüdischer Zählung der Pentateuch enthält, oder nur ihre Quintessenz enthalten waren, das läßt sich unmöglich bestimmen. Was wir hier von Moses für den Gesamtinhalt des Gesetzbuches angeordnet finden, das finden wir vereinzelt, wenn auch in anderer Weise, an vielen zerstreuten Stellen wiederholt. Warum hat uns Moses so unzählige Mal die Maße des Heiligtums und die Gewichte und den Inhalt der verschiedenen Gefäße angegeben? Heute, nach vielen tausend Jahren wissen wir kaum etwas damit anzufangen und mancher Schriftforscher hat sich den Kopf zerbrochen, um auch aus diesen Zahlen Texte zur Erbauung, zur Belehrung und zum Trost herauszuflügeln, und dann endlich triumphierend die Weisheit Gottes in den inspirierten Zahlen zu erweisen. Man hat vergessen, daß die Bibel, so göttlich sie ist und bleibt, anderseits menschlich ist und zunächst menschlichen Zwecken, nämlich dem jüdischen Volke eine irdisch = menschliche Staatsverfassung zu geben, gedient hat. Aus diesem Grunde waren die Maße am Heiligtum an so unzähligen Stellen angegeben, damit es jedem Israeliten ein Leichtes war, am Tempel von der richtigen Länge einer Elle sich überzeugen zu können. Dasselbe gilt von den Gewichten und den Maßen, von denen jede Art in mehreren Exemplaren in Stein, Holz und in Gold im Tempel aufbewahrt wurde. Noch nach vielen Jahrhunderten war es jedem Israeliten ein Leichtes, sich im Tempel von dem richtigen Maße und Gewichte zu überzeugen. Daher haben die Worte Sprüche 16, 11: „Richtige Wage ist Jehovah heilig und sein Werk sind alle Gewichte", eine mehr als bildliche Bedeutung. Gerade dieser Umstand, daß Wage, Gewicht, Maße Jehovah heilig waren, konnte ein noch redliches und religiöses Volk vom Betruge, der ein Vergreifen am Heiligen war, abhalten. So groß also wie Inhalt und Weisheit der mosaischen Staatsverfassung war, so groß und weise waren auch die Anstalten, diesen Inhalt rein zu erhalten. Können wir auch in diesen unseren Zeiten jene alten Gesetze nicht wieder erneuern, so ist doch Ursache genug vorhanden, vor ihrer Weisheit stillzustehen; denn nur, wenn jener Geist aus alten grauen Tagen unsere Gegenwart durchhaucht, nur dann wird das Gegenwärtige bestehen können, sonst wird es untergehen, während die Weisheit Gottes in den fünf Büchern Mosis ewig bleiben wird.

Anhang.

Politische Parteien und Orden im jüdischen Volk.

Bevor wir dieses erste Buch abschließen, seien noch einige kurze Bemerkungen über die Parteien und Orden gestattet.

Wir haben schon früher bemerkt, daß im jüdischen Volk nach mosaischer Staatsverfassung durchaus kein Standesunterschied vorhanden war. Es gab keinen bevorzugten Stand, weder Adel noch Beamte; der Priesterstand war zwar in vielen Stücken bevorzugt, aber politisch und sozial so gestellt, daß er sich niemals stolz über andere Leute erheben konnte. Dadurch war dem schädlichen Parteiwesen die Thür verschlossen, denn jeder Israelite hatte ziemlich mit allen anderen seiner Mitbürger ganz die gleichen Interessen, und nur insofern war ein Sonderbestreben möglich, als darin das Gemeinwohl durch Tugend und freiwilliges Opfer gefördert werden konnte.

Dennoch aber läßt sich auch damals im Keime ein politisches Parteiwesen nachweisen, das sich später leider zum großen Verderben für das Staatswesen weiter entwickelt hat.

Nach der Volkszählung kam im Durchschnitt auf jeden der zwölf Stämme die Zahl von fünfzigtausend Köpfen. Jeder Stamm, der darüber Glieder hatte, galt für stark, im umgekehrten Falle für schwach. Als der stärkste Stamm tritt Juda mit 76 500 Gliedern hervor, und der Stamm Joseph mit 85 200 Mann, der schwächste Stamm war Simeon mit 22 200 Mann. Zwischen dem Stamm Juda und dem Stamm Joseph finden wir nun bald in den Anfängen der Geschichte des jüdischen Volkes einen schlimmen Wetteifer, der später das Volk in zwei große Parteien, Israel und Juda, spalten und viel Verderben über das Volk bringen sollte. Der Stamm Joseph teilte sich in zwei Stämme, Ephraim und Manasse, von denen sonderlich der erste stets dem Stamme Juda eifersüchtig gegenüberstand. Auch der Stamm Benjamin hielt sich zu dem Stamm Joseph, weil beide die eine Stammmutter, Rahel, hatten. Moses zieht in der Wüste den Stamm Joseph allen anderen vor und gibt ihm im Lager der Israeliten die erste Stelle. Gleich nach seinem Tode aber gibt der Stamm Ephraim in Josua dem Volke einen neuen Heerführer. Die Hütte des Stifts ist zu der Zeit der

Richter meistens zu Silo und Ephraim, und der erste König wird aus dem Stamme Benjamin genommen. Unter diesem Könige zeigt sich die Eifersucht zwischen den Stämmen Joseph und Benjamin und dem Stamme Juda schon sehr merklich. Saul scheint im Stamme Juda wenig Macht und Einfluß besessen zu haben, und umgekehrt war anfangs das Ansehen und die Macht Davids über Judas Grenzen hinaus nur sehr schwach. Benjamin zwar verband sich später wegen der gemein= schaftlichen Hauptstadt Jerusalem eng mit Juda, aber die Eifersucht Ephraims endete in der völligen Losreißung der zehn Stämme von Juda.

Sonst aber finden wir in den fünf Büchern Mosis keine Spur von politischen Parteien und müssen das Volk deshalb glücklich schätzen, wenn wir einen Vergleich ziehen mit der Geschichte unseres Volkes in der Gegenwart, das von politischen Parteien völlig zerrissen wird. Die Schärfe unseres politischen Parteikampfes liegt aber sicherlich in dem Vorhandensein der verschiedenen Stände, deren Interessen sich wirklich oder scheinbar entgegenstehen.

Geheime Verbindungen oder sogenannte Orden gab es im jüdischen Volke nicht, alles war öffentlich. Gelübde der ewigen Keuschheit finden wir in Mosis Gesetzen nicht, noch auch in der ganzen Geschichte der Israeliten, so weit sie uns in der Bibel beschrieben ist. Vermutlich fiel es keinem Israeliten ein, Gotte dadurch einen Dienst zu erweisen, daß er die Absichten der Natur und des Schöpfers vereitelte und nach bestem Vermögen das Seinige zur Verminderung des menschlichen Geschlechts beitrüge. Diese Art von Heiligkeit oder Gottesdienst ist so wider alles, was ein Mensch natürlicherweise denkt, daß es kein Wunder ist, wenn alte Völker gar nicht darauf verfielen und diese gar zu sonder= bare Gottseligkeit etliche tausend Jahre auf ihren Erfinder warten mußte. Das einzigste, was hierher gehören könnte, ist der Stand der Nasiräer. Die bekanntesten Nasiräer sind im Alten Testament Simson, im Neuen Testament Johannes der Täufer. Beide aber hatten das Nasiräatsgelübde lebenslänglich übernommen, davon weiß Moses nichts.

Moses ist überhaupt kein Freund von irgend welchen Gelübden, er verbietet sie nicht, weil er die persönliche Freiheit des Menschen nicht einschränken will, er führt auch solche nicht ein, wie denn offenbar das Nasiräatsgelübde schon längst vor der mosaischen Zeit bestanden haben mag. Überall suchte er solche Gelübde mit großen Schwierigkeiten zu umgeben, um vor ihnen zu warnen und sie so im allgemeinen als schädlich hinzustellen. Nur ein Gelübde, das ausgesprochen ist, hat überhaupt Geltung; solche von Frauen und Töchtern kann der Haus= vater für ungültig erklären, die aber einmal von Männern abgelegt sind, sollen gewissenhaft beobachtet werden. Die Ansicht Mosis über die Gelübde findet man deutlich ausgesprochen: 5. Mos. 23, V. 22—24: „So du ein Gelübde thust dem Ewigen, deinem Gotte, so säume nicht, es zu erfüllen; denn fordern wird er es von dir, und es möchte. dir zur Sünde sein. Unterlässest du es aber, Gelübde abzulegen, so wird dir solches nicht zur Sünde sein. Was einmal deine Lippen ausgesprochen haben, das magst du beobachten und thun, so wie du deinem Gotte gelobt, oder die freiwillige Gabe, die du mit deinem Munde versprochen." 4. Mos. 30, 3: „Wenn jemand ein Gelübde thut dem Ewigen, oder er schwöret einen Schwur irgend etwas seiner Person zu versagen, so soll er sein Wort nicht entweihen, nach allem was seinem Munde entfahren, soll er thun."

Die einzige Form, wo solche Gelübde entfernt an gegenwärtige Orden erinnern könnten, ist das Nasiräatsgelübde, 4. Mos. 6, 2—8: Wenn jemand, ein Mann oder eine Frau, „außerordentlicherweise" das Gelübde thut, ein Nasiräer zu sein vor dem Ewigen, so soll er, während der ganzen Zeit seines Nasiräergelübdes, kein berauschendes Getränk, von Wein bereiteten Essig oder Getränk von aufgelösten Trauben trinken, keine frischen oder trockenen Trauben essen, überhaupt nichts, was von irgend einem Teile des Weinstocks bereitet wird, genießen. Kein Schermesser darf so lange auf sein Haupt kommen, sondern er soll heilig sein und sein Haupthaar frei wachsen lassen. Einer Leiche soll er sich nicht nähern, selbst an der des Vaters, der Mutter, des Bruders oder der Schwester darf er sich nicht verunreinigen. Daß Moses diese Gelübde selbst nicht billigte, ist, abgesehen von 5. Mos. 23, 23, vielleicht auch schon aus der besonderen Art des Ausdrucks zu schließen. Es heißt: isch o ischa ki japhli lindor, das Wort phala heißt aussondern, besonders machen, wunderbar machen u. ä. und wird sonst von Moses oft gebraucht, um die großen Wunder hervorzuheben, gleich= sam als wenn Moses hier sagen wollte; „ein Mann oder eine Frau, wenn sie so auffallend, merkwürdig und wunderbar, den Einfall bekämen, zu geloben so ....." Ferner erschwert Moses dieses Gelübde nicht bloß dadurch, daß er von den verunreinigenden Todesfällen auch nicht einen einzigen ausnimmt, sondern das Gelübde die einmal gelobte Zeit von vorn wieder anfangen läßt, wenn eine solche unfreiwillige plötzliche Ver=

unreinigung geschehen ist. Nach einer sehr umständlichen und auch etwas
kostspieligen rituellen Reinigung von 7 Tagen, mußte der Nasiräer die
ganze Zeit seines freiwilligen Gelübdes wieder aushalten, die ganze
vorige Zeit bis zu der Verunreinigung galt nicht. Im übrigen war
der Nasiräer aus dem bürgerlichen Leben gar nicht ausgesondert, sondern
ging, so gut wie jeder andere, seinem Beruf nach. Später mögen aus
diesem uralten Gelübde besondere Orden entstanden sein, wie denn schon
die Nasiräer Simson und Johannes offenbar schon andere als oben geschilderte Grundsätze zu haben scheinen. Nach der mosaischen Verfassung
aber waren im jüdischen Volke keine Absonderungen möglich, keine heilige Orden und heimliche Verbindungen. Klöster zu stiften würde
damals gerade so unbegreiflich gewesen sein, als heute Anstalten zu
errichten, um die zu pflegen, die nicht arbeiten wollen. Geheime
Verbindungen, die sich der öffentlichen Kontrolle entziehen, sind aber
für das Staatswesen am allerverderblichsten. Unter hochtönenden
Phrasen und Redensarten und unter dem gleißenden Schilde hoch-
edler sittlicher Aufgaben, verbunden mit dem reizenden Schleier des
Geheimnisses, finden in den geheimen Verbindungen die selbstsüchtigen
Standesinteressen ihre allerstärkste und für das Ganze verderblichste
Vertretung. Es ist ein offenes Geheimnis, daß die meisten Orden
dieser Art, wie z. B. der Freimaurer- und Odd-Fellow-Orden und
andere im Grunde nichts sind als Verbindungen gleichgesinnter
Standesgenossen zur wirksamen Vertretung ihrer gemeinschaftlichen
Interessen.

Man ist daher auch sehr vorsichtig in der Aufnahme anderer
Glieder. Ich kenne einen Geistlichen, der gerade, um diesem Vorwurf
auf den Grund zu kommen, sich zur Aufnahme in solche geheime Verbindung meldete mit der Motivierung, daß er in solcher Verbindung
wohl hoffen dürfe, gleichgesinnte Brüder zur gemeinsamen Arbeit an den
hohen Aufgaben der Gegenwart in den sozialen Nöten zu finden.
Obwohl dem Manne nicht der geringste Makel anklebte und er sich
der allgemeinen Achtung erfreute, wurde doch seine Aufnahme einstimmig
abgelehnt. Es ist gar keine Frage, daß gegenwärtig die Fäden der
Verwaltung in Stadt und Land, und sehr oft in den allerwichtigsten
Dingen, in den Logen heimlich verborgen zusammenlaufen. Eine gesunde Staatsverfassung müßte daher auch in diesem Stück der
mosaischen nacheifern und ohne geradezu Gelübde zu verbieten,
sie dennoch möglichst erschweren, jedenfalls aber geheime Verbindungen so gut wie unmöglich machen. Es sollte eine unwiderstehliche

11*

Massenagitation dafür ins Werk gesetzt werden, daß mit jedem ersten Monatstage jedes Halbjahres im ganzen Reiche in allen öffentlichen amtlichen Blättern die Namen sämtlicher Logenbrüder im ganzen Reiche veröffentlicht würden. Man würde sicherlich gewaltig staunen über die wunderbare Übereinstimmung zwischen solcher Liste und einer anderen, die die Beförderungen und Ehrenbezeigungen der letzten zehn Jahre enthielte.

Zweites Buch.

Die Religion des jüdischen Volkes.

Bevor wir in dieses schwierige Thema eindringen, scheinen zwei Vorbemerkungen nötig, um späteren Mißverständnissen vorzubeugen. Erstens ist zu bedenken, daß sich dieses ganze Thema über die Religion der Juden gar nicht von der eigentlichen Staatsverfassung genau scheiden und trennen läßt, weil beides zu eng und innig miteinander verwoben ist. Die Religion war bei den Juden national und daher politisch und umgekehrt war bei ihnen die Politik religiös. Was in der katholischen Kirche noch in der äußersten Entartung vorhanden ist, und in der protestantischen Kirche am meisten in Deutschland, zwar gegen ihre Grundsätze, aber thatsächlich, in fast noch viel schlimmerer Entartung besteht, das war im Alten Testamente bei dem Volke der Juden nach dem mosaischen Gesetz infolge göttlicher Bestimmung so geordnet, nämlich das Staatskirchentum. Wäre es überhaupt möglich, vom reinen vorbildlichen Staatskirchentum zu reden, so fänden wir hier in den Institutionen des Moses ein heiliges Vorbild. Je mehr wir aber an das gegenwärtige protestantische Staatskirchentum oder an das katholische Kirchenstaatstum den Maßstab dieses Vorbildes anlegen, um so mehr würden wir mit Schrecken den Abstand dieser Ordnungen von jenem Vorbild erkennen. Es ist das aber auch gar nicht anders möglich, denn jede ungehörige nicht befohlene oder sogar verbotene Nachahmung muß notwendig zur Nachäffung werden. Die enge Verbindung von Staat und Kirche im Alten Testamente, von Gott durch Moses geordnet, ist nur allein für das jüdische Volk, für jenes Land, für jene Zeiten bestimmt, um aufgehoben zu werden als die Zeit erfüllt war, und die Religion Jehovahs nicht mehr auf eine Nation beschränkt bleiben, sondern auf alle Völker der Welt ausgedehnt werden sollte.

Es kann also unmöglich vermieden werden, daß bei der Darstellung der Religion der Juden immer wieder auf ihre äußere Staatsverfassung Bezug genommen wird.

Zweitens ist zu bemerken, daß im folgenden die Religion der Juden nur unter einem ganz besonderen Gesichtswinkel, nämlich der irdischen Beziehung zu dem Gemeinschaftsleben hier auf Erden betrachtet werden soll. Von der Religion insofern sie auf das ewige Leben nach dem Tode sieht, auf die ewige Ruhe, die dem Volke Gottes aufgehoben ist, ist nur insofern die Rede, als es unumgänglich zum Verständnis des hier gesetzten Zweckes notwendig erscheint. Es könnte hier leicht daraus der Verdacht entstehen, als ob durch solche Scheidung mehr oder weniger dieser letzte Zweck der Religion, wo nicht geleugnet, so doch gering geschätzt werden sollte; nichts aber wäre verkehrter als das. Wir wollen nur einmal die eine Seite dieser Religion etwas genauer betrachten, und das ist um so wichtiger, weil sie durch zu einseitige Betonung der anderen Seite Jahrzehnte, wo nicht Jahrhunderte lang, zu sehr vernachlässigt [wurde. Schon der alte Joh. David Michaelis hatte sich im Jahre 1774 gegen den Verdacht der Heterodoxie zu verteidigen, weil er die levitischen Gesetze des Alten Testamentes betrachtete, „wie sie dem Rechtsgelehrten, oder dem über gesetzgebende Klugheit Philosophierenden" in die Augen fallen. „In dem mosaischen Recht rede ich von den Opfern nicht, insofern sie Vorbilder auf Christum sind, sondern sehe sie bloß von ihrer juristischen und politischen Seite an. Handelte ich (Michaelis) anders, so würde ich des Zweckes, den ich mir vorgesetzt habe, verfehlen und kein mosaisches Recht, sondern eine mosaische Theologie in Vorbildern schreiben, und dabei allen Lesern, die nicht gerade etwas Theologisches suchen, unerträglich werden." Es wird daher in diesem zweiten Buche vieles herbeigezogen werden, was sonst nur in losem Zusammenhange mit der Religion der Juden steht und in anderen Darstellungen ganz oder fast ganz übergangen wird. Gerade aber dergleichen Zusammenhänge wie etwa die Religionspflege im Volke, der äußere Gottesdienst in Festen und Versammlungen, der Dienst der Priester und deren soziale Stellung sind hier von besonderem Werte und sollen hier gerade möglichst ausführlich zur Darstellung kommen.

1. Kapitel.

Das Reich Gottes.

Die Religion der Juden, so weit wir sie in den fünf Büchern Mosis erkennen, ist wesentlich auch die Religion der Christen. Beide sind durchaus keine Gegensätze sondern vielmehr Stufen einer und derselben Offenbarung. Das Neue Testament ist nichts anderes als das ent= hüllte Alte Testament, und Christus der zweite Moses und sein Evan= gelium das Gesetz des Geistes (des πνεῦμα). Derselbe Jehovah, der zu Mose sprach, spricht nach christlicher Lehre und Anschauung noch heute zu uns, wie zu den Juden, er ist der allmächtige Gott und Herr. Das Wesen und der eigentliche Inhalt dieser Religion läßt sich unter diesem Gesichtspunkt daher auch nicht besser bezeichnen als die Stiftung des „Reiches Gottes" (der βασιλεία τῶν οὐρανῶν). Der Begriff „Kirche" ist gar kein biblischer Begriff, nur ein dogmatischer, dagegen der Begriff „Reich Gottes" ist spezifisch biblisch und zieht sich wie ein roter Faden durch das ganze Alte und Neue Testament hindurch. Das Reich Gottes hier auf Erden zu gründen, das Reich Gottes, in dem Frieden und Freude lacht, das war der Wille Gottes, als er Abraham erwählte und in ihm das Volk der Juden, als er Mosen unter seinen Brüdern erweckte, das Volk Israel aus dem Lande der Knecht= schaft auszuführen, als er Jesum Christum, seinen Sohn und unseren Herrn sandte, das Evangelium von der Freiheit der Kinder Gottes zu predigen. Wie sehr das neutestamentliche Reich Gottes von dem Herrn Jesus und seinen Aposteln nur als die Fortsetzung und Enthüllung des alttestament= lichen angesehen wurde, zeigt uns außer sehr vielen Beweisen die Thatsache, daß Johannes in der Offenbarung das vollendete Reich Gottes nur unter alttestamentlichen Bildern sieht, in denen die zwölf Stämme Israels die vornehmste Rolle spielen, obwohl gerade er das fleischliche Israel, das von Jehovah abgewichen, aber stolz auf seine eignen Werke und seine Nation war, mit den allerschärfsten Ausdrücken der Ver= achtung belegt, er nennt es „des Satans Schule". Nach Paulus gibt es nur einen gesunden Ölbaum, in den die Schößlinge der wilden Bäume eingepfropft werden müssen, um zu gesunden, während die Zweige des gesunden Ölbaums abfallen und verderben, weil sie nicht Saft aus ihrem Ölbaum, sondern aus eignen Werken saugen wollen. Der Same Abrahams sind die seines Geistes sind und die Kinder des

Reiches Gottes im Neuen Testamente sind das wahre Israel, das aus dem Geist gezeuget ward. Die Juden, die den Schatten für den Körper halten, Jehovah nur für ihren Nationalgott ansehen und damit ihn zum Götzen machen, sind, wie Hengstenberg richtig sagt, für das Reich Gottes ein corpus mortuum, für diese Welt aber ein Sauerteig des Verderbens in dem Grade, als sie sich von dem wahren ewigen lebendigen Jehovah entfernt haben und noch immer mehr entfernen.

Dieses von Jehovah schon im Alten Testamente gegründete Reich Gottes soll aber dort wesentlich anders in die Erscheinung treten als im Neuen Testament.

Das Reich Gottes im Alten Testament war an die Schranke der jüdischen Nation gebunden. Gott hat Abraham erwählt und mit dem Volk der Juden am Sinai einen Bund gemacht, nicht weil es das beste und größte vor anderen Völkern wäre, sondern um an ihm seine Güte Weisheit und Gnade zu zeigen. Israel sollte das Salz der Welt, der Sauerteig der göttlichen Weisheit werden, aber bis daß die Zeit der Vorbereitung erfüllt wäre, sollte dieses Gottes Reich die Schranke der Nation nicht übersteigen, obschon auch damals die Thüren zu diesem Reiche offen standen, aber nur denen Eingang gewährten, die sich im jüdischen Volke nationalisierten. In diesem Volke nahm Jehovah die oberste Regierungsgewalt ein, zwar nicht gleichsam als absoluter Herrscher, sondern durch sein in den Herzen und namentlich auf den steinernen Tafeln geoffenbartes Gesetz. In dem Gesetz herrschte Jehovah und umgekehrt durch Jehovah herrschte das Gesetz. Jede Übertretung des Gesetzes war ein Majestätsverbrechen gegen Jehovah, den obersten Herrn, und jede Versündigung gegen Jehovah war auch ein Frevel gegen das Gesetz. Daher wurzelte beim jüdischen Volke die äußere staatliche Verfassung, d. h. die ganze Anordnung des irdischen Gemeinschaftslebens in der Abhängigkeit von Jehovah, d. h. in der Religion; und wieder umgekehrt die Abhängigkeit von Jehovah, die Religion wurzelte in den Staatsordnungen. Beides zusammen pflegt man seit Josephus „Theokratie" zu nennen, obwohl der Ausdruck eigentlich das nicht bezeichnet, was er bezeichnen soll, denn Theokratie ist auch im Neuen Testament, Theokratie ist auch im Deutschen Reiche und überall. Kann man überhaupt von einer idealisierten Staatskirche reden oder von einem idealisierten Kirchenstaat, so war Israel nach den Gesetzen Moses ein Kirchenstaat und eine Staatskirche. Die zwei Regimente, das geistliche und weltliche, waren im jüdischen Volke nach Jehovahs Willen nicht getrennt sondern geeint, eben weil Jehovah im buchstäblichen Sinne der höchste Gott und Herr war. Luther schreibt von diesen beiden Regimenten in seiner Schrift: „Ob Kriegsleute im sel. Stande sein können" so schön, daß ich die Stelle hierhersetzen will: „Denn Er hat zweierlei Regiment unter die Menschen aufgerichtet, eines geistlich durchs Wort und ohne Schwert, dadurch die Menschen sollen fromm und gerecht werden, also daß sie mit derselben Gerechtigkeit das ewige Leben er= langen. Und solche Gerechtigkeit handhabt er durchs Wort, welches er den Predigern befohlen hat. Das andere ist ein weltlich Regiment durchs Schwert, so daß diejenigen, so durchs Wort nicht wollen fromm und gerecht werden zum ewigen Leben, dennoch durch solch weltlich Regiment gedrungen werden, fromm und gerecht zu sein vor der Welt, und solche Gerechtigkeit handhabt er durchs Schwert. Und wiewohl er derselben Gerechtigkeit nicht will lohnen mit dem ewigen Leben, so will er sie dennoch haben, auf daß Friede unter den Menschen erhalten werde und belohnt sie mit zeitlichem Gute.

Denn darum gibt er der Obrigkeit so viel Gutes, Ehre, Gewalt, daß sie es mit Recht vor anderen besitzen, daß sie ihm dienen, solche weltliche Gerechtigkeit zu handhaben. Also ist Gott selber aller beider Gerechtig= keit, beider geistlicher und leiblicher Stifter, Herr, Meister und Förderer und Belohner und ist keine menschliche Ordnung oder Gewalt drinnen, sondern eitel göttliches Ding."

Diese also beschriebene weltliche Ordnung hatte im jüdischen Volke noch keine selbständige Daseinsform, und der geistlichen Obrigkeit fehlte mit dem Geiste Christi noch ihre eigne feste Grundlage. Trotz der Einheit der beiden Gewalten im jüdischen Volke waren sie dennoch nicht ver mengt oder vermischt; weder verschlang die geistliche Gewalt in falscher Hierarchie die weltliche Gewalt, noch unterdrückte die weltliche die geist= liche Gewalt, sondern beide waren in ihrer Wirkung und Ausübung streng geschieden, aber dennoch geeinigt in dem Gesetz, dessen Quell Jehovah war.

Als aber nach der Erfüllung der Zeiten Jesus Christus erschien und das von Gott gestiftete Reich Gottes nicht mehr an die Schranke der jüdischen Nation gebunden bleiben sollte, sondern vielmehr allem Volke in aller Welt nach dem Befehle Christi gepredigt wurde, da mußten diese beiden Gewalten getrennt werden. Die menschliche Gewalt erhielt ihre eigne Existenzberechtigung, die geistliche Gewalt ist eignes Gebiet in der Kirche des Neuen Testamentes.

Auch jetzt noch lehrt uns der Herr Jesus beten, daß das Reich

Gottes komme, aber die Art und Weise seiner Herbeiführung ist eine andere im weltlichen Regiment, eine andere im geistlichen Regiment. Das erkannten unsere Väter klar und deutlich und deshalb bekannten sie in ihrem Glaubensbekenntnis zu Augsburg im Artikel 16: de rebus civilibus docent, quod legitimae ordinationes civiles sint bona opera Dei. In der Apologie heißt es daher über diesen Punkt ausführlich: „Dieser ganz richtiger, nöthiger Artikel vom Unterschied des geistlichen Reiches Christi und weltlichen Reiches, welcher fast nöthig ist zu wissen, ist durch die Unsern ganz eigentlich richtig und klar gegeben, vielen Gewissen zu merklichem großen Trost. Denn wir haben klar gelehret, daß Christi Reich geistlich ist, da er regieret durch das Wort und die Predigt, wirkt durch den H. Geist und mehret in uns den Glauben, Gottesfurcht, Liebe, Geduld inwendig im Herzen und führet hier auf Erden in uns Gottes Reich und das ewige Leben an. — Und das Evangelium bringet nicht neue Gesetze im Weltregiment, sondern gebeut und will haben, daß wir den Gesetzen sollen gehorsam sein und der Oberkeit, darunter wir wohnen, es seien Heiden oder Christen und daß wir in solchem Gehorsam unsere Liebe erzeigen sollen. — Solche Lehren (Carlstadts und der Mönche) haben die neue evangelische Lehre ganz unterdrückt, daß man gar nicht verstanden hat, was christlich oder das geistliche Reich Christi sei und haben weltlich und das geistliche Reich Christi in einander gekocht, daraus viel Unraths und aufrührerische Lehren erfolget, denn das Evangelium zerreißt nicht weltlich Regiment oder weltliche Polizei, sondern bestätigt Obrigkeit und Regiment." In Artikel 28 der confessio heißt es: „Dieweil nun die Gewalt der Kirchen oder Bischofen ewige Güter giebt und allein durch das Predigtamt geübt und getrieben wird, so hindert sie die Polizei und das weltliche Regiment nichts überall. Denn das weltliche Regiment gehet mit viel andern Sachen um denn das Evangelium, welche Gewalt schützt nicht die Seelen, sondern Leib und Gut wider äußerlichen Gewalt und Schwert leiblichen Pönen."

„Darum soll man die zwei Regiment das geistliche und weltliche nicht ineinander mengen und werfen, denn die geistliche Gewalt hat sein Befehlich das Evangelium zu predigen, soll auch nicht in ein fremd Land fallen, soll nicht Könige setzen oder entsetzen, soll redlich Gesetz und Gehorsam der Oberkeit nicht aufheben oder zerrütten, soll weltliche Gewalt nicht Gesetz machen und stellen von weltlichen Händeln, wie denn auch Christus selbst gesagt hat: Mein Reich ist nicht von dieser Welt."

Um der Wichtigkeit der Sache willen hören wir jetzt auch noch, was Luther in seinen Privatschriften von dieser Sache sagt.

Wir lesen in seiner Schrift „Von weltlicher Oberkeit": „Zum Reiche der Welt oder unter das Gesetz gehören alle, die nicht Christen sind. Denn sintemal wenige glauben und der wenigere Theil sich hält nach geistlicher Art, daß er nicht widerstrebe dem Übel, ja, daß er nicht selbst Übel thue, hat Gott denselben außer dem christlichen Stand in Gottes Reich ein anderes Regiment verschafft und sie unter das Schwert geworfen, daß, ob sie gleich gern wollten, sie doch nicht thun könnten ihre Bosheit. — Darum hat Gott die zwei Regimente verordnet, das geistliche, welches Christen und fromme Leute macht durch den Heiligen Geist unter Christo, und das weltliche, welches den Unchristen und Bösen wehrt, daß sie äußerlich Frieden halten müssen und stille sein ohne ihren Dank."

„Wenn nun Jemand wollte die Welt nach dem Evangelio regieren und alles weltliche Recht und Schwert aufheben und vorgeben, sie wären alle getauft und Christen, unter welchen das Evangelium will kein Recht noch Schwert haben, auch nicht not ist. Lieber rathe, was würde derselbe machen? Er würde den wilden bösen Thieren die Bande und Ketten auflösen, daß sie Jedermann zerrissen, zerbissen und daneben vorgäben, es wären seine zahmen kirren Thierlein, ich würde es aber an meinen Wunden wohl fühlen. Also würden die Bösen unter dem christlichen Namen der evangelischen Freiheit mißbrauchen, ihre Büberei treiben und sagen, sie seien Christen und keinem Gesetz noch Schwert unterworfen, wie jetzt schon Etliche toben und narren."

„Darum ein ganzes Land oder die Welt mit dem Evangelio zu regieren sich unterwinden, das ist eben als wenn ein Hirt in einen Stall zusammen thäte Wölfe, Löwen, Adler, Schafe und ließe jegliches frei unter den andern gehen und spräche: Da weidet euch und seid fromm und friedsam untereinander, der Stall steht offen, Weide habt ihr genug. Hunde und Keulen dürft ihr nicht fürchten. Hier würden die Schafe wohl Frieden halten und sich friedlich also lassen weiden und regieren, aber sie würden nicht lange leben, noch ein Thier vor dem andern bleiben."

„Darum muß man diese beiden Regimente mit Fleiß scheiden, und beides bleiben lassen, eines das fromm macht, das andere, das äußerlich Frieden schafft und bösen Werken wehrt, keins ist ohne das andere genug in der Welt. Denn ohne Christi geistliches Regiment kann Niemand fromm werden vor Gott durch weltliches Regiment.

So geht Christi Regiment nicht über alle Menschen, sondern allezeit ist der Christen am wenigsten und sind mitten unter Unchristen. Wo ein weltliches Regiment oder Gesetz allein regieret, da muß eitel Heuchelei sein, wenn's auch gleich Gottes Gebote selber wären. Denn ohne den Heiligen Geist im Herzen wird Niemand recht fromm, er thue wie seine Werke er mag. Wo aber das geistliche Regiment allein regiert über Land und Leute, da wird der Bosheit der Zaum los und Raum gegeben aller Büberei, denn die gemeine Welt kann's nicht annehmen noch verstehen."

Selbst die Waffen der heiligen Ironie verschmähte Luther nicht, um solche gottlose Verquickung zu geißeln. Er schreibt: „Doch solche Welt soll solche Fürsten haben, daß ja kein Theil seines Amtes warte. Die Bischöfe sollen das Wort Gottes liegen lassen und die Seelen nicht damit regieren, sondern sollen den weltlichen Fürsten befehlen, daß dieselben mit dem Schwert daselbst regieren. Wiederum die weltlichen Fürsten sollen Wucher, Raub, Ehebruch, Mord und andere böse Werke gehen lassen und selbst treiben danach die Bischöfe lassen mit Baun= büchern strafen und also den Schuh fein umkehren, mit Eisen die Seelen und mit Briefen den Leib regieren, daß weltliche Fürsten geistlich und geistliche Fürsten weltlich regieren. Was hat der Teufel sonst zu schaffen auf Erden, denn daß er mit seinem Volke also gaukele und Fastnachtspiel treibe? Das sind unsere christliche Fürsten, die den Glauben vertheidigen und den Türken fressen. Ja freilich feine Gesellen auf die wohl zu vertrauen ist, sie werden mit solcher feiner Klugheit etwas ausrichten, nemlich, daß sie den Hals stürzen und Land und Leute in Jammer und Not bringen."

In der Ermahnung an die Bauern zum Frieden schreibt Luther: „Lieben Freunde, die Christen sind nicht so gemein, daß so viel auf einen Haufen sich versammeln sollten, es ist ein seltsamer Vogel um einen Christen; wollte Gott wir wären das mehrere Theil gute fromme Heiden, die das natürliche Recht hielten, ich schweige des christlichen."

Nun wird uns auch klar, warum Jesus die ungeduldige heiße Sehnsucht nach dem Erscheinen des Reiches Gottes tadelt. Die Sehn= sucht selbst ist nicht tadelnswert, ist und bleibt vielmehr der eigentliche Grundcharakter aller wahren Christen, der ihrem Denken und Sinne und Wirken erst die rechte Lebensfreude und Lebensmut gibt. Das aber war das Tadelnswerte, der Irrtum der Jünger, daß sie das Kommen des Reiches Gottes noch immer, nachdem der Körper erschienen war, in der alttestamentlichen Form, dem Schatten, für möglich hielten. Wir sitzen nicht über sie zu Gericht, um so mehr uns der Irrtum bei ihnen begreiflich erscheint.

Nach dieser langen Auseinandersetzung des wichtigen Unterschiedes zwischen geistlichem und weltlichem Regiment wenden wir uns nun zur Darstellung des eigentlichen Inhalts des Reiches Gottes, das Gott unter den Juden stiftete.

Jehovah macht mit dem Volke Israel einen Bund, oder noch besser erneuert mit ihm den schon mit den Vätern geschlossenen Bund. In diesem Bunde ist Gott der Herr, der allein gibt, Israel dagegen empfängt nur und der Bund besteht wesentlich in dem ewigen Gedächtnis dieses thatsächlichen Verhältnisses. Im 5. Mos. 7 V. 6 und folgende lesen wir: „Denn du bist ein heiliges Volk Gott deinem Herrn. Dich hat Gott, dein Herr, erwählet zum Volk des Eigentums aus allen Völkern, die auf Erden sind. Nicht hat euch der Herr angenommen und euch erwählet, daß euer mehr wäre, denn alle Völker, denn du bist das wenigste unter allen Völkern, sondern daß er euch geliebet hat und seinen Eid hielte, den er euern Vätern geschworen hat, hat er euch ausgeführet mit mächtiger Hand, und hat dich erlöset von dem Hause des Dienstes, aus der Hand Pharao, des Königs in Ägypten. So sollst du nun wissen, daß der Herr, dein Gott, ein Gott ist, ein treuer Gott, der den Bund und Barmherzigkeit hält denen, die ihn lieben und seine Gebote halten in tausend Glied, und vergilt denen, die ihn hassen, vor seinem Angesicht, daß er sie umbringe und säumet sich nicht, daß er denen vergelte vor seinem Angesichte, die ihn hassen." Noch deutlicher und klarer tritt uns die eigentliche Bedeutung des Bundes vor Augen, wenn wir die Hauptstelle (2. Mos. 19, 3 ff.) uns vergegenwärtigen: „Und Mose stieg hinauf zu Gott. Und der Herr rief ihm vom Berge und sprach: So sollst du sagen zu dem Jakob und verkündigen den Kindern Israel: Ihr habt gesehen, was ich den Ägyptern gethan habe, und wie ich euch getragen habe auf Adlers Flügeln und habe euch zu mir gebracht. Werdet ihr nun meiner Stimme gehorchen und meinen Bund halten, so sollt ihr mein Eigentum sein vor allen Völkern, denn die ganze Erde ist mein. Und ihr sollt mir ein priesterliches Königreich und ein heiliges Volk sein. Das sind die Worte, die du den Kindern Israel sagen sollst."

Israel soll ein priesterliches Königreich und ein heiliges Volk sein, das ist der wesentliche Inhalt des Bundes, soweit er Israels Bestimmung angeht. Es ist nun von großer Wichtigkeit, klar zu erkennen,

worin das eigentliche charakteristische Merkzeichen dieser doppelten Be=
stimmung liegen soll. Ein priesterliches Königtum soll Israel sein,
sofern es eine von Gott erwählte Nation ist, die ihr Dasein und ihre
Zukunft allein Gott dem Herrn zu verdanken hat. Gott hat das Volk
erwählet und es seine Gebote und Rechte gelehret. Deshalb ruft
Moses 5. Mos. 4, 6 ihm zu: „So behaltet's nun und thut es. Denn
das wird eure Weisheit und Verstand sein bei allen Völkern, wenn sie
hören werden alle diese Gebote, daß sie müssen sagen: Ei, welche weise
und verständige Leute sind das und ein herrliches Volk! Denn wo ist
ein so herrliches Volk, zu dem Götter also nahe sich thun, als der Herr
unser Gott, so oft wir ihn anrufen? Und wo ist ein so herrliches
Volk, das so gerechte Sitten und Gebote habe, als alle dieses Gesetz,
das ich euch heutigen Tages vorlege?" Ganz am Ende seines Lebens
bricht Moses aus in folgenden Lobpreis: „Es ist kein Gott, als der
Gott der Gerechten. Der im Himmel sitzt, der sei deine Hilfe, und
deß Herrlichkeit in Wolken ist. Das ist die Wohnung Gottes von An=
fang und unter den Armen ewiglich. Und er wird vor dir her deinen
Feind austreiben und sagen: Sei vertilget! Israel wird sicher allein
wohnen, der Brunn Jacobs wird sein auf dem Lande, da Korn und
Most ist, dazu sein Himmel wird mit Tau triefen. Wohl dir Israel!
Wer ist dir gleich? o Volk das du durch den Herrn selig wirst, der
deiner Hilfe Schild und das Schwert deines Sieges ist. Deinen Fein=
den wird's fehlen, aber du wirst auf ihrer Höhe einher treten."

Ein heiliges Volk soll Israel sein, indem es sich von dem Götzen=
dienst fern hält. Der Götzendienst ist zwiefache Sünde. Einmal ist er
Abfall von dem wahren Gott, dem Landesvater Israels, dem Geber
aller guten Gaben, und das andere Mal ist er Verfall in den tiefen
Abgrund alles Scheuels und Greuels. Einen wirklichen Atheismus
gibt es nicht, und wenn sich die Welt noch so sehr damit spreizt; es
bleibt dabei: wer den lebendigen Gott verleugnet, der erwählet sich
einen anderen, und wird, wie Paulus im Römerbrief sagt, in seiner
Weisheit zum Narren werden und von Stufe zu Stufe tiefer fallen, bis
an Stelle der vorher stolz prangenden abstrakten Ideen als Götzen nur
der Eigennutz und die Habsucht übrig bleiben, die ihren Altar in dem
Bauch, wie Luther sagt, dem Madensacke, haben. In deutlichem klaren
Stufengange zeigt sich uns dieser Abfall in dem Verlauf den die so herrlich
begonnene Freiheitsbewegung der französischen Revolution genommen hat.

Ich zweifle nicht einen Augenblick an der Aufrichtigkeit und Ehr=
lichkeit jener Schwärmer, noch weniger an ihrer zwar relativen aber

immerhin gewaltig großen Berechtigung. Aber zu jener Zeit sollte nach völligem Umsturz der alten sozialen Ordnung auch die sittliche religiöse Anschauung umgestürzt werden; an die Stelle des alten Jehovah, des Christengottes, wurde eine neue Dreieinigkeit gestellt: Gott, Unsterblichkeit und Tugend. Nachdem schon bald der Begriff „Gott" begraben war und sich verflüchtigt hatte, blieb von dieser immerhin hohen idealen Dreieinigkeit, für die sich manch edler Geist wohl begeistern kann, wenig übrig. Von Stufe zu Stufe ist ihr Glanz erblichen; Gott und Unsterblichkeit sind gestrichen und nun wird mit entsetzlichem Hohn die Tugend gepriesen in teuflischer Verblendung, indem jeder darunter seinen Vorteil und Nutzen versteht, bis wir offen gestanden dahin gekommen sind, wohin der Abfall von dem lebendigen Gott immer führen muß, zur Anbetung des goldenen Kalbes, die sich noch heute wie damals teils durch die greulichste Hurerei, teils durch die schändlichsten Menschenopfer offenbart, die diesem Moloch heute wie damals geschlachtet werden.

Ein Volk, das seinen Gott verliert, geht unrettbar verloren, es eilt dem Abgrund entgegen. „Wo Gott schwindet, da tritt unausbleiblich Revolution ein, da werden alle Rechte mit Füßen getreten, da entsteht ein bellum omnium contra omnes" (Hengstenberg). Ich kann mich nicht enthalten, die herrliche Stelle aus dem Römerbrief wörtlich hierher zu setzen: „Da sie sich für weise hielten, sind sie zu Narren worden; und haben verwandelt die Herrlichkeit des unvergänglichen Gottes in ein Bild gleich dem vergänglichen Menschen und der Vögel und der vierfüßigen und der kriechenden Tiere. Darum hat sie auch Gott dahingegeben in ihrer Herzen Gelüste, in Unreinigkeit, zu schänden ihre eigenen Leiber an ihnen selbst, die Gottes Wahrheit haben verwandelt in die Lüge, und haben geehret und gedienet dem Geschöpfe mehr denn dem Schöpfer, der da gelobet ist in Ewigkeit. Amen. Darum hat sie Gott auch dahingegeben in schändliche Lüste. Denn ihre Weiber haben verwandelt den natürlichen Brauch in den unnatürlichen. Desselbengleichen auch die Männer haben verlassen den natürlichen Brauch des Weibes und sind aneinander erhitzet in ihren Lüsten und haben Mann mit Mann Schande getrieben und den Lohn ihres Irrtums an ihnen selbst empfangen." Israel soll als ein heiliges Volk vor dem Götzendienst bewahrt bleiben, als einem Gift, aus dem sich dieser Greuel als aus seiner Wurzel mit Notwendigkeit entwickelt. Deshalb ist die Summa, der Kern und Stern aller Gebote: „Ich bin der Herr, dein Gott, der ich dich aus Ägyptenland, aus dem Diensthause, geführt habe. Du sollst keine andern Götter neben mir haben. Du sollst dir kein Bildnis noch irgend ein Gleichniß machen, weder deß, das oben im Himmel, noch deß unten auf Erden, oder deß, das im Wasser unter der Erde ist. Bete sie nicht an und diene ihnen nicht; denn ich, der Herr dein Gott, bin ein eifriger Gott, der da heimsuchet der Väter Missethat an den Kindern bis in das dritte und vierte Glied die mich hassen, und thue Barmherzigkeit an vielen tausenden, die mich lieb haben, und meine Gebote halten." Als Moses vom Berge nach der Gesetzgebung heruntersteigen will spricht der Herr zu ihm (V. 22): "Also sollst du zu den Kindern Israel sagen: "Ihr habt gesehen, daß ich mit euch vom Himmel herab geredet habe. Darum sollt ihr nichts neben mir machen, silberne und goldene Götter sollt ihr nicht machen." Im 5. Buch Mos. Kap. 4, V. 15 ff. lesen wir: "So bewahrt nun eure Seelen wohl, denn ihr habt kein Gleichniß des Tages, da der Herr mit euch redete aus dem Feuer auf dem Berge Horeb, auf daß ihr euch nicht verderbet und macht euch irgend ein Bild, das gleich sei einem Mann oder Weib, oder Vieh auf Erden, oder Vogel unter dem Himmel, oder Gewürm auf dem Lande, oder Fisch im Wasser unter der Erde. Daß du auch nicht deine Augen aufhebest gen Himmel und siehest die Sonne und den Mond und die Sterne, das ganze Heer des Himmels und fällst ab und betest sie an und dienest ihnen, welche der Herr verordnet hat allen Völkern unter dem ganzen Himmel (cf. Römerbrief: aber Gott hat sie dahingegeben zu thun das nicht taugt). Euch aber hat der Herr angenommen und aus dem eisernen Ofen, nämlich aus Ägypten, geführet, daß ihr sein Erbvolk sollt sein wie es ist an diesem Tage." Darum sollen sich die Kinder Israel vor den Heiden hüten, und allen freundschaftlichen Verkehr mit ihnen meiden, damit sie nicht mit denselben Lastern des Götzendienstes verführet werden, in die die Kananiter gefallen waren und um derentwillen sie nach Gottes Ratschluß nun verderbt werden sollten. Greuel der Hurerei und Molochsdienst, in denen man die Kinder durch Feuertod opferte, das war der Stempel des kananitischen Götzendienstes.

Alle diese fortlaufenden Ermahnungen finden ihre kräftige Begründung in dem unaufhörlichen Hinweis, daß Jehovah es ist, der das Volk erwählet und zum Volke gemacht und ihm sein Land zum Erbteil gegeben hat. "Frage nach den vorigen Zeiten (5. Mos. 4, 32), die vor dir gewesen sind, von dem Tage an, da Gott den Menschen auf Erden geschaffen hat, von einem Ende des Himmels zum andern, ob je ein solch groß Ding geschehen, oder desgleichen je gehöret sei, daß ein Volk Gottes Stimme gehöret habe aus dem Feuer reden, wie du gehöret hast und dennoch lebest? Oder ob Gott versucht habe hineinzugehen und ihm ein Volk mitten aus einem Volke zu nehmen durch Versuchung, durch Zeichen, durch Wunder, durch Streit und durch eine mächtige Hand, und durch einen ausgestreckten Arm, und durch sehr schreckliche Thaten, wie das alles der Herr, euer Gott, für euch gethan hat in Ägypten, vor deinen Augen? Du hast's gesehen, auf daß du wissest, daß der Herr allein Gott ist und keiner mehr. Vom Himmel hat er dich seine Stimme hören lassen, daß er dich züchtige, und auf Erden hat er dir gezeiget sein großes Feuer, und seine Worte hast du aus dem Feuer gehöret. Darum, daß er deine Väter geliebet und ihren Samen nach ihnen erwählet hat und hat dich ausgeführet mit seinem Angesicht, durch seine große Kraft, aus Ägypten, daß er vertriebe vor dir her große Völker und stärkere denn du bist und dich hineinbrächte, daß er dir ihr Land gäbe zum Erbteil, wie es heutiges Tages stehet. So sollst du nun heutiges Tages wissen und zu Herzen nehmen, daß der Herr ein Gott ist oben im Himmel und unten auf Erden, und keiner mehr." Dagegen aber umgekehrt spitzt sich jegliche Drohung für Abfall von Jehovah und Hinkehr zu den Götzen bis zur Wegnahme des Erbteils zu. Also lesen wir in demselben Kapitel (5. Mos. 4, 25): „Wenn ihr nun Kinder zeuget und Kindeskinder und im Lande wohnet und verderbet euch und machet euch Bilder einigerlei Gleichnis, daß ihr übel thut vor dem Herrn, eurem Gott, und ihr ihn erzürnet: so rufe ich heutiges Tages über euch zu Zeugen Himmel und Erde, daß ihr werdet bald umkommen von dem Lande, in welches ihr gehet über den Jordan, daß ihrs einnehmet; ihr werdet nicht lange darinnen bleiben, sondern werdet vertilget werden. Und der Herr wird euch zerstreuen unter die Völker und werdet ein geringer Pöbel übrig sein unter den Heiden, dahin euch der Herr treiben wird."

Schon hier machen wir die auffallende Bemerkung, für die im folgenden ein ausführlicherer Beweis nachfolgt, daß Moses für den Gehorsam weder ewige Belohnung im Himmel noch für den Ungehorsam ewige Strafe in der Verdammnis droht, sondern vielmehr in beiden Fällen sich an die konkreten Dinge dieser Welt hält. Die Gottesfurcht hat die Verheißung dieses Lebens und umgekehrt, die Sünde ist der Leute Verderben auf dieser armen Erde. Allein eins thut Moses, darin er sich von anderen Gesetzgebern unterscheidet. Er droht dem ganzen Volke, wenn es als Volk seine Gesetze freventlich übertreten sollte, Strafen dieses Lebens, die keine menschliche Obrigkeit vollziehen kann, die aber die Vorsehung Gottes selbst über Volk und Land verhängen wird. Kein menschlicher Gesetzgeber konnte dies thun, wenigstens nicht so, daß nicht der Erfolg das Leere seiner Drohungen dem Volke entdeckt haben sollte, sondern bloß ein unmittelbarer Bote des Gottes, der auf seinen Befehl Gesetze gab (Michaelis).

Gehen wir nun über zu einer allgemeinen Betrachtung der Gebote und Rechte, die Jehovah durch Mose seinem Volke gegeben hat. Ihre genaue Darstellung folgt in den späteren Kapiteln. Die Summa der Gebote und Rechte ist natürlich enthalten in den zehn Geboten und in dem sogenannten Bundesbuche, d. h. den Kapiteln, die unmittelbar dem 19. Kap. des zweiten Buches folgen. Alle diese Gebote und Rechte laufen in einen Zentralpunkt aus: „Höre, Israel, der Herr unser Gott ist ein einiger Gott. Und du sollst den Herrn deinen Gott lieb haben von ganzem Herzen, von ganzer Seele, von allem Vermögen" (5. Mos. 6; cf. 5. Mos. 11, 13).

Die Liebe ist des Gesetzes Erfüllung, das ist keine spezifisch neutestamentliche Lehre, sondern das A und O der ganzen Heiligen Schrift Alten und Neuen Testaments und steht durchaus nicht im Widerspruch mit dem im Alten Testament enthaltenen Rechtsgrundsatz: „Auge um Auge, Zahn um Zahn."*) Wir erinnern uns der Antwort des Herrn Jesu, die er einem Jüngling auf seine Frage nach den vornehmsten Pflichten gab: „Du sollst Gott lieben von ganzem Herzen, von ganzer Seele und von ganzem Gemüt, und deinen Nächsten als dich selbst, das ist das Gesetz und die Propheten." Es ist als ob wir den Herrn Jesum hörten, wenn wir (5. Mos. 8) in Mose lesen: „Er demütigte dich und ließ dich hungern — speisete dich mit Man, auf daß er dir kund thäte, daß der Mensch nicht lebet vom Brot allein, sondern von allem, das aus dem Munde des Herrn gehet."

Alle diese Gebote und Rechte, auch selbst da, wo sie, wie in den Opfern, das tief innerliche religiöse Bedürfnis, die Vergebung der Sünden, behandeln, beziehen sich überall fast ohne Ausnahme auf Herstellung eines friedlichen gerechten Gemeinschaftslebens hier auf Erden. Die Liebe zu Gott wird sichtbar in der Liebe und in der Gerechtigkeit gegen die Brüder, die nach Gottes Bilde geschaffen sind. Der Nächste ist der Stammgenosse; aber auch der Fremdling, der in ihren Thoren ist, hat nach Gottes Willen Anspruch, nach denselben Rechten und Geboten behandelt zu werden, denn Israel wird stets daran erinnert, daß es selbst Fremdling gewesen ist in Ägyptenland.

Worauf es uns hier ganz besonders ankommt, ist der Nachweis,

---

*) Vergl. das spätere Buch von der Strafgesetzpflege.

daß das Reich Gottes in Israel sich unaufhörlich auf das irdische Leben bezieht. Moses wird nicht müde, die Wahrheit des alten Satzes nachzuweisen: An Gottes Segen ist alles gelegen. „Werdet ihr nun meine Gebote hören, die ich heute gebiete, daß ihr den Herrn, euern Gott, liebet und ihm dienet von ganzem Herzen und von ganzer Seele, so will ich eurem Lande Regen geben zu seiner Zeit, Frühregen und Spätregen, daß du einsammelst dein Getreide, deinen Most und dein Öl, und will deinem Vieh Gras geben auf deinem Felde, daß ihr esset und satt werdet." (5. Mos. 11, 13.) „So hüte dich nun, daß du des Herrn deines Gottes nicht vergissest, damit daß du seine Gesetze und Rechte, die ich dir heute gebiete, nicht haltest; daß, wenn du nun gegessen hast und satt bist und schöne Häuser erbauest und darinnen wohnest, und deine Rinder und Schafe, und Silber und Gold und alles was du hast, sich mehret, daß dann dein Herz sich nicht erhebe und vergessest des Herrn deines Gottes, der dich aus Ägyptenland geführet hat, aus dem Diensthause und hat dich geleitet durch die große und grausame Wüste, da feurige Schlangen und Skorpionen und eitel Dürre und kein Wasser war, und ließ die Wasser aus dem harten Felsen gehen und speisete dich mit Man in der Wüste, von welchem deine Väter nichts gewußt haben, auf daß er dich demütigte und versuchte, daß er dir hernach wohlthäte. Du möchtest sonst sagen in deinem Herzen: Meine Kräfte und meiner Hände Stärke haben mir dies Vermögen ausgerichtet. Sondern daß du gedächtest an den Herrn, deinen Gott, denn er ist's, der dir Kräfte gibt, solche mächtige Thaten zu thun, auf daß er hielte seinen Bund, den er deinen Vätern geschworen hat, wie es gehet heutigen Tages. Wirst du aber des Herrn, deines Gottes, vergessen, und andern Göttern nachfolgen und ihnen dienen und sie anbeten, so bezeuge ich heute über euch, daß ihr umkommen werdet, eben wie die Heiden, die der Herr umbringt vor eurem Angesicht, so werdet ihr auch umkommen, darum, daß ihr nicht gehorsam seid der Stimme des Herrn, eures Gottes" (5. Mos. 8, 11—20).

Der Nachweis des engen Zusammenhangs zwischen der Gottes= furcht und dem verheißenen irdischen Segen wird so oft geführt, daß man fast die ganzen fünf Bücher Moses ausschreiben müßte. Weil aber gerade der Nachweis dieses Zusammenhangs mir für unsere gegen= wärtige Zeit so sehr wichtig erscheint, und weil ferner vielleicht mancher Leser hier die schönen Stellen aus den fünf Büchern Mosis zum ersten Male und sicherlich zu seiner Freude und Erquickung liest, so trage ich kein Bedenken hier fast das ganze 28. Kapitel des fünften Buches Mosis

12*

hinzusetzen, in der Hoffnung, daß alle Leser dadurch gereizt würden, in der Quelle weiter zu forschen.

Kapitel 28: „Und wenn du der Stimme des Herrn, deines Gottes, gehorchen wirst, daß du haltest und thuest alle seine Gebote, die ich dir heute gebiete, so wird dich der Herr, dein Gott, das Höchste machen über alle Völker auf Erden. Und werden über dich kommen alle diese Segen und werden dich treffen, darum daß du der Stimme des Herrn, deines Gottes, bist gehorsam gewesen. Gesegnet wirst du sein in der Stadt, gesegnet auf dem Acker. Gesegnet wird sein die Frucht deines Leibes, die Frucht deines Landes und die Frucht deines Viehes und die Frucht deiner Ochsen und die Früchte deiner Schafe. Gesegnet wird sein dein Korb und dein Übriges. Gesegnet wirst du sein, wenn du eingehest, gesegnet, wenn du ausgehest. Und der Herr wird deine Feinde, die sich wider dich auflehnen, vor dir schlagen, durch einen Weg sollen sie ausziehen wider dich, und durch sieben Wege vor dir fliehen. Der Herr wird gebieten den Segen, daß er mit dir sei in deinem Keller, und in allem, das du vornimmst, und wird dich segnen in dem Lande, das dir der Herr, dein Gott, gegeben hat. Der Herr wird dich ihm zum heiligen Volk aufrichten, wie er dir geschworen hat, darum daß du die Gebote des Herrn, deines Gottes, haltest und wandelst in seinen Wegen; daß alle Völker auf Erden werden sehen, daß du nach dem Namen des Herrn genannt bist, und werden sich vor dir fürchten. Und der Herr wird machen, daß du Überfluß an Gütern haben wirst, an der Frucht deines Leibes, an der Frucht deines Viehes, an der Frucht deines Ackers, auf dem Lande, das der Herr deinen Vätern geschworen hat dir zu geben. Und der Herr wird dir seinen guten Schatz aufthun, den Himmel, daß er deinem Lande Regen gebe zu seiner Zeit und daß er segne alle Werke deiner Hände. Und du wirst vielen Völkern leihen, du aber wirst von niemand borgen. Und der Herr wird dich zum Haupt machen, und nicht zum Schwanz und wirst oben schweben und nicht unten liegen, darum daß du gehorsam bist den Geboten des Herrn, deines Gottes, die ich dir heute gebiete zu halten und zu thun, und daß du nicht weichest von irgend einem Wort, das ich heute gebiete, weder zur Rechten noch zur Linken, damit du andern Göttern nachwandelst, ihnen zu dienen.

Wenn du aber nicht gehorchen wirst der Stimme des Herrn, deines Gottes, daß du haltest und thust alle seine Gebote und Rechte, die ich dir heute gebiete, so werden alle diese Flüche über dich kommen und dich treffen. Verflucht wirst du sein in der Stadt, verflucht auf dem Acker.

Verflucht wird sein dein Korb und dein Übriges. Verflucht wird sein die Frucht deines Leibes, die Frucht deines Landes, die Frucht deiner Ochsen und die Frucht deiner Schafe. Verflucht wirst du sein, wenn du eingehest, verflucht, wenn du ausgehst. Der Herr wird unter dich senden Unfall, Unrat und Unglück in allem, das du vor die Hand nimmst, das du thust, bis du vertilget werdest und bald untergehest, um deines bösen Wesens willen, daß du mich verlassen hast. Der Herr wird dir die Sterbedrüse anhängen, bis daß er dich vertilge in dem Lande, dahin du kommst, dasselbe einzunehmen. Der Herr wird dich schlagen mit Schwulst, Fieber, Hitze, Brunst, Dürre, giftiger Luft und Gelbsucht und wird dich verfolgen, bis er dich umbringe. Dein Himmel, der über deinem Haupte ist, wird ehern sein und die Erde unter dir eisern. Der Herr wird deinem Lande Staub und Asche für Regen geben vom Himmel auf dich, bis du vertilget werdest. Der Herr wird dich vor deinen Feinden schlagen. Durch einen Weg wirst du zu ihnen ausziehen und durch sieben Wege wirst du vor ihnen fliehen und wirst zerstreut werden unter alle Reiche auf Erden. Dein Leich= nam wird eine Speise sein allem Gevögel des Himmels und allem Tier auf Erden, und niemand wird sein, der sie scheucht. Der Herr wird dich schlagen mit Drüsen Ägyptens, mit Feigwarzen, mit Grind und Krätze, daß du nicht kannst heil werden. Der Herr wird dich schlagen mit Wahnsinn, Blindheit und Rasen des Herzens, und wirst tappen im Mittag, wie ein Blinder tappet im Dunkeln, und du wirst auf deinem Wege kein Glück haben, und wirst Gewalt und Unrecht leiden müssen dein lebenlang, und niemand wird dir helfen. Ein Weib wirst du dir vertrauen lassen, aber ein anderer wird bei ihr schlafen. Ein Haus wirst du bauen, aber du wirst nicht darin wohnen. Einen Weinberg wirst du pflanzen, aber du wirst ihn nicht gemein machen. Dein Ochse wird vor deinen Augen geschlachtet werden, aber du wirst nicht davon essen. Dein Esel wird vor deinem Angesicht mit Gewalt genommen, und dir nicht wieder gegeben werden und niemand wird dir helfen. Deine Söhne und deine Töchter werden einem anderen Volke gegeben werden, daß deine Augen zusehen und verschmachten über ihnen täglich und wird keine Stärke in deinen Händen sein. Die Früchte deines Landes und alle deine Arbeit wird ein Volk verzehren, das du nicht kennest und wirst Unrecht leiden und zerstoßen werden dein leben= lang. Und wirst unsinnig werden vor dem, das deine Augen sehen müssen. Denn der Herr wird dich zerstreuen unter alle Völker von einem Ende der Welt bis ans andere, und wirst daselbst anderen Göttern dienen, die du nicht kennst noch dein Vater, Holz und Steinen. Dazu wirst du unter denselben Völkern kein bleibendes Wesen haben und deine Fußsohlen werden keine Ruhe haben. Denn der Herr wird dir daselbst ein bebendes Herz geben und verschmachtete Augen und verdorrete Seele, daß dein Leben wird vor dir schweben. Nacht und Tag wirst du dich fürchten und deines Lebens nicht sicher sein. Des Morgens wirst du sagen: Ach, daß ich den Abend erleben möchte! Des Abends wirst du sagen: Ach, daß ich den Morgen erleben möchte! vor Furcht deines Herzens, die dich schrecken wird, und vor dem, das du mit deinen Augen sehen wirst. Und der Herr wird dich mit Schiffen voll wieder in Ägypten führen, durch den Weg, davon ich gesagt habe: Du sollst ihn nicht mehr sehen. Und ihr werdet daselbst euren Feinden zu Knechten und Mägden verkauft werden und wird kein Käufer da sein."

Aus all diesen zahlreichen und umfangreichen Stellen erkennen wir, wie sehr die Gottesfurcht oder besser die Erscheinung des Reiches Gottes oder die erstrebte Teilnahme daran in die engste Beziehung zu den Freuden und Leiden dieser Welt gebracht wird, und wie wenig da die Rede ist von der Seligkeit oder der Verdammnis nach dem Tode. Das Reich Gottes soll eben nach Gottes Willen hier auf Erden in die Erscheinung treten, aber zur Vollendung kommen in der Ewigkeit. Noch ganz besonders lehrreich ist hierfür das herrliche erbauliche Weihegebet Salomos, das er im neuen Tempel, auf den Stufen des Altars, seine Hände gen Himmel ausbreitend betete.

Nach einem herrlichen Bekenntnis zu Jehovah, dem Bundesgott, trägt Salomo seine Bitte vor: „Du wollest hören das Gebet, das dein Knecht an dieser Stätte thut und wollest erhören das Flehen deines Knechtes und deines Volkes Israel, das sie hier thun werden an dieser Stätte, deiner Wohnung, im Himmel, und wenn du es hörest, gnädig sein" (1. König 8, 30). Nicht sonderlich um abstrakte unsichtbare zukünftige Güter bittet Salomo, sondern daß im Tempel die verfolgte Unschuld Gerechtigkeit finden möge, daß das um seiner Sünde willen geschlagene Volk Gnade finde, wenn es sich bekehrt; daß der Himmel sich wieder öffne und regnen lasse auf das Land, daß jeder geplagte und unglückliche Mensch, er sei aus dem Volke Israel oder nicht, Gnade finde; ja daß auch jeder Fremde aus fernem Lande, wenn er komme, hier anzubeten, bei Gott Erhörung finde und endlich, daß das Volk, wenn es im Kriege überwunden und in die Gefangenschaft fortgeführet sei, durch Gottes Hilfe und Gnade wieder zurückgebracht werde „denn sie sind dein Volk und dein Erbe, die du aus Ägypten aus dem eisernen

Ofen geführt hast, daß deine Augen offen seien auf das Flehen deines Knechtes und deines Volkes Israel, daß du sie hörest in allem, darum sie dich anrufen."

Stehen wir nun hier eine kleine Weile still und ziehen eine Parallele zwischen diesen Tatsachen und der Gegenwart der christlichen Kirche, so thut sich vor unseren Augen ein furchtbarer Kontrast auf. Eine solche Parallele ist trotz des großen Unterschiedes berechtigt; denn dort wie hier beten wir um das Kommen des Reiches und sollen, so viel an uns liegt, an seiner Erscheinung mitarbeiten, dort unter der Form des Gesetzes, hier unter der Form des Evangeliums, dort in einer Nation, hier unter allen Nationen, für die das Evangelium bestimmt ist. Die Kirche Christi in der Gegenwart hat beinahe alle und jegliche Beziehung zu den realen Mächten dieses Lebens verloren, und zwar durch eigne Schuld, weil sie ihren Beruf verleugnet hat. Wohl soll die Kirche Christi allein das geistliche Schwert schwingen, das Wort predigen zu der Seelen Seligkeit, aber erstens bedenken, daß jede Seele einen Leib hat, dessen von Gott geschaffene und also ewige berechtigte Bedürfnisse Befriedigung erheischen, wenn die Seele gesunden soll, und zweitens bedenken, daß sie mit diesem gepredigten Worte nicht vor den Mächten dieser Welt Halt machen darf. Niemals ergreift mich mehr eine tief innerliche Traurigkeit und ein heiliger Grimm der Seele, als an dem Tage, wo ich im Namen und Auftrage der Kirche auffordern soll zum Dank gegen Gott für die glücklich eingebrachte Ernte. Ja, wahrlich noch niemals hat Gott sich vergeblich erinnern lassen, noch jährlich muß das Herz im Leibe lachen vor Freude und Lust, wie er dort oben im Himmel unsere Arbeit segnet, daß wir vom Felde in die Scheunen und Keller einen Vorrat nach dem anderen holen dürfen, daß ein jeder hätte Getreide, Most und Öl, daß wir essen und satt würden, und das Vieh auf dem Felde sein Gras fände. Aber es ist, als ob der Dank im Halse erstickte und dem Grimme und Zorne weichen wollte, denn der Ernte Segen und Gottes Gaben kommen durch der Menschen Schuld nicht an die rechten Nutznießer. Vor mir stehen im Geiste die Abertausende, die trotz fleißiger Arbeit das lange Jahr hindurch dennoch Mangel und Not leiden, die täglich die Früchte wachsen sehen und dazu ihren Teil Arbeit verrichten und dennoch von dem Segen keine Frucht haben. Wucher, Betrug und List, Menschenfurcht und Menschenknechtschaft betrügen unzählige um die Frucht der Arbeit, aber dennoch reden die Hohlköpfe von der „geheiligten" gegenwärtigen Gesellschaftsordnung, die anzutasten ein Frevel sein soll; ach, daß der Teufel solche Ordnung hole, welche Gottes Ordnung auf den Kopf stellt! Die christliche Kirche hat wahrlich einen schweren Stand, aber gerade dieser schwere Stand sollte ihre Kraft stählen, anstatt sie zu lähmen. Zwar muß sie erzittern, wenn sie mit rechter Begeisterung predigt, daß jeder Arbeiter seines Lohnes wert sei, weil es am Tage liegt, daß unsere ganze Gesellschaftsordnung auf unsittlichen Grundsätzen beruht und die Arbeit nicht zu ihrem Rechte kommen läßt. Wehe der Kirche, wenn sie dann statt mit donnernder Gewalt die Wahrheit zu predigen, hinweist auf den Lohn im ewigen Leben, wenn sie den gegen sie immer lauter erhobenen Vorwurf nährt, daß sie die Pflichten des irdischen Lebens mit einem Wechsel auf das ewige Leben ersticken wolle, wenn sie Zufriedenheit predigt, wo Unzufriedenheit vielmehr heilige Pflicht sein sollte, und umgekehrt die Unzufriedenheit gutheißt, wo Zufriedenheit Pflicht und Schuldigkeit wäre. Solches Versteckenspielen bleibt nicht verborgen, und wenn auch Jahrzehnte darüber vergehen, ohne daß jemand es zu merken scheint und Macht genug vorhanden ist, jeder auch noch so vorsichtigen Bemerkung den Mund zu verbieten, es kommt dennoch der Tag der Abrechnung. O Wehe, Wehe, Wehe! er scheint mir nahe zu sein, und je mehr ich die werte Magd des Herrn, meine teure Kirche, liebe, um so mehr will mir's das Herz zerreißen, daß nun um der Trägheit und Unaufrichtigkeit der falschen Hüter willen auch die Wahrheit soll meinem lieben Volke verloren gehen. Wie ein Wetterleuchten durchzucken schon hier und dort feurige Strahlen die Gegenwart. Wir erinnern an das treffliche Buch von Prof. v. Nathusius „Die Mitarbeit ꝛc." und besonders an ein im Herbst 1894 gehaltenes Referat des Abts Dr. Uhlhorn. Uhlhorn ist gewiß von dem Vorwurf jugendlicher Schwärmerei und Unbesonnenheit sicher und dennoch lesen wir bei ihm: „Es gibt heute Leute genug, die das Christentum und die Kirche für ihre selbstsüchtigen Interessen ausbeuten und zur Konservierung angefaulter Zustände ausnützen möchten. Wehe der Kirche, wenn sie sich dazu hergäbe! Weite Kreise sind von der Furcht vor der Sozialdemokratie ergriffen und schreien nun in ihrer Angst nach Christentum und Kirche, rufen sie um Hilfe an, aber ohne selbst von der Wahrheit des Christentums überzeugt zu sein, und ohne selbst mit ihrem Christenleben Ernst zu machen. Das heißt die Kirche zur Polizeianstalt herabzusetzen und das Christentum korrumpieren".*) Die Kirche Christi, und namentlich die pro-

---

*) Eine ganz ähnliche Äußerung und in demselben Zusammenhang in einer Zeitung im Herbst 1893 brachte dem Verfasser von seiner Behörde eine Disciplinarstrafe und noch schwerere Androhung ein. (Vgl. „Die Sozialdemokratie auf dem Lande". 2. Aufl. S. 54. Heilbronn, Salzer.)

testantische, hat sich durch ihre eigne Schuld um ihren Einfluß gebracht; sie ist weder im öffentlichen noch im privaten Leben eine Macht, ihre äußere Organisation ruht auf zerborstenen Säulen, und ein Ruck, ein Stoß, sie liegt begraben. Aber wohl uns, aus ihren Trümmern wird hervorgehen eine neue Herrlichkeit, die man vorher nicht gekannt hat, denn Gottes Wort bleibet in Ewigkeit.

2. Kapitel.
Religionspflege im allgemeinen.

Wir wollen in diesem Kapitel nicht untersuchen, worin diese Religion, wie wir sie in den fünf Büchern Mosis finden, ihre Entstehung und Quelle gehabt haben mag. So wichtig für uns und interessant diese Forschung auch sein mag, so geht sie uns hier nichts an. Auch versparen wir uns auf die folgenden Kapitel, was für die Religionspflege im besonderen durch das Volksheiligtum, die Priester, Opfer und Propheten geschah; hier soll nur die Rede davon sein, wie die mosaische Religion ganz im allgemeinen, ohne irgendwelche gesetzliche Institutionen, allein durch das lebendige Volksbewußtsein gepflegt worden ist. Wir können uns vielleicht am besten von dieser Religionspflege eine Vorstellung machen, wenn wir von der Gegenwart ausgehen. In der Gegenwart steht in dieser Beziehung die christliche Kirche in ihren verschiedenen organisierten Institutionen oben an. Oben an steht die Predigt des Wortes Gottes in den dazu eingerichteten Gotteshäusern, die noch durch alle anderen Gottesdienste, in denen die Predigt mehr oder weniger zurücktritt unterstützt wird. Dazu kommt die Seelsorge der nach vielen Tausenden zählenden Geistlichen allerlei Art in den verschiedenen christlichen Konfessionen. Hieran schließt sich die allgemeine Schulbildung, die fast in allen gegenwärtigen Kulturstaaten mehr oder weniger als eine allgemeine Pflicht des Staates und der Kirche angesehen wird und bekanntlich im Deutschen Reich durch Gesetz zu einer allgemeinen Schulpflicht ausgebildet ist, der alle Kinder des Landes etwa vom sechsten bis zum vierzehnten Jahre sich unterwerfen müssen. Daß in dieser Schulbildung die religiöse Bildung die vornehmste Stellung einnehmen muß, darüber herrscht, wie mir scheinen will, ein allgemeines Einverständnis auch bei den Gegnern der Kirche, nur darüber herrscht Zwiespalt, wer diese religiöse Bildung in der Schule zu leiten und zu verantworten hat.

Denken wir uns aus unserer Gegenwart alles dies fort, wodurch die Religionspflege so nachdrücklich geübt wird, so würden die meisten Menschen mit solchem Zustand die Religionspflege für aufgehoben halten und das Ende der Kultur im Geiste heraufsteigen sehen. Wir wollen über diese letzte Ansicht hier nicht streiten, ja vielmehr zugeben, daß solche Furcht in der Gegenwart nicht unbegründet ist. Stutzig muß uns aber machen, daß trotz dieser reichlichen Religionspflege dennoch die Religionslosigkeit, der Unglaube, die Roheit der Sitten einen so furchtbaren Umfang angenommen haben und immer mehr zuzunehmen statt abzunehmen scheinen. Es kann sich niemand, der offene Augen hat, der Erkenntnis verschließen, daß wie man allgemein des Guten zu viel thun kann, so auch hier auf diesem Gebiete der Religionspflege ein Übermaß möglich ist. In vielen Gegenden Nordamerikas habe ich selbst auf religiösem Gebiet gesehen, was sich alle Tage auf dem Gebiete des Ackerbaues in der sogenannten Rübengegend zeigt. Das Land, sagt man, ist rübenmüde, alle Kultur und aller Fleiß und alle Kunst reicht nicht mehr hin, das Land für Rüben kulturfähig zu machen, man muß es ruhig liegen lassen, bis es sich, so zu sagen, wieder besinnt. Wo in Nordamerika namentlich die Methodisten und unter ihnen wieder sonderlich die sogenannten „Albrechtsleute" mit ihren nervenaufregenden Gottesdiensten, mit ihren sogenannten Campmeetings, ihren Bußbänken und Bußkrämpfen Jahrzehnte lang ihr Wesen getrieben haben, da finden wir danach gar nicht selten, daß weite Gegenden, so zu sagen, religionsmüde geworden sind, daß an Stelle der früheren nervenerschütternden, fast möchte ich sagen, Religionswut die größte Gleichgültigkeit gegen Religion getreten ist.

Doch mag dem nun sein, wie ihm wolle, hier kommt es darauf an, festzustellen, daß im jüdischen Volk zu Mosis Zeit und nachher bis zum babylonischen Exil alle diese vornehmlichen Institutionen der Religionspflege, die wir vorher aufzählten, fehlten. Die folgenden Kapitel werden uns genauer unterrichten, daß es im jüdischen Volke eigentlich keine Predigt des Wortes Gottes in unserem Sinne gegeben hat, daß der Begriff „spezielle Seelsorge", so wie wir ihn verstehen, bei den Juden ein so unbekanntes Ding war, daß ich fürchte, ein rechter Israelit aus jener Zeit würde eine persönliche Beleidigung darin gefunden haben, wenn irgend ein Priester ihn in besondere Seelsorge hätte nehmen wollen, eben weil er selbst ein Glied des königlichen priesterlichen Volkes Gottes war und das lebendigste Bewußtsein davon hatte. Trotzdem also im jüdischen Volk alles dieses, wodurch bei uns die Religion gepflegt wird, fehlte, so war dennoch Israel ein durch und durch religiöses Volk, das nur in dem Glauben an Jehovah seine eigentliche Existenz hatte.

Wir fragen also nun, wie Moses diese Aufgabe, die für uns fast wie ein Rätsel scheint, gelöst hat. Wenn auch bei den Juden die Religiösität nicht ganz in der Kenntnis der „Gebote und Rechte" Gottes und in der Liebe zu dem Gesetz aufging, so war doch unbestreitbar die Kenntnis dieses Gesetzes das vornehmste Stück der Religion der Juden; Religiosität ohne Gesetzeskenntnis ist ein Widerspruch in sich selbst, ein für einen Juden unfaßbarer Begriff. Mit der Gesetzeskenntnis fing die Religionspflege an, und in ihr allein vollendete sie sich, so daß es von dem ganzen Stamme Levi heißt: „sie unterweisen Jakob in deinen Rechten und Israel in deinen Lehren" und danach ein Priester in dem Grade seinen Beruf erfüllte, in dem er sich die genaueste Gesetzeskenntnis aneignete.

Hieraus folgt von selbst, daß es dem Moses daran liegen mußte, alles zu vermeiden, was einer Geheimlehre hätte ähnlich sein können. Moses hatte wie kaum ein anderer Gelegenheit genug gehabt, den Kasten= geist Ägyptens kennen zu lernen, und die durch eine religiöse Geheim= lehre noch mehr beförderte starke Macht und Gewalt des Priesterstandes Israel ist ein heiliges, priesterliches, königliches Volk, und jedes Glied dieses Volkes ist eine Gott geheiligte Person. Jeder Kastengeist und jede Hierarchie der Priesterschaft war dem Moses ein Greuel. Darum wollte er die genaue Kenntnis des Gesetzes im Volke recht allgemein machen. Alles was dem hinderlich war, wurde verboten, und was diesem Zwecke förderlich sein konnte, geboten.

Durch alle Zeiten und Verhältnisse waltete das Bestreben, das Gesetzbuch nicht zum gelehrten Eigentum weniger, sondern zu einem von allen verstandenen Volksbuche zu machen.'

Von Wichtigkeit scheint mir hier die Stelle Levit. 26, 1: „Ihr sollt euch keinen Malstein setzen im Lande", hebr.: eben maschkith. Keil übersetzt „Bildsteine" und fügt hinzu: „eben maschkith. Stein des Gebildes" ist ein zu einer Gestalt gebildeter Stein, ein Götzenbild aus Stein." Johann David Michaelis findet hier ein Verbot der Hieroglyphen als einer Geheimschrift, und seine Gründe dafür scheinen mir stichhaltig. Er sagt (Bd. 5, Seite 163): „Eben maschkith, von Wort zu Wort, lapis figurae. Was dies sei, hat man gemeiniglich nicht verstanden und willkürlich, so wie man pflegt, allerlei ohne Sprachgebrauch erraten. Ezechiel 8, V. 8—11 wird ein unterirdisches Gewölbe beschrieben, an dessen Wänden Figuren von vierfüßigen und kriechenden Tieren waren, recht wie die ägyptischen unterirdischen Gewölbe voll hieroglyphischer Figuren, und dies wird V. 12 cheder maskith conclave figurarum (Bilderkammer, Andachtskammer) genannt. Also wird eben maskith wohl nichts anderes als ein Stein mit Hieroglyphen sein." Moses hatte in Ägypten diese für das Volk unverständliche und deshalb von ihm abgöttisch verehrte Hieroglyphenschrift zur Genüge kennen gelernt. Solche Steine mit hieroglyphischen Inschriften verbietet er. Moses will überall nicht, daß man aus der Wissenschaft und insonderheit aus der Kenntnis der Gebote und der Rechte Gottes ein Geheimnis mache.*) Man soll mit Buchstaben, die jedermann lesen kann, zur Aufklärung der ganzen Nation schreiben, oder falls man für die Nachwelt sorgen will, in Mauern und Stein einhauen. „Bloß ein niedriger böser Neid der Gelehrten konnte so seine Geheimnisse vor dem Volke verbergen. Dazu kommt noch die List der Priester, die, um ihre Herrschaft nicht zu verlieren, sich hüteten, die Ungeweihten zu unterrichten. Wußte der Priester so vieles, was andere nicht wissen konnten, sonderlich manche Geheimnisse der Natur, so war es ihm leicht, das übrige Volk in Gehorsam zu erhalten und es bald durch Vorhersagen ungewöhnlicher aber doch natürlicher Dinge, bald durch vorgebliche Wunder, die ganz natürlich zugingen, zu betrügen." Man denke nur, wenn unsere elektrischen Experimente, und der Zusammenhang der Elektrizität mit dem Gewitter, ein in keinen Büchern zu findendes Geheimnis einer gelehrten Priesterzunft wären, was sie damit ausrichten könnte? Wunder in den Augen der Unwissenden thun, und Ungläubige, selbst Könige, von der Gottheit mit dem Blitze erschlagen lassen. Schon diese Betrachtung wäre genug, ein so gefährliches Archiv der Wissenschaften jedem wahren Menschenfreund verhaßt zu machen. Moses war in der ägyptischen Gelehrsamkeit erzogen, desto mehr gereicht es seinen Gesetzen zur Ehre, daß sie hier gerade das Widerspiel der ägyptischen Politik sind, und ihr größtes Kunststück verbieten. Wäre Moses selbst ein kluger und wohlthätiger Betrüger gewesen, hätte er sich aus Liebe zu seinem unterdrückten Volke für einen Boten Gottes ausgegeben, ohne es zu sein, wären seine Wunder menschliche Kunst gewesen, so wäre kaum zu begreifen, wie er dazu gekommen wäre, ein für die Priesterlist so klug ausgedachtes Mittel der Geheimhaltung der Wissenschaften abzuschaffen: der Mann, der dies aufgibt und doch seinen Staat auf die Befehle

---

*) Für viele gelehrte Herren wäre dieses Gebot recht zu beherzigen, weil ihre Schriften gar zu oft, obwohl mit deutlichen Buchstaben geschrieben, dennoch für das Volk Hieroglyphen sind und sicher nur zu oft voll argen Weisheitsdünkels.

einer Gottheit gründet, muß wohl kein Betrüger, sondern ein ehrlicher Mann gewesen sein. Verflucht sei die Priesterlist, die aus Neid der Nachwelt so viel entzog, und der ehrliche Mann verdient Ruhm, der sie wohl kannte, aber unter seinem aus Ägypten geführten Volke nicht dulden wollte.

Aber hierzu kam noch, daß mit den hieroglyphischen Steinen Abgötterei getrieben ward. In Ägypten wurden sie als der Toth oder Gott der Wissenschaften angesehen und noch zu Ezechiels Zeit finden wir unter den Juden eine Nachahmung dieser Abgötterei gewöhnlich, die Kap. 8, V. 1—8 beschrieben wird.

Diese durch Hierarchie und Betrug geförderte Priesterlist ist auch auf die Priester des Christentums nicht ganz ohne Folgen geblieben. Es ließe sich davon manches erzählen, wir übergehen es aber, da es hier unserm Zwecke nicht entspricht. Nichtsdestoweniger aber will ich auf zwei Punkte ganz allgemein, je einen in der katholischen und in der lutherischen Kirche hinweisen, um zu zeigen, daß erstens solche Unlauterkeit bei den besten Absichten sich einstellen kann und wirklich einstellt, wenn man einmal die Bahn der Wahrheit verläßt, und daß zweitens solche, wenn auch in der besten Absicht unternommene Unehrlichkeit nur böse Folgen wirken kann.

Es ist mir keinen Augenblick zweifelhaft, daß die römischen Bischöfe und Priester zuerst nur in der besten Absicht die klare Lehre der Bibel: daß der Mensch ohne des Gesetzes Werke allein durch Glauben vor Gott selig werde, dem Volke verschwiegen haben, in der nicht unberechtigten Furcht, daß solche Lehre bei dem ungebildeten rohen Volke nur die Folge haben könne, daß es nun alle guten Werke werde um so mehr lassen und hassen. Um diese nicht beabsichtigte Folge zu vermeiden, entschloß man sich die klare Lehre der Schrift vor dem Volke zu verheimlichen und in das Gegenteil zu verkehren, während die vermeintlich geförderten Christen die Wahrheit wußten und erkannten. Wahrlich die Furcht ist auch, wenn irgend etwas, berechtigt. Den in Sünde begrabenen und mit Lastern bedeckten Menschen Gottes Gnade zu predigen, scheint ein solcher Unverstand, daß, meine ich, jeder aufrichtige Christ vor dem Gedanken zurückschrickt und erst dann am Charfreitag die Vergebung der Sünden allen Menschen mit fröhlichem Munde kund thut, nachdem er an der Thatsache, an der wirklichen wahrhaftigen Thatsache und an seiner eignen Sündhaftigkeit sich so erbaut hat, daß er die Weisheit Gottes nicht meistern will. Hat Gott der Herr diese Gnadenpredigt allen Menschen kund gethan, wer bin ich, daß ich ihm soll wehren. Die katholische Kirche ist in guter Meinung einen andern Weg gegangen und hat anfangs in guter Absicht die klare Wahrheit der Schrift verfälscht, um Segen zu wirken, hat aber nur das Gegenteil erreicht.

Schon oft bin ich lutherischen Geistlichen begegnet, die offen und dreist behaupteten, die in unsern Bekenntnisschriften dargelegte Lehre vom „Sonntag" dem Volke nicht predigen zu dürfen, aus Furcht, daß diese auch von ihnen erkannte Wahrheit nur schlimme Früchte zeitigen und statt der Heiligung die Entheiligung des Sonntags noch mehr fördern würde. In guter Absicht verschweigen sie die Wahrheit und verkehren sie in ihr Gegenteil, in der Meinung, ein gutes Werk zu thun, und sie sind gleichsam wie mit Blindheit geschlagen. Jede Verleugnung der Wahrheit rächt sich bitter. Jeder Priesterbetrug ohne irgend eine Ausnahme schlägt in das Gegenteil um. Heute haben nun die Sozialdemokraten, das hart arbeitende Volk, durch ihre Vertreter auf den Tribünen des Reichstages dem deutschen und allem protestantischen Volk die eine von der Kirche sehr vernachlässigte Lehre von der Feier des Sonntags gepredigt, nicht ohne Erfolg, aber zum Schaden und zur Schande für die organisierte Christenheit. Mag in den heidnischen Religionen und in den von der Wahrheit abgewichenen falschen Institutionen der christlichen Kirche noch soviel Priesterbetrug nachweisbar sein, hier an der Quelle finden wir ihn nicht. Moses war weder selbst ein Betrüger, noch förderte er den Betrug, er wollte, daß das Religionsbekenntnis, und insonderheit die Kenntnis der Gebote und Rechte, ein Gemeingut des ganzen Volkes wäre, nicht ein Privilegium eines bevorzugten Standes.

Haben wir nun bis dahin gesehen, was Moses that, um die Verwandlung der Gebote und Rechte in eine Geheimlehre zu hindern, so werden wir jetzt Gelegenheit haben zu bewundern, was er that um im Volke einerseits die Ehrfurcht vor diesem Gesetze und anderseits seine Kenntnis zu fördern. Wir lesen 5. Mos. 31, 24 und 28: „Da nun Mose die Worte dieses Gesetzes ganz ausgeschrieben hatte in ein Buch, gebot er den Leviten, die die Lade des Zeugnisses des Herrn trugen und sprach: Nehmt das Buch dieses Gesetzes und legt es in die Seite der Lade des Bundes des Herrn, eures Gottes, daß es daselbst ein Zeuge sei wider dich. — So versammlet um mich alle Ältesten eurer Stämme und eure Amtleute, daß ich diese Worte vor ihren Ohren rede und Himmel und Erde wider sie zu Zeugen nehme." Die Bundeslade war das größte Heiligtum der Juden, darin lagen die Gesetzestafeln 2. Mos. 25, 16; 40, 20 und der blühende Stab Aarons. In dieses Allerheiligste sollte nun das Gesetzbuch hineingelegt werden zum deutlichen Zeugnis für das ganze Volk, daß dieses Gesetz die magna charta sowohl der Freiheit als des Gottesreiches auf Erden sei. Es ist von Interesse daran zu erinnern, daß auch später Samuel das Königsgesetz im Tempel vor dem Herrn niederlegte, vielleicht auch in die Lade des Bundes, es steht nicht da, jedenfalls aber an einen heiligen Ort zum Zeugnis des Volkes. Wir lesen 1. Samuel 20, 25: „Samuel aber sagte dem Volke alle Rechte des Königreiches und schrieb in ein Buch und legte es vor den Herrn." Wenn auch nun die Aufbewahrung des Gesetzes an diesem Orte keinen großen praktischen Wert haben mochte, so war doch diese Thatsache der glänzendste thatsächliche Beweis für die Hochachtung, die dieses Gesetz im Volke haben sollte, es war dadurch, so viel als Menschen möglich, die Unverfälschtheit und Reinheit des Gesetzes garantiert. Dies war aber dem Moses zur Aufbewahrung seines Gesetzes noch nicht genug. Er befahl noch, seine Gesetze sollten in Stein gegraben und diese Steine auf einem Berge nahe bei Sichem aufbehalten werden, damit die späteste Nachwelt ein unverfälschtes Exemplar seines Gesetzes haben könnte (5. Mos. 27, 1—8). „Und Mose gebot dem Volk samt den Ältesten Israels und sprach: Behaltet alle Gebote, die ich euch heute gebiete. Und zu der Zeit, wenn ihr über den Jordan gehet in das Land, das dir der Herr, dein Gott geben wird, sollst du große Steine aufrichten und sie mit Kalk tünchen, und darauf schreiben alle Worte dieses Gesetzes, wenn du hinüber kommest, auf daß du kommest in das Land, das der Herr, dein Gott, dir geben wird, ein Land, da Milch und Honig innen fleußt. V. 8: Und sollst auf die Steine alle Worte dieses Gesetzes schreiben klar und deutlich." Josua 8 V. 32 lesen wir die Ausführung: „Und schrieb daselbst auf die Steine das andere Gesetz, das Mose den Kinder Israel vorgeschrieben hatte. 34: Danach ließ er ausrufen alle Worte des Gesetzes vom Segen und Fluch, wie es geschrieben steht im Gesetzbuch. Es war kein Wort, das Mose geboten hatte, das Josua nicht hätte lassen ausrufen vor der ganzen Gemeinde Israel und vor den Weibern und Kindern und Fremdlingen, die unter ihnen wandelten."

Wir haben nun erstens nach dem Inhalt dessen, was auf die Steine geschrieben werden sollte und zweitens nach dem Zweck dieser Handlung zu fragen. Was die erste Frage angeht, so wird sich niemals eine bestimmte Antwort darauf geben lassen, es läßt sich nur eine Vermutung aufstellen. Keil sagt in der Auslegung dieser Stelle: „Auf die Steine sollen geschrieben werden „alle Worte dieses Gesetzes" also selbstverständlich nicht bloß die Segenssprüche und Flüche (15—26) auch nicht bloß das 5. Buch Moses, da dieses kein selbständiges „zweites Gesetz" enthält, sondern das ganze mosaische Gesetz, freilich nicht der gesamte Pentateuch mit seinen geschichtlichen Erzählungen, geographischen, ethnographischen und anderen Nachrichten, sondern nur sein gesetzlicher Inhalt, die Gebote, Satzungen und Rechte der Thora. Ob aber alle 613 Gebote, die nach jüdischer Zählung der Pentateuch enthält, oder nur ihre Quintessenz, mit Weglassung der vielen Wiederholungen verschiedener Gebote, das läßt sich nicht bestimmen und ist auch für die Sache von keinem Belange. Der beabsichtigte Zweck wurde erreicht durch Aufschreibung des wesentlichen Kernes des ganzen Gesetzes, doch läßt sich auch die Möglichkeit, daß alle Gebote aufgeschrieben wurden, natürlich ohne die ihnen beigegebenen Begründungen und Ermahnungen nicht mit Grund in Abrede stellen, da nicht angegeben ist, wieviel Steine aufgerichtet wurden, sondern nur daß große Steine, die also viel fassen konnten, genommen werden sollten."

Diese Handlung hat einen zwiefachen Zweck. Einmal bezog sie sich auf den Akt selbst und auf die dabei Anwesenden. Die äußere Aufrichtung des Gesetzes symbolisierte die innere; das Aufschreiben auf die Steine mahnte die Israeliten an ihre Verpflichtung, das Gesetz auf die Tafeln ihres Herzens zu schreiben. Das Ganze brachte dem Volke den innigen Zusammenhang von Bund und Gesetz zum Bewußtsein und wies namentlich darauf hin, daß der Besitz des Landes, den sie eben jetzt antraten, von der Erfüllung des Gesetzes unbedingt abhängig sei. Mit diesem nächstliegenden Zwecke ist aber noch ein anderer auf die späte Zukunft wohl zu verbinden. Calvin gibt den Zweck der Aufrichtung dieser Steine so an: Quando muti essent sacerdotes, clare lapides ipsi locuti sunt. Danach sollten also diese Steine ein womöglich ewiges, sicherlich lange dauerndes Gedächtnis aufrichten. Dem, sagen die Ausleger Keil und Hengstenberg und andere, widerspräche die Anordnung, daß die Steine sollten mit Kalk oder Gyps (basid, κονίᾳ, calce) überzogen werden. Hiergegen verweisen wir auf das im letzten Kapitel des ersten Buches (S. 158) Gesagte. Moses hat die mit Inschriften versehenen Steine mit Kalk überziehen lassen, damit die Inschriften viele Jahrhunderte hindurch vor allen Beleidigungen des Wetters und der Luft sicher blieben und erst, wenn nach Jahrhunderten oder vielleicht Jahrtausenden der Kalk abgefallen wäre, zum Vorschein kämen und die allerspäteste Nachwelt belehrten, ob sie das Gesetz umgeändert habe. Moses handelte nach der Art aller Völker, die öfters die Vorsorge hatten, ihre Gesetze in Stein zu schneiden, nur daß er seinen steinernen Archiven durch ein neues Kunststück einen größeren Grad der Unvergänglichkeit zu geben gesucht hat.

Man könnte erwidern, daß hierdurch ja der erste Zweck wieder vereitelt würde. Aber mit nichten. Der erste Zweck lag weniger in dem praktischen Nutzen, daß das gegenwärtige Geschlecht auf dem Berge Ebal an den steinernen Inschriften die Identität des Gesetzes jedesmal feststellen sollte, sondern vielmehr in dem idealen Gesichtspunkt eines Bekenntnisses und einer thatsächlichen Verpflichtung. Noch heute haben die Inschriften an besonders wichtigen Gebäuden fast lediglich nur diesen letzten Wert, während sie praktisch ganz ohne Nutzen sind. Wer z. B. im ganzen Deutschen Reich mag wohl die herrliche Inschrift um die Kuppel des preußischen Königsschlosses in Berlin jemals selbst entziffert haben; ich nehme an, fast niemand, und dennoch freut sich jeder Staatsbürger darüber, daß er weiß, oben an der Kuppel steht geschrieben: „Es ist in keinem andern Heil, ist auch kein anderer Name den Menschen gegeben, darinnen wir sollen selig werden als der Name Jesu Christi" (Apostelgesch. 4, 12). (Auf Verordnung der Königin Elisabeth beim Umbau der Kuppel angebracht.)

Ferner weisen wir auf die Stelle 5. Mos. 31, 9—13 hin: „Und Mose schrieb dies Gesetz und gab's den Priestern, den Kindern Levi, die die Lade des Bundes des Herrn trugen und allen Ältesten Israels, und gebot ihnen und sprach: Je über sieben Jahre, zur Zeit des Erlaßjahrs, am Fest der Laubhütten, wenn das ganze Israel kommt zu erscheinen vor dem Herrn, deinem Gott, an dem Ort, den er erwählen wird, sollst du dieses Gesetz vor dem ganzen Israel ausrufen lassen vor ihren Ohren, nämlich vor der Versammlung des Volks, beides der Männer und Weiber, Kinder und deines Fremdlings, der in deinem Thor ist, auf daß sie hören und lernen, damit sie den Herrn, ihren Gott, fürchten und halten, daß sie thun alle Worte dieses Gesetzes, und daß ihre Kinder, die es nicht wissen, auch hören und lernen, damit sie den Herrn, euern Gott, fürchten alle eure Lebtage, die ihr auf dem Lande lebet, darein ihr gehet über den Jordan, es einzunehmen." Moses also übergibt das Gesetz nicht etwa bloß den Priestern, sondern auch „allen Ältesten Israels", als den Personen, die dafür sorgen sollten, daß das geschriebene Gesetz in Zukunft dem Volke als die Richtschnur seines Thuns und Lassens vorgehalten und vorgelesen würde. Richtig erklärt daher J. D. Michaelis jithna = dedit docendam et servandam. Es versteht sich von selbst, daß die sich alle sieben Jahre wiederholende öffentliche feierliche Vorlesung aus der Urkunde nur dazu bestimmt war,

einen um so tieferen Eindruck hervorzubringen, der bei einer öfteren
Wiederholung einer so großen Volksfeierlichkeit sich vielleicht abge=
stumpft hätte. Das Laubhüttenfest des Sabbatjahres aber bestimmt
Moses, um dem Volke dadurch Anregung zu geben, dieses ganze
arbeitslose Jahr zu einer heiligen Beschäftigung mit Gottes Wort und
Thaten zu benützen.

Der vornehmlichste Zweck dieser wiederholten Vorlesung liegt wohl
weniger in dem praktischen Nutzen, die Bekanntschaft mit dem Gesetze
unter dem Volke zu verbreiten, als darin, die Abnormitäten zu beseitigen,
die sich im Laufe der Zeiten im religiösen und politischen Leben einge=
schlichen haben mochten. Nichtsdestoweniger war aber auch nach diesen
beiden Seiten die feierliche Handlung auf dem fröhlichsten National=
feste der Juden von großer Bedeutung. Der eigentliche Wert aber
liegt in dem Bekenntnis des ganzen Volks zu dem Gesetze des Herrn,
und in der großen Ehrfurcht davor, die in dieser Handlung an solchem
Feste zum Ausdruck kam. Das Laubhüttenfest war vor allen Festen
das Fest der Freude und des lauten Jubels, fröhlich soll das Volk sein
vor dem Herrn, und mit dieser Idee des Festes steht die Vorlesung im
engen Zusammenhang. Das Gesetz soll die Seele erquicken, das Herz
erfreuen, die Augen erleuchten. Aus solcher Volkserkenntnis heraus
sang David im 19. Psalm: „Das Gesetz des Herrn ist ohne Wandel
und erquickt die Seele, das Zeugnis des Herrn ist gewiß und macht
die Albernen weise. Die Befehle des Herrn sind richtig und erfreuen
das Herz, die Gebote des Herrn sind lauter und erleuchten die Augen.
Die Furcht des Herrn ist rein und bleibt ewiglich. Die Rechte des
Herrn sind wahrhaftig, allesamt gerecht, sie sind köstlicher denn Gold
und viel feines Gold, sie sind süßer denn Honig und Honigseim. Auch
wird dein Knecht durch sie erinnert und wer sie hält, der hat großen Lohn.“

Ausdrücklich bestimmt daher auch Moses, daß sich nicht bloß die
Männer, sondern auch die Weiber und Kinder zu diesem Zwecke ver=
sammeln sollen, auf daß sie Gottes Wort vernehmen und den Herrn
ihren Gott fürchten lernen, so lange sie im Gelobten Lande leben werden.
Die Art und Weise, wie und von wem und wann während des sieben=
tägigen Festes die Vorlesung geschehen soll, überläßt Moses den Vor=
stehern der Gemeinde. Wenn es nicht sonst auch schon feststände, so
würde man schon aus dieser Anordnung mit Sicherheit schließen können,
daß mehrere Abschriften zu diesem Zwecke vorhanden sein mußten,
denn nur wenn das zum Laubhüttenfest zahlreich versammelte Volk in
einzelne Haufen gegliedert war, läßt sich die angeordnete Vorlesung an=

schaulich vorstellen. Aus 5. Mos. 17, 19 ersehen wir deutlich, daß die Priester für genaue Abschriften des Gesetzes zu sorgen hatten. Von dem zukünftigen Könige heißt es daselbst: „Und wenn er nun sitzen wird auf dem Stuhle seines Königsreichs, soll er dies andere Gesetz von den Priestern, den Leviten nehmen und auf ein Buch schreiben lassen. Das soll bei ihm sein und soll darinnen lesen sein lebenlang, auf daß er lerne fürchten den Herrn seinen Gott, daß er halte alle Worte dieses Gesetzes und diese Rechte, daß er danach thue." Nicht bloß der zukünftige König, sondern auch Josua erhält dieselbe Anweisung (Josua 1, 8): „Und laß das Buch dieses Gesetzes nicht von deinem Munde kommen, sondern betrachte es Tag und Nacht, auf daß du haltest und thust allerdinge nach dem, was darinnen geschrieben steht." Was hier vom Könige und Josua gesagt ist, das lesen wir im ersten Psalm ganz allgemein von jedem Israeliten: „Wohl, dem der nicht wandelt im Rat der Gottlosen, noch tritt auf den Weg der Sünder, noch sitzt da die Spötter sitzen, sondern hat Lust zu dem Gesetz des Herrn, und redet von seinem Gesetz Tag und Nacht." Ferner ist es ganz offenbar, daß die vom Volke gewählten Richter im Besitze einer Abschrift des Gesetzes sein mußten, zumal sie in ihrem Richteramt dem Priesterstande nicht untergeordnet waren, sondern selbständig und der Regel nach ganz gesondert von ihnen ihr Amt ausübten.

Hierbei müssen wir uns erinnern, daß schon zu Moses Zeit die Kunst zu schreiben und zu lesen eine weitverbreitete gewesen sein muß. Die schriftlichen Urkunden spielten in der ganzen mosaischen Verfassung eine so große Rolle, daß nicht bloß die persönliche Ehre, sondern auch ihr Besitz und die ganze Lebensexistenz von der Richtigkeit und Genauigkeit der schriftlichen Urkunden abhängig war. Wir kommen darauf später noch zurück. Wir bemerken hier nur, daß amtliche Schreiber eingesetzt wurden, die die unter Moses aufgenommenen Geburtslisten der ganzen Bevölkerung fortführen sollen, um bei eintretenden Kriegen die Gestellung der nötigen Mannschaft regelmäßig kontrollieren zu können. Auch in die Familienverhältnisse griff der Gebrauch der Schrift ein. Der Gesetzgeber, der die Scheidung nicht billigt, verhütet eine leidenschaftliche Übereilung, indem er zwischen Entschluß und Ausführung eine umständliche Formalität, die unter richterlicher Kontrolle auszustellende Scheidungsurkunde treten läßt. Bei dem Eiseropfer kam gleichfalls die Schrift zur Anwendung. In dem heiligen Schmucke der Priester fehlte sie nicht. An seiner Kopfbedeckung standen in Gold gegraben die Worte: „Heilig dem Ewigen"; in die Edelsteine des Brustschildes waren die Namen der Stämme Israels eingraviert.

13*

Aus diesem gesunden, tief religiösen, und so heilsam geförderten
Volksbewußtsein heraus floß nun wie aus einer gesunden Quelle ganz
von selbst eine treffliche Erziehung der Jugend. Ohne Volksschule, ohne
Schulzwang, ohne großen gelehrten Apparat und schwerfällige Institutionen baute sich die gesunde Kirchenzucht auf der natürlichsten Grundlage auf. Vater und Mutter waren die gebornen Lehrmeister ihrer
Kinder, und glücklicherweise waren die sozialen Verhältnisse des jüdischen Volkes zu Mosis Zeit und nachher im gelobten Lande derart, daß
sie nicht, wie leider heutzutage, die natürlichen Grundlagen unter
einem Wust unnatürlicher Mißstände begruben, die von der verblendeten,
ja verrückt gewordenen Welt noch gepriesen werden.

Sehr zahlreich sind die beweisenden Stellen; wir beschränken uns
auf drei. 5. Mos. 6, 4 lesen wir: „Höre, Israel, der Herr unser Gott
ist ein einiger Gott. Und du sollst den Herrn, deinen Gott, lieb haben
von ganzem Herzen, von ganzer Seele, von allem Vermögen. Und
diese Worte, die ich dir heute gebiete, sollst du zu Herzen nehmen. Und
sollst sie deinen Kindern schärfen und davon reden, wenn du in deinem
Hause sitzest oder auf dem Wege gehest, wenn du dich niederlegest oder
aufstehest, und sollst sie binden zum Zeichen auf deine Hand und sollen
dir ein Denkmal vor deinen Augen sein und sollst sie über deines
Hauses Pfosten schreiben und an die Thore"; in demselben Kapitel
V. 20: „Wenn dich nun dein Sohn heute oder morgen fragen wird,
und sagen: Was sind das für Zeugnisse, Gebote und Rechte, die euch
der Herr, unser Gott geboten hat? so sollst du deinem Sohne sagen:
Wir waren Knechte des Pharao in Ägypten und der Herr führete uns
aus Ägypten mit mächtiger Hand — und hat uns geboten, der Herr,
zu thun nach allen diesen Rechten, daß wir den Herrn, unsern Gott,
fürchten, auf daß es uns wohl gehe alle unsere Lebtage, wie es gehet
heutigestages." 5. Mos. 11, 18: „So fasset nun diese Worte zu
Herzen und in eure Seele, und bindet sie zum Zeichen auf eure Hand,
daß sie ein Denkmal vor euren Augen seien. Und lehret sie eure
Kinder, daß du davon redest, wenn du in deinem Hause sitzest, oder
auf dem Wege gehest, wenn du dich niederlegest und wenn du aufstehest. Und schreib sie an die Pfosten deines Hauses, und an deine
Thore, daß du und deine Kinder lange lebest auf dem Lande, das der
Herr deinen Vätern geschworen hat ihnen zu geben, so lange die Tage
vom Himmel auf Erden währen."

Die Eltern sollen ihren Kindern die Gebote einschärfen und sie ihnen
auf die Hand binden und sie als Binden (Stirnbänder 2. Mos. 13, 16)

zwischen den Augen tragen lassen. „Wie diese Worte bildlicher Ausdruck für unabläsſige Beachtung der göttlichen Gebote ſind, ſo iſt auch die folgende Vorſchrift: die Gebote an die Thürpfoſten des Hauſes und an die Thore zu ſchreiben, geiſtlich gemeint, und die buchſtäbliche Erfüllung iſt nur als Mittel zur ſinnlichen Vergegenwärtigung der Gebote Gottes eine löbliche, Gott wohlgefällige Sitte. Die Vorſchrift ſetzt übrigens dieſe Sitte als beſtehend voraus, die nicht bloß im heutigen mohammedaniſchen Oriente noch beſteht, ſondern auch ſchon im alten Ägypten üblich war.“ (Keil, Pentateuch.) Erſt in viel ſpäterer Zeit, nachdem das religiöſe Volksbewußtſein ſchon tief erſchüttert war, ſcheinen die Propheten an feſtlichen Tagen regelmäßige und öffentliche Vorträge über das Geſetz gehalten zu haben, zu denen ſich auch Frauen einfanden, wie man aus 2. Könige 4, 23 erſehen kann. Nach 2. Chr. 17, 7—9 ſchickt der König Joſaphat mehrere ſeiner höchſten und tüchtigſten Staatsbeamten, denen Leviten und auch einige Prieſter beigegeben wurden, in den Städten Judas mit dem „Buche der Lehre des Ewigen“ umher, um das Volk zu unterrichten. Überhaupt aber zeigt die Geſchichte der folgenden Zeiten, wie vollſtändig die Abſicht des Geſetzgebers, den Inhalt der Geſetzbücher dem Volke heilig und bekannt zu machen, erreicht wurde. Das geſunde Volksbewußtſein war der kräftige Nährboden der Religion, und dieſen Boden geſund zu erhalten aus dem ewig friſch und klar fließenden Quell, dazu hatte Moſes dieſe nun vorher beſchriebenen herrlichen Einrichtungen getroffen, die alle darauf hinausliefen, das Geſetzbuch zu einem wahren Volksbuch zu machen. Es enthielt keine ſymboliſche Geheimlehre, ſtand nicht einzelnen, als Prieſtern und Geweihten, offen, ſondern war beſtimmt, dem Volke vorgeleſen und bis zu den Dienenden und Kindern herab, von jedem angehört und gekannt zu werden. Die Sprache war lebendig und verſtändlich, ſo daß ſie jedem Iſraeliten ans Herz dringen konnte; der geringſte Arbeitsmann und Holzhacker konnte ſie verſtehen, und der gelehrte Prieſter und Richter, der mächtige König auf dem Thron konnte ſich daran erbauen. Alle ſchöpften aus dieſem Quell neben tiefer Religioſität zugleich auch ein reiches Maß von Bildung und das Gefühl männlicher Freiheit. Der ganze Volkscharakter erhielt durch alle dies eine ideale Richtung.

Stehen wir nun am Schluß dieſes Kapitels wieder ein wenig ſtill, und erwägen, was wir für die Gegenwart lernen können.

Daß die Zeiten trübe ſind und daß ſich ernſte Gewitterwolken am Himmel zuſammenziehen, bezweifelt jetzt faſt kein vernünftiger Menſch mehr. Nur über die Urſachen dieſer Erſcheinung gehen die Anſichten

weit auseinander. Hier interessiert uns nur die eine, die den Quell
des Verderbens in der Religionslosigkeit des Volkes, in der Verachtung
aller kirchlichen Sitte und Moral findet. Wir wollen hier nicht unter=
suchen, ob dieser angebliche Quell der bösen Zeit nicht auch eine Folge
einer noch tiefer liegenden Ursache sei, es genügt hier an dieser Stelle
die Thatsache anzuerkennen, daß das religiöse Volksbewußtsein erschüttert
ist, und daß deshalb alle wahren Patrioten ein Interesse daran
haben müssen, dieses religiöse Volksbewußtsein wieder neu zu beleben.

Der alte Kaiser Wilhelm I. hat, irre ich nicht, das geflügelte
Wort gesagt: „Dem Volke muß die Religion erhalten wer=
den" und hat damit eine Wahrheit bekannt, die verdiente, zur Grund=
lage einer Weltumwälzung gemacht zu werden.

Es ist mit solchen Wahrheiten ein ganz eigentümliches Ding; sie
verwandeln sich in ihr Gegenteil und werden zur Phrase, ja mehr wie
das, zum heuchlerischen schädlichen Schlagwort, wenn man mit oder ohne
Absicht den Worten einen falschen Sinn unterlegt. Wir hoffen zu Gott,
daß der alte ehrwürdige Kaiser Wilhelm I. die Worte recht verstanden
hat, weil er, was „Religion" und was „Volk" sei, selbst wohl im Herzen
trug. Ebenso gewiß ist aber, daß Tausende und aber Tausende, die
dieses Wort in vermeintlich guter Absicht laut im Munde führen,
weder selbst wissen, was Religion, noch was Volk sei, sondern mit
dieser herrlichen Wahrheit einen Sinn verbinden, der nur Gift und
Galle enthält und im Volke die entgegengesetzte Wirkung ausübt.

Unter Religion verstehen sie nur die Gesinnung der demütigen
Unterwürfigkeit, die sich von jedem, der die Macht hat, das Fell über
die Ohren ziehen läßt und sich damit tröstet, daß doch alles ein Ende
hat. Religion ist blinde Bereitwilligkeit, Steuern zu zahlen, in den
Krieg zu ziehen, durch Arbeit den Nationalwohlstand zu mehren und
im übrigen sich zu fügen und auf den lieben Gott zu hoffen. Solcher
Religionsbegriff ist vom Teufel, von ihm wendet sich das Volk ab, und
je mehr und je hartnäckiger er von oben empfohlen wird, desto gewaltiger
antwortet von unten her Erbitterung und Abfall von jeder Religion.

Unter Volk versteht man in weiten Kreisen die Masse des Volkes
mit Ausnahme des Redners und der Klasse, zu der er sich rechnet.
Dem Volke muß die Religion erhalten werden, so ruft der hohe Staats=
beamte, und meint damit die unter ihm stehenden Leute. Dem Volke
muß die Religion erhalten werden, so ruft der Regierungsrat und meint
die Subalternbeamten. Dem Volke muß die Religion erhalten werden,
so ruft der Subalternbeamte und meint damit die Kaufleute. Dem Volke

die Religion, so ruft der Kaufmann und meint die Landleute, so ruft laut und hell auch der Großgrundbesitzer und meint die Bauern. Der Bauer stimmt ein in diesen allgemeinen Chorus und meint die Kleinbauern und Büdner, aber auch selbst diese, stolz in ihrem Klassenbewußtsein, rufen laut und hell: Ja Religion muß sein, und deuten mit dem Finger auf das arme Volk, das nichts hat als nur seine Arbeitskraft. So ist der Begriff Volk leider immer mehr und mehr verdünnt und verwässert, so daß auch wirklich der Begriff „Volksmann", „Volksfreund", „Volks= redner" in den maßgebenden Kreisen mehr Ursache des Tadels als des Lobes darbietet. „Die Religion soll dem Volke erhalten werden" ja wahrlich, man kommt auf solche Weise bei der Klasse an, bei der diese Mahnung und gewaltige Maßregel am wenigsten nötig wäre. Gerade in dem arbeitenden niederen Volke, gerade in den untersten Schichten und namentlich der ländlichen Arbeiterbevölkerung habe ich stets noch ein reiches Maß von tiefer echter Religiosität und geradezu von be= wunderungswürdiger Ehrlichkeit gefunden. Freilich gehen die Fluten des Verderbens bis an diese äußersten Grenzen heran und haben schon manchen Stein unterspült; wehe uns, wenn auch noch dieser letzte Rest verloren geht.

Soll dem Volke die Religion erhalten werden, so muß vor allem zuerst in dem Volksbewußtsein die Religion wieder eine Macht werden. Was alles ist geschehen in dem letzten Jahrhundert, um dieses religiöse Volksbewußtsein zu erschüttern! Mag man noch so viele Bibeln verbreiten, noch so viele innere Missionsanstalten errichten, noch so viele Religions= stunden für Schulkinder und die der Schule entwachsene Jugend festsetzen, alles das hilft nichts, nein es schadet vielleicht nur noch, wenn nicht allen diesen an sich guten Bestrebungen der Wunsch zu Grunde liegt, im Volke dem Bewußtsein der Religion wieder einen guten Boden zu schaffen.

Dieses Bewußtsein ist bis in den innersten Kern erschüttert. Die Kirche hat keinen Einfluß mehr auf das Volk, die katholische vielleicht noch einen größeren als die protestantische, aber einen solchen, daß ihn ein protestantischer Patriot nur bedauern, nicht loben kann.

Die protestantische Kirche dagegen steht machtlos wie eine Ruine aus alten Tagen der mächtigen Volksbewegung gegenüber. Selbst auch auf dem Lande, wo man so gern in der Landbevölkerung noch einen festen Hort zu haben glaubte, schwindet der Einfluß, den die Kirche bis dahin noch hatte, mit Riesenschritten. Weite Strecken unseres Vater= landes sind zu finden, wo die Kirchen Sonntags fast buchstäblich leer stehen, ja wo die Gottesdienste zuweilen ausfallen müssen, weil sich auch auf dem Lande keine Besucher der Gottesdienste einstellen. An Fest= und Feiertagen finden sich noch die Einwohner aus den Bauernhäusern ein; aber mit geringer Menschenkenntnis sieht man, daß solcher Besuch des Gottesdienstes mehr durch fromme überlieferte Sitte und sogar durch noch tieferstehende Rücksichten bewirkt wird, als durch das gesunde und starke religiöse Volksbewußtsein. Auf die Kirchtürme vieler Dörfer dürfte man als Sinnbild eine vergoldete Zuckerrübe hinsetzen mit der Inschrift: „Das sind die Götter, die dich führen und leiten und die du anbetest." In der niederen ländlichen Arbeiterbevölkerung steckt noch ein gesunder Kern, obwohl auch er schon angefressen ist; aber eben diese Bevölkerung leidet fast noch mehr, wie das Proletariat in den Städten an den unausbleiblichen Folgen der ausschließlich kapitalistischen Produktionsweise. Dieselben Grundsätze sind von der Industrie bereits in die Landwirtschaft eingedrungen und haben dort dieselben Wirkungen ausgeübt wie sie uns in der Industrie schon längst klar vor Augen liegen. Soll unserem Volke die Religion erhalten werden, wohlan, so muß dem Volke in der weitesten Bedeutung, und zwar von oben anfangend, die Religion, aber in ihrer festen reinen freiheitlichen Gestalt, erhalten bleiben. Viele Gründe haben hier verheerend gewirkt, doch wir wollen an dieser Stelle uns die gute Hoffnung nicht noch mehr zerstören. Dennoch muß ich und will ich auf eins den Finger legen. Wahrheit und nur Wahrheit ist die Grundquelle alles irdischen Gedeihens. Dieser unumstößliche Grundsatz gilt in allerhöchstem Maße bei allen Bestrebungen, durch die man auf die Volksseele wirken will. Verachte man noch so sehr das niedere arbeitende Volk, und mögen noch so viele faule Subjekte darunter sein, dies Volk selbst ist dem Meere vergleichbar, das, durch stete Bewegung gesund, alles Faule und Unwahre aus sich herauswirft. Heuchelei und Unwahrhaftigkeit sind die allerschlechtesten Mittel, mit denen man beim Volke etwas erreichen könnte. So lange dieser Heuchelei und Unwahrhaftigkeit nicht die Lebensader abgeschnitten ist, so lange ist jeder Versuch auf Wiederbelebung des religiösen Volksbewußtseins eher verderblich als nützlich. So lange die Thatsachen den deutlichen Beweis liefern, daß mit aller Religionsmacherei persönlicher Unglaube und Religionsgleichgültigkeit verbunden ist, daß kurz bei allem Salbader und Wortgerassel das Herz nicht bei der Sache ist, so lange wirkt im Volke die Bestrebung, das religiöse Volksbewußtsein zu beleben, fast nur abschreckend. Zwar sitzt Gott im Regimente, aber das hindert nicht, daß das Regiment der äußerlich organisierten Kirche nach der gesunden Lehre der Schrift geordnet sein soll und die religiöse Entwickelung nicht hindern darf.

Erst wenn die protestantische Kirche ihre Freiheit sich zurück=
erobert hat, erst dann ist die Möglichkeit geschaffen, daß religiöse
Charaktere wieder wie ein Sauerteig in dem Volksbewußtsein wirken
und eine gründliche Besserung anbahnen können. Nicht Schule und
Predigt, nicht allerlei Anstalten dieser und jener Art thun uns
zunächst not, nein was uns vor allem not ist, ist Klarheit und
Wahrheit, Treue und Glaube in den öffentlichen Verhältnissen des
Volkslebens. Erst so kann die Religion im Volke wieder eine Macht
werden.

3. Kapitel.

Das Volksheiligtum.

Dieses Kapitel hängt aufs engste mit dem vorigen zusammen.
Dort fanden wir in dem mosaischen Gesetz die allerbreiteste Grundlage
für die Religionspflege, aber zum Unterschied von der Gegenwart nicht
in bestimmten gesetzlichen Institutionen, sondern in dem Volksbewußtsein,
das religiös lebendig zu erhalten das Hauptstreben Mosis war. Hier
machen wir wieder die ganz entgegengesetzte Erfahrung.

Wenn auch in den fünf Büchern Mosis kein Wort von dem
Tempel zu Jerusalem steht, so weist doch die ganze Gesetzgebung auf
ein einziges Heiligtum hin. Moses, als ein weiser Gesetzgeber, gibt
keine nähere Bestimmung darüber, ob, wo, wann, wie später ein
Tempel erbaut werden soll, das alles überläßt er der ruhigen Entwickelung der zukünftigen Zeit; wohl zeigt er im allgemeinen darauf hin, daß
jetzt und sonderlich in der Zukunft das Volk nur ein Heiligtum haben
soll, aber zunächst hat er die gegenwärtige Generation im Auge, die
zukünftige dem treuen Gott befehlend. Das Volk Israel soll nur ein
Heiligtum haben, einen Tempel, da Gottes Ehre wohnt und seine
Herrlichkeit mitten unter seinem Volk. Von diesem einen Tempel
aus sollen lebendige Ströme heiliger Gottesverehrung und göttlicher
Begeisterung und begeisternder Vaterlandsliebe auf das ganze Volk
ausströmen. Daß in der Wüste das Volk nur ein Heiligtum, die
Stiftshütte hatte, würde uns nicht befremden, aber später im Heiligen
Lande soll das Volk auch nur ein Heiligtum haben, nicht viele Tempel
oder Örter, wo der Name Jehovahs verehrt wird, nur den, den Er
erwählen wird. Auch hier tritt uns wieder der grelle Unterschied des

mosaischen Gesetzes von unserer Zeit vor die Augen. Die Religion zu pflegen, weiß man heute fast kein vornehmlicheres Mittel, als Kirchen zu bauen; je mehr Kirchen, desto mehr Religion, und umgekehrt schließt man von der kleinen Zahl der Gotteshäuser auf die geringe Gottesfurcht im Lande. Gewiß, es versteht sich von selbst, daß diese Schlußfolgerungen in gegenwärtiger Zeit kaum anders sein können, aber hier ist der Ort, daran zu erinnern, daß im mosaischen Gesetz ganz andere Gesichtspunkte maßgebend gewesen sind. In der Wüste und nachher im Gelobten Lande sollte nach Gottes Willen nur ein Gotteshaus sein, darin der wahre Gottesdienst gefeiert wurde. Es gab im ganzen Lande nirgendwo ein Haus, das wir mit einer Kirche oder einem Bethaus vergleichen könnten; die Entstehung der sogenannten Judenschulen, „Synagogen" ist nachexilisch. In der Wüste schon war es nicht möglich, nachher im Gelobten Lande noch viel weniger, daß das Volk an dem Gottesdienst dieses einen Tempels teilnehmen konnte; es lag das auch gar nicht in der Absicht des Gesetzgebers, vielmehr, wenn es hoch kam, sollte jeder männliche Israelit dreimal im Jahre vor dem Herrn im Heiligtum erscheinen. Dennoch aber war Israel ein religiöses Volk und sollte nach Gottes Willen jede Woche den Sabbath feiern. Wahrlich, wir kämen heute in die allergrößte Verlegenheit, ja mehr als das, wohl in den Verdacht, den Verstand verloren zu haben, wenn wir im Ernst auch nur an die Möglichkeit dächten, daß man ohne Prediger, ohne Predigt, ohne Kirchen dennoch Gott wohlgefällig den Sonntag feiern solle und könne. Es liegt uns natürlich fern, von dieser mosaischen Grundanschauung irgendeine Anwendung auf unsere Zeit zu machen, aber doch ist es heilsam, einmal an diese Thatsache ernstlich erinnert zu werden, und zugleich an die andere Thatsache, daß gegenwärtig wahrhaftig die große Zahl von Kirchen, mit reich ausgestatteten irdischen Gütern, die Menge der regelmäßig dort gefeierten Gottesdienste auch nicht den allergeringsten Schluß auf die Gottesfurcht der umwohnenden Menschen zuläßt. In vielen Fällen werden sie besucht, ach in gar vielen Fällen stehen sie leer, machen durch ihr herrliches Bauwerk den Kontrast zu der geistlichen Ruine nur um so größer.

Doch kehren wir zu der Gesetzesquelle zurück und lassen uns aus 3. Mos. 17 und 5. Mos. 12 noch genauer unterrichten, was über Gründung, Bestimmung und Ort des Heiligtums zu sagen ist.

3. Mos. 17 lesen wir: „Und der Herr redete mit Mose und sprach: Sage Aaron und seinen Söhnen und allen Kindern Israel und sprich

zu ihnen: Das ist's, was der Herr geboten hat. Welcher aus dem Hause Israel einen Ochsen oder Lamm oder Ziege schlachtet in dem Lager oder außen vor dem Lager und nicht vor die Thür der Hütte des Stifts bringet, daß es dem Herrn zum Opfer gebracht werde vor der Wohnung des Herrn, der soll des Blutes schuldig sein, als der Blut vergossen hat" (Hebr.: Blut soll diesem Manne zugerechnet werden, Blut hat er vergossen) „und solcher Mensch soll ausgerottet werden aus seinem Volk. Darum sollen die Kinder Israel ihre Opfer, die sie auf dem freien Felde opfern wollen, vor den Herrn bringen, vor die Thür der Hütte des Stifts, zum Priester, und allda ihre Dankopfer dem Herrn opfern. Und der Priester soll das Blut auf den Altar des Herrn sprengen, vor die Thür der Hütte des Stifts und das Fett anzünden zum süßen Geruch dem Herrn. Und mit nichten ihre Opfer hinfort den Feld=teufeln (lascirim. daemonibus. eig. den Behaarten) opfern, mit denen sie huren. Das soll ihnen ein ewiges Recht sein bei ihren Nachkommen."

Die hier erwähnte Hütte des Stifts, das Heiligtum des Volkes, war in der Wüste erbaut, genau nach den Angaben Mosis, mit einem verhältnismäßig*) großen Aufwand von Kunst und von Gold und Silber. Es läßt sich auch nicht ein vernünftiger Grund beibringen, die Geschichtlichkeit dieser Erzählung zu bezweifeln. Erstens liegt die Zeit so weit zurück und es sind uns aus ihr so wenig litterarische Schätze hinterlassen, daß es schwer, ja fast unmöglich ist, irgendwelche Schlüsse aus Vermutungen auf mögliche Thatsachen zu machen. Die Israeliten kamen aus Ägypten, der Heimat großer wunderbarer Bauwerke und Skulpturen, sie wurden in der Wüste von vielen Ägyptern begleitet, und besaßen ohne Zweifel schon damals einen ziemlichen Vorrat von Schätzen allerlei Art. Die Behauptung der negativen Kritiker (Reuß, Graf, Wellhausen), die Stiftshütte sei nicht das Urbild, sondern das Nachbild des salomonischen Tempels, gleichsam der wandelnde in die Wüste versetzte Tempel, zeugt von einer kühnen Dreistigkeit, und ist wissenschaftlich haltlos. Nur die Thatsache, daß heute auch die kühnsten Hypothesen sicher lauten und weiten Beifall finden, wenn sie nur gegen Bibel und Christentum gerichtet sind, läßt es begreiflich erscheinen, daß solche Hypothese überhaupt die Zeit ihrer Geburt überlebt hat.

Bei dieser Stiftshütte wurden alle Volksversammlungen und alle

---

*) Würde aber die Stiftshütte uns heute vor Augen stehen in ihrer wirklichen Größe und Gestalt, so würde sie dennoch einen nur unbedeutenden Eindruck machen.

Beratungen gehalten, sie war der eigentliche Zentralpunkt alles poli=
tischen und religiösen Lebens. Aus eben angeführter Stelle lernen
wir nun, daß in der Wüste nur hier vor der Stiftshütte geschlachtet
werden durfte, mit anderen Worten, daß jedes Schlachten zugleich ein
Opfern war. Weil nun hieraus mancherlei falsche Schlüsse gezogen
sind, und weil dieses Gebot später ausdrücklich abgeändert ist, so müssen
wir uns mit dieser Bestimmung etwas länger beschäftigen.

Warum Moses vornehmlich dieses Gesetz in der Wüste gegeben
hat, das sagt er selbst, nämlich um den Götzendienst zu verhüten oder
besser, zu erschweren. Hätte man an jedem Orte opfern dürfen, so würde
bei dem damaligen allgemeinen Hang zur Abgötterei, oft unter dem Vor=
geben, man opfere dem wahren Gott, heimlich den Götzen ein Opfer
gebracht sein. Der Götzendienst ist aber überall bei Moses der Quell
aller Unreinigkeit und der Menschenopfer, um derentwillen die Heiden
ausgerottet werden. Zu dieser Besorgnis götzendienerischer Opfer tritt
hier deutlich noch die andere, des Genusses von Blut, der überall auf
das strengste und unter Strafe der Ausrottung verboten wird. Daß
aber kein Tier anders als zum Festopfer geschlachtet werden sollte, hat
nicht seinen Grund darin, daß überhaupt zu jener Zeit jedes Schlachten
ein Opfer war, sondern in den durch den Aufenthalt in der Wüste be=
dingten Zuständen. Moses führte das Volk in das Gelobte Land, wo
es sich lediglich durch Ackerbau ernähren sollte, wie es das schon in
Ägypten im Lande Gosen ohne Zweifel gethan hatte. Der Ackerbau
wurde nur mit Hilfe des Rindviehs betrieben, Pferdezucht war so gut
wie unbekannt, die Israeliten hatten keinen Gebrauch für die Pferde;
erst zu den Zeiten Salomos kommen auch die Pferde in den Gebrauch,
aber auch damals mehr für den Krieg, als für den Ackerbau. Wie
nahe lag es da dem Moses, mit dem religiösen Interesse auf eine
ehrliche Weise auch das ökonomische zu verbinden, indem er durch
obiges Gebot für die Vermehrung der Rindviehzucht in der Wüste
sorgte.

Es sollte verboten sein irgend ein Rindvieh anders zu schlachten,
als vor dem Zelt, um dadurch sowohl den Hang zum Götzendienst ein=
zuschränken als auch um die Rindviehzucht zu heben. Wollte man
einwersen, daß die Israeliten dann ja in der Nahrung, nämlich in den
Fleischspeisen, sehr eingeschränkt wurden, so ist zu erwidern, erstens, daß über=
haupt in den südlichen Ländern die Fleischnahrung seltener und unnötiger
ist als in den nordischen, und zweitens, daß die Opfer, wie wir später
noch weiter sehen werden, fast in der Regel mit allgemeinen Festmahl=

zeiten verbunden waren. Die Opfer wurden zum größten Teil von der Opfergemeinde verzehrt, nur das wenigste, die Fettstücke, die zu essen verboten war, wurde verbrannt. Endlich auch ist noch zu erinnern, daß sich bei allen Völkern in den ältesten Zeiten zwischen dem Menschen und dem nützlichsten Tiere, nämlich dem Rindvieh, ein freundschaftliches Verhältnis herausbildete, das nur ungern die Tötung eines solchen Tieres gestattete. Wir erinnern an Virgils Georg. 535 und 536:

Ante etiam sceptrum Dictaei regis et ante
Impia quam caesis gens est epulata juvencis.

Auch noch bei Jesaias 66 findet sich ein ähnlicher Gedanke. Er schildert die zukünftige messianische Zeit und sagt: Wer einen Ochsen schlachtet, ist wie einer, der einen Menschen erschlüge, d. i. er wird dem Mörder gleich geachtet.

Dennoch war dieses bloß für den Aufenthalt in der Wüste gegebene Gesetz hart, weshalb es Moses 38 Jahre später (5. Mos. 12) auch aufhob, weil es sich im jüdischen Lande, wo das Volk zerstreut auf seinem Eigentum wohnte, unmöglich durchführen ließ. Da gestattet Moses ausdrücklich dem Volke, daß ein jeder Rind=, Schaf= und Ziegenvieh nach seinem Belieben in seinen Thoren schlachte, um es zu essen, nur daß sie es nicht als Opfer betrachten und sich des Blutes (das die Heiden bei den Opfern zu trinken pflegen) enthielten. Moses sagt, sie sollen es essen wie Hirsch und Reh, nämlich so völlig erlaubt, aber auch so von allem Begriff eines Opfers entfernt; denn Hirsch und Reh konnten nie auf den Altar gebracht werden.

Wenn Moses zwar das erste Verbot (3. Mos. 17) „als ein ewiges Gesetz auf die Nachkommen" ausdrücklich proklamiert, so macht das durchaus keine Schwierigkeit. Moses hat selbst seine Gesetze geändert und einem solchen weisen Gesetzgeber, wie er war, konnte es unmöglich verborgen bleiben, daß mancherlei Bestimmungen, wie z. B. die Höhe von Geldstrafen, die Höhe des Schadenersatzes an den Verletzten, der Veränderung unterworfen waren. Dazu kommt, daß das hebr. Wort im Urtext olam gar nicht die Grundbedeutung der Ewigkeit hat, sondern die des Verhüllten, Verborgenen und, auf die Zeit angewandt, einer langen Zeit, so daß die Trümmer Jerusalems am Ende des Exils schon olam genannt werden (Jes. 58, 12 und 61, 4).

Es scheint übrigens, daß dieses Gesetz auch in der Wüste nicht völlig durchgeführt, und Moses in der Vollziehung der angedrohten Lebensstrafen nicht so strenge gewesen ist. Amos 5, 25 sagt, die

Israeliten hätten Gott vierzig Jahre lang in der Wüste kein Opfer gebracht, aber Götzendienst getrieben. Vermutlich ist also das so hart gegebene Gesetz doch nicht im stande gewesen, den geheimen Götzendienst und Götzenopfer an Abörtern zu hindern, aber wohl hat es ihn einge= schränkt und gemindert.

Was nun endlich den Ort des Gottesdienstes angeht, so war der ja in der Wüste, wie wir sahen, von selbst gegeben, über den Ort im Gelobten Lande bestimmt Moses 5. Buch Mos. 12, 3—14 nur, daß es der Ort sein soll, den Gott zum Sitz des Gottesdienstes erwählen würde.

Wo die Hütte des Stifts oder die Bundeslade war, da durfte und sollte man opfern, denn den Ort hatte Gott um die Zeit erwählt; indes verbot doch auch das Gesetz nicht, an einem von der Stiftshütte entfernten Orte zu opfern, wenn ein Prophet es verordnete, denn sobald dieser Fall eintrat, hatte ja Gott den Ort erwählet. Deshalb ist es nicht verwunderlich, wenn später Propheten weit von dem Tempel geopfert haben, z. B. Elias am Vorgebirge Karmel. Doch die Ge= schichte der Bücher Richter, Samuelis und Könige zeigt klar, daß es bei diesem Erlaubten nicht geblieben ist, daß vielmehr bald an die Stelle des großen Eifers (Josua 22, 10—34 der Altar jenseit des Jordans) Gleichgültigkeit und Ungehorsam trat und daß der verschiedene Höhendienst gemäß den Klagen der Propheten in Götzendienst ausartete. Erst die Könige Hiskias und sonderlich Josias wachten streng über dem Gesetz und suchten mit allem Eifer den Höhen= und Götzendienst aus= zurotten und dem Gesetz Mosis allgemeine Anerkennung zu verschaffen, nachdem die Bundeslade seit Salomo ihren ständigen Sitz in Jerusalem gefunden hatte.

Der Tempel zu Jerusalem, das gemeinsame Heiligtum Israels, der Wohnsitz Gottes zu Zion und der Gottesdienst daselbst war und blieb trotz aller thatsächlichen Verirrungen der Born, aus dem warmes religiöses Leben hervorquoll, die Quelle heiliger Sehnsucht und brennender Hingabe, wovon der ganze Psalter vom ersten bis zum letzten Psalm ein sprechen= des Zeugnis ablegt; denn das zentrale Thema des ganzen Buches ist die eine irdische Wohnstätte des Allerhöchsten auf seinem heiligen Berge, dorthin steht alles Hoffen, von dort hat alles Große und Herrliche, das in Israel geschah, seinen Ursprung (vergl. Green Seite 284). „Wie lieblich sind deine Wohnungen, Herr Zebaoth! Meine Seele verlanget und sehnet sich nach den Vorhöfen des Herrn, mein Leib und Seele freuen sich in dem lebendigen Gott! Wie der Hirsch schreiet nach frischem

Waſſer, ſo ſchreiet meine Seele nach dir, o Gott. Meine Seele dürſtet nach Gott, nach dem lebendigen Gott; wann werde ich dahin kommen, daß ich Gottes Angeſicht ſchaue? Herr, wer wird wohnen in deiner Hütte? wer wird bleiben auf deinem heiligen Berge? Wer ohne Wandel einhergeht und recht thut und redet die Wahrheit von Herzen. Wer wird auf des Herrn Weg gehen? und wer wird ſtehen bleiben an ſeiner heiligen Stätte? Der unſchuldiger Hände und reines Herzens iſt, der nicht Luſt hat zu loſem Weſen und ſchwört nicht fälſchlich, der den Segen vom Herrn empfängt in Gerechtigkeit vom Gott ſeines Heils . . . Macht die Thore weit und die Thüren in der Welt hoch, daß der König der Ehren einziehe. Wer iſt derſelbige König der Ehren? Es iſt der Herr ſtark und mächtig, der Herr Zebaoth, er iſt der König der Ehren. Ich freue mich, wenn ſie zu mir ſagen: Laſſet uns in das Haus des Herrn gehen. Unſere Füße ſtehen in deinen Thoren, o Jeruſalem, da die Stämme des Herrn hinaufgehen, die Stämme des Herrn, ein Zeugnis für Iſrael, zu danken dem Namen des Herrn. Sende dein Licht und deine Wahrheit, daß ſie mich leiten und bringen mich zu deinem hei= ligen Berge und zu deinen Wohnungen. Daß ich hineingehe zum Altar Gottes, zu dem Gott, der meine Freude und Wonne iſt und dir auf der Harfe danke, Gott, mein Gott. Mit meiner Stimme rufe ich zum Herrn, ſo erhöret er mich, von ſeinem heiligen Berge."

4. Kapitel.

Die Prieſter und Leviten.

Das ganze Volk der Iſraeliten ſoll ein prieſterliches Volk ſein. Gott hat es erwählet zum Volk des Eigentums aus allen Völkern, die auf Erden ſind, daß es ihm ein heiliges Volk ſei (5 Moſ. 6). Dennoch iſt ein zahlreicher Stand von Gott im moſaiſchen Geſetz auserwählt, dem ganz beſonders, vor allen anderen die Pflege der Religion, als die ihm eigentümliche Berufsarbeit, befohlen war.

Von dieſer Berufsarbeit müſſen wir uns eine klare Vorſtellung zu machen ſuchen, um ſo mehr als ſowohl in der Vergangenheit bei den Heiden als noch vielmehr in der Gegenwart in der chriſtlichen Kirche dieſe Berufsarbeit weſentlich verſchieden war und iſt. Es herrſchen daher bei der wiſſenſchaftlichen Darſtellung dieſes Gegen=

standes auch die mannigfaltigsten Ansichten, die sich schnurstracks widersprechen.

Besonders handelt es sich dabei um das hierarchische Element, um
die einflußreiche Priesterherrschaft des ganzen Levitenstandes. Wir
wollen nun im folgenden den Nachweis liefern, daß Moses durch diese
ganze levitische Priesterinstitution gerade die Hierarchie, so viel an ihm
lag, bekämpfte und nahezu unmöglich zu machen suchte. Wir handeln
demgemäß zuerst von der Bedeutung und Stellung des Priesterstandes
im allgemeinen, dann von dem besonderen Beruf, von den Einkünften
der Priester und viertens von der Stellung und Bedeutung des
Hohenpriesters.

Es ist nicht zu leugnen, daß der Priesterstand als ein vornehmer
Adel der demokratischen Verfassung des jüdischen Volkes ein bedeutendes
Gegengewicht geben und die Demokratie mäßigen sollte.

Die ganze mosaische Staatsverfassung im engeren Sinne war
auf der breitesten demokratischen Grundlage aufgebaut; überall sehen
wir auf dem Grunde der Theokratie, daß das Volk Israel in der
Verwaltung und Ordnung seiner irdischen Verhältnisse von seiner Freiheit
den weitesten Gebrauch macht. Diese demokratischen Grundsätze blieben
auch selbst dann noch unverändert, als an die Stelle der Theokratie
die sichtbare Monarchie trat. Die Theokratie, sowie auch nachher die
Monarchie bestand wesentlich in dem festen Volksbewußtsein, daß die
Gesetze von Gott gegeben und deshalb in ihrem Kern unabänderlich
seien. Weder Priester, noch Propheten, noch Richter, noch Könige, noch
irgend ein Mensch sollte ein Recht haben, an diesem Grunde irgend
etwas zu ändern. Die jüdische Theokratie unterscheidet sich daher nicht
wesentlich von irgend einer anderen Staatsverfassung, sie mag einen
Namen haben, welchen sie will, so lange in ihr die Grundanschauung
herrscht, daß der Quell alles Rechtes in Gott verborgen liege. Liegt
aber der Quell des Rechtes nicht in Gott, sondern in den Menschen,
ihren Sitten und Gewohnheiten oder in ihrer Macht und ihrem Vorteil, so ist solche Staatsverfassung, sie mag nun Republik, Demokratie
oder Monarchie sein, grundverschieden von der mosaischen. In dieser
Grundanschauung der Israeliten lag nun schon von selbst ein starkes
Gegengewicht gegen demokratische Auswüchse, gegen libertinistischen
Mißbrauch der Volksfreiheit. Das gesunde Volksbewußtsein allein aber
gibt keine Gewähr gegen solchen Mißbrauch, wenn nicht zugleich die
weisesten Anstalten getroffen werden, das Volksbewußtsein gesund zu
erhalten. Die bösen Eigenschaften im Menschen haben so sehr das

Übergewicht über die guten, der persönliche Eigennutz über die Interessen des Gesamtwohls, daß ohne weise Institutionen selbst auch das gesundeste Volksbewußtsein schnell erkrankt.

Das nur ist das unglückliche Verhängnis, daß solche weise Institutionen gar zu leicht und oft in ihr Gegenteil umschlagen, daß sie, statt die Volksfreiheit vor Auswüchsen zu bewahren, die Volksfreiheit zerstören, daß der Adel oft seine Aufgaben nicht erkannte, daß die Priesterschaft nicht blos unter heidnischen sondern auch vielfach unter christlichen Völkern mehr eignen Interessen, als den geistigen Bedürfnissen des Volkes gedient hat. Moses hatte sicherlich diese Entartung vor Augen; denn seine Erziehung am ägyptischen Hof und sein langer Aufenthalt daselbst war gewiß in dieser Beziehung nicht ohne Frucht geblieben. In Ägypten besaß die priesterliche Kaste eine außerordentlich große Macht und beherrschte mit tyrannischer Hierarchie das Volk.

Wir werden nun sehen, wie Moses in dem priesterlichen Stamme der Leviten einen Adel schuf, um die Volksfreiheit vor Auswüchsen zu bewahren, und wie er weise dafür sorgte, daß umgekehrt das Volk die Priesterschaft an dem Mißbrauch ihrer Gewalt hinderte, so daß eine Priesterhierarchie unmöglich wurde.

Daß die Einrichtungen des ägyptischen Priesterstaates auf die mosaische Staatsverfassung nicht ohne Einfluß geblieben, ist ganz außer Zweifel, denn in vielen Stücken finden wir auffallende Ähnlichkeiten, so z. B. in den Abgaben, dort $\frac{1}{5}$, hier zweimal den Zehnten. Dennoch aber ist das mosaische Priestertum sicherlich nicht ägyptischen Ursprungs. Längst vor Moses, in alter grauer Zeit, finden wir Opfer und damit verbunden das Priestertum. Auch in der Wüste vor der Gesetzgebung und vor der Auswahl Levis finden wir bei den Israeliten, daß die Erstgeborenen des Amtes der Priester warten; die Familienhäupter waren auch zugleich Priester, der König Melchisedek war König und Priester in einer Person.

Moses bestimmte auf Gottes Geheiß den Stamm Levi zu diesem Dienst; die Zahl der Erstgeborenen übertraf nur um 237 die Zahl der männlichen Leviten, nämlich 22000. Die überzähligen Erstgeborenen wurden mit je fünf Schekel abgelöst. Kurz vorher hat Levi sich durch heiligen Eifer für die Anbetung Jahves hervorgethan. Moses, im heiligen Grimm über den schändlichen Abfall des Volkes in den groben Götzendienst des goldenen Kalbes (2. Mos. 32, 26—29), rief in das Lager herein: „Her zu mir, wer dem Herrn angehört", da sammelten sich zu ihm alle Kinder Levi. Nachdem die Auflehnung der Rotte Korah gegen die Übertragung des Priestertums auf Aaron und seine Söhne bewältigt war, erklärt Mose Num. 16, 5: „Morgen wird Jehovah kund thun, wer sein ist und wer heilig und wen er zu sich nahen läßt, und den er sich erwählet hat, den wird er zu sich nahen lassen." Da wurde Levi erwählt. Sein Beruf war das Gesetz Jehovahs in seiner Integrität und Reinheit zu bewahren, es das Volk zu lehren, über seine Befolgung zu wachen, richterlich danach zu entscheiden und es auf die Nachkommen zu bringen. Das war der Adel Levis. Er war bestimmt zur Gelehrsamkeit, um sich dadurch zu allerlei obrigkeitlichen Ämtern vorzubereiten. So abgeneigt Mose einem Erb= und Grundadel war, so hat er doch auf alle Weise einen solchen Gelehrtenadel gefördert. In den eigentlichen charakteristischen Punkten seines Berufes unterschied sich Levi nicht von dem ganzen Volk, viel= mehr sollte in ihm die Bestimmung des Volkes, nämlich die Heilig= keit und die Auserwählung, in höchster Potenz zur Erscheinung kommen. Ein Gegensatz zwischen dem Volke und dem Priesterstande sollte sich nie bilden dürfen; von dem Volke hatte Levi sein Ansehen, so wie um= gekehrt das Volk in seinem Ansehen durch Levi erhalten bleiben mußte, wenn Levis Ansehen nicht zu Grunde gehen sollte. Beider Glück, ja ganze Existenz hing ab von dem Ansehen Jehovahs und der Geltung seiner heiligen Gesetze; wurde Jehovah nicht angebetet, und galt sein Gesetz nicht, so mußte das Verderben des Volkes die Priesterschaft, und umgekehrt das Verderben der Priesterschaft das Volk mit in den Ab= grund herabziehen. Der Leviten= und Priesterstand hatte nun aber nicht etwa bloß auf die nächsten religiösen Interessen nach unserer Anschauung seine Aufmerksamkeit zu richten, sondern der Kreis seiner Pflichten, neben dem allernächsten Kultus im Heiligtum, dehnte sich weit aus. Sie waren nicht Geistliche im modernen Sinne — ein solcher Begriff war ganz unbekannt — sondern sie waren die Gelehrten aus allen Fakultäten und durch die Geburt verbunden, sich den Wissenschaften zu widmen, wofür sie auch entsprechend besoldet wurden. Nächst der Sorge für Erhaltung des Gesetzes mußten sie sich medizinische Kennt= nisse aneignen, weil die Priester über den Aussatz die Aufsicht hatten, und den Menschen, die Gebäude, die Kleider je nach dem Ausfall ihrer Untersuchung für rein oder unrein erklärten. Auch die Mathematik durfte ihnen nicht fremd bleiben, denn ohne Zweifel hatten die Priester auch die Aufsicht über Maß und Gewicht, sie waren die mathe= matischen Polizeiaufseher, deren kein Staat ohne Schaden entbehren kann. Dazu kommen noch astronomische Kenntnisse und vor allen Dingen ein reiches Maß von Rechtsgelehrsamkeit, deren die Priester unmöglich entraten konnten.

Welche Veranstaltung aber traf nun Moses, damit der Priesterstand seine Stellung nicht mißbrauche, nicht der so naheliegenden Versuchung erliege, eine Hierarchie wie in Ägypten zu bilden?

Die ägyptische Priesterhierarchie wurde vornehmlich durch die ägyptische Kastenbildung hervorgerufen und weiter gebildet, d. h. durch die Einrichtung, daß ein Stand von dem anderen gesellschaftlich streng geschieden und möglichst unabhängig gestellt wurde. Auch die ägyptischen Priester sollten nach ihrer Bestimmung die Wissenschaft pflegen, aber sie als eine Geheimlehre streng für sich bewahren und dafür sorgen, daß aus dem Verborgenen niemals ans Licht komme, was die Priester als Mysterien von der Welt abgeschlossen trieben. Das war und ist und bleibt das Verderben. Johannes, der Jünger Jesu, behält ewig recht, wenn er sagt: „Wer Arges thut, der hasset das Licht und kommt nicht an das Licht, auf daß seine Werke nicht gestraft werden. Wer aber die Wahrheit thut, der kommt an das Licht, daß seine Werke offenbar werden, denn sie sind in Gott gethan" (Ev. Joh. 3, 20. 21).

Moses that alles, damit die Gelehrsamkeit niemals ein Mysterium werde, sein Streben war darauf gerichtet, daß die genaue Kenntnis des Gesetzes möglichst Gemeingut des ganzen Volkes würde. Die Priester wußten sich immer beobachtet und standen so zu sagen immer unter Aufsicht des Volkes. Die Gesetzeskenntnis sollten gerade die Priester verbreiten, indem sie Abschriften von dem Gesetze machten; der zukünftige König sollte fleißig darin lesen, und jeder Israelite sollte seinen Stolz darein setzen, im Gesetze des Herrn bekannt zu sein. Wir haben ja auch schon früher erkannt, daß sich die Israeliten ihre Richter aus dem Volke selbst erwählten, daß die Ältesten insonderheit das Richteramt verwalteten, so mußten sie sich schon deshalb sorgfältig mit dieser heiligen Wissenschaft befassen.

In den Propheten entstand wiederum ein starkes Gegengewicht gegen alle hierarchischen Gelüste der Priester. Wenn wir auch von der Thätigkeit der Propheten ausführliches erst aus der späteren Königszeit wissen, so finden wir in Moses doch den eifrigsten Beförderer dieses Standes, als dessen Vertreter er sich ja selbst bezeichnet. Die Propheten waren an keinen Stand, an kein Alter, an kein Geschlecht gebunden und allein auf Grund der göttlichen Wahrheit und ihrer persönlichen Fähigkeiten gelangten sie im Volke zu großem Einfluß. Wir sehen nun, daß nur selten die Priester auch Propheten waren. Niemals bis zur Zeit der Makkabäer ist ein Priester König geworden, noch hatte irgendwo und wann ein Priester nach solcher Herrschaft getrachtet, wohl aber haben wir zahlreiche Beispiele davon, daß der Stamm Levi von allem politischen Einfluß fern gehalten wurde.

Vor allen Dingen aber fehlte den Leviten und Priestern die vornehmlichste Grundlage einer hierarchischen Machtentwickelung. Sie hatten kein Erbteil im Lande, sie hatten keinen Grund und Boden und das ist das allererste Erfordernis, um die Volksfreiheit mit Energie und Erfolg durch tyrannische oder hierarchische Gelüste zu unterdrücken. Nicht einmal in Jerusalem, an dem Orte, den Jehovah später erwählet hat, hatten sie Grundeigentum, selbst dort waren sie nur inquilini. Ohne Zweifel lag diese ganze Einrichtung in dem Plane des weisen Moses, er wollte dadurch jedes hierarchische Gelüst gleich im Keime ersticken und es ist ihm auch gelungen. Daß auch in Zukunft die Priesterschaft nicht in den Besitz von Grund und Boden gelangen möchte, scheint noch mit ganz besonderer Vorsicht beabsichtigt zu sein. Wir haben schon an einer anderen Stelle kurz von den Gelübden gesprochen. Moses verbietet sie nicht, wahrscheinlich weil sie schon in ältester Zeit zu einer Sitte geworden waren, aber wo er kann, sucht er sie zu erschweren und davon abzuraten, während er es unter strenge Strafe stellt, wenn das einmal gemachte Gelübde gebrochen wird. Wir lassen es dahingestellt, ob nicht Moses auch dadurch die Bereicherung des Priesterstandes hat vereiteln wollen. An einer Stelle läßt sich beinahe auf solche Absicht schließen. Wenn ein Israelit dem Heiligtum einen Teil seines Erbackers gelobte, so konnte dieser bis zum Halljahre, also je nach dem Tage der Gelobung neunundvierzig Jahre lang, durch Bezahlung des Schätzungswerts und eines Fünftels darüber, gelöst werden. Der Schätzungswert war sehr niedrig, weil nur die Ernten bis zum Halljahr in Berechnung kamen. Bedenkt man nun, daß der Besitzer oder Erbe oder irgendwelcher Verwandte während dieser Zeit als Löser des gelobten Grundstückes auftreten konnte, so ist schwer anzunehmen, daß jemals der Acker einer Familie auf ewig an das Heiligtum fiel. Und dies zu verhüten, scheint auch die Absicht Mosis zu sein, der den Familien ihre Äcker zu erhalten suchte, und dem Stamm der Priester keine Grundstücke zum Eigentum geben wollte. Diese lange Dauer des Lösungsrechtes fällt um so mehr auf, weil sonst bei dem Verkauf eines Hauses in der Stadt dieses Recht ein Jahr nicht überdauerte. Moses, selbst ein Levit, machte dennoch keinen seines Stammes zum Nachfolger, sondern ernannte den Josua.

So sehen wir Leviten und Priesterstand nach der mosaischen Gesetzgebung als einen Gelehrtenadel hingestellt, der einerseits der Demokratie ein Gegengewicht sein sollte, während ihm selbst andererseits jede hierarchische Bestrebung durch weise Einrichtungen unmöglich gemacht war. Wie thöricht und blind müßten doch die fanatischen und hierarchischen Priester zur Zeit des babyl. Exils gewesen sein, wenn sie ein solches Levitengesetz erdacht und durch Betrug zur Geltung gebracht hätten.

Haben wir so die Stellung und Bedeutung dieses Standes im allgemeinen kennen gelernt, so wollen wir nun seinen Beruf, soweit er hier für uns von Interesse ist, näher zu zeichnen versuchen.

Zunächst ist zu betonen, daß die israelitischen Priester mit denen fast gar keine Ähnlichkeit hatten, die wir heute „Geistliche" nennen. Gerade das, was in dem Beruf der letzteren das Charakteristische ist, Predigt und Seelsorge, fällt vollständig in dem Beruf der israelitischen Priester fort. Das Amt der Predigt und Seelsorge erhielten die jüdischen Leviten erst zu der Zeit, als das Volk mit der Sprache seiner Väter zugleich das Verständnis seiner Gesetze verloren hatte. In dieser Zeit aber, von der wir hier reden, war die Sprache lebendig und die Kenntnis der göttlichen Gesetze das Ziel und der Stolz jedes Israeliten. Frömmigkeit und Gottesfurcht aber zeigte sich in erster Linie darin, daß der Israelit recht und schlecht in den Wegen und Geboten seines Gottes einherging, wenn damit allerdings auch die Gottesfurcht noch lange nicht vollendet war.

Am deutlichsten tritt uns das entgegen, wenn wir an den Wohnort der Leviten und Priester denken. Während der Vorbereitungszeit in der Wüste haben sie zwar eine eigne Korporation gebildet, sie werden aber im großen und ganzen mit dem übrigen Volke in Zelten zusammen gelagert haben. Wenn aber das Volk wird in das gelobte Land gekommen sein, so soll das Priestergeschlecht in 48 getrennt liegenden Städten wohnen. Im Buche Josua wird die Ausführung dieser Anordnung näher berichtet. Die 22 000 Leviten wohnen gar nicht mitten unter dem übrigen Volk, sondern von ihm abgesondert in ihren eignen Städten, wo sie neben ihren eigentlichen gelehrten Studien, wie alle anderen Israeliten der Landwirtschaft und Viehzucht oblagen, durch ganz besondere Verordnungen noch in ihrem Besitz geschützt. Man braucht sich bloß diese Einrichtungen auf die Gegenwart übertragen zu denken, so daß in einem Lande die sämtlichen Prediger in sogenannten Predigerstädten getrennt wohnten, um sofort einzusehen, daß die eigentliche

Berufsarbeit, wie wir sie jetzt kennen, thatsächlich unmöglich wäre. Jedenfalls war auch hier der Grundgedanke Mosis, die Verhütung der Hierarchie, maßgebend gewesen. Besonders der letzte Segen Mosis (5. Mos. 33, 8—10) gibt uns Aufschluß, wie die Berufsarbeit des Priesterstandes aufzufassen sei. Wir lesen daselbst: „Und zu Levi sprach er: Dein Recht und dein Licht (urim und thummim) bleibe bei deinem heiligen Manne (Levi), den du versucht hast zu Massa, da ihr hadertet am Haderwasser: Wer zu seinem Vater und zu seiner Mutter spricht: Ich sehe ihn nicht, und zu seinem Sohne: Ich weiß nicht, die halten deine Rede und bewahren deinen Bund, die werden Jakob deine Rechte lehren und dem Israel dein Gesetz, die werden Rauchwerk vor deine Nase legen und ganze Opfer auf deinen Altar. Herr, segne sein Vermögen und laß dir gefallen die Werke seiner Hände und zerschlage den Rücken derer, die sich wider ihn auflehnen und derer, die ihn hassen, daß sie nicht aufkommen.“

Der Stamm Levi sollte also sich selbst verleugnen, seine eignen, wenn auch sonst noch so berechtigten Interessen, denen seines hohen Berufes hintansetzen, und nur seiner hohen Bestimmung, dem Dienste Jahves leben. Sein Schicksal war fest an Jahveh geknüpft, mit ihm stand und fiel seine Ehre; um Jahvehs willen hatten sie auch auf eignes Erbteil im Volke Verzicht geleistet. In der Wüste wurde ihr Dienst ganz durch die Opfer in der Stiftshütte in Anspruch genommen, die den eigentlichen Priestern Aharon und seinem Geschlechte zufiel; dazu kamen die vielen Kultusarbeiten an der Stiftshütte sowohl beim Opfern als beim Fort- tragen des beweglichen Heiligtums, eine Arbeit, die den eigentlichen Leviten zufiel. Nachher im Gelobten Lande sollten sie den Kultusdienst an dem Orte, den Jahveh erwählen wird, verrichten. Wie diese Arbeit im einzelnen verteilt war, in welcher Weise die Priester und Leviten in den 48 Städten abwechselten, darüber fehlen uns die Nachrichten.

Sie hatten das Gesetz zu bewahren und kund zu thun. Wir lesen 5. Mos. 31, 9—13: „Und Moses schrieb dieses Gesetz und gab's den Prie- stern, den Kindern Levi, die die Lade des Bundes des Herrn trugen, und allen Ältesten Israels und gebot ihnen und sprach: Je über sieben Jahre, zur Zeit des Erlaßjahres, am Fest der Laubhütten, wenn das ganze Israel kommt zu erscheinen vor dem Herrn, deinem Gott, an den Ort, den er erwählen wird, sollst du dieses Gesetz vor dem ganzen Israel ausrufen lassen vor ihren Ohren, nämlich vor der Versammlung des Volks, beides der Männer und Weiber, Kinder und deines Fremdlings, der in deinem Thor ist, auf daß sie hören und lernen, damit sie den

Herrn, ihren Gott, fürchten und halten, daß sie thun alle Worte dieses Gesetzes, und daß ihre Kinder, die es nicht wissen, auch hören und lernen, damit sie den Herrn, euren Gott, fürchten alle eure Lebtage, die ihr auf dem Lande lebet, darein ihr gehet über den Jordan, einzu= nehmen."

Von großem Interesse ist es, die Einkünfte der Leviten und Priester etwas genauer kennen zu lernen. Hatten sie auf ihr Erbteil Verzicht geleistet und waren sie so ausgesondert als eine heilige Gabe, daß sie auch frei vom Kriegsdienst waren, so sollten doch auch sie sich ihres Amtes nähren; denn jeglicher Arbeiter ist seines Lohnes wert, sintemal dem Ochsen, der da drischet, nicht das Maul verbunden werden soll.

Die Leviten also erhielten den Zehnten vom Ertrage des Ackers. Wir lesen 4. Mos. 18, 21—24: „Den Kindern Levi aber habe ich allen Zehnten gegeben und Israel zum Erbgut für ihr Amt, das sie mir thun an der Hütte des Stifts; ... die Leviten sollen des Amtes pflegen an der Hütte des Stifts und sie sollen jener Missethat tragen zu ewigem Recht bei euren Nachkommen. Und sie sollen unter den Kindern Israel kein Erbgut besitzen. Denn den Zehnten der Kinder Israel, den sie dem Herrn heben, habe ich den Leviten zum Erbgut gegeben, darum habe ich zu ihm gesagt, daß sie unter den Kindern Israel kein Erbgut besitzen sollen." „Denn der Herr ist ihr Erbe, wie der Herr, dein Gott, ihnen geredet hat." (5. Mos. 10, 9.)

Diese Einnahme erscheint, wenn wir das Zahlenverhältnis berück= sichtigen, als eine sehr große. Der Stamm Levi bestand aus 22000 Personen männlichen Geschlechts, also schwerlich aus über 12000 er= wachsenen Mannspersonen; er bekam den Zehnten von 600000 Israe= liten; folglich hatte ein einziger Levite, ohne Aussaat und Unkosten des Ackerbaues, so viel als fünf Israeliten einernteten, oder von ihrer Vieh= zucht gewannen. Überdies gehörten dem Priester noch die Erstlinge. Von jedem Opfer, dessen Blut nicht in das Allerheiligste kam, hatte der Priester eine im Gesetz bestimmte Portion, und so lange die Israeliten in der Wüste waren, ward diese Einkunft dadurch sehr beträchtlich, daß zur Verhütung der Abgötterei schlechterdings verboten war, Schaf=, Ziegen= und Rindvieh zu schlachten, ohne es zugleich zum Opfer zu bringen (3. Mos. 17, 1—9), ein Gesetz, das beiläufig dazu diente, den Priestern in der Zeit eine Einkunft zu verschaffen, da es noch keine Zehnten an Äcker gab. Endlich kam noch dem Priester alles Verbannte und alle Gelübde zu, des Lösegeldes der Erstgeborenen nicht zu ge=

denken. Wenn diese Einkünfte wirklich immer alle eingegangen wären, so würden sie zwar sehr reichlich, aber in anbetracht der Umstände nicht übermäßig zu nennen sein. Man erinnere sich an das Vorhergesagte, daß dies Einkünfte für den ganzen Gelehrtenstand waren, der die Geistlichen, die Ärzte, die Richter, die Schreiber der genealogischen Tafeln, die Mathematiker umfaßte. Man bedenke dabei, daß dem Gemeinwesen viel daran gelegen ist, daß wenigstens Richter und solche Schreiber, von deren Redlichkeit das Wohl eines ganzen Gemeinwesens abhängt, durch einen reichlichen Unterhalt über die gewöhnlichsten Versuchungen, Geschenke zu nehmen oder saumselig zu sein, weil sie ihr eignes Hauswesen zu besorgen haben, erhaben sind.

Hiervon aber abgesehen, ist es eine Thatsache, daß die Einkünfte wirklich gar nicht so bedeutend gewesen sind, weil schon im Pentateuch und erst recht später zur Zeit der Richter und der Könige die Leviten als Arme der Barmherzigkeit empfohlen werden. Wir lesen 5. Mos. 12, 12—19, wo von den großen Festen und Opfermahlzeiten (schelamim) die Rede ist: „Und sollt fröhlich sein vor dem Herrn, eurem Gott, ihr und eure Söhne und eure Töchter und eure Knechte und eure Mägde und die Leviten, die in euren Thoren sind, denn sie haben kein Teil noch Erbe mit euch." V. 19: „Und hüte dich, daß du den Leviten nicht verlässest, so lange du auf Erden lebest" und ferner 5. Mos. 14, V. 27—29: „Über drei Jahre sollst du aussondern alle Zehnten deines Einkommens desselben Jahres und sollst es lassen in deinem Thor, so soll kommen der Levit, der kein Teil noch Erbe mit dir hat, und der Fremdling und der Waise und die Witwen, die in deinem Thore sind, und essen und sich sättigen, auf daß dich der Herr, dein Gott, segne in allen Werken deiner Hände, die du thust." Wir finden hier und an zahlreichen anderen Stellen regelmäßig die Leviten mit unter der Zahl der Armen angeführt. Bei einigem Nachdenken finden wir, daß hier auch gar kein Widerspruch gegen die vorher gesetzlich bestimmten reichen Einkünfte vorliegt.

Alle diese Abgaben des Volkes an den Priesterstand waren lediglich der frommen Sitte, der Gottesfurcht des Volkes überlassen, nirgends begegnen wir irgendeiner Strafbestimmung gegen die Unterlassung dieser Abgaben, kurz sie waren nicht klagbar. Die Priester standen in steter Abhängigkeit von der Religiosität im Volke und diese Ordnung lag ohne Zweifel in der Absicht des weisen Gesetzgebers. Dazu bedenke man, welchen gewaltigen Einfluß der häufige Abfall zum Götzendienst auf diese Abgaben haben mußte.

War in Israel die wahre Religion lebendig, so litten seine Priester keine Not; waren die Priester stets auf der Warte, so sollten sie auch des irdischen Segens teilhaftig werden, thaten sie dagegen ihre Schuldigkeit nicht, wurden sie lässig in ihrem Dienste und warteten ihres Hirtenamtes nicht, so sollte sich bei ihnen Not und Mangel einstellen; denn so wenig Moses für einen reichen Erbadel, für großen Grundbesitz in der Hand eines einzelnen sorgte, so wenig lag ihm an dem Vorhandensein reicher Pfründen, von deren Einkünften sich die Priester reichlich nähren könnten, auch wenn das Volk im tiefen Abfall von Jahve oder in einen geistlichen Todesschlaf versunken war. Freilich brauchten nicht immer die Priester selbst an dem Abfall des Volkes die Schuld zu tragen, es konnte auch umgekehrt der Abfall und die Gottlosigkeit des Volkes die Ursache der geistlichen Trägheit des Priesterstandes sein; immerhin aber mochte die Ursache sein, wo sie wollte, so lag dem weisen Gesetzgeber nichts an der Erhaltung einer äußeren Organisation, aus der das Leben bereits entschwunden war. Die Priester sollten des Volkes und das Volk seiner Priester würdig sein, im guten und schlechten Sinne.

An der Spitze dieses ganzen Leviten- und Priesterstandes stand der Hohepriester, dessen Amt in der Familie Aarons erblich sein sollte. Er war für alles verantwortlich, in ihm gipfelte der ganze schwere und verantwortungsvolle Dienst des priesterlichen Standes. Sein Ansehen im Volke war groß, aber sein politischer Einfluß auf den Gang der weltlichen Dinge nur äußerst gering. Josua, nicht der Hohepriester, wird der Nachfolger Mosis. Wohl wird er in das höchste Richterkollegium mitberufen und seine genaue Gesetzeskenntnis und Gelehrsamkeit wird dort neben der Gottesfurcht sicherlich von großem Einfluß gewesen sein; aber dieser Einfluß blieb auf seine persönliche Tüchtigkeit und Tugend als Priester beschränkt, neben ihm standen weltliche Richter aus dem Volke. Nur in Zeiten der besonderen Nöte wird auch der Hohepriester allein an der Spitze des Volkes gestanden haben, aber wir finden nirgends in der Geschichte des Volkes Israel bis auf die Zeiten nach dem Exil solche Zeugnisse, nach denen der Hohepriester im Interesse seines Standes eine hierarchische Herrschaft ausgeübt hätte, die Geschichte des Samuel ist dafür besonders bezeichnend; wohl aber wird in trüber trauriger Zeit die Amtsführung des schwachen Eli treulich berichtet.

Noch ist das besondere Vorrecht des Hohenpriesters zu erwähnen, daß er in Zeiten der größten Not befragt werden sollte und konnte, nach dem urim und thummim, das er zu verwalten hatte. Worin dieses urim und thummim bestand, wird wohl nie aufgehellt werden, es fehlen genaue Angaben darüber. Auf der Brust trug der Hohe= priester das Brustschildlein in seiner Amtstracht. Darauf waren 12 Edelsteine mit den Namen der 12 Geschlechter eingraviert. Ob dieses Brustschildlein selbst das urim und thummim war, ob der Hohe= priester nach göttlicher Eingebung, dieweil er Hoherpriester war, in solchen Notlagen weissagte, oder ob Michaelis recht hat, das bleibe dahin= gestellt. Nach Michaelis wären in dem Brustschildlein, als in einer Tasche, drei Steinchen verwahrt gewesen, von denen eins die bejahende, eins die verneinende und eins keine Antwort vorgestellt hätte, und der Hohepriester hätte unter Anrufung Jahvehs in solcher Lage eins der Steinchen herausgegriffen.

So viel aber wissen wir, daß nur selten von dieser Befragung Ge= brauch gemacht worden ist.

Noch ist zu erwähnen, daß der Hohepriester bei der Auswahl seiner Ehefrau einer noch größeren Beschränkung unterlag als die Priester. Der Priester sowie der Hohepriester war bei dieser Auswahl insofern keiner Schranke unterworfen, daß beide an keinen Stand gebunden waren, wie es denn überhaupt keine Stände in unserm Sinne gab. Nichts stand entgegen, daß sie eine niedere Magd, ja gar eine Sklavin, wenn sie freigekauft war, geehelicht hätten, nur sollte der Priester keine Hure und keine Geschiedene ehelichen dürfen, der Hohepriester aber durfte auch keine Witwe und keine Ausländerin heiraten, nur eine reine unbefleckte Jungfrau aus dem Volke sollte er ehelichen, gleichviel ob arm oder reich, vornehm oder gering.

So war auch bestimmt:

„Wenn eines Priesters Tochter anfängt zu huren, die soll man mit Feuer verbrennen (nachdem sie vorher gesteinigt war), denn sie hat ihren Vater geschändet."

Hat der Hohepriester oder der Richter sein Urteil gefällt, so soll es Geltung behalten; „denn wo jemand vermessen handeln würde, daß er dem Priester nicht gehorchte, der daselbst in des Herrn, deines Gottes, Amt stehet, oder dem Richter, der soll sterben und sollst den Bösen aus Israel thun, daß alles Volk höre und fürchte sich und nicht vermessen sei."

Bringen wir nun das hier gewonnene Resultat in Beziehung zu unserer Gegenwart, so ist, abgesehen von der Verschiedenheit der un=

vergleichbaren Zustände und Verhältnisse, ein scharfer Kontrast zwischen heute und damals deutlich zu erkennen. Damals war die Priesterehe selbstverständlich und das Fehlen jedes Grundbesitzes grundsätzlich; heute dagegen in der katholischen Kirche ist das Verbot der Priesterehe grund= sätzlich und ein reicher Grundbesitz selbstverständlich. Dieser Grund= besitz ist heute mit der organisierten Kirche so eng verbunden, daß ohne Zweifel den meisten Christen die Zerstörung dieses Grundbesitzes der Zerstörung der Kirche gleich gilt. An solchen Thatsachen erkennt man am besten, wie weit sich die christliche Kirche von dem Geist und Kern der mosaischen Gesetzgebung entfernt hat, und daß die etwa noch vorhan= dene Ähnlichkeit zu einer häßlichen Karrikatur wird, um so mehr als die Ähnlichkeit in Dingen gesucht wird, die nicht mosaischen Geist, sondern nur Rabulisterei und Pharisäertum atmen, wir denken insonderheit hierbei an die verkehrten Sabbathsanschauungen der Gegenwart, sonderlich in England.

Als es sich in diesen Tagen, da ich dieses schreibe, im braun= schweigischen Landtage darum handelte, die drei geistlichen Stimmen der Kirche, durch die sie als Stand im Landtage vertreten ist, abzu= schaffen, nahm ein Geistlicher Gelegenheit darauf hinzuweisen, daß die Kirche die größte Grundbesitzerin im Lande sei. Es handelt sich nun zwar gar nicht darum, daß die Kirche in dieser Frage der Priester= oder Pfarreinkünfte der biblischen Institution des mosaischen Gesetzes und der ersten Kirche entspreche; ohne allen Zweifel hat die Kirche recht, solche Fragen verschieden zu ordnen. Die Thatsache aber ist wichtig, daß sich diese Ordnung — heute für sie eine Lebensfrage — mit nichten auf die Bibel stützen kann und sich — setzen wir hinzu — bis heute nicht als Segenstifterin erwiesen hat. Der Grundbesitz der Kirche ist der Fallstrick, durch den sie in allerlei Geschäfte verwickelt wird und durch den sie ihrem eigentlichen Berufe entzogen wird. Ganz gewiß, muß nicht immer der Grundbesitz der Kirche zum Fallstricke dienen; es können die sozialen und politischen Verhältnisse so sein, daß der Grundbesitz der Kirche nicht nur nicht schadet, sondern ihr und nament= lich der Entwickelung der Kultur nur günstig ist. Solche Zeiten treten überall da ein, wo die Kirche gleichsam die Pionierarbeit der Kultur verrichtet — gesetzt, daß sie sich nicht als Dienerin der Politik miß= brauchen läßt. Heute dagegen steht der große Grundbesitz der Kirche ihren eigentlichen Aufgaben im Wege, ohne ihn würde sich die Kirche der Abhängigkeit vom Staate viel leichter entwinden können. Wo soll der Grundbesitz bleiben? Das ist die Kardinalfrage, um die

es sich bei der Loslösung der Kirche vom Staate handelt. Weil große
Gefahr vorhanden ist, daß dieser Grundbesitz der Kirche verloren geht,
und diese Gefahr um alles in der Welt vermieden werden soll, weil
dann die Kirche selbst auf dem Spiele steht, so ist jeder Versuch der
Loslösung der Kirche vom Staate als leichtfertig abzuweisen und wenn
möglich als Ketzerei zu bestrafen. Das ist der ausgesprochene oder
nicht ausgesprochene Gedankengang sehr vieler Christen, die vor allen
anderen zu Hirten der Kirche berufen sind. Ja, wir gestehen es ganz
offen, wir würden es als ein Glück ansehen, wenn sich die protestan=
tische Kirche für ihren gesamten Grundbesitz endlich wieder die ihr ge=
bührende und angeborene Freiheit erkaufen könnte, ohne die sie sich
trotz oder sogar wegen alles Grundbesitzes immer weiter von ihrer
eigentlichen Aufgabe entfernt, das Salz der Erde zu sein.

Freilich gehe ich dabei von der entsetzlich ketzerischen Ansicht aus,
daß ein dem Christentum entfremdetes Volk nicht immer ein reich aus=
gestattetes Kirchenwesen haben muß, um dadurch die Einbildung des
Volkschristentums immer wieder zu nähren. Wie das Volk so seine
Kirche und umgekehrt, wie die Kirche so das Volk. Beide sollen in
steter Abhängigkeit bleiben, so hatte es die Weisheit des weisen Gesetz=
gebers Mosis geordnet und diese Weisheit ist auch noch heute die beste.
Eine christliche Gemeinde, die einen christlichen Prediger erwählt — und
das Wahlrecht der Gemeinde ist ihr Urrecht — die wird ihn nicht
Mangel leiden lassen; und muß er Mangel leiden, weil sie selbst
Mangel hat, so ist das nicht bloß nicht schädlich, sondern sogar sehr
heilsam. Eine Gemeinde, die freiwillig ohne Gewalt und Zwang ihren
Prediger nicht ernähren will, ist eines solchen nicht wert; und ist in=
folge des Grundbesitzes doch einer in ihrer Mitte und wartet in der
vom Christentum entfremdeten Gemeinde seines Amtes, so ist erstens
ein solches Wirken schwerer, als das eines Missionars unter den Hotten=
totten, und zweitens für die Kirche von geringem Nutzen, weil die ge=
sunden Grundlagen einer christlichen Gemeinde nicht vorhanden sind.
Der Verfasser war fünf Jahre Pastor teils in den Urwäldern, teils in
einer großen Stadt Nordamerikas. Nirgendwo hat die Kirche — ich
rede von der deutschen protestantischen — dort erheblichen Grundbesitz. Die
Einkünfte des Pfarrers bestehen dort lediglich in freien Gaben der Ge=
meindeglieder, zu denen sie sich selbst verpflichten, und deren Verwaltung
der Kirchenvorstand ohne den Pfarrer besorgt. Nirgendwo und niemals
ist mir je von einer Schwierigkeit dieser Frage etwas zu Ohren ge=
kommen, es sei denn bei solchen, die eher Vagabunden als Pfarrer

waren. Die Pfarrer dort haben keine Not, sie müssen eben mit den thatsächlichen Verhältnissen rechnen*), haben aber wirklich sehr oft reichen Überfluß, sobald ein solcher in der Gemeinde selbst vorhanden ist.

Wie sehr richtig und weise dieser Grundsatz des Moses ist, das ersieht man auch in unserem alten Vaterlande an allen großen Werken sowohl der inneren als äußeren Mission. Alles was groß und herrlich ist, ist stets durch Freiwilligkeit ohne Zwang entstanden. Freilich das ist für alle Büreaukraten ein mit sieben Siegeln verschlossenes Buch, ein undurchdringliches Geheimnis, weil ihnen nur das von hohen Behörden Versiegelte und Verbriefte sicher ist. Für diese Menschen gibt es weder eine Öffentlichkeit noch überhaupt auch nur eine Welt, wenn sie nicht vom grünen Tische aus, durch grüne Brillen behütet, geleitet und gemaßregelt wird.

O wolle Gott, daß die Kirche bald von solchem Schwachglauben los zum heilsamen Schrecken der Büreaukratie in ihrer Freiheit erstarke und den Kampf kämpfe, dazu sie verordnet ist, nachdem sie allen Ballast und die ihr anklebende Sünde abgelegt hat (ὄγκον καὶ εὐπερίστατον ἁμαρτίαν Hebr. 12, 1).

5. Kapitel.

Die Feste der Israeliten.

Das israelitische Volk führte ein hartes und arbeitsames Leben; von Außenhandel und Schiffahrt ausgeschlossen, lebte es lediglich allein von dem Ertrage der Landwirtschaft. Um so mehr sollte das Leben durch fröhliche Feste erheitert werden. Der ganze Charakter des israelitischen Volkes war dem heiteren Frohsinn geneigt. Die frohe heitere Geselligkeit hat selbst in der eigentümlichen Form der hebräischen Dichtung ihren Ausdruck gefunden. In den hebräischen Liedern, namentlich den Psalmen, werden entweder dieselben Gedanken in verschiedener Form strophenweise wiederholt, oder ein Gedanke in der anderen Strophe durch einen Gegensatz ins Licht gestellt. „Dieses gesellige Moment, welches in diesen Echoklängen auch der spätesten hebräischen Poesieen noch nach=

---

*) In meiner ersten Gemeinde Aldborough in Kanada bestand mein ganzer jährlicher Pfarrgehalt in 95 Dollars, mehr konnten diese Leute im Urwald nicht aufbringen. Die Synode legte 50 Dollars dazu. Mit Hilfe der vielen Naturalien lebte ich in meinem Blockhause reichlich davon.

tönt, scheint an die Geselligkeit und die gemeinschaftlichen Unterhaltungen des ältesten Hirtenlebens zu erinnern. Sie bestanden ohne Zweifel vorzüglich in Tanz und Chorgesang, die bald auch auf die Erfindung der Instrumentalmusik in der Hirtenfamilie führten. In Wechselgesängen, wie z. B. im Liede am Roten Meere, antworteten sich Männer und Frauen, und Mirjam selbst, die Pauke in der Hand, führet den Reigen."

Ganz derselbe fröhlich-heitere Sinn zeigt sich in den Festen der Hebräer, die einer trüben und ungeselligen Askese abgeneigt waren, wie denn auch thatsächlich unter allen zahlreichen, fröhlichen, heiteren Festtagen im Jahre nur ein einziger Fasttag — allerdings ein ganzer — sich fand. An den zahlreichsten Stellen des Pentateuchs lesen wir bei der Anordnung der Feste: „Freue dich bei deiner Feier, sei nur fröhlich"; 5. Mos. 12 z. B. lesen wir: „Doch magst du schlachten und Fleisch essen in allen deinen Thoren nach aller Lust deiner Seele, nach dem Segen des Herrn, deines Gottes, den er dir gegeben hat, ... Du sollst vor dem Herrn, deinem Gott, essen, an dem Ort, den der Herr erwählet hat, du und deine Söhne, deine Töchter, deine Knechte, deine Mägde und der Levit, der in deinen Thoren ist und sollst fröhlich sein vor dem Herrn, deinem Gott, über allem, das du bringest"; oder 5. Mos. 16: „Das Fest der Laubhütten sollst du halten sieben Tage, wenn du hast eingesammelt von deiner Tenne und von deiner Kelter. Und sollst fröhlich sein auf deinem Fest, du und dein Sohn, deine Tochter, dein Knecht, deine Magd, der Levit, der Fremdling, der Waise und die Witwe, die in deinem Thore sind. Sieben Tage sollst du dem Herrn, deinem Gott, das Fest halten, an der Stätte, die der Herr erwählen wird. Denn der Herr, dein Gott, wird dich segnen in alle deinem Einkommen und in allen Werken deiner Hände, darum sollst du fröhlich sein."

Von großem Interesse ist auch hier das hebräische Wort selbst, das an den verschiedensten Stellen, z. B. 5. Mos. 16, 10; 2. Mos. 12, 14; 3. Mos. 23, 39 steht und in Ursprache „Chag" heißt und überall mit „Fest" übersetzt ist. Das Zeitwort „Chagag" bedeutet (Gesenius, Wörterbuch S. 246) „sich heftig bewegen, insbesondere springen, tanzen, taumeln", dann abgeleitet „wallfahren, Feste feiern", so daß die Grundbedeutung der Aufforderung Mosis „ihr sollt dem Herrn ein Chag feiern," gleich ist mit „ihr sollt dem Herrn einen Umgang, einen Reigen, einen Tanz, kurz ein frohes Fest feiern."

Fröhlichkeit also war der Grundcharakter aller hebräischen Feste. Wir müssen gestehen, es war auch fast gar keine Möglichkeit gegeben, im alten Israel die religiösen Feste etwa in dem weltflüchtigen Sinne zu feiern, wie er heute dem Christentum eigentümlich ist. Kirchen in unserem Sinne, d. h. Synagogen, gab es bis nach dem babylonischen Exil gar nicht, und Prediger in unserem Sinne erst recht nicht. Das Gesetz wurde alle sieben Jahre auf dem Laubhüttenfest vor dem ganzen versammelten Volke vorgelesen und sicherlich auch dort nicht bloß zur Lehre, sondern ebenso sehr oder noch mehr als ein Bekenntnis. Sonst lesen wir nirgends etwas von religiöser Volksbelehrung durch die Priester; dieses Amt hatten vielmehr die Propheten, die als wahre Volksredner, von Gott besonders erweckt, öffentlich auftraten. Das Gesetz war in volkstümlicher Sprache abgefaßt, jedem verständlich und bildete die Grundlage aller Unterweisung in der väterlichen Erziehung; es muß als dem Volke bekannt und geläufig vorausgesetzt werden. Jede Woche an einem bestimmten Tage dieses Gesetz auszulegen, lag gar kein Bedürfnis vor, denn das Volk lebte und webte in ihm. Erst als das Volk seiner eigentlichen väterlichen Sitte und Sprache entfremdet war, entstand nach dem Exil das Bedürfnis solches Unterrichts in den Synagogenschulen. Wohl war nach dem mosaischen Gesetz eine ausführliche religiöse Feier an den Festtagen genau vorgeschrieben mit mancherlei Opfern, die nicht bloß an Festtagen — und dann reichlicher — sondern täglich dargebracht wurden, aber diese Opfer beschränkten sich auf den Tempel, auf den Ort, den Jehovah erwählet hat und vom Volke waren nur die bei diesen Opfern, die gerade aus irgend einem Grunde, von dem wir später handeln, daran beteiligt waren. Von diesen religiösen Zeremonien und Opfern reden wir nun hier nicht. Ihre genaue und ausführliche Beschreibung liegt nicht im Zwecke dieses Buches, das mehr mit dem sozialen Leben und dem Einfluß der jüdischen Religion darauf zu thun hat.

Neben der frohen Geselligkeit ist als zweiter Hauptzweck der hebräischen Feste die Ruhe von der Arbeit anzusehen. Namentlich der nach sechs Arbeitstagen am siebenten Tage gefeierte Sabbath machte Ruhe von der Arbeit zum strengen Gebot für das ganze Volk und alle die darin wohnten, ob sie Glieder des Volkes oder Fremdlinge, ob sie Herren oder Sklaven waren; ja auch selbst die Tiere, namentlich die Ochsen und Esel, sollten an dieser Sabbathsruhe teilhaben. Auch hierin zeigt sich neben dem religiösen Eifer auch die freundliche und liebreiche Gesinnung des weisen Gesetzgebers gegen Fremdlinge und Andersgläubige. Es war jedem Heiden gestattet, im Volke seinen Aufenthalt zu nehmen, ja sich Grundbesitz zu erwerben, ja er konnte unter Umständen sogar Juden als Knechte halten, durch nichts wurde er genötigt den jüdischen

Glauben anzunehmen, nur durfte er den Götzendienst nicht thatsächlich üben, glauben konnte und durfte er, was er für gut hielt. Aber an dieser allgemeinen Sabbathsruhe sollte er teilnehmen, erstens weil sie ein öffentliches Bekenntnis zu Jehovah war, zweitens aber weil der weise Gesetzgeber wohl einsah, daß eine regelmäßige Ruhe von der Arbeit die Grundlage einer sozialen Ordnung sein mußte. Im Deuteronomium wird eben diese Sabbathsruhe dann auch noch mit dem Hinweis auf die Knechtschaft in Ägypten begründet. „Und gedenke, daß du Knecht in Ägypten gewesen bist, daß du haltest und thust nach diesen Geboten“ oder 5. Mos. 5, 15: „Denn du sollst gedenken, daß du auch Knecht in Ägyptenland warest und der Herr, dein Gott, dich von dannen ausgeführet hat mit seiner mächtigen Hand und ausgestrecktem Arm. Darum hat dir der Herr, dein Gott, geboten, daß du den Sabbathtag halten sollst.“

Endlich drittens stehen die hebräischen Feste in allerengster Beziehung zur Geschichte des Volkes und seinem Kulturleben. Die religiösen Feste waren zugleich die höchsten nationalen Gedenktage. Weil Staat und Kirche so eng in der Theokratie zusammenschmolzen, so war auch das religiöse wie das nationale Interesse in den hebräischen Festen unauflöslich verbunden. Das Passahfest war der Gedenktag, da Gott Israel aus Ägypten herrlich hinausgeführt hatte, ewiglich sollte Israel dieses Tages gedenken, denn er war sein Geburtstag, als eines Volkes. Pfingsten war der Tag der Gesetzesfreude, und das Laubhüttenfest sollte lebendig erinnern an den Aufenthalt in der Wüste, da Israel 40 Jahre lang in Hütten gewohnt hatte. Das waren die größten Feste des Volkes, alle drei der fröhlichen Geselligkeit gewidmet und dazu angethan, den Patriotismus und die Liebe zur Nation zu pflegen. Nicht minder aber standen alle drei Feste in enger Beziehung zum täglichen Leben. Mit der Vergangenheit war aufs herrlichste die Gegenwart verknüpft; denn alle drei Feste waren zugleich Erntedankfeste, da Israel Jehovah seine Opfer brachte, als dem König und eigentlichen Landesherrn für alle seine irdischen Gaben. Das Passahfest stand vorn am Anfang der Ernte, es war das Fest der ersten Garben, das Pfingstfest war das eigentliche Fest der Ernte, das Laubhüttenfest war dann das Herbstfest, da die Ernte durch den Segen der späteren Herbstfrüchte vollendet wurde. Alle Feste standen miteinander in engster Verbindung, bildeten eine geschlossene Kette, in der jedes einzelne Fest ein Glied war, das dem Wesen der ganzen Kette entsprach. Die Sabbathe selbst sind durch die Siebenzahl geheiligt und selbst durch den Umlauf des

Mondes um die Erde geordnet. Am vierzehnten (2×7) Tage des ersten Monats im Ährenmonat wurde das Passahlamm geschlachtet; am 16. wurden die ersten reifen Gerstengarben geschnitten und von da ab in genau 7×7 Tagen, am fünfzigsten Tage, wurde das Pfingstfest gefeiert. Auf den fünfzehnten des siebenten Monats fiel das Laubhüttenfest; dazwischen lag noch das Posaunenfest und der große Versöhnungstag; in den drei großen Festen waren wieder sieben besondere große Festtage, die regelmäßigen Sabbathe eingeschlossen, ausgezeichnet. Alle sieben Jahre fand ein Sabbathjahr statt und das Jahr nach den sieben mal sieben Jahren, d. h. das fünfzigste Jahr, war das große Hall- und Jobeljahr. In jedem siebenten Jahre mußten die Knechte und Sklaven freigelassen werden. Wir sehen, durch den ganzen Festorganismus geht die Siebenzahl, und er selbst bildet ein festes geschlossenes Gefüge.

Alle diese hohen Feste wurden dem Volke feierlich angekündigt; denn wir lesen 3. Mos. 23, 2: „Dies sind die Feste des Ewigen, die ihr ankündigen sollt, als Ankündigungen des Heiligen." Einmal bei der Bekanntmachung des Jobeljahres, von dem im folgenden Buch die Rede sein wird, soll überall im Lande in das Horn gestoßen und die Freiheit ausgerufen werden. Sonst werden Beamte, vielleicht die früher erwähnten schoterim, dieses Ankündigen am Abend vorher besorgt haben. Diese Sitte hat sich bekanntlich bis heute bei den Mohammedanern und im Christentum erhalten, wo die Festankündigung in früherer Zeit, vor der Benutzung der Glocken, ebenso wie noch jetzt in einzelnen israelitischen Gemeinden durch Klopfen mit einem Hammer geschah.

Nachdem wir von den hebräischen Festen im allgemeinen geredet, wollen wir im folgenden von dem Sabbath und den drei Hauptfesten noch besonders reden, dann von der Bedeutung dieser drei letzten, als den großen Wallfahrtsfesten, um dann zum Schluß wieder eine Parallele mit der Gegenwart zu ziehen.

Der Sabbath ist keine mosaische Anordnung, wie wahrscheinlich auch nicht die beiden großen Feste zu Anfang und zum Beschluß der Ernte, und wie überhaupt viele israelitische Institutionen, z. B. Beschneidung und Leviratsehe, der Zehnte u. s. w. Sie waren längst vor Moses vorhanden, sind aber von ihm, als einem weisen Gesetzgeber, nicht bloß erhalten, sondern auch neu in den ganzen Organismus eingegliedert worden. Das Volk Israel soll diesen Sabbath heiligen. Wie schon vorher erwähnt, läßt uns das mosaische Gesetz in Ungewißheit, worin die religiöse Feier dieses Tages, abgesehen von dem Opfern im Heiligtum, bestanden habe; nur soviel ist als sicher anzunehmen, daß sie mit unserer kirchlichen Feier des Sonntags wenig Ähnlichkeit gehabt haben wird. Vermutlich wird man, wie an anderen Festtagen, Loblieder auf Gott, auch wohl bei einem fröhlichen Reigen, gesungen und Gastgebote gehalten haben, zu denen außer den Freunden auch Priester, Leviten und Dürftige mit eingeladen wurden; wohnte man dem Heiligtum näher, so wird man Opfer gebracht und Opfermahlzeiten angestellt haben. Daß der Sabbath durch besondere Festmahlzeiten ausgezeichnet war, das wissen wir bestimmt aus dem Neuen Testament, wo uns erzählt wird, daß Jesus Einladungen zu einem Festmahl bei den Pharisäern angenommen hat.

Ja, ein solches Gastgebot mag gerade ein Stück des Gottesdienstes gewesen sein; denn so verstehen wir die Worte Jesu (Luk. 14, 12—13), die er bei solcher Gelegenheit sprach, gewiß noch richtiger: „Wenn du ein Mittags- oder Abendmahl machst, so lade nicht deine Freunde, noch deine Brüder, noch deine Gefreundten, noch deine Nachbarn, die da reich sind, auf daß sie dich nicht etwa wieder laden und dir vergolten werde; sondern wenn du ein Mahl machest, so lade die Armen, die Krüppel, die Lahmen, die Blinden, so bist du selig, denn sie haben's dir nicht zu vergelten, es wird dir aber vergolten werden in der Auferstehung der Gerechten." Daß solche Gastgebote der Heiligkeit des Tages nicht entgegenstanden, bemerkt Lightfoot (citiert in Meyers Kommentar) mit folgenden Worten: „lautiores erant isto die illis mensae — idque judicantibus ex pietate et religione." Auch wird an solchem Tage der Hausvater seiner allgemeinen Pflicht, seine Kinder in der Religion zu unterweisen, noch besonders nachgekommen sein, indem er sie von dem Schöpfer Himmels und der Erde unterrichtete und mit ihnen gemeinsam betete und Loblieder sang.

Vor allen Dingen sollte die Feier des Sabbaths ein Bekenntnis zu Jehovah sein. „Beobachtet meine Sabbathe; sie sind auf ewige Zeiten ein Zeichen der Verbindung zwischen mir und euch, daran man siehet, daß ich euch mir geheiliget habe. — Denn in sechs Tagen hat Jehovah Himmel und Erde gemacht, am siebenten aber ruhete er und erquickte sich." (2. Mos. 31, 13. 17.) Dieser Tag sollte vornehmlich dazu dienen, das Volk vor Abgötterei zu behüten und im Dienst des allein wahren Gottes, der Himmel und Erde geschaffen hat, zu erhalten. Aus diesem Grunde stand auch auf der absichtlichen und bewußten Übertretung dieses Gebotes harte Strafe und selbst der Tod der Steinigung. „Denn wer eine Arbeit thut, des Seele soll ausgerottet werden aus seinem Volk," oder „wer Arbeit thut am Sabbathtage, soll des Todes sterben" (2. Mos. 31), und wirklich lesen wir 4. Mos. 15, daß ein Mann, der am Sabbathtage Holz gelesen hatte, auf Moses eignen Befehl gesteinigt wurde. „Da führte die ganze Gemeinde ihn heraus vor das Lager und steinigte ihn, daß er starb, wie der Herr Mose geboten hatte."

Der Tag sollte aber zweitens ein Ruhetag sein, zur Erholung von der harten Arbeit der Woche. Diese regelmäßig nach immer sechs Tagen wiederkehrende Ruhe ist ein göttliches ewiges Gebot, das in der Natur=ordnung begründet ist, dessen Verachtung sich deshalb eben durch die gestörte Naturordnung selbst rächt. An diesem Segen sollte, wie wir bereits sahen, jeder teil haben, Knecht und Magd und Fremdling, selbst Ochs und Esel, ein jeder sollte an diesem Tage wenigstens seines Lebens froh werden können, auch der heidnische Sklave und Fremdling durfte von seinem jüdischen Herrn zu keiner Arbeit angehalten werden. Die Sabbathsruhe ist aber nun durchaus nicht etwa so zu denken, daß sie selbst in ihrer asketischen Strenge, durch Enthaltung von aller Leibes=bewegung und von allem, was man etwa bei ängstlichem Gewissen Arbeit nennen könnte, zu einer wirklichen Strafe gemacht würde. Für an Arbeit gewöhnte Menschen würde eine absolute Ruhe während eines ganzen Tages eher eine Strafe als Erholung sein. Die Beschäftigung mit Gottes Wort während eines ganzen Tages, das Anhören von Pre=digten, also meistens nur abstrakte Dinge, ist auch nicht geeignet, einen Ersatz zu schaffen; denn gerade solche Beschäftigung ist für an körper=liche Arbeit gewöhnte Menschen vielleicht die alleranstrengendste Arbeit.

Von allen im späteren Judentum üblichen Auflagen rabbinischer Gelehrten steht kein Wort im mosaischen Gesetze, auch der soge=nannte Sabbatherweg Apostelgeschichte 1, 12, d. h., daß man am Sabbath nicht weiter als 2000 Ellen über das Stadtthor hinaus=gehen durfte, ist nichts anderes, als eine rabbinische Verzerrung der Stelle 2. Mos. 16, 29. Verboten war die Dienstarbeit (aboda), alles andere aber, was nicht dahin gehört, z. B. etwas aufheben was vor den Füßen lag, um es an seinen Platz zu stellen,*) oder Ähren ausraufen,

---

*) Ich kann mich nicht enthalten, zur allgemeinen Erheiterung aber auch zur ernsten Charakterisierung unserer Zeit ein eignes Erlebnis hierher zu setzen. Vor etwa 12 oder 13 Jahren (1883?) ging meine Familie, bestehend aus Frau, deren Mutter, Erzieherin, Sekundaner und achtjährigem Knaben eines Sonntags im Sommer, während ich im Filial Gottesdienst gehalten hatte, spazieren, und auch auf mein Feld, um, weil ich Landwirtschaft treibe, den in der Woche vorher gemähten Roggen zu besehen. Sie waren froh und guter Dinge, aber trotz Sonnenschirm und Glacee=handschuhe hoben sie doch hier und da einige Garben auf, wogen sie in der Hand und stellten sie zu den übrigen. Da kam ein Gensdarm des Weges und sah dem

um sie zu essen, oder einen Ochsen und Esel, der gefallen war, aufzu=
richten, oder sich in Gottes herrlicher Natur mit Gesang und Tanz zu
belustigen, war nicht verboten.

Ein Sabbath, an dem dergleichen verboten gewesen wäre, wäre
mehr ein Straftag als ein Erholungstag gewesen.

Auf einzelne besondere Verbote, zumal sie uns heute in ganz
anderem Lande ziemlich hart und unverständlich vorkommen, ist noch
aufmerksam zu machen.

Wir lesen 2. Mos. 16, 23: „Und er sprach zu ihnen: Das
ist's, das der Herr gesagt hat: Morgen ist der Sabbath der heiligen
Ruhe des Herrn, was ihr backen wollt, das backet, und was ihr kochen
wollt, das kochet, was aber übrig ist, das lasset bleiben, daß es
behalten bleibe, daß es behalten werde, bis morgen", und ferner
2. Mos. 35, 3: „Ihr sollt kein Feuer anzünden am Sabbathtage, in
allen euren Wohnungen". Feuer anzünden in den Wohnungen und Essen
kochen war also am Sabbath verboten. Diese beiden Gebote, so hart
sie uns scheinen, verlieren in Betracht damaliger Sitten und dortiger
Temperatur fast ganz ihre Härte und stehen namentlich nicht im
Widerspruch zu den früher angeführten Gastgeboten am Sabbath.

Von der größten Wichtigkeit ist hier nämlich der Umstand, daß
der Tag und also auch der Sabbath von Sonnenuntergang zu Sonnen=

Spiele zu. Eilenden Schrittes kam er gegangen, forderte die Personalien und er=
stattete Anzeige gegen alle genannten Personen wegen Sonntagsentheiligung und
gegen mich wegen Beamtenbeleidigung, weil ich nachher solches Verfahren eine
Schikane genannt hatte. Auf meine sofortige Anzeige bei dem Vorgesetzten des
Gensdarmen erhielt er 3 Tage Arrest. Soweit wäre die Angelegenheit kaum der Er=
wähnung wert. Der erste Staatsanwalt aber hörte davon und nun ward die Geschichte
tragisch. Sofort bewirkt er die vorläufige Aufhebung des Arrests, zeigt mich bei
meiner kirchlichen Behörde an, ordnet eine weitläufige Untersuchung durch die
Ortspolizei an, läßt mich durch sie vernehmen, erhebt Anklage und durch
drei lange Monate hin quält er mich und meine Familie wegen Sonntagsent=
heiligung durch verschiedene Instanzen hin. Wahrlich, der Mann, und alle die ihm
hilfreich Hand leisteten, hatte die jüdischen Rabbiner noch übertroffen. Heute bei
der Beratung des sogenannten Umsturzgesetzes ist mir die Sache oft wieder in Er=
innerung gekommen, um so mehr als die Staatsanwaltschaft schon längst ein Auge
auf mich gerichtet hat. Ich bin daher der Meinung, daß die Diktatur der Staats=
anwaltschaft auch schon ohne jenen traurigen Gesetzentwurf leider vielfach möglich
ist. Aber erörtertes Bravourstück löste sich nachher, nachdem wir 3 Monate lang
in Aufregung gehalten waren, in Wohlgefallen auf, weil hohes Staatsministerium
die weitere Fortführung der ganzen Angelegenheit untersagte und gehörigen Orts
einen Verweis erteilte.

untergang gerechnet wird. Die festliche Abendmahlzeit konnte also am Freitag in aller Ruhe und in jeder Ausdehnung vor Sonnenunter=gang zugerüstet werden, um sie dann in ernster Sabbathsstimmung in Fröhlichkeit zu verzehren. Die Sonne geht nun in Palästina selbst in den längsten Tagen noch vor sieben Uhr unter. So konnte also am Schluß des Sabbaths von da ab und im Winter natürlich schon von fünf Uhr ab jede Mahlzeit zubereitet werden, so daß der Leib reichlich sein Recht erhielt, trotzdem am Sabbath nicht gekocht wurde. Die Israeliten hatten also am Sabbath ihre eigentliche Hauptmahlzeit, die coena mehr gegen Abend als zu Mittag, gerade so als das heute auch bei uns in vielen Familien und Städten Sitte ist.

Wir sehen, die Berechnung des Tages übt hier einen großen Ein=fluß aus. Der Tag von Sonnenaufgang bis wieder zu Sonnenaufgang ist, wenn auch keine Sekunde länger, doch für solches Sabbathsverbot viel ungünstiger. In dem ersten Fall hat der Israelit, wenn er morgens vom Lager aufstand, schon den halben Tag hinter sich, in dem anderen Fall aber hätte er am Morgen beinahe noch den ganzen Tag von zwei=mal zwölf Stunden vor sich gehabt. Ferner aber stand nichts entgegen, daß sich der Israelit, wollte er auch am Sabbath eine warme Mittags=mahlzeit nicht entbehren, eine solche tags zuvor bereitete und Anstalten traf, sie in dazu geeigneten Öfen warm zu erhalten, sowie es heute vielfach die Juden bei uns thun. Eins allerdings war damals nicht thunlich, wie sich heute orthodoxe Juden helfen, daß sie sich am Sabbath von Heiden die Mahlzeit hätten bereiten lassen; denn eine Versündigung gegen Jehovah war es, auch einen heidnischen Fremdling zur Arbeit zu zwingen. Ob das Verbot des Feueranzündens sich bloß auf das Kochen oder auch auf die Erwärmung der Häuser bezogen hat, kann durch Moses nicht entschieden werden, weil davon nirgends etwas steht; wir wissen aber erstens, daß trotz des milden Klimas es am Abend empfindlich kalt und in den Gegenden des Libanon sogar sehr kalt war, so daß ein Aufenthalt in ungeheizten Räumen zur Winterszeit nicht gerade angenehm sein mochte, und zweitens daß die Juden, trotz unserer allgemeinen Unkenntnis ihrer Heizvorrichtungen in ihren Häusern zur Heizung tragbare Maschinen oder Töpfe hatten, in denen Feuer unterhalten wurde (Jerem. 36, 22). Es ist also wahrscheinlich, daß sich das Verbot nur auf das Küchenfeuer erstreckt hat, im anderen Falle hätten wir hier den allerklarsten Beweis, daß die mosaischen Gesetze nur auf jenes Land und seine Bewohner und niemals auf alle Zeiten und Länder berechnet gewesen sein können. Wenn Michaelis noch auf die feste, beständige, die ganze Erntezeit hindurch andauernde Witterung in Palästina hinweist, so wollen wir das zwar hier registrieren, ohne aber daraus denselben Schluß ziehen zu können wie er. Wir lesen nämlich 2. Mof. 34, 21: „Sechs Tage sollst du arbeiten, am siebenten Tage sollst du feiern mit Pflügen und mit Ernten." Die Sabbaths= ruhe war den Israeliten aus oben angedeuteten Gründen also sehr erleichtert, während sie bei uns nach Michaelis wegen der sehr un= beständigen Witterung in der Erntezeit erschwert, wo nicht unmöglich gemacht würde. Das letzte geben wir keinenfalls zu, ohne irgend jemandem eine Sünde daraus machen zu wollen, wenn er in vermeintlicher Notlage, in Wirklichkeit aus Kleinglauben, am Tage des Herrn sein Feld abernten läßt. Wir haben in diesen Dingen auch ein wenig Erfahrung, teils durch eigne Ökonomie, teils durch Umgang mit gläubigen und un= gläubigen Landleuten. Soviel weiß ich bestimmt, daß wegen der ungünstigen Witterung dem einen Landmann noch keine Garbe mehr verdorben ist, der Sonntags nicht einfährt, als dem, der Sonntags einzufahren pflegt. Wohl aber habe ich vielfach die entgegengesetzte Erfahrung ge= macht, daß der erstere in seiner Ökonomie weiter und schneller und besser zum Ziele kam, als wer auch den Sonntag nicht stille sitzen konnte. Endlich bemerken wir noch, daß alle Arbeiten, die das täg= liche und das Festopfer im Heiligtum nötig machten, also das Schlachten und Feueranlegen, natürlich nicht verboten waren, und daß daher im Heiligtum auch am Sabbath Opfermahlzeiten angestellt werden durften.

Ein Gebot am Sabbath den Kampf gegen die Feinde zu unter= brechen und dadurch dem allgemeinen Besten zu schaden, kommt nirgend vor. Ein solches Gebot wäre auch geradezu lächerlich. „Man stelle sich doch nur den Menschen vor, der sich von einem anderen durchprügeln ließe, ohne sich zu wehren und dabei sagte: ich habe eben heute meinen Ruhe= und Erquickungstag, an einem anderen würde ich es nicht so ruhig hinnehmen. Aber ebenso handelte das Volk, das am Sabbath nicht kämpfen wollte; und es ist unbegreiflich, warum, wenn sich ein einzelner gegen Schläge wehren kann, sich ein ganzes Volk nicht verteidigen dürfte, wo es auf Leben und Tod, oder doch auf Sklaverei ankommt." Diese zu weit getriebene Frömmigkeit, oder besser diese fanatische Gesetzesknechtschaft konnte erst entstehen zur Zeit der Entartung des Volkes, als es, in langer Knechtschaft gehalten, Sprache, Sitte und Geist seiner Väter verloren hatte, zur Zeit der Makkabäer, einer Zeit, die in wahrhafter Verblendung, nur aus Vorliebe für eine einmal gefaßte Hypothese, von den neueren Kritikern zum eigentlichen

Glanzpunkt des Geistesleben der Juden gemacht wird, im offenbarsten Widerspruch gegen alle Geschichte.

Wir kommen jetzt zu dem großen Festcyklus, den 3 großen Wallfahrtsfesten, und handeln zuerst von dem Passah. Doch zuvor bedarf die Zeitberechnung der Israeliten noch einer kurzen Erörterung, weil diese Feste, wenn auch auf bestimmte Zeiten verlegt, doch in der That beweglich waren.

Die alten Israeliten haben wahrscheinlich ursprünglich nach Sonnenjahren, oder besser nach ökonomischen Erntejahren gerechnet. In dem 7. Monat, tisri, unserm Oktober, sollte das Hüttenfest gefeiert werden nach 2. Mos. 34, 22 thequphat haschaneh, d. h. wenn das Jahr um ist, oder wenn das Jahr sich wendet (μεσοῦντος τοῦ ἐνιαυτοῦ, redeunte anni tempore). Auch sonst finden sich mannigfache Anzeichen schon in dem Berichte von der Sündflut, wo die Tage von dem 17. Tage des zweiten bis zum 17. Tage des siebenten Monats also für 5 Monate à 30 Tage zu 150 Tagen gerechnet werden. Da aber jener Zeit ganz begreiflich eine genaue Kenntnis der Astronomie abging und anderseits die Berechnung nach der Ernte große Unregelmäßigkeiten nicht verhindert, so haben die Israeliten später, jedenfalls nach dem Auszuge aus Ägypten, von den andern Völkern die Berechnung des Jahres nach dem Mond angenommen. Durch die ganze mosaische Gesetzgebung geht die Berechnung nach dem Mond mit ihrem Neumond und Posaunenfest hindurch, wofür es weiter keines Beweises bedarf. Moses führte nur, wie er einen ganz neuen Staat organisierte, auch einen neuen Kalender ein, gleichsam ein neues Kirchenjahr. Die frühere Jahreswende thequbah im Monat tisri blieb zwar bestehen, aber der Monat des Auszugs aus Ägypten sollte der erste Monat Abib, Nisan sein, und der Gedenktag dieses Auszuges sollte alle Jahre in diesem Monat am Vollmondstage stattfinden, nachdem am 14. des Monats am Abend vorher das Fest begonnen hatte. Von hier ab wurden nun, wie wir schon vorher sahen, alle anderen Feste berechnet. Dieses neue Kirchenjahr, das sich nach dem Monde richtete, mußte aber notwenig mit dem Sonnenjahr in Übereinstimmung gebracht werden, weil alle drei Hauptfeste neben der religiösen Bedeutung in den engsten Zusammenhang mit dem Sonnenjahr, nämlich mit der Ernte gebracht waren. Das Mondjahr ist nun thatsächlich genau 10 Tage 21 Stunden und 8 Minuten kürzer als das Sonnenjahr. Würde man sich nach diesem Unterschiede von circa 11 Tagen gar nicht richten, so würden nach etwas mehr wie 35 Jahren alle Mondmonate das ganze Jahr durchlaufen haben, so daß die Ernte während dieser Zeit, weil sie immer 11 Tage später fällt, in jeden der 12 Mondmonate gefallen wäre. Eine solche ganz verschiedene Jahres- und Ernteberechnung mußte zu den unangenehmsten Verwirrungen Anlaß geben; diese zu vermeiden, band Moses die Ernte immer genau an den ersten Mondmonat Nisan und nannte ihn Ährenmonat. Wie aber nun Moses die Harmonie herstellte, darüber fehlt uns merkwürdigerweise im Pentateuch jede Nachricht, und wir sind auf die einzig mögliche Vermutung hingewiesen, die allerdings bei den ältesten Rabbinen ihre Bestätigung findet, daß hinter dem 12. Monat je nach Bedürfnis ein Schaltmonat eingeschoben wurde. Ohne große astronomische Kenntnis ließ sich das feststellen. In dem Monat Abib also, dem Ährenmonat, fand gleichsam alle Jahre die Geburtstagsfeier des Volkes statt, das Fest der Verschonung am Tage des Auszuges. Am zweiten Festtage am 16. des Monats sollten die ersten reifen Gerstengarben im Heiligtum als Opfer dargebracht werden. Ging nun das alte Jahr mit seinem letzten Monat Adar zu Ende, so konnte man wohl bei einiger landwirtschaftlichen Kenntnis durch Besichtigung der Felder erfahren, ob in etwa zwei bis drei Wochen die Gerste schon reif sein würde. Fand man nun, daß die Gerste noch zu weit zurück war und, wie die späteren Rabbinen hinzufügen, daß die Tauben und die Lämmer (deren man zu den Opfern zu dem Passahmahl bedurfte) noch zu jung seien, so wurde noch ein Schaltmonat zwischen geschoben, wahrscheinlich von 30 Tagen, so daß in einem Zeitraum von drei Jahren die Harmonie zwischen Sonnen- und Mondjahr sich einstellte.

Die kleine Differenz innerhalb dieses Trienniums ließ sich leicht überwinden. Fiel also nun die erste Ernteopfergabe, nämlich die ersten reifen Gerstengarben, eigentlich zehn Tage oder zwanzig Tage vor die eigentliche Reifezeit, so konnte man wohl durch besondere Maßregeln, besonders geschützte Sonnenlage, die Reife eines kleinen Feldes beschleunigen, so daß die reifen Ährengarben auch in diesen Jahren vorhanden waren. Vor diesem Dankopfer durfte weder die Ernte begonnen, noch viel weniger irgend etwas von ihrer Frucht gegessen werden. Der eingeschobene Schaltmonat hieß „Veadar".*) In späterer Zeit kam in diese Berechnung eine genaue Regel. Saalschütz (Seite 405) weist aus den Rabbinen nach, daß nach ihrer Berechnung im Laufe von 19 Jahren

---

*) Die Namen der Monate sind: 1. Nisan (unser April), 2. Ijar, 3. Sivan, 4. Thammus, 5. Ab, 6. Elul, 7. Tischri, 8. Marchesdwan, 9. Kislev, 10. Tebeth, 11. Schebat, 12. Adar.

genau 7 Monate von 30 Tagen eingeschaltet wurden, damit die Jahr=
rechnung nach dem Monde und das Sonnenjahr sich nicht voneinander
entfernten, sondern sich von Zeit zu Zeit gegenseitig gänzlich ausglichen.
Die Einschaltung eines Monats trifft jetzt stets die Jahre 3, 6, 8, 11,
14, 17, 19. Ein solches Jahr hat dann nach dem 12. noch einen 13.
Monat, welche beide Adar heißen.

Das Passahfest war also ein Frühlingsfest, fiel immer in unseren
April, und war der eigentliche Nationalfestdanktag. Zur Erinnerung
an den Auszug aus Ägypten sollte dieser Tag ewiglich gefeiert werden
(2. Mos. 12), und zwar von dem ganzen Volk, denn alle seine Männer
sollten erscheinen an dem Orte, den der Herr erwählen würde. In der
Wüste, als das Heiligtum noch gar nicht vorhanden war, wurde das
Fest anders gefeiert, als später, nachdem das Volk in das Gelobte Land
eingezogen war. Am vierzehnten des ersten Monats wurde das schon seit
dem zehnten Tage ausgesuchte einjährige männliche fehlerlose Lamm von
Schaf= oder Ziegenvieh zwischen Abend von dem Hausvater geschlachtet
und von seinem Blut an den Pfosten der Thür mit einem Ysopbüschel
gestrichen, zur Erinnerung an die Verschonung der Erstgeburt. Nachher
aber sollte dieses Lamm nur geschlachtet werden am Heiligtum, und von
dem Blut ward statt an die Thüren auf den Altar gesprengt. Jede
Familie sollte solches Lamm schlachten, oder wo die Zahl ihrer Glieder
zu gering war, sollten ihrer mehrere sich vereinigen, so daß später die
Zahl der Teilnehmer gewöhnlich auf ungefähr zehn festgestellt wurde.
Das Volk, das später am Ort des Heiligtums zusammenkam, fand, so=
weit der Raum reichte, gastliche Aufnahme in den Häusern der Ein=
wohner, die ihm ein Zimmer zur Festfreude einräumten. Nach den
späteren Rabbinen wurde dafür dem Hausbesitzer das Fell des Lammes
und die beim Festschmause gebrauchten irdenen Töpfe als Gegenleistung
bewilligt.

Wenn auch hiervon natürlich nichts im mosaischen Gesetz ge=
schrieben steht, so ist es doch vom großen Interesse, dieses sowohl als
besonders die nachher ausgebildete Festordnung der Mahlzeit kennen zu
lernen. Keil in seiner Archäologie (Seite 411) beschreibt sie folgender=
maßen: „Wenn das Mahl zugerüstet war und die Tischgesellschaft sich
zum Essen anschickte, wurde ein Becher Wein eingeschenkt, vom Haus=
vater mit einem Dankspruche gesegnet und von der Gesellschaft der
Reihe nach getrunken. Darauf wurde nach vorhergegangenem Hände=
waschen die Mahlzeit damit eröffnet, daß jeder etwas von den bittern
Kräutern nahm und aß, wobei das Lesen der Paschahaggada begann.

Alsdann wurde ein zweiter Becher Wein eingeschenkt, dabei vom Haus=
vater dem Sohne auf dessen Befragen Zweck und Bedeutung der Mahl=
zeit nach 2. Mos. 12 erklärt, der Lobgesang Hallel angestimmt und
nach Absingung von Psalm 113 und 114 der eingeschenkte Becher aus=
getrunken. Dann erst folgte unter Segnung der in Stücke gebrochenen
Mazzot und des gebratenen Lammes die eigentliche Mahlzeit, indem sich
jeder zu Tische legte und nach Belieben aß und trank. Nach Beendigung
des Essens wusch der Hausvater seine Hände, dankte Gott für die ge=
nossene Mahlzeit, segnete den dritten Becher, der vorzugsweise kos
haberecha (calix benedictionis) hieß, und trank ihn mit den Tisch=
genossen aus, worauf der vierte Becher eingeschenkt, das Hallel wieder
angestimmt und mit Psalm 115 und 118 abgesungen wurde, wobei der
Hausvater nach den Worten Psalm 118, 26 den Becher segnete und
mit den Gästen austrank. Diese vier Becher gehörten zur Vollständig=
keit des Mahles, so daß auch der Ärmste sie sich besorgen mußte."

Das Lamm sollte, ohne daß ihm ein Bein gebrochen würde, ge=
braten werden. Wenn im 5. Mos. 16, 7 statt des eigentlichen Aus=
drucks für Braten baschal sonst mit „kochen" übersetzt, steht, so liegt
darin kein Widerspruch, weil baschal in seiner Grundbedeutung „gar
machen" heißt, und „baschal baesch" in der Chronika „gar machen
durch Feuer", auch „braten" bedeutet zum Unterschied von „gar machen
durch Wasser".

Das Fest sollte sieben Tage dauern, vom vierzehnten bis einund=
zwanzigsten des ersten Monats, so daß der erste und letzte Tag als
besondere Festtage ausgezeichnet waren, an denen keine Arbeit erlaubt
war. Dennoch aber waren sie den Sabbathtagen nicht gleichgeachtet,
weil man an ihnen alles, was zur Speise gehöret, als Essen kochen und
Feuer anlegen, thun durfte. Das Gebot lautet: „Der erste Tag soll
heilig sein, daß ihr zusammenkommt und der siebente soll auch heilig
sein, daß ihr zusammenkommt. Keine Arbeit sollt ihr darinnen thun,
ohne was zur Speise gehöret für allerlei Seelen, dasselbe allein möget
ihr für euch thun" (2. Mos. 12, 16). Da nun der Neumond und
mithin auch der vierzehnte nicht immer auf einen Sabbath fiel, so
waren für solchen Fall während des Osterfestes drei hohe Feiertage,
sonst aber zwei, an denen keine Arbeit zu thun erlaubt war. Während
des ganzen Festes aß man ungesäuertes d. h. Mazzenbrot. An dem
eigentlichen Passahmahl durften nur Glieder des Volkes, oder solche,
die durch die Beschneidung naturalisiert waren, teilnehmen, während
sonst an allen anderen Festfreuden während der sieben Tage nach dem

ausdrücklichen und oft eingeschärften Gesetz alle Einwohner und nament=
lich die Armen, die Witwen und Waisen und Fremdlinge, die in ihren
Thoren waren, teilnehmen sollten. Am zweiten Festtage wurden die
ersten reifen Gerstengarben im Heiligtum dem Herrn dargebracht, aber
nicht auf dem Altare verbrannt, sondern durch Webung symbolisch über=
geben. Die Körner wurden durch Drusch gewonnen, gemahlen, das
Mehl durch dreizehn Siebe gesiebt und dann daraus die ersten Brote
für die Priester zubereitet.

Nun durfte die Ernte im Lande beginnen. Mit Rücksicht auf sie,
zumal das Fest vielleicht in manchen Jahren aus früher angegebenen
Gründen spät fiel, durfte nach dem eigentlichen Passahmahl, also am
15. Nisan, jeder Israelit nach Hause zurückkehren, um trotz des Oster=
festes fröhlich mit den Seinen die Ernte zu beginnen. Die große Mehr=
zahl der Festteilnehmer, jedenfalls eine große Zahl, blieb während der
ganzen Festwoche am Orte, den Gott als sein Heiligtum erwählet
hatte. In Zelten vor den Thoren des Ortes, weil die Häuser unmög=
lich alle Festgenossen herbergen konnte, feierte man fröhlich unter
Singen von Lobliedern und Reigenspiel bei frohen Gastgelagen die
Festwoche. Ausdrücklich erwähnt 5. Mos. 16, 11—17 außer dem
Schlachten des eigentlichen Passahlammes noch das Schlachten von
Schaf=, Ziegen= und Rindvieh. Aus diesem Vieh brachte man frei=
willig Brand= und Heilsopfer, und zahlreiche Opfermahlzeiten, die soge=
nannten schelamim, wurden gehalten. Das Halten dieser Gastgebote
nennt Moses in seinen Gesetzen „sich vor Jehovah freuen" (5. Mos. 12,
7; 14, 26 u. ö.) und setzt, wohl um die Absicht der verordneten Fest=
opfer kenntlicher zu machen, hinzu, man solle sich zwischen seiner Arbeit
vor Jehovah freuen, d. i. die Arbeit des übrigen Jahres durch diese
fröhlichen Mahlzeiten unterbrechen und sie sich durch das Wohlleben
der Feste erleichtern. „Daß Tänze, bei denen Loblieder gesungen
wurden, ein uraltes Stück der Festfeier der Hebräer waren, das wissen
wir, wie schon erwähnt, aus Mose. Als die Lade des Bundes nach Zion
gebracht wurde, tanzte David, was ihm Michal übel nahm (2. Sa=
muel 6, 16) und die Sänger und Saitenspieler waren auf beiden
Seiten mit Jungfrauen umgeben, die die Pauke schlugen. (Psalm 68, 26);
das unweit Silo gehaltene, wegen des Jungfernraubes der Benjaminiten
bekannte Fest (Richter 21) bestand gleichfalls in einem Tanze: die
Jungfrauen aus Silo waren zum Tanz an einem gewissen Ort auf
dem Felde zusammengekommen und auf diesem Tanzplatz wurden sie
von den in den Weinbergen versteckten Benjaminiten überfallen und zu

Frauen geraubt." Noch ist zu bemerken, daß nach 4. Mos. 9 alle, die rituell unrein waren oder auf der Reise sich befanden, das Passah= fest im folgenden Monat auch am vierzehnten feiern sollten. Ob diese Nachfeier des Passah auch am Orte des Heiligtums in der Wiederholung des ganzen Zeremoniells, oder mehr in den Freudenfesten und Gastgelagen, wie sie 5. Mos. 16 auch kurz Passah genannt werden, stattfinden sollte, ist ungewiß, man kann darüber nur Vermutungen aufstellen. In anbe= tracht der mancherlei Schwierigkeiten, von denen wir am Schluß dieses Kapitels bei den Wallfahrtsfesten reden werden, und mit Rücksicht auf mancherlei von Saalschütz angeführte Stellen aus den Rabbinen, halten wir es für sehr wahrscheinlich, ja fast für gewiß, daß diese Nachfeier in den häuslichen frohen Festen mit allen Gliedern der Familie bestehen sollte. Sollte nach dem Gesetz das Schlachten des Passahlammes am Orte des Heiligtums für jeden männlichen Israeliten so strenge aus= nahmslose Pflicht sein, so hätte es doch vielleicht näher gelegen, das Reisen zu dieser Festzeit überhaupt zu verbieten.

Das Wochenfest. Von dem zweiten Tage des Passahfestes, dem 16. Nisan, von dem Tage ab, da in dem Jahre die erste Sichel an= gesetzt war, sollte man sieben volle Wochen rechnen, und dann am fünf= zigsten Tage (πεντεκοστή),*) das Fest der Wochen, den Beschluß der Sommerernte feiern. Die ganze Zeit von dem 16. Nisan bis zu diesem Tage war die Erntezeit, eingeschlossen am Anfang und Ende von zwei religiösen Feiern. Das Fest dauerte nur einen Tag; es ist fast unbe= greiflich, wie Michaelis das Fest sieben Tage dauern lassen kann. Der Tag war ein hoher Festtag, an dem keine Arbeit erlaubt war, aber wohl alle Arbeit, die die Bereitung der Speise nötig machte. Tradi= tionell gilt er den Israeliten zugleich als Erinnerungsfest für die Offen= barung des Dekalogs, als Beginn der Gesetzgebung, obwohl von dieser Bedeutung das mosaische Gesetz selbst nichts enthält.

Große Schwierigkeiten machte den Auslegern die genaue Berech= nung dieses Tages, weil nach der Stelle 3. Mos. 23, 15 der 15. oder 16. Nisan immer als ein Sabbath vorausgesetzt zu sein scheint, was er doch in Wirklichkeit nicht immer war. Und doch ist sonst niemals ein anderer Tag als der Sabbath und der Versöhnungstag als solcher be= zeichnet. Doch wir übergehen hier diese Schwierigkeit, weil sie für uns

---

*) Hieraus ist das Wort Pfingsten entstanden, wie wahrscheinlich aus dem Wort ἑορτή als Bezeichnung κατ' ἐξοχήν hier Passah das Wort Ostern entstanden sein mag.

von geringerer Bedeutung ist. Die Stelle im 5. Mof. 16, 9—12 lautet also: „Sieben Wochen sollst du zählen und anheben zu zählen, wenn man anfänget mit der Sichel und Saat, und sollst halten das Fest der Wochen dem Herrn, deinem Gott, daß du eine freiwillige Gabe deiner Hand gebest, nachdem dich der Herr, dein Gott, gesegnet hat, und sollst fröhlich sein vor Gott, deinem Herrn, du und dein Sohn, deine Tochter dein Knecht, deine Magd und der Levit, der in deinem Thor ist, der Fremdling, die Waise und die Witwe, die unter dir sind, an der Stätte, die der Herr, dein Gott, erwählet hat, daß sein Name da wohne. Und gedenke, daß du Knecht in Ägypten gewesen bist, daß du haltest und thuest nach diesen Geboten."

An dieses Fest schloß sich nun am Ausgang des Jahres, d. h. des Erntejahres 2. Mof. 23, 16 (bezeth haschanah, in exitu anni, ἐπ' ἐξόδου τοῦ ἐνιαυτοῦ)*) das Hüttenfest von dem wir 3. Mof. 23, 33—36 lesen: „Und der Herr redete mit Mose und sprach: Rede mit den Kindern Israel und sprich: Am fünfzehnten Tage dieses siebenten Monats ist das Fest der Laubhütten sieben Tage dem Herrn. Der erste Tag soll heilig heißen, daß ihr zusammenkommt, keine Dienst= arbeit sollt ihr thun. Sieben Tage sollt ihr dem Herrn opfern, der achte Tag soll auch heilig heißen, daß ihr zusammenkommt, und sollt euer Opfer dem Herrn thun, denn es ist der Versammlungstag, keine Dienstarbeit sollt ihr thun."

Dieses Fest war das Dankfest für Obst und Weinlese; es fiel in unseren Oktober. Während dieses Festes wohnten die Israeliten in Hütten, die von Laubwerk geflochten waren, was in den wärmeren Gegenden Palästinas der Witterung wegen sehr wohl angeht. Das sollte eine Erinnerung an den Auszug aus Ägypten sein, da das Volk in Hütten wohnte.

An dem ersten Tage dieses Festes sollten 13 junge Stiere, 2 Widder, 14 jährige Lämmer, nebst der gewöhnlichen Zugabe für jedes einzelne Opfertier und ein Ziegenbock als Sündopfer geschlachtet werden. An dem zweiten Tage nur 12 junge Stiere, an dem dritten Tage 11. So an jedem Tage ein Stier weniger, daß auf den siebenten Tag des Festes sieben Stiere kommen.

In jedem siebenten Jahre, dem Erlaßjahre, soll an diesem Feste noch eine ganz besondere Feier stattfinden, wenn alles Volk versammelt

---

*) 2. Mof. 34, 22 steht dafür thequphath haschaneh redeunte anni tempore, μεσοῦντος τοῦ ἐνιαυτοῦ wenn das Jahr um ist.

ist. Von dieser besonderen Feier lesen wir 5. Mos. 31, 9—13 also:
„Und Mose schrieb dieses Gesetz und gab's den Priestern, den Kindern
Levi, die die Lade des Bundes des Herrn trugen und allen Ältesten
Israels, und gebot ihnen und sprach: Je über sieben Jahre, zur Zeit
des Erlaßjahres, am Fest der Laubhütten, wenn das ganze Israel kommt,
zu erscheinen vor dem Herrn, deinem Gott, an dem Ort, den er er=
wählen wird, sollst du dieses Gesetz vor dem ganzen Israel ausrufen
lassen vor ihren Ohren, nämlich vor der Versammlung des Volkes,
beides der Männer und Weiber, Kinder und des Fremdlings, der in
deinem Thor ist, auf daß sie hören und lernen, damit sie den Herrn,
ihren Gott fürchten und halten, daß sie thun alle Worte dieses Gesetzes,
und daß ihre Kinder, die es nicht wissen, auch hören und lernen, damit
sie den Herrn, euren Gott, fürchten alle eure Lebtage, die ihr auf dem
Lande lebet, darin ihr gehet über den Jordan, es einzunehmen."

Nachdem wir nun so diese drei Hauptfeste im einzelnen aufgezählt
und beschrieben haben, wird es nötig sein, sie noch einmal im Zusammen=
hang und in ihrer Gesamtbedeutung zu betrachten, weil sie die drei
großen Wallfahrtsfeste waren.

Die betreffenden hauptsächlichsten Gesetzesstellen sind folgende:
2. Mos. 34, 23: „Dreimal im Jahre sollen alle Mannsnamen er=
scheinen vor dem Herrscher, dem Herrn und Gott Israels." 5. Mos. 16,
16: „Dreimal des Jahres soll alles, was männlich ist unter dir, vor
dem Herrn, deinem Gott, erscheinen, an der Stätte, die der Herr er=
wählen wird, auf das Fest der ungesäuerten Brote, auf das Fest der
Wochen, und auf das Fest der Laubhütten. Es soll aber nicht leer er=
scheinen vor dem Herrn ein jeglicher nach der Gabe seiner Hand, nach
dem Segen, den dir der Herr, dein Gott, gegeben hat." 5. Mos. 16, 6:
„Du kannst nicht Passah schlachten in irgend deiner Thore einem, die
der Herr, dein Gott, gegeben hat, sondern an der Stätte, die der Herr,
dein Gott, erwählen wird, da sein Name daselbst wohne, da sollst du
das Passah schlachten." 4. Mos. 9, 13: „Wer aber läßt anstehen, das
Passah zu halten, des Seele soll ausgerottet werden von seinem Volk,
darum daß er seine Gabe dem Herrn nicht dargebracht hat zu seiner
Zeit, er soll seine Sünde tragen."

Hiernach also sollen alle Männer Israels dreimal im Jahre vor
dem Herrn, am Orte des Heiligtums erscheinen; für das Passahfest
wird dieses Gebot so streng eingeschärft, daß auf seine Übertretung die
Strafe der Ausrottung gesetzt wird.

Hier entsteht eine ganze Reihe von den allergrößten Schwierig=
keiten, die die Ausführung eines solchen Gebotes uns fast unmöglich
erscheinen lassen. Diese Schwierigkeit erscheint uns um so größer, weil
wir fast überall erkannt haben, daß der weise Gesetzgeber nichts Unmög=
liches anordnet, sondern immer in seinen Gesetzen und Anordnungen
praktisch ist.

Auf eine Schwierigkeit antwortet Moses selbst. Wenn alle Manns=
personen dreimal im Jahre an dem Ort des Heiligtums erscheinen
sollen, so wurde das Land seiner waffenfähigen Mannschaft sozusagen
beraubt und es war die größte Gefahr vorhanden, daß die Feinde
diese Zeit benutzen würden, um über das Land herzufallen. Darauf
antwortet Moses 2. Moj. 34, 24 mit einer Verheißung: „Wenn ich
die Heiden vor dir ausstoßen und deine Grenzen weitern werde, soll
niemand deines Landes begehren, dieweil du heraufgehest dreimal im
Jahre zu erscheinen vor dem Herrn, deinem Gott.“ Freilich wären
die Kananiter alle aus dem Lande plötzlich vertrieben, dann lag das
Land herrlich durch seine natürliche Lage nach allen vier Weltgegenden
geschützt; es wäre auf diese Verheißung gestützt, gewiß von feindlichem
Einfall verschont geblieben.

Erstens aber wissen wir, daß diese Ausrottung der Kananiter nie=
mals gänzlich vollzogen ist, sondern daß Jahrhunderte lang der Kampf
mit den eingeborenen Stämmen fortgedauert hat, bis sie zuletzt viel=
leicht ausgestorben sind. Man könnte antworten, daß die Verheißung
sicherlich eingetroffen wäre, wenn sich nur Israel treulich immer an
die Gebote Gottes gehalten hätte. Die Entwickelung des Landes mußte
aber, abgesehen von diesen eingeborenen Feinden, andere erwecken und
Moses, als rechter Prophet Gottes, mußte das wissen und hat es auch
gewußt, denn an vielen Stellen lesen wir, daß er sie im Geiste herauf=
steigen sieht. Es hätte nun fortlaufend in der Geschichte alle Jahre
dreimal ein wahres Wunder sich ereignen müssen, wenn wir annehmen,
daß für alle Zeit an den drei Festen die inneren und äußeren Feinde
Israels gerade dann gleichsam wie gelähmt und gebannt an den Gren=
zen hätten stehen bleiben müssen. Solche Annahme läßt sich aber schwer=
lich mit einer sonst ganz natürlichen Geschichtsentwickelung, mit einer
fast überall so vernünftigen Staatsordnung vereinigen. Dazu kommt,
daß sich noch viele andere Schwierigkeiten gegen die buchstäbliche Aus=
führung obigen Gebotes einstellen.

Es läßt sich nämlich schwerlich annehmen, daß alle Hausväter und
sonstigen Männer ihre Familienglieder zu Hause lassen und allein nach

dem Feste pilgern, um so weniger als das Gesetz gerade ein freudiges Familienleben durch diese Feste begünstigen will. Wir lesen ausdrück= lich 5. Mos. 16, 11. 14: „Du sollst fröhlich sein vor Gott, deinem Herrn, du und dein Sohn und deine Tochter, dein Knecht, deine Magd und der Levit, der in deinen Thoren ist, der Fremdling, der Waise und die Witwe, die unter dir sind, an der Stätte, die der Herr, dein Gott, erwählet hat." Die Schwierigkeit nimmt noch zu, wenn wir an= nehmen sollen, daß die ganze Bevölkerung des Landes noch dazu drei= mal im Jahre an einem Orte des Landes zusammenkommen soll. Auch der wiederholte Zusatz an den betreffenden Stellen, daß sich mitfreuen sollen die Armen u. a. „die in deinen Thoren sind", bleibt fast unver= ständlich, wenn man annehmen soll erstens, daß in den Thoren der Landstädte gar keine Feste stattgefunden hätten, oder daß nur die Armen, Witwen und Waisen am Orte des Heiligtums und alle, die dahin ge= führt seien, gemeint sein könnten.

Eine fernere Schwierigkeit bietet der Gebrauch des sogenannten zweiten Zehnten in jedem dritten Jahre. Wir erwähnen hier von diesem zweiten Zehnten nur so viel, als nötig ist. Obwohl in dem mosaischen Gesetz nirgends von solchem zweiten Zehnten ausdrücklich geredet wird, so hat man doch seit alters die mosaische Gesetzgebung 5. Mos. 26, 12—18; 14, 22—26 so verstanden. Dieser zweite Zehnte sollte eigent= lich für diese Wallfahrtsfeste Verwendung finden. Nun schreibt aber das Gesetz 5. Mos. 14, 28—29 vor: „Über drei Jahre sollst du aus= sondern alle Zehnten deines Einkommens desselben Jahres und sollst es lassen in deinem Thor; so soll kommen der Levit, der kein Teil noch Erbe mit dir hat, und der Fremdling und der Waise und Witwen, die in deinem Thore sind, und essen und sich sättigen, auf daß dich der Herr, dein Gott, segne in allen Werken deiner Hand, die du thust." An der anderen Stelle wird dieses selbe Gesetz noch ernstlicher mit Nach= druck eingeschärft, denn es heißt dort: „Wenn du alle Zehnten deines Einkommens zusammengebracht hast im dritten Jahre, das ist ein Zehntenjahr, so sollst du dem Leviten, dem Fremdling, dem Waisen, und der Witwe geben, daß sie essen in deinem Thor und satt werden. Und sollst sprechen vor dem Herrn, deinem Gott: Ich habe gebracht, das geheiligt ist, aus meinem Hause und habe es gegeben den Leviten, den Fremdlingen, den Waisen und den Witwen, nach alle deinem Ge= bot, das du mir geboten hast; ich habe deine Gebote nicht übergangen noch vergessen. Ich habe nicht davon gegessen in meinem Leide, und habe nicht davon gethan in Unreinigkeit, ich habe nicht davon zu den

Toten gegeben, ich bin der Stimme des Herrn, meines Gottes, gehor=
sam gewesen und habe gethan alles, wie du mir geboten hast. Siehe
herab von deiner heiligen Wohnung vom Himmel und segne dein Volk
Israel und das Land, das du uns gegeben hast, wie du unsern Vätern
geschworen hast, ein Land da Milch und Honig innen fleußt." Es
herrscht unter den Auslegern über diese und ähnliche Stellen bis heute
noch keine Einigkeit. Der zweite Zehnte soll also zu diesen drei Wall=
fahrtsfesten verwandt werden, das ist klar und deutlich. Der zweite
Zehnte des dritten Jahres, der von manchen irrtümlicherweise der dritte
Zehnte, von anderen mit mehr Recht der Armenzehnte genannt wurde,
hat in den oben angeführten zwei Stellen seine ganz besondere Ver=
wendung. Sollen nun auch in jedem dritten und sechsten Jahre die
Wallfahrtsreisen stattfinden, so fehlt ja offenbar zu diesen Reisen und
den Festen der dazu nötige Reisefonds, oder sollte man von dem Rest,
der nach stattgefundener Reise von dem zweiten Zehnten des Jahres
übrig geblieben ist, diese oben befohlenen Freudenfeste der Heimat feiern,
so möchten sie erstlich sehr ärmlich ausgefallen sein, weil nach drei
stattgefundenen Freudenfesten am Orte des Heiligtums kaum ein
Rest vom Zehnten übrig blieb, und zweitens möchte solche Auffassung
der Gesetzesstelle schnurstracks widersprechen. Keil sagt in seinem Kom=
mentar S. 459 so: „In jedem dritten Jahre soll man den ganzen
Zehnten vom Jahresertrage (thebuah) aus dem Speicher herausholen
und in seinen Thoren (den Städten) lassen und damit die Leviten u. a.
speisen; ihn also nicht zum Heiligtum schaffen". Hiernach scheint es
nun, als ob in jedem dritten Jahre die drei Wallfahrtsfeste aufgehoben
seien, eine Annahme, die wiederum sich unmöglich mit der oben ange=
führten strengen Anordnung und der noch strengeren Androhung des
Ausrottens vereinigen läßt.

Endlich zeigt sich noch eine große Schwierigkeit. Wir lesen 4. Mos.
9, 6—11: „Da waren etliche Männer unrein über einem toten Menschen,
daß sie nicht konnten Passah halten des Tages. Die traten vor Mose
und Aaron desselbigen Tages und sprachen zu ihm: Wir sind unrein
über einem toten Menschen, warum sollten wir geringer sein, daß wir
unsere Gabe dem Herrn nicht bringen müssen zu seiner Zeit unter
den Kindern Israel? Mose sprach zu ihnen: Harret, ich will hören,
was euch der Herr gebeut. Und der Herr redete mit Mose, und sprach:
Sage den Kindern Israel und sprich: Wenn jemand unrein über einem
Toten oder ferne von euch über Feld ist, oder unter euren Freunden,
der soll dennoch dem Herrn Passah halten, aber doch im anderen Monat,

am vierzehnten Tage zwischen Abends und soll's neben ungesäuertem
Brot und Salzen essen."

Also auch hier scheint uns schon die strenge Ordnung durchbrochen
zu sein und noch dazu zum Teil aus einem Anlaß, der uns gänzlich
ungenügend scheint, eine Ausnahme von einer so streng angeordneten
Vorschrift zu rechtfertigen. Denn, wenn Moses meinte, daß bei Strafe
der Ausrottung, jeder Mann in Israel das Passah am Orte des
Heiligtums schlachten sollte, was lag dann näher, als das Reisen um
diese Festeszeit einfach zu verbieten. Daß Moses es nicht verboten hat,
sondern vielmehr seine angebliche strenge Ordnung durchbrechen ließ,
macht die Annahme immer noch wahrscheinlicher, daß das Gebot überhaupt noch anders verstanden werden muß. Das mosaische Gesetz enthält nun nirgends eine Andeutung, wie es später thatsächlich mit
diesem Nachpassah gehalten worden ist, um so interessanter und lehr-
reicher ist, was Saalschütz Seite 413 von den Rabbinen berichtet.
„Jedenfalls", schreibt er, „war diese Feier (im späteren Judentum) etwas
Ausnahmsweises. Als daher einmal ein Priester (Namens Joseph) mit seiner
ganzen Familie nach Jerusalem kam, um das zweite Passah zu begehen,
ließ man ihn zurückkehren, da für letztere im ganzen und namentlich
die unerwachsenen Kinder, nur die Feier des wirklichen Passah, eigentliche Pflicht ist, der Vorfall also für die Zukunft zu Mißverständnissen
des Gesetzes Anlaß geben konnte."

Es fragt sich also, wie wir in anbetracht aller dieser Schwierigkeiten uns die Vorschrift des Gesetzes vernunftgemäß auslegen sollen, ohne
dem Texte und der Geschichte Gewalt anzuthun.

Ich glaube Saalschütz hat ohne Zweifel das Richtige getroffen.
Wenn es im Gesetze Mosis heißt, daß alle Jahre dreimal alle Mannsnamen, das ganze Volk, sich vor dem Herrn versammeln sollen am
Orte des Heiligtums, so meint Moses das nicht buchstäblich, sondern
er meint, wie wir das im ersten Buch schon ausführlich an zahlreichen
Stellen nachgewiesen haben, das Volk in seiner Vertretung in den
Stämmen und Väterhäusern. Nicht jedermann soll jährlich dreimal
diese Wallfahrten thun, sondern überhaupt sollen sie stattfinden, und zwar
von jedem dann und wann, aber nicht von allen zugleich. Die aber,
die zu jedem Feste heraufzogen, waren in jedem Fall immer die von
der Gemeinde, den Häusern, den Familien, den Stämmen Beauf-
tragten, so daß in ihnen vor dem Herrn in Wahrheit das ganze Volk
erschien. Wir erinnern hier nur an die früher schon ausführlich be-
sprochene Stelle 5. Mos. 29, 9—11; betonen hier aber um so mehr den

vierten Vers aus Pf. 122, einem Festliede zu solchem Zweck, in dem
wir lesen: „Jerusalem ist gebaut, daß es eine Stadt sei, da man
zusammenkommen soll, da die Stämme heraufgehen sollen, nämlich
die Stämme des Herrn, zu predigen dem Volke Israel." Daß solche
Stellvertretung auch im rituellen Gottesdienst durch die nicht priester=
lichen Vertreter des Volkes üblich und gesetzlich war, lesen wir aus=
drücklich 3. Mof. 4, 15, wo die Ältesten im Namen der Gemeinde
das Sündopfer für sie darbrachten, wenn die Versündigung verborgen
war. „Die Ältesten der Gemeinde sollen ihre Hände auf sein Haupt
legen vor dem Herrn und den Farren schlachten vor dem Herrn."

Bei dieser Annahme der Repräsentation erklärt sich nun alles
auf das beste. Die Strenge der mosaischen Anordnung vereinigt sich
aufs beste mit allen angeführten Schwierigkeiten.

Die Ältesten des Volkes, oder kurz und besser seine erwählten
Repräsentanten, ziehen alle Jahre in großer Zahl hinauf zu dem Orte
des Heiligtums, ihnen schließen sich freiwillig ganze Familien, nebst
Frauen und Kindern an, wie es z. B. 1. Samuel 1, 1—3 von El=
kanah, dem Vater Samuels, erzählt wird und wie es nach den zahl=
reichen Stellen des Pentateuchs wahrscheinlich wird, wo nicht bloß auf
die Stämme, sondern auch auf die Töchter und andere männliche und
weibliche Mitglieder der Familie Bezug genommen wird.

Jetzt erst können wir uns von diesen herrlichen, von heller Freude
und Jubel erfüllten Festwallfahrten eine rechte Vorstellung machen.
Hier ist nun der Ort, ausführlicher von dem vorher erwähnten zweiten
Zehnten zu reden. Das Volk hatte bekanntlich an die Leviten den
Zehnten zu zahlen, und diese wieder den Zehnten hiervon an die
Priester. Außer diesem Zehnten mußte das Volk einen zweiten Zehnten
sorgfältig von dem übriggebliebenen Rest alle Jahre aussondern, und
dieser zweite Zehnte sollte den Fonds bilden, aus dem die Wallfahrten
und die Kosten der drei Hauptfeste bestritten werden sollten; dagegen
sollte er in jedem dritten Jahre verwandt werden zu einem Armenzehnten,
zu einer fröhlichen feierlichen Speisung aller Armen und Elenden, der
Witwen, Waisen,' Fremdlinge und der Leviten, die in den Thoren
sind. Augenscheinlich war diese Abgabe keine eigentliche Steuer, weil
sie erstens vom Volke ja selbst zu seiner eignen Freude und Lust
verwandt wurde, und zweitens weil auch hier keine polizeiliche Aufsicht
gestellt war, sondern alles der persönlichen Gewissenhaftigkeit überlassen
blieb. Die Stellen lauten 5. Mof. 12, 17—19: „Du magst aber
nicht essen in deinen Thoren von dem Zehnten deines Getreides, deines

Mosts, deines Öles, noch von der Erstgeburt deiner Rinder, deiner Schafe, oder von irgendeinem deiner Gelübde, die du gelobet hast, oder von deinem freiwilligen Opfer, oder von deiner Hand Gabe; sondern vor dem Herrn, deinem Gott, sollst du solches essen, an dem Ort, den der Herr erwählet, du und deine Söhne, deine Töchter, deine Knechte, deine Mägde und der Levit, der in deinem Thore ist, und sollst fröhlich sein vor dem Herrn, deinem Gott, über allem, das du bringest. Und hüte dich, daß du den Leviten nicht verlässest, so lange du auf Erden lebst." Noch genauer lesen wir hiervon 5. Mof. 14, 22—26: „Du sollst alle Jahre den Zehnten absondern alles Einkommens, deiner Saat, das aus deinem Acker kommt, und sollst es essen vor dem Herrn, deinem Gott, an dem Ort, den er erwählet, daß sein Name daselbst wohne, nämlich vom Zehnten deines Getreides, deines Mosts, deines Öles, und der Erstgeburt deiner Rinder und deiner Schafe, auf daß du lernest fürchten den Herrn, deinen Gott, dein lebenlang. Wenn aber des Weges dir zu viel ist, daß du solches nicht hintragen kannst, darum, daß der Ort dir zu fern ist, den der Herr, dein Gott, erwählet hat, daß er seinen Namen daselbst wohnen lasse, so gib es um Geld und fasse das Geld in deine Hand und gehe an den Ort, den der Herr, dein Gott, erwählet hat; und gib das Geld um alles was deine Seele gelüstet, es sei um Rinder, Schafe, Wein, starken Trank, oder um alles, das deine Seele wünschet; und iß daselbst vor dem Herrn, deinem Gott, und sei fröhlich, du und dein Haus, und der Levit, der in deinem Thor ist, du sollst ihn nicht verlassen, denn er hat kein Teil noch Erbe mit dir."

Daß an diesen beiden Stellen von der Erstgeburt der Rinder u. a. die Rede ist, hat Michaelis bewogen, eine zweite Erstgeburt der Rinder anzunehmen, weil bekanntlich die erste Erstgeburt bereits den Leviten gehörte. Auch war unmöglich anzunehmen, daß diese hier in den Stellen angeführte Erstgeburt der Rinder dadurch den Leviten überantwortet sein soll, daß auch sie mit den anderen eingeladen wären, an großen frohen Gastgeboten teilzunehmen. Erstens wäre das eine eigentümliche Steuer, die bestimmungsgemäß in einer zahlreichen Gesellschaft verzehrt würde, und anderseits wäre es wirklich fast leichtsinnig, wenn nach mosaischem Gesetz die Leviten alle ihre Abgaben, von denen sie das Jahr hindurch leben mußten, hätten an drei Hauptfesten verzehren sollen, so daß sie dann nachher gar nichts mehr gehabt hätten. Vielmehr wird alles klar und durchsichtig, wenn man annimmt, daß hier das Volk im allgemeinen angesprochen wird, so daß ein jeder von den heiligen Gaben, natürlich nur das, was ihm zukommt, an geweihter Stätte verzehren solle. Bei den erstgeborenen Tieren hätte man also nur an die entsprechende Pflicht der Priester zu denken.

Für jeden gewissenhaften Israeliten war also ein dauernder Fest=fonds vorhanden, entweder für Nahewohnende in Naturalien oder für Fernwohnende in barer Münze. Die Repräsentanten zogen in mög=lichst großen Scharen, begleitet von zahlreichen Freunden und Familien, Frauen und Jungfrauen, Männern und Jünglingen an den heiligen Ort, sangen unterwegs fröhliche Lieder zu Ehren Jehovahs oder des Heiligtums, begleitet von dem Paukenschlag der Jungfrauen und noch herrlich geziert vielleicht durch manchen Reigen. Die geringen Reste der hebräischen Dichtkunst lassen den Schwung der Gedanken, den Geist der Poesie in diesem Volke erkennen und die in viel späterer Zeit gedichteten Wallfahrtspsalmen lassen uns mit Recht einen Rückschluß auf jene Gesänge machen. Einen der Reisepsalmen, die wir von 120 ab finden, wollen wir als Beispiel hierher setzen. 121: „Ich hebe meine Augen auf zu den Bergen, von welchen mir Hilfe kommt. Meine Hilfe kommt von dem Herrn, der Himmel und Erde gemacht hat. Er wird deinen Fuß nicht gleiten lassen und der dich behütet schläft nicht. Siehe, der Hüter Israels schläft noch schlummert nicht. Der Herr behütet dich, der Herr ist dein Schatten über deiner rechten Hand, daß dich des Tages die Sonne nicht steche, noch der Mond des Nachts. Der Herr behüte dich vor allem Übel, er behüte deine Seele, der Herr behüte deinen Ausgang und Eingang von nun an bis in Ewigkeit."

In solcher Karawane denken wir uns den zwölfjährigen Jesus, als er mit seinen Eltern nach Jerusalem wanderte. Dort angekommen, verrichtete man das vorgeschriebene Opfer und kam seinen religiösen Pflichten nach; wer nun wollte, konnte schon am anderen Tage des Passah am fünfzehnten nach Hause eilen, um daheim mit den Seinen weiter zu feiern. Am Orte des Heiligtums brachte man die Festzeit in fröhlicher, freudiger Stimmung zu, ging auch seinen irdischen Ge=schäften nach, die von mancher Romantik zu erzählen wußten, wird aber im übrigen sich vergnügt haben in Lustbarkeiten, die mit der Religion verbunden, durch sie eingeschränkt und gesitteter gemacht und geheiliget wurden. Die Gastgebotsopfer waren bei weitem die gewöhn=lichsten und die Feier der hohen Feste wird vornehmlich in solchen Opfermahlzeiten bestanden haben. An solchen Opfermahlzeiten durften, ja sollten alle teilnehmen, Eingeborene und Fremdlinge und namentlich Knechte, Mägde, Arme, Witwen, Waisen; das Volk feierte in solchen Tagen im wahren Sinne Feste froher Volksgemeinschaft. Während es am Orte des Heiligtums also hoch her ging, herrschte in den Landstädten und überall in den Häusern der Heimat nicht weniger helle Freude. Zwar war verboten dort ein Opfer zu bringen, aber man durfte schlachten und nach Herzenslust Fleisch essen, nur nicht als Opfer.

Endlich ist es wohl der Mühe wert, sich jetzt noch einmal die Folgen solcher Wallfahrtsfeste für das ganze Staatsleben zu vergegen= wärtigen. So lange solche Feste allgemein gefeiert wurden, so lange mußte das Volksleben gesund bleiben, denn sie stellen gleichsam den Jungbrunnen dar, aus dem der Volksgeist immer wieder gesunde Nahrung zog. An den Volksfesten läßt sich am besten der Charakter des Volkes erkennen, sie sind eine natürliche Frucht des Volksgeistes und stoßen alles Gekünstelte von sich ab, oder werden, wo dennoch solches Gekünstelte ihnen angeheftet wird, zu reinen Karikaturen. Ein Volk, das keine Volksfeste mehr kennt und will, ist sicherlich wie ein altes Gebäude, in dem der Mörtel überall morsch und faul geworden ist, das deshalb in Kürze bei einigem Sturme zusammenstürzen wird. Diese Volksfeste in Israel mußten auf das politische, soziale und häusliche Leben heilsamer einwirken.

In politischer Beziehung mußten solche herrliche, durch die Religion geheiligte, und in Schranken gehaltene Volksfeste einen heilsamen Ein= fluß ausüben auf das gemeinsame Volksbewußtsein, die Einigkeit und Zusammengehörigkeit, und eine stete Liebe zu dem Vaterland und Sehnsucht nach ihm wach erhalten. Zwistigkeiten im Volke, sei es nun zwischen einzelnen Häuptern oder ganzen Stämmen, konnten nirgendwo besser beigelegt werden, als gerade in den Tagen dieser drei großen Landes= feste, wo um den Altar herum in hellem Jubel die Häupter und Stämme aus allen Landesteilen zusammenströmten. Allgemeine Landesinteressen konnten gerade dort am besten gemeinsam besprochen werden.

In sozialer Beziehung mußten diese Feste den Innenhandel mächtig fördern. Moses gründete seinen Staat ganz auf den Ackerbau, erschwerte auf alle Weise den Außenhandel, aber der Innenhandel mußte durch solche Volksfeste, da viele Tausende zusammenkamen, mächtig gefördert werden. Die ersten und letzten Tage der siebentägigen Feste waren heilig, da keine Arbeit gestattet war, sonst aber waren die anderen Tage durch keine besonderen Gebote geschützt, im Gegenteil, sie werden wohl bestimmt gewesen sein zum Handel und Wandel, Kaufen und Verkaufen, sie waren wohl die ersten großen Landesmessen, wie diese auch im Mittel= alter von der kirchlichen Feier ihren Namen erhalten haben. Neben

dieser Förderung des Innenhandels lag aber in den Festen ein Hin=
dernis der Kapitalansammlung. Wie Moses allen großen Landbesitz
unmöglich zu machen suchte, das Verderben der sogenannten Latifundien
schon in den ältesten Tagen einsah, so war er auch allem Kapitale
d. h. Geldansammlung feind. Welch eine Zeit und Kraftverschwendung
würde man heute rufen, das Volk zu solchen Festen während voller
vierzehn Tagen zu verführen und noch dazu den vollen Zehnten in
leichtfertigen Gelagen zu verprassen! Wir wissen, Moses dachte anders;
was jene für einen Schaden erachteten, erachtete er für Gewinn, die
Zeitverschwendung ordnete er an als eine köstliche Erholung für das
ganze Volk, das sonst das Jahr hindurch angestrengt arbeiten mußte,
und in dem Verbrauch der Gaben Gottes an solchen Festtagen in ge=
meinsamer Fröhlichkeit sah er nur Gottes Segen und Ordnung. Für
Standesunterschiede war Moses nicht, im Gegenteil auf alle erdenkliche
Weise suchte er ihre Entstehung im Keime zu ersticken. Arm und Reich,
Alt und Jung, Herr und Knecht, in dem Gefühl einer Zusammengehörig=
keit und einer höheren Einheit strömte fröhlich zu den Festen, und feierte
dort in heiliger Begeisterung gemeinschaftlich die frohen Tage. Nichts
ist, was die verschiedenen Glieder des Volkes mehr zusammenbringt und
gleichsam eng zusammenkittet, als ein gemeinschaftliches Essen und
Trinken in gottgewollter Fröhlichkeit. Deshalb soll das festliche Passah=
mahl, der letzte Rest dieser frohen Landesfeste, das heilige Abendmahl,
neben anderen religiösen Zwecken ja auch die soziale Aufgabe erfüllen,
das Bewußtsein der Zusammengehörigkeit, der Brüderschaft kräftiglich
zu nähren. Auch das ist hier zu betonen, obwohl davon später in
einem besonderen Kapitel noch die Rede sein wird, daß in sozialer Be=
ziehung diese drei großen Feste und im Zusammenhang mit ihnen die
Festgelage in jedem dritten Jahre die Armenversorgung in der herr=
lichsten schönsten Weise förderten. Niemals sollte Israel seiner Armen
vergessen, und gerade dann am allerwenigsten, wenn es in heller Lust
und oft ausgelassener Freude bei Sang und Klang und Reigentanz
Jehovahs, seines Herrn, gedachte.

Endlich erwähnen wir noch den guten Einfluß auf die häusliche
Erziehung und die innigen Bande der Freundschaften, die dort zwischen
Mann und Mann, zwischen Weib und Weib und sicherlich nicht zum
wenigsten zwischen Mann und Weib geschlossen wurden.

Warum sollte der Vater nicht seine Töchter zu solchen frohen Festen
gern mitnehmen, und warum nicht der andere Vater seine erwachsenen
Söhne? Dort sahen sich die Kinder der Väter und gewannen sich lieb

und schlossen ohne Zweifel gerade dort den Bund fürs Leben, dessen Gedenken man gern immer an diesen herrlichen Festen feierte, da die Stämme des Herrn zusammenströmen, zu predigen den Namen des Herrn.

Die übrigen Feste. Außer diesen Festen sind nun noch zu nennen die Feste der Neumonde, zwölf oder je nach dem Schaltjahr dreizehn. Alle Arbeit war an diesen Tagen gestattet, aber doch waren sie ausgezeichnet durch besondere Opfer, so daß man wahrscheinlich gern auf sie besondere häusliche Feiern verlegte, wie wir denn 1. Samuelis 20, 5. 6 lesen, daß Saul an solchem Tage große Tafel hatte. Nur der Neumondstag im siebenten Monat war besonders ausgezeichnet als ein Festtag, an dem keine Arbeit gestattet war, er hieß das Posaunen= fest und fiel in unseren Oktober. Seit alters her bis heute ist er das Neujahrsfest der Juden.

Endlich am zehnten Tage des siebenten Monats war der große Versöhnungstag, das allerheiligste Fest der Juden, an dem alle Israe= liten, wie schon oben erwähnt, von Sonnenuntergang bis Sonnenunter= gang sich aller Speise zu enthalten hatten. Die besondere Gesetzesstelle lesen wir 3. Mos. 23, 26—32: „Des zehnten Tages im siebenten Monat ist der Versöhntag. Der soll bei euch heilig heißen, da ihr zu= sammenkommt, da sollt ihr euren Leib kasteien und dem Herrn opfern. Und sollt keine Arbeit thun an diesem Tage, denn es ist der Versöhntag, daß ihr versöhnet werdet vor dem Herrn, eurem Gott. Denn wer seinen Leib nicht kasteiet an diesem Tage, der soll aus seinem Volk ausgerottet werden. Und wer dieses Tages irgend eine Arbeit thut, den will ich vertilgen aus seinem Volk. Darum sollt ihr keine Arbeit thun. Das soll ein ewiges Recht sein euren Nachkommen in allen euren Wohnungen. Es ist euer großer Sabbath, daß ihr eure Leiber kasteiet. Am neunten Tage des Monats zu Abend sollt ihr diesen Sabbath halten, von Abend an bis wieder zu Abend."

Zum Schluß überblicken wir nun die ganze Zahl der Feiertage der Israeliten:

1. Sabbathe	52	Festtage
2. Passahfest	7	„
3. Wochenfest	1	„
4. Hüttenfest	8	„
5. Neumonde und Posaunenfest	12 resp. 13	
6. Versöhnungstag	1	„
	81	„

81

Von diesen Festtagen war aber
am Passahfest die Arbeit erlaubt an   4 Festtagen
am Hüttenfest an   6 „
an Neumonden an   11 „
    21 „   21
    60

· Von diesen Festtagen kamen in manchen Jahren noch einige in
Fortfall, weil die Sabbathe je nach dem Kalenderjahr mit den ersten
und letzten Tagen des Passah und Hüttenfestes zusammenfallen konnten
und dann in Wegfall kamen, so daß für solchen Fall nur 56 Tage
übrig blieben, an denen jede Arbeit im ganzen Lande verboten war,
sonst 60; aber 21 Festtage waren vorhanden, an denen die Arbeit, der
Handel, Kauf und Verkauf gestattet war.

———————

Ziehen wir nun am Schluß dieses fünften Kapitels wieder eine
Parallele mit unserer Gegenwart und beschränken uns dabei auf drei
Punkte, nämlich die Grundlage und den Inhalt der Feste, (d. h. auf
die Ruhe von der Arbeit und Erbauung) und die Festesfreude, so ergeben
sich zwischen dem Alten Testament und unserer Gegenwart furchtbare
Gegensätze, aus denen vorläufig noch nichts anderes gefolgert werden
soll, als die Thatsache, daß solche Gegensätze vorhanden sind. Weitere
Folgerungen überlassen wir jedem Leser.

Wir haben reichlich Gelegenheit gehabt, aus dem A. T. zu erkennen,
daß durchschnittlich an sechzig Tagen im Jahre eine absolute Enthaltung
von aller Wochen= oder Berufsarbeit vorgeschrieben war und zwar in
der Regel je nach sechs Arbeitstagen am siebenten Tage. Wir haben
gesehen, daß sich diese Enthaltung von aller Arbeit ohne Unterschied
auf alle Einwohner des Landes erstreckte, nicht bloß auf Knechte und
Mägde, sondern auch auf Volksgenossen, die nicht den Glauben des
Volkes teilten, sei es daß sie gar nichts glaubten oder Heiden waren;
ja selbst die Haustiere sollten an diesem Segen der Ruhe teilhaben,
und sogar, wie wir später noch genauer sehen, selbst das ganze Land
nach je sechs Jahren der Arbeit. Israel war kein handeltreibendes
Volk, sondern trieb Ackerbau, aber ohne Rücksicht auf den irdischen
Beruf drang das Gesetz mit eiserner Strenge auf Beobachtung dieses
Gebotes.

Dieses göttliche Gebot haben wir zugleich als eine Naturordnung erkannt, als eine ewige heilige Grundlage alles Volkswohls. Wie steht es damit in der Gegenwart?

Der größte Staatsmann des Jahrhunderts hat öffentlich im Reichstage als Vertreter der gegenwärtigen Gesellschaftsordnung die Einführung der Sonntagsruhe mehr gehindert als gefördert, und zwar mit einer Motivierung, die dieser alttestamentlichen Grundordnung ins Angesicht schlägt, nämlich, daß wer am siebenten Tage nicht arbeite, sich auch nicht wundern könne, daß er am siebenten Tage nichts zu essen habe. Die durchgreifende Einführung der Sonntagsruhe sei einfach nicht möglich, der Fortschritt des Handels und der Industrie verbiete es unabänderlich. Auf seiner Seite stehen bis heute noch die angesehensten Führer des Volkes, jauchzen laut diesem neuen Evangelium Beifall.

Auf der anderen Seite steht ein kleines Häuflein, das zahm und demütig in einseitigen pietistischen Begriffen befangen, jahrzehntelang, aber ohne sichtbaren Erfolg, für die Sonntagsruhe eingetreten ist, bis die sogenannte Partei des Umsturzes, die Sozialdemokratie, laut und ungestüm, fordernd und drohend, mit wildem Pochen und schweren Fußtritten für die alttestamentliche Grundordnung eintrat und noch bis diesen Augenblick am kräftigsten dafür eintritt. Im schweren Kampfe hat sie der mächtigen Gegenpartei stückweise dieses Heiligtum aller Volkswohlfahrt abgerungen, aber doch immer nur so, daß die Sonntagsruhe thatsächlich gesetzlich heute nichts anderes ist als ein erbärmlicher Torso, als eine traurige Karikatur des 19. Jahrhunderts im sogenannten christlichen Staate. Nach vielen Jahren der Mühe und Arbeit ist nun endlich die Sonntagsruhe in den verschiedenen Gewerben gesetzlich geordnet, aber der Ausnahmen sind so viele, daß von einer Regel gar keine Rede mehr sein kann.

Hier also liegt ein Kontrast vor; er wird aber noch viel größer, wenn wir dort und hier die Begründung vergleichen. Dort war die Enthaltung von der Arbeit durch die Religion geboten, hier aber spielt die Religion die erbärmlichste Rolle, sie ist wie ein bunter Popanz. Braucht man sie zur Erreichung politischer Zwecke, so kämpft man für sie mit Donnergepolter, daß einem Christen angst und bange dabei wird, und er in demselben Grade hoffnungsloser wird, als diese Kämpen religiöse Feuerfunken und Raketen durch die Luft knattern lassen; steht sie aber im Wege, und ist sie angeblich dem industriellen Fortschritt — soll heißen der Zunahme der jährlichen Dividendenzinsen — hinderlich,

so schert man sich wenig um die Religion und wirft sie als einen
lästigen Mahner kurz entschlossen zum alten Eisen. Unsere wirklich mit
Ach und Krach der gegenwärtigen Gesellschaftsordnung abgerungene
spärliche Sonntagsruhe entbehrt ganz und gar der religiösen Weihe
und Begeisterung; man hat sich gezwungen in das Unvermeidliche ge=
fügt und grollt allen denen, die der sogenannten Umsturzpartei, der
Sozialdemokratie, Handlangerdienste geleistet haben und noch leisten
wollen in diesem heiligen Kampf um das Palladium der wirklichen gesunden
Volkswohlfahrt. Ein Jammer ist es, anderseits aber auch ein klares
deutliches Gottesurteil in dieser von der ältesten heiligen Grundlage
der göttlichen Naturordnung abgefallenen Welt, daß man klagt und
stöhnt über den Verfall, — Rückschritt des Nationalwohlstandes — der
immer herhalten muß, wenn man seinen eignen Privatvorteil und
Eigennutz gern verdecken will, — weil Sonntags nun nicht mehr so
viel gearbeitet werden darf, ja man kleidet sich in die Gestalt eines
Propheten oder wenn nötig sogar eines orthodoxen Christen — nichts
fürchtet man in diesem Kampf — und weissagt jeglichen Verfall und
Untergang der ganzen Kultur, wenn diese Schwärmerei für absolute
Sonntagsruhe noch weiter um sich greife und wie eine gefährliche Pest
Verderben bringe. Ja der Staatssekretär v. Stephan entblödete sich
nicht, noch vor ganz kurzer Zeit im Reichstage gegen die Sozialdemo=
kratie die Sonntagsarbeit in der Post auch damit zu begründen, daß
wir in Deutschland ja keine Pietisten seien und den englischen Sonn=
tag nicht liebten, sondern rechtgläubige deutsche Protestanten, die auch
ohne solche Gesetzesbeobachtung selig werden könnten.

Den allertraurigsten Eindruck macht die vielgehörte Klage der
Gegner, daß durch Einführung der Sonntagsruhe thatsächlich statt der
Kirchen nur die Wirtshäuser gefüllt würden, daß durch solche Sonntags=
ruhe nur die schon so weit verbreitete Liederlichkeit neue Nahrung erhalte.
Solche Rede ist nicht vereinzelt laut geworden, nein, sie hat sich dreist
und frech in angesehenen Blättern und Petitionen an die Öffentlichkeit
gewagt, wird aber auch sicher das Gericht Gottes auf Land und Leute
herabzwingen, wenn beide sich nicht von solcher Verderbnis reinigen.

Erstens liegt solcher Rede eine schändliche Heuchelei zu Grunde, die
um so schlimmer ist, weil sie mit erheucheltem Eifer für gute Sitte
und Ordnung Gottes geheiligte Naturordnung umstoßen will. Zweitens
liegt hier eine selbstverschuldete Unkenntnis über das verborgen, was
Gottes Ordnung sei. Die Ruhe von der Arbeit ist ein selbständiger
Zweck dieser Ordnung. Wenn ich irgend etwas an Luthers herrlichem

kleinen Katechismus auszusetzen habe, so ist es seine Auslegung des dritten Gebotes, wo er die Hauptsache so zur Nebensache gemacht hat, daß nur von dieser Nebensache die Rede ist. Nach dem Alten Testamente ist es aber gerade umgekehrt, die Ruhe von der Arbeit ist die erste und vornehmste Forderung des Gesetzes, die Erbauung aber mit frommen Reden, Gesängen und Liedern ist vielmehr in das freie Ermessen gesetzt.

Heute dagegen wird für die geistliche Erbauung unendlich viel gethan. An jedem Sonn= und Festtage mögen in Europa vielleicht hunderttausend Predigten gehalten werden und so das ganze Jahr hindurch, und während die Glocken zum Gottesdienst laden und sich die Andächtigen versammeln, schmachten viele Hunderttausende in harter angestrengter Arbeit in denselben Grenzen und dennoch kann man kein Ende finden, den Ruhm des christlichen Staates auszubreiten. Es ist als ob die Ordnung Gottes auf den Kopf gestellt wäre, und wahrlich sie ist es auch, und die Früchte davon liegen zu Tage und werden noch immer mehr offenbar werden am Tage des Gerichts, das hereinbricht. Schwer, ja fast die schwerste Arbeit, ist es dem an körperliche Arbeit gewöhnten Manne, eine oder gar mehrere Stunden an einem Tage einem Vortrage zu folgen, und zwar um so mehr, als der Inhalt seinem Denken ferner liegt und nur durch Gegensätze und Widersprüche mit der Gegenwart verbunden zu sein scheint. Wie schwer ist es volkstümlich zu predigen, es ist eine ganz besondere Gabe Gottes; nur wenige eignen sie sich durch Kunst an! Nicht alle Geistliche sind Gelehrte oder auch sittlich nur untadelhaft. Dazu kommt das Tohuwabohu, der schreckliche Wirrwarr durch die Freiheit der Lehre in der protestantischen Kirche, daß ohne Zweifel manche solche Tempel eher meiden als suchen, weil mehr Verwirrung als Erbauung in ihnen geboten wird. Ja, was ich schon vorher erwähnte, man kann die Menschen rein tot und mürbe predigen, und wahrlich gerade unsere Gottesdienste mit ihren vielen Predigten und der gepriesenen Lehrfreiheit sind dazu angethan. Schrecklich langweilig mag es oft in unzähligen Gottesdiensten sein, daß man wirklich einem gebildeten Manne es kaum übelnehmen kann, wenn er solch Salbader nicht oft hören mag.

Dieser Mangel und Vorwurf hat aber nichts mit dem eigentlichen Inhalt des Glaubens zu thun, sondern vornehmlich erstens mit der ganz allgemeinen Auffassung unserer Gottesdienste und dann zweitens nur mit der Form. Es wird zu viel gepredigt, ja horribile dictu, und wenn man mich in den Bann thut, es wird viel zu viel gelernt, und mit der Erkenntnis bramarbasiert: „allzuviel ist ungesund" und

wahrhaftig nur das viele Lernen macht unsere Jugend geradezu dumm
und blasiert. Mit glühender Begeisterung kämpfe ich für Wahrheit
und Erkenntnis und es kann für solche Zwecke gar nicht genug geschehen,
aber es ist ein Unverstand, deßhalb nun alle Menschen über einen
Leisten zu schlagen und die ganze Welt in eine Schule zu verwandeln
und deßhalb jeden Beamten in Versuchung zu bringen, sich für einen
Schulmeister zu halten, der dreist nur schuriegeln kann und darf. Nein,
man thue für Bildung so viel als möglich, doppelt mehr als heute,
lasse aber jedem Menschen seinen freien Willen, ob er davon Gebrauch
machen will oder nicht. Was für eine dumme kurzsichtige Blindheit
ist es doch, die Bildung messen zu wollen an der Fähigkeit schreiben
zu können. Was helfen diese Künste, wenn die Köpfe hohl sind.
Ohne diese Künste gibt es manchen klugen und im Grunde gebildeten
Mann, der in den höchsten Ämtern tausendmal besser seinen Mann stellte,
als so manche gerühmte Größe, die im Leben vom Schreibtisch nicht
fortgekommen ist, und von der Welt rein gar nichts versteht.

Auch ist der Inhalt der Lehre nicht schuld, sondern die Form. Es ist
nichts anderes als ein künstliches Erzeugnis, daß in der Gegenwart die
Orthodoxie so oft und laut verantwortlich gemacht wird für die leeren
Kirchen. Es ist das ein nur leichtfertiges, ganz unverständiges Gerede und
schlägt den Thatsachen meistens auch ins Angesicht. Nicht der Inhalt,
nein die Form, das schreckliche Salbader ist es, das einen Menschen
abstumpfen muß. Die Orthodoxie wird sicher nocheinmal zu Ehren kommen, nur muß sie sich reinigen von mancher Einseitigkeit, und dem
falschen Vertrauen auf zerbrechliche Stützen in dem von Gott nichtge-
wollten Staatskirchentum, dem Quell so unendlich vieler Schäden. Die
Religion muß überirdisch sein, sonst hört sie auf Religion zu sein.
Steht einmal der Glaube an einen persönlichen Gott und an die Unsterblichkeit der Seele fest, so folgt alles andere gleichsam ganz von selbst.
Mit der heute so schändlich an den Pranger gestellten Orthodoxie hat man
aber im Grunde nur diese ewige Grundlage aller Religion wollen verächtlich machen, um mit ihr die Religion selbst auszurotten, und der
deutsche Michel und Bierphilister bekommt pflichtschuldigst das Gruseln,
wenn er von der Orthodoxie nur hört, denn er ist doch ein gebildeter
Mann.

Was also den wesentlichen kirchlichen Inhalt unserer Festtage angeht, so tritt uns ein großer Kontrast gegen das Alte Testament entgegen. Dazu kommt noch, daß gerade in unserer protestantischen Kirche
die Gottesdienste leider oft genug durch Unlauterkeit an heiliger Stätte

gestempelt sind. Ich denke an den Gebrauch des apostolischen Glaubens=
bekenntnisses im Gottesdienst. Wenn auf Synoden mit diesem Bekenntnis
ein Schacher getrieben werden kann und der glücklich vollzogene Handel
dann noch gepriesen wird als eine Errungenschaft, o dann möchte ich
mein Haupt verhüllen vor Scham, um meiner lieben Kirche willen, die
so tief gefallen ist. Die Mehrheit erklärt offen, sie stehe gar nicht auf
dem Boden solches Bekenntnisses, sie glaube seinen Inhalt nicht; sie will
es abgeschafft wissen, die Minderheit aber hat irgendwo einen mächtigen
und starken Stützpunkt. Die Mehrzahl provoziert die Minderzahl und
selbst die Kirchenregierung zu der feierlichsten Erklärung, daß das
Apostolikum nicht norma normanda, sondern norma normata sei.
Und fröhlich und guter Dinge wird der Handel um diesen Kaufpreis
abgeschlossen, das Apostolikum fällt fort aus der Liturgie, wird aber
doch in kleinem Druck darin aufgenommen zum Gebrauch an hohen
Festtagen und auf beiden Seiten erschallt ein Siegesgeschrei: die Kirche
haben wir gerettet. Gerührt reichet man sich am Schluß die Hände
und weiß sich doch geschieden. Wahrlich, wahrlich, von solchen Gottes=
diensten und Verträgen gilt sicherlich noch mehr als von den alttesta=
mentlichen verkehrten Gottesdiensten das Wort des Propheten: Ich mag
nicht riechen in eure Versammlungen, das Geplärr eurer Lieder mag
ich nicht hören.

Sollen wir nun zwar die alttestamentliche Ordnung uns nicht zur
Norm setzen, so erkennen wir doch bei einem Vergleich, daß das gegen=
wärtige Christentum auch von dem Grundgedanken jener Ordnung ganz
abgewichen, und das Urbild im Christentum nicht mehr wiederzuer=
kennen ist.

Ganz dasselbe ergibt sich, wenn wir nun drittens die Festfreude
dort und hier miteinander vergleichen. Dort im alten Israel eng ver=
bunden mit allen religiösen Festen eine helle Freude und lauter Jubel
durch die Religion geheiligt und in Schranken gehalten, hier Lebens=
freude und Jubel und Lust durch eine große Kluft von der Religion
geschieden. Dort wird auf alle nur erdenkliche Weise bei allen Freuden=
festen die Gemeinsamkeit der Volksglieder gefördert, und jeder Standes=
und Klassenunterschied im Keime ertötet, hier dagegen ist die Gemein=
samkeit des Volkes zu einem bloßen Begriff geworden, und die natür=
lichen Standesunterschiede sind noch durch hunderterlei künstliche Mittel
vergrößert und gemehrt. Namentlich die protestantische Kirche hat sich
dem Volksleben immer mehr entfremdet, so daß zwischen den Volks=
festen, sofern überhaupt noch von ihnen die Rede sein kann, und dem

Einfluß der Kirche auf sie eine große Scheidewand steht. Der Pietis=
mus hat einen einseitigen schädlichen Einfluß auf den Protestantismus
ausgeübt, durch seine falsch angebrachte Weltflucht und Verachtung auch
aller gesunden lauten Volksfreuden.

Die römische Kirche hat hier vielmehr ihre Aufgabe erkannt und
sich einen mächtigen Einfluß nach dieser Seite hin zu wahren gewußt.
Man vergleiche das Leben und Treiben in einem katholischen Gesellen=
vereine und das eines evangelischen Jünglingsvereins, und der Unter=
schied tritt uns da kraß entgegen. Wahre Volksfeste im echten guten
Sinne gibt es, soweit meine Erfahrung reicht, fast nirgendwo in Nord=
deutschland, wo sonderlich die protestantische Kirche ihre Ausdehnung
hat. Überall im öffentlichen Leben macht sich der Standes= und Klassen=
unterschied geltend und läßt eine Gemeinsamkeit der Volksfreude nir=
gendwo aufkommen. In Eisenbahnen, Wartesälen, Wirtshäusern, Kasinos,
überall dieselbe Erscheinung, nur in Zeiten öffentlicher Kalamitäten und
wenn Krieg und Kriegsgeschrei die Welt durchtobt, bricht das gemein=
same Volksbewußtsein durch, um aber bald danach wieder auseinander
zu klaffen. Selbst in die Gotteshäuser ist dieser Klassen= und Standes=
unterschied hineingedrungen. Wo sich noch Volksfeste oder besser die
Reste derselben erhalten haben, nehmen sie immer mehr die Gestalt soge=
nannter Proletarierfeste an, von denen sich die bessern Stände, alles was
die Nase etwas höher trägt, fern halten. Die Kirche mit ihrem Ein=
fluß ist ganz herausgedrängt, so daß ein Diener der Kirche an solchem
Feste fast eine komische Figur spielt. Zwischen der Religion und dem
Volksleben besteht eine große Kluft, entweder ist es von der Religion
ganz losgelöst, oder wo nicht, da sieht man die Religion als eine
Sache an, die auf die Kirche beschränkt bleiben soll, in das Gebiet
des wahren Volkslebens nicht hinein gehört. Das war im alten Israel
alles anders, und das mosaische Gesetz ist wohl geeignet, der Gegen=
wart einen Spiegel vorzuhalten.

6. Kapitel.

Beschneidung, Speisegesetze und Opfer.

Wir bringen diese drei mosaischen Gesetze hier in diesem Kapitel
unter der allgemeinen Überschrift des zweiten Buches „die Religion"
zur Abhandlung, obwohl vielfacher Widerspruch unter den Gelehrten

besteht, ob die Beschneidung und namentlich die Speisegesetze zur
Religion zu rechnen seien. Die Beschneidung und namentlich die Speise=
gesetze gehörten, sagt man, eigentlich nur zur Polizeiordnung, und
hätten mit der Religion wenig oder gar nichts zu thun. Wir werden
im folgenden reichlich Gelegenheit haben, die Gründe für diese An=
schauungen kennen zu lernen und zu würdigen, können ihnen aber doch
nicht folgen. Erstens ist diese Scheidung von sehr geringer Bedeutung
und zweitens beruht sie auf einer Verkennung der sonst anerkannten
Grundanschauung, nämlich der Theokratie der israelitischen Staats=
verfassung. Nach dieser Grundanschauung ist sowohl der eigentliche
Gottesdienst, als die bürgerliche Polizei gleicherweise ein Stück der
Theokratie; denn auch alle Polizeiordnung hat ihren letzten Grund
in Jehovah und darin, daß Israel ein heiliges Volk sein soll. Israel
darf keine unreine Speise zu sich nehmen, denn heilige Männer sollen
sie sein vor Jehovah. Endlich drittens hängen diese Gesetze doch so
eng mit dem ganzen Kultus zusammen, daß man sie unmöglich aus
diesem Zusammenhang reißen kann.

Wir handeln nun zuerst von der Beschneidung und zwar von
ihrer Bedeutung in ihrer thatsächlichen Anwendung, von ihrem Alter
und dem sichtbar bürgerlichen Zweck.

Was nun zuerst ihre Bedeutung angeht, so ist es für uns
eigentlich recht schwer, uns in diese Verhältnisse ganz hineinzudenken.
Sie ist nach unseren Begriffen und unserer ganzen Erziehung eine so
merkwürdige Handlung, daß man anfangs fast davor zurückschrickt, sie
für heilig zu halten und, wie wir von Jugend auf gelehrt sind, in
Parallele zu der christlichen Kindertaufe zu stellen. Ich bin auch über=
zeugt, die allermeisten Christen haben von ihr gar keine richtige Vor=
stellung. In der Schule lernen wir zwar die Beschneidung kennen,
hören auch da aus dem Alten und sonderlich dem Neuen Testament
von der Vorhaut reden, aber ohne Zweifel hat kein Kind von der
Sache eine Vorstellung, und jeder Lehrer wird auch das allergrößte
Bedenken tragen, über die unbedingt notwendige, nur dürftige Erklärung
hinauszugehen. So wachsen wir mit den Begriffen Beschneidung und
Vorhaut auf, ohne damit eine klare Vorstellung zu verbinden und finden
im späteren Leben selten Veranlassung und Ursache, hier weiter unter=
richtet zu werden. Erfahren wir aber dann den genauen Sachverhalt,
so können wir uns zuerst fast kaum eines Lächelns enthalten darüber,
daß diese uns so ganz fremde und wunderliche Handlung von Gott
geboten und heilig sein, und den Eintritt in das Reich Gottes erst

bezeugen soll, so daß auf ihre Unterlassung die schwerste Strafe, die der Ausrottung, gestellt ist.

Die Beschneidung besteht also darin, daß von der Vorhaut am männlichen Gliede, die die Eichel bedeckt, ein Stück abgeschnitten wird. Die Vorhaut wird über der Eichel etwas zusammengezogen und ihre oberste Spitze weggeschnitten. Das Zurückgebliebene wird dann geteilt und zurückgeschoben, so daß die Eichel ganz entblößt wird. Etwas aufgestreutes Pulver oder Wasserumschläge befördern die baldige Heilung. Die meisten Kinder sind unmittelbar nach der Operation ganz ruhig und schlafen ein (Saalschütz 250). Sie geschieht nach Josua 5, 3 mit charboth zurim (eigentlich Messer von Stein), wohl wahrscheinlich mit Messern, die gehärtet waren, also mit scharfen Messern.

Nach Michaelis gibt es auch eine Beschneidung an Mädchen, doch kommt sie im mosaischen Gesetze nicht vor. Die Bedeutung, welche die Beschneidung für die Israeliten hatte und haben sollte, liegt in der religiösen Anschauung, daß das in die menschliche Natur gekommene Verderben der Sünde sich in dem Geschlechtsgliede konzentriere, weil es in dem Geschlechtsleben besonders stark hervorzutreten pflegt, daß mithin für die Heiligung des Lebens vor allen Dingen das das Leben fortpflanzende Zeugungsglied einer Reinigung oder Heiligung bedürftig sei, welche durch Wegnahme der die Unreinigkeiten annehmenden und bewahrenden Vorhaut versinnbildlicht wurde (Keil 333). Je mehr wir nun über diese Operation und ihre Bedeutung nachdenken, um so mehr verwandelt sich das erste Staunen in eine aufrichtige Bewunderung der ihr zu Grunde liegenden Weisheit. Unwillkürlich erinnert man sich an die Worte Pauli 1. Kor. 12, 22: „Die Glieder des Leibes, die uns dünken die schwächsten zu sein, sind die nöthigsten, und die uns dünken die unehrlichsten zu sein, denselben legen wir am meisten Ehre an, und die uns übel anstehen, die schmückt man am meisten." Mit welcher heiligen Ehrfurcht man im allerfrühsten Altertum dieses wunderbaren Zusammenhangs gedachte, zeigt uns Abraham, der (1. Mos. 24, 2) in einem feierlichen Augenblick seines Lebens seinen ältesten treuen Knecht die Hand unter seine Hüfte, d. h. in die Gegend des männlichen Gliedes, legen ließ und dann sprach: „Schwöre mir bei dem Herrn, dem Gott Himmels und der Erde, daß du meinem Sohne kein Weib nehmest von den Töchtern der Kananiter, unter welchen ich wohne."

Durch die Sünde ist die Natur des Menschen verderbt, und in dem Geschlechtsleben konzentriert sich am meisten sowohl die göttliche als die sündliche Art. Keine Tugend findet so herrlich ihre Belohnung

an Leib und an der Seele, als die Tugend der Keuschheit, d. h. die
Tugend, das Geschlechtsleben nach Gottes Willen und Bestimmung zu
ordnen. Sie erhält den Menschen gesund und stark, schafft ihm fröh=
lichen Mut, hilft wesentlich mit zu einem guten Gewissen und macht
ihn der reinsten und edelsten Freuden teilhaftig. Umgekehrt dagegen
ist keine Untugend, die den Menschen an Leib und Seele mehr zu
Grunde richtet, als die Sünde der Unkeuschheit, d. h. das Laster, das
Geschlechtsleben anstatt nach Gottes Willen, nicht etwa nach viehischer
Lust — denn selbst die Tiere sind nicht so entartet — nein, nach des
Teufels Willen zu gestalten und so entarten zu lassen. Dieses Laster
raubt die Gesundheit des Leibes, jeden fröhlichen und offenen Mut und
vernichtet das gute Gewissen und verkehrt das von Gott geordnete
Geschlechtsleben in der Ehe zu einem Quell vieles Unglücks und
Jammers. Dieses Laster bringt das ganze menschliche Geschlecht, so=
bald es allgemein eingerissen ist, zu einer Entartung, vernichtet sein
eigentliches Lebensmark, und vergiftet alle menschlichen und göttlichen
Einrichtungen im Staat, in der Kirche und in der Schule, und wird
als ein tödlicher Sauerteig ein in Unkeuschheit versunkenes Volk sicher
an den Rand des Verderbens bringen.

Ohne alle falsche Prüderie soll Israel nach Gottes Willen gleich
im Anfang der Geburt sowohl des Volkes als jedes männlichen Indi=
viduums durch eine symbolische Handlung diesen Zusammenhang an
den Tag legen. Die natürliche göttliche Ordnung wird nicht vernichtet,
im Gegenteil geheiligt, die falsche, satanische Entartung durch das
Symbol der Beschneidung verdammt. Welch ein Kontrast zwischen
dieser Grundanschauung der mosaischen Gesetze und der Praxis und
Lehre der römischen Kirche von der Keuschheit! Die römische Kirche
hat diese Tugend durch die Klostergelübde und durch das Cölibat zu
einer Karikatur gemacht oder, um einen Ausdruck des Apostels Paulus
zu gebrauchen, die Beschneidung, so viel an ihr liegt, verwandelt in
eine Verschneidung, sie erntet dafür aber auch in den offenbaren That=
sachen um dieser Zerstörung der göttlichen Ordnung willen ihren ver=
dienten Lohn.

Die Beschneidung geschah bei den neugeborenen Knaben am achten
Tage nach der Geburt. Die Festsetzung des achten Tages ist aus der
Bedeutsamkeit der Siebenzahl abzuleiten, insofern die Sieben einen
Kreis von Zeiten bezeichnet, in dem sich der Lauf der Zeit in kleineren
und größeren Kreisen abschließt, um wieder von neuem zu beginnen.
Mit der Beschneidung trat das Kind in den Bund Gottes, in eine

neue Welt, in das Reich Gottes ein. „Dennoch aber", sagt Keil[*) ausdrück=
lich, „hat sie keinen sakramentalen Charakter, sie ist kein Vehikel heili=
gender Gotteskräfte, sondern nur ein Zeichen des Eintritts in die Ge=
meinschaft mit dem Gott des Heils, der Aufnahme in den Gnadenbund
mit dem Herrn." Sie wurde in der Regel vom Hausvater verrichtet,
konnte aber von jedem Israeliten, im Notfall auch von Weibern
(2. Mos. 4, 25), nur nicht von Heiden, verrichtet werden; später war
mit der Beschneidung die Namengebung verbunden.

Während der Wüstenwanderung ist sie unterlassen, vielleicht, wie
so manches andere, wegen der mangelnden Organisation und der damit
verbundenen Unordnung, vielleicht aber auch weil das stete Weiter=
ziehen es den einzelnen Familien unmöglich machte, mit ihren Neuge=
borenen eine Operation vorzunehmen, deren Heilung Ruhe erfordert
und weil eine allgemeine Beschneidung aller wegen der zu befürchtenden
feindlichen Überfälle oder der dürren Hitze nicht rätlich war. Selbst
Moses hat an seinem Kinde die Vollziehung dieses Aktes unterlassen.
Josua führte die Beschneidung wieder ein und seitdem erhielt sie sich
als regelmäßig befolgte Sitte des Volkes, so daß unbeschnitten sein
als Schimpf galt. Sie verpflichtete Israel zur Erfüllung aller Bundes=
pflichten, zur Liebe Gottes, seines Herrn, mit ganzem Herzen und mit
ganzer Seele, wie denn auch Paulus, zwar im anderen Zusammenhang,
sagt Galater 5, 3: „Ich zeuge einem jeden, der sich beschneiden läßt, daß
er das ganze Gesetz schuldig ist zu thun."

Wir untersuchen nun weiter, welche Personen beschnitten werden
sollten. Die Beschneidung ist keine mosaische Institution, wir finden
ihre feierliche Einführung schon in der Geschichte Abrahams. Wir
lesen 1. Mos. 17, 10: „Das ist aber mein Bund, den ihr halten sollt
zwischen mir und euch und deinem Samen nach dir; alles was männ=
lich ist unter euch, soll beschnitten werden. Ihr sollt aber die Vorhaut
an eurem Fleisch beschneiden. Dasselbe soll ein Zeichen sein des Bundes
zwischen mir und euch. Ein jegliches Knäblein, wenn es acht Tage alt
ist, sollt ihr beschneiden bei euren Nachkommen, desselben gleichen sowohl
den im Hause gebornen, als den irgendwoher von Fremden erkauften
(Sklaven), der nicht deines Stammes ist. Also soll mein Bund an eurem
Fleisch sein zum ewigen Bund. Und wo ein Knäblein nicht wird be=
schnitten an der Vorhaut seines Fleisches, des Seele soll ausgerottet
werden aus seinem Volke, darum, daß es meinen Bund unterlassen hat."

---

*) Keil, Archäologie Seite 334.

17*

Jeder Israelit, der Abrahams Same ist, jeder leibeigne Knecht (2. Mos. 12, 44), und endlich jeder Fremdling, wenn er nach eignem Willen das Passah mitessen wollte, soll beschnitten werden. Wir haben schon früher darauf hingewiesen, daß mit dieser Forderung kein Religionszwang ausgeübt wurde, sie war vielmehr das Zeichen der Naturalisation. Dem Religionszwang waren die alten Israeliten abgeneigt; es ist anzunehmen, daß sie dem Religionsübertritt mehr Hindernisse als Förderung bereiteten. War es doch selbst einem Heiden erlaubt im Tempel zu beten und Opfer zu bringen, und wie schon erwähnt soll der Kaiser Augustus in dem Tempel zu Jerusalem regelmäßig für sich haben opfern lassen.

Es fragt sich nun, wie hoch das Alter der Beschneidung zu schätzen sei. Diese Frage hat nur ein historisches, antiquarisches, aber kein theologisches Interesse. In dogmatischer Engherzigkeit befangen sind viele Gelehrte mit großer Entschiedenheit dafür eingetreten, daß sie zuerst dem Abraham befohlen worden, und daß sie von den Abrahamiten zu den Heiden gekommen sei. Diese Frage wird wohl kaum jemals entschieden werden können, wir neigen aber der Ansicht zu, daß sie uralt, und in natürlichen Umständen, von denen wir noch unten reden wollen, begründet war, und daß die Israeliten zu Abrahams Zeit diese allgemeine Sitte angenommen haben.

Es ist Thatsache, daß die Beschneidung sowohl im Altertum als auch noch in der Gegenwart, auch außerhalb des jüdischen Volkes, weit verbreitet war und ist. Man hat die Beschneidung bei den Ägyptern, Äthiopen und Kolchiern, bei äthiopischen Christen, sowie den Kongo-Negern und manchen verwilderten Volksstämmen Innerafrikas gefunden; sie erscheint ebenso bei den Indianerstämmen Amerikas, am Orinoco, bei den Bewohnern von Yucatan und bei den Mexikanern, ferner auf den Fidschi-Inseln, wo an einen Zusammenhang mit der abrahamitischen oder altägyptischen Sitte nicht zu denken ist. Wenn die Beschneidung bei verschiedenen Völkern ganz unabhängig von einander entstanden ist, so läßt sich ihr Ursprung nur aus dem Gefühle der Unreinheit menschlicher Natur ableiten. Möglich ist, daß die Ägypter die Beschneidung von den Juden angenommen haben, aber ebenso möglich ist, daß Abraham während seines Aufenthaltes in Ägypten die dort bereits übliche Beschneidung kennen gelernt hat und dadurch für ihre von Gott ihm befohlene Einführung bei seinem Geschlechte vorbereitet war. Für das hohe Alter zeugt auch die Art der Einführung der Beschneidung zur Patriarchenzeit. Erstens findet sich schon in der ältesten Zeit ein ganz bestimmtes Wort für Vorhaut, nämlich „orlah", das Saalschütz von raal mit der allgemeinen Bedeutung „Verschleierung" ableitet. Das Vorhandensein eines bestimmten Wortes für eine Sache, die uns vielleicht ganz unbekannt sein würde, wenn wir sie nicht aus der Bibel kennten, spricht doch für ein sehr hohes Alter; denn die Entwickelung der Sprache eilt der Kultur nicht voran, sondern folgt ihr langsam nach. Mit Recht weist auch Michaelis darauf hin, daß die Einführung der Beschneidung durch Abraham schon eine Bekannt= schaft mit dieser Sitte voraussetzt. Wäre nämlich damals noch gar keine Beschneidung bekannt gewesen, so hätte doch notwendig eine genaue Beschreibung der Operation gegeben werden müssen. Diese findet sich aber nicht, sondern sie wird als etwas Selbstverständliches voraus= gesetzt. Gesetzt aber, auch Gott habe dem Abraham eine genaue Beschreibung der chirurgischen Operation gegeben, so blieb doch fast un= begreiflich, wie Abraham sie an eben dem Tage, und das wird 1. Mos. 17, 26. 27 ausdrücklich gesagt, an seinem ganzen Hause, das allein 318 waffenfähige Männer betrug, hätte ausführen können, wenn die Sache vollständig neu gewesen wäre. Es muß vorausgesetzt werden, daß schon damals Personen vorhanden waren, die mit der Sache um= zugehen verstanden. Und wie kann man, sagt Michaelis, ohne das größte Wunder anzunehmen, sich einbilden, daß, wenn alle Knechte Abrahams vorher unbeschnitten gewesen wären, sie sich einer so schmerzhaften Operation auf einen bloßen Befehl unterworfen haben würden. Man stelle sich nur vor, was jetzt geschehen würde, wenn ein Edelmann etliche hundert Bauern auf seinen Gütern an einem Tag beschneiden lassen wollte? Sie würden sich alle rächen, wenigstens würde keiner behilflich sein, die anderen dazu zu zwingen, wozu er selbst nachher wieder von ihnen gezwungen werden sollte. Was sollte nun der einzige Abraham, der keine obrigkeitliche Hilfe haben konnte, angefangen haben? Muß man nicht denken, daß viele unter seinen Knechten schon vorher beschnitten waren und er sich durch deren Hilfe bei den übrigen Gehorsam verschaffte?

Zu demselben Ergebnis kommen wir, wenn wir die Geschichte in 1. Mos. 34 von der Dina lesen. Sichem, Chamor's Sohn, will Dina, die Tochter Jakobs, gern heiraten. Ihre Brüder aber sind damit un= zufrieden und sprechen: Wir können dies nicht einwilligen, unsere Schwester einem Unbeschnittenen zu geben; es würde uns zur Schande gereichen. Dies würde doch sehr lächerlich sein, wenn Abrahams Familie damals die einzige beschnittene in der Welt gewesen wäre.

Dem Bräutigam aber kommt die Forderung gar nicht abgeschmackt vor, sodaß er die sämtlichen Bürger seiner Stadt beredet, sich mit ihm beschneiden zu lassen.

Aus allem diesem geht hervor, daß die Beschneidung eine uralte Sitte gewesen sein muß, und das wird nun endlich noch klarer, wenn wir jetzt auf ihren sichtbaren Zweck unser Augenmerk richten.

Die Beschneidung sollte, wie wir schon gehört haben, das Zeichen des Bundes zwischen dem Volke und dem allein wahren Gott, der Himmel und Erde gemacht hat, sein. Eben deswegen sollte die Beschneidung in erster Linie das Volk Israel von allen umwohnenden heidnischen Völkern trennen, die noch unbeschnitten waren und den Heidengötzen dienten; sie sollte, wie so manche andere Gesetze zwischen Israel und den unbeschnittenen Heiden eine Scheidewand aufrichten. Außerdem aber hat die Beschneidung, wie jetzt wohl allgemein zugestanden wird, einen hygieinischen Zweck. Schon allein die Stellung dieses Gesetzes 3. Mos. 12 mitten unter den rituellen Reinigkeitsgeboten deutet diesen Zweck an; dann ferner im Neuen Testamente lassen die Worte, welche Jesus Joh. 7, 22. 23 sprach, diesen Zweck nicht undeutlich erkennen. Jesus verantwortet sich vor den Juden, daß er durch die Blindenheilung den Sabbath gebrochen habe und sagt: Moses hat euch darum gegeben die Beschneidung, nicht daß sie von Moses kommt, sondern von den Vätern; noch beschneidet ihr den Menschen am Sabbath. So ein Mensch die Beschneidung annimmt am Sabbath, auf daß nicht das Gesetz gebrochen werde: zürnet ihr denn über mich, daß ich den ganzen Menschen habe am Sabbath gesund gemacht? Das tertium comparationis ist die Gesundmachung, dort in der Beschneidung am Sabbath, hier in der Blindenheilung am Sabbath, der Schluß ist a minori ad majus dort die geringere, hier die Gesundmachung des ganzen Menschen. Worin nun der hygieinische Zweck bestanden hat, darüber möchte ich nicht viel Worte machen, sondern meine Leser bitten, in anderen größeren Werken das selbst nachzulesen.

Nur soviel: In den südlichen Ländern soll gerade an den heimlichen Stellen sich sehr leicht viele Unreinlichkeit sammeln und, durch die Vorhaut bedeckt, gefährliche Geschwüre verursachen. Die Vorhaut verhindert auch die reinlichen Waschungen, die in solchen Fällen allein Abhilfe schaffen können. Einen anderen Grund gibt noch Philo an, mit folgenden Worten: quarta et gravissima commendatio est, quod ad multitudinem subolis confert. Sic enim dicitur semen neque dispersum neque circumfluens praeputio rectius ejaculari, indeque fieri, ut gentes circumcisae sunt foecundissimae et numerosissimae. Ob diese Begründung stichhaltig ist, kann unmöglich hier entschieden werden, der von Michaelis angeführte Reisende Niebuhr ist entschieden derselben Ansicht, denn er schreibt: „Der wahre Nutzen der Beschneidung aber ist wohl dieser, daß dadurch viele Männer erst zum Beischlaf tüchtig werden. Man findet sowohl in den Morgenländern als in Europa Leute, bei denen deswegen eine Art der Beschneidung notwendig ist." Nehmen wir diese Begründung als stichhaltig an, so muß ich gestehen, daß sich nicht ein Kontrast, nein ein Abgrund zwischen jener und unserer Zeit vor unseren Augen aufthut. Wir werden auf dieses Thema noch im vierten Buche ausführlich zurückgreifen, weisen aber schon hier auf diesen wunderbaren Zusammenhang der Religion und der Volksvermehrung hin, während heute gleichsam als teuflische Fratze statt der alttestamentlichen Vorsorge Präservativmittel (Gummi) in der ganzen Kulturwelt als Rettung aus aller gesellschaftlichen Not angepriesen werden. Die Volksvermehrung ist an allem Unglück Schuld und ohne Unterschied stimmen fast alle Nationalökonomen, und die sogenannten christlich-sozialen oft am allerlautesten in den allgemeinen Chor ein. Malthus ist der größte Prophet und seine Gottes Ordnung zur Fratze machende Lehre ist das rettende Evangelium für die heutige Gesellschaft. Wehe, wehe, wehe, das Gericht bricht herein, die Sehenden werden sehend, auf daß die Blinden noch verstockter werden.

Endlich drittens sagt man, daß durch die Beschneidung die Selbstbefleckung verhindert werde, weil sie den Beschnittenen schmerzhaft sei. Es läßt sich aber hierüber wirklich nichts Genaues feststellen, ob diese Behauptung bloß eine Vermutung ist oder auf Thatsachen beruht. Nur so viel ist gewiß, daß neben der oben zuerst angegebenen hohen herrlichen symbolischen Bedeutung die Beschneidung einen wichtigen hygieinischen Zweck verfolgte.

In noch viel höherem Grade gilt das eben Gesagte von den Speisegesetzen, zu deren Betrachtung wir jetzt übergehen.

Auch diese Gesetze haben einen sehr alten Ursprung; denn schon 1. Mos. 7, 2 lesen wir die Worte Jahves zu Noah: „Aus allerlei reinem Vieh nimm zu dir, je sieben und sieben, das Männlein und sein Fräulein, von dem unreinen Vieh aber je ein Paar, das Männlein und sein Fräulein." Alle diese Gebote haben zunächst eine natürliche Ursache, die erst im Verlauf der religiösen Entwickelung mit der Religion eng verknüpft worden ist. Bei allen Völkern und zu allen Zeiten finden sich solche oder ähnliche Speisegesetze, auch wenn sie nirgends in Gesetzesparagraphen niedergelegt sind. Wir haben alle einen Abscheu vor mancherlei Speisen, obwohl uns vielleicht dadurch mancher Leckerbissen entgehen mag; ich nenne nur Hund, Katze, Pferd, Ratten, Frösche ꝛc., wir halten diese Tiere zur Speise ungeeignet und sie sind uns in diesem Sinne „unrein“. Wer dennoch eine besondere Liebhaberei zu solcher Fleischnahrung hat und daraus kein Geheimnis macht, daß er sie öffentlich schlachtet und zur Speise zubereitet, ist auch heute ohne Zweifel mit einem gesellschaftlichen Makel behaftet, jedenfalls erwirbt er sich schwerlich dadurch Ansehen oder Freundschaft. Denselben Grund haben auch die Speisegebote des Altertums; die Annehmlichkeit und Zuträglichkeit des Fleisches ist hierbei von großer Bedeutung.

Wie aber diese Tiere, abgesehen von der Speise, uns im Leben durchaus nicht unrein, im Gegenteil in vielen Fällen uns die liebsten und nützlichsten Haustiere sind, so war es auch bei den alten Israeliten. Das unreine Kamel war für den Juden unentbehrlich, und das Pferd besonders in späterer Zeit im Krieg und im Frieden hoch geschätzt. Auch selbst dem Handel mit Schweinen stand nichts entgegen, wie wir ja denn im Neuen Testament in Gadara eine große Schweineherde im Besitze von Juden finden.

Wir unterscheiden nun im folgenden die Gesetze der rituellen Unreinigkeit aus Veranlassung der Fleischnahrung und aus anderer Veranlassung, z. B. des Geschlechtslebens und verschiedener Krankheiten.

Was die Fleischspeisen angeht, so unterscheiden wir 1) das Fleisch, 2) das Fett, 3) das Blut, 4) das Aas der Tiere.

Moses hat die schon von alters her bestehende Sitte in ein System gebracht; er ist auf diesem Gebiete dem berühmten Linné an die Seite zu stellen, denn seine systematische Ordnung hat bis heute unter den Juden Geltung behalten und unter allen Gelehrten ohne Rücksicht der Religion Bewunderung gefunden. Wir lesen 3. Mos. 11: „Das sind die Tiere, die ihr essen sollt unter allen Tieren auf Erden: Alles, was die Klauen spaltet und wiederkäuet unter den Tieren, das sollt ihr essen. Was aber wiederkäuet und hat Klauen und spaltet sie doch nicht, als das Kamel, das ist euch unrein und soll's nicht essen. Die Kaninchen wiederkäuen wohl, aber sie spalten die Klauen nicht, darum sind sie unrein. Der Hase wiederkäuet auch, aber er spaltet die Klauen nicht, darum ist er auch unrein. Und ein Schwein spaltet wohl die Klauen, aber es wiederkäuet nicht, darum soll's euch unrein sein. Von diesem Fleisch sollt ihr nicht essen, noch ihr Aas anrühren; denn sie sind euch unrein. Dies sollt ihr essen unter dem, das in Wassern ist. Alles was Floßfedern und Schuppen hat in Wassern, in Meer und Bächen, sollt ihr essen. Alles aber, was nicht Floßfedern und Schuppen hat in Meer und Bächen, unter allem, das sich reget in Wassern, und unter allem, was lebet im Wasser, soll euch eine Scheu sein, daß ihr von ihrem Fleisch nicht esset, und vor ihrem Aas euch scheuet, denn alles was nicht Floßfedern und Schuppen hat in Wassern, sollt ihr scheuen." Desgleichen macht Moses unter den Vögeln und kriechenden Tieren eine Scheidung, ohne aber hier eine systematische Ordnung anzuwenden, so daß bis auf den heutigen Tag über diese Tiere unter den Juden man= cherlei Zweifel herrscht, zumal wo man heute nicht immer gewiß sein kann, daß die von Moses genannten Tiere den in der Übersetzung ge= nannten und bei uns lebenden überall entsprechen. Also schließt Moses das lange Kapitel: „Macht eure Seele nicht zum Scheusal und verun= reinigt euch nicht an ihnen, daß ihr euch besudelt. Denn ich bin der Herr, euer Gott, darum sollt ihr euch heiligen, daß ihr heilig seid, denn ich bin heilig, und sollt nicht eure Seelen verunreinigen. Denn ich bin der Herr, der euch aus Ägyptenland geführet hat, daß ich euer Gott sei. Darum sollt ihr heilig sein, denn ich bin heilig. Dies ist das Gesetz von den Tieren und Vögeln und allerlei kriechenden Tieren im Wasser und allerlei Tieren, die auf Erden schleichen, daß ihr unter= scheiden könnet, was unrein und rein ist, und welches Tier man essen und welches man nicht essen soll." Eine Wiederholung dieses Gesetzes finden wir 5. Mos. 14 und lesen dort: „Das ist aber das Tier, das ihr essen sollt: Ochsen, Schafe, Ziegen, Hirsch, Rehe, Büffel, Steinbock, Tendeln, Auerochs und Elen." . . . „Ihr sollt kein Aas essen, dem Fremd= ling in deinem Thor magst du es geben, daß er's esse, oder verkaufe es einem Fremden; denn du bist ein heiliges Volk dem Herrn, deinem Gott."

Überblicken wir die als unrein und zur Nahrung nicht verwendbar aufgezählten Tiere, so sind es unter den größeren Landtieren besonders alle reißenden Tiere, die andere lebende Geschöpfe zerfleischen und in ihrem Blute fressen, von den Wassertieren alle schlangenartigen Fische und schleimartigen Schaltiere, unter dem Geflügel die Raubvögel, die dem Leben anderer Tiere nachstellen, die Sumpfvögel, die sich von Ge= würm, Aas und allerlei Unreinigkeiten nähren und die Zwitterwesen des in Wüsten hausenden Straußes, und der in der Finsternis fliegen= den Fledermaus, endlich von den kleinen Tieren bis auf einige gras= fressende Heuschreckenarten alle, besonders aber die schlangenähnlichen Eidechsen, weil diese Tiere teils an die alte Schlange erinnern, teils im Staube kriechen, in Schlamm und Kot ihre Nahrung suchen — also insgesamt Tiere, die den finsteren Typus der Sünde, des Todes und des Verderbens mehr oder weniger an sich darstellen.

Dagegen das Fleisch der anderen Tiere sollen die Israeliten nach Herzenslust essen und sich freuen, sowohl zu Hause in ihren Thoren als am Heiligtum bei Gelegenheit der schelamim, der Gastgebotsopfer. Zu bemerken ist die Sorge Moses, daß auch diese Fleischspeisen nicht der Gesundheit nachteilig werden sollen. Wir bemerkten schon früher, daß von dem Passahopfer nichts übrig gelassen werden dürfte bis morgen, daß aber, wo dennoch etwas übrig bliebe, es mit Feuer verbrannt werden sollte. Von den gewißlich sehr zahlreichen Gastgebotsopfern gibt Moses in dieser Beziehung eine noch weit ausführlichere Anweisung 3. Mos. 7, 15 ff.: „Und das Fleisch des Lobopfers in seinem Dankopfer soll desselben Tages gegessen werden, da es geopfert ist und nichts übergelassen werden bis an den Morgen. Und es sei ein Gelübde oder ein freiwilliges Opfer, so soll's desselben Tages, da es geopfert ist, gegessen werden, so aber etwas überbleibt auf den andern Tag, soll's man noch essen. Aber was von geopfertem Fleisch überbleibt am dritten Tage, soll mit Feuer verbrannt werden. Und wo jemand am dritten Tage wird essen von dem geopferten Fleisch seines Dankopfers, so wird der nicht angenehm sein, der es geopfert hat, es wird ihm auch nicht zugerechnet werden, sondern es wird ein Greuel (piggul) sein, und welche Seele davon essen wird, die ist einer Missethat schuldig." Piggul heißt aber nach Gesenius Wörterbuch (S. 663) Fäulnis, Verdorbenheit, dann in Fäulnis Übergegangenes, Verdorbenes, und darum nach dem Gesetz Ungenießbares (beschar piggul, unreines Fleisch, Ezech. 4, 14).

Von den erlaubten Tieren sollten die Israeliten ferner nach mosaischer Bestimmung kein Fett essen, weder natürliches noch künstliches, d. h. keine Butter. Von dem natürlichen Fett lesen wir im 3. Mos. 3 an drei Stellen vom Rind, vom Schaf, von der Ziege: „Der Priester soll davon opfern ein Opfer dem Herrn, nämlich das Fett am Eingeweide, die zwei Nieren mit dem Fett, das daran ist, und an den Lenden und das Netz über der Leber, an den Nieren abgerissen. Und der Priester soll es anzünden auf dem Altar, zur Speise des Feuers, zum süßen Geruch. Alles Fett ist des Herrn, das sei eine ewige Sitte bei euren Nachkommen in allen euren Wohnungen, daß ihr kein Fett noch Blut esset." Bei dem Schaf wird noch ausdrücklich Vers 9 erwähnt der Fettschwanz, der nach Michaelis 15—50

Pfund schwer werden konnte: „Und er soll dem Herrn opfern zum
Feuer nämlich sein Fett, den ganzen Schwanz, von dem Rücken abge=
rissen, der Priester soll es anzünden auf dem Altar zur Speise des
Feuers, dem Herrn." 3. Mos. 7, 25: „Denn wer das Fett isset vom
Vieh, das dem Herrn zum Opfer gegeben ist, dieselbe Seele soll aus=
gerottet werden von ihrem Volk." Saalschütz meint, es sei den Israe=
liten dennoch nicht verboten alles Fett zu essen; Michaelis aber hält
auf Grund der angeführten Stellen dieses Verbot für ein allgemeines
und wir schließen uns ihm an. Es fragt sich aber nun, was sie ge=
macht haben mit alle dem Fett der Schlachttiere, die nicht am Heilig=
tum sondern in der Heimat geschlachtet wurden und wie Reh und
Hirsch nur nicht als Opfergabe gegessen wurden. Diese Frage ist gar
leicht zu beantworten und 3. Mos. 7, 24 gibt uns davon eine Andeu=
tung. Wir lesen dort: „Das Fett vom Aas und vom Wild, das zer=
rissen ist, macht euch zu allerlei Nutz, aber essen sollt ihr's nicht." Für
sehr viel verschiedene Zwecke im Haushalt und Ackerbau und nament=
lich für den Handel fand dieses Fett sicherlich eine einträgliche Ver=
wendung.

Auch das künstlich gewonnene Fett, die Butter, war den Israeliten
zu essen verboten. Das Wort Butter kommt im ganzen Alten Testa=
ment nicht vor, die wenigen Stellen, wo es also übersetzt ist, z. B.
Hiob 20, 17; 5. Mos. 32, 14 heißt das Wort chemaeh nicht Butter
sondern „dicke Milch". Die Stelle lautet 2. Mos. 34: „Du sollst das
Böckchen nicht kochen, wenn es noch an seiner Mutter Milch ist" (wört=
lich becheleb immo, im Fett seiner Mutter), ebenso wiederholt 5. Mos.
14, 21. Dieses Verbot hat seit alters die wunderlichsten Auslegungen
erhalten, ohne daß man daran dachte, daß die buchstäbliche Deutung
nach der deutschen Übersetzung zu den größten Unzuträglichkeiten führt.
Was Moses von dem Böckchen sagt, das will er ebenso von dem Kalb,
überhaupt von jedem Jungen verstanden wissen.

Wo soll nun aber die Milch der Mutter herkommen, daß man
darin ein Junges kochen oder braten könnte. Michaelis scheint mir
unbedingt recht zu haben, wenn er die drei Stellen so deutet, daß das
Junge nicht soll in dem Fett, d. h. in der von der Milch gewonnenen
Butter, kochen und braten. Die Juden haben dies Gesetz auch immer
so verstanden, als wäre ihnen verboten, mit Butter zu kochen und zu
braten, wie sie sich denn noch jetzt scheuen, Butter an ihr Essen zu
bringen.

Bevor wir hier weiter fortfahren, forschen wir nach der möglichen

Ursache dieses strengen Verbotes alles tierischen Fettes auch der erlaub=
ten Tiere. Es ist gar keine Frage, daß hier hygieinische Rücksichten die
wichtigste Rolle spielen. Der Genuß alles Fettes ist der Gesundheit
nicht zuträglich und befördert in hohem Grade Hautkrankheiten. In
einem Lande, wo nun die Hautkrankheiten und die schlimmste Art der=
selben, der Aussatz, ihre eigentliche Heimat haben, konnte man gar nicht
vorsichtig genug sein in der Fürsorge für Erhaltung der Gesundheit,
deshalb verbot Moses streng alles tierische Fett, das er nur für den
Altar bestimmte. Dazu kommt, daß die Butter, so unentbehrlich sie
uns in Norddeutschland auch geworden ist, ein recht ungeeignetes Nah=
rungsmittel ist in den heißen südlichen Ländern, wo sie wahrscheinlich
kaum jemals in der uns so appetitlichen Form herzustellen ist. Selbst
bei uns haben wir von schlechter Butter, die bekanntlich mit größter
Vorsicht zu behandeln ist, weil sie so leicht allen Geruch annimmt, viel
zu leiden. Im Sommer in heißen Tagen ist auch bei uns die Butter
kein Leckerbissen, es sei denn, sie werde ganz frisch genossen, und wer
hat nicht schon über verdorbenes Essen zu klagen gehabt, weil die dazu
verwandte Butter ranzig war. Dennoch kannte man in Ägypten, von
wo die Israeliten kamen, kein anderes Speisefett als die Butter, weil
der Ölbaum dort nicht gedeihen kann und die Produktion des Baumöls
dort unbekannt ist.

Palästina dagegen ist für die Ölbaumzucht ganz besonders geeignet,
weshalb auch schon Jakob unter den Geschenken, die er nach Ägypten
schickt oder mitnimmt, auch einen Vorrat seines Baumöls ausgewählt
hat. Es kann somit mit Recht angenommen werden, daß Moses durch
sein Verbot des tierischen Fettes die Kultur des Ölbaumes hat fördern
wollen und wir müssen gestehen, daß es ihm im höchsten Grade zum
Vorteil des Landes und seines Volkes geglückt ist. Das feine palästi=
nensische Baumöl übertrifft in jeder Beziehung sowohl an Geschmack
als an Zuträglichkeit jedes, auch das beste tierische Fett. Wenn in der
Wüste noch eine Sehnsucht nach den Fleischtöpfen Ägyptens sich geltend
machte, so wurde dieses Verlangen später dadurch ertötet, daß man in
Palästina besser lebte als in Ägypten, so daß auch in der ganzen Ge=
schichte, bis zur Exilzeit, sich nirgends solches Verlangen nach einer Rück=
kehr nach Ägypten regt.

Drittens war den Israeliten der Genuß des Blutes auf das
Allerstrengste verboten. Wir lesen 3. Mos. 7, 26: „Ihr sollt auch kein
Blut essen weder von Vieh noch von Vögeln, wo ihr wohnet. Welche
Seele würde irgend ein Blut essen, die soll ausgerottet werden von

ihrem Volk." 3. Mof. 17, 10: „Und welcher Mensch, er sei vom
Hause Israel oder ein Fremdling unter euch), irgend Blut isset, wider
den will ich mein Antlitz setzen und will ihn mitten aus seinem Volk
rotten. Denn des Leibes Leben ist im Blut, und ich habe es euch zum
Altar gegeben, daß eure Seelen damit versöhnet werden. Denn das
Blut ist die Versöhnung für das Leben. Darum habe ich gesagt den
Kindern Israel: Keine Seele unter euch soll Blut essen, auch kein
Fremdling, der unter euch wohnet. Und welcher Mensch, er sei vom
Hause Israel oder ein Fremdling unter euch, der ein Tier oder Vogel
fängt auf der Jagd, das man isset, der soll derselben Blut vergießen
und mit Erde zuscharren. Denn des Leibes Leben ist in diesem Blute.
Wer es isset, der soll ausgerottet werden." Es ging dieses Verbot also
bloß auf den Genuß des Blutes der vierfüßigen Tiere und der Vögel,
während das Blut der Fische zu essen erlaubt war. Dieses so strenge
Verbot, das also auch für den Fremdling verbindlich war, hat einen
natürlichen religiösen und moralischen Grund. Die Achtung gegen das
Leben, dessen Sitz im Blute ist, soll vor seinem Genuß abschrecken.
Die Achtung gegen das Leben überhaupt, selbst im Tiere, hängt auf
das engste zusammen mit der Achtung gegen das Menschenleben, und
mit der Scheu, Menschenblut zu vergießen, denn wer das vergießt, dessen
Blut soll wieder vergossen werden. Die religiöse Ursache faßt der
Gesetzgeber darin zusammen, daß das Blut der Tiere zur Versöhnung
für den Altar bestimmt ist, so daß sich an dem Altar versündigt, wer
sich an dem Opferblut vergreift. Endlich macht der Genuß des Blutes
den Menschen roh und grausam und dazu ist es ungesund und wirkt
tödlich, wenn es zu warm und in einem zu großen Maße getrunken
wird. Bekanntlich bestand bei den Griechen der Giftbecher in dem
Trinken eines Bechers voll warmen Rinderblutes, und so viel wir wissen
soll sich Themistokles nach einer Überlieferung den Tod dadurch gegeben
haben, daß er warmes Rinderblut trank.

Durch alle diese drei Speiseverbote soll sich Israel abschließen
von den umwohnenden Heiden und der Verführung zum Götzendienst so viel als möglich entzogen werden. Das Bluttrinken
war bei den heidnischen Götzenopfern üblich und galt als thatsächlicher Übertritt zum Heidentum und thatsächlicher Götzendienst.
Der Götzendienst ward aber damals rings umher allgemein als ein
Ausfluß des gesunden Menschenverstandes angesehen, während die Anbetung des einen Gottes, der Himmel und Erde gemacht hat, für Unverstand galt. Deshalb eiferte Moses durch die Menge seiner Gebote

gegen diese Verführung und machte das Verbot des Blutgenusses auch
für den Fremdling verbindlich, der sonst keinem Religionszwang unter=
worfen war.

Auch das Verbot der mancherlei unreinen Tiere, deren Genuß
man den Heiden und den Fremdlingen erlaubte, war im hohen
Grade geeignet den allzu engen verführerischen Umgang mit Heiden zu
erschweren. Die meisten Freundschaften werden bei Tische geschlossen,
aber diese Tischgemeinschaft mit den Heiden war unmöglich gemacht.
Daß den Fremdlingen in Israel der Genuß der unreinen Tiere nicht
untersagt war, konnte nur dazu dienen, die Kluft zwischen ihnen und
Israel immer lebendig zu erhalten. Die Absonderung bei den Ägyptern
namentlich bei Tische war bekanntlich sehr strenge, vielleicht hat Moses
dort diese Strenge gelernt und die bis dahin vorhandenen väterlichen
Sitten durch seine Erfahrungen in Ägypten veranlaßt, in ein strenges
Gesetz verwandelt.

Endlich bleibt uns noch übrig das strenge Verbot des Aases.
Wir lesen 3. Mos. 17, 15: „Und welche Seele ein Aas, oder was vom
Wilde zerrissen ist, isset, er sei ein Einheimischer oder Fremdling, der
soll sein Kleid waschen und sich mit Wasser baden und unrein sein bis
auf den Abend, so wird er rein. Wo er seine Kleider nicht waschen,
noch sich baden wird, so soll er seiner Missethat schuldig sein." Auch
das Fleisch der zum Essen erlaubten Tiere, so sie tot oder zerrissen
auf dem Felde gefunden werden, ist ungenießbar, denn „ihr sollt heilige
Leute vor mir sein, darum sollt ihr kein Fleisch essen, das auf dem
Felde zerrissen ist, sondern vor die Hunde werfen" (2. Mos. 22, 30),
oder sollt es den Fremden geben und verkaufen. Schon die Berührung
und das Tragen solches Fleisches macht unrein. Wieweit Moses seine
Strenge ausdehnt, zeigt besonders die Stelle 3. Mos. 11, 32 ff.: „Und
alles, worauf ein solches totes Aas (es ist vorher sonderlich von dem
schleichenden Gewürm die Rede) fällt, das wird unrein, es sei allerlei
hölzern Gefäß oder Kleider oder Fell oder Sack, und alles Geräte,
damit man etwas schaffet, soll man ins Wasser thun und ist unrein
bis an den Abend, alsdann wird's rein. Allerlei irden Gefäß, wo
solcher Aas eins drein fällt, wird alles unrein, was drinnen ist, und
sollt's zerbrechen. Alle Speise, die man isset, so solches Wasser drein
kommt, ist unrein, und aller Trank, den man trinket, in allerlei solchem
Gefäß, ist unrein. Und alles, worauf ein solches Aas fällt, wird un=
rein, es sei Ofen oder Kessel, so soll man's zerbrechen, denn es ist un=
rein und soll auch unrein sein. Doch die Brunnen und Kölke und Teiche

sind rein. Wer aber ihr Aas anrühret ist unrein. Und ob ein solches Aas fiele auf Samen, den man gesäet hat, so ist er doch rein. Wenn man aber Wasser über den Samen gösse und fiele danach ein solches Aas darauf, so würde es auch unrein." Diese große Strenge, die sowohl den Genuß als die unnötige Berührung des Aases verbietet und alles unrein erklärt, was durch solches Aas berührt ist, wird begreiflich durch das häufige Vorkommen toller Wölfe in jenen Gegenden, so daß durch diese Strenge die Gefahr der Vergiftung wesentlich eingeschränkt wurde. Diese strengen Vorschriften hatten eine hygieinische Absicht, denn die allergrößte Reinlichkeit und Sauberkeit im Haushalt wurde durch diese polizeilichen und religiösen Gesetze zur strengsten Pflicht gemacht.

Als Anhang zu diesen Speisegeboten führen wir nur noch kurz einige wichtige Bestimmungen über andere Unreinigkeiten an, die teils durch Krankheiten, teils durch das Geschlechtsleben entstehen konnten. Ein Flüssiger wurde sieben Tage nach seiner Genesung rein, eine Flüssige sieben Tage nach dem Aufhören ihres Flusses. Eine Wöchnerin blieb vierzig Tage nach der Geburt eines Knaben und achtzig Tage nach der Geburt eines Mädchens unrein. Außer dem Beischlaf verunreinigte auch das unfreiwillige Entgehen des Samens und machte ein Bad notwendig, man blieb unrein bis an den Abend: alles, worauf der menschliche Samen gefallen ist, wird unrein und muß gewaschen werden. Wer eine Flüssige berührt, oder das worauf sie oder er gelegen hat, oder reitet, oder von seinem Speichel berührt wird, ist unrein bis an den Abend. Alles im Zelte, worin eine Leiche gelegen, wird sieben Tage unrein. Hierhin mag auch gehören, daß ein Verbrecher, der gehängt war, vor Sonnenuntergang muß abgenommen werden.

Überblicken wir nun zum Schluß diese ganze Summe der Gebote über die rituelle Unreinigkeit, so müssen wir gestehen, daß sie einen gewaltig großen und sehr günstigen Einfluß auf das ganze soziale Leben der Israeliten ausüben mußten, und zwar um so mehr, da sie alle eng mit der Religion verbunden waren und von Jehovah Segen und Strafe herleiteten. In dem Beschneidungsgesetz fanden wir einen Zusammenhang mit der Geburt, hier in diesen Speisegesetzen mit der Erhaltung der Gesundheit des Menschen. Staat und Kirche, oder besser der theokratische Staat übten durch diese Gesetze den allernachdrücklichsten Einfluß auf die Erhaltung eines gesunden Volkslebens und damit auch des Volksgeistes aus.

Wir fahren fort und betrachten die Opfergesetze der fünf Bücher Mosis, indem wir auch hier weniger auf ihre Symbolik und ihr Ritual, als auf ihre Bedeutung für das öffentliche Leben Wert legen.

Das ganze Opferwesen ist keine mosaische Einrichtung, sondern vielmehr nur von Moses in ein festes System gebracht und namentlich durch die vor ihm bei Heiden und Juden unbekannten Sünd= und Schuld= opfer wesentlich erweitert. Die Opfer selbst sind so alt wie das Menschen= geschlecht und finden ihre letzte Begründung in der menschlichen Natur selbst und werden nie abgeschafft werden können. Der Versuch dazu oder ihre Erschwerung durch Staatsgesetze ist nur ein Beweis von der widernatürlichen Entwickelung der Kultur. Der natürliche Mensch weiß sich abhängig von einer übernatürlichen Gewalt. Je tiefer und reiner dieses Abhängigkeitsgefühl sich ausbildet, desto höhere und geistigere Gestalt nehmen auch die Opfer an, und umgekehrt, je mehr dieses Ab= hängigkeitsgefühl schwindet und künstlich durch unnatürliche Verirrung unterdrückt wird, desto häßlicheren Charakter werden auch die Opfer annehmen, sofern sie sich dennoch trotz aller Verirrung erhalten. Die Opfer selbst sind in jeder Gestalt nur Symbol, d. h. ein Bild für die Dahingabe der Person an den lebendigen Gott oder an die Gottheit. Ohne diese ihnen zu Grunde liegende persönliche Dahingabe haben die Opfer gar keinen sittlichen und religiösen Wert, ja verwandeln sich sogar leicht in Handlungen, die viel mehr zu tadeln als zu loben sind. Für diese Wahrheit finden sich sehr viele Stellen im Alten Testamente, in denen Moses und die Propheten ihren Abscheu vor solchen toten Opfer= werken deutlich an den Tag legen. Gott will nicht solche Opfer, er mag in solche Opferversammlungen nicht riechen und das Geplärr der Lieder darin mag er nicht hören. Durch das ganze Alte Testament zieht sich der Grundgedanke von Ps. 51 V. 9: „Die Opfer, die Gott gefallen, sind ein geängsteter Geist, ein geängstetes und zerschlagenes Herz wirst du, Gott, nicht verachten." Im Neuen Testament werden die Opfer ein Schatten genannt, deren Körper in Christo war. „Denn das Gesetz kann nicht, die da opfern, vollkommen machen, sonst hätte ja aufhören müssen das Opfern, wo, die so am Gottesdienst sind, kein Gewissen mehr hätten von den Sünden, wenn sie einmal gereinigt wären; sondern es geschieht nur durch dieselbigen ein Gedächtnis der Sünde alle Jahre. Denn es ist unmöglich durch Ochsen= und Bocks= blut Sünden wegnehmen" (Hebr. 10). Auf Jesum Christum weisen alle diese mosaischen Opfer, namentlich die Sünd= und Schuldopfer hin, in ihm ist das Geheimnis enthüllt, und die Verheißung erfüllt worden. Der Zweck dieses Buches verbietet, wie schon mehrfach angedeutet, auf diesen Gegenstand weiter einzugehen, weil wir die Staatsverfassung der Juden beschreiben wollen und also die Opfer nur insoweit in Betracht kommen, als sie das öffentliche Leben beeinflussen.

Wir wollen nun im folgenden handeln von dem Stoff der Einteilung, der Bedeutung der Opfer im allgemeinen und im besonderen.

Die erste Frage nach dem Stoff scheint von nebensächlicher und geringer Bedeutung zu sein und doch ist sie von ganz besonderer Wichtigkeit; ohne ihr rechtes Verständnis muß das ganze Opferwesen dunkel bleiben.

Gewöhnlich teilt man die Opfer nach ihrem Stoffe in blutige und unblutige ein; aber diese Grundeinteilung ist im Wesen der Opfer gar nicht begründet, sie ist ebenso ganz äußerlich, als wenn man die Nahrungsmittel nach den verschiedenen Farben einteilen wollte. Das Wort selbst „blutige Opfer" kommt im ganzen Alten Testament gar nicht vor; der beste Beweis, daß das Blut unmöglich zu einem wesentlichen Unterscheidungsmerkmal bei den Opfern gemacht werden darf. Auch die Begriffe „rein und unrein" finden hier keine grundlegende Anwendung. Natürlich durften keine unreinen Tiere geopfert werden, das ist selbstverständlich, aber von den reinen Tieren waren andere ebenso streng verboten, z. B. alles Wild, als Reh und Hirsch und Fische. Wenn Moses ausdrücklich bezeichnen will, daß man Schaf-, Rind- und Ziegenvieh wohl innerhalb seiner Thore schlachten, aber es nicht opfern darf so drückt er sich jedesmal so aus: du sollst es essen gleichwie Reh und Hirsch.

Alle Opfergaben werden nur aus den Nahrungsmitteln genommen und wenn wir genauer zusehen immer aus denen, die Arbeit gekostet haben, aus den Arbeitsprodukten des Berufslebens Israels. Viehzucht und Ackerbau ist der Lebensberuf des Volkes und nur aus den Produkten der Viehzucht und des Ackerbaues darf ein Opfer genommen werden, darum kein Wild, keine Fische, keine fast von selbst oder ohne große Arbeitsmühe wachsenden Baumfrüchte, während umgekehrt die mit großer Sorgfalt gepflegte Ölbaumzucht einen wesentlichen Teil des Opfers liefern mußte. Alle diese Produkte konnten nur in natura, nicht in Geldwert dargebracht werden, jeder opfernde Israelit trat mit seinem Opfer daher als ein Arbeiter vor seinen Gott. Das ganze irdische Berufsleben Israels erhielt dadurch eine heilige Weihe und die Arbeit selbst gleichsam einen Stempel der Heiligkeit, denn nur solche Gaben des Opfernden waren Gott angenehm, die der Opfernde im Berufsleben erarbeitet hatte. Fleißig und treu sollte Israel in seiner Arbeit sein, wirken eine Speise zur Leibes= und Lebensnahrung und Notdurft; Jehovah vom Himmel herab gab dazu seinen reichen Segen. Daneben aber sollte Israel wirken eine Speise, die in das ewige Leben bleibet (Joh. 6, 27), und diese Speise, das Brot Gottes, sollte in den Opfern abgebildet werden, als ein Zeichen der Hingabe an Jehovah. Israel sollte nicht leben, damit es esse, sondern es sollte essen, damit es lebe, hier zeitlich und dort ewiglich. Das Blut bildet also gar kein Unterscheidungsmerkmal bei den Opfern. Das sehen wir auch deutlich an dem hebräischen Namen für Opfer. Opfer wird abgeleitet von offerre. oblata das Dargebrachte; ganz dieselbe Bedeutung hat das hebräische Worte korban nähern, dann nahe bringen, darbringen, oder mincha Geschenk, Gabe.

Diese Gaben wurden natürlich aus der Viehzucht, den Tieren genommen und aus dem Ackerbau, Korn, Mehl, Öl und Wein; Sauerteig und Honig kam nicht auf den Altar, dagegen noch Salz, als ein Bild der Reinheit, und Weihrauch, als ein Wohlgeruch bei den mancherlei Opfern. Danach zerfielen nun die Opfer in Sühnopfer — entweder Sünd= oder Schuldopfer —, in Brandopfer, in Heils= oder Friedensopfer (Lob=, Gelübde= und freiwillige Opfer) und viertens in Speise= und Trankopfer. Alle Opfer mußten ohne Fehl sein und Tieropfer meistens männlich, nur bei den Heils= und Friedensopfern wurden auch weibliche Tiere dargebracht, und selbst solche, die etwa ein zu kurzes Glied hatten.

Die Brandopfer wurden auf dem Altar ganz verbrannt; von den Sünd= und Schuldopfern wurde ein Teil auf dem Altar verbrannt, ein Teil gehörte den Priestern, und das übrige wurde außerhalb des Heiligtums verbrannt, sie waren selbst das Allerheiligste, verunreinigten aber wegen ihrer Natur und Bestimmung. Von den Friedensopfern, den sogenannten schelamim, wurden nur die Fettstücke auf dem Altar verbrannt; ein kleiner Teil davon gehörte den Priestern, alles übrige wurde zur Opfermahlzeit verwandt, an der der Opfernde, seine Familie und Freunde, und sonst Geladene (Fremdling, Witwen, Waisen, Levit) teilnahmen. Die Speiseopfer, gewöhnlich mincha genannt, bestanden aus Kuchen, Brot, Ähren, gerösteten Körnern, und durften als Sünd= opfer nur im Falle der äußersten Armut, wenn nämlich zwei junge Tauben noch zu viel waren, dargebracht werden. Die Trankopfer bestanden aus Wein, der auf die Nieren der Opfertiere gegossen und auch von den Priestern getrunken wurde. Als Opfertiere galten das Rind=

und Kleinvieh, Schafe und Ziegen. Wer rituell unrein ist, darf an keinem Opfer teilnehmen und namentlich nicht an irgend einer Opfermahlzeit.

Was nun die Bedeutung dieser Opfer für das soziale, öffentliche, rechtliche Leben angeht, so reden wir erstens von dieser Bedeutung im allgemeinen und dann von den Sünd und Schuldopfern und den schelamim im besonderen.

Wir haben aber schon erkannt, daß dieses ganze Opferwesen mit dem eigentlichen irdischen Berufsleben Israels im Gelobten Lande im engsten Zusammenhang stand. Da diese Gesetze von Moses in der Wüste gegeben sind, so hat man gerade darin gern einen Widerspruch gegen dieses Wüstenleben gefunden und geschlossen: folglich könnten sie gar nicht in der Wüste, wo von Viehzucht und Ackerbau nicht die Rede sein konnte, gegeben sein.

Wir brauchen hier hoffentlich diesen Einwurf nur anzuführen, ohne auch nur ein Wort der Widerlegung zu sagen, weil eben der Einwurf in sich selbst haltlos ist und das Gegenteil von dem bewirkt, was beabsichtigt wird; denn es ist von vornherein ziemlich wahrscheinlich, daß eine Behauptung haltlos ist, die solcher Stützpunkte bedarf.

Wie wir früher schon erkannt haben, daß die Speisegesetze auf die Kultur des Landes, nämlich auf die Pflege der Ölbaumzucht, einen großen und zwar äußerst günstigen Einfluß ausüben mußten, so erkennen wir hier denselben Einfluß auf das ganze Berufsleben und insonderheit noch auf die Pflege des Weinbaues. Beides muß um so mehr in die Augen fallen, weil gerade das Land, aus dem die Israeliten hergezogen kamen, Ägypten, in beiden Stücken wesentlich verschieden war. Die Ägypter nährten sich vornehmlich von Pflanzenkost und tranken keinen Wein. Die Ägypter glaubten an die Seelenwanderung, waren um dieses künstlich erzeugten Aberglaubens willen verhindert, Tiere zu schlachten, erwiesen ihnen im Gegenteil göttliche Ehren. Allem Aberglauben war Moses abhold, und jedes unlautere Mittel religiöser Geheimniskrämerei war ihm ein Greuel; die Fleischnahrung aber war den Israeliten von den Vätern her, aus altersgrauer Zeit, nach göttlicher Anordnung bekannt und ein Bedürfnis. Wie in allen Stücken, so suchte Moses auch durch diese Gesetze sein Volk vor Mißglauben, Verzweiflung und anderen Lastern zu bewahren. Wie konnte Israel besser geschützt werden vor dieser Irrlehre der Ägypter, der Seelenwanderung, und vor dem damit verbundenen Abscheu vor Fleischnahrung, als wenn ihm eingeschärft wurde, daß es zu Gottes Ehre, zum Dank

und Lob Jehovahs, zur Sühne seiner Sünde und Schuld Tieropfer
darbringen mußte?

Anderseits mußten diese Tieropfer wieder ein mächtiger Hebel
des Ackerbaues und der Viehzucht selbst werden. Die Ägypter hielten
den Wein für ein aus dem Blute der Götterfeinde entstandenes Gift
und sahen den Weingenuß daher für eine Sünde an. Natürlich war
auch dieser Aberglaube ein künstliches Produkt der schlauen heidnischen
Priester und Pharaonen. Ägypten konnte wegen seiner Naturbeschaffen=
heit keinen Wein bauen, es sei denn hier und da vereinzelt, wie bei
uns an den Häusern. Der Wein, den der Mundschenk dem Pharao
darreichte, war aus den Beeren eben gepreßt, also mehr Saft als Wein.
Um nun die Lust nach solchem Getränk zu ersticken und Ägypten nicht
durch Weinimport von fremden Ländern abhängig zu machen, wurde
oben erdachtetes Märlein als Lehre der Religion im Volke gepredigt.
Moses dagegen lehrte sein Volk den Wein opfern, beim Dienst des
allein wahren Gottes, und die Priester ihn trinken. Wie konnte jene
falsche thörichte und schädliche Irrlehre mehr untergraben werden,
als durch solche Anordnung? Palästina war ein gesegnetes Weinland,
und seine vielen Hügel und Berge, die für den Ackerbau ungeeignet
waren, konnten so durch die Kultur des Ölbaumes und des Weinstockes
recht nutzbar gemacht werden. Recht groß erscheint uns die Weisheit
Moses in diesem Zusammenhang; er war ein wahrer Prophet Gottes
und eben deshalb war er auch ein weiser Nationalökonom. Die Wein=
scheu war damals weit verbreitet und hat sich noch bis heute bei den
Arabern erhalten; ja diese falsche Lehre konnte bekanntlich, trotz der
Einsetzung des heiligen Abendmahls durch Jesum Christum, bei seinen
Gläubigen nicht ganz ausgerottet werden.

Die Manichäer hielten den Wein für Galle und Gift und verboten
ihn den Auserwählten, so noch mehr die Essener. Der Wein erfreuet
des Menschen Herz und das Öl macht, daß seine Gestalt schön werde;
das ist schon vor altersgrauer Zeit die Meinung und Lehre des weisen
Mose gewesen. Wenn man heute hier und da vielfach das geflügelte
Wort hört, daß der Wein das Nationalgetränk des Volkes werden
sollte, so thut man gar nicht Unrecht, in Mose schon den Vorläufer
dieser gesunden Politik zu suchen und zu finden. Wahrlich, als ein
weiser Politikus bewies sich Moses auch in diesem Stück, denn die Er=
fahrung bestätigt es aufs nachdrücklichste, daß ein Volk, dem der Wein
entzogen wird, gar leicht in Versuchung fällt, in den Gesundheit und Sitte
schädigenden Genüssen des Opiums und Branntweins und anderer Getränke

einen Ersatz zu suchen. Ja wie zum teuflischen Hohn und Spott, jedoch in Wirklichkeit als eine Strafe und Zuchtrute Gottes, zieht der Brannt= wein seine gefährlichen Kreise immer weiter und weiter, und erfährt in unseren Tagen durch die tolle Kulturentwickelung eine Förderung, die an Narrheit grenzt. Je mehr Branntwein getrunken wird, desto reichlicher fließen die Einnahmen für das Reich. Große Einnahmen aber sind heute die Hauptsache, der alle anderen Rücksichten zu weichen haben, sie sind das Hauptziel, dem zuzustreben allein für der Mühe wert gilt. In Norddeutschland, sonderlich in Mecklenburg, habe ich gar nicht selten gehört, daß im gewöhnlichen Volke der reine Branntwein am Ladentisch „das reine Wort Gottes" genannt wird.

In diesem Zusammenhang weisen wir darauf hin, daß sich noch bis zu Jeremias Zeiten eine Sekte, die sogenannten Rechabiter, erhalten hatte, die aus Arabien stammten und der Familie des Moses gewiß nahe standen. Von diesen lesen wir Jeremias 35, V. 6 ff.: „Wir trinken nicht Wein, denn unser Vater Jonadab, der Sohn Rechabs, hat uns geboten und gesagt: Ihr und eure Kinder sollt nimmermehr keinen Wein trinken und kein Haus bauen, keinen Samen säen, keinen Wein= berg pflanzen, noch haben, sondern sollt in Hütten wohnen euer leben= lang, auf daß ihr lange lebet im Lande, darinnen ihr wallet. Also gehorchen wir der Stimme unseres Vaters Jonadab, des Sohnes Rechabs, in allem, das er uns geboten hat, daß wir keinen Wein trinken unser lebenlang, weder wir, noch unsere Weiber noch Töchter und bauen auch keine Häuser, darinnen wir wohneten und haben weder Weinberge, noch Äcker, noch Samen, sondern wohnen in Hütten und gehorchen und thun alles, wie unser Vater Jonadab geboten hat. Als aber Nebukadnezar, der König zu Babel, herauf ins Land zog, sprachen wir: Kommt, laßt uns gen Jerusalem ziehen vor dem Heer der Chaldäer und Syrer und sind also zu Jerusalem geblieben." Wenn nun diese wunderliche Sekte, die unseren Zigeunern ähnlich gewesen zu sein scheint, auch zu des Jeremias Zeiten von geringem Einfluß auf die Kulturentwickelung gewesen ist, so ist das doch gewiß zu Moses Zeiten anders gewesen. Allen diesen einer gesunden Kulturentwickelung höchst schädlichen Einflüssen gegenüber bewies Moses, als der von Gott erleuchtete Prophet, einen weiten Blick, und gab schon in der Wüste der zukünftigen Entwickelung seines Volkes auch durch diese Opfergesetze eine gesunde Richtung.

Wir wenden uns nun insonderheit zu den Sühnopfern, die in Sünd= und Schuldopfer zerfielen. Der Unterschied zwischen Sünd= und Schuldopfer ist nicht ganz leicht festzustellen, es findet sich des=

halb auch unter den Gelehrten in diesem Stück eine große Meinungs=
verschiedenheit.

Michaelis ist der Meinung, daß die Sündopfer für Begehungs=
sünden und die Schuldopfer für Unterlassungssünden bestimmt seien,
eine Unterscheidung, die durch nichts im Alten Testamente begründet ist;
andere machen andere Unterschiede, und andere wieder gar keinen,
weil die Begriffe, Sünde und Schuld, und demgemäß die beiden
Opfer gar oft in eins zusammenlaufen. Beide waren Sühnopfer,
durch welche Sünde und Schuld gesühnt werden sollte. In welchem
Sinne solche Sühne verstanden werden muß, kann vielleicht nicht deut=
licher gesagt werden, als in der Apologia Conf. Aug. p. 254. 21. Da
lesen wir: „Etliche Opfer im Gesetz Moses werden genannt Sühnopfer,
oder Opfer für die ·Sünde, um der Bedeutung willen, nicht daß Ver=
gebung der Sünden damit verdienet wird für Gott, sondern daß es
äußerliche Versühnung war, denn die, für die sie geschehen, wurden
durch solche Opfer versühnet, daß sie nicht aus dem Volke Israel ver=
stoßen würden (ne excluderentur ab ista politia).“ Die Sünd= und
Schuldopfer haben eine große Ähnlichkeit mit der Lehre von dem Ab=
laß und der Ohrenbeichte in der römischen Kirche. In dieser letzten
Lehre ist ein sehr gesunder Kern enthalten, den die lutherische Kirche
auch zu erhalten gesucht hat in der Privatbeichte, die leider in den deutschen
lutherischen Kirchen thatsächlich außer Übung ist, wenn sie auch nirgend
rechtlich abgeschafft wurde. Mit dem Ablaß berührte sich vielleicht
nahe die Lehre, die jedem lutherischen Christen aus dem kleinen Kate=
chismus geläufig ist, in den Worten: „Fasten und leiblich sich Bereiten
ist wohl eine feine äußerliche Zucht.“ Alles, wodurch dieser gesunde
Kern in der römischen Kirche entstellt und zur schändlichen Priester=
herrschaft mißbraucht werden kann und wird, fehlt in dem Alten
Testamente. Eine Sünde, die nicht „mit erhobener Hand“, d. h. nicht
mit böser Absicht und in Bosheit begangen war, und die Grundrechte
nicht umstieß (als Abgötterei 2c.), konnte durch ein Sündopfer gesühnt
werden, wenn der Israelit aus freiem Antrieb, Ruhe der Seele zu
suchen, seine Sünde einsah, bereute und bekannte. War aber die Sünde
nicht bloß eine Übertretung der Gebote Gottes, durch die er nun selbst
aus dem Frieden mit Gott getreten war, sondern zugleich eine solche
Sünde, mit der zugleich die Verletzung der Rechte eines anderen,
sei es Jehovahs sei es des Nächsten, verknüpft war, so mußte im
·Schuldopfer zugleich die Schuld gesühnt werden. Freilich ist nun fast
mit jeder Sünde auch eine solche Schuld verbunden und daher auch

die enge Verbindung beider Opfer; aber es handelte sich hier sonderlich
um solche sichtbare Schuld gegen einen anderen, mit der ein Eingriff
in seine Rechte verknüpft war. Wir sehen schon jetzt, daß also die
Sünd= und Schuldopfer im engen Zusammenhang mit dem Kriminal=
recht standen. Weil wir dies in einem besonderen Abschnitt noch zu
behandeln gedenken, so genüge hier, um des Zusammenhangs willen, eine
kurze Andeutung. Abgesehen von den feststehenden allgemeinen Sünd=
und Schuldopfern an Fest= und anderen Tagen, waren keinem einzelnen
Israeliten solche Opfer geboten; das Ritual war genau bestimmt, es blieb
aber jedem einzelnen Israeliten frei und seinem eignen Gewissen überlassen,
ob er solche Opfer bringen wolle oder nicht. Schon bei einer anderen
Gelegenheit erkannten wir, daß die freiwilligen Gelübde in der ganzen
mosaischen Gesetzgebung gar keine günstige Aufnahme finden, ebensowenig
wie alle freiwilligen Angebereien. Ist ein Gelübde einmal gethan,
d. h. mit Worten ausdrücklich ausgesprochen, so soll der Israelit es
auch halten, während ihm für Weib und unmündige Kinder unter
Umständen das Recht zusteht, das gethane Gelübde für ungültig zu
erklären.

Von den Gelübden selbst aber hält die mosaische Gesetzgebung mehr
zurück, jedenfalls fördert sie sie keineswegs. Wenn Kinzler in seinen
Biblischen Altertümern*) Seite 174 sagt, daß bis heute noch keine un=
gezwungene befriedigende Erklärung aufgestellt worden sei, warum ein
Nasiräer (im Fall einer Unterbrechung seiner Gelübdezeit durch un=
freiwillige Verunreinigung) ein Schuldopfer darzubringen hatte (3. Mos.
14, 12) so möchte der Grund gerade darin zu suchen sein, daß Moses
die Gelübde zwar nicht verbieten, aber als etwas Thörichtes möglichst
einschränken wollte.

Entschloß sich nun ein Israelit freiwillig, ein Sünd= oder Schuld=
opfer zu bringen, so konnte dazu folgende Veranlassung vorliegen.
„Wenn eine Seele sündigen würde, daß er einen Fluch höret und er
des Zeuge ist, oder gesehen oder erfahren hat, und nicht angesagt, der
ist einer Missethat schuldig. Oder wenn eine Seele schwört, daß ihm
aus dem Munde entfähret, Schaden oder Gutes zu thun, (wie denn
einem Menschen ein Schwur entfahren mag ehe er's bedacht,) und wird's
inne, der hat sich an der einem verschuldet. Wenn es nun geschieht,
daß er sich an der einem verschuldet (Thatsünde geworden) und bekennet,

---

*) Stuttgart 1884. 6. Auflage.

daß er daran gesündigt hat, so soll er für seine Schuld dieser seiner
Sünde, die er gethan hat, darbringen ein Sündopfer, entweder ein
Schaf oder zwei Turteltauben oder zwei junge Tauben oder wo er
zu arm ist, einen zehnten Theil Epha Semmelmehl. Wenn sich eine
Seele vergreift, daß sie es versiehet und sich versündigt an dem, das
dem Herrn geweihet ist, soll sie dem Herrn ein Schuldopfer bringen.
Dazu was er gesündigt hat an dem Geweiheten, soll er wiedergeben
und das fünfte Teil darüber geben, und soll's dem Priester geben, der
soll ihn versöhnen mit dem Widder des Schuldopfers, so wird es ihm
vergeben. Wenn eine Seele sündigen würde und sich an dem Herrn
vergreifen, daß er seinen Nebenmenschen verleugnet, was er ihm be=
fohlen hat, oder das ihm zu treuer Hand gethan ist, oder das er mit
Gewalt genommen oder mit Unrecht zu sich gebracht, oder das verloren
ist, gefunden hat und leugnet solches mit einem falschem Eide, wie es
der eines ist, darin ein Mensch wider seinen Nächsten Sünde thut; wenn
es nun geschieht, daß er also sündigt und sich verschuldet, so soll er
wiedergeben, was er mit Gewalt genommen oder mit Unrecht zu sich
gebracht, oder was ihm befohlen ist, oder was er gefunden hat, oder
worüber er den falschen Eid gethan hat, das soll er alles ganz wieder=
geben, dazu das fünfte Teil darüber geben dem, des es gewesen ist, des
Tages, wenn er sein Schuldopfer gibt. Aber für seine Schuld soll er
dem Herrn zu dem Priester einen Widder bringen. So soll ihn der
Priester versöhnen vor dem Herrn, so wird ihm vergeben alles, was er
gethan hat, daran er sich verschuldet hat." 3. Mos. 5.

Durch solche Schuldopfer geschah also eine abolitio criminis; der
Sünder entging einer entehrenden Strafe, machte sein Vergehen nach
vorausgegangener Buße und Bekenntnis wieder gut, so viel in
seinen Kräften stand, und ersetzte den entstandenen Schaden reichlich
durch ein Übermaß des fünften Teils seines Wertes. Heute in unseren
Tagen ist solche Einrichtung uns unbekannt, aber dem durch das heid=
nische römische Recht noch nicht verdorbenen Gemüte mutet diese
mosaische Sühnung eines begangenen Unrechts als eine wahre Er=
quickung und Wohlthat an. Keine entehrende Strafe, keine allgemeine
Ächtung im Volke wartete nun ferner auf ihn, sondern mit Gott und
Menschen hatte ein solcher Sünder seine Rechnung abgeschlossen. Wir
können nicht umhin, diese herrliche Sühne eines begangenen Unrechts
zu preisen und bedauern aufs tiefste, daß unser armes deutsches Volk
statt solche herrliche Vorbilder zu benutzen, sich nun schon viele
Jahrhunderte lang von den zwar logischen, aber herzlosen, von den

juristischen, aber nur zu oft allem wahren Recht hohnsprechenden heidnischen römischen Gesetzen hat mißhandeln lassen müssen.

Welch einen günstigen Einfluß auf den ganzen Volkscharakter mußte namentlich die Sühne der im Anfang des fünften Kapitels erwähnten Schuld bewirken. Wer aus Feigheit oder Bequemlichkeit oder gar aus Menschengunst ein Zeugnis geheim hält oder verweigert, das er zu gunsten eines Nächsten hätte wissen können und wirklich wußte, der begeht eine Missethat, die nur durch ein Schuldopfer gesühnt werden konnte. Wie mußte solche Bestimmung die Furchtlosigkeit und das stolze Freiheitsbewußtsein der einzelnen Volksglieder mächtig fördern. Stand irgend ein Israelit in einem bösen Verdacht, oder hatte er gar unschuldig Strafe erlitten, oder lief sein öffentlicher Ruf Gefahr, geschädigt zu werden, so war es gebrandmarkt als Feigheit und Missethat, ruhig im Verborgenen sitzen zu bleiben, wenn man von der Unschuld des Bruders und von der Schuld seiner Ankläger überzeugt war und den wahren Thatbestand durch Beweise aufdecken konnte. Der Israelit war vor Gott und Menschen verpflichtet, durch Aufdeckung der Wahrheit seinem Nächsten zu dienen: eine heimliche Verleugnung der Wahrheit war eine Missethat. Welch eine Anklage erhebt sich hier für die Gegenwart!

Endlich die Lob= und Dank= und freiwilligen Opfer, die sogenannten schelamim, mußten einen gewaltigen Einfluß auf das Volksleben ausüben. Diese werden die üblichsten Opfer an den großen Wallfahrtsfesten gewesen sein. Moses sorgte dafür, daß so auch der allerärmste im Volke im Jahre ein oder mehrere Male an einer fröhlichen und reichlichen Tafel, mit kräftiger, gesunder und reichlicher Fleischnahrung teilnehmen konnte, noch dazu immer in guter Gesellschaft, die durch keine Klassen und Stände getrennt war. Das gemeinschaftliche Essen übt einen großen heilsamen Einfluß auf die Volkssitte aus, hier vornehmlich ist die Stätte, wo wirkliche Bildung und wahrhafte Freundschaften ihre Heimat haben. Wenn in unserer Zeit beides, wahre Bildung und wahre Freundschaften so selten werden, so ist sicherlich nicht die allerletzte Ursache, daß das gemeinschaftliche Essen der verschiedenen Volksglieder an einem Tische immer seltener wird. Die zahlreichen und oft so üppigen Festessen, von denen die Zeitungen heute vielfach berichten, bieten keinen Ersatz, und sind nur eine Karikatur dessen, was Moses mit seinen schelamim bezweckte. Rohheit der Sitten hat in unzähligen Fällen ihren letzten Grund darin, daß solche rohe Gesellen in ihrem ganzen Leben noch nicht ein einziges Mal an einer gedeckten Tafel in guter Gesellschaft gesessen haben. Ein treffliches Beispiel führt hierfür der Amerikaner Henry George an, wenn er sagt: Auf einem großen Ozeandampfer mache man regelmäßig die Erfahrung, daß eine große Zahl der Zwischendeckspassagiere bei der Verteilung des Mittagsessens sich zanke und streite, während die anderen Passagiere bei der Mittags= tafel sich nicht bloß anständig betrügen, sondern in Höflichkeit einer den anderen überböten. George fürchtet, daß man teils sofort, teils sehr bald ganz dieselbe Erfahrung machen würde, wenn die einen Passagiere die Rolle der anderen übernehmen würden.

Wie groß ist die Zahl der armen Menschen, unserer Brüder und Schwestern, der Glieder unseres Volkes heute, die eine bequeme gemüt= liche Wohnung nur von außen kennen, die von Jugend auf nichts anderes kennen, als nur die bitterste Armut. Solche Zustände sollten nach Mosis Willen in Israel gar nicht möglich sein, in der Armen= fürsorge werden wir davon weiter hören, aber schon diese so nachdrück= lich empfohlenen Lob=, Dank=, freiwilligen Friedensopfer allein waren schon geeignet, solchem Übel kräftig entgegenzuwirken. Auch weisen wir hier noch einmal hin auf die durch die mosaische Gesetzgebung in einem höheren Interesse empfohlene, ich möchte fast sagen geheiligte Verschwen= dung. Diese Gastmahlsopfer sollten nicht kärglich sein, Sparsamkeit an dieser Stelle war nicht angebracht. Es mußte das Opfermahl, sei es nun Schaf, Rind oder Ochse, ganz verzehrt werden, auf den dritten Tag durfte nichts übrig bleiben, es sei denn, es würde verbrannt, und daß dieses letzte nicht geschähe, ich denke dafür werden die frohen Gäste am ersten, spätestens am zweiten Tage gesorgt haben. Nichts lag der ganzen mosaischen Staatsverfassung ferner als die kapitalistische Grund= anschauung, d. h. die Aufgabe, Reichtümer anzuhäufen, oder wie ein preußischer Staatsmann einmal sagte, keine Zinsen zu verlieren. Sorget nicht für den anderen Morgen, denn ein jeglicher Tag wird seine eigne Plage haben, das ist der Stempel, welcher dem ganzen öffentlichen Leben aufgedrückt war.

Fassen wir nun zum Schluß das Resultat dieses ganzen sechsten Kapitels zusammen. Die Religion der Israeliten nach den mosaischen Gesetzen übte durch die Beschneidung auf das Geschlechtsleben, die Ge= burt des Menschen, durch die Speisegesetze auf die Gesundheit des Leibes und durch die Opfergesetze auf die Gesundheit des Leibes und der Seele und des ganzen Volkslebens einen gewaltigen günstigen Ein= fluß aus. Entkleiden wir diese Gesetze ihrer alttestamentlichen, vergäng= lichen Formen, so müssen wir gestehen, daß der übrigbleibende Kern herrlich ist und unsere Bewunderung in hohem Grade verdient, um so

mehr, weil wir ihn in der Bibel in so altersgrauer Zeit finden. Die
neutestamentliche Kirche und namentlich die der Gegenwart hat mit der
Schale auch diesen heiligen guten Kern verloren und damit auch ihren
Einfluß auf das ganze öffentliche Volksleben. Die römische Kirche hat
die Lehre von dem Geschlechtsleben in eine Karikatur verwandelt und
in der protestantischen Kirche hat der frühere Geistliche Malthus, der
noch heute ungestört als Prophet verherrlicht wird, eine Lehre gepredigt, die die göttliche heilige Naturordnung auf den Kopf stellt. Die
Lehre von der Volksgesundheit, die öffentliche Hygieine, ist von Kirche
und Staat ganz und gar vernachläßigt. Es scheint, als wäre sie eine
Erfindung der letzten Jahrzehnte, und man rühmt sich ihrer schwäch-
lichen Errungenschaften und ahnt nicht, daß schon vor vielen tausend
Jahren Moses durch heilige göttliche Gesetze die Volkshygieine in ein
festes System gebracht hat. Die Kirche, namentlich die protestantische
der Gegenwart, hat diesem wichtigen Gegenstande gar keine Aufmerksamkeit gewidmet, ja hält sogar jegliche Sorge für die leibliche Volksgesundheit für etwas, das ganz außerhalb ihrer Aufgaben liegt. Sie
beschränkt sich lediglich auf das geistliche Wohlbefinden, sie hält jeden
schwachen Versuch, sie auch an diese Pflicht zu erinnern, für eine unbiblische falsche Schwärmerei, und solche Geistliche, die es dennoch thun,
für Heißsporne, die man lieber heute wie morgen, als unruhige Köpfe
beseitigen müsse. Selbst wenn die Kirche zur Erkenntnis ihrer Aufgabe
käme, was Gott gebe, so kann sie wegen ihrer Abhängigkeit vom staatlichen Organismus durchaus nichts thun. Der Staat aber in seiner
heutigen Gestalt steht diesen Aufgaben ferne, sein Gott ist der Moloch
geworden der Kapitalismus, und nur so weit als diesem geopfert wird,
nur so weit und keinen Schritt weiter sind auch andere Aufgaben möglich und gestattet, nicht aber um ihrer selbst willen. Der für das öffentliche soziale Leben so wichtige gesunde Kern der mosaischen Opfergesetze
ist gänzlich sowohl aus der Kirche als dem Staate verschwunden. Die
Ohrenbeichte und die Lehre vom Ablaß sind Karikaturen davon, und
die protestantische Kirche ist von dem öffentlichen Volksleben losgelöst
und steht so zu sagen außerhalb desselben. Die großartige Armenpflege
namentlich der Kirche des Mittelalters, so bewunderungswürdig sie ist,
war auf einer ganz anderen Grundlage erbaut und wirkte deshalb das
Gegenteil dessen, was die mosaischen Gesetze wirken sollten.

Wäre es auch ein Wahnsinn, unsere gegenwärtige Gesellschaftsordnung in Kirche und Staat nach dem Muster der mosaischen um-
wandeln zu wollen, so haben wir doch viele Ursache, diese alttestament-

liche Ordnung mehr zu bewundern und zu preisen, als die heidnische der Römer und Griechen, deren Kenntnis heute zum Merkmal der Bildung gemacht ist, während die Kenntnis der alttestamentlichen Ord= nung auf das gröbste vernachlässigt ist. In ihr liegt ein gesunder Kern verborgen, und wohl dem Staate und wohl der Kirche, die sich dagegen nicht länger verschließen.

7. Kapitel.

Die Propheten.

An dieser Stelle hier soll uns weniger der Inhalt der prophetischen Reden, als vielmehr dies in den mosaischen Gesetzen von Gott geordnete Amt selbst, nach seiner Bestimmung und Wichtigkeit für Staat und Kirche beschäftigen. Von dem vornehmlichsten Inhalt der prophetischen Reden gedenken wir in einem besonderen Abschnitt am Schluß des Buches noch zu handeln.

Das Prophetentum ist ein unmittelbarer Ausfluß der Theokratie; sie bliebe unvollkommen und sogar unverständlich, wenn nicht dieses wichtige Amt von Gott durch Moses der ganzen Verfassung ein= gegliedert worden wäre. Diesen Zusammenhang aufzuweisen ist für uns wichtig.

Bei allen heidnischen Religionen spielt die Sucht eine große Rolle, die Zukunft in der Gegenwart vorauszusehen. Wahrsagerei und Zau= berei und das ganze Orakelwesen bildete sich zu einer umfangreichen Wissenschaft — oder wenigstens zu einer Geheimlehre — aus. Es ist leicht einzusehen, daß solche Geheimlehre in den Händen schlauer Priester oder Staatsmänner die allerverderblichsten Folgen haben kann und auf die Dauer haben muß. Moses hat sicherlich dies durch seinen Aufent= halt und Erziehung in Ägypten kennen gelernt. Auf das allerstrengste verbietet er alle Zauberei und Wahrsagerei durch Befragung der Toten u. ä., und setzt darauf die allerempfindlichsten Strafen, nämlich die der Ausrottung, weil sie Jehovah, den Herrn des Volkes und des Landes, verletzten und dem Götzendienst Thür und Thor öffneten. Israel soll nicht Zauberei treiben, denn Jehovah selbst wird ihm Männer Gottes erwecken, die ihm, wenn nötig, zugleich mit dem Verständnis der Gegen= wart den Blick in die Zukunft eröffnen werden. Die Israeliten, sagt Moses, können sich desto eher enthalten, Zeichendeuter und Wahrsager zu befragen, weil Gott sich so weit zu seinem Volk herablassen will, ihnen von Zeit zu Zeit wahre Propheten zu erwecken. Das Gesetz bedurfte zwar keiner Erweiterung, es war vollkommen, nichts sollte jemals dazugesetzt oder davongenommen werden, die Priester insonderheit waren zu seinen Wächtern gesetzt, aus ihrem Munde sollte die heilige Lehre kommen, auch hatte Gott für besonders schwere Fälle dem Hohenpriester durch das urim und thummim die Macht einer besonderen Entscheidung gegeben; nichtsdestoweniger aber sollten durch Gottes Geist besonders erleuchtete Männer (roeh. choseh, nabi), Schauer und Seher im wahren Sinne des Wortes, heilig begeisterte Volksredner aufstehen, um in Zeiten besonderer Bedrängnis den rechten Weg zu zeigen.

Die Propheten sollten ein Gegengewicht gegen die Priester und Richter und Fürsten bilden, ohne daß sie zu den obengenannten Männern immer in einen Gegensatz treten mußten: denn sie hatten im Grunde mit ihnen einen Beruf, der Wahrheit zum Siege zu verhelfen. Wir haben schon oft erkannt, wie Moses auf alle Weise dem bei heidnischen Völkern und sonderlich bei den Ägyptern vorhandenen Kastengeist entgegenarbeitete. Moses will, daß die Wahrheit und die Weisheit nicht das Gut eines besondern Standes, sondern das Eigentum der Gesamtheit, des ganzen Volkes sei. Nun war der Priesterstand als ein erblicher Stand immerhin besonders ausgezeichnet. Die Gefahr lag nahe, daß dieser Stand der Versuchung nicht widerstand, seinen Einfluß, mit Hilfe des ihm durch das Gesetz gegebenen Ansehens, zu mißbrauchen. Wir sehen, wie Moses auf mannigfache Weise durch die vielerlei freiheitlichen und antihierarchischen Institutionen diesem möglichen Mißbrauch entgegenwirkte. Am kräftigsten aber sollte dem das Prophetentum widerstehen. Die Propheten waren an keinen Stand, nicht einmal an das Geschlecht (Mirjam, Deborah, Hulda) gebunden, ihr Amt war nicht erblich; nachdem der Geist Gottes gab auszusprechen, wollte Gott diese Männer erwecken und sie als seine besonderen Boten beglaubigen, die man hören müsse. Sie waren gleichsam von Gott zu Wächtern seiner heiligen Ordnung gesetzt, die in Gemeinsamkeit mit Priestern und Richtern allezeit für die Wahrheit eintraten, aber jenen offen gegenübertraten, wenn sie ihres Berufes vergaßen. Mitten aus dem Volke traten sie auf, sowohl aus dem Hirtenstande als aus den Priestern als aus den Gelehrten und später selbst aus königlichem Geschlechte. Die Wahrheit sollte nicht verdunkelt werden, sie sollte das Salz im Volke, ein Licht im Lande sein. Die eigentlich klassische Stelle lesen wir 5. Mof. 18, die unmöglich nur allein auf den Messias zu deuten ist, ebensowenig wie nur auf die Propheten des Alten Testaments, sondern auf beide zusammen, so daß der Messias die letzte Krone der alttestamentlichen Propheten bildet. Diese Propheten bildeten keine Genossenschaft, hatten kein Einkommen, sondern lebten wie alle anderen Bürger, ja oft nur in Dürftigkeit und Not. Ihr Beruf bestand nicht darin, daß sie etwa die Zukunft vorhersagen sollten, sondern sie waren wie Aaron der (nabi) Redner des Moses, so der Mund des Volkes im Namen Jehovahs, sie waren Volksredner, Gelehrte, Geschichtsschreiber und zeichneten sich oft auch durch Kenntnis der Heilkunde aus. In ihrer eigentlichen amtlichen Thätigkeit verhielten sie sich passiv und aktiv, d. h. sie empfanden die ihnen von Gott geoffenbarte Wahrheit als eine „Last", die ihnen aufgelegt war, der sie sich nicht entziehen konnten, und verarbeiteten andererseits diese Wahrheit zu ihrem geistigen Eigentum, indem Gott sie „schauen" ließ seinen heiligen Willen. In den Propheten haben wir die vom Gesetz geordnete unbedingte Lehr- und Redefreiheit im allerweitesten Sinne vor Augen. Die Gesichtspunkte, von denen sie ausgingen, waren nicht Vorteil — Ehre — Ruhm der Menschen, auch nicht in jedem Fall das äußere Wohl des Staates, vielmehr stets Gerechtigkeit — Wahrheit — Friede — Eintracht und namentlich Schutz und Hilfe der Unterdrückten. Ihre Rede war herrlich und klar, im wahren Sinne des Wortes realistisch, mit den herrlichsten Gleichnissen in Bildern aus der Geschichte und der Natur geschmückt, und wirkte nicht selten hinreißend und begeisternd durch ihre edle Kraft. Ein Rückschluß auf die allgemeine Bildung des Volkes, an das sich die Propheten mit ihren Reden wandten, und aus dem solche Volksmänner hervorgingen, ist uns wohl gestattet, und mit Bewunderung für sie sind wir noch heute erfüllt. Sie geißelten rücksichtslos das Unrecht, wo sie es fanden, sie straften die Verbrechen des Volkes, seiner Führer und seiner Priester, sie kündigten den Zorn Gottes und die empfindlichsten Strafen an, sie traten selbst vor die Könige und entwarfen ihnen in starken Zügen ein Bild ihrer eignen Verbrechen und ihrer verhängnisvollen Zukunft. Ihre Würde war durch das Gesetz geschützt, niemand durfte auf Grund des Gesetzes ihnen entgegentreten und ihnen das freie Wort verbieten, so sehr es wehe that und Wunden schlug; es schützte sie das Recht der von Gott selbst geordneten Redefreiheit. Ein herrliches Beispiel bietet uns die Geschichte des Jeremias im 26. Kapitel. Man will dem kühnen Mann den Mund verbieten, und möchte ihn gern auf die Seite bringen, er aber beruft sich auf sein göttliches Recht und niemand wagt öffentlich Hand an ihn zu legen. Doch wir wissen, das Unrecht wie heute so damals findet auch seine krummen Wege, und die Macht und der augenblickliche Erfolg stehen ihm zur Seite. Jeremias hat das in seiner Grube gemerkt, in die man ihn warf; ähnlich ging es vielen Propheten vor ihm, nach ihm im Alten Testament (cf. 2. Chron. 16, 10; 24, 21; Nehem. 9, 26), aber das Gesetz und alle wahren Israeliten, die Kinder Gottes, standen dennoch auf ihrer Seite. Dem göttlichen Schutz für die wahren Propheten stand nun gegenüber ein ebenso starker Schutz vor dem falschen Lügenpropheten. Ein solcher mußte sterben. An zwei Kennzeichen sollte man ihn erkennen. Jeder, der im Namen eines heidnischen Götzen auftrat, sollte sterben, ohne Rücksicht auf den Erfolg und Inhalt seiner Rede, ja selbst wenn sie von sichtbaren Zeichen und Wundern begleitet gewesen wäre. Wenn ein Prophet im Namen des wahren Gottes aufstand, aber durch die That sich seine Rede als Unwahrheit erwies, daß nicht geschah, was er weissagte, so galt er als Lügenprophet und wurde gesteinigt. Dieses letzte Merkmal wird man in den seltensten Fällen haben anwenden können, es wird sich nur beziehen auf solche Volksverführer, denen der Stempel der Lüge gleichsam an der Stirne stand. Wir sehen ja deutlich, daß sich die meisten Weissagungen der Propheten auf eine ferne Zeit bezogen, so daß man die Nichterfüllung unmöglich abwarten konnte, dazu kommt, daß wahre Propheten wie Nathan und Jonas nach besserer Einsicht und Belehrung durch Gottes Geist einmal gethane Aussprüche unbedenklich wieder zurücknahmen.

Sowohl zur Charakterisierung der prophetischen Strafpredigt als auch zum Spiegel und zur Nachahmung für die Gegenwart wollen wir im folgenden eine solche ausführliche Strafpredigt der Propheten mit ihren eignen Worten zusammenstellen und sie nach der oben angegebenen kurzen Andeutung gruppieren, sofern sie sich bezieht auf 1) das Volk, 2) die Priester und falschen Propheten, 3) den Fürsten und 4) auf den Zorn und das Strafgericht Gottes.

1. An das Volk.

Höret ihr Himmel und Erde, nimm zu Ohren! denn der Herr redet: Ich habe Kinder aufgezogen und erhöhet und sie sind von mir abgefallen. Ein Ochse kennet seinen Herrn und ein Esel die Krippe seines Herrn, aber Israel kennt es nicht und mein Volk vernimmt es nicht. O wehe des sündigen Volkes von großer Missethat, des boshaftigen Samens, der schädlichen Kinder, die den Herrn verlassen, den Heiligen in Israel lästern, weichen zurück. Was soll man weiter an euch schlagen, so ihr des Abweichens desto mehr machet. Das ganze Haupt ist krank, das ganze Herz ist matt. Von der Fußsohle an bis aufs Haupt ist nichts Gesundes an ihm, sondern Wunden und Striemen und Eiterbeulen, die nicht geheftet noch verbunden, noch mit Öl gelindert sind. Euer Land ist wüste, eure Städte sind mit Feuer verbrannt, Fremde verzehren eure Äcker vor euren Augen, und ist wüste, als das, so durch Fremde verheeret ist (Jes. 1, 2—8). Wie gehet das zu, daß die fromme Stadt zur Hure geworden ist? Sie war voll Rechts, Gerechtigkeit wohnete darin, nun aber Mörder (Jes. 1, 21), sie treiben es mehr denn die gegen den Aufgang, und sind Tagewähler, wie die Philister, und machen der fremden Kinder viel. Ihr Land ist voll Silber und Gold, und ihrer Schätze ist kein Ende. Auch ist ihr Land voll Götzen, und beten ihrer Hände Werk an, welches ihre Finger gemacht haben. Da bücket sich der Pöbel, da demütigen sich die Junker. Das wirst du ihnen nicht vergeben. Gehe hin in die Felsen und verbirg dich in die Erde vor der Furcht des Herrn und vor seiner herrlichen Majestät. Denn alle hohen Augen werden geniedrigt werden, und was hohe Leute sind, wird sich bücken müssen (Jes. 2, 6—11). Wehe denen, die ein Haus an das andere ziehen und einen Acker an den anderen bringen, bis daß kein Raum mehr da sei, daß sie allein das Land besitzen. Es ist vor den Ohren des Herrn Zebaoth: was gilt's, wo nicht die vielen Häuser sollen wüste werden und die großen und feinen öde stehen! Denn zehn Acker Weinbergs sollen nur einen Eimer geben und ein Malter Samens soll nur einen Scheffel geben. Wehe denen, die des Morgens frühe auf sind, des Saufens sich zu befleißigen und sitzen bis in die Nacht, daß sie der Wein erhitzet und haben Harfen, Psalter, Pauken, Pfeifen und Wein in ihrem Wohlleben, und sehen nicht auf das Werk des Herrn und schauen nicht auf die Geschäfte seiner Hände (Jes. 5, 8—12). Niemand wird um deinen Schaden trauern, noch sich um deine Plage kränken, sondern alle, die solches von dir hören, werden mit ihren Händen über dich klappen. Denn über wen ist nicht deine Bosheit ohne Unterlaß gegangen! (Nahum 3, 19.) Mein Volk thut eine zwiefache Sünde, mich, die lebendige Quelle verlassen sie und machen hie und da ausgehauene Brunnen, die doch löcherig sind und kein Wasser geben (Jer. 2, 13), denn mein Volk ist toll und glauben mir nicht, thöricht sind sie, und achten es nicht. Weise sind sie genug, Übles zu thun, aber wohlthun wollen sie

nicht lernen (Jer. 4, 22), deshalb höret zu, ihr tolles Volk, das keinen
Verstand hat, die da Augen haben und sehen nicht, Ohren haben und
hören nicht (Jer. 5, 21).

2. An die Priester und falschen Propheten.

Dazu sind diese auch vom Wein toll geworden und taumeln von
starkem Getränk; denn beide, Priester und Propheten, sind toll von starkem
Getränk, sind in Wein ersoffen und taumeln von starkem Getränk, sie
sind toll im Weissagen und köcken die Urteile heraus, denn alle Tische
sind voll Speiens und Unflats an allen Orten (Jes. 28, 7). Es stehet
greulich und scheußlich im Lande, die Propheten lehren falsch und die
Priester herrschen in ihrem Amt und mein Volk hat es gerne also.
Wie will es euch zuletzt darob gehen? (Jer. 5, 31.) Sie geizen allesamt, Klein und Groß, und beide, Propheten und Priester, lehren
allesamt falschen Gottesdienst und trösten mein Volk in seinem Unglück,
daß sie es gering achten sollen und sagen: Friede, Friede! und ist doch
nicht Friede (Jer. 6, 13). Mein Herz will mir in meinem Leibe
brechen, alle meine Gebeine zittern, mir ist wie einem trunkenen Manne,
und wie einem, der vom Weine taumelt, vor dem Herrn und vor seinen
heiligen Worten. Daß das Land so voll Ehebrecher ist, daß das Land
so jämmerlich steht, daß es so verflucht ist, und die Auen in der Wüste
verdorren und ihr Leben ist böse und ihr Regiment taugt nicht, denn
beide, Propheten und Priester sind Schälke und finde auch in meinem
Hause ihre Bosheit, spricht der Herr, darum ist ihr Weg wie ein glatter
Weg im Finstern, darauf sie gleiten und fallen. Bei den Propheten zu
Jerusalem sehe ich Greuel, wie sie ehebrechen und gehen mit Lügen um
und stärken die Boshaftigen, auf daß sich ja niemand bekehre von
seiner Bosheit. Sie sind alle vor mir gleich wie Sodom und ihre
Bürger wie Gomorra (Jer. 23, 9—14). Ihre Priester verkehren mein
Gesetz frevlich und entheiligen mein Heiligtum (Ezechiel 22, 26).
Ihre Häupter richten um Geschenke, ihre Priester lehren um Lohn und
ihre Propheten wahrsagen um Geld, verlassen sich auf den Herrn und
sprechen: Ist nicht der Herr unter uns? Es kann kein Unglück über
uns kommen (Micha 3, 11). Alle ihre Wächter sind blind, sie wissen
alle nichts, stumme Hunde sind sie, die nicht strafen können, sind faul,
liegen und schlafen gerne (Jes. 56, 10). Höret deshalb des Herrn
Wort, ihr Fürsten von Sodom, nimm zu Ohren unseres Gottes Gesetz,
du Volk von Gomorra. Was soll mir die Menge eurer Opfer? spricht
der Herr. Ich bin satt der Brandopfer von Widdern und des Fetten

von den Gemästeten und habe keine Lust zum Blut der Farren, der Lämmer und Böcke. Wenn ihr hereinkommt zu erscheinen vor mir, wer fordert solches von euren Händen, daß ihr auf meinen Vorhof tretet. Bringet nicht mehr Speisopfer so vergeblich. Das Rauchwerk ist mir ein Greuel; der Neumonde und Sabbate, da ihr zusammen= kommt und Mühe und Angst habt, derer mag ich nicht. Meine Seele ist feind euren Neumonden und Jahreszeiten, ich bin derselbigen über= drüssig, ich bins müde zu leiden. Und wenn ihr schon eure Hände ausbreitet, verberge ich doch meine Augen vor euch, und ob ihr schon viel betet, höre ich euch doch nicht, denn eure Hände sind voll Blutes. Waschet, reiniget euch, thut euer böses Wesen von meinen Augen, lasset vom Bösen. Lernet Gutes thun, trachtet nach Recht, helfet den Unter= drückten, schaffet dem Waisen Recht und helfet der Witwen Sache (Jes. 1, 10—17). Wehe den Schriftgelehrten, die unrechte Gesetze machen und die unrecht Urteil schreiben, auf daß sie die Sache des Armen beugen und Gewalt üben im Recht der Elenden unter meinem Volk, daß die Witwen ihr Raub und die Waisen ihre Beute sein müssen (Jes. 10, 1, 2). Und die Priester samt ihren Haufen sind wie die Ströter, so da lauern auf die Beute, und würgen auf dem Wege, der gen Sichem gehet, denn sie thun, was sie wollen (Hosea 6, 9). Deshalb bin ich euren Feiertagen gram und verachte sie und mag nicht riechen in eure Versammlungen, und ob ihr mir gleich Brandopfer und Speisopfer opfert, so habe ich kein Gefallen daran, so mag ich auch eure feisten Dankopfer nicht ansehen. Thue nur weg von mir das Geplärr deiner Lieder, denn ich mag dein Psalterspiel nicht hören (Amos 5, 21). Wehe den Stolzen zu Zion, die ihr schlafet auf elfenbeinernen Lagern und treibet Überfluß mit euren Betten, ihr esset die Lämmer aus der Herde und die gemästeten Kälber und trinket Wein aus den Schalen und salbet euch mit Balsam und bekümmert euch nicht um den Schaden Josephs (Amos 6, 4—6). Und nun, ihr Priester, dies Gebot gilt euch. Siehe, ich will schelten euch samt dem Samen, und den Kot eurer Feiertage euch in das Angesicht werfen und soll an euch kleben bleiben; denn ihr seid von dem Wege abgetreten und ärgert viele im Gesetze und habt den Bund Levis zerbrochen, spricht der Herr Zebaoth (Maleachi 2, 2. 3. 8). Denn gleich wie ein Born sein Wasser quillet, also quillet auch ihre Bosheit. Ihr Frevel und Gewalt schreiet über sie und ihr Morden und Schlagen treiben sie täglich vor mir. Was frage ich nach dem Weihrauch, der aus dem Reich Arabien, und nach den guten Zimtrinden, die aus fernen Ländern kommen. Eure Brandopfer sind mir nicht angenehm und eure Opfer gefallen mir nicht (Jerem. 6, 7 und 20).

3. An die Fürsten und Könige.

Die Könige im Lande lehnen sich auf und die Herren ratschlagen miteinander wider den Herrn und seinen Gesalbten: Lasset uns zerreißen ihre Bande und von uns werfen ihre Seile (Pf. 2, 2). Kinder sind Treiber meines Volkes und Weiber herrschen über sie. Mein Volk, deine Tröster verführen dich und zerstören den Weg, den du gehen sollst (Jes. 3, 12). Wehe dir Land, des König ein Kind ist, des Fürsten frühe essen (Predig. 10, 16). Deine Fürsten sind Abtrünnige und Diebsgesellen, sie nehmen alle gerne Geschenke und trachten nach Gaben, den Waisen schaffen sie nicht Recht und der Witwen Sache kommt nicht vor sie (Jes. 1, 23). Und will ihnen Jünglinge zu Fürsten geben und Kindische sollen über sie herrschen und das Volk wird Schinderei treiben einer über den andern, und ein jeglicher über den Nächsten und der jüngere wird stolz sein über den alten, und ein loser Mann wider den ehrlichen. Dann wird einer seinen Bruder aus seines Vaters Haus ergreifen: Du hast Kleider, sei unser Fürst, hilf du diesem Unfall (Jes. 3, 4—6). Und der Herr kommt zum Gericht mit den Ältesten seines Volkes und mit seinen Fürsten, denn ihr habt den Weinberg verderbet, und der Raub von den Armen ist in eurem Hause. Warum zertretet ihr mein Volk und zerschlaget die Person der Elenden? spricht der Herr Zebaoth (Jes. 3, 14. 15). Wehe denen, die sich zusammenkoppeln mit losen Stricken, Unrecht zu thun, und mit Wagenseilen, zu sündigen und sprechen: Laß eilend und bald kommen sein Werk, daß wir es sehen, laß herfahren und kommen den Anschlag des Heiligen in Israel, daß wir es inne werden. Wehe denen, die Böses gut und Gutes böse heißen, die aus Finsternis Licht und aus Licht Finsternis machen, die aus sauer süß und aus süß sauer machen. Wehe denen, die bei sich selbst weise sind und halten sich selbst für klug. Wehe denen, so Helden sind Wein zu saufen und Krieger in Völlerei, die den Gottlosen Recht sprechen um Geschenke willen und das Recht der Gerechten von ihnen wenden (Jes. 5, 18—23). Der Hochmut deines Herzens hat dich betrogen, weil du in der Felsen Klüften wohnest in deinen hohen Schlössern und sprichst in deinem Herzen: Wer will mich zu Boden stoßen! Wenn du dann gleich in die Höhe führest wie ein Adler und machtest dein Nest zwischen den Sternen, dennoch will ich dich von dannen herunterstürzen, spricht der Herr (Obadja 3).

19*

Wehe denen, die Schaden zu thun trachten und gehen mit bösen Tücken um auf ihrem Lager, daß sie es früh, wenn es licht wird, vollbringen, weil sie die Macht haben. Ihr treibet die Weiber meines Volks aus ihren lieben Häusern und nehmet stets von ihren jungen Kindern meinen Schmuck (Mich. 2, 1 u. 9). Wenn ich ein Irrgeist wäre und ein Lügenprediger und predigte wie sie saufen und schwelgen sollten, das wäre ein Prediger für dieses Volk (Mich. 2, 11). Aber sie sind dem gram, der sie im Thore strafet und halten den für einen Greuel, der heilsam lehret. Darum weil ihr die Armen unterdrücket und nehmet das Korn mit großen Lasten von ihnen, so sollt ihr in den Häusern nicht wohnen, die ihr von Werkstücken gebaut habt und den Wein nicht trinken, den ihr in den feinen Weinbergen gepflanzet habt; denn ich weiß euer Übertreten, des viel ist und eure Sünden, die stark sind, wie ihr die Gerechten dränget und Blutgeld nehmet und die Armen im Thor unterdrücket. Darum muß der Kluge zur selbigen Zeit schweigen, denn es ist eine böse Zeit (Amos 5, 10—13). Darum ist das Ende gekommen über mein Volk Israel, ich will ihnen nicht mehr übersehen, die Lieder in der Kirche sollen in ein Heulen verkehret werden zur selbigen Zeit, spricht der Herr, Herr, es werden viele tote Leichname liegen an allen Orten, die man heimlich wegtragen wird. Höret dies, die ihr den Armen unterdrücket und die Elenden im Lande verderbet, und sprechet: Wann will denn der Neumond ein Ende haben, daß wir Getreide verkaufen und der Sabbat, daß wir Korn feil haben mögen, und den Epha ringern und den Sekel steigern, und die Wage fälschen, auf daß wir die Armen um Geld und die Dürftigen um ein Paar Schuhe unter uns bringen und Spreu für Korn verkaufen (Amos 8, 4—6). Darum will ich dich auch anfangen zu plagen und dich um deiner Sünde willen wüste machen, du sollst nicht genug zu essen haben und sollst verschmachten und was du erhaschest, soll doch nicht davon kommen, und was davon kommt, will ich doch dem Schwert überantworten. Du sollst säen und nicht ernten, du sollst Öl keltern und dich mit dem Öl nicht salben und Most keltern und nicht Wein trinken. Darum will ich dich zur Wüste machen und ihre Einwohner, daß man sie anpfeifen soll und sollt meines Volkes Schmach tragen (Micha 6, 13—16). Denn des Herrn großer Tag ist nahe, er ist nahe und eilet sehr; denn dieser Tag ist ein Tag des Grimmes, ein Tag der Trübsal und der Angst, ein Tag des Wetters und Ungestüms, ein Tag der Finsternis und des Dunkels, ein Tag der Wolken und Nebel, ein Tag der Posaunen und Trompeten wider die festen Städte und hohen

Schlösser. Ich will den Leuten bange machen, daß sie umher gehen sollen wie die Blinden, darum daß sie wider den Herrn gesündigt haben. Ihr Blut soll vergossen werden, als wäre es Staub, und ihr Leib, als wäre er Kot. Es wird sie ihr Silber und Gold nicht erretten mögen vom Tage des Zorns des Herrn, sondern das ganze Land soll durch Feuer seines Eifers verzehret werden, denn er wird es plötzlich ein Ende machen mit allen, die im Lande wohnen (Zephanja 1, 14—18).

4. Zorn und Strafgericht Gottes.

O weh, spricht der Herr Zebaoth, ich werde mich trösten durch meine Feinde, und mich rächen durch meine Feinde und muß meine Hand wider dich kehren und deinen Schaum aufs lauterste fegen und all dein Zinn wegthun (Jes. 1, 24. 25), denn alle Augen werden geniedriget werden, und was hohe Leute sind, werden sich bücken müssen, denn der Tag des Herrn Zebaoth wird gehen über alles Hoffärtige und Hohe und über alles Erhabene, daß es geniedriget werde; daß sich bücken muß alle Höhe der Menschen und demütigen, was hohe Leute sind und der Herr allein hohe sei zu der Zeit (Jes. 2, 11—17). Darum wird mein Volk müssen weggeführet werden unversehens und werden seine Herrlichen Hunger leiden und sein Pöbel Durst leiden. Daher hat die Hölle die Seele weit aufgesperret und den Rachen aufgethan, ohne alle Maß, daß hinunter fahren beide ihre Herrlichen und Pöbel, beide ihre Reichen und Fröhlichen (Jes. 5, 13 und 14). Denn er wird ein Panier aufwerfen, ferne unter den Heiden und dieselbigen locken vom Ende der Erde und siehe, eilend und schnell kommen sie daher, sie brüllen wie Löwen, und brüllen wie junge Löwen, sie werden brausen und den Raub erhaschen und davon bringen, daß niemand erretten wird und wird über sie brausen zu der Zeit, wie das Meer. Wenn man dann das Land ansehen wird, siehe, so ist es finster vor Angst und das Licht scheinet nicht mehr oben über ihnen (Jes. 5, 26. 29—30). Deshalb so verstocke das Herz dieses Volkes und laß ihre Ohren dicke sein und blende ihre Augen, daß sie nicht sehen mit ihren Augen, noch hören mit ihren Ohren, noch verstehen mit ihren Herzen und sich bekehren und genesen. Er (Jesajas) aber sprach: Herr, wie lange! Er sprach, bis daß die Städte wüste werden, ohne Einwohner und Häuser, ohne Leute und das Feld ganz wüste liege; denn der Herr wird die Leute ferne wegthun, daß das Land sehr verlassen wird (Jes. 6, 10—12). Denn sie säen Wind und werden Ungewitter einernten, ihre Saat soll

nicht ankommen, und ihr Gewächs kein Mehl geben, und ob es geben
würde, sollen es doch Fremde fressen. Israel wird aufgefressen, die
Heiden gehen mit ihnen um, wie mit einem unwerten Gefäß (Hosea
8, 7. 8). Der so schnell ist, soll nicht entfliehen, noch der Starke etwas
vermögen und der Mächtige soll nicht sein Leben erretten können und
die Bogenschützen sollen nicht bestehen und der schnell laufen kann, soll
nicht entlaufen, und der da reitet, soll sein Leben nicht erretten, und
der unter den Starken der mannhaftigste ist, soll nackend entfliehen
müssen zu der Zeit, spricht der Herr (Amos 2, 14—16). Darum, daß
ihr seid, wie die fetten Kühe auf dem Berge Samarias und den
Dürftigen Unrecht thut und untertretet die Armen, und sprechet zu
euern Herren: Bringet her, lasset uns saufen, deshalb wird man euch
herausrücken mit Angeln und eure Nachkommen mit Fischhäklein (Amos
4, 1. 2). Aber sie sind dem gram, der sie im Thor strafet und haben
den für einen Greuel, der heilsam lehret. Darum weil ihr die Armen
unterdrücket und nehmet das Korn mit großen Lasten von ihnen, so
sollt ihr in den Häusern nicht wohnen, die ihr von Werkstücken gebaut
habt und den Wein nicht trinken, den ihr in den feinen Weinbergen
gepflanzt habt; denn ich weiß euer Übertreten, des viel ist, und eure
Sünden, die stark sind, wie ihr die Gerechten dränget und Blutgeld
nehmet und die Armen im Thor unterdrücket. Dann muß der Klügste
zur selbigen Zeit schweigen, denn es ist ein böse Zeit (Amos 5, 10—13).
Darum ist das Ende gekommen über mein Volk Israel, ich will ihnen
nicht mehr übersehen, die Lieder in der Kirche sollen in ein Heulen
verkehret werden zur selbigen Zeit, spricht der Herr, Herr, es werden
viele tote Leichname liegen an allen Orten, die man heimlich wegtragen
wird. Höret dies, die ihr den Armen unterdrücket und die Elenden im
Lande verderbet und sprechet: Wann will denn der Neumond ein Ende
haben, daß wir Getreide verkaufen, und der Sabbat, daß wir Korn
feil haben mögen und den Epha ringern und den Sekel steigern und
die Wage fälschen, auf daß wir die Armen um Geld und die Dürftigen
um ein Paar Schuhe unter uns bringen, und Spreu für Korn verkaufen
(Amos 8, 9). Darum will ich dich auch anfangen zu plagen und dich
um deiner Sünde willen wüste machen, du sollst nicht genug zu essen
haben und sollst verschmachten, und was du erhaschest, soll doch nicht
davonkommen, und was davonkommt, will ich doch dem Schwert
überantworten. Du sollst säen und nicht ernten, du sollst Öl keltern
und dich mit demselben nicht salben und Most keltern und nicht
Wein trinken. Darum will ich dich zur Wüste machen und ihre Ein=

wohner, daß man sie anpfeifen soll und sollt meines Volkes Schmach
tragen (Micha 6, 13—16). Denn des Herrn großer Tag ist nahe,
er ist nahe und eilet sehr; denn dieser Tag ist ein Tag des Grimms
ein Tag der Trübsal und der Angst, ein Tag des Wetters und des
Ungestüms, ein Tag der Finsternis und des Dunkels, ein Tag der
Wolken und Nebel, ein Tag der Posaunen und Trompeten wider die
festen Städte und hohen Schlösser. Ich will den Leuten bange machen,
daß sie umher gehen sollen wie die Blinden, darum, daß sie wider den
Herrn gesündigt haben. Ihr Blut soll vergossen werden als wäre es
Staub und ihr Leib als wäre er Kot. Es wird sie ihr Silber und
Gold nicht erretten mögen vom Tage des Zorns des Herrn, sondern
das ganze Land soll durch das Feuer seines Eifers verzehret werden;
denn er wird es plötzlich ein Ende machen mit allen, die im Lande
wohnen (Zephanja 1, 14—18).

Keil sagt in seiner Archäologie S. 693: „Keine Ahnung vom Wesen
der Prophetie hat Saalschütz, wenn er Mos. Recht S. 128 in dem
Prophetentum nichts weiter findet als die Eröffnung einer unbeschränkten
Lehr- und Redefreiheit." Abgesehen davon, daß Keil durch Einschiebung
der Wörtchen „nichts weiter als" die Ansicht Saalschütz' fälscht, so werden
die Leser — wie ich hoffe — auf Grund dieser vorstehenden aus-
führlichen Probe aus prophetischer Rede nicht zweifelhaft sein, daß im
Gegenteil Keil gerade von der Bedeutung des Prophetentums für das
öffentliche Leben wenig versteht, wenn er Saalschütz so schroff entgegen-
trat, weil dieser, ohne die andere Bedeutung im geringsten zu leugnen,
gerade an der Stelle diese Bedeutung richtig hervorhob. Keil steht aber
sicherlich nicht vereinzelt da, vielmehr ist seine Ansicht ein deutliches
Zeichen der Zeit. Es mußte in früheren Jahrzehnten im höchsten Grade
unbequem sein, die unbedingte Lehr- und Redefreiheit mit so klassischen
Zeugnissen aus dem Alten Testamente durch die göttliche Stiftung des
Prophetenamtes gestützt zu sehen. Kurzsichtigen Politikern und Gegnern
der Volksfreiheit, die leider allzu sehr und allzu lange in Deutschland
den größten politischen Einfluß ausübten, war diese Freiheit ein Greuel.
Mit allen möglichen und unmöglichen Mitteln, mit List und Gewalt
hat man versucht, diese Freiheit zu ertöten. Leider nur allzu bekannt sind die starken Versuche in der Gegenwart, in dem sogenannten

Umsturzgesetz die freie Rede zu knebeln. Da ist es leider geschehen, daß die Propheten des 18. und 19. Jahrhunderts ihre Brüder aus altersgrauer Zeit, die Propheten des Alten Testaments in diesem Punkt nicht verstanden, sondern verleugneten. Um so mehr sollen sie jetzt uns als ein herrliches Vorbild vor die Augen gestellt werden. Die Gesetze haben das Volk Israel vor furchtbarem Abfall und Verderben nicht zu bewahren vermocht. Die Schuld liegt natürlich nicht an den Gesetzen, sondern an dem Ungehorsam des Volkes und an dem knechtischen Geist der falschen Schriftgelehrten, die im Dienst des Buchstabens und äußerlicher Zeremonieen die Freiheit des Geistes verloren und dafür die Knechtschaft eintauschten. Auch die Priester in großer und allergrößter Zahl konnten sich von diesem allgemeinen Strudel nicht entfernt halten, machten sich vielmehr leider zu willigen Werkzeugen, zu Staatsdienern einer neuen Staatsreligion, deren oberstes Gesetz nicht die Wahrheit und Gerechtigkeit Gottes war, sondern das falsch verstandene vermeintliche Wohl der Mächtigen und Starken, der Staatsomnipotenz. Da traten aber zu jener Zeit die Propheten Gottes auf, mitten aus dem Volk, beglaubigt allein durch die Berufung Gottes und durch sein heiliges Gesetz; sie geißelten in heiligem Zorn ohne Furcht und Scheu sehr oft in furchtbar derben Worten, ich möchte sagen, mit moralischen Peitschenhieben die Sünde, nämlich die Heuchelei, das Unrecht, den Abfall überall, wo sie das Verderben sahen im Volk und sonderlich bei denen, die das Volk verführten. Diese gewaltigen, oft Mark und Bein durchdringenden Reden haben seit jener Zeit alle frommen Menschen erquickt und mit Bewunderung erfüllt, haben sie wie an einem heiligen Herdfeuer mit heiliger Begeisterung entzündet, und sind so nicht selten ein heiliger Quell geworden, aus dem Lebensströme geflossen sind in Zeiten des Verderbens und des Abfalls. Heute ist die Religion, ich meine natürlich die wahre Religion, die nicht in äußerlichen Zeremonieen besteht, sondern inwendig Geist und Kraft ist, durch die falsche politische und soziale Entwickelung der letzten Jahrhunderte im Volke tief erschüttert. Dieser heilige Quell ist verschüttet trotz der Bibelverbreitung im Volk und trotz aller äußerlichen künstlichen Religionspflege. Nicht durch natürliche, dem Volksbewußtsein entsprungene und entsprechende Gesetze, sondern durch eiserne unverstandene Paragraphen, dem heidnischen römischen Recht entnommen, ist die Volksfreiheit gebunden. Vor einigen Jahren wurde in Kassel ein damals mit Recht viel Aufsehen erregender Prozeß verhandelt gegen einen evangelischen Geistlichen, der beschuldigt war, die römische Kirche beschimpft zu haben. Auf diesen Prozeß selbst lassen wir uns

hier nicht ein, nur erwähnen wollen wir die Behauptung des Staats=
anwalts, die damals durch die Presse ging, daß, wenn heute Luther
lebte, er sicherlich wegen seiner harten Rede von der Staatsanwaltschaft
in unzählige Prozesse verwickelt werden würde. Ganz ebenso würde es
auch heute den Propheten des Alten Testaments ohne Ausnahme gehen,
wenn man sie nur fassen könnte. Wer heute mit demselben Freimut
redet wie jene Männer, der ist ein Aufwiegler, der ist ein Feind des
Staates und der Staatskirche, der kommt mit den Hütern des Gesetzes
in fortwährenden Konflikt. Es ist nur ein Grundsatz der Klugheit,
durch den man die allzu große Härte des Konflikts in aufgeregten Zeiten
vermeidet, wenn die Propheten des Alten Testaments nicht zu den ver=
botenen Schriften gezählt werden; die Konsequenz der heutigen Rechtsan=
schauung wäre ein solches Verbot sicherlich und Gott weiß, was man noch
im Schilde führt, zumal die Entfernung des Alten Testamentes, als eines
Volksbuchs, aus der Schule schon längst auf dem Programm der Welt=
verbesserer steht. Solche freimütige Rede, wie jene Propheten sie geführt,
verträgt sich kaum mit der Ordnung, die heute in Kirche und Staat
gilt. Die schlimmste Sünde, deren man sich heute schuldig machen kann,
ist eine Verletzung des Ansehens irdischer Autoritäten, während un=
gestört die ewigen und heiligen Grundwahrheiten mit ungewaschenen
Händen angetastet werden dürfen. Die gottbegeisterten Propheten des
Alten Testaments geben uns ein anderes Vorbild. Wie ist die Welt
so blind gegen alle Lehren der profanen und der heiligen Geschichte!
Wie kann man sicher auf Gehorsam und Ehrerbietung rechnen, wo die
Grundlage dieser Tugenden, der Gehorsam gegen die ewig gültigen
Gesetze Gottes und der Natur allgemein vernachlässigt, ja gar verhöhnt
und mit Füßen getreten wird?

Gerechtigkeit allein erhöhet ein Volk, die Sünde aber ist der Leute
Verderben.

Gerade heute, in diesen Tagen (März 1895), hat man, um die
Gesellschaft zu retten, einen starken Vorstoß gegen die Lehr= und Rede=
freiheit versucht. Zwar sind solche Versuche schon oft gemacht worden,
aber daß ein Volk durch seine eignen Vertreter sich dieses Palladium
der Volksfreiheit, die Grundvoraussetzung eines gesunden politischen,
sozialen und religiösen Lebens, sollte rauben lassen, das war eine Zu=
mutung, die tief traurig ist. Die Propheten des Alten Testaments
hätten als Zeugen gegen das 19. Jahrhundert auftreten müssen. Es
ist aber ein Zeichen des tiefen Verfalls, daß, trotz des gewaltigsten Ein=
spruchs aus dem Volke, große Gefahr vorhanden war, diese Lehr= und

Redefreiheit, so weit sie noch da ist, zu verlieren. Das wunderlichste an der Sache ist, daß die sogenannten Umsturzparteien auf seiten der Freiheit, die sogenannten Ordnungsparteien auf seiten des Verrats der Freiheit stehen.

Die wahre Religion braucht durch keine besonderen Gesetze geschützt zu werden, und die falsche ist des Schutzes nicht wert, sie verdient heute eher als morgen als das erkannt zu werden, was sie ist, nämlich eine Quelle der Heuchelei und Tyrannei. In einem einzigen Punkte wäre der Schutz der Religion vielleicht der Überlegung wert, und dieser eine Punkt ist derselbe, wo auch Moses sie schützte. Religions- und Gewissensfreiheit, sahen wir, haben schon in den mosaischen Gesetzen ihre tiefsten Wurzeln, heute sind sie bei uns Gemeingut aller. Alle Religion gründet sich in dem Glauben an Gott, an das allerhöchste Wesen; dieser Glaube ist dem Menschen gleichsam angeboren, weshalb er sich auch bei allen Völkern findet. Deshalb mag wohl durch Gesetz die Ehrfurcht vor Gott geschützt werden, daß ungestraft niemand ihn mit Worten und Thaten öffentlich lästern darf, unbeschadet der völligen Freiheit des persönlichen Glaubens. Alles aber, was darüber hinaus geht, ist vom Übel, und selbst dieses Schutzes bedarf die wahre Religion nicht. Wer Gott den Allerhöchsten mit Worten oder Thaten, oder mit beidem öffentlich lästert, stempelt sich dadurch selbst entweder zu einem Wahnsinnigen oder zu einem Charlatan, in beiden Fällen vermag er kaum einen Schaden anzurichten, es sei denn nur für sich selbst.

Gehen wir den Angriffen auf die Religion oder besser auf die Kirche ein wenig auf den Grund, so werden wir gar bald die Erfahrung machen, daß sehr oft der Angriff weniger der Religion selbst, als ihrem thatsächlichen oder vermeintlichen Mißbrauch gilt. Solchen Angriffen sollte man um so mehr freie Bahn machen, als es jedem aufrichtigen Menschen bekannt ist, daß seit mehr denn einem Jahrtausend, so lange die Politik sich mit der christlichen Religion verquickt hat, mit der Religion für selbstsüchtige irdische Zwecke der schändlichste Mißbrauch getrieben ist; die Religion ist nicht ein Gewerbe, sie ist ein Heiligtum, das sich von ungerechten Händen nicht anfassen läßt, ohne seinen heiligen Charakter zu verlieren. Ich selbst hänge mit allen Fasern meines Lebens ihr an, in der Gestalt meiner lieben lutherischen Kirche, und dennoch bin ich ergrimmt und muß mir Gewalt anthun, daß ich meiner Empörung nicht allzu scharfe Worte leihe, über ihre traurige Gestalt, die ihr durch schwach- oder ungläubige Menschen zugewiesen wird. Die Kirche wird regiert nicht nach den ihr innewohnenden Gesetzen, die von oben ihre Deutung, sondern nach fremden Gesetzen, die von unten ihre Weisung und scheinbaren Erfolg erhalten. Die protestantische Staatskirche verwechselt heute gar leicht die auswendige Organisation mit dem heiligen Inhalt, den Schein mit dem Sein und umkleidet sich noch dazu mit einem National- oder Volkspatriotismus, so daß man schon seit lange von einem preußischen Christentum viel reden hört. Ein Angriff auf solche Institution wird gar zu leicht verwechselt mit einem Angriff auf die Religion selbst, wie denn überhaupt in einem sachlichen scharfen Widerspruch gar zu gern eine Respektswidrigkeit gegen die Personen gesucht und gefunden wird. Das Staatskirchentum in seiner heutigen Gestalt ist nicht mit der Lehre der Propheten und Apostel in Einklang zu bringen, dasselbe hat, wenn auch nicht zuerst, so doch mit verschuldet, daß die sozialen Nöte eine solche Schärfe haben gewinnen können. Das Staatskirchentum erschwert die freimütige Rede, deren Vorbild die Propheten bleiben, vermehrt aber die politische und soziale Abhängigkeit ihrer Diener, daß sie gar zu leicht versucht werden einzustimmen in den Ruf derer, die jeweilig das Ansehen und die Macht haben. Ein junger Amtsbruder, der gar nicht fassen konnte, warum ich immer die Schäden der Staatskirche aufzu= decken geneigt sei und die Freikirche herbeisehnte, wandte sich einmal an mich und sprach: „Bruder, sehen Sie denn nicht ein, daß unsere protestantische Kirche mit dem Tage, da dieser Schutz ihr entzogen wird, zusammen= bricht in einen Trümmerhaufen?" Das herbeizusehnen sei ja Wahnsinn.

Wehe und dreimal Wehe der Kirche, die sich mit solchen Gründen der erkannten Wahrheit entgegenstellt. Wenn dem so wäre, wie jener junge Geistliche glaubte, ja, so bekenne ich offen und frei, wäre mit dem Zusammenbruch solcher Kirche nicht bloß nichts verloren, nein, sondern sogar viel gewonnen. In Wahrheit aber hat jener junge Mann nicht recht; es fehlt ihm an Glauben an die göttliche Wahrheit und an die Verheißung Jesu Christi. Der Austritt aus der staatlichen Landeskirche ist des= wegen ein Gedanke, der nicht bloß aus Gleichgültigkeit und Verachtung gegen die Religion, sondern umgekehrt aus Hochachtung und Liebe zur Kirche Jesu immer mehr in ernste Beratung gezogen werden wird. Wo sind heute im Reichstage und in den Landtagen die großen Kämpen für die Religion zu finden? Es ist zuweilen, als ob sich diese großen Versammlungen zu Reichssynoden verwandelt hätten und nichts verrät mehr die heillose Begriffsverwirrung als diese sogenannten Religionsschlachten, in denen Reitergenerale, Reichskanzler und andere Staatsbeamte gegen den Atheismus und für die Staatsreligion kämpfen, so daß man sich des Lachens kaum enthalten könnte, wenn nicht die Sache zu ernst und zu traurig wäre. Fast noch mehr tritt uns der Widersinn entgegen bei dem vermeintlichen Schutz, den man dem Eigentum und der Ehe angedeihen lassen will. Gerade diese beiden Grundsäulen der menschlichen Gesellschaft sind bis in den innersten Kern durch die politische und soziale Entwickelung besonders der letzten 150 Jahre angefressen. Wenn hier keine Wiedergeburt, keine gründliche Änderung erfolgt, so ist das Volk verloren. Anstatt nun dieser Wiedergeburt die Bahn zu bereiten, will man die Errungenschaft der letztgenannten Periode als ein Heiligtum einkapseln und durch Ge= setzesparagraphen schützen; man ahnt nicht, daß das vermeintliche Heilig= tum nichts anderes ist als ein Bastard. Da wir in den beiden folgenden Kapiteln von diesen beiden Grundsäulen handeln werden, so enthalten wir uns hier weiterer Bemerkungen.

Wir schließen hiermit das zweite Buch, das von der Religion der Israeliten handelt, mit dem Wunsch, daß darin eine reiche Anregung für unsere gegenwärtige Entwickelung möge gefunden werden.

Drittes Buch.

Das Eigentum.

1. Kapitel. Einleitung.

Wie das erste und dritte Buch, obwohl jedes für sich selbständig, eng zusammenhängen, so ist es auch mit dem dritten und vierten Buch, die von dem Eigentum und der Ehe handeln sollen. Das erste und zweite Buch zeichnen gleichsam den Rahmen zu dem ganzen Staats- und Volkswesen des alten Israel, das dritte und vierte Buch zeichnen uns die Hauptfiguren in dem Bilde. Eigentum und Ehe sind die Grundsäulen jedes geordneten menschlichen Gemeinschaftswesens, das nur dann von Bestand sein kann, wenn diese Grundsäulen selbst in sich gesund sind und auf festem, gutem Grunde stehen; aber es geht umgekehrt seinem sicheren Verfall entgegen, sobald diese beiden Grundsäulen, auf losem Fundament und in sich selbst gelockert und geborsten, zusammenstürzen. Unsere gegenwärtige Gesellschaft in fast allen Kulturländern erleidet die furchtbarsten Erschütterungen, weil diese beiden Grundlagen Eigentum und Ehe in ihr angefressen und faul sind, weil diese beiden Grundordnungen verrückt sind und statt ihrer ursprünglichen göttlichen Gestalt eine häßliche Fratze zeigen. Alle noch so gutgemeinten Ratschläge und Pläne zur Besserung dieses gegenwärtigen Übels, die nicht von dieser Grunderkenntnis ausgehen, sind teils unnütz, teils schädlich, und meistens sogar beides, weil, was unnütz ist, gerade schon deshalb auch schädlich ist. Weil nun diese in den folgenden Büchern versuchte Darstellung der zwei Grundordnungen der menschlichen Gesellschaft das ehrwürdige

Alter, die hohe Autorität, und den klaren nüchternen Verstand für sich haben, so wäre vielleicht aus solcher Darstellung für die Gegenwart ein großer Nutzen zu ziehen. Nicht als ob wir knechtisch unser Heil in der Nachahmung suchen müßten, sondern wir sollten in der Erkenntnis des gesunden Geistes jener Ordnungen danach unsere Gegenwart prüfen und bessern, die Bildung der äußern Formen aber der Freiheit überlassen.

Was nun den Zweck und die Bedeutung der im folgenden zur Darstellung kommenden gesetzlichen Bestimmungen angeht, so ist darüber noch ein Wort zuvor zu sagen. Fast mit Ironie und vornehmer Verachtung weist eine große Zahl alttestamentlicher Forscher, ich nenne hier nur Keil und Kinzler, die eigentliche sozialpolitische Bedeutung dieser altmosaischen Gesetze ab. Das ganze Alte Testament sei Vorbereitung auf das Neue, und Christus sei Stern und Kern in beiden, und alles habe seine letzte Beziehung auf ihn. Alle mosaischen Gesetze, namentlich über Grundeigentum (Jobel- und Sabbatjahr) hätten nicht ihre Bedeutung für die irdische Gesellschaftsordnung — so gut und nützlich sie auch sein möge — sondern wären alle religiöser geistlicher Art und schatteten nur dunkel ab die ewige selige Ordnung im Reiche Gottes im Himmel.

Gegen diese Art der Auslegung mosaischer Gesetze müssen wir scharfen Widerspruch erheben. Daß sie falsch ist, beweist unter anderem auch der fortwährende Selbstwiderspruch derer, die ihr folgen.

Gewiß, wir sind auch der Überzeugung, daß das Alte Testament die Vorbereitung des Neuen ist, daß das Gesetz nur den Schatten zeigt, daß der Körper aber in Christo ist. Diese Überzeugung hindert aber nicht, nein zwingt vielmehr, die mosaischen Gesetze zunächst in ihrer ursprünglichen natürlichen Bedeutung zu fassen, wie diese in dem Pentateuch auch ausdrücklich mit klaren Worten angegeben wird. Gerade die in Christo erfüllte geistliche Bedeutung konnte den Israeliten zu Mosis Zeit gar nicht bekannt sein, denn die messianische Hoffnung ist zu dieser Zeit noch so dunkel und vereinzelt, daß es Unverstand wäre, sie als Gemeingut des Volkes anzunehmen; um so weniger, als auch zur Zeit der späteren großen Propheten im Volke selbst von den eigentlichen messianischen Hoffnungen nur wenig bekannt war. Selbst Hengstenberg nimmt an, daß der zweite Teil des jesajanischen Prophetenbuches zwar von Jesajas verfaßt, aber niemals veröffentlicht sei, weil sein Zeitalter ihn nicht verstanden haben würde. Nein die mosaischen gesetz-

lichen Bestimmungen namentlich über Eigentum und Ehe müssen vor=
nehmlich in ihrer sozialen Bedeutung erkannt, geprüft und gewürdigt
werden.

Nicht wollen wir eine religiöse geistliche Deutung leugnen, aber
ausdrücklich betonen, daß sie nicht die erste und vornehmlichste sei. Ent=
sprechend dem ganzen Zwecke unseres Buches geht uns hier nur ganz
allein die natürliche ursprüngliche Bedeutung dieser Gesetze an, und
gerade durch ihre Beleuchtung hoffe ich dem Alten Testamente Freunde
zu gewinnen, während die andere einseitige Auslegung sicher geeignet
ist, unter den der Kirche Entfremdeten noch mehr Abneigung, ja mehr
als das, Spott zu wirken. Gottes Gesetze wollten hier auf Erden eine
gute gerechte heilsame Ordnung stiften, eine Gesellschaftsordnung, die
keinen Klassenunterschied kannte, keinen bevorzugten Stand aufkommen
lassen wollte, und überall das Recht der Armen und Elenden schützte,
dagegen die Pflichten der Besitzenden betonte. Solche von Mose in
seinen Gesetzen geordnete Gesellschaftsordnung ist zwar in allen Stücken
das Gegenteil von der Ordnung, die thatsächlich geherrscht hat und
sonderlich heute herrscht, ja ich wüßte keinen größeren Gegensatz als den
zwischen unserer Gesellschaftsordnung und der mosaischen. Zwar ist es
nun leicht und bequem, diesen Widerspruch durch den Ausweg zu ver=
tuschen, daß diese mosaischen Gesetze vornehmlich ihr Absehen auf die
geistlichen Gaben in himmlischen Gütern hätten. Diese falschen Wege,
auf denen die Schwierigkeiten beseitigt werden, haben hier in der Welt
ihren Lohn dahin, tragen aber gewiß mit die Schuld daran, daß die Kirche
bei dem Volke in Verachtung gekommen ist und die Lehren der Schrift
bei ihm dennoch sehr oft ein viel besseres Verständnis finden, als bei
hohen Schriftgelehrten und hochgeachteten Würdenträgern.

Bevor wir nun zu der Betrachtung dieser mosaischen Gesetze über=
gehen, ist noch vorher der Standpunkt zu bestimmen, von dem aus sie
betrachtet werden müssen. Mit anderen Worten, wir müssen versuchen,
den Quell und Urgrund zu finden, aus dem alle diese Bestimmungen
geflossen sind. Erst dann kann ein rechtes Verständnis ermöglicht wer=
den. Es geht hiermit gerade so, wie wenn man in ein großes Museum
geführt wird und ein Bild sieht. So lange man nicht den rechten Stand=
punkt gefunden, so lange müht man sich mit dem Beschauen ab, ohne dem
Verständnis näher zu kommen. Dann aber, wenn der Standpunkt ge=
funden ist, tritt alles klar vor Augen, und mit einem Blick überschaut
man das Ganze und täglich tritt das Einzelne deutlicher und klarer
hervor.

Was ist der Ausgangspunkt, aus dem diese mosaischen Bestimmungen entspringen?

Es ist eine alte Katechismuswahrheit, daß das Gesetz vornehmlich im Alten Testamente und das Evangelium vornehmlich im Neuen Testamente enthalten ist. In der scharfen und klaren Erkenntnis dieses Unterschiedes zwischen Gesetz und Evangelium ist die ganze christliche Lehre enthalten. Alle grundstürzenden Irrtümer und daraus fließenden Verirrungen lassen sich aus dieser mangelhaften Erkenntnis und der unglücklichen Vertauschung dieser beiden Begriffe ableiten. Bald machte man das Gesetz zu einem Evangelium und bald machte man das Evangelium zu einem Gesetz. Aus dieser wichtigen Grundanschauung ist aber nun weit und breit ein gefährliches Vorurteil für das Alte Testament und die darin gezeichnete Gesellschaftsordnung entstanden. Man hat sich gewöhnt, diese ganze Zeit als streng gesetzlich und darum trüb und traurig und oft grausam hinzustellen, der überall der harte Stempel „Auge um Auge, Zahn um Zahn" aufgedrückt sei. Nichts ist aber verkehrter als das. Diese falsche Anschauung hat nur entstehen können erstens durch die mangelhafte Kenntnis des Alten Testaments und zweitens durch den gefährlichen Irrtum, daß man Begriffe, die bei der Erkenntnis der christlichen Religion zwar grundlegend und notwendig sind, unbesehens auch auf eine politische irdische Gemeinschaftsordnung übertragen hat. In der irdischen Gemeinschaftsordnung hat der Begriff „Gnade" eigentlich gar keinen Raum und findet bekanntlich und mit Recht nur eine ganz sparsame Anwendung. Welt, Politik, Staat würden zu Grunde gehen, ja zu einer schändlichen Karikatur werden, Heuchlern, Betrügern, Räubern, Mördern, kurz allen Lastern Thür und Thor offen stehen, wenn die Grundordnung dieses Reiches der Welt von dem Begriff der Gnade seine Weisung erhielte. In der irdischen Gesellschaftsordnung muß Gesetz, Ordnung, Gerechtigkeit und daher Zwang herrschen. Da wir es nun hier nur mit dieser alttestamentlichen irdischen Gesellschaftsordnung zu thun haben, so dürfen ihre Gesetze nur in ihrer natürlichen Art betrachtet werden, nicht in eine hier ganz falsche Parallele zu der Gnade gestellt werden; man kann und soll sie vergleichen mit anderen Gesetzen und Ordnungen. Legt man diesen Maßstab an, so schwindet nicht bloß das oben erwähnte Vorurteil, sondern verwandelt sich in eine tiefe Bewunderung für die Herrlichkeit und Weisheit und Gerechtigkeit aller dieser mosaischen Gesetze. Das ganze jüdische Staatswesen bekommt im Gegenteil einen heiteren fröhlichen Grundzug. Die Lebensordnungen Israels atmen durchgehends den heiteren Geist gott geheiligter Lebensfreude und edelster Menschlichkeit, sie suchen auch dem Geringsten ein menschenwürdiges Dasein zu schaffen, damit er seines Lebens froh werde. „Es soll kein Armer, kein Bettler unter dir erfunden werden" ist die Grundanschauung, von der die ganze jüdische Staatsverfassung durchdrungen ist. Zwar läßt sich die Armut nicht aus der Welt schaffen, das wußte auch Moses, aber die soziale Weltordnung soll daran keine Schuld tragen. Das Reich Israels soll sein ein Reich freudiger Freiheit, getragen durch einen vollen, unbedingten, alles hoffenden Glauben an den Herrn dieses Reiches.

Die Erde ist des Herrn und was darinnen ist, der Erdboden, und was darauf wohnet, und alle Menschen sollen sich ihrer Gaben freuen. „Der Zweck des Lebens ist nicht Güter zu häufen; das Glück und die Sicherheit des Menschen besteht nicht darin, sein Besitztum zu vergrößern, sondern darin, daß er lebe mit seinem Volk vor seinem Gott" (Kinzler). Wenn irgendwo die von Menschen so schändlich mißbrauchten Güter: Freiheit, Gleichheit, Brüderlichkeit in ihrer herrlichen göttlichen Ordnung und Bestimmung zur Grundlage einer weltlichen irdischen Ordnung gemacht worden sind, so ist es geschehen in dieser alttestamentlichen mosaischen Staatsordnung.

Die persönliche Freiheit, der hohe Adel der menschlichen Persönlichkeit, die berechtigte, nur von dem höchsten Herrn, dem Schöpfer aller Dinge, eingeschränkte Unabhängigkeit der Bürger des Reiches Israel, das ist das hohe Ideal, das Moses seinem Volke vorhält.

Was Paulus 1. Kor. 7, 23 schreibt: „Ihr seid teuer erkauft, werdet nicht der Menschen Knechte," das ist das stehende Thema, das in mannigfaltigster Form von Moses dem Volke vorgetragen wird. Israel ist ein heiliges Volk, geheiligt dem Herrn, Jehovah, auserwählt vor anderen Völkern, und soll nur ihm, Jehovah, unterthan sein. 3. Mos. 25 lesen wir: „Wenn dein Bruder verarmt neben dir und verkauft sich dir, so sollst du ihn nicht lassen dienen als einen Leibeignen, sondern wie ein Tagelöhner und Gast soll er dir sein ... Denn sie sind meine Knechte, die ich aus Ägyptenland geführt habe, darum soll man sie nicht auf leibeigne Weise verkaufen und sollst nicht mit Strenge über sie herrschen, sondern dich fürchten vor deinem Gott. Willst du aber leibeigne Knechte und Mägde haben, so sollst du sie kaufen von den Heiden, die um euch her sind, von den Gästen, die Fremdlinge unter euch sind und von ihren Nachkommen, die sie unter euch zeugen. Aber über eure Brüder, die Kinder Israel, soll keiner des andern herrschen mit Strenge."

Deswegen erstrebte Moses eine soziale Gleichheit aller Volks=
glieder, soweit sie möglich und gut ist. Niemand sollte große Reichtümer
sammeln dürfen und können; dem Könige wird es ausdrücklich verboten.
Allen Israeliten sucht es Moses durch seine sozialen Einrichtungen unmöglich
zu machen. Großer Landbesitz ist immer die Grundlage großer Macht,
Tyrannei und herrschsüchtigen Adels gewesen; nicht fiel dem verdienten
Adel der Gesinnung und Tugend die Macht und Herrschaft zu, sondern
umgekehrt. Wer die Macht, d. h. großen Landbesitz innehatte, der ist der
geborene Herrscher, der hat den Adel. Die Latifundien, die großen Land=
güter haben Rom zu Grunde gerichtet und Moses hatte reichlich erfahren,
welchen kulturfeindlichen Einfluß der große Landbesitz des königlichen
Hauses und der Priesterschaft in Ägypten ausübte. Dieser ewige Quell
des Volksverderbens sollte verstopft werden; weder die Obrigkeit, noch
die Priesterschaft, noch irgend ein Privatmann sollte jemals durch zu
großen Landbesitz in Versuchung kommen, über andere seine Herrscher=
gelüste auszudehnen. Anderseits sollte niemand dauernd ohne Landbesitz
sein. Die beiden Probleme: Privateigentum und Gemeineigentum an
Grund und Boden, die heute nach fast 4000 Jahren die Welt beun=
ruhigen, waren dem weisen Gesetzgeber nach ihren Licht= und Schatten=
seiten wohl bekannt. Er hat beide Probleme auf das innigste mit ein=
ander verbunden, das Privateigentum an Grund und Boden zur
Grundlage des ganzen Volkslebens gemacht, doch so, daß eben dieses
Privateigentum die mannigfaltigsten Einschränkungen erlitt und dadurch
immer den Charakter von Gemeineigentum behielt. 3. Mos. 25, 25:
„Ihr sollt das Land nicht verkaufen ewiglich; denn das Land ist mein,
und ihr seid Fremdlinge und Gäste vor mir und sollt in all eurem
Lande das Land zu lösen geben.“

Diese eine Maßregel allein war geeignet, Israel vor dem entsetz=
lichen Verderben zu bewahren, das heute durch das bedingungslose
Privateigentum an Grund und Boden entsteht. Unsere Gegenwart
nähme an dem Tage, an dem der Grund und Boden dem Handel und
Wucher entzogen würde, und Grundbuchschulden nicht mehr gemacht
werden dürften, sofort eine ganz andere Gestalt an.

Endlich sollte Israel nach Moses Bestimmung ein Volk von
Brüdern sein 3. Mos. 25, 35 ff.: „Wenn dein Bruder verarmet und
neben dir abnimmt, so sollst du ihn aufnehmen als einen Fremdling
oder Gast, daß er lebe neben dir. Und sollst nicht Wucher von ihm
nehmen noch Übersatz, sondern sollst dich vor deinem Gott fürchten, daß
dein Bruder neben dir leben könne; denn du sollst ihm dein Geld nicht

auf Wucher thun, noch Speise auf Übersatz austhun, denn ich bin der Herr, euer Gott, der euch aus Ägypten geführt hat, daß ich euch das Land Kanaan gäbe und euer Gott wäre." Alle mosaischen Bestimmungen, die hier in Betracht kommen, sind immer auf dieses eine Ziel gerichtet, die Israeliten zu erinnern, daß sie ein Volk von Brüdern sind. Die meisten Privatrechtsbestimmungen sind Schutzbestimmungen nicht für die Berechtigten, sondern für die Verpflichteten (Schuldner). Überall wird das harte Volksrecht zu gunsten der Schuldner und Bedrängten beschränkt. Es zeigt sich darin die religiöse Natur dieses Rechts, das vornehmlich die Pflichten der Berechtigten betont. In dem menschlichen Musterrecht, dem römischen Recht, findet sich fast keine Spur hiervon. Gerade das älteste römische Recht ist sehr hart. Die leidige Thatsache, daß das Recht gestattet, was Moral und Religion verbieten, soll beseitigt werden. Dort stehen sich gegenüber Gläubiger und Schuldner, Herr und Knecht, Gebieter und Diener, hier aber soll immer verhandelt werden zwischen Bruder und Bruder, und selbst mit der größten Strenge paart sich hier die brüderliche Rücksicht auf den Schuldner und Sünder.

Wir werden im folgenden sehen, wie Moses, von dieser Grundanschauung ausgehend, das ganze öffentliche Leben durch seine Bestimmungen über das Privateigentum gestaltete. Sofort entsteht da die wichtige Frage: Was ist denn Privateigentum im Sinne Mosis? Es muß unser allergrößtes Interesse erwecken, daß Moses schon vor nahezu 4000 Jahren einen durchschlagenden Unterschied macht zwischen Privateigentum an solchen Dingen, die ohne Arbeit, und solchen, die nur durch Arbeit erworben werden können. Dieser Unterschied deckt sich nicht ganz mit dem anderen, bewegliche und unbewegliche Güter. Unserer gegenwärtigen Zeit ist es vorbehalten geblieben, diesen Unterschied fast ganz auszutilgen, und die unbeweglichen Güter ebenso wie die beweglichen zum Gegenstand des Handels und Wuchers zu machen und damit auch den letzten Rest der Sicherheit der Existenz ganzer Volksklassen zu begraben. Moses hält streng an diesem Unterschied fest. Grund und Boden kann so wenig wie das Licht und der Sonnenschein durch Arbeit hervorgebracht werden, daher ist das Privateigentum daran den größten Beschränkungen unterworfen, die die Rücksicht auf die Gesamtheit nötig macht.

Das Privateigentum an Grund und Boden wollte Moses erhalten wissen, wohl weil nur so der berechtigte, von Gott in die Natur gelegte Selbsterhaltungstrieb eine fleißige dauernde Bearbeitung des Bodens gewährleistet. Damit aber dieses Privateigentum an Grund und Boden nicht zur Tyrannei ausarte, unterwarf er es großen Beschränkungen, durch die das Privateigentum den Charakter von Gemeineigentum an= nahm. Ganz anders verhält sich Moses zu allem Eigentum, das durch Arbeit erworben werden kann. Hier steht noch bis heute oben an das siebente Gebot: Du sollst nicht stehlen, d. h. du sollst dem Nächsten sein Geld oder Gut nicht nehmen. Hiernach zerfällt nun dieses dritte Buch in zwei Hauptabteilungen, von denen die erste von der Agrar= verfassung, die andere von Handelsbestimmungen reden wird.

2. Kapitel.

Moses gründet seinen Staat ganz auf den Ackerbau.

Das Gelobte Land, Palästina, wohin Moses das Volk führen sollte, war besonders für den Handel geeignet; die große Heerstraße, welche die damaligen Kulturländer verband, ging hindurch. Dennoch aber erfahren wir deutlich, daß Moses dem Außenhandel nicht günstig ge= stimmt war. Den Innenhandel förderte Moses auf jede mögliche Weise: in den drei großen Wallfahrtsfesten haben wir bereits die drei ersten Landesjahrmärkte erkannt. Den Außenhandel aber suchte Moses für sein Volk möglichst zu erschweren. Es ist uns diese Thatsache um so interessanter, erstens weil schon damals ein schwungvoller Handel im Gange war, und zweitens weil später bis heute gerade die Juden nur für den Handel geboren zu sein scheinen und endlich drittens weil ge= rade unsere gegenwärtige Zeit ganz besonders berufen ist, die Weis= heit Mosis zu bewundern. Heute hat sich der Welthandel sehr entwickelt, aber seine üblen Folgen scheinen die guten so weit zu über= treffen, daß Mangel und Notstand, Rohheit der Sitten, Religions= und Vaterlandslosigkeit vielfach auf Rechnung des Welthandels geschrieben werden. Der Außenhandel ist nicht immer ein Glück für ein Land, wohl aber trotz — vielleicht auch wegen — der gewaltigen Reichtümer für einzelne, sehr oft und meistens ein Unglück für ein Land. Vergleicht man unsere Zeit oder besser die letzten drei Jahrhunderte mit irgend einer vor ihr liegenden Zeit, so treten uns ohne Zweifel sofort die glänzendsten Fortschritte entgegen; aber die Nachteile sind, wenn wir auf das Volk, auf das Ganze sehen, nicht minder groß, so daß die Entscheidung für die eine oder andere als eine bessere nicht leicht ist, wenn man, wie gesagt, von den Vorteilen einer kleinen bevorzugten Klasse absieht. Der Außenhandel, grundsätzlich angesehen, ist Pflicht und Recht jedes Volks, denn er soll durch den Überfluß des einen dem Mangel des anderen Volks abhelfen. Wie in Familie, Dorf, Stadt und Land jeder auf den anderen angewiesen ist, einer dem anderen helfen soll, so soll nach denselben Grundsätzen im Völkerleben gehandelt werden. Aber selbst wenn der Außenhandel nur allein nach diesen Grundsätzen gehandhabt würde, so ist dennoch mit ihm große Gefahr verbunden. Der Außenhandel bringt leicht Gleichgültigkeit gegen Vaterland (ubi bene, ibi patria) und Religion mit sich, er lockert leicht die guten Sitten und erschwert sowohl die Eheschließung, als ein geregeltes Eheleben. Viel größer aber werden die Gefahren des Außenhandels und liegen besonders heute klar zu Tage, wenn die oben erwähnten Grundsätze nur den Vorwand bilden, der wahre Beweggrund aber die Aufhäufung von Gold und Schätzen ist. Der Außenhandel wird gar nicht getrieben um anderen Völkern zu dienen, oder deren Mangel abzuhelfen, sondern um sie auszunutzen und zu übervorteilen, ja Bedürfnisse und seien es die allerunsittlichsten in ihnen rege zu machen. Gold! das ist die Parole. Alles andere muß dieser Parole dienen. In der Heimat werden Waren produziert, nicht etwa von dem eignen Überfluß, um dem Bedürfnis anderer Völker damit zu dienen, sondern um Geld herauszuschlagen. Weil nun ein solcher Goldhunger in den verschiedenen Ländern ist, so entsteht eine Konkurrenz, deren tödliche Folgen der arme Tagelöhner in der Heimat an seinem Leibe und an seiner Seele tragen muß. Wir können an dieser Stelle nicht länger bei solchen Schäden verweilen, es genügt zu betonen, daß Moses seinen Staat nicht auf solchen Handel gründen wollte, obwohl alle äußeren Bedingungen sehr günstig waren. Das Verbot, das am meisten den Außenhandel stört oder gar unmöglich macht, ist das Verbot des Zinsnehmens. Wir kommen später noch auf diesen Stoff zurück, bemerken hier nur kurz, daß nach mosaischen Gesetzen kein Israelit von seinen Volksgenossen oder von den unter ihm ansässigen Fremdlingen (toschab) Zins oder Übersatz nehmen durfte. Nur von den zum Zwecke des Handels das Land etwa durchziehenden Fremdlingen durfte man Zins nehmen und zu jeder Zeit ohne irgend eine Ausnahme einziehen. Ferner die Abschließung in der Religion und in den damit eng zusammenhängenden Zeremonieen und Lebensgewohnheiten machte die Israeliten untauglich zum Außenhandel. Dazu kam, daß naturgemäß jeder Israelit seine Heimat lieb haben mußte; denn er fand darin Vorteile, die ihm nirgendwo.

sonst geboten wurden. Endlich ein großer ausgedehnter Handel setzt immer auch große Städte voraus, deren Entstehung aber Moses nicht begünstigt hat. Es war in Israel kein Unterschied zwischen einem Bürgers- und Bauersmann. Die Leviten an Zahl 22 000 erhielten später zu ihrem Wohnplatz 48 Städte. Rechnen wir nun die Leviten mit Weibern und Kindern ca. 60 tausend Personen, so kommen immerhin auf eine Stadt nicht viel mehr wie tausend Einwohner. Saalschütz sucht aus den über die Priesterstädte gemachten Angaben mit mathematischer Genauigkeit die Größe der Stadt zu beweisen und gibt als Durchmesser solcher Stadt ungefähr 3000 Ellen an, d. i. drei bis vier tausend Fuß, wonach sie also unseren kleinen Landstädtchen glichen.

Allem diesem steht eine eifrige Förderung des Ackerbaues gegenüber. Schon früher sahen wir im zweiten Buche, wie eng die Religion mit dem Ackerbau zusammenhing. Zu Moses Zeit wird das Räuberhandwerk noch ehrlich gewesen sein. Spuren davon finden sich deutlich noch selbst in der Richterzeit; man braucht nur an Jephta zu erinnern. Moses mußte sein Volk vor dieser Gefahr bewahren, zumal es 40 Jahre lang in der Wüste ein sehr unstetes und unregelmäßiges Leben geführt hatte. Durch nichts konnte er sein Volk sicherer leiten, als wenn er seine Bürger zu fest angesiedelten Bauern machte. Ferner kann man die Sicherheit der Existenz der einzelnen Volksglieder durch nichts besser erreichen, als durch den Ackerbau. Die Landwirtschaft kann niemals Not leiden, es ist eigentlich ein Unsinn, davon zu reden, weil der Ackerbau immer reichlich die auf ihn verwandte Arbeit bezahlt. Daß die Landwirtschaft in Not kommen kann, hat niemals in der fleißigen Landwirtschaft seine Ursache, sondern in vielen anderen Dingen, die hier aufzuzählen zu weit führen würde. Gerade aber der Außenhandel, dem Moses feind war, ist sicherlich eine der vornehmsten Ursachen, die ein ganzes Land und alle treuen Ackerleute trotz des reichen Goldregens an den Bettelstab bringen kann. Deshalb wollte Moses, daß jeder Israelit in seiner Existenz gesichert sei und bestimmte, daß jeder Israelit ein Ackermann sei, der mit seiner Familie auf eigenem Grund und Boden sitze. Die Existenzsicherheit eines jeden einzelnen ist es, die Moses sich fort und fort zum Ziel setzt. Sie ist die Grundvoraussetzung eines gesegneten und glücklichen Volkslebens in geordnetem Staate. Der Kern aller gegenwärtigen sozialen Schäden liegt, trotz der vielen himmelschreienden anderen Schäden, doch gerade in dem Mangel dieser Existenzsicherheit, und zwar nicht bloß in der Handarbeitenden ärmeren Bevölkerung, sondern nicht minder und vielleicht noch viel mehr in den sogenannten besseren Ständen, die aber gänzlich ohne Vermögen und Besitz an Grund und Boden sind. Wenn alles in der natürlichen Ordnung wäre, wie leicht wäre diese Sicherheit, weil Gott alle redliche Arbeit so reichlich segnet, daß auch alle, die wegen Jugend oder Alter nicht arbeiten, Nahrung, Kleidung und Wohnung haben könnten. Die reichen Gaben Gottes sind aber ihrer natürlichen Bestimmung entnommen, alles ist zu einem Gegenstand der Spekulation gemacht. Der Goldteufel hat alle natürliche Ordnung ver= kehrt, so daß trotz der reichsten Vorräte, ja je reicher diese sind, desto größere Armut im Volke herrscht.

3. Kapitel.

Wie Moses das Privateigentum an Grund und Boden einschränkt und damit eng das Gemeineigentum verbindet.

Moses ordnet an, daß jedermann unter Israel sein besonderes Grundeigentum bekomme. Nach 4. Mos. 26, 51 beträgt die Zahl der Kinder Israel 601 730 und wir lesen dann weiter V. 52: „Und der Herr redete mit Mose und sprach: Diesen sollst du das Land austeilen zum Erbe, nach der Zahl der Namen. Vielen sollst du viel zum Erbe geben und wenigen wenig, jeglichen soll man geben nach ihrer Zahl. Doch soll man das Land durchs Los teilen, nach den Namen der Stämme ihrer Väter sollen sie Erbe nehmen. Denn nach dem Los sollst du ihr Erbe austeilen zwischen den vielen und wenigen." Vgl. 4. Mos. 33, 54. Wie sich diese Austeilung später thatsächlich voll= zogen hat, oder ob sie überhaupt geschehen ist, hat für uns hier kein besonderes Interesse, da wir es weniger mit der Geschichte als den Gesetzen der Israeliten zu thun haben. Wir nehmen hier an, daß in späteren Zeiten nach Eroberung des Landes und völliger Besiegung der Ureinwohner die Verteilung so geschah, wie sie anfangsweise uns im Buche Josua erzählt wird.

Der jedem Israeliten zugesprochene Grund und Boden war sein Privateigentum und durch das Gesetz geschützt. 5. Mos. 19, 14: „Du sollst deines Nächsten Grenze nicht zurücke treiben, die die vorigen ge= setzt haben in deinem Erbteil, daß du erbest im Lande, das dir der Herr, dein Gott, gegeben hat, einzunehmen". Unter den besonders strafwürdigen Verbrechen, die sich meistens dem Auge der Zeugen entziehen, wird 5. Mos. 17 besonders genannt: „Verflucht sei, wer seines Nächsten Grenze engert". Solches zuerteilte Erbe (κλῆρος) sollte die Quelle des Wohlstandes sein und mußte es sein, da das Land sehr fruchtbar war und reiche Ernten bei vernünftiger Bearbeitung verhieß. Zwar waren die Israeliten, wie wir im ersten und zweiten Buch sahen, ziemlich mit Abgaben belastet. Zweimal mußten sie den Zehnten, d. h. also ein Fünftel des Ertrages abgeben, ebenso wie das Volk in Ägypten; dennoch waren die Lasten erträglich, zumal der zweite Zehnte eigentlich nicht die Natur einer Abgabe hatte, weil das Volk ihn zu seiner Festfreude verwandte. Ziehen wir in Betracht, um einen Vergleich mit der Gegenwart möglich zu machen, daß alle anderen Steuern, die uns drücken, in Fortfall kamen, so war die Belastung eine geringere als heute. Indirekte Steuern kannte man damals nicht; die Erziehung und Versorgung der Kinder verursachte keine großen Kosten, an Lebensversicherungen, Altersversorgung, Invalidenrente brauchte man nicht zu denken, weil die Lebensexistenz für jedes Alter gesichert war. Zieht in der Gegenwart ein rechtschaffener Hausvater alle die Ausgaben zusammen, so möchten sie sicherlich sehr oft im Jahre ein Viertel und noch viel mehr seiner ganzen Jahreseinnahme beanspruchen. Dazu kommt, daß Kapitalansammlung überhaupt nach dem Grundgedanken des mosaischen Gesetzes mehr verhütet als gefördert werden sollte. Von dem Ertrage seiner Arbeit sollte Israel leben. Jeder Tag hat seine eigne Plage. Sorget nicht für den anderen Morgen. Das Land bringt hervor Brot, Wein, Öl, Wolle, Fleisch, und alles so reichlich, daß niemand Mangel zu leiden brauchte; das verbürgte neben redlicher Arbeit die treue Verheißung Gottes, die die Grundlage des ganzen öffentlichen Lebens war. Der Binnenhandel blühte, und die Vorteile des Außenhandels kamen Israel zu gute, ohne daß es seine großen Schäden zu schmecken brauchte. Die großen Handelskarawanen durchzogen das Land und ließen für den Überfluß an Landeserzeugnissen die Reichtümer anderer Länder zurück. Über seinen Grundbesitz konnte der Hausvater verfügen, er konnte ihn vererben, verkaufen, vertauschen, verschenken und verpfänden, wenn auch, wie wir später sehen, alle die Rechte bis zu einem gewissen Grade eingeschränkt waren. Das Erbschaftsrecht war so geregelt, daß von einem besonderen Testierrecht nicht die Rede war. Nirgendwo finden wir irgend eine Spur von Testamenten. Der älteste Sohn bekam ein doppeltes Erbteil, hatte dafür aber die Pflicht, die Witwen und un-

verjorgten Schwestern zu erhalten. Wer der Erstgeborene war, bestimmte Moses durch Gejeß (5. Moj. 21, 15—17), um Parteilichkeiten
und Ungerechtigkeiten, wie die Geschichte der Patriarchen sie zeigte, für
die Zukunft unmöglich zu machen. Nicht etwa der Sohn der beliebtesten
und angesehensten Frau, sondern der rechtmäßige älteste Sohn der recht-
mäßigen ersten Ehefrau, auch wenn sie nachher keine Gnade mehr fand,
war und blieb der Erstgeborene. Es drängt sich uns hier Verwunderung
darüber auf, daß Moses bei solcher Erbverteilung gar nicht an die nicht
bloß mögliche, sondern sehr wahrscheinliche Grund- und Bodenzerjplitterung
gedacht zu haben scheint, und diese Verwunderung wird um so größer,
wenn wir die gesetzlichen Anstalten betrachten, die mehr auf eine Nach-
kommensvermehrung als -Verminderung hinzielen. Bei aller menjch-
lichen Berechtigung dieser Verwunderung tritt uns der furchtbare Kontrast entgegen zwischen der scheinbaren Thorheit des Gejeßes Moses
und der scheinbaren Weisheit unserer gegenwärtigen Nationalökonomen.
Bei genauerer Einsicht verwandeln beide ihre Rolle, die Thorheit Gottes wird zur Weisheit und die Weisheit der Menschen wird zur
Narrheit. Um die Volksverarmung zu verhindern, hat man heute eine
Weisheit ersonnen, und predigt sie überall: die Vermehrung der Menschen
ist Ursache des Übels und die rechtmäßige Volksverminderung
— Malthusianismus — ist die Lösung des Rätjels. Das Ergebnis
ist heute, wie niemand zweifeln kann, Armut, Not, Jammer, Elend der
breitesten Volksschichten. Damals kannte man, Gott sei Dank, keinen
Malthusianismus, gründete aber das Volkswohl auf die Verheißung
Gottes, daß er auch wohl zu erhalten weiß, was er erschaffen hat.
Man suchte und fand den Segen Gottes darin, viele Kinder und viele
Söhne zu haben und dachte dabei nicht an Besitzzersplitterung; Wohl-
stand und Lebenslust und volle Genüge war das Ergebnis. Ja, Gottes
„thörichte" Predigt ist weiser als alle Weisheit der klügsten Narren. Was
nun die Sache selbst angeht, so sind wir auf Vermutungen angewiesen,
die aber so nahe liegen, daß sie fast mit Sicherheit als thatsächliche
Aushilfe angesehen werden können. Gerade der Einfachheit wegen wird
Moses diesen Ausweg auch nicht erwähnt haben. Das Nächstliegende
war, daß die jüngeren Söhne, die in der Heimat nicht Verwendung
fanden, sich in dem weiten Lande diesseits und noch mehr jenseits in
den weiten Weidegebieten bis nach dem Euphrat hin ansiedelten, denn
dieses ganze Land war das dem Volke Israel eigentlich verheißene Land.
Noch ist hier zu bemerken, daß in der Regel die Töchter überhaupt
kein Erbteil, also erst recht nicht solches an Grund und Boden erhielten.

Ausnahmen von dieser Regel kommen allerdings vor, erklären sich dann aber auch selbst leicht als Ausnahmen. Die Tochter des Kaleb, obwohl er einen Sohn hatte, erhielt von ihrem Vater ein Erbteil an Grund und Boden und erbat sich später vom Vater noch ein solches. Es ist anzunehmen, daß Kaleb solches Erbteil nicht von seinem ihm eigentümlich zugefallenen Lose gegeben hat, sondern etwa von dem ihm als einem um das Volk wohlverdienten Manne noch besonders zuerkannten oder durch Verdienst erworbenen Landgut. Wir kommen im folgenden Buch hierauf noch einmal zurück, wollen aber schon hier die Bemerkung nicht unterdrücken, daß solche Ausschließung der Töchter vom Erbteil, so hart und ungerecht sie scheint, nur außerordentlich segensreich auf die Schließung von Ehen einwirken mußte.

Wie wir schon früher bemerkten, daß es in Israel keine Standesunterschiede, also auch keine Mißheiraten gab, so sorgt Moses durch diese gesetzliche Bestimmung auch dafür, daß Geldheiraten nicht vorkommen konnten. Denken wir uns aus unserer Gesellschaft einige Augenblicke diese beiden Dinge weg, wir würden ihre Gestalt kaum wiedererkennen und sicherlich wäre einer großen Reihe von Übeln die Quelle verstopft. In einem Fall konnten die Töchter das väterliche Los erben, und dann wahrscheinlich ebenso wie bei den Söhnen derart, daß die älteste Tochter ein doppeltes Erbteil erhielt. Dieser eine Fall trat ein, wenn keine Söhne vorhanden waren. Damit aber dann das Erbgut nicht an einen anderen Stamm fallen konnte, bestimmte Moses, daß in solchem Fall die Töchter gebunden waren, sich nur innerhalb des Stammes zu verheiraten, während sonst eine solche Schranke nicht bestand. Der Ehemann solcher sogenannten Erbtöchter wird aber dann mehr Vizewirt gewesen sein (wie wir heute in ähnlichen Fällen zu sagen pflegen), als unumschränkter Eigentümer, weil der Familien- und Geschlechtsname unauslöschlich an dem Erbteil haftete. Die Familienehre, ja auch selbst ihre Existenz hing ab von der richtigen Führung der Geschlechtsrollen, weil, wie wir noch später sehen werden, das ganze Staatswesen darauf gegründet sein sollte. Der Ehemann solcher Erbtöchter wird nicht sein Geschlecht, sondern das seiner Ehefrau fortgepflanzt haben, und ihre Kinder wurden in die Rollen der Mutter, nicht des Vaters eingetragen. Hier ist auch das Institut der Leviratsehe zu erwähnen, weil durch sie Grund und Boden erworben werden konnte. Blieb nach dem Tode ihres Mannes dessen rechtmäßige Ehefrau als Witwe ohne Kinder zurück, so war nach dem mosaischen Gesetz der nächste noch unverheiratete Bruder des verstorbenen Mannes (sonst waren solche Ehen streng verboten) verpflichtet, die Witwe zu heiraten. Dieses Institut stammt aus altersgrauer Zeit, es begegnet uns in der Patriarchen= geschichte in einem wenig günstigen Lichte (1. Mos. 38) bei der Ge= schichte der Thamar. Gerade aber der schändliche Verlauf dieser Geschichte zeigt, wie fest diese Institution als ein unbestreitbares Recht angesehen wurde. Nicht die Thamar, sondern Juda erscheint als der Sünder. Moses, als ein weiser Gesetzgeber, hebt dieses alte Volksrecht nicht auf, aber doch den unerträglichen Zwang, indem er für die Weigerung eine zwar sehr unangenehme, doch unter Umständen erträgliche Sühne setzt. Wir lesen 5. Mos. 25, 7—10: „Gefällt es aber dem Manne nicht, daß er seine Schwägerin nehme, so soll sie, seine Schwägerin, hinauf gehen unter das Thor vor die Ältesten und sagen: Mein Schwager weigert sich, seinem Bruder einen Namen zu erwerben in Israel, und will mich nicht ehelichen. So sollen ihn die Ältesten der Stadt fordern und mit ihm reden. Wenn er dann stehet und spricht: Es gefällt mir nicht, sie zu nehmen: so soll seine Schwägerin zu ihm treten vor die Ältesten und ihm einen Schuh ausziehen von seinen Füßen, und ihn anspeien und soll antworten und sprechen: Also soll man thun einem jeden Manne, der seines Bruders Haus nicht erbauen will. Und sein Name soll in Israel heißen des Barfüßers Haus.“ Kam aber eine Leviratsehe zu stande, so fiel das Erbgut natürlich an den neuen Ehe= mann, der aber, wie oben im anderen Fall bemerkt, nur sogenannter Vizewirt war, und dessen Erben in die Stammrolle des verstorbenen Ehemannes, als dessen eheliche Kinder und Erben eingetragen wurden.

Ferner konnte sich jemand Grundeigentum erwerben durch Kauf und Tausch. Es stand nichts entgegen, daß ein Israelit sein Stamm= gut verkaufte, obwohl es niemals aus dem Beweggrunde geschehen konnte, sich Reichtümer dadurch zu erwerben. Die mosaischen Gesetze waren derart, daß jeder Wucher und Handel mit Grund und Boden zu einer Unmöglichkeit gemacht war. Der Verkauf konnte freiwillig oder un= freiwillig geschehen. Freiwillig aber nur aus Not und Mangel, die durch Krankheit, Tod, schlechte Ernten oder persönliche Untugenden und Laster herbeigeführt waren, und unfreiwillig, wenn ein Schuldner nicht im stande war, seine Schulden zu bezahlen oder auch nicht den Willen dazu hatte. Der Gläubiger hielt sich zunächst an das bewegliche Eigen= tum, dann aber an Grund und Boden und zuletzt sogar an die Person. Der Schuldner mußte als Tagelöhner in einem Sklavenverhältnis arbeiten und so seine Schulden abtragen. Sein Weib, Kinder teilten dasselbe Schicksal. Dennoch aber war der Verkauf von Grund und Boden so wesentlich verschieden von dem, was wir heute darunter denken, daß eine genauere Darstellung nötig ist.

Wir haben schon früher darauf hingewiesen, daß nach 3. Mos. 25, 23 kein Israelit sein Land „ewiglich" verkaufen durfte, „denn das Land ist mein und ihr seid Fremdlinge und Gäste vor mir. Und sollt in all eurem Lande das Land zu lösen geben". Das Wort, das Luther mit „ewiglich" übersetzt hat, heißt hebräisch „lizmithut", griechisch „εἰς βεβαίωσιν", lateinisch „in perpetuum". Michaelis erklärt es „zum Stillschweigen", „so daß fernerhin nicht mehr davon geredet werden könne", dagegen Saalschütz erklärt es „daß der bisherige Besitzer des Ackers ihn für sich selbst vernichtete, sich desselben gänzlich entäußerte". Wenn nun solcher Verkauf ausgeschlossen war und anderseits dennoch ein Verkauf möglich war, so bleibt nichts übrig, als daß durch den Verkauf von Grund und Boden nur seine zeitweilige Nutznießung verkauft wurde, es war also mehr eine durch Not erzwungene Verpachtung. Wir haben bis dahin von dem Halljahr noch nicht geredet, und um Verwirrung zu vermeiden, erwähnen wir auch hier jetzt nur folgendes. Die Israeliten zählten nach Moses nicht wie wir die Zeit nur nach Jahrhunderten, sondern auch zugleich nach halben Jahrhunderten. Jedes halbe Jahrhundert bildete einen gesetzlich gültigen bürgerlichen Zeitabschnitt, der einen gesetzlich feststehenden Anfang und Ende hatte. Konnte nun durch die Not getrieben ein Israelit sein Grundeigentum nicht halten, so verkaufte er es, d. h. er verpachtete es bis zu dem Ende dieses halben Jahrhunderts.

Was nach Ablauf dieses Zeitabschnittes zu geschehen hatte, werden wir weiter unten erfahren. Wir haben aus dem Gesetze Mosis auch eine ziemliche Kenntnis, wie hoch der Acker für eine solche Zeitperiode abgeschätzt wurde. Wir lesen 3. Mos. 27, 16: „Wenn jemand ein Stück Acker von seinem Erbgut dem Herrn heiliget, so soll er geschätzt werden, nachdem er trägt. Trägt er ein Chomer Gerste, so soll er fünfzig Sekel Silbers gelten." Dies ist der Wert des Feldes für die ganze 50jährige Jobelperiode.

Legen wir nun diese zwar für das Heiligtum bestimmte Wertschätzung auch für das ganze bürgerliche Leben zu Grunde, so ergibt sich: Ein Chomer enthält nach genauer Forschung der Gelehrten (C. Keil, Archäologie S. 607) 0,201,215 Kubikmeter oder 201,215 Liter, also ungefähr 2 Hektoliter. Ein Silbersekel kann nach derselben Quelle (S. 611) zu 3 Mark deutscher Reichsmünze angesetzt werden. Ein Stück Land also, auf das man ungefähr 2 Hektoliter Korn aussäen kaum, hat einen Abschätzungswert für das halbe Jahrhundert von 50 Sekel, d. h. 150 Mark. Nun bestimmt Moses 3. Mos. 25, 14 ff.: „Wenn du nun etwas deinem Nächsten verkaufest, oder ihm etwas abkaufest, soll keiner seinen Bruder übervorteilen, sondern nach der Zahl vom Halljahr an sollst du es von ihm kaufen und was die Jahre hernach tragen mögen, so hoch soll er dir's verkaufen. Nach der Menge der Jahre sollst du den Kauf steigern und nach der Wenige der Jahre sollst du den Kauf ringern, denn er soll dir's, nachdem es tragen mag, verkaufen. So übervorteile nun keiner seinen Nächsten, sondern fürchte dich vor deinem Gott; denn ich bin der Herr, euer Gott. Darum thut nach meinen Satzungen und haltet meine Rechte, daß ihr danach thut, auf daß ihr im Lande sicher wohnen möget. Denn das Land soll euch seine Früchte geben, daß ihr zu essen genug habt und sicher darinnen wohnet." Wir sehen, es war also die Berechnung eine einfache, und für den Käufer nicht drückend, da er für etwa 2 Morgen Land nach unserer Berechnung für fünfzig Jahre 150 Mark bar zu bezahlen hatte, oder je nachdem dieser Zeitraum schon verflossen, für den Rest der übrigen Jahre so viel Sekel als Jahre übrig waren. Natürlich konnte man nahe vor Abschluß dieser Zeitperiode kaum noch Land verkaufen, im 49. Jahre sicherlich nicht mehr, und mit immer geringerer Wahrscheinlichkeit, je näher das Ende der Jobelperiode war. Der Verkäufer erhielt aber je nach der Größe seines Erbgutes eine nach Verhältnis große Barsumme in die Hand, zwar nicht geeignet, um Kapitalien zu sammeln und Reichtümer aufzuhäufen, aber wohl um sich aus augenblicklicher Verlegenheit herauszuhelfen. Er verlor zwar sein Grundeigentum, aber konnte getrost in die Zukunft sehen; denn er fand Arbeit überall und sein Arbeitsverhältnis stand unter dem ganz besonderen Schutz des Gesetzes, wie wir später noch sehen werden. Die Verkaufsverhandlungen sind aber hiermit noch lange nicht abgeschlossen. Moses hat nicht, wie das römische Recht, den besonderen Schutz und Vorteil des Käufers und einzelnen Individuums im Auge, sondern den des verarmten Verkäufers, des Gedrückten und Geplagten und den der ganzen Gemeinde. Nur daß der Käufer keinen Schaden erleide, das verhindert Moses. Der Verkäufer hat während der ganzen Periode bis zu Ende des halben Jahrhunderts das Recht, seinen Acker zu jeder Zeit wieder einzulösen, ausgeschlossen war vielleicht das erste und zweite Jahr nach dem Verkauf, wo der Käufer für seine gemachten Auslagen und Arbeiten noch gar keinen Ertrag gehabt hatte. Und nicht bloß der Verkäufer, sondern sein nächster Blutsverwandter hat im Interesse des ersteren ebendieses Recht, auch selbst nach dessen Tode, für dessen Kinder und Erben. Wir lesen 3. M. 25, 25 ff.: „Wenn dein Bruder verarmet und verkauft dir seine Habe, und sein nächster Freund kommt zu ihm, daß er es löse, so soll er's lösen, was sein Bruder verkauft hat. Wenn aber jemand keinen Löser hat, und kann mit seiner Hand so viel zu wege bringen, daß er's ein Teil löse, so soll man nehmen von dem Jahr, da er's hat verkauft und dem Verkäufer die übrigen Jahre wieder einräumen, daß er wieder zu seiner Habe komme. Kann aber seine Hand nicht so viel finden, daß eines Teils ihm wieder werde, so soll, das er verkauft hat, in der Hand des Käufers sein bis zum Halljahr."

Der Verkäufer hatte also mannigfaltige Gelegenheit, durch seine Verwandten und durch seine Kinder und deren und seinen eignen Fleiß wieder in den Besitz seines Erbgutes zu kommen. Er brauchte nicht zu fürchten übervorteilt zu werden, indem für seinen verkauften Acker ein unerschwinglicher Rückkaufpreis verlangt wäre. Der Preis, für den er sein Erbgut wieder erlangen konnte, war, abgesehen von etwaigen Vergütungen für angewandte Meliorationen, immer geringer als der Preis, den er selbst erhalten hatte und zwar um so viel mal 1 Sekel (3 Mk.) pro 2 Scheffel Aussaat, als Jahre von dem halben Jahrhundert seit dem Tage des Verkaufs vergangen waren.

Nur in einem Fall mußte noch ein Fünftel des Wertes also entweder 10 Sekel (oder je nachdem Jahre der Periode verflossen waren weniger) darüber gezahlt werden, wenn nämlich ein Israelit einen Acker an das Heiligtum geheiligt hatte. Er konnte seinen Acker bis zu dem Ende des halben Jahrhunderts einlösen, mußte aber dann in solchem Falle ein Fünftel darüber bezahlen. That er das nicht, so verfiel der Acker ewiglich dem Heiligtum 3. M. 27, 19—21: „Will aber der, so ihn geheiligt hat, den Acker lösen, so soll er den fünften Teil des Geldes, über das er geschätzt ist, drauf geben, so soll er sein werden. Will er ihn aber nicht lösen, sondern verkauft ihn einem andern, so soll er ihn nicht mehr lösen, sondern derselbe Acker, wenn er im Halljahr los ausgehet, soll dem Herrn heilig sein, wie ein verbannter Acker und soll des Priesters Erbgut sein." In der eben angeführten Stelle setzte Moses, was er nie geboten hatte, als aus einem alten Herkommen übrig und bekannt voraus, nämlich daß ein verbannter Acker (cherem) dem Herrn ewig heilig blieb; denn er sagt, ein verlobter und nicht wieder eingelöseter Acker solle, wenn er im Halljahr wieder zugesprochen werde, Gotte heilig sein, so wie der verbannte Acker.

Wahrscheinlich blieb solcher Acker ein Gemeindegut und wurde später vielleicht die Quelle der großen königlichen und fürstlichen Landgüter.

Endlich ist noch zu bemerken, daß einer Erwerbung von Grund und Boden durch Vertauschung, natürlich immer innerhalb des halben Jahrhunderts, nichts entgegengestanden zu haben scheint. Ein Tausch war auch, wenn er nur innerhalb desselben Stammes geschah, nicht wider die Absicht des Gesetzes; denn der Zweck ward doch dabei er= halten, daß die spätesten Nachkommen nie ganz unbegütert sein könnten. Vielleicht ist es also bloß ein Eigensinn des Nabob gewesen, wenn er nicht bloß den Verkauf, sondern auch die Vertauschung seines Weinbergs dem Könige Ahab abschlug.

Ausgenommen vom Verkauf war das Land der Levitenstädte 1000 Ellen weit rund um sie herum; denn so lesen wir 3. Mos. 25, 34: „aber das Feld vor ihren Städten soll man nicht verkaufen, denn das ist ihr Eigentum ewiglich".

Dieses nun schon durch das Lösungsrecht sehr eingeschränkte Privat= eigentum an Grund und Boden erhielt aber erst seinen eigentlichen Charakter als ewiges Eigentum Jehovahs durch das bewunderungs= werte einzig dastehende Gesetz vom Halljahr. Wir finden es 3. Mos. 25, 8—16: „Und du sollst zählen sieben solche Feierjahre, daß sieben Jahre sieben mal gezählet werden und die Zeit der sieben Feierjahre machen 49 Jahre. Da sollst du die Posaunen blasen lassen durch alles euer Land, am zehnten Tage des siebenten Monats, eben am Tage der Versöhnung. Und ihr sollt das 50ste Jahr heiligen und soll's ein Erlaßjahr heißen im Lande allen, die darin wohnen. Denn es ist euer Halljahr, da soll ein jeglicher bei euch wieder zu seiner Habe und zu seinem Geschlecht kommen. Denn das 50ste Jahr ist ein Halljahr, ihr sollt nicht säen, auch was von ihm selber wächst, nicht ernten, auch was ohne Arbeit (nesireha von nasir)*) wächst im Weinberge, nicht lesen, denn das Halljahr soll euch heilig sein, ihr sollt aber essen, was das Feld trägt. Das ist das Halljahr, da jedermann wieder zu dem Seinen kommen soll ... Darum sollt ihr das Land nicht verkaufen ewiglich; denn das Land ist mein, und ihr seid Fremdlinge und Gäste vor mir, und sollt in all eurem Lande das Land zu lösen geben."

Mit der großen Festposaune wurde dieses Jahr im ganzen Lande

---

*) Nach Saalschütz ist die Grundbedeutung von nasir Diadem, also Rasiräer gleich „ein mit der Krone geschmückter". 4. M. 6. 7: „Die Krone seines Gottes ist auf seinem Haupte." So hier: die Trauben deiner (durch bleibenden Rebenwuchs) gekrönten Weinhügel sollst du nicht schneiden.

ausgerufen. Alle in einem halben Jahrhundert entstandenen Unregel=
mäßigkeiten und Unordnungen sollen wieder in die richtige Ordnung
gebracht werden. Es soll in Israel überhaupt kein Armer sein, deshalb
soll der Arme jetzt wieder zu seiner Habe kommen; es soll aber ander=
seits in Israel auch kein bevorzugter Landadel entstehen können, deshalb
soll das Halljahr die Häufung großen Landbesitzes in einer Hand ver=
hindern. Saalschütz*) sagt: „Die Einrichtung des Jobeljahrs ist die
glückliche Lösung eines Problems, das die Gesetzgeber der verschiedensten
Völker beschäftigte. Während eine 50jährige Periode dem Verkehr mit
Grundbesitz sehr viele Freiheit ließ, so stellte sie ihm doch auch wieder
die notwendigen Schranken, um eine gewisse Gleichmäßigkeit der Ver=
hältnisse zu erhalten. Dies Institut allein wehrte sicher den latifundiis,
mehrte bei kleinen, stets von dem Besitzer selbst und fleißiger bebauten
Landstücken den Ertrag des Bodens und war namentlich geeignet, die
Teilung des Volks in verschiedene Stände, in reichen Adel und arme
Bauern zu verhindern, und alle, als freie Landbesitzer, einander gleich
zu stellen. Um dies Gesetz noch mehr zu heiligen, wird es 25, 24 mit
einem theokratischen Prinzip in Verbindung gebracht, indem es heißt:
„Das Land soll nicht für immer verkauft werden; denn mir gehört
das Land, denn Fremdlinge und Anwohner seid ihr vor mir". Es
hat also niemand das Recht, mit seinem Grundbesitz in der Weise will=
kürlich zu schalten, daß er den göttlichen Anordnungen für das Gemein=
wohl dadurch entgegenträte."

Was noch weiter von dem Jobeljahr zu sagen ist, verschieben wir,
bis wir zuvor hier im Zusammenhang die zweite mächtige Einschränkung
des Privateigentums an Grund und Boden zur Darstellung gebracht
haben, nämlich das Sabbatjahr. Wir lesen davon 3. Mos. 25, 2—7:
„Rede mit den Kindern Israel und sprich zu ihnen: Wenn ihr ins
Land kommt, das ich euch geben werde, so soll das Land seine Feier
dem Herrn feiern, daß du sechs Jahre dein Feld besäest und sechs Jahre
deinen Weinberg beschneidest und sammlest die Früchte ein; aber im
siebenten Jahre soll das Land seine große Feier dem Herrn feiern,
darin du dein Feld nicht besäen, noch deinen Weinberg beschneiden sollst.
Was aber von ihm selber nach deiner Ernte wächst, sollst du nicht
ernten, und die Trauben, so ohne deine Arbeit wachsen, sollst du nicht
lesen, dieweil es ein Feierjahr ist des Landes. Sondern die Feier des
Landes soll ihr darum halten, daß du davon essest, dein Knecht, deine

*) Mosaisches Recht. S. 154.

Magd, dein Tagelöhner, dein Hausgenoß, dein Fremdling bei dir, dein Vieh und die Tiere in deinem Lande, alle Früchte sollen Speise sein." Hierzu ist zu vergleichen 2. Mos. 23, 10: „Sechs Jahre sollst du dein Land besäen und seine Früchte einsammeln. Im siebenten Jahre sollst du es ruhen und liegen lassen, daß die Armen unter deinem Volk davon essen und was überbleibt, laß das Wild auf dem Felde essen. Also sollst du auch thun mit deinem Weinberge und Ölberge."

Angesichts solcher klaren Gesetzesstellen noch immer von der rein geistlichen Bedeutung solcher Einrichtungen reden, muß geradezu für einen Mißbrauch der Bibel erklärt werden. Solcher Mißbrauch richtet unendlichen Schaden an sowohl bei denen, die der Kirche nahestehen, als noch mehr bei den der Kirche Entfremdeten. Vor solchem Mißbrauch kann nicht laut genug gewarnt werden, um so mehr er sich gerade in den Kreisen derer findet, die sich ganz sonderlich mit der Hochachtung vor der Bibel brüsten, während die Vertreter der wissenschaftlichen negativen Kritik es kaum noch der Mühe wert halten, den Inhalt dieser Gesetze einer Beachtung zu würdigen, weil sie ja doch alle Utopien oder Schlimmeres sind, nämlich schlau ersonnener Lug und Betrug. Wir lassen uns durch beide Abwege nicht irre machen und werden nicht müde, gerade die nächstliegende natürliche soziale Bedeutung dieser Gesetze zu bewundern und zu preisen.

Das Privateigentum an Grund und Boden war durch dieses Gesetz aufs empfindlichste eingeschränkt. Die Ausleger sind zwar untereinander nicht ganz einig, es scheint mir aber ausgemacht, daß das ganze Land alle sieben Jahre brach liegen soll und Gemeindegut für das ganze Volk wird. Niemand hat als Privateigentümer Anrecht auf den von selbst gewachsenen Ertrag des Landes, keiner soll ihn als sein Sondereigentum einernten, sondern die Früchte sollen Speise sein für alle Kreaturen ohne Unterschied. „Der Fremdling, der in deinen Thoren ist", d. h. der Nichtisraelit, soll mit den Armen und mit den Witwen und mit den Landeigentümern derselben Wohlthat genießen, und selbst das Wild auf dem Felde und auf dem Gebirge wird nicht vergessen. Wahrscheinlich wurde das ganze Land im siebenten Jahre eine Gemeinweide und bot so namentlich den Armen die schönste und beste Gelegenheit, sich wieder wirtschaftlich zu erholen. Mit dem Sabbatjahr war aufs engste das Erlaßjahr verbunden, von dem wir später noch reden werden. Mit diesem Erlaßjahr wieder mag die Einrichtung eng zusammenhängen, daß nach mosaischem Gesetz ein hebräischer Knecht oder Magd, die sich zum Dienst verkauft haben, nach 6 Dienstjahren wieder freigelassen werden mußten. Es ist nun außer allem Zweifel, daß dieses siebente Freijahr der Knechte und Mägde nicht immer mit dem Sabbatjahre zusammenfallen mußte. Das Sabbatjahr hatte seine bestimmte feststehende Zählung, dieses Freijahr der Dienenden hatte immer einen individuellen Anfang. Nichtsdestoweniger ist es ebenso gewiß, daß dieses Freijahr in sehr vielen Fällen ganz von selbst mit dem Sabbatjahr zusammenfiel und daß zweitens das Zusammen= fallen dieser zwei sonst verschiedenen Jahre wenn eben möglich absichtlich erzielt worden sein mag. In dem Zusammenfallen lag ein großer wirtschaftlicher Vorteil. Hören wir, was Moses schreibt (5. M. 15, 12—18): „Wenn sich dein Bruder, ein Hebräer oder Hebräerin, dir verkauft, so soll er dir sechs Jahre dienen, im siebenten Jahre sollst du ihn frei losgeben. Und wenn du ihn frei losgibst, sollst du ihn nicht leer von dir gehen lassen, sondern sollst ihm auflegen von deinen Schafen, von deiner Tenne, von deiner Kelter, daß du gebest von dem, das dir der Herr, dein Gott, gesegnet hat. Und gedenke, daß du auch Knecht warest in Ägyptenland, und der Herr, dein Gott, dich erlöset hat, darum ge= biete ich dir solches heute. Und laß dich's nicht schwer dünken, daß du ihn frei losgibst, denn er hat dir als ein zwiefältiger Tagelöhner sechs Jahre gedienet, so wird der Herr, dein Gott, dich segnen in allem, was du thust."

So fand also der Knecht oder die Magd in solchem Jahre für 2 Schafe überall freie Weide, und so konnte er nicht allein sich selbst, sondern auch den Anfang einer kleinen Herde erhalten. Ebenso gut konnten auch Israeliten, die die Armut aus dem Lande vertrieben hatte, im Sabbatjahre wiederkommen und Unterhalt auf den als Gemeingut geltenden Äckern finden

Noch auf mancherlei andere Weise war das Privateigentumsrecht an Grund und Boden eingeschränkt. Wenn wir auch in einem beson= deren Kapitel noch von der Armenpflege handeln werden, so sei doch auch hier erwähnt, daß kein israelitischer Bauer auf Grund des Gesetzes verhindern konnte und durfte, daß ein Hungriger sich von den Früchten seines Feldes sättigte. Nicht durfte er mit der Sichel schneiden, keinen Vorrat von Feld und Gärten heimtragen, aber die Stillung seines Hungers war jedem auf jedem Felde gestattet. Der Israelit mußte die spitzen Winkel und Ecken seiner Felder mit bestellen und besäen, aber die Ernte davon gehörte nach dem Gesetze nicht ihm, sondern den Armen.

Stehen wir nun hier einen Augenblick still und richten von diesem nun so gewonnenen mosaischen Standpunkte aus einen Blick auf unsere

gegenwärtige Zeit und die in ihr so eifrig behandelte Grund= und
Bodenfrage.

Zunächst ist festzustellen, daß diese mosaischen Bestimmungen über
das Privateigentum an Grund und Boden nicht im geringsten den
Anspruch machen dürfen, für unsere Zeit eine Norm und Richtschnur
abzugeben. Jeder hat das Recht sich dazu zu stellen, wie er will, aber
demgegenüber hat kein Mensch ein Recht, diese Anschauungen ungöttlich,
unchristlich, unsittlich zu nennen. Wer ohne weiteres sich so oder ähnlich
dazu stellt, beweist, abgesehen von dem mangelnden Verständnis für ge=
schichtliche Entwickelung, nur damit, daß ihm das Alte Testament weder
eine göttliche, noch sonst kulturhistorische Bedeutung hat. Das ge=
wonnene Ergebnis ist für die Beurteilung der gegenwärtigen sozialen
und politischen Parteien und ihrer sozialen Bestrebungen von der aller=
größten Wichtigkeit. Namentlich die in der Bildung begriffene christlich=
soziale Partei hat von diesem Ergebnis aus ihre feste Stellung zu
nehmen. Das Privateigentum an Grund und Boden ist nach dem
mosaischen Gesetz streng zu scheiden von dem Privateigentum an durch
Arbeit erworbenen Dingen. Das Land gehört Gott, der jeweilige
gesetzliche Nutznießer kann es nicht auf ewig verkaufen, und sein auf
kurze Zeit ihm garantiertes Abtretungsrecht wird fast illusorisch durch
das Lösungsrecht. Nicht die Rücksicht auf den Käufer, nicht der Nutzen
des Besitzers und des Reichen, sondern umgekehrt die Rücksicht auf den
Verarmten, der durch die Not gezwungen war, eine Zeitlang sein Land
abzutreten, hat diese Gesetze erdacht. Wenn eine für die Gesamtheit
vorteilhafte Ackerbebauung ohne Privateigentum möglich oder nutz=
bringender gewesen wäre, so wäre damit für Moses der einzige Grund
weggefallen, das Privateigentum an Grund und Boden in den engen
Grenzen aufrecht zu halten. Zu seiner Zeit und bis noch weit hinauf
in die geschichtliche Zeit, ja selbst bis in die Gegenwart herrschte bei
allen Völkern der Gemeinbesitz an Grund und Boden. Wenn heute
diesem Ziele wieder zugestrebt wird, so ist das gar kein Fortschritt,
sondern im wahren Sinne ein Rückschritt, obwohl und trotzdem so
mancher Staatsbürger bei diesem Wort ein gelindes Gruseln nicht ver=
winden zu können glaubt, und wahrscheinlich die Verdammlichkeit dieser
Anschauung lediglich aus dem „Rückschritt" folgern wird. Wir haben
klar erkannt, daß Moses längst schon vor Plinius, dem römischen
Schriftsteller, die Schädlichkeit des Großgrundbesitzes eingesehen hat und
daß er das Heil der Landwirtschaft sowohl wie der nationalen Wohl=
fahrt am meisten gesichert glaubte, wenn er Großgrundbesitz in einer

Hand verhinderte. Moses wenigstens kannte nicht die ängstliche Be=
fürchtung, die heute sehr vielfach geteilt wird (ich nenne außer manchen
berühmten Nationalökonomen auch v. Rathusius und Stöcker), daß es an
Gelehrten, Erfindern, großen Staatsmännern, Kriegshelden u. s. w. fehlen
würde, wenn nicht im Staate ein Großgrundbesitz als die eigentliche Wiege
solcher großen Geister vorhanden wäre. Ich teile solche Befürchtung
nicht, und mir will scheinen, als ob Gott unsere Weisheit sehr oft so
recht zu Schanden und zu Spott machen wolle, wenn er die größten
Männer der Welt in den ärmlichsten Verhältnissen erweckt. Aus der
Gegenwart nennen wir Moltke und Caprivi und fügen die Frage hinzu:
Hat Bismarck seine Stellung im Staate seinem Großgrundbesitz oder
umgekehrt seinen Großgrundbesitz seiner Stellung zu verdanken? Wir
haben stets große Männer und Helden gehabt aus allen Ständen; der
Schneider mit der Elle, der Bergmann mit dem Schlegel und Eisen,
u. a. sind nicht zu vergessen.

Dazu kommt, daß thatsächlich in gegenwärtiger Zeit der eigentliche,
fast möchte ich sagen internationale hochadlige Großgrundbesitz dem
Staatsleben ziemlich gleichgültig gegenübersteht und nur selten Männer
liefert, die sich in den allgemeinen Organismus einfügen und sich ihm
unterordnen.*) Doch sei dem wie ihm wolle, wir können die Frage
nicht entscheiden, aber das steht uns fest, daß die Entscheidung nicht
aus der Bibel geholt werden kann und darf.

Das Privateigentum an Grund und Boden hat sich geschichtlich
entwickelt und wird sich der weiteren geschichtlichen Entwickelung nicht
entziehen können. Die Verteilung des Grund und Bodens bedarf einer
zeitgemäßen Regelung. Daß sich die sogenannte konservative Partei
mit den Ansprüchen des Großgrundbesitzes identifiziert und seine Un=
antastbarkeit auf ihre Fahne schreibt, ist zu bedauern; dies wird jene
Partei, trotz des wertvollen Elementes, nämlich der christlich=sozialen
Kräfte in ihr, unfähig machen, an den sozialen Aufgaben der Gegen=
wart heilsam mitzuarbeiten. Der Grund und Boden ist es, um den
sich am letzten Ende die ganze soziale Entwickelung des Jahrhunderts
drehen wird, denn ohne Grund und Boden keine Freiheit, und ohne
Freiheit keine Erlösung aus sozialer Not.

Daß das Privateigentum an Grund und Boden heute die beste
Kultur des Bodens gewährleistet, wird kaum jemand behaupten. Ich

---

*) Vergleiche die vortreffliche Zeitschrift: Die Grenzboten: Der hohe Adel in
Preußen. 1. Aprilheft 1895, Seite 17.

kenne nicht das Verhältnis, aber die Summe der Güter und Domänen und Herrschaften, die heute nicht vom Eigentümer, sondern von Pächtern, und zwar mit großer Intelligenz, bewirtschaftet werden, ist sicherlich sehr groß, und mag vielleicht die Summe der Güter übertreffen, die von Eigentümern bestellt werden. Der ganz unermeßliche Fortschritt im Acker= bau läßt es heute sehr wahrscheinlich erscheinen, daß z. B. die Bestellung einer ganzen Gemeindeflur nach einem Plan im großen für die ganze Gemeinde vorteilhafter sein würde als die Bestellung in einzelnen Parzellen, nach vielen verschiedenen Plänen und Rücksichten zahlreicher Einzelbesitzer.

Noch können wir uns nicht versagen, mit kurzen Worten auf den furchtbaren Kontrast zwischen diesem mosaischen Gesetz und dem römischen Recht hinzuweisen. Das römische Recht bestimmt das Eigentum als jus utendi et abutendi, eine Bestimmung, die dem mosaischen Gesetz und jeder christlichen Ethik ins Gesicht schlägt, aber nichtsdestoweniger noch immer unser deutsches Volk knechtet und plagt, ach Herr, wie noch so lange! In einem Prozeß, in dem ich als Zeuge geladen war, und in dem es sich um die niederträchtige That handelte, daß ein Beamter eine amtliche Handlung seines Vorgesetzten listig zu hindern gesucht hatte, weil ihm die amtliche Mitteilung zu machen an= geblich vergessen war — da operierte der Staatsanwalt zu gunsten des Missethäters ganz flott mit dem alten römischen Rechtssatz qui suo jure utitur, neminem laedit. Solche Rechtsgrundsätze sind einfach greulich und verhalten sich zur christlichen und mosaischen Sittenlehre wie Finsternis zu Licht. Es ist Pflicht jedes ernsten Staatsbürgers, den Unwillen gegen solche sittliche Verirrung zu wecken und das Volk zum ernsten Kampf aufzurufen, das heidnische römische Recht von sich abzuschütteln, um sich sein deutsches Recht wieder zu erkämpfen. Solche Erhebung ist um so mehr not, weil sich die Vertreter dieses heidnischen römischen Rechts heute noch als die echten Staatsstützen gebärden und alle ihre Widersacher am liebsten als Staatsfeinde, als hostes patriae et publicae salutis zu vernichten trachten.

Kehren wir nun nach dieser Abschweifung zurück. Ob das Sabbat= jahr und Halljahr jemals im israelitischen Volk ausgeübt worden ist, ist eine Frage, die uns hier wenig oder gar nicht interessiert. Wir werden dieser Frage allerdings später am Schluß des Buches näher treten, bemerken hier nur, daß, wenn diese Gesetze auch wirklich mehr Theorie geblieben sind, sie dennoch durch ebendiese Theorie einen außerordentlichen Einfluß auf die Entwickelung des Volkes ausgeübt haben, und noch bis an das Ende der Welt ausüben werden. Nur auf zwei Schwierigkeiten, die der Ausführung dieses Gesetzes entgegen= zustehen scheinen, müssen wir noch besonders aufmerksam machen. Wie wir bei den drei großen Wallfahrtsfesten auf eine Schwierigkeit stießen, nämlich daß das Land während dieser Feste unbeschützt vor den Feinden bleiben sollte, so tritt uns hier ähnlich die scheinbar schwer zu lösende Frage entgegen: Wovon sollte das Volk leben im siebenten und auch im achten Jahre, wenn gesetzlich im siebenten Jahr das ganze Land brach liegen und also Saat und Ernte aufhören sollte? Diese Frage wird nun noch viel schwieriger, wenn wir dabei an das Jobeljahr denken. Hier folgen nämlich zwei Jahre aufeinander, worin Saat und Ernte aufhören sollte. Das 49. Jahr war ein Sabbatjahr und das 50. Jahr das Jobeljahr, in dem gleichwie in dem vorigen das ganze Land brach lag. Wie dort bei den Wallfahrtsfesten die Schwierig= keit gelöst ist, so werden wir finden, daß auf dem Boden der ganzen mosaischen Staatsverfassung auch diese Schwierigkeit leicht verschwindet. Der Versuch, diese Schwierigkeit dadurch zu mindern, daß man das Jobeljahr mit dem 7. Sabbatjahr zusammenfallen läßt, und also das erstere nicht in das fünfzigste, sondern in das neunundvierzigste verlegt, ist gänzlich abzuweisen, weil er zu deutlich dem klaren Texte widerspricht.

Zuvor ist zu bemerken, daß die ganze Lebensanschauung jener Zeit von der unserigen sehr abweicht, so daß wir um die Lösung der Schwierigkeit begreifen zu können, ganz von unserer Zeit absehen müßten. Heute herrscht ganz uneingeschränkt in Handel und Wandel der sogenannte Kapitalismus, d. h. das Ziel, nicht im öffentlichen allge= meinen Interesse, sondern in dem der einzelnen Personen Reichtümer aufzuhäufen. Von diesem Ziel weiß die ganze mosaische Staatsverfassung gar nichts, im Gegenteil, sie sucht es zu verhindern. Als zu erstrebendes Ziel tritt uns allenthalben entgegen ein froher fröhlicher Lebensgenuß auf dem Grunde eines tiefen, unerschütterlichen Gottvertrauens. Nicht Reichtümer und Schätze sind das Ziel des Volkslebens, sondern fröh= licher Genuß aller der Güter, die Gott seinem Volke zu geben verheißen hat, wenn es treulich in seinem Berufe wandelt. Der Gedanke, daß durch fröhliche Feste, oder durch zu geringe Ausnutzung der Naturkräfte eine sittlich zu tadelnde Verschwendung der Gaben Gottes einträte, solcher Gedanke lag jener Zeit ganz fern und wir fügen hinzu, Gott sei tausend Dank; denn wir erbauen uns heute nach vielen tausend Jahren noch an dieser Lebensanschauung und wünschen sie sehnlichst zurück. Das gegenwärtige Hasten und Jagen nach Gewinn, nach materiellen Vorteilen, kurz das Ausbeuten des einen durch den anderen, die Angst nur ja keinen materiellen Schaden zu erleiden, liegt wie ein verderben= bringender Mehltau auf unserer Zeit, und hat wie eine todbringende Pest alle Menschenklassen ergriffen, vertreibt alle sonst erlaubte gottwohl= gefällige Lust und Freude und macht das Leben zu einer Plage, bei dem einen durch den Überfluß und Ekel, bei dem anderen durch Mangel und Not.

Haben wir so den rechten Standpunkt gewonnen, so wird die Lösung der genannten Schwierigkeit uns nicht schwer fallen. Moses nämlich antwortet selbst auf diese Schwierigkeit 3. Mof. 25, 20 ff.: „Und ob du würdest sagen: Was sollen wir essen im siebenten Jahr? denn wir säen nicht, so sammeln wir auch kein Getreide ein; da will ich meinem Segen über euch im sechsten Jahre gebieten, daß er soll dreier Jahre Getreide machen, daß ihr säet im achten Jahre und von dem alten Getreide esset bis in das neunte Jahr, daß ihr vom alten esset, bis wieder neu Getreide kommt." Wenn wir diese Worte nach ihrer natür= lichen Bedeutung auslegen, so scheint Moses vorauszusetzen, daß der Ernteertrag im sechsten Jahre nicht bloß für das siebente, sondern auch für das achte Jahr reichen solle. Demgemäß hätte die Ernte des acht= undvierzigsten Jahres reichen müssen für das neunundvierzigste, fünfzigste und einundfünfzigste Jahr, weil in den beiden zuerst genannten nicht gesäet und geerntet werden durfte. Hier aber stoßen wir auf zwei Schwierigkeiten. Erstens ist es wohl anzunehmen, daß Moses hier sein Volk auf ein regelmäßig periodisch wiederkehrendes Wunder verweist? Kann Moses als ein weiser Staatsmann das Volkswohl wirklich auf ein solches regelmäßiges Wunder aufbauen? Wir können solche Annahme nicht teilen, tragen vielmehr Bedenken, dem Moses diese Annahme an= zudichten, da wir ihn sonst immer als einen verständigen und um= sichtigen Mann kennen gelernt haben, ihn aber hier von Schwärmerei fast nicht freisprechen könnten, um so weniger, da Moses sonst allen irdischen Segen zugleich abhängig macht von dem Gehorsam des Volkes gegen Gottes Gebote.

Die zweite geringere Schwierigkeit ist, daß in der citierten Stelle Verwunderung ausgesprochen wird: was sollen wir essen im siebenten Jahre? während doch die Verwunderung wenig gerechtfertigt scheint, da die Ernte des sechsten Jahres fast immer im siebenten Jahre gegessen zu werden pflegt. Es konnte sich nur um den Mangel des achten Jahres handeln, weil im siebenten nicht gesät worden war.

Es liegt hier eine doppelte Zeitrechnung zu Grunde. Einmal wird das Jahr gerechnet von dem Frühjahrsmonat Abib an, in den Ostern fällt. Diese Zeitrechnung ist offenbar von Moses eingeführt worden. Die ältere Zeitrechnung begann nach dem Wirtschaftsjahr mit dem Monat Tisri, unserem Oktober. Am zehnten Tage des siebenten Monats wurde das Jobeljahr angekündigt, und ohne daß es im Texte deutlich gesagt wird, ist es doch zweifellos, daß das Sabbatjahr nach eben dieser Rechnung gefeiert wurde. Das Sabbat= und das Jobel= jahr fingen also in der zweiten Hälfte des Jahres an und dauerten bis zu Ende der zweiten Hälfte des folgenden Jahres. Das je siebente Jahr der Jobelperiode fing also nicht mit dem sonst üblichen ersten Monat Abib, sondern mit dem siebenten Monat desselben Jahres an und reichte bis zu Ende der ersten Hälfte des achten Jahres. In dieser zweiten Hälfte des siebenten Festjahres, in Wirklichkeit der Hälfte des achten Jahres, fehlte schon die Ernte der Sommerfrüchte. In der zweiten Hälfte des achten Jahres konnte man nur von dem Ertrag der vorigen Ernte leben, und desgleichen im neunten Jahre, weil im siebenten nicht gesäet war. Die erste Schwierigkeit zu heben, hat Michaelis vor= geschlagen, den Text zu ändern, nämlich statt der Ordinalzahl: dem sechsten (haschischit), die Koordinalzahl: in den sechs Jahren zu setzen. Aber ohne solche Textänderung läßt sich der von Michaelis gewünschte Inhalt ohne Zwang erhalten, wenn man wörtlich übersetzt: „Ich werde euch meinen Segen befehlen am sechsten Jahre, daß es den Ertrag mache für die drei Jahre". Ohne also dem sechsten Jahre eine immer wiederkehrende regelmäßige reiche Ernte zu verheißen, soll durch die Ernte des sechsten Jahres der noch übrig gebliebene Vorrat der früheren Jahre so weit vervollständigt werden, daß er für die drei folgenden Jahre ausreicht. Bei der Fruchtbarkeit des Landes ist es auch gar nicht anzunehmen, daß jedes Jahr nur gerade die Bedürfnisse des laufenden Jahres befriedigt hätte, im Gegenteil, heute wie damals schüttet der allmächtige Gott seinen Segen in leiblichen Gütern reichlich aus. Mangel an Brotkorn entsteht bei uns sicherlich niemals aus natürlichen, sondern aus unnatürlichen Ursachen. Statt daß das Land in erster Linie bestellt wird, um Nahrungsmittel für seine Bebauer und Bewohner zu gewinnen, wird es bestellt, um vornehmlich Geld und Reichtum zu gewinnen. Nur insoweit als dieses erste Ziel erreicht wird, baut man Brotkorn und andere notwendige Früchte zur Nahrung. Steht aber der erste und vornehmliche Zweck der natürlichen Bestimmung des Landes entgegen, so schert sich kein Mensch um diese natürliche Be= stimmung, er baut vielmehr, was am meisten Geld einbringt, wenn auch das Volk deshalb Mangel leiden sollte. Jedem natürlichen, noch

unverdorbenen Gemüte muß es im Herzen leid sein, zu sehen und zu
hören, daß jährlich so unendlich viele Zentner von Kartoffeln und
Roggen zu Schnaps verbraucht werden, während das Volk Mangel
an Brot hat. Eine unermeßlich große Fläche wird mit allerlei
Früchten bebaut, die dem eigentlichen Volke unzugänglich sind, und
deren Export zur Vergiftung fremder Naturvölker noch besonders
prämiiert wird. Alles dieses wollte Moses verhindern, aber die so
heilsame Aufschüttung von Korn begünstigte er durch diese Gesetze. In
den sechs Jahren sollte so viel wachsen, daß man davon im siebenten
auch leben konnte und in 42 Jahren sollte so viel wachsen, daß man
fünfzig Jahre davon leben könnte. 42 Jahre hatten, wie wir früher
sahen, zu je 300 Arbeitstagen gerechnet, 12600 Arbeitstage, die sollten
hinreichen, um (50 × 365) 18250 Tage davon zu leben, d. h. jeder
Tag reicht hin um Nahrung für einen und einen halben Tag zu schaffen.
Jeder Tag aber hat durchschnittlich nur zwölf Tagesstunden, diese zwölf
Tagesstunden Arbeit reichen aus für 36 Stunden Nahrung zu schaffen,
d. h. also $^1/_3$ der Zeit der Arbeit gewidmet, soll nach mosaischem Gesetz
genügen, die Nahrungsmittel für $^3/_3$ zu schaffen. Wie wunderbar, daß
wir hier gewiß so ganz unerwartet bei einem Ackerbaustaate in den
fünf Büchern Mosis den Arbeitstag von 8 Stunden verborgen finden.

Moses wollte, daß ein gewissenhafter Israelit nicht Geld, wohl
aber Korn sammele, um von dem aufgesparten Vorrat in den Fest=
jahren zu leben. Wir kennen aus der Zeit des Aufenthalts Moses in
Ägypten diese Fürsorge für das ägyptische Volk; und wahrlich, sie ist
lobenswert. Moses beweist sich hier als ein sehr weiser Gesetzgeber.
Das Aufschütten von Korn durch den Staat verursacht unendlich viele
kostspielige Ausgaben, durch Erbauung von Vorratshäusern und Er=
haltung eines Heeres von Beamten. Welche unendliche Menge von
Korn müßte der Staat aufschütten, wenn er ein Jahr lang oder gar
zwei das gesamte Volk aus den Vorratshäusern erhalten sollte. Ohne
gesetzlichen Zwang, und ohne eine besondere Vorschrift erreicht Moses
eine noch viel bessere Einrichtung als die, die in Ägypten bestand. Statt
der Obrigkeit verpflichtete er jeden einzelnen Bürger Korn aufzuschütten,
wenn er nicht Gefahr laufen wollte, Not und Hunger zu leiden. Die
feste Verheißung Gottes, sein Volk zu segnen, konnte niemand an dieser
Fürsorge hindern, da bekanntlich die meisten Menschen in diesem Stücke
eher zu viel als zu wenig thun. Moses verhinderte dadurch den Korn=
wucher, und machte trotzdem das Land zu einer Kornkammer für das
naheliegende handeltreibende Reich der Tyrer. Sollte nun dennoch

irgend ein Zweifel stehen bleiben, wie ein Volk sich nähren kann, wenn ein Jahr oder gar zwei Jahre lang alles Land brach liegen bleibt, so denke man, daß gerade in diesen Jahren durch die reichliche fette Weide die Fleischnahrung um so reichlicher genossen wurde. Endlich hat man noch entgegen gehalten, daß diese Gesetze dem Müßiggang gar sehr Vorschub geleistet hätten, und schon deshalb nicht göttlichen Ursprungs sein könnten, sondern Erdichtungen späterer fanatisierter Priester wären. Doch bei geringer Überlegung findet man in einem ackerbautreibenden Volke eine Reihe von Arbeiten, die ein guter Landwirt in solchem Ruhejahre vornehmen konnte. Wir nennen hier mit Saalschütz: nötige Bauten, Instandsetzung der Mauern, die die Terrassenkultur notwendig machte, damit der Regen das Erdreich nicht von den Höhen wegspüle, Ausbesserung der Geräte und vor allem Verbesserung des Viehstandes bei der guten Weide dieses Jahres. Doch ist bei dieser Überlegung noch sonderlich zu erinnern, daß unsere Anschauungen von Arbeit und Müßiggang nicht als Maßstab an jene Zeit gelegt werden können. Das Leben trug vielmehr den Stempel fröhlichen heiteren Genusses der Gaben Gottes, als harter, saurer, Leib und Seele zerstörender Arbeit, wie sie heute in unserer Gesellschaftsordnung das Erbteil von Millionen ist, die dann doch nur das Notdürftigste erwerben.

4. Kapitel.

Schutz des durch Arbeit gewonnenen Privateigentums.

Schon gleich im Anfang dieses Buches wiesen wir hin auf den Unterschied im Begriff des Privateigentums, ob es ohne Arbeit oder durch Arbeit erworben werden kann. Als das erstere erkannten wir insonderheit Grund und Boden und sahen in diesen drei Kapiteln, wie solches Privateigentum geschützt und wiederum durch die Gesetze einge= schränkt wurde, so daß es den Charakter des Gemeineigentums erhielt. Moses macht nun, wie erwähnt und auch begreiflich, nirgendwo mit Worten diesen begrifflichen Unterschied, denn auf Definitionen läßt er sich nicht ein. Nichtsdestoweniger ist er ein weiser Systematiker, dessen Einteilungen wir schon anderswo zu bewundern Gelegenheit hatten. Im 3. Buch (im 25. Kapitel) macht Moses einen Unterschied bei dem Verkauf von Häusern, dahin, ob das Wohnhaus innerhalb der Stadtmauer oder ob es auf dem Dorfe liegt, da keine Mauer ist.

Das Wohnhaus auf dem Dorfe soll beim Verkaufe gleich dem Lande gerechnet werden, d. h. denselben gesetzlichen Bestimmungen unterworfen sein, wie das Land. Ein Wohnhaus also auf dem Lande konnte wie dieses verkauft werden, fiel aber im Halljahre wieder an den ursprüng= lichen Besitzer zurück und konnte während eines halben Jahrhunderts durch den Verkäufer oder seinen Goöl gelöst werden. Ein Wohnhaus aber in der Stadt unterlag ganz anderen Bestimmungen. Moses ver= ordnet dafür: „Wer ein Wohnhaus verkauft binnen der Stadtmauer, der hat ein ganzes Jahr Frist, dasselbe wieder zu lösen, das soll die Zeit sein, darinnen er es lösen mag. Wo er's aber nicht löset, ehe denn das ganze Jahr um ist, so soll's der Käufer ewiglich behalten und seine Nachkommen und soll nicht los ausgehen im Halljahr.“ Die Mauer als unterscheidendes Merkmal kann unmöglich solchen Einfluß haben auf diese grundverschiedene Behandlung der zwei Häuser: man sieht nirgends den Zusammenhang. Ganz klar aber wird die Sache, wenn wir die Verschiedenartigkeit des Eigentums beachten. Das Haus auf dem Lande wird als notwendiges Zubehör zu dem letzteren gerechnet, dagegen das Land in der Stadt, auf dem das Haus steht, wird als Zu= behör zu dem Hause gerechnet. Der Grund und Boden in der Stadt, auf dem das Haus steht, wird seiner ursprünglichen Bestimmung ganz entzogen. Das Haus aber ist nicht wie das Land eine Naturgabe Gottes, sondern muß mit vieler Arbeit und Mühe und Aufwand er= richtet werden. Moses aber will allen den Arbeitsertrag durch ein heiliges Gesetz geschützt wissen: Du sollst nicht stehlen, du sollst dem Nächsten sein wohlerworbenes Gut nicht nehmen noch mit falscher Ware oder Handel an dich bringen. Deshalb ist solches Gut weit mehr geschützt als Grund und Boden und lange nicht den Einschränkungen unterworfen wie das letztere. Wer in der Stadt sein Haus verkaufte hatte dazu Freiheit, innerhalb einer Jahresfrist konnte er es wieder lösen, geschah das nicht, so fiel es ewig in den Besitz des Käufers. Hierher gehören die Gesetze über Schuldsachen, die Zinsgebote, ferner die Bestimmungen über die Verantwortlichkeit gegenüber fremdem Eigen= tum und über Entschädigungen, sowie die über den Handel. Das folgende Kapitel soll mit der Darstellung der Einschränkung auch dieses Privat= eigentums dieses Buch zum Abschluß bringen.

I. Von den Schuldsachen. Nach allen uns schon bekannten Einrichtungen des israelitischen Staates zu Mosis Zeit konnte es nicht viele Veranlassungen geben, um Schulden zu machen. Jeder Israelit sollte nach Moses ein angesessener Grundbesitzer sein, d. h. ein Ackerbürger,

der auf seiner eignen Scholle saß und durch Ackerbau und damit ver=
bundene Viehzucht unter Gottes ganz besonderem Segen alles, was zur
Leibes Nahrung und Notdurft gehört, reichlich haben sollte. Dem ent=
sprechend war ihnen als ein besonderer Schatz des Himmels nicht Gold
und Silber in Aussicht gestellt, sondern Frühregen und Spätregen zu
seiner Zeit. So lesen wir 5. Mos. 28, 12: „Und der Herr wird seinen
guten Schatz aufthun, den Himmel, daß er deinem Lande Segen gebe
zu seiner Zeit, und daß er segne alle Werke deiner Hände. Und du
wirst vielen Völkern leihen, du aber wirst von niemand borgen, und
der Herr wird dich zum Haupt machen und nicht zum Schwanz und
wirst oben schweben und nicht unten liegen, darum, daß du gehorsam
bist den Geboten des Herrn, deines Gottes, die ich dir heute gebiete zu
halten und zu thun, und daß du nicht weichest von irgend einem Wort,
das ich euch heute gebiete, weder zur Rechten noch zur Linken, damit
du andern Göttern nachwandelst, ihnen zu dienen." Auf der gesunden
Grundlage eines gesegneten Ackerbaues soll Israel sich nicht bloß eine
stolze Unabhängigkeit von anderen Völkern erhalten, sondern auch ein
Übergewicht dadurch, daß es ihnen von seinen Vorräten noch wird
leihen können. Denn der Herr wird es segnen wie er geredet hat:
„Du wirst vielen Völkern leihen, und du wirst von niemand borgen,
du wirst über viele Völker herrschen, und über dich wird niemand
herrschen." Bei solcher Sachlage war wenig Ursache vorhanden, An=
leihen zu machen, zumal alle sogenannten kapitalistischen Grundsätze
überall die schärfste Mißbilligung fanden. Zieht man nun ferner in
Betracht, daß es im israelitischen Staate keinen Klassenunterschied gab,
weil als Ziel des Volkswohls überall eine soziale Gleichheit erstrebt
wurde, daß ferner aller Außenhandel mehr erschwert als gefördert
wurde, so wird uns immer mehr klar, daß damit alle die
Bedingungen fehlten, die sonst nach unsern Begriffen und Erfahrungen
das Schuldenmachen nicht bloß fördern, sondern sogar notwendig, ja
wünschenswert machen. Unsere gegenwärtige soziale Entwickelung ist
ohne Hypotheken und Staatsschulden gar nicht denkbar, weil eine ver=
hältnismäßig sehr große Zahl der Bürger lediglich von den Schulden,
die der Staat und andere Bürger machen, lebt und wahrlich meistens
gar nicht schlecht. Das israelitische Volk zu Moses Zeit, oder besser wie
Moses es sich im jüdischen Lande denkt und wie es später sich auch
dort entwickelte, war reich, weil es Nahrung und Kleider, kurz das
tägliche Brot hatte, und sich daran sollte genügen lassen; es war aber
auch sehr arm zu nennen, wenn wir den Maßstab unserer sozialen Ent=

wickelung anlegen. Eben war das Volk aus Ägypten gekommen aus
der Knechtschaft, hatte in einer schweren 40jährigen Wüstenwanderung
sich erst zu einem wirklichen selbständigen Volk entwickelt und wohnte
nun im Gelobten Lande, ein jeder auf seinem Erbteil. Arme sollte es
eigentlich in Israel nicht geben, nichtsdestoweniger aber sieht Moses
klar und deutlich, daß dennoch der Armut die Thür unmöglich ver=
schlossen werden kann. Schlechte Ernten, Seuchen, Krankheiten und
das große Heer unzählbarer anderer Mißgeschicke soll wohl nach Gottes
Willen das Wort wahr machen: Arme und Reiche sollen untereinander
sein. Ja wahrlich die Armut ist auch eine Gabe Gottes, denn so
paradox es klingen mag, die Welt wäre ganz arm, wenn es keine
Arme mehr gäbe. So scheut sich auch Moses nicht, diesen Widerspruch
offen anzuerkennen, und nur ein Thor kann es wagen, diesen Wider=
spruch auf den Verstand Mosis zurückzuführen, der vielmehr wie so
viele andere Widersprüche in Gottes heiliger Ordnung gegründet liegt.
Durch Tod zum Leben, durch Traurigkeit zur Freude, durch die Weis=
heit der Welt zur göttlichen Thorheit, das ist der Weg, das A und O
der Weltentwickelung. So sagt Moses in einem und demselben Kapitel
des 5. Buches, im 15. Kapitel im V. 4: „Es soll allerdings kein Armer
unter euch sein, denn der Herr wird dich segnen im Lande“, und dennoch
V. 11: „Es werden allezeit Arme sein im Lande“. Gerade aber der
Zusatz zu dem letzten Verse: „Darum gebiete ich dir und sage, daß du
deine Hand aufthust deinem Bruder, der bedränget und arm ist in
deinem Lande“ gibt uns hier den rechten Schlüssel des Verständnisses.

Das mosaische Recht kennt sehr gut die Rechte des Gläubigers,
aber noch viel mehr den Schutz des Schuldners. „Wenn deiner Brüder
irgend einer arm ist in irgend einer Stadt in deinem Lande, das der
Herr, dein Gott, dir geben wird; so sollst du dein Herz nicht verhärten,
noch deine Hand zuhalten gegen deinen armen Bruder, sondern sollst
sie ihm aufthun, und ihm leihen, nach dem er mangelt“ 5. M. 15, 7. 8.
Solche Gesinnung und Handlungsweise „soll vor dem Herrn, deinem
Gott, eine Gerechtigkeit sein“ 5. M. 24, 13. Es soll zwar diese Pflicht
gegen die Armen kein strenges Polizeigesetz sein, denn nirgends setzt
Moses irgend eine Polizeistrafe auf die Übertretung dieser oder ähnlicher
Gebote, desto mehr aber macht er sie zu einem religiösen Gesetz. Dieses
religiöse Armengesetz soll aber nicht etwa die Almosen an Arme
empfehlen, in dem Sinne, wie wir sie heute verstehen. Almosen in
unserem Sinne, d. h. milde Gaben an Arme zufällig nach der Zeit
und nach dem Wert, die zu der Not in gar keinem Verhältnis stehen,

sind ein durch verkehrte soziale Entwickelung entstandenes und darin entschuldbares Übel. Solche Almosen sind meistens, sozial angesehen, nur Verschwendung und vermehren das Übel, anstatt es zu verringern. Dazu kommt, daß solche zufällige Almosen sehr oft nur ein billiges Pflaster für schlechte Gewissen sind, denn es ist sehr viel leichter, durch zufällige und nach Verhältnis selbst reichliche Almosen sich den Ruhm eines Wohlthäters zu erwerben, als dauernd den sozialen Pflichten nach= zukommen, die der reiche Mann gegen seine armen und geplagten Ar= beiter hat. Moses will sicherlich zwar das Almosen nicht hindern, aber sein Hauptaugenmerk geht darauf hin, durch Darreichen von Darlehen der Armut zu wehren. Das eine soll man thun, und das andere nicht lassen. Solche Darlehen soll der Israelit seinem verarmten Bruder ohne Zinsen geben. Dabei unterscheidet Moses einen doppelten Zins, nämlich Geldzins (neschech) und Fruchtzins (marbith). Beide Arten von Zins verbietet Moses von dem Volksgenossen zu nehmen. In diesem Zinsverbot können wir aber eine geschichtliche Entwickelung wohl unterscheiden, denn die Gesetze im ersten Jahre des Auszuges unterscheiden sich von den verbesserten im vierzigsten Jahre des Auszuges. Die ersten Gesetze finden wir 2. Mos. 22, 24 und 3. Mos. 25, 33—37. Sie reden ausdrücklich nur von dem armen Bruder, der neben dir ist; sie lauten also: „Wenn du Geld leihest meinem Volk, das arm ist bei dir, sollst du ihn nicht zu Schaden bringen und keinen Wucher auf ihn treiben". Oder „Wenn dein Bruder ver= armet und neben dir abnimmt, so sollst du ihn aufnehmen als einen Fremdling oder Gast, daß er lebe neben dir. Und sollst nicht Wucher (neschech) von ihm nehmen noch Überjatz (tharbith oder marbith), sondern sollst dich vor deinem Gott fürchten, auf daß dein Bruder neben dir leben könne. Denn du sollst ihm dein Geld nicht auf Wucher thun, noch deine Speise auf Überjatz austhun. Denn ich bin der Herr, euer Gott, der euch aus Ägypten geführet, daß ich euch das Land Kanaan gäbe und euer Gott wäre."

Dieses Gesetz, das Darlehen ohne Zinsen dem armen Bruder zu geben gebietet, kann für einfache Verhältnisse genügen, so lange fast alle Volksglieder, mit wenigen Ausnahmen arm sind, und Darlehen eine augenblickliche Aushilfe sind. Organisiert sich aber das Volk und bildet sich ein wohlgeordnetes Staatswesen, so ist ein solches Gesetz unhaltbar, und erweist sich bald denen schädlich, zu deren Nutzen es gegeben ist. Wie schwer ist es überhaupt im Leben, zwischen arm und reich zu unterscheiden, weil beide Begriffe nur relative Geltung haben.

Nun denke man sich den Fall, daß zu gleicher Zeit ein relativ armer und ein relativ reicher Mann um Darlehen bitten; von dem ersten Zinsen zu nehmen ist nicht erlaubt, wohl aber von dem zweiten. Würde da die Versuchung dem zweiten das Vorrecht aus irgend einem scheinbar rechtlichen Grunde einzuräumen nicht allzugroß sein? Würde nicht fast jeder lieber dem zweiten sein Geld mit Nutzen leihen wollen, als dem ersten ohne Nutzen? Müßte unter solchen Umständen der erstere sich nicht versucht fühlen, jede Gelegenheit wahrzunehmen, um die wirklich vorhandene relative Armut zu verheimlichen oder abzuleugnen, würde er nicht vielmehr versuchen, sich als reichen Mann hinzustellen, und gerne sich bereit erklären, den Zins zu zahlen, den der andere zahlen kann und will? Ohne Zweifel, das Gesetz ist als Staatsgesetz in einem wohlorganisierten Staatswesen unhaltbar, so schön und herrlich und empfehlenswert es als moralisches Gebot für den Privatverkehr ist. Deshalb sehen wir, daß im letzten Jahre des Auszugs, im vierzigsten Jahre des Aufenthalts in der Wüste, Moses dieses Gesetz dahin ändert, daß er ganz allgemein verbietet Zinsen zu nehmen von den Brüdern, den Israeliten, wohl aber sie von den Fremden zu nehmen erlaubt. Wir lesen 5. Mos. 23, 20: „Du sollst an deinem Bruder nicht wuchern, weder mit Gelde, noch mit Speise, noch mit allem, damit man wuchern kann. An dem Fremden magst du wuchern, aber nicht an deinem Bruder, auf daß dich der Herr, dein Gott, segne in allem, das du vornimmst im Lande, dahin du kommst, dasselbe einzunehmen." Dieses Gesetz bildete dann später die Grundanschauung in Israel, wonach jedermann, der Geld auf Zinsen leihet, im Vaterlande als ein böser gottloser Mann angesehen wurde, wie heute bei uns ein Wucherer; Ps. 15, 5: „Wer sein Geld nicht auf Wucher gibt, und nimmt nicht Geschenke über den Unschuldigen. Wer das thut, der wird wohl bleiben"; dagegen aber soll nach Ezechiel der des Todes sterben, sein Blut soll auf ihm sein, der die Armen und Elenden beschädigt, mit Gewalt etwas nimmt, das Pfand nicht wiedergibt, auf Wucher gibt und übersetzt (Ezechiel 18, 13). Gerade dieses letzte Gesetz 5. Mos. 23, in dem wir einen Fortschritt fanden, ist vielfach namentlich in letztem Jahrzehnt zu einem Anstoß und Ärgernis gemacht worden und zu einem Anlaß, aus dem man die heftigsten Angriffe gegen die Juden überhaupt und gegen ihre Gesetze geschmiedet hat. Diese Angriffe verwandeln sich aber bei nüchterner Überlegung in ebenso viele Waffen, die ihre Schärfe gegen die leichtfertigen und fanatischen Angreifer wenden. Das vielfach angeführte Wort von der Schmach des Jahr hunderts, angeblich vom Kaiser Friedrich III., ist allerdings leider nur zu sehr berechtigt, wenn man an diese wüste, unverständige und gefähr=liche Agitation gegen das Alte Testament denkt. Man mag von den Juden der Gegenwart denken wie man will, jeder mag seine Gedanken begründen so gut er kann, nur daß die Wahrheit oben bleibt. Aus Abneigung und Haß gegen die Juden aber, das herrliche Gesetz Mosis zu verunglimpfen, dem die Juden leider nicht gehorsam waren, das Alte Testament entgelten zu lassen, was jene verbrochen, die altehrwürdigen Gesetze, weil man sie nicht versteht, verdrehen, entstellen und mit Kot bewerfen, um dann sich endlich noch stolz als Vaterlandsretter in die Brust zu werfen: das ist allerdings eine Schmach des Jahrhunderts, und eine der vielen Pestbeulen, die die schwere Krankheit des Volks=körpers beweisen.

Bei näherer Beleuchtung werden wir erkennen, wie herrlich sich dieses Gesetz vor dem gesunden Menschenverstand rechtfertigt.

Die Wörter, welche Luther nämlich ohne Unterschied mit Fremd=ling übersetzt, haben eine ganz verschiedene Bedeutung.

Wir haben im Hebräischen drei Wörter zu unterscheiden: ger, thoschab und nokri. Nokri ist alienus, ἀλλότριος, 5. Mos. 23, 31; ger ist advena, προσήλυτος; thoschab ist peregrinus, πάροικος. Zunächst also haben wir festzustellen, daß Zinsen zu nehmen erlaubt ist von dem Hanokri, d. i. dem Ausländer, der in Israel nicht seine Heimat hat, sondern sich etwa um Geschäfte abzuschließen in Israel aufhält; ger und thoschab dagegen sind Fremdlinge, die unter Israel wohnen, dort ihre Heimat haben, aber keine nationalisierten Juden sind Michaelis macht den Unterschied, daß thoschab ein solcher sei, der kein eignes Haus besaß, also etwa Häusling, ger dagegen jeder Fremdling der keinen eignen Acker besaß, aber etwa sonst doch ein Haus, also etwa unser Anbauer.

Zunächst gilt es nun festzustellen, daß nach mosaischem Gesetz der ger und thoschab dem Israeliten gleichgeachtet wurde in allen bürgerlichen Verhältnissen des Lebens, nur daß sie als Unbeschnittene nicht an dem Kultus Jahves teilnehmen durften und natürlich auch kein Erbteil, keinen κλῆρος, erhalten konnten. So lesen wir in der schon citierten Stelle 3. Mos. 25, daß ein Israelit seinen verarmten Bruder soll aufnehmen als einen ger und thoschab und nicht Wucher von ihm nehmen soll. „Wenn ein Fremdling (ger) bei dir in eurem Lande wohnen wird, den sollt ihr nicht schinden. Er soll bei euch wohnen, wie ein Einheimischer unter euch), und sollst ihn lieben wie dich selbst, denn ihr seid auch Fremdlinge gewesen in Ägyptenland." 3. Moj. 19, 33. 34.

„Der Herr, euer Gott", so schreibt Mose 5: Moj. 10, 18. 19, „hat die Fremdlinge (gerim) lieb, daß er ihnen Speise und Kleider gebe, darum sollt ihr auch die Fremdlinge lieben, denn ihr seid auch Fremdlinge gewesen in Ägyptenland." Aus einer ganz besonderen Veranlassung heraus lesen wir dann 3. Moj. 24, 22 ausdrücklich, daß einerlei Recht für den Einheimischen wie für den Fremdling sein soll. Noch besonders erinnern wir daran, daß Moses fast nie unterläßt, unter der Zahl besonderer Obhut Befohlenen, als Witwen, Waisen, Leviten, auch immer den Fremdling mit anzuführen. Noch erinnern wir an 5. Moj. 16 und 17, wo die Amtleute und Richter erinnert werden: „Verhöret eure Brüder, und richtet recht zwischen jedermann und seinem Bruder und dem Fremdling (ger). Keine Person sollt ihr im Gerichte ansehen, sondern sollt den Kleinen hören wie den Großen und vor niemandes Person euch scheuen."

Vergleichen wir nun die gehässige und verächtliche Gesinnung der alten heidnischen Völker gegen alle sogenannte Barbaren, d. h. gegen alle Nicht-Volksgenossen, so müssen wir gerade umgekehrt hier die wirklich humanen, menschenfreundlichen Vorschriften Mosis bewundern. Nirgends finden wir auch nur eine Spur davon, daß man sie gleich Hunden achten soll. Die gesetzverdrehenden Rabbinen mögen aus den beiden vorher citierten Gesetzesstellen solche Entstellung gefolgert haben, an die Moses nicht dachte. Das unbrauchbar gewordene Fleisch soll man nach der einen Stelle den Hunden geben, oder auch nach der anderen den Fremdlingen für Geld verkaufen, zur Speise.

Die Fremdlinge (gerim und thoschabim) standen unter dem besonderen Schutze der mosaischen Gesetze. Sie nahmen an den Opfermahlzeiten und Festfreuden teil, nur nicht am Passahmahl; sie nahmen an den Vorteilen des Sabbatjahres teil, obwohl sie keinen Grund und Boden hatten, sie nahmen auch, wie wir später sehen, an den Vorteilen des Erlaßjahres teil, ihnen durfte kein Israelit Zinsen oder Übersatz bei einem Darlehen abnehmen, so wenig wie irgend einem Bruder. Moses also ist völlig von dem Vorwurf freizusprechen, den man den Rabbinen machen darf, daß man zwar den Juden nicht betrügen dürfe, sich dagegen an den Nichtjuden (den gojim) desto mehr schadlos halten könne.

Wir haben nun noch zu erörtern, warum die ausdrückliche Erlaubnis von dem hanokri Zins zu nehmen, nicht bloß nichts Anstößiges hat, sondern geradezu selbstverständlich ist. Der Ausländer (hanokri), von dem Zinsen zu nehmen erlaubt war, war der ausländische Kaufmann, der auf der bekannten großen Handelsstraße in das Land Palästina reiste, um dort Geschäfte zu machen und Handel zu treiben. Die Israeliten hatten wenig Ursache zu kaufen, denn ihr Land gab ihnen unter Gottes Segen sein Gewächs. Den fremden Handelsleuten aber von ihrem Überfluß zu verkaufen, war nicht allein natürlich und selbstverständlich, sondern im Gesetz ausdrücklich mit den Worten verheißen: Du wirst anderen Völkern leihen, du selbst aber sollst nicht leihen. Das Nachbarvolk der Israeliten, die Tyrer und Sydonier, trieb keinen Ackerbau, sondern nur weit ausgedehnten Handel. Israel aber hatte Überfluß an Korn, Wein, Öl und, wie wir früher sahen, an allerlei Fettwaren. So hatte Israel die großen Annehmlichkeiten des Außenhandels ohne seine großen Schattenseiten, weil es selbst den Außenhandel nicht betrieb. Bei solcher Sachlage wäre es doch geradezu Wahnsinn gewesen, im Verkehr mit solchen ausländischen Handelsleuten den Zins zu verbieten, denn ohne Kredit ist ein solcher Handel gar nicht denkbar. Das Risiko aber, in solchen Handelsgeschäften große Verluste zu erleiden, ist augenscheinlich sehr groß und erscheint uns nur um so viel größer, wenn wir alles das von unserer Zeit abstreifen, wodurch sie sich von jener wesentlich unterscheidet. Keine Posten, Eisenbahnen, kein Gerichtsvollzieher; alles das stand dem Gläubiger nicht zu Gebote. Dazu kommt, daß durch irgend einen auswärtigen Krieg — und die waren nicht selten — jedesmal jede Forderung eines Gläubigers in Feindes Land so gut wie für immer erlosch. Für solches Risiko mußte sich der Israelit schadlos halten und das konnte er nur durch Zinsen von Geld oder Übersatz an Ware. Deshalb war auch nach dem mosaischen Gesetz der Israelit durch nichts behindert, zu jeder Zeit diese Zinsen einzuziehen, während er, wie wir später sehen werden, in der Eintreibung seiner Darlehen von seinen Landsleuten einer großen Einschränkung unterworfen war.

Wollte man nun hier vielleicht einwerfen, daß das erlaubte Zins= nehmen von Ausländern das Zinsverbot im Inlande wieder illusorisch machte, so beruht solcher Einwurf auf Unkenntnis. Der Handels= verkehr mit den Ausländern wird sich wahrscheinlich auf die Grenz= gebiete beschränkt, und die gegen Zinsen gemachten Darlehen werden wohl immer größere Summen betragen haben. Das Risiko bei solchem Geschäfte war immer groß. Wer wird da nur eine gering= fügige Summe an einen Ausländer geliehen haben, die die großen Umstände, die die Sicherung eines solchen Darlehns naturgemäß mit sich brachte, kaum rechtfertigte. Um eine Parallele aus unserer Zeit herbeizuziehen, glauben wir, daß ein reicher Mann, der wohl bereit ist, gegen gute Sicherheit und Zinsen 10 000 Mark an einen Kaufmann in Amerika zu leihen, doch Bedenken tragen würde, unter sonst gleichen Umständen 100 Mark zu leihen, weil eben die mögliche Zwangs=eintreibung der Zinsen und des Kapitals zu der kleinen Summe in keinem Verhältnis steht. Bei den Darlehen an die Brüder aber konnte es sich immer nur um kleine Summen handeln, weil jeder Handels=gewinn dabei ausgeschlossen war. Der Israelit kam nur in die Lage ein Darlehen aufnehmen zu müssen, wenn er verarmte oder die Gefahr der Verarmung vor der Thüre stand. Dann sollte ihm der Bruder nicht durch ein fragwürdiges Almosen helfen, sondern durch ein zins=freies Darlehen.

Wir wollen noch darauf hinweisen, daß dem großen Risiko bei einem Darlehen an Ausländer die größte Sicherheit bei solchem an seine Brüder gegenüberstand. Jeder Israelit war Grundbesitzer. Infolge=dessen waren für empfangene Darlehen im Falle einer nachlässigen oder gar verweigerten Rückzahlung immer objecta executionis vorhanden, an die sich der Gläubiger auf Grund des Gesetzes halten konnte. Dazu kommt, daß in jener Zeit eine schnelle Gerichtsbarkeit vorhanden war, die zwar genau und gewissenhaft, aber meist im mündlichen Verfahren jeden Fall rasch erledigte. Der Gläubiger konnte sich an das Land halten oder besser an die Ernten, an die Kleidungsstücke und Hausgeräte des Schuldners und endlich an die Person selbst, an seinen Leib. Zwar durfte der Schuldner nicht als Sklave verkauft werden — nur Diebe durften als Sklaven verkauft werden, aber auch nicht ins Ausland — aber doch konnte der Gläubiger ihn zwingen, daß er durch Arbeit die kontrahierte Schuld abbezahlte. So war also der Israelit, trotz des Gebotes an seine Landsleute Darlehen ohne Zinsen abzugeben, doch in seinem beweglichen Eigentum geschützt. Hier ist auch klar zu erkennen, wie falsch es war und ist, dieses Zinsverbot aus den fünf Büchern Moses als allgemein verbindlich für die christliche Kirche hinzustellen. Erstens war Israel kein Handelsvolk und zweitens ist die ihm eigen=tümliche Agrarverfassung die notwendige Voraussetzung des Zins=verbotes, und damit ist eng verbunden die Haftbarkeit des Schuldners für seine Schuld nicht bloß mit seinem Besitz, sondern auch mit seinem Leib. In Ländern, wo alle diese Voraussetzungen fehlen, das Zins=verbot einzuführen, ist widersinnig. Die größte Zahl der Landes=einwohner in fast allen Kulturländern ist ohne Grundbesitz und die

22*

Arbeitskraft der Schuldner ist durch unsere Kulturentwickelung schon aus dem Grunde in unzähligen Fällen wertlos, weil wegen der unzähligen Maschinen gar keine Arbeit vorhanden ist. Die Arbeitskraft ist ohne Arbeitsmittel ein reines Gedankending. Der reiche Kapitalist, der sich mit der Arbeitskraft seiner Schuldner bezahlt machen sollte, würde sich heute bestens bedanken, denn zum Abschneiden seiner Kouponszinsen würde er sich schwerlich dieser Arbeitskräfte bedienen wollen, und andere Arbeit wird er vielfach gar nicht haben.

Von ganz besonderer Wichtigkeit aber ist bei Mose die große Fürsorge für den Schwachen und Armen. Wie schon erwähnt, schützt er jeden und auch den Wohlhabenden in seinem Besitz und beweglichen Eigentum, er will aber durchaus verhindern, daß der sozial Stärkere den Ohnmächtigen und Schwachen unterdrücke, daß sich die Schuld durch einen ungerechten Wucher ins Unendliche vermehre und die Armut unheilbar werde. Moses richtet dabei überall sein besonderes Augenmerk auf den Schuldner. Wenn dieser aus Armut sein Land verkauft oder verpfändet hat, so soll er wie sein Gläubiger bedacht sein, daß der Besitz wieder gelöset werde, und wenn nicht der ganze Besitz, dann davon ein so großer Teil, als er sich Mittel dazu hat sparen können. 3. Mos. 25, 25—29. „Wenn dein Bruder verarmet neben dir", lesen wir dort ferner V. 39, „und verkauft sich dir, so sollst du ihn nicht lassen dienen als einen Leibeignen, sondern wie ein Tagelöhner und Gast soll er bei dir sein", ferner V. 47: „Wenn irgend ein Fremdling oder Gast bei dir zunimmt und dein Bruder neben ihm verarmet und sich dem Fremdling oder Gast bei dir, oder jemand von seinem Stamm verkauft; so soll er nach seinem Verkaufen Recht haben, wieder los zu werden, und es mag ihn jemand unter seinen Brüdern lösen; oder sein Vetter oder Vetters Sohn oder sonst sein nächster Blutsfreund seines Geschlechts, oder so seine Hand selbst so viel erwirbt, so soll er sich lösen. Und soll mit seinem Käufer rechnen vom Jahr an, da er sich verkauft hatte, bis aufs Halljahr und das Geld soll nach der Zahl der Jahre seines Verkaufens gerechnet werden, und soll sein Tagelohn der ganzen Zeit mit einrechnen; sind noch viele Jahre bis an das Halljahr, so soll er nach denselben desto mehr zu lösen geben, danach er gekauft ist. Sind aber wenig Jahre übrig bis ans Halljahr, so soll er auch danach wiedergeben zu seiner Lösung und soll sein Tagelohn von Jahr zu Jahr mit einrechnen. Und sollst nicht lassen mit der Strenge über ihn herrschen vor deinen Augen. Wird er aber auf diese Weise sich nicht lösen, so soll er im Halljahr los ausgehen und seine

Kinder mit ihm. Denn die Kinder Israel sind meine Knechte, die ich aus Ägyptenland geführet habe. Ich bin der Herr, euer Gott." Hatte der Gläubiger für sein Darlehen sich ein Unterpfand geben lassen, so bestanden über seine Rückgabe sowohl als über die Empfangnahme die humansten gesetzlichen Vorschriften, die überall die zarte Rücksicht auf den Armen atmen. Wenn er von seinem Nächsten ein Kleid zum Pfande genommen hatte, so mußte er es ihm wiedergeben, ehe die Sonne untergegangen war; „denn sein Kleid ist seine einige Decke seiner Haut, darin er schläft. Wird er aber zu mir schreien, so werde ich ihn erhören, denn ich bin gnädig." 2. Mos. 22, 25. Dieses Kleid ἱμάτιον war das mantelartige Obergewand, toga, das auch zur Nacht=decke diente zum Unterschied von χιτών, tunica, dem hemdartigen Unter=kleid. Die späteren Rabbinen und Gesetzesfälscher hatten aus dieser Gesetzesstelle die Erlaubnis gefolgert, das Unterkleid, weil es nicht aus=drücklich genannt war, ohne Einschränkung pfänden zu dürfen, daher die Mahnung Christi Matth. 5, 40 diesen rohen Gesellen gegenüber „Und so jemand mit dir rechten will und deinen Rock (Unterkleid) nehmen, dem lasse auch den Mantel (das Oberkleid)".

Eine ähnliche Vorschrift finden wir 5. Mos. 24, 6 von dem untersten und obersten Mühlstein, den man nicht zum Pfande nehmen soll; „denn er hat dir die Seele zum Pfande gesetzt". Zu jener Zeit mahlte jeder sein Getreide selbst im Hause auf der Handmühle; folglich war sie eins der unentbehrlichsten Hausgeräte. Wahrscheinlich sind diese beiden Gegenstände nur Beispiele, nach denen sich ein Israelit sonst in ähnlicher Lage richten sollte. Auch in der Auswahl der sonst erlaubten Pfandstücke war der Arme vor der zu lüsternen Zudringlich=keit seines Gläubigers geschützt. Der Gläubiger durfte in solchem Falle die Wohnung seines Schuldners nicht betreten, konnte sich also nicht beliebig von dem Hausrat auswählen, und der Schuldner blieb vor einer zu großen Demütigung bewahrt. Die Gesetzesstelle lautet 5. Mos. 24, 10: „Wenn du deinem Nächsten irgend eine Schuld borgest, so sollst du nicht in sein Haus gehen und ihm ein Pfand nehmen, sondern du sollst draußen stehen und er, dem du borgest, soll sein Pfand zu dir heraus bringen. Ist es aber ein Dürftiger, so sollst du dich nicht schlafen legen über seinem Pfande, sondern sollst ihm sein Pfand wieder=geben, wenn die Sonne untergehet, daß er in seinem Kleide schlafe und segne dich. Das wird dir vor dem Herrn, deinem Gott, eine Gerechtig=keit sein." B. 17—18: „Du sollst das Recht des Fremdlings (ger, advena, προσήλυτος) und des Weisen nicht beugen und sollst der

Witwe nicht das Kleid zum Pfande nehmen. Denn du sollst gedenken, daß du Knecht in Ägypten gewesen bist, und der Herr dein Gott dich von dannen erlöset hat, darum gebiete ich dir, daß du solches thust." Wir wollen im folgenden noch einige gesetzliche Bestimmungen hinter= einander anfügen, in denen von der Beschädigung des fremden Eigen= tums gehandelt wird.

Wenn jemand von seinem Nächsten ein Lasttier um Geld entlehnt hat und das Tier wird beschädigt oder stirbt, so unterscheidet Moses für die Entschädigung zwei Fälle. Ist der Herr des Tieres nicht dabei, so soll der andere es bezahlen; ist aber der Herr dabei, so soll er's nicht bezahlen, weil er's um sein Geld gedingt hat. 2. Mos. 22, 13 u. 14.

Wer eines anderen Eigentum beschädigt hat, ist zum Ersatz ver= pflichtet, natürlich auch wenn solche Beschädigung durch Knechte oder Mägde oder Sklaven oder sonst durch Nachlässigkeit geschehen sein mag. Wer Vieh, das des anderen Eigentum ist, tötet, soll es bezahlen Stück um Stück. Weil Israel ein ackerbautreibendes Volk war, so lag unter Umständen an dem Ersatz des Lasttieres durch Geld nicht so sehr viel, weil man das Geld nicht in den Pflug spannen kann, wenn das Feld zu bestellen war, deshalb setzt Moses die Entschädigung in einem Stück Vieh fest. Daß dasselbe gleichwertig sein muß, wird als selbst= verständlich vorausgesetzt.

Wenn ein Ochse einen Knecht oder Magd (Eigentum des anderen) stößt, so soll der Besitzer ihrem Herrn dreißig Sekel geben, und den Ochsen soll man steinigen. 2. Mos. 21, 32.

Wenn jemandes Ochse eines anderen Ochsen stößet, daß er stirbt, so sollen sie den lebendigen Ochsen verkaufen und das Geld teilen und das Aas auch teilen. Ist es aber kund gewesen, daß der Ochse stößig vorhin gewesen ist und sein Herr hat ihn nicht verwahret, so soll er einen Ochsen um den anderen vergelten und das Aas haben. 2. Mos. 21, 35. 36.

So jemand eine Grube aufthut oder gräbt eine Grube und decket sie nicht zu, und fällt darüber ein Ochse oder Esel hinein, so soll es der Grube Herr mit Geld dem anderen wieder bezahlen, das Aas aber soll sein sein. 2. Mos. 22, 33. 34.

Wenn jemand einen Acker oder Weinberg beschädigt, daß er sein Vieh läßet Schaden thun in eines anderen Acker, der soll von dem Besten auf seinem Acker und Weinberge wieder erstatten. Wenn ein Feuer auskommt und ergreift die Dornen und verbrennet die Garben

oder Getreide, das noch stehet, oder den Acker, so soll der wieder er=
statten, der das Feuer angezündet hat. 2. Mos. 22, 4. 5.

Noch sind zu erwähnen die eigentümlichen mosaischen Bestimmungen
über Rückgabe des einem anderen in Verwahrung gegebenen Eigen=
tums. Daß solches Eigentum auf Anfordern zurückgegeben werden
mußte, ist selbstverständlich; aber Moses bestimmt noch folgendes:

„Wenn eine Seele sündigen würde und sich an dem Herrn ver=
greifen, daß er seinem Nebenmenschen verleugnet, was er ihm befohlen
hat, oder das ihm zu treuer Hand gethan ist, oder das er mit Gewalt
genommen, oder mit Unrecht zu sich genommen, oder das verloren ist,
gefunden hat und leugnet solches mit einem falschen Eide, wie es der
eines ist, darin ein Mensch wider seinen Nächsten Sünde thut: wenn
es nun geschieht, daß er also sündiget und sich verschuldet, so soll er
wiedergeben, was er mit Gewalt genommen oder mit Unrecht zu sich
gebracht, oder was ihm befohlen ist, oder was er gefunden hat, oder
worüber er den falschen Eid gethan hat, das soll er alles ganz wieder=
geben, dazu das fünfte Teil darüber geben dem, daß es gewesen ist,
des Tages, wenn er sein Schuldopfer gibt." 3. Mos. 5, 21.

Wenn jemand ein Depositum, es sei welcher Art es wolle, leblos
oder lebendig, leugnet oder vorgibt, es sei ihm entwandt, so hat eine
Klage statt. Fände sich alsdann, daß er es wirklich empfangen und
nur betrüglich abgeleugnet oder für gestohlen ausgegeben hat, so wird
die Sache gewissermaßen peinlich und einem Diebstahl von der untersten
Art gleich, er muß es dem Eigentümer doppelt erstatten. 2. Mos. 22, 9.

Ist das Depositum leblos (Geld, Kleider) und der, dem es zur
Verwahrung gegeben ist, behauptet, es sei ihm gestohlen, man kann aber
den Dieb nicht ausfindig machen, so war dem Eigentümer gestattet, den
Depositar auf den Eid zu treiben, daß er es selbst nicht mehr habe,
und wenn er abschwor, so erstattete er es nicht. 2. Mos. 22, 6. 7.

Bestand das Depositum in Vieh und es verunglückte oder ward
von der Weide weggetrieben, so mußte, wenn niemand es gesehen hatte,
der Depositar schwören, daß er es nicht zurückhalte oder in seinem Nutzen
verwandt habe, und diesen Eid mußte der Eigentümer statt der Bezahlung
annehmen. 2. Mos. 22, 9. 10. Ward es hingegen aus dem Hause des
Depositars gestohlen, so mußte dieser es bezahlen. War dagegen das
Tier zerrissen, so war der Depositar schuldig, einen Beweis davon zu
erbringen und dann brauchte er es nicht zu bezahlen. Den Beweis
nennt Moses nicht; der natürlichste ist, ein Zeuge, der es zerrissen ge=

sehen hat, oder Überbleibsel vom blutigen Fell oder Knochen; allein darin schreibt Moses nichts vor. 2. Mos. 22, 12.

Zuletzt erwähnen wir hier noch das Recht des Gefundenen. Nach dem mosaischen Grundgesetz soll der Israelit nicht begehren, was der Nächste hat (2. Mos. 20, 17); und demgemäß nicht behalten, was er als fremdes Eigentum gefunden hat, sondern er soll mit Fleiß suchen den fremden Eigentümer zu ermitteln. Die eine Stelle 3. Mos. 5, 21 ff. ist schon oben erwähnt worden, nach der der unehrliche Finder sowie Depositar zu einem Eide gezwungen werden konnte. Was sonst Moses hierüber vorschreibt, lesen wir 5. Mos. 22, 1—3:

„Wenn du deines Bruders Ochsen oder Schaf siehest irre gehen, so sollst du dich nicht entziehen von ihnen, sondern sollst sie wieder zu deinem Bruder führen. Wenn aber dein Bruder dir nicht nahe ist und kennest ihn nicht, so sollst du sie in dein Haus nehmen, daß sie bei dir seien, bis sie dein Bruder suche und dann ihm wieder gebest. Also sollst du thun mit seinem Esel, mit seinem Kleide, und mit allem Verlorenen, das dein Bruder verlieret und du es findest; du kannst dich nicht entziehen. Wenn du deines Bruders Ochsen oder Esel siehest fallen auf dem Wege, so sollst du dich nicht von ihm entziehen, sondern sollst ihm aufhelfen.“ Sonderlich ist noch hervorzuheben, daß Moses gegen das verirrte Vieh oder verlorene Eigentum des Feindes dieselbe Pflicht auf das dringendste einschärft. Wir lesen 2. Mos. 23, 4. 5: „Wenn du deines Feindes Ochsen oder Esel begegnest, daß er irret, so sollst du ihm denselben wieder zuführen. Wenn du des, der dich hasset, Esel siehest unter seiner Last liegen, hüte dich, laß ihn nicht, sondern versäume gern das Deine um seinetwillen.“ Alle diese Gesetze geben leicht Anlaß zu mancherlei Folgerungen, Gedanken und vielen Vergleichen; wir unterdrücken sie aber an diesem Orte, weil sie in diesem Zusammenhang hier nur das Recht und den Schutz des Privateigentums an beweglichen Gütern beweisen sollen.

Unter demselben Gesichtspunkt betrachten wir die durch das mosaische Gesetz vorgeschriebene Behandlung des Diebstahls und des Diebes.

Zunächst ist da von vornherein zu betonen, daß der Diebstahl fast nur eine privatrechtliche Seite hat und die Entschädigung des Bestohlenen in erster Linie das Ziel des Gesetzes ist.

Unter allen Umständen muß der Dieb den Schaden ersetzen, ob einfach mit einem Fünftel Zuschlag oder mehrfach, das hängt von den Umständen ab, die wir später bei der Behandlung des peinlichen Rechtes kennen lernen. Nur wenn der Dieb nichts mehr hat, darf er als

Sklave verkauft werden, damit sich der Bestohlene an dem Leibe des Diebes schadlos halten kann. Gefängnisstrafen kennt Moses nicht, erstens wohl deshalb, weil bei den damaligen sozialen Einrichtungen die Gesellschaft durch die bestehenden Strafbestimmungen genügend geschützt schien, und zweitens weil Gefängnisstrafen in dem aller= schärfsten Kontrast stehen zu dem Grundsatz der Entschädigung durch den Dieb.

Es scheint mir von großem Interesse zu sein, darauf hinzuweisen, wie heute nach nahezu drei= bis viertausend Jahren die Gelehrten auf diesen Widerspruch hinweisen, ohne vielleicht zu ahnen, daß schon vor so altersgrauer Zeit Moses den von ihnen jetzt ersehnten Weg längst betreten hat. In den „Grenzboten" Heft 14 u. 15, Jahrgang 1895 lesen wir in einem Aufsatz über die Behandlung des Verbrechers Seite 27 folgendes: „Nehmen wir ein Beispiel aus dem Leben: Einem Manne A. werden aus seiner Schublade hundert Thaler gestohlen. Der Dieb B. wird entdeckt und zu einer Gefängnisstrafe von einem Jahr verurteilt. Das Gerechtigkeitsgefühl des Publikums ist durch dieses unter Um= ständen strenge Urteil befriedigt, jedermann blickt heller ins Leben und schläft hinfort sanfter. Nur der Bestohlene erkennt gar bald, daß er nicht nur nicht zu seinen hundert Thalern gekommen ist, sondern auch noch viele Wege, Zeitverlust, Unkosten, Ärger und Verdrießlichkeiten durch den Prozeß gehabt hat. Er hat nichts davon, daß der Dieb der Freiheit beraubt ist, er merkt nichts davon, daß durch die Negation der Negation das Recht wiederhergestellt ist. Er würde dies Exempel erst dann ver= stehen, wenn der Dieb gezwungen würde, so lange für ihn zu arbeiten, bis der Schaden gedeckt wäre. Verfolgen wir aber dieses Beispiel noch etwas weiter und sehen wir zu, ob wenigstens der Staat und die Gesellschaft befriedigt sein können. B. kann, wie 95 Prozent aller Be= straften, keine Kosten bezahlen. In den Strafanstalten, die unter dem preußischen Ministerium des Innern stehen, betragen die jährlichen Ausgaben für den einzelnen Gefangenen 331 Mark — durchschnittlich! —, die Einnahmen dagegen bloß 122 Mark 47 Pfennige, daher muß der Staat noch etwa 208 Mark, vielleicht noch mehr, zuzahlen, außer den Prozeßkosten. Hat B. Familie, so dürfte auch die Armenpflege in An= spruch genommen werden, um die schuldlosen Angehörigen des Ge= fangenen wenigstens nicht gänzlich verhungern zu lassen. Endlich wird B. noch eine Arbeitsprämie in Empfang zu nehmen haben, die vielleicht nur 20 oder 30 Mark beträgt, wenn er aber Glück, Geschick und Fleiß hat, auch 70 oder 80 Mark betragen kann. Somit hat der Diebstahl der hundert Thaler die Folge, daß der Staat und die Gesellschaft noch hundert Thaler aufbringen müssen, damit die verletzte Gerechtigkeit wiederhergestellt werde." Zugleich wollen wir unseren Lesern nicht vorenthalten, was dieselbe Zeitschrift Seite 122 von den ganz ungeheuren Kosten erzählt, die Verbrecher dem Staate verursachen. In demselben Aufsatz schreibt W. Speck, der Verfasser des genannten Aufsatzes: „Vor mir liegt der Stammbaum einer Verbrecherfamilie, die sich ganz frei und unbehelligt hat entwickeln können. Die Stammmutter ist im Jahre 1825 gestorben. Es ergab sich nun bei ihr eine direkte Nachkommenschaft von 834 Personen. Von 709 dieser ihrer Nachkommen konnten die Lebensverhältnisse festgestellt werden. Es waren 106 unehelich geboren, 164 waren Prostituierte, 64 Armenhäusler, 142 Bettler, 17 Inhaber von Prostitutionshäusern und 76 Verbrecher. Die Familie war zusammen 116 Jahre eingekerkert gewesen und 734 Jahre aus öffentlichen Mitteln unterstützt worden. Man hat weiter berechnet, daß diese Familie dem Staate und der Gemeinde zwei Millionen Mark gekostet hat. Welche ungeheure Summe aber mag sie erst durch Räubern, Stehlen, Betrügen u. s. w. der menschlichen Gesellschaft abgenommen haben!"

So sehen wir denn, wie in Israel durch das mosaische Gesetz das Eigentum an beweglichem Gut hinreichend geschützt ist, am allermeisten aber durch die herrlichen sozialen Institutionen selbst, so daß ohne Gefängnis und peinliche Strafen die Bürger des Vaterlandes hinreichend gesichert erschienen. Erst zu den Zeiten des Verfalls, wie auch zu Christi Zeit, müssen Schuldgefängnisse vorhanden gewesen sein, wie schon allein klar hervorgeht aus dem Gleichnis Christi von dem Schuldner, der, obwohl ihm selbst große Schuld erlassen, doch nicht eine kleine Schuld seinem Nächsten erlassen will so daß dieser in das Gefängnis geworfen wird (vergl. Matth. 18, 30). Dagegen sind wir gezwungen zu dem wahren Geständnis, daß in unserer Zeit das Privateigentum an beweglichem und sogar auch an unbeweglichem Gut nur geringen Schutz und Sicherheit findet. Dafür aber haben wir heute in unseren Tagen die allerschärfsten Gesetze, der Diebstahl ist ein Kriminalverbrechen und mit einer wahrhaft ängstlichen Peinlichkeit wird diese Sünde staatlich, gerichtlich, gesellschaftlich so verfolgt und gebrandmarkt, daß es fast den Anschein gewinnt, als ob es außer dem Diebstahl fast gar keine entehrende Handlung mehr gebe. Die sozialen Mißstände, die dieser Erscheinung zu Grunde liegen, treten am grellsten hervor darin, daß im öffentlichen Leben, im Handel und Wandel jeder den andern für einen Dieb hält, gegen den man sich nur durch die größte Vorsicht schützen kann.

Zu welchen entsetzlichen haarsträubenden Thatsachen diese unsere scharfen Gesetze gegen Diebstahl führen, mag folgende Geschichte beleuchten, die ich mich nicht enthalten kann aus dem „Vorwärts" vom 25. Mai 1895 Nr. 120 hier abzudrucken.*)

„Die 83 Jahre alte Witwe D. in Luckenwalde hatte sich vor etwa einem Jahre einige Hände voll Reisig (sogenannte Zacken) aus dem königlichen Forst geholt im Werte von 10 Pf. Dabei wurde sie von zwei jungen Forstlehrlingen betroffen, die Anzeige erstatteten. Die Folge davon war ein Strafmandat wegen Holzdiebstahles von 1.20 Mk. Es erschien ein Vollziehungsbeamter, der den Betrag erheben wollte, die Frau aber besaß eine so hohe Summe nicht und konnte deshalb nicht Zahlung leisten. Nach einiger Zeit erhielt sie die Aufforderung, mit Hacke und Schippe versehen, sich da und da einzufinden, um einen Tag Forstarbeit zu machen. Die Greisin konnte diesem nicht nachkommen, da sie nicht fähig war, sich auf den Beinen zu halten, geschweige denn einen Tag zu roden oder Stämme auszumachen. Am 26. April d. J. ging ihr folgender Strafbefehl zu: In der Strafsache gegen Sie wegen Forstdiebstahls werden Sie auf Anordnung des Königlichen Amtsgerichts aufgefordert, sich zum Antritt der durch vollstreckbaren Strafbefehl des Kgl. Amtsgerichts zu Jüterbog vom 14. Juni 1894 gegen Sie erkannten Gefängnißstrafe von einem Tage in dem Kgl. Gerichtsgefängnis zu melden, widrigenfalls gegen Sie ein Vorführungs- oder Haftbefehl, nach Lage der Sache auch ein Steckbrief erlassen werden wird. Jüterbog, den 26. April 1895. Name unleserlich. Auch diesem konnte die 83jährige Frau nicht nachkommen, da sie in der Zwischenzeit vom Schlage getroffen, die eine Seite des Körpers gelähmt, geistig und körperlich vollständig zerrüttet war, so daß sie ins Bett hinein- und herausgehoben werden mußte. Nun erschien ein Polizeibeamter, der die Verhaftung vornehmen wollte. Die alte Frau konnte nicht gehen. Am Nachmittag erschien der Beamte mit dem Wagen, um die Schwerkranke nach der Bahn und von da nach Jüterbog zu befördern. Aber der Liebe Müh war umsonst. Es stellte sich als unmöglich heraus, die im Sterben liegende 83jährige zu bekleiden und zu transportieren."

Der „Vorwärts" schließt diese Erzählung mit folgendem Zusatz:

---

*) Genauere Erkundigungen meinerseits an Ort und Stelle durch briefliche Anfrage haben den wesentlichen Inhalt nur bestätigt.

„Die beteiligten Behörden haben sich wahrscheinlich alle an den Buch=
staben des Gesetzes und an ihre Paragraphen gehalten. Aber was
sind das für Zustände, die eine 83jährige Todeskandidatin, die eine
Handvoll Holz genommen hat, in so starke Bedrängnis durch die Be=
hörden bringen und keinen Weg kennen und zulassen, unter den vor=
liegenden Umständen das Verfahren auf sich beruhen zu lassen oder
niederzuschlagen, auch dann noch nicht, als die Frau bereits mit dem
Tode ringt."

Zum Schluß dieses Kapitels wollen wir noch über die gesetzlichen
Vorschriften über bewegliches Privateigentum berichten, sofern sie sich
auf den Innenhandel, das Handwerk und den ganzen inneren Verkehr
beziehen.

Moses begünstigte den Außenhandel nirgends, verbot ihn aber auch
durchaus nicht; den Innenhandel dagegen begünstigte er schon allein
durch die drei großen Wallfahrtsfeste. Natürlich aber blieb auch dieser
Handel in seinen natürlichen Schranken, weil in der Regel jeder Israelit
Grundbesitzer war. Daher gab es auch in dieser ganzen Zeit kein
geprägtes Geld, das sonst das unentbehrlichste Verkehrsmittel ist. Aller=
dings war schon in der allerältesten Zeit das Silber Zahlungsmittel,
statt wie bei anderen alten Völkern das Vieh (daher pecus-pecunia),
aber das Silber wurde dargewogen. Gold finden wir nirgends als
Zahlungsmittel, sondern nur als Schmuck. Einerseits ist diese Art
und Weise der Bezahlung mit gewogenem Silber vorteilhafter und
reeller, weil die geprägten Geldmünzen sehr oft lange nicht dem Werte
entsprechen, den sie wirklich nach dem Gesetze haben, anderseits aber
ist dieses Zahlungsmittel für den Handel sehr umständlich und
beschwerlich und setzt ein im ganzen intelligentes und braves Volk
voraus, weil der Betrug beim Abwägen viel leichter ist, als beim Dar=
zählen einzelner geprägter Geldstücke. Deshalb ermahnt Moses sein
Volk auch ganz besonders zu Rechtlichkeit und Ehrlichkeit beim Kauf
und Verkauf von allerlei unbeweglichem und sonderlich beweglichem
Gut. Die Selbstsucht zu unterdrücken, darauf zielen alle Gesetze Mosis
ab; dem Volke höhere Lebensziele, idealere Güter vorstellen, als nur den
engen Kreis bloß selbstsüchtiger Interessen, das war seine Aufgabe.
„Liebe Gott mit ganzem Herzen, ganzem Leben und allen Kräften"
(5. Mos. 6, 5) und „Liebe deinen Nächsten als dich selbst" (3. Mos. 19, 18)
und „Du sollst nicht begehren deines Nächsten Gut", das waren die
Angelpunkte des mosaischen bürgerlichen Polizeigesetzes, weil aus ihnen
das rechtschaffene Leben, als aus einem Quell hervorfließen sollte. Wir

wollen zunächst die schöne Stelle 3. Mos. 19, 11—15 hierher setzen: „Ihr sollt nicht stehlen, noch lügen, noch fälschlich handeln einer mit dem andern, ihr sollt nicht falsch schwören bei meinem Namen und entheiligen den Namen deines Gottes, denn ich bin der Herr. Du sollst deinem Nächsten nicht unrecht thun, noch berauben. Es soll des Tagelöhners Lohn nicht bei dir bleiben bis an den Morgen. Du sollst den Tauben nicht fluchen, du sollst den Blinden keinen Anstoß setzen; denn du sollst dich vor deinem Gott fürchten; denn ich bin der Herr. Ihr sollt nicht unrecht handeln am Gericht und sollt nicht vorziehen den Geringen, noch den Großen ehren, sondern du sollst deinen Nächsten recht richten."

Von ganz besonderem Interesse aber ist es, zu erfahren, wie die Rechtlichkeit und Ehrlichkeit im Handel so eng mit dem ganzen theo=kratischen Staatswesen zusammenhängt. Sprichwörter Salomonis 16, 11 gibt uns hier einen deutlichen Wink. Wir lesen daselbst: „Rechte Wage und Gewicht ist vom Herrn und alle Pfunde im Sack sind sein Werk", oder: „Richtige Wage ist Jehovah heilig und sein Werk sind alle Gerichte". (Sept.: pondus et statera judicia Domini sunt et opera ejus omnes lapides sacculi.)

Wer in Israel die polizeiliche Oberaufsicht über Maße und Gewichte hatte, lesen wir nirgendwo ausdrücklich, wahrscheinlich war es der Stamm Levi, der ja seinen Unterhalt dafür erhielt, daß er sich den Wissenschaften widmen sollte. Auch lesen wir 1. Chronika 23, 29 aus=drücklich, daß David, da er jedem Leviten sein Gebiet zuwies, auch einige über Maß, Elle und Gewicht (buchstäblich über alle Einteilung und Maß) bestellte. Niemand, müssen wir sagen, war auch mehr dazu geeignet, als dieser Stand. Für jedes Maß war im Heiligtum das Original zu finden. So oft wundern, ja gestehen wir es nur, lang=weilen wir uns beim Lesen im Alten Testament, wenn bei Darstellung des Heiligtums und des ganzen Opferkultus so unzählige Male die genauen Maße und Gewichte der einzelnen Teile genau wiederholt werden. Wir wissen kaum, was wir mit diesen Angaben machen sollen. Schrift=ausleger, die alles erbaulich verwerten wollen, haben sich nicht selten zu den wunderlichsten Deutungen und Bildern verführen lassen. Lesen wir aber die fünf Bücher Moses von dem Standpunkt der Israeliten jener Tage aus, so gewinnen die genauen Wiederholungen eine ganz andere Bedeutung. Während in Ägypten die ganze Wissenschaft und also auch die Aufsicht über die Maße eine Geheimlehre der Priester=kasten war, so sehen wir auch hier wieder bestätigt, wie Moses aller

Geheimlehre abgeneigt ist, im Gegenteil die ausgedehnteste Öffentlichkeit in allen diesen Dingen vorzieht. Obwohl Moses den Stamm Levi zum Wächter der heiligen Originale setzte, und ihm die Pflicht auflegte Maß, Gewicht, Elle mit mathematischer Genauigkeit kennen zu lernen, so machte er doch aus Dingen, die jeden interessierten, kein Priester= geheimnis, sondern stellte einige Modelle von ihnen jedem vor Augen und beschrieb sie auch in seinen dem ganzen Volke übergebenen Büchern.

Die Elle war der Nachwelt am mannigfaltigsten bestimmt. Von dem Vorhofe und seinen Umhängen, Tapeten, von den Brettern (2. Mos. 27, 8—19; 26, 1—13; u. s. w.) ist die Ellenzahl angemerkt, und dies in einem Buch, das jeder Israelit lesen sollte. Der Schau= brottisch, der Räucheraltar, die Bundeslade waren nach allen Dimensionen angegeben.

Maße für Korn und Wein (mensurae aridorum et fluidorum) waren bei den Hebräern einerlei an Gehalt. Der Epha oder Scheffel und ihr bath (Maß für flüssige Dinge) waren gleich groß. Der zehnte Teil des Epha war ein Gomer. Ein solches Modell stand im Heiligtum, und zwar wie es scheint von Gold (2. Mos. 16, 33. 36; Hebr. 9, 4). Das Gewicht bestimmt Moses so: Zwanzig Gomer machen einen Sekel des Heiligtums, dreitausend Sekel des Heiligtums machen einen Kikar (2. Mos. 30, 13). Die fünfzig Bretter, aus denen die Wände der Stiftshütte zusammengesetzt waren, ruheten je auf zwei silbernen Untersätzen, jeder dieser hundert Untersätze war ein Talent schwer (2. Mos. 38, 27). Der güldene Leuchter im Heiligen, mit allem seinem Zubehör, wog gleichfalls ein Talent.

So gut es also in der Welt möglich ist, war für ungeänderte und zuverlässige Modelle der Gewichte gesorgt. Dennoch hat Moses nirgends verboten, sich eines fremden Maßes oder Gewichtes zu be= dienen, trotzdem er 3. Mos. 27, 25 bestimmt, daß alle Schätzungen eines Gelübdes nach dem heiligen Sekel geschehen sollen. Israel war kein handeltreibendes Volk, und gerade deswegen im Handel von anderen Völkern abhängig. Ein solches Volk kann nicht unterlassen, sich auch fremder Elle oder fremdes Gewichtes zu bedienen, wenn es nicht von dem fremden Kaufmann, in dessen Gewalt die ganze Handlung ist, übervorteilt werden will; nur muß es doch einen eignen und unver= änderlichen Maßstab haben, auf den es alle anderen Maßstäbe zurück= bringen kann.

Verschiedene Maße also bei verschiedenen Geschäften anzuwenden, war nicht verboten, aber desto nachdrücklicher bei einem und demselben

Geschäfte verschiedene Maße. 5. Mos. 25, 13—16: „Du sollst nicht
zweierlei Gewicht in deinem Sack, groß und klein haben, und in deinem
Hause soll nicht zweierlei Scheffel, groß und klein, sein. Du sollst ein
völliges und rechtes Gewicht und einen völligen und rechten Scheffel
haben, auf daß dein Leben lange währe in dem Lande, das dir der
Herr, dein Gott, geben wird. Denn wer solches thut, ist dem Herrn
ein Greuel, wie alle, die übel thun." 3. Mos. 19, 35. 37: „Ihr sollt
nicht ungleich handeln am Gewicht mit der Elle, mit Gewicht, mit Maß.
Rechte Wage, rechte Pfunde, rechte Scheffel, rechte Kannen sollen bei
euch sein, denn ich bin der Herr, euer Gott, der euch aus Ägyptenland
geführet hat, daß ihr alle meine Satzungen und alle meine Rechte
haltet und thut; denn ich bin der Herr."

Auch hier haben wir wieder Gelegenheit, die echte Humanität auch
gegen Andersgläubige im mosaischen Gesetz zu bewundern. Ausdrücklich
schärft auch hier Moses ein, daß die Fremdlinge im Lande dieselbe
Wohlthat der Gesetze genießen sollen. Wir lesen 2. Mos. 22, 20:
„Die Fremdlinge (ger) sollst du nicht schinden noch unterdrücken; denn
ihr seid auch Fremdlinge in Ägyptenland gewesen." Das Wort, das
Luther hier mit schinden übersetzt hat (thoneh), übersetzt er 3. Mos.
25, 14 mit „übervorteilen" (Sept.: an beiden Stellen contristare).
Wir lesen daselbst: „Wenn du nun deinem Nächsten etwas verkaufest,
oder von ihm etwas abkaufest, soll keiner seinen Bruder übervorteilen
(al thonu isch eth achiw)."

Hiermit wollen wir dieses Kapitel zum Abschluß bringen, obwohl
noch viel zu sagen wäre; doch verweisen wir solche Leser, die eine genauere Kenntnis namentlich der Maße und Gewichte, des Handels, der
Handwerke und Künste wünschen, auf neuere und ältere treffliche
Archäologieen. Wir haben uns Vollständigkeit in diesen Stücken nur
soweit zum Ziel gesetzt, als es zur klaren Erkenntnis des öffentlichen
Lebens in Israel nach den fünf Büchern Moses notwendig erschien.

5. Kapitel.

Einschränkung des durch Arbeit gewonnenen Privateigentums.

Wir haben früher gesehen, daß die ganze Agrarverfassung Israels
auf dem Privateigentum an Grund und Boden aufgebaut war, daß
aber dennoch dieses Privateigentum zum Schutze und Vorteil des ge-

samten Staatswesens wiederum den Charakter von Gemeineigentum an=
genommen hatte. In bewunderungswürdiger Weise, wie wir das sonst
bei keinem Volke finden, sehen wir hier Privateigentum an Grund und
Boden und Gemeineigentum eng miteinander verbunden. Ganz ähnlich
verhält es sich nun mit dem Eigentum an den durch Arbeit erworbenen
Gütern. Wir haben im vorigen Kapitel im ziemlichen Umfang er=
kennen können, wie auch dieses Privateigentum durch herrliche Gesetze
geschützt war, so daß das vieltausendjährige Gebot „Du sollst nicht
stehlen“ und „Du sollst nicht begehren“ noch heute die Grundlage aller
dieser Schutzgesetze ist. Wie aber dort, so sehen wir nun auch hier, wie
dieses Eigentumsrecht durch das mosaische Recht mächtig eingeschränkt
worden ist. Hier zeigt sich so recht zum Vorteil des mosaischen Rechts
der schroffe Unterschied zwischen diesem und dem römischen Recht, unter
dem bis heute noch unser armes Vaterland geknebelt seufzen muß.
Das römische Recht bestimmt das Eigentum als jus utendi et abutendi
und stellt den Rechtssatz auf: qui suo jure utitur, neminem laedit:
das mosaische Recht aber kennt solche Anschauungen nicht, nennt sie
vielmehr Belialstücke. Wenn wir nun bis dahin auch noch nicht Ge=
legenheit hatten, von der Sklaverei zu reden, so müssen wir notwendig
hier jetzt vorwegnehmen, daß zu diesem Privateigentum in Israel auch
die Knechte und Mägde und Sklaven gehörten. Wir müssen dieses des=
halb thun, weil die Einschränkung des Privateigentums an beweglichen
Gütern sich teils in diesem Verhältnis, teils in der vorherbesprochenen
Pflicht der Darlehen am herrlichsten zeigt. Wir reden deshalb in
diesem Kapitel von dem Freijahr der Dienenden und von dem Er=
laßjahr.

_____

Wir werden noch in einem späteren Buch ausführlicher von der
Sklaverei und überhaupt von dem Verhältnis der Dienenden zu reden
haben, hier nur soviel, als zum Verständnis des im mosaischen Gesetze
geordneten Freijahrs der Dienenden erforderlich ist.

In dem allgemeinen Sinne gab es in Israel durchaus keine
Sklaverei; was wir als solche noch dort vorfinden, unterscheidet sich
ganz wesentlich von dem, was man vor Zeiten und heute noch Sklaverei
nennt. Nicht einmal einen besonderen Namen hat die hebräische Sprache
für Sklave; denn das Wort „ebed“ heißt Arbeiter*) und nach Moses

_____

*) Vgl. 2. Mos. 20, 9: „Sechs Tage sollst du arbeiten (schescheth jamim
thaabod) u. s. w.“

Willen follte jedermann arbeiten, weil der Staat auf Landbau ge=
gründet war. So konnte in der Bezeichnung ebed nichts Erniedrigendes
liegen, zumal die vornehmſten Männer von der Arbeit her zu ihrem
hohen Beruf geholt wurden und den Ehrentitel ebed jahve trugen.
Kein Israelit hat Macht über Leben und Tod ſeines Sklaven, im
Gegenteil, er wurde beſtraft, wenn er ihn mißhandelte oder gar tötete.
Ein Sklave ſelbſt erhielt nach dem Geſetz ſofort die Freiheit, wenn ſein
Herr ihn mißhandelte, ihm z. B. einen Zahn ausgeſchlagen hatte. Die
humane Behandlung wird zur ſtrengſten Pflicht gemacht. Wir leſen
5. Moſ. 23, 16. 17: „Du ſollſt den Knecht nicht ſeinem Herrn über=
antworten, der von ihm zu dir ſich entwandt hat. Er ſoll bei dir
bleiben an dem Ort, den er erwählet in deiner Thore einem, ihm zu
gut, und ſollſt ihn nicht ſchinden." Die Sklaverei mit ihrer gänzlichen
Abhängigkeit iſt dem Moſes verächtlich und eines Menſchen unwürdig.
Er findet ſie überall vor, in Ägypten und bei allen umwohnenden
heidniſchen Völkern und beweiſt auch hier ſeine große ſtaatsmänniſche
Weisheit, daß er alle dergleichen Sitten und Einrichtungen nicht ver=
bietet, aber doch durch geſetzliche Beſtimmungen einſchränkt oder gar
verächtlich macht. Daß, wer ſtatt der ihm angebotenen Freiheit aus
irgend einem Grunde die Sklaverei dennoch vorzieht, ſich zum Zeichen
der ewigen, d. h. lebenslänglichen Knechtſchaft mit den Ohren an die
Thürpfoſten muß befeſtigen laſſen, iſt ohne Zweifel zwar ſinnreich, aber
ein Verfahren, das ſicherlich in den Augen der Freien verächtlich machen
ſoll. Die Geſamtheit der Dienenden beſtand überhaupt aus folgenden
Klaſſen: 1. Schuldner, die bei den Gläubigern Dienſte nehmen mußten.
2. Hebräiſche gekaufte Knechte und Mägde. 3. Heidniſche Knechte und
Mägde. 4. Die im Hauſe erzogenen Kinder beiderlei Geſchlechts, die
entweder im Kriege erbeutet waren, oder von Knechten und Mägden
abſtammten. 5. Solche, welche um Lohn gemietet wurden.

Wir ſtellen nun im folgenden die Geſetze über das Freijahr der
Dienenden nebeneinander und werden dann danach die ſcheinbaren
Widerſprüche und Schwierigkeiten zu löſen verſuchen. Wir leſen:

2. Moſ. 21, 2. 3: „So du einen hebräiſchen Knecht kaufſt, der ſoll
dir ſechs Jahre dienen, im ſiebenten Jahre ſoll er freiledig ausgehen. Iſt
er ohne Weib gekommen, ſo ſoll er auch ohne Weib ausgehen. Iſt er
aber mit Weib gekommen, ſo ſoll ſein Weib mit ihm ausgehen."

5. Moſ. 15, 12—18: „Wenn ſich dein Bruder, ein Hebräer
oder Hebräerin, dir verkauft, ſo ſoll er dir ſechs Jahre dienen, im
ſiebenten Jahre ſollſt du ihn frei los geben. Und wenn du ihn frei

losgibst, sollst du ihn nicht leer von dir gehen lassen, sondern sollst ihm auflegen von deinen Schafen, von deiner Tenne, von deiner Kelter, daß du gebest von dem, das dir der Herr, dein Gott, gesegnet hat. Und gedenke, daß du auch Knecht warest in Ägyptenland, und der Herr, dein Gott, dich erlöset hat, darum gebiete ich dir heute solches. Wird er aber zu dir sprechen: Ich will nicht ausziehen von dir, denn ich habe dich und dein Haus lieb (weil ihm wohl ist bei dir), so nimm einen Pfriemen und bohre ihn durch sein Ohr an der Thür, und laß ihn ewiglich dein Knecht sein. Mit deiner Magd sollst du auch also thun. Es möge dir nicht hart ankommen, indem du ihn frei von dir läßt, da das Zwiefache vom Lohne des Mietlings [obschon er dich, da du ihn kaufen und nähren mußtest, zweimal soviel gekostet hat, als ein Gemieteter, der nach Maßgabe seiner Arbeit gezahlt wird (Saalschütz)] er dir sechs Jahre gedient hat; und segnen wird dich der Ewige, dein Gott, in allem, was du thust."

Von diesen zwei Gesetzesstellen sind wesentlich verschieden folgende zwei:

3. Mos. 25, 39—43: „Wenn dein Bruder herunter kommt neben dir und dir verkauft wird, so sollst du ihn keine Knechtarbeit verrichten lassen. Gleichwie der Mietling, wie der ansässig Gewordene, soll er bei dir sein. Bis zum Jobeljahr soll er dir dienen. Dann soll er ausgehen von dir, er und seine Kinder mit ihm und zu seiner Familie und zum Erbgute seiner Väter zurückkehren. Denn meine Knechte sind sie, da ich sie herausgeführet aus dem Lande Ägypten; nicht sollen sie verkauft werden, nach Verkaufsart der Knechte. Nicht sollst du mit ihm in Strenge schalten und dich fürchten vor deinem Gott." *)

3. Mos. 25, 47—49: „Wenn ein Fremdling im Lande zu Vermögen gekommen, und dein Bruder neben ihm verarmt ist und ihm verkauft wird, oder einer eingewurzelten fremden Familie, so soll, nachdem er verkauft worden, jemand unter seinen Brüdern lösen, oder sein Vetter oder Vetters Sohn, oder sonst sein nächster Blutsfreund seines Geschlechts, oder so seine Hand selbst so viel erwirbt, so soll er sich lösen. Und soll mit seinem Käufer rechnen vom Jahr an, da er sich verkauft hatte (genauer da er verkauft war) bis aufs Halljahr und das Geld soll nach der Zahl der Jahre seines Verkaufens gerechnet werden und soll sein Tagelohn der ganzen Zeit mit einrechnen. Sind noch

---

*) Wir folgen hier der Übersetzung von Saalschütz, dessen Auslegung uns die beste zu sein scheint.

viele Jahre bis an das Halljahr, so soll er nach denselben desto mehr zu lösen geben, danach er gekauft ist. Sind aber wenige Jahre übrig bis ans Halljahr, so soll er auch danach wiedergeben zu seiner Lösung und soll sein Tagelohn von Jahr zu Jahr mit einrechnen. Und sollst nicht lassen mit der Strenge über ihn herrschen vor deinen Augen. Wird er aber auf diese Weise sich nicht lösen, so soll er im Halljahr los ausgehen, und seine Kinder mit ihm. Denn die Kinder Israel sind meine Knechte, die ich aus Ägyptenland geführet habe. Ich bin der Herr, euer Gott."

Zwischen diesen letzten beiden Stellen und den beiden ersteren scheint ein Widerspruch zu bestehen, falls beide von derselben Klasse der Dienenden reden. In den ersten beiden Stellen ist die Rede vom siebenten Jahre, da die Freiheit gegeben werden soll, dagegen hier nur von dem fünfzigsten, dem Halljahre. Michaelis und nach ihm bis in die Gegenwart die meisten Ausleger meinen, das Halljahr sei in den beiden letzten Stellen für solche Fälle genannt, wo es eher als das je siebente Dienstjahr einträte. Träte z. B. jemand innerhalb der letzten sieben Jahre des halben Jahrhunderts in den Dienst, so sei er am Halljahr frei gewesen. Keil sagt Kommentar Seite 154 zu 3. Mos. 25: „In Exod. 21 ist über die Behandlung des israelitischen Knechts gar nichts bestimmt, sondern nur, daß er im siebenten Dienstjahre seine Freiheit wieder erhalten soll. Dieser Termin ist hier nicht erwähnt, weil unser Kapitel nur von dem Einfluß des Halljahres auf die Knechtschaft der Israeliten handelt. Darüber wird hier bestimmt, daß auch das Hall= jahr dem aus Armut in Knechtschaft geratenen Israeliten die Freiheit bringen soll, natürlich nur dem, der bei Eintritt desselben noch in Knechtschaft steht, noch nicht volle sieben Jahre gedient hatte, falls er nach Exod. 21, 5 nicht schon vorher nach siebenjährigem Dienste auf das Freiwerden verzichtet hatte." Doch scheint diese Deutung unzu= lässig, so lange wenigstens noch eine andere bessere möglich ist. Das Gesetz war zu wichtig und griff zu sehr in das ganze Privatleben hinein, als daß Moses hier einem solchen gefährlichen Mißverständnisse die Thore sollte geöffnet haben. Es handelt sich hier eventuell darum, ob ein Mensch im schlimmsten Fall zweiundvierzig Jahre länger in Knecht= schaft stehen sollte, als er sonst gestanden haben würde. Ferner ist die Auslegung von Keil nur dann möglich, wenn nach 3. Mos. 25, 47 ff. bis zum Halljahr höchstens nur noch sechs Jahre oder weniger vor= handen sind. Dieser Annahme scheint deutlich zu widersprechen V. 51. 52, wo die Rede ist von vielen und von wenigen Jahren bis zum Halljahr,

23*

während die Zahl 6 und weniger im Verhältnis zu 44 nie ein „viel", nur „wenige" bedeuten kann. Ohne uns auf eine genaue Exegese ein= zulassen, wollen wir das uns richtig scheinende Ergebnis gleich hier= hersetzen. Diese zwei letzten Gesetzesstellen (3. Mos. 25, 39 u. 47) handeln von einer ganz anderen Klasse Dienender als die beiden ersten Stellen. Es ist dort die Rede von solchen israelitischen Brüdern, die verarmt ihr Grundeigentum bis zum Halljahr verkauft haben. Diese Leute werden überhaupt nicht Knechte, sondern wie Tagelöhner soll man sie halten, nicht in Strenge mit ihnen schalten. Sie sind verarmt und tief verschuldet und werden um der Schulden willen nach dem Gesetz verkauft an den Gläubiger, sei er Israelit oder sei er ein wohlhabend gewordener Fremdling. Für solche Fälle wird die Dienstzeit bis zum längsten Termin herausgeschoben, da der Schuldner in vielen Fällen seine bedeutenden Schulden in sechs Jahren doch nicht abarbeiten konnte. Wäre der Schuldner aber nach sechs Jahren entlassen, ohne daß seine Schuld getilgt war, so wäre er von sechs zu sechs Jahren immer wieder in neue Schulden und in die Hände neuer Gläubiger geraten, da für ihn doch keine andere Hilfe war, als die Wiedererlangung seines väter= lichen Erbteils im Jobeljahre. Bei dem zu kaufenden Knechte indes wußte es der Herr schon im voraus, daß er ihn in sechs Jahren frei= lassen mußte und richtete sich danach in der Kaufsumme. Bemerkens= wert ist der Unterschied, den Moses macht, ob solche Schuldner an einen Israeliten oder an einen Fremdling verkauft werden. In beiden Fällen wird Milde anempfohlen, sie sollen nicht Knecht und Sklaven sein, aber in dem zweiten Falle immer mit allem Nachdrucke anempfohlen, daß ein solcher verarmter an einen ausländischen Fremdling verkaufter Israelit gelöst werde, weil es seiner unwürdig sei, im Dienste eines Nichtisraeliten zu stehen, der ihn bedrücken könnte.

In den beiden ersten Stellen handelt Moses dagegen von einer Klasse, die niemals Grundbesitzer gewesen waren, sondern nur Sklaven und Knechte. Sie waren entweder selbst oder in ihren Vätern oder Müttern in Kriegen geraubt, oder von heidnischen Völkern gekaufte Sklaven oder in Israel geborene Knechte. Sie waren etwa durch die Beschneidung nationalisiert, aber längst auf Grund der humanen mosaischen Gesetzgebung aus der Sklaverei befreit. Sie nahmen je nachdem sie nationalisiert waren, an allen Festen, jedenfalls an allen öffentlichen Freudenfesten teil und es darf uns nicht wundernehmen, wenn Moses auch sie ausdrücklich als „Brüder" bezeichnet. Diese Sklaven und Knechte waren erbliches unbedingtes Eigentum ihrer

Herren. Sei es nun, daß ihr Herr ihnen die Freiheit gab, oder daß
er sie für Geld verkaufte, in jedem Fall kamen sie so zur Freiheit,
da der zweite Herr nun nicht mehr dasselbe Recht über sie hatte als
der erste. Im siebenten Jahre mußte der zweite Herr den Knecht ohne
Lösegeld freigeben und ihn nach 5. Mos. 15 noch reichlich be=
schenken zur Begründung eines eignen Haushaltes. Dieses Erlaß=
jahr ist eine dem Sabbatsjahr ähnliche Einrichtung, muß aber nicht
regelmäßig damit zusammenfallen, obwohl es thatsächlich ohne Zweifel
oft mit ihm zusammenfiel und dann die Segnungen des Sabbatsjahres
den eben freigewordenen Leuten erst recht zu gute kamen. Beide Ge=
setze verfolgen denselben Zweck, nämlich das Privateigentum einzu=
schränken: das Sabbats= und Jobeljahr, das Recht an Grund und Boden,
dieses Freijahr der Dienenden, das Recht an dem Eigentum der gekauften
Arbeit der armen Brüder.

Demselben Zwecke diente das sogenannte Erlaßjahr, das mit
dem Sabbatsjahr 2. Mos. 23, 11 eng verknüpft war. Wir lesen
5. Mos. 15, 1 ff.: „Über sieben Jahre sollst du ein Erlaßjahr halten.
Also soll's aber zugehen mit dem Erlaßjahr. Wenn einer seinem
Nächsten etwas borget, der soll es ihm erlassen und soll es nicht ein=
mahnen von seinem Nächsten oder von seinem Bruder, denn es heißt
das Erlaßjahr dem Herrn. Von einem Fremden (hanokri) magst du
es einmahnen, aber dem, der dein Bruder ist, sollst du es erlassen.
Es soll allerdings kein Bettler unter euch sein, denn der Herr wird
dich segnen im Lande, das dir der Herr, dein Gott, geben wird zum
Erbe einzunehmen. . . . . . Wenn deiner Brüder irgend einer arm ist
in irgend einer Stadt in deinem Lande, das der Herr, dein Gott, dir
geben wird, so sollst du dein Herz nicht verhärten, noch deine Hand
zuhalten gegen deinen armen Bruder, sondern sollst sie ihm aufthun
und ihm leihen, nach dem er mangelt. Hüte dich, daß nicht in deinem
Herzen ein Belialstück sei, das da spreche: Es nahet herzu das siebente
Jahr, das Erlaßjahr und sehest deinen armen Bruder freundlich an und
gebest ihm nicht, so wird er über dich zum Herrn rufen, so wirst du
es Sünde haben. Sondern du sollst ihm geben, und dein Herz nicht
verdrießen lassen, daß du ihm gibst; denn um solches willen wird dich
der Herr dein Gott segnen in allen deinen Werken und was du vor=
nimmst. Es werden allezeit Arme sein im Lande, darum gebiete ich
dir und sage, daß du deine Hand aufthust deinem Bruder, der bedränget
und arm ist in deinem Lande."

Zunächst erinnern wir hier kurz daran, daß Moses mit allem

Ernst Darlehen statt Almosen den verarmten Brüdern zu geben em-
pfiehlt. Nach Mosis weisen Gesetzen sollen infolge sozialer und
politischer Einrichtungen eigentlich gar keine Arme da sein, deshalb ist
sein Ziel auch nicht auf zufällige Almosen gerichtet, obwohl er sie nicht
erschwert, geschweige denn verbietet. Wo aber verhältnismäßig unver-
schuldete Armut dennoch eintritt im Falle von Mißwachs, Krankheit
und anderen Schicksalsschlägen, da befiehlt Moses seinem Volk den
verarmten Brüdern statt zufälliger Almosen Darlehen zu bewilligen.
Almosen, ein so notwendiges Übel sie heutzutage sind,*) sind
dennoch fast ohne Ausnahme schädlich, sowohl für den Geber, als den
Empfänger. Der Geber kommt nur gar zu leicht in die Gefahr, durch
seine zufälligen Almosen in seinem Gewissen sich von seiner Pflicht,
gründlich für seine Leute zu sorgen, loszukaufen. Ein zufälliges und
selbst von Zeit zu Zeit gegebenes, nach Verhältnis sogar reiches Almosen
ist wirtschaftlich immer noch viel billiger als dauernd und regelmäßig
für genügende Nahrung, Kleidung und Wohnung zu sorgen und dazu
bringen solche Almosen noch das Gerücht der sonderlichen Barmherzigkeit, während treue gewissenhafte Pflichterfüllung meistens ganz unbe-
merkt bleibt. Für die Empfänger sind zufällige Almosen ebenso gefährlich; wirtschaftlich helfen sie in den allermeisten Fällen gar nicht,
ziehen das Elend nur in die Länge, sittlich aber wirken sie erstens nur
schädlich, weil Heuchelei und energieloser Schlendrian nur zu leicht daraus
folgen. Die Zeiten, da sonderlich die Kirche des Mittelalters das
Almosengeben als das vornehmlichst gute Werk empfahl und die Bettler
als die wahren Freunde Gottes ansah, waren sozial und religiös nicht
sonderlich die besten. Darauf kommt es an, den Quell der Armut auf-
zufinden und zu verstopfen, und hier erkennen wir wieder Moses als
den weisen Gesetzgeber, der mit seinen alten tausendjährigen Vorschriften
noch heute unsere Bewunderung verdient. Er will, daß man dem verarmten Bruder, so lange ihm noch zu helfen ist, Darlehen und zwar
ohne Zinsen darreicht. Daß Moses dabei auch an das Recht des Dar-
leihers gedacht hat, haben wir früher gesehen; der war reichlich gesichert
für sein Darlehen in den gesetzlichen Bestimmungen, die wir kennen
gelernt haben. Dennoch aber setzte Moses auf die Unterlassung dieser
Gebote keine polizeiliche Strafe, er überließ ihre Beobachtung vielmehr
der durch die Gottesfurcht gestärkten Moral. Nichtsdestoweniger nennt

---

*) Die arbeitslosen Wanderer heutzutage ohne Almosen fortzuschicken, halte ich
für hart; Almosen gar zu verbieten, für barbarisch.

er den, der mit Rücksicht auf das nahe bevorstehende Erlaßjahr seinem
armen Bruder das Darlehen verweigert, einen nichtswürdigen und
niederträchtigen Menschen. (V. 9: Hüte dich, daß nicht sei in deinem
Herzen dabar belial. Septuag.: ῥῆμα κρυπτόν ἐν τῇ καρδίᾳ ἀνόμημα;
Vulgata: impia cogitatio.) Anderseits aber würden polizeiliche Strafen
für die Unterlassung dieses Gebotes das Recht der Armen so sehr be=
günstigt haben, daß das furchtbarste Unrecht daraus hätte entstehen
müssen. Hätte jeder Israelit bei Vermeidung krimineller Strafen
seinem verarmten Bruder auf dessen Anforderung ein Darlehen be=
willigen müssen, so hätte wohl bald niemand mehr wohlhabend und
reich sein wollen, und die wirklich armen Brüder hätten den größten
Schaden davon gehabt.

Worauf es uns hier besonders ankommt, ist die Bestimmung des
Erlaßjahrs (schenath haschemittah). Kein Israelit durfte in jedem
siebenten Jahre (dem Sabbatsjahre) sein Darlehen zurückfordern. In
diesem Jahre lagen alle Felder brach, die Landwirtschaft stand still, das
Land feierte seinen Sabbat, es war also in diesem Jahre keine sonder=
liche Einnahme. Das Eigentumsrecht an den durch Arbeit gewonnenen
Gütern erlitt also hier eine wesentliche Einschränkung. Auch hier wieder
begegnet uns die schon früher bewunderte humane Gesinnung Mosis
gegen den Fremdling, d. h. gegen den ger und thoschab, die in
Israel ansässigen Fremdlinge. Freilich diese hatten in der Regel kein
Grundeigentum, waren also auf eine andere Erwerbsart angewiesen und
erlitten wahrscheinlich durch das Sabbatsjahr nicht nur keine Einbuße
in ihrer Einnahme, sondern hatten nur Vorteile, weil sie an dem Segen
des Sabbatsjahres teilnehmen durften. Moses hätte also etwa sie
ausnehmen können von dem allgemeinen Gesetz des Erlaßjahres, aber
er that es nicht, und es ist unbegreiflich, daß der so gründlich gelehrte
Joh. D. Michaelis § 157 Seite 107 dieses leugnet, wenn er schreibt:
„Dies Gesetz ging bloß auf Israeliten, und nicht auf Fremde, die
keinen Acker besaßen". Der einheimische Fremdling war den Israeliten
ein „Bruder" und genoß alle Rechtswohlthaten des Gesetzes. Das
Wort, das Luther 5. Mos. 15, 3 mit „Fremder" übersetzt, heißt
„hanokri" und bedeutet, wie wir schon früher sahen, „der Ausländer",
der gar nicht heimatberechtigt in Israel war, sondern nur des Handels
wegen sich dort zeitweise aufhielt. Auf ihn dieses Gesetz anzuwenden,
lag wirklich gar kein Grund vor, ja es wäre Unverstand und Wahn=
sinn gewesen und hätte allen gesunden Handel zerstört. Es ist mir ein
Beweis großer Unwissenheit und strafwürdigen Leichtsinns, aus dieser

Gesetzesstelle die mosaische Gesetzgebung beschuldigen zu wollen, Fremd=
linge und Volksgenossen mit verschiedenem Maße gemessen zu haben.

Der Talmud, berichtet Michaelis, hat einen völligen Schulden=
erlaß im siebenten Jahre angenommen, aber mit großem Unrecht, sowohl
gegen den deutlichen klaren hebräischen Text*) als auch gegen den ge=
sunden Menschenverstand und gegen den Zusammenhang der ganzen
mosaischen Gesetzgebung. Ein alle sieben Jahre wiederkehrender öffent=
licher Schulderlaß müßte jedes Gemeinwesen an den Rand des Ver=
derbens bringen. Wahrlich, Moses hat es nicht verdient, daß man ihm
einen solchen Unsinn aufbürdet.

Kein Israelit sollte seinen verarmten Bruder im siebenten Jahre
bedrängen (nagasch), das ist der Inhalt des Gesetzes. Obschon das
Eintreiben der Schuld im siebenten Jahre verboten war, so scheint es
sich doch aus dem Geiste des Gesetzes zu ergeben, daß, wenn der
Schuldner in diesem Jahre sich im stande sah, die Schuld zu bezahlen,
man sie auch dann von ihm nehmen durfte.

Was nun die völlige Schulderlassung, die sogenannten tabulae
novae angeht, so fand sie zwar nicht in jedem siebenten, aber wohl im
fünfzigsten, dem Jobeljahre statt. Zwar lesen wir das nirgendswo aus=
drücklich in den fünf Büchern Mosis, aber dieser allgemeine Schulderlaß
ist die natürliche Folge dieser Jobeljahrperiode. Jeder kehrt zurück zu
seinem Eigentum. Alles fing gleichsam wieder von vorne an. Jeder kam
zur Freiheit, alles was schlecht und uneben ist, wurde wieder recht.
Es war das Glücks=, Gnaden= und Friedensjahr des Volkes Israel.
Hätte der neue Besitzer wieder für alte Schulden aus dem vorigen
halben Jahrhundert haftbar gemacht werden können, so wäre sofort der
ganze Zweck dieser Einrichtung illusorisch geworden. Außerdem schreibt
auch Josephus, der 33 Jahre vor der Zerstörung Jerusalems geboren
ist, Antiquit. III, Kap. 12, § 3: „Dieses fünfzigste Jahr heißt bei
den Hebräern Jobeljahr: in ihm werden die Schuldner von ihren
Schulden frei."

Kehren wir nun von dieser Betrachtung der Eigentumsfrage in
der mosaischen Gesetzgebung zu der Gegenwart zurück, so werden wir
in der gegenwärtig herrschenden Gesellschaftsordnung einen furchtbar
klaffenden Gegensatz finden. Deshalb wird auch diese Frage immer
mehr und mehr in den Mittelpunkt aller Verhandlungen kommen und

---

*) Das hebr. Wort schamath heißt lassen, ruhen lassen, vergl. 2. Mos. 23, 11,
thischmethenah „ihr sollt das Feld ruhen lassen" (nicht ewig, sondern im 7. Jahre).

Ruhe und Frieden wird nicht eintreten, es sei denn diese Frage zuvor in Ruhe und in Gerechtigkeit entschieden; hic Rhodus, hic salta.

Freilich werden noch zuvor die furchtbarsten Kämpfe erregt werden, weil sich die Furien des Eigennutzes in den Kampf mischen werden. Wer im wohlerworbenen Besitz ist, der ist natürlich geneigt, diese Ordnung, die ihm den Besitz garantiert, für die beste in der Welt zu halten, er ruft zu ihrer Verteidigung Religion, Moral, Vaterland in die Schranken, während umgekehrt der andere, der nach derselben Ordnung von dem Besitz ausgeschlossen ist, eben diese Ordnung für die schlechteste hält und zu ihrer Bekämpfung Geschichte, Vernunft und ebenso Religion und Moral und Vaterland zu Kampfgenossen heranruft. Dennoch werden beide vielleicht nur von einem Geiste, dem des Materialismus, der Selbst- und Habsucht, regiert; Gott allein ist es offenbar. Der entbrannte Kampf aber wird zu einem Ende führen und es ist nur die Frage: zu welchem? Die wahren Feinde der gegenwärtigen Gesellschaft sind die, die das Eigentum an Grund und Boden für sakrosankt erklären, und jeden einen Verräter nennen, der sich erkühnt, die Notwendigkeit einer Reform des Privateigentums sonderlich an Grund und Boden zu behaupten. Man ist es seit einigen Jahren schon so gewöhnt, dem schlimmsten Verdacht ausgesetzt zu sein, heimlich und öffentlich gemaßregelt, ja als ein heimlicher Revolutionär gebrandmarkt zu werden, daß alle diese giftigen Pfeile kaum noch wirken. Namentlich wird die christlich-soziale Partei das Ziel aller Angriffe werden, sofern diese Partei ihren wahren Beruf erfaßt, ohne Rücksicht und ohne Furcht für diese Wahrheit einzutreten und die Notwendigkeit einer Reform des Eigentums klar und bestimmt anerkennt und mutig vertritt.

In der mosaischen Gesetzgebung erfuhren wir, wie die ganze Staatsverfassung auf dem Privateigentum an Grund und Boden fest gegründet war, und wie das Privateigentum an den durch Arbeit gewonnenen Gütern nicht bloß anerkannt, sondern auch mit jenem auf das nachdrücklichste geschützt wurde. Daneben freilich sahen wir auch, wie beides sehr scharf eingeschränkt wurde, so daß das Privateigentum an Grund und Boden fast den Charakter von Gemeineigentum annahm, und das Eigentum an allen anderen Gütern, trotz des nachdrücklichsten Schutzes, dennoch aller Willkür entzogen war. Hier sehen wir den allerschärfsten Kontrast zwischen mosaischem und römischem Recht. „Dreimal hat Rom der Welt Gesetze diktiert, dreimal die Völker zur Einheit verbunden. Das erste Mal, als das römische Volk noch in der Fülle seiner Kraft stand, zur Einheit des Staates; das zweite Mal, nachdem es bereits untergegangen war, zur Einheit der Kirche; das dritte Mal infolge der Rezeption des römischen Rechts. Das erste Mal durch äußeren Zwang, durch die Macht der Waffen, das zweite und dritte Mal durch die Macht des Geistes."*) (Rudolf Jhering: Geist des römischen Rechts). Dieses heidnische römische Recht steht den sittlichen Grundanschauungen sowohl des Alten als des Neuen Testaments schnurstracks entgegen und alle oder sicherlich die meisten Widersprüche des öffentlichen Lebens haben in diesem Zwiespalt ihren tiefsten Grund. Zwei Mächte haben von unserem Vaterland Besitz ergriffen. Beide haben einen verschiedenen Geist und schließen einander aus, doch das römische Recht hatte bis dahin die Obermacht und hält sie noch fest mit der eisernen Gewalt logischer Konsequenz, aber dennoch wird nicht eher Ruhe und Friede kommen, bis dieses heidnisch=römische Recht von der Macht und Wahrheit der echten Sittlichkeit überwunden ist, deren Wurzeln wir im Alten Testament bloßgelegt haben. Oder das römische Recht behält den Sieg. Dann wird es die biblische Weltanschauung besiegen und ein um so gefährlicheres Heidentum befestigen und ver= siegeln, als es sich heuchlerisch mit einer Wahrheit geschmückt hat und noch schmücken wird, die es nicht verteidigen durfte. Rudolf Jhering, der klassische Lehrer des römischen Rechts, sagt am angegebenen Ort: „Das universelle Moment im römischen Charakter geht hervor aus einer Eigenschaft, die nach der einen Seite ebensowohl eine expansive, universelle, wie nach der anderen eine kontraktive exklusive Tendenz hat — der Selbst= sucht. Die Selbstsucht, die sich selbst zum Mittelpunkt der Welt macht, alles nur auf sich bezieht, kommt nicht in Gefahr, sich zu vergessen, ihre parti= kularistische exklusive Stellung aufzugeben; ihre Universalität besteht bloß darin, daß sie alles begehrt." „Das römische Recht bleibt hinter den berechtigten Ansprüchen eines gesunden Rechtsgefühls weit zurück — es ist der nüchterne platte Materialismus, der in ihm zur vollendeten Ausprägung gelangt ist." Der römische rechtliche Begriff des Eigen= tums kennt keine sittliche Schranke; das jus utendi et abutendi ist kalt und hart wie Stein und kümmert sich um nichts als das eigne Selbst, so abscheulich wie der andere Satz qui suo jure utitur neminem laedit, ein Satz, der aller biblischen Anschauung frech ins Gesicht schlägt, aber trotzdem noch heute zur Grundlage von Rechtsentscheidungen gemacht wird. Es ist interessant, denselben Jhering über die Entstehung des römisch=rechtlichen Eigentumsbegriffes zu hören. Er sagt „Geist

---

*) Dieses und die folgenden Citate sind genommen aus: „Das evangelische Christentum und das heidnisch=römische Recht von B. Bleiken, Rechtsanwalt, Altona."

des römischen Rechts": „Es ist das Recht der Beute, an dem der römische Eigentumsbegriff sich zuerst zeigt, und an den auch seine friedliche, vertrags= mäßige Erweiterung anknüpft. Was jemand dem Feinde abgestritten, gehört ihm als Kampfpreis, ist sein Eigen; die physische Kraft kehrt heim mit dem Begriffe des Rechts, der Gegenstand, an dem sie sich be= thätigt hat, ist für die Genossen kein Objekt der Beute, sondern recht= lich unantastbar, wie die Person selbst. . . . . . . Eigentum ist nichts als das Recht an dem erbeuteten Gegenstand, entsteht mithin nur durch Erbeutung." Dieser Eigentumsbegriff bezog sich ursprünglich nur auf bewegliche Gegenstände, es war ein unermeßlich folgenreicher Schritt, als dieser Eigentumsbegriff auch auf unbewegliche Gegenstände, auf den Grund und Boden, ausgedehnt wurde. Dieses heidnisch=römische Recht kennt keine sittliche Rücksicht auf andere, es kennt nur Rechte aber keine Pflichten, es seien denn wieder nur solche durch Gewalt erzwungene. Nun tritt in ihrer ganzen Tiefe und Schärfe die Frage an uns heran, ob dieses heidnisch=römische Recht, nachdem es ca. 1500 Jahre geherrscht, auch zu einem Reichsgesetz erhoben werden soll?

Im Jahr 1888 ist der Entwurf eines bürgerlichen Gesetzbuchs für das Deutsche Reich veröffentlicht. In diesem Entwurf ist der römisch rechtliche Eigentumsbegriff klar und zutreffend festgesetzt worden. Der § 848 des Entwurfs lautet folgendermaßen: „Der Eigentümer einer Sache hat das Recht, mit Ausschließung anderer nach Willkür mit der Sache zu verfahren und über dieselbe zu verfügen, soweit nicht Beschränkungen dieses Rechtes durch Gesetz oder durch Rechte Dritter begründet sind."

Also nach Willkür und mit Ausschließung anderer ist der Eigen= tümer berechtigt, über die Sache zu verfügen. Das ist die natürliche, durch keine sittliche Schranke gebundene Freiheit des einzelnen. Das ist das Recht ohne Pflicht, ohne sittlichen Inhalt.

Hier stehen sich zwei Anschauungen gegenüber, von denen die eine die andere ausschließt. Wir wollen nicht für die einzelnen mosaischen Eigentumsbeschränkungen eintreten; sie sind zeitlich und veränderlich. Aber wie die Sonne den Mond weit übertrifft an Klarheit, so über= trifft der Geist des mosaischen Rechtes den kalten und harten Geist des römischen Rechtes an Herrlichkeit und Wahrheit, an Gerechtigkeit und Humanität. Dort lebt und wirkt überall der Geist der Liebe und der wahren Freiheit, hier aber herrscht mit eiserner Gewalt der Geist der Selbstsucht und der rohen Gewalt, die nur Herren und Sklaven kennt und aufkommen läßt.

Hier muß in der gegenwärtigen Zeit der Hebel angesetzt werden und es ist mir eine Lust und Freude, als Bundesgenossen den gerade in der Gegenwart so oft verachteten Moses heranzuziehen. Das ist, hoffe ich, eine nicht zu verachtende Apologie für die Herrlichkeit und Wahrheit des Wortes Gottes im Alten Testament, daß wir uns bemühen, seine Weisheit auch im Lichte des natürlichen Verstandes zu rechtfertigen, auf daß auch die Gleichgültigen und Verächter erkennen und bewundern mögen, die heimliche und verborgene Weisheit Gottes, vor der auch die stolzeste Weisheit der Welt zur Narrheit werden muß und stets geworden ist.

———

Die protestantische Kirche und die soziale Frage.*)

Die soziale Frage, die alle Welt beunruhigt, hat seit etwa fünf Jahren auch die protestantische Kirche in eine heftige, gährende Bewegung versetzt. Während früher fast allgemein die Ansicht herrschte, daß die protestantische Kirche in der sozialen Frage eigentlich gar keine besondre Aufgabe habe, weil ihr Beruf ein wesentlich geistlicher und ihre Güter himmlische seien, hat diese Ansicht jetzt einer andern weichen müssen. Nicht etwa jugendliche Heißsporne und unerfahrene Geistliche, nein im Amt ergraute Männer, wie Abt Dr. Uhlhorn und angesehene Professoren der Theologie, wie Professor Dr. Martin v. Nathusius treten auf und weisen auf eine Aufgabe der Kirche der Gegenwart hin, wie sie ihr seit der Völkerwanderung kaum gestellt gewesen sein dürfte. Aber die Wege, die der Kirche von diesen Männern gezeigt werden, sind falsch, und die allein möglichen sollen sich aus dem folgenden ergeben.

Daß die protestantische Kirche in der Gegenwart eine besondre Aufgabe hat, setzen wir dabei als selbstverständlich und anerkannt voraus.

Die Lösung dieser besondern Aufgabe kann nun versucht werden auf ganz neuen Wegen, oder auf dem alten geschichtlich gewordnen Wege, oder drittens auf einem nur scheinbar neuen Wege, der sich der Entwickelung der alten Kirche und besonders der von Schottland und Amerika in neuerer Zeit anschließt. Jeder dieser drei Wege hat seine besondern Freunde und Vertreter, der zweite, wie erklärlich, die meisten, weil sich hier die Trägheit und Bequemlichkeit und vor allem auch der

---

*) Diesen Aufsatz habe ich März 1895 in den „Grenzboten" veröffentlicht. Weil er zu dem Inhalt dieses Buches in so naher Beziehung steht und gleichsam seine Anwendung auf unsere Gegenwart enthält, so glaubte ich ihn hier als Anhang noch einmal veröffentlichen zu dürfen.

Büreaukratismus am meisten verstecken kann. Der dritte Weg hat viel=
leicht die wenigsten Freunde, aber nach meiner festen Überzeugung hat
er allein die Zukunft.

Zuerst also sagt man, und hier dürften Naumann in Frankfurt
einerseits und Stöcker und Weber und in Verbindung mit ihnen die
evangelischen Arbeitervereine anderseits die Hauptvertreter sein: die
neue gewaltige Aufgabe erfordert neue Wege. Ein solcher neuer Weg
ist der, daß man, auf dem Grunde der protestantischen Bekenntnisse
bleibend, Jesus Christus der Welt als sozialen Reformator hinstellt:
Jesus als Volksmann, der auch für diese irdische Welt eine neue Gesell=
schaftsordnung gewollt hat.

Ohne Zweifel ist dieser Satz richtig, und wer ihm widerspricht,
kennt weder das Alte noch das Neue Testament. Ganz einstimmig geht
durch alle prophetischen Bücher, durch alle alttestamentlichen Schriften
die Hoffnung hindurch, daß der zu erwartende Messias dem triumphieren=
den Unrecht Schranken auflegen werde, daß er der verfolgten und leiden=
den Unschuld zum Siege verhelfen, daß er die gottlosen Bedrücker und
gewaltigen ungerechten Machthaber mit dem Stabe seines Mundes
strafen werde. Das Auftreten und das Leben Christi, wie es im Neuen
Testament geschildert wird, straft diese alttestamentlichen Schriftsteller
nicht Lügen. Und doch ist die ganze Darstellung, in demselben Maße,
wie sie sich allein in den Vordergrund drängt, nichts andres als eine
Karikatur. Die Veranlassung zu einer solchen Karikatur läßt sich
leider nur zu gut begreifen, sie ist hervorgerufen worden durch eine
andre Entstellung des Lebens und Berufs Christi, wonach Jesus und
seine Lehre auf die gesellschaftliche Entwickelung der Welt gar keine
Beziehung haben sollten, sondern lediglich auf die Errettung der ein=
zelnen Seele aus der Sündennot. Danach ist der ein wahrer Christ,
der getreu seinem Vorbilde die Welt als das Reich des Teufels mög=
lichst flieht und sich von ihr ganz unbefleckt zu erhalten sucht. Ist diese
zweite Auffassung und Darstellung eine Entstellung der Wahrheit, so ist
es die erste nicht minder, indem sie das eigentliche Wesen des Erlösers
durch alleinige Betonung des sozialreformatorischen Berufs Christi ver=
deckt. Dieser Weg führt in seinen letzten Konsequenzen ganz ab vom
Christentum, wenigstens von dem Christentum, wie es die protestantische
Kirche verstanden hat und noch versteht, und zur Schwärmerei.

Beide Irrwege lassen sich auf zwei allgemeine Kategorieen zurück=
führen, auf Gesetz und Evangelium. Fast alle großen folgenreichen
Irrtümer in der Christenheit hatten ihren Grund darin, daß man Gesetz

und Evangelium nicht bloß nicht kannte, sondern mit einander vertauschte, das Gesetz zu einem Evangelium, und umgekehrt das Evangelium zu einem Gesetz machte. Und in dem zweiten Irrtum liegt es begründet, daß man Jesus hauptsächlich zu einem Sozialreformer macht; in dem ersten, daß man alle soziale Ordnung, d. h. das ganze wirtschaftliche Gebiet dieses irdischen Lebens, nach dem Evangelium von der Gnade Gottes regeln will. „Nur die christliche Kirche kann die soziale Frage lösen," so lautet hier hell und kampfesmutig das Kriegsgeschrei, und deshalb müssen evangelische Arbeitervereine gegründet werden, deren Haupt= bestreben darin zu bestehen hat, daß sie die christliche Religion, Gottes= furcht und Vaterlandsliebe pflegen, und dann auf Grund der gewonnenen evangelischen Erkenntnis gesunde soziale Zustände herbeiführen zu helfen. Dieser Weg muß, abgesehen davon, daß er zur Lösung der sozialen Frage nichts beitragen, vielmehr die sozialen Schäden noch vermehren wird, in seinen letzten Konsequenzen ebenfalls zu einer gefährlichen Schwärmerei führen. In den Händeln dieser Welt soll die irdische Vernunft das Zepter führen, da soll das Evangelium nicht auf den Thron gesetzt werden; es würde nur Verwirrung und Heuchelei zur Folge haben, wenn das Evangelium, statt betrübte Sünder zu trösten, zur Norm einer irdischen Gesellschaftsordnung gemacht würde. Wir können Gott gar nicht genug danken, daß wir gerade in Dr. Martin Luther, der wahrlich kein Blatt vor den Mund nahm, einen nüchternen Wegweiser und Mahner haben. Seine hierher gehörigen Schriften über Wucher und Kaufhandlung und an die Bauern u. s. w. verdienten heute mehr als je neu aufgelegt und verbreitet zu werden. „Ach," ruft er an einer Stelle, „daß wir nur erst vernünftige, geschweige denn christliche Zustände hätten!"

Diesen sozialen Bestrebungen in der protestantischen Kirche steht nun gegenüber eine große Menge, die alle neuen Wege von sich weist und auf den geschichtlich gewordnen und im Neuen Testament begrün= deten festen Wegen beharrt. Hier verstecken sich, wie gesagt, zugleich alle, die überhaupt eine soziale Frage und Aufgabe für die Kirche leugnen oder nur gezwungen und widerwillig zugeben. Wir sehen aber hier von diesen ab und halten uns an Männer, wie Nathusius und Uhlhorn, die — man merkt es ihren Worten an — aus innerstem Triebe des Herzens die große soziale Not und die Kluft, die sich vor ihren Augen aufthut, zwischen den gottgewollten Zielen und den that= sächlich gewordenen Zuständen in der Gegenwart erkennen.

Alle soziale Thätigkeit in der Kirche, sagen sie, müsse ausgehen

von dem Grunde der Apostel und Propheten, von der Heilslehre, daß
der Mensch selig werde aus Gnaden in Christo Jesu. Wer in diesem
Fundament nicht mit der Kirche einig sei, der solle und dürfe und
könne sich gar nicht beteiligen an der sozialen Arbeit der Kirche. Hier=
mit stimmen wir völlig überein; denn die Kirche, die diese Hauptlehre
nicht in den Mittelpunkt stellt in allem, was sie thut, ist wie eine
Laterne ohne Licht, wie ein Salz, das seine Kraft verloren hat, wie
eine Welt ohne Sonne. Zweitens dürfe die Kirche von den gott=
geordneten Mitteln dieser Heilsverkündigung nicht abweichen, lediglich
die treue Predigt, die gewissenhafte Sakramentsverwaltung und die von
Liebe erfüllte Seelsorge seien die Kanäle, wodurch die protestantische
Kirche ihre Aufgabe an der Lösung der sozialen Frage erfüllen könne.
Wenn auch in der Auffassung dieser Lösung zwischen Nathusius und
Uhlhorn große Unterschiede bestehen, so ist doch bei beiden Männern
das die Grundanschauung; nur daß Nathusius die Unmöglichkeit dieser
Lösung der Aufgabe selbst klar einsieht, aber in der streng konservativen
Auffassung befangen, diese Unmöglichkeit zu bestreiten sucht.

Zunächst ist klar, daß, soweit überhaupt von einer Lösung der
sozialen Frage geredet werden kann, die christliche Kirche sie niemals
lösen wird. Die Lösung, oder der Versuch dazu, ist wesentlich die
Aufgabe des Staats; die Kirche kann und soll hierbei nur Hilfe leisten.
Worin besteht nun diese Hilfe?

Schon von vornherein muß es jeden Unbefangenen, noch mehr aber
die Befangnen, namentlich die Sozialdemokraten, in Erstaunen setzen,
daß die Kirche keine andre Hilfe gelten lassen will, als die von ihr nun
anderthalb Jahrtausende geübte. Die gegenwärtige Gesellschaftsordnung
wird thatsächlich von den Sozialdemokraten nicht schärfer kritisiert als
von Nathusius und Abt Uhlhorn. Nathusius sagt z. B.: „Wir haben es
hier mit einem Weltverkehr zu thun, der absolut gar nichts von christ=
licher Liebe oder Humanität an sich hat, sondern lediglich durch den
Egoismus, die Habgier und die Beraubung bestimmt wird. Bleibt es
bei dieser Entwickelung, so muß es mit der menschlichen Kultur bergab
gehen. Es wird nicht nur der christliche Geist, der Geist der Humanität,
das geistige Interesse überhaupt von der Macht des Mammonismus
erdrosselt, sondern es muß auch schließlich das ganze industrielle und
wirtschaftliche Leben, von seinen Existenzbedingungen gelöst, zu Grunde
gerichtet werden. Die menschliche Gesellschaft aber geht verloren, d. h.
das menschliche Geschlecht geht in die Teilung von Raubtieren und Last=
tieren aus einander.“

Wenn nun solche Zustände, trotz der nahezu anderthalbtausend=
jährigen Kultur und obgleich alle leitenden Personen oder sicherlich ihre
größte Zahl christliche Erziehung genossen haben und den Einflüssen des
sogenannten christlichen Staats ausgesetzt waren, das geschichtliche Er=
gebnis sind, so meine ich, müßte uns doch diese Erscheinung stutzig
machen und uns die Vermutung aufdrängen, daß irgend etwas in der
organisierten Christenheit nicht richtig sei. Unsre ganze Gesellschafts=
ordnung, das weist Nathusius, vielleicht ohne daß er es gewollt hat,
thatsächlich nach, ist inwendig faul und schlägt den christlichen Lehren
von der menschlichen Gesellschaft, nicht bloß hie und da, nein ganz und
gar ins Angesicht. Dieselbe Kluft zwischen beiden zeigt auch Abt Uhl=
horn, wenn er die gegenwärtige Wirtschaftspolitik beschuldigt, daß sie
die Erreichung der von Gott gewollten Ziele sehr oft unmöglich mache.
Wenn nun die christliche Kirche keine andern Wege vorschlagen kann,
als die bis dahin von ihr betretnen, so ist es freilich klar, daß die, die
im Trocknen sitzen, d. h. die nicht von dieser Mißgeburt erdrückt werden,
sich bei solchen Vorschlägen beruhigen können: sie könnens abwarten! Aber
noch begreiflicher ist es, daß die der Kirche längst Entfremdeten durch
solche Vorschläge nicht zu neuem Zutrauen zur christlichen Kirche ge=
wonnen werden können. So viele Jahrzehnte und Jahrhunderte lang,
wird man ausrufen, hat die christliche Kirche durch Wort und Sakrament
und viele andre Dinge in unzähligen Tempeln, Sonntags und Wochen=
tags auf die Gemeinde, das Volk, die Gesellschaft gewirkt und muß
nun dennoch diesen Nichterfolg eingestehen? Nein, so wollen wir die
neue Probe nicht nochmals jahrhundertelang abwarten! Solche Rede
ist nicht allein begreiflich, sie ist auch logisch. Sollte uns also schon
dieses ernste Bedenken stutzig machen, so wird der folgende Nachweis,
hoffe ich, den Leser selbst zu der Überzeugung bringen, daß die an=
gegebnen alten gottgeordneten Mittel der Kirche in der Gegenwart für
sich allein nichts zur Lösung der sozialen Frage beitragen können, ja
nur schaden, wenn sie mit so hohem Anspruch ausschließlich empfohlen
werden.

Wir müssen zu diesem Zweck klar gegenüberstellen, was bekämpft
werden soll, und welche Mittel dazu angewandt werden sollen. An
die Stelle der gegenwärtigen Wirtschaftsordnung soll die christliche
Gesellschaft, oder nach Uhlhorn die höhere Stufe des wirtschaftlichen
Lebens treten. Wohlverstanden, das Mittel der Bekämpfung und der
Herbeiführung soll nicht allgemein das Wort Gottes sein, nein aus=
drücklich die in der organisierten Kirche von Gott geordnete Verwaltung

des Wortes Gottes und der Sakramente. Wir sehen nun aber bei einigem Nachdenken, daß diese beiden Handlungen sich gar nicht decken, d. h. sich gar nicht in derselben Ebene gegenüberstehen, so daß die eine von der andern Thätigkeit gar nicht erreicht wird, auch nicht beim eifrigsten Bemühen; sie stehen scheinbar einander gegenüber, aber je näher sie einander rücken, desto sichrer gehen beide, weil auf verschiedener Ebene, an einander vorbei.

Ja, stünde unsere wirtschaftliche Entwickelung noch auf demselben Boden wie vor einigen Jahrhunderten, auch nur Jahrzehnten, wären im ganzen Lande die einfachen, natürlichen wirtschaftlichen Grundlagen überall ungefähr gleich, so ließe sich vielleicht noch über diesen Vorschlag reden; heute aber ist's Unverstand, zu meinen, daß die gegenwärtige Wirtschaftsordnung durch die geordnete Predigt des Wortes Gottes und durch Seelsorge aus dem Sattel gehoben werden könnte. David konnte zwar den Riesen Goliath umbringen, aber er mußte doch wenigstens Kieselsteine haben.

Die protestantische Kirche besteht aus einzelnen Ortsgemeinden, die zusammengenommen die Kirche Deutschlands ausmachen. Also müßte in den einzelnen Ortsgemeinden der Anfang gemacht werden. Nun handelt es sich aber hier nicht um Abstellung kleiner Übelstände, wie sie ewig bleiben werden, sondern um Abänderung durchgreifender, das Ganze beherrschender Grundsätze. Und so sagt Uhlhorn auch: „Es ist ein verhängnisvoller Irrtum, die Ursache der vorhandenen Not nur an einem Punkt zu suchen, und deshalb auch zu meinen, die Not durch ein einzelnes Mittel heilen zu können. Es handelt sich um eine höhere Ordnung des wirtschaftlichen Lebens überhaupt."

Wie will nun aber der protestantische Prediger einer Ortsgemeinde durch Predigt und Seelsorge solche Ziele erreichen? Die Mittelpunkte, in denen das wirtschaftliche Leben, das hier in Betracht kommt, eigentlich pulsiert, sind nicht die Werkstuben seiner Handwerker und Krämer, sondern die großen Fabriken und Industriestätten, es sind die Post, die Kaserne u. s. w. Sind diese Anstalten überhaupt nun der Orts= gemeinde eingegliedert und eingepfarrt? Vielleicht ja, aber jedermann weiß, daß es dann nur für die Zwecke des Geldbeutels geschehen ist, d. h. zur Erhaltung der kirchlichen Anstalten. Vielleicht sind sie aber auch in keiner Beziehung eingegliedert, denn die Führer und Leiter der Anstalten sind so wenig als der Postdirektor und der General Besitzer und Herren der von ihnen geleiteten Anstalten, sie sind nur Beauftragte, die zu gehorchen haben. Die wirklichen verantwortlichen

Besitzer wohnen weiß Gott wo, vielleicht gar nicht in der Stadt, ja vielleicht gar nicht einmal in unserm Vaterlande, es können Franzosen und Engländer sein, und die sind es wirklich vielfach. Und zu allerletzt, sind sie auch Glieder, wenn nicht der Ortsgemeinde, so doch vielleicht der Gesamtgemeinde? Ich weiß es nicht; in vielen Fällen mögen sie gar nicht Christen, sondern Juden sein, in noch zahlreicheren Fällen werden sie sich zu keiner andern Kirche bekennen als zu der des Mammons. Nun frage ich aber, was soll und kann der Prediger der Ortsgemeinde machen in Predigt und Seelsorge, wenn er den peccator gar nicht vor sein Forum ziehen kann, wenn er es noch so gern möchte? Und wie es ihm mit dem peccator gegangen ist, ganz so oder noch viel schlimmer wird es ihm mit dem eigentlichen peccatum ergehen. Was ist das? Nach seiner religiösen und wirtschaftlichen Überzeugung hält er wahrscheinlich für die zu strafende Sünde, daß sich eben die gegenwärtige Wirtschaftsordnung von aller christlichen Sittlichkeit losgelöst hat. Wohl verstanden, in der politischen Gemeinde, im Staate gilt als peccatum nur das, was im Strafgesetzbuch verboten ist, und gerade das, was Nathusius und Uhlhorn tadeln, gilt für Gewinn und Fortschritt, ja für den größten Triumph des wirtschaftlichen Lebens. Dem gegenüber wäre es gut, wenn sich unser Prediger an den sogenannten Kanzelparagraph 130a erinnerte: „Ein Geistlicher, welcher in einer Kirche vor mehreren [Zuhörern] Angelegenheiten des Staates in einer den öffentlichen Frieden gefährdenden Weise zum Gegenstande einer Erörterung macht, wird mit Gefängnis oder u. s. w. bestraft." Greifen wir, um verständlicher zu werden, einige bestimmte Fälle heraus. Die Sonntagsbeschäftigung der Arbeiter oder die gewissenlosen und unbarmherzigen Arbeiterentlassungen, namentlich im Winter, das wären doch jedenfalls nach Uhlhorn „einige in der gegenwärtigen Lage begründete Hindernisse für die Erweckung und Entfaltung des christlichen Lebens, welche die Kirche soviel als möglich zu beseitigen hat." Nun bemüht sich der Geistliche, so viel als möglich, in der Predigt und Seelsorge diese Übelstände zu beseitigen dadurch, daß er öffentlich straft und den Widerspruch gegen Gottes Wort nachweist, wenn Lehrjungen, Gesellen, Fabrikarbeiter, Postbeamte, Soldaten mehr als nötig mit Sonntagsarbeit belastet werden, oder wenn eine Aktiengesellschaft Hunderte, ja Tausende von Arbeitern mitten im Winter auf die Straße setzt. Ich fürchte, der gute Mann würde schlimme Erfahrungen machen, und vielleicht die allerschlimmsten bei denen, unter deren Schutz er zu handeln geglaubt hat; denn auch bei den kirchlichen Behörden stehen die Thüren auf, weit und breit, für die, die Klage führen über die Taktlosigkeit und den Unverstand solcher unfähigen Geistlichen, die die Welt nicht kennen und Unzufriedenheit nähren. Selbst Uhlhorn ruft ein Wehe über solche Kirchenbehörden, die eiligst Klagen annehmen und dadurch die Kirche zur Polizeianstalt machen und sie selbst korrumpieren.

Dazu kommt, daß ein solcher Geistlicher, abgesehen davon, daß er sich selbst in Bitternis bringt, absolut nichts ändern wird, weil eben nichts geändert werden kann. Denn alle die oben erwähnten Hindernisse, und noch viele andre mit ihnen, sind nichts als Glieder in dem ganzen Räderwerke, die man nicht ausbrechen kann, ohne das Räderwerk zu zerstören.

Man sage nicht, solche Zustände seien nicht normal, auf dem Lande seien die Verhältnisse anders, da könne in der Ortsgemeinde viel ausgerichtet werden. Ohne Zweifel wird das bis zu bestimmten Grenzen richtig sein, obwohl die Großindustrie in Gestalt von Zucker=, Sirup=, Konserven= und Schnapsfabriken auch auf dem Lande die weiteste Ausdehnung gefunden hat. Mir selbst ist fast kein Dorf bekannt, das nicht durch eine in der Nähe befindliche Großindustrieanstalt beeinflußt würde. Dazu kommt, daß sich die Landwirtschaft, namentlich in größern Gütern und Domänen, längst von allen altpatriarchalischen Grundsätzen losgemacht hat und sich zu denen der Großindustrie bekennt. Der Unterschied des Betriebs in einer Domäne und einer Fabrik besteht fast nur in dem Produkt, aber nicht in den leitenden Grundsätzen.

Gesetzt aber nun, der Prediger einer Ortsgemeinde, sei es in der Stadt oder auf dem Lande, erreichte es durch die geordnete Predigt und Seelsorge, daß entweder die geplante Sirup=, Schnaps= u. s. w. Fabrik gar nicht gebaut würde, oder daß, wenn sie schon in Betrieb gesetzt ist, die Sonntagsruhe u. s. w. streng durchgeführt würde; wäre, frage ich, mit diesem zwar sehr unwahrscheinlichen, aber sehr günstigen Ergebnis auch nur das geringste erreicht für die Aufgabe, an deren Lösung die Kirche mitarbeiten will? Ich sage nein; denn es handelt sich ja gar nicht um das Wohlbefinden einzelner Seelen, sondern um die gegenwärtige Wirtschaftsordnung überhaupt. Diese würde durch das einzelne Ereignis auch nicht im geringsten gestört werden, ganz gewiß aber würde die unter ganz besondern Umständen ausnahmsweise erreichte Besserung in der örtlichen Produktion in der neuesten Zeit, sobald die besondern Umstände weggefallen wären, wieder zurückgenommen werden! In der Ortsgemeinde, das spricht auch Nathusius ausdrücklich aus, kann die soziale Frage nicht gelöst werden.

Wenn der Prediger durch Predigt und Seelsorge in seiner Gemeinde soziale Anstalten errichtet, z. B. der Arbeitslosigkeit durch einen neuen, von ihm ersonnenen Betrieb, oder der Verwahrlosung der Kinder durch Kinderbewahranstalten u. s. w. entgegenarbeitet, so verdient das Aner= kennung, Nachahmung und Lob, aber mit der gegenwärtigen Wirt= schaftsordnung und mit ihrer Bekämpfung und der Herbeiführung einer höhern sittlichen Ordnung hat das alles gar nichts zu thun. Ja von sozialpolitischem Standpunkt aus verwandeln sich vielleicht die erwähnten und aufrichtig gelobten Einrichtungen in ebenso viele sozialpolitische Fehler. Noch mehr tritt uns aber die Unmöglichkeit, auf diesem Wege, nämlich dem der geordneten Predigt und Seelsorge, an der Lösung der sozialen Frage mitarbeiten zu wollen, entgegen, wenn wir nun von der Ortsgemeinde auf die große Gesamtgemeinde hinblicken.

Auf der einen Seite steht uns jene internationale und interkonfessio= nelle, die ganze Welt umspannende und überall verzweigte, fest organi= sierte Industriegemeinde entgegen. Die Ökonomie hat längst die Grenzen einer Provinz und des Landes überschritten; sie ist im wahren Sinne eine Weltökonomie geworden. Die Industrie in unsrer Heimat übt ihren Einfluß auf die fernsten Länder, so wie umgekehrt die Industrie und Landwirtschaft in den fernsten Ländern die Preise unsrer täglichen Lebensbedürfnisse regeln. Es wäre ganz unmöglich und höchst lächer= lich, diesen großen Welthandel in die Schranken irgend eines religiösen Bekenntnisses einschnüren zu wollen, etwa den Welthandel lutherisch oder reformiert oder katholisch umgestalten zu wollen; nicht einmal das christliche Gepräge kann man ihm aufdrücken, da doch einerseits Heiden von allerlei Art oder Türken oder Juden neben den Christen durch Kauf und Verkauf hier mit einander handeln.

Auf der andern Seite steht nun die Kirche, sagen wir die Summe aller Christen, oder gemäß unsrer Aufgabe, die Summe aller prote= stantischen Christen. Abgesehen nun davon, daß zwischen katholischer und protestantischer Kirche keine organische Einheit besteht, so fehlt sie auch innerhalb der protestantischen Christenheit selbst. Soll nun die Kirche, oder sagen wir die protestantische Kirche, an der gegenwärtigen Wirtschaftsordnung in dieser großen internationalen Weltökonomie irgend= wie reformierend und helfend arbeiten, so müßte sie doch zuerst und wenigstens als eine einige Größe fest organisiert auftreten können. Die römische Kirche hätte bekanntlich dazu noch am meisten das Vermögen, aber der protestantischen Kirche fehlt es geradezu an aller und jeder Vorbedingung dazu. Sie ist zerspalten äußerlich und innerlich, und dazu kommt die Einrichtung der Landeskirchen, deren höchste Geistliche, d. h. Inhaber der Kirchengewalt, die Landesfürsten sind, die als solche aber zugleich die höchsten Vertreter der gegenwärtigen Ordnung sind. Der Einfluß solcher kirchlichen Organisation über die Grenze hinaus ist völlig Null, während umgekehrt eben dasselbe Ländchen ganz und gar sozial abhängig ist von einer Industrie außerhalb der Grenzen, die vielleicht sogar recht weit entfernt ist, vielleicht in Amerika oder Indien. Nun soll die Kirche nach Uhlhorn und Nathusius lediglich durch die treue Predigt des Wortes Gottes und gewissenhafte Seelsorge hier die Ziele verfolgen, die vorher so unerschrocken und klar und deutlich dargelegt sind. Wir brauchen uns die Sache nur einmal klar vor die Augen zu stellen, um sofort nicht bloß die Unmöglichkeit, sondern auch den Widersinn solcher Vorschläge und Heilmittel zu erkennen. Aber nicht nur unmöglich und widersinnig ist dieser Weg, durch die geordnete Predigt und Seelsorge einer neuen Gesellschaftslehre zum Siege zu verhelfen, nein er ist auch geradezu falsch vom protestantischen Standpunkt aus.

Wenn hier geholfen und gearbeitet werden soll, so muß doch an der ganzen Volksseele gearbeitet werden. Und so sagt auch Uhlhorn: „die Kirche hat das ganze Volk für die zu erstrebende höhere Stufe des wirtschaftlichen Lebens zu erziehen." Daß hier das Wort „Volk" in dem allerweitesten Sinne zu nehmen ist, liegt auf der Hand. Nun hat die Kirche, und also auch die protestantische, einen Beruf an das ganze Volk, denn sie soll die Leuchte auf dem Scheffel, das Salz der Erde sein; aber in ihrer festen Organisation des geordneten Predigtamts mit seiner Seelsorge hat die Kirche nur Beruf an die Glieder des Volks, das sich zu ihr bekennt. Die Kirche darf und kann sich gar nicht in weiterem Sinne an das Volk wenden, sie hat ja so schon ihre große Not damit, das ganze Volk zu erreichen, das sich noch zu ihr bekennt; wie viele Prediger teilen nicht das Schicksal des Schreibers, das ganze Jahr in leeren Kirchen vor leeren Bänken predigen zu müssen!

Aber wenn dieser Weg auch gar nicht unmöglich und gar nicht falsch wäre, so würde er sich dennoch als nebelhaft erweisen, weil die Predigt das gar nicht leisten kann, was hier von ihr gefordert wird. Der Prediger in der Gemeinde hat das Wort Gottes und namentlich das Evangelium zu predigen, die bußfertigen Sünder zu trösten, die Traurigen aufzurichten und die Unbußfertigen zu strafen. Er hat gar keinen Raum in der Predigt, das Volk zu einer höheren Stufe des wirtschaftlichen Lebens zu erziehen, er kann unmöglich in der Predigt alle unsere wirtschaftlichen Schwierigkeiten entwickeln, er darf auch nicht halb zu den Arbeitern und halb zu den Arbeitgebern reden; denn es ist nur eine Gemeinde, und bei aller thatsächlichen Verkehrtheit in den Einrichtungen können doch die Vertreter dieser Einrichtungen selbst persönlich die aufrichtigsten und besten Christen sein, sie stehen eben in der Zeit und in der geschichtlichen Entwickelung.

Die Kirche kann predigen, so lange und soviel sie will, sie wird bei unserer gegenwärtigen industriellen Entwickelung doch nichts an der gegenwärtigen Wirtschaftsordnung ändern. Mag die Wirtschaftsordnung noch so antichristlich sein, diese Thätigkeit der Kirche kann ihr nichts schaden. Man wird ihr gern großmütig den weitesten Spielraum lassen, man wird sie sogar oft ermutigen, in dieser Tonart zu predigen, nur immer hübsch in den oben angegebenen Schranken, weil man sicher ist, daß es keine Gefahr bringt; die sittliche Entrüstung über die gegenwärtige Wirtschaftsordnung in der Predigt und Seelsorge liefert doch der frommen Gemeinde den Beweis, daß gegen diese bösen Mächte angekämpft wird! Hinter den Kulissen reiben sich dieselben bösen Mächte dabei die Hände vor lauter List und Lust und lachen die dummen Pfäfflein aus, die sich so anführen lassen.

Kommen wir also auch auf diesem Wege nicht weiter, so fragt es sich nun, welcher dritte Weg sich darbietet.

Die protestantische Kirche muß sich, d. h. die protestantischen Christen müssen sich organisieren, um als christlich-soziale Partei auf die Gesetzgebung im Reichstage einzuwirken, und die organisierte Kirche, d. h. ihre Behörden haben diese neue Organisation nicht bloß zu dulden, sondern zu schützen und zu fördern, im Geiste des echten Protestantismus, aber um Gottes willen nicht im Geiste des Büreaukratismus.

Während die Kirche in den Ortsgemeinden durch Wort und Sakrament und von Liebe erfüllte Seelsorge ein wahrhaft christliches Leben, als die unerläßliche Vorbedingung für die richtige Lösung der Frage, zu wecken sucht, muß sie sich zugleich erinnern, daß ein wahrhaft christliches Leben nur auf einer gerechten und verständigen sozialen Unterlage aufgebaut werden kann. Sollen die in der gegenwärtigen Wirtschaftsordnung begründeten Hindernisse geändert und weggeschafft werden, so muß sie sich an die internationale und interkonfessionelle große Wirtschaftsgemeinde wenden. Nun ist das aber nicht anders möglich, als daß sich die Bürger jedes Landes an die Organisation wenden, in der diese große Wirtschaftsgemeinde am meisten konkret wird, und das ist für uns in Deutschland der Reichstag. Wer in der Gegenwart einen nachhaltigen Einfluß auf die Gesellschaft ausüben will, muß sich der Tribüne des Reichstags bemächtigen, wer dort nicht Rede und Antwort stehen kann, der verzichtet darauf, in der gegenwärtigen Wirtschaftsordnung irgend welche Änderung und Verbesserung herbeiführen zu helfen, auch wenn er sonst im kleinen Kreise noch einen ganzen Sack voll Zugeständnisse macht.

Die protestantische Kirche muß, d. h. die protestantischen Christen müssen Politik treiben; denn auch nach Uhlhorn sind sie als Christen und als Glieder des Volkes nicht nur berechtigt, sondern verpflichtet, mitzuarbeiten, daß eine höhere Stufe des wirtschaftlichen und sozialen Lebens verwirklicht werde. Diese Verwirklichung von Predigt und Seelsorge erwarten zu wollen, heißt sie ad calendas graecas verschieben, und das heißt, die lutherischen Lehren verleugnen. Die Wirtschaftsordnung gehört zum irdischen Regiment, ja sie ist das Weltreich selbst. Das Weltreich aber kann und darf und soll nicht durch das Evangelium regieret werden, sondern durch das Gesetz. Und daß die Gesetze gut, gerecht und vernünftig werden, dafür zu sorgen haben auch die protestantischen Christen Recht und Pflicht, und die Prediger und Seelsorger sogar eine doppelte Pflicht, für sich und ihre ihnen anvertrauten Gemeinden.

Will also die protestantische Kirche ihre Aufgabe, bei der Lösung der sozialen Frage mitzuarbeiten, wirklich zur Ausführung bringen, so muß sie in ihren einzelnen Gliedern mit Notwendigkeit in diese politische Thätigkeit eintreten und alle Hebel zur Bildung einer christlich=sozialen Volkspartei in Bewegung setzen, die durch ihre Vertreter im Reichstage dahin wirkt, daß die Gesetze vernünftig und gerecht gemacht werden, und nachweist, daß die bestehenden Gesetze und Ordnungen in vielen Fällen ungerecht und unvernünftig sind. Die katholische Kirche hat diese Aufgabe längst erkannt und hat durch ihre politisch=soziale Thätigkeit Großes geleistet, und ich stehe nicht an, zu bekennen, daß es eine Schmach für den Protestantismus ist, daß es im Deutschen Reiche bis jetzt dieser Partei allein überlassen geblieben ist, für das Christentum als die Grundlage auch aller Staatsweisheit einzutreten.

Daß wir mit diesen Gedanken der sozialpolitischen Thätigkeit der Protestanten auf dem rechten Wege sind, das beweist schon der Widerwille, ja die Empörung aller, die an der Erhaltung der gegenwärtigen Wirtschaftsordnung Interesse haben. Solange sich die evangelischen Arbeitervereine ausschließlich um die Hebung des evangelischen Bewußt=

seins bemühten und darin ihre Hauptarbeit suchten und fanden, solange fanden sie auch überall bei den großen Industrieherren Schutz und Pflege; in Rheinland-Westfalen flossen von dieser Seite her die bedeutendsten Unterstützungen, und die Herren sahen sich selbst als die Hauptmitglieder und Förderer der Arbeitervereine an, weil sie, wenn auch bei den Arbeiten und Versammlungen unsichtbar, doch jährlich regelmäßig ihre Beiträge zahlten. Das Bild verwandelte sich aber plötzlich in das gerade Gegenteil, sobald hie und da einzelne Männer und namentlich Geistliche (ich erinnere an Naumann, Göhre) anfingen, der sozialen Frage durch fleißiges Studium auf den Grund zu kommen, und dann mit praktischen Forderungen hervortraten.

Alle diese Männer, ich könnte eine ganze Zahl nennen, sind öffentlich diskreditiert, gemaßregelt und zum Teil selbst öffentlich von der Reichstagstribüne herab beschimpft worden. Es ist mir keinen Augenblick zweifelhaft, daß man die evangelischen Arbeitervereine, sobald sie von ihrem falschen Wege ablenken und sich wirklich zu christlich-sozialen Arbeitervereinen entwickeln werden, hetzen, verfolgen und zu schwächen suchen wird, als die schlimmsten und gefährlichsten Sozialdemokraten, gerade von der Seite her, die in dieser Bewegung anfangs, solange sie nur sogenannte Beschwichtigungsvereine waren, eine Stütze suchte. Das Umsturzgesetz wird sich, wenn es wirklich angenommen werden sollte, wenn nicht in erster, so doch sicherlich in zweiter Linie und dann mit verdoppelter Kraft gegen die christlich-sozialen Prediger und die von ihnen geleiteten Arbeitervereine wenden.

Man ist immer bereit, jede selbständige christlich-sozialpolitische Thätigkeit nicht nur für überflüssig, sondern sogar für einen Beweis von Mißtrauen gegen die christliche Obrigkeit, gegen den christlichen Staat und sein christliches Regiment zu halten. Die christliche Obrigkeit wird den christlichen Staat schon christlich leiten, und die hohen Minister und die streng konservative Partei werden das christliche Staatsschifflein schon durch die Brandung lenken! Die protestantischen Christen müssen nur etwas mehr Vertrauen haben! Erinnert man sich denn nicht, wie einst der Reichskanzler Caprivi im Reichstag gegen den Atheismus loszog, beinahe so tüchtig, wie der Kapuziner in Schillers „Wallenstein," und hört man denn nicht, wie jetzt Herr von Köller im Reichstag für die Erhaltung der Religion eintritt, und der Kultusminister und alle andern Minister sich im Eifer für die Erhaltung der Religion überstürzen und die Verhandlungen des Reichstags beinahe zu einer großen deutschen Religionssynode stempeln, die die Religion — nur schade, man war sich noch nicht einig, welche! — wieder zu Ehren bringen soll?

Ich weiß wirklich nicht, ob man diese falsche und verderbliche Einbildung mehr mit Spott oder mit Zorn bekämpfen sollte. Unser Volk ist doch kein christliches Volk; nur so weit ist es das, als es eben christlich ist, lebt und denkt. Unser Staat ist gar kein christlicher Staat, er ist in Wirklichkeit nie einer gewesen! Wohl hat er einmal einen christlichen Mantel getragen, aber der ist längst abgethan, nachdem Religions- und Gewissensfreiheit zu den Grundpfeilern der modernen Staaten geworden sind; unsere Obrigkeit ist keine christliche Obrigkeit, es hieße sich zum Lügenpropheten machen, wenn man behaupten wollte, daß sie sich durch christliche Grundsätze in ihren Entscheidungen leiten ließe. Nein, das kann sie nicht, das darf sie nicht einmal, und sie soll es nicht. Christus thront nicht im Staate, sondern in der Kirche, und im Staate sollen Gesetze und Gerechtigkeit regieren, die Christen aber, soviel ihrer da sind, und so viel sie es wert sind, sollen sorgen und arbeiten, daß dieses Gesetz und diese Gerechtigkeit nicht das Reich Christi hindern, sondern möglichst mit aufbauen. Die religiöse Überzeugung darf in den modernen Staaten weder Hindernis noch Fördernis sein wollen bei der Ausübung der politischen Rechte. Nicht mit Rücksicht auf das religiöse Bekenntnis treten die Abgeordneten in den Landtag, nach dem Gesetz hat jeder darin Zutritt, der nach dem Gesetz gewählt worden ist, kein Staatsbeamter ist an irgend ein Bekenntnis gebunden; nach dem deutschen Grundgesetz könnten die Minister Juden oder Christen, lutherisch oder katholisch sein, ja es steht gesetzlich nichts entgegen, daß sogar der Kultusminister gar kein Christ, gar kein Glied der ihm unterstellten Kirche wäre. Man vermeidet zwar den Eklat, und im gegebenen Falle ist jeder, was er sein soll. Wie oft schon geheime oder auch offenkundige Atheisten, jedenfalls der Kirche gegenüber Gleichgültige die allerhöchsten Ämter im Staate und selbst im Kultusministerium bekleidet haben, das nachzuweisen fordert niemand, und jeder weiß, warum.

In der deutschen Reichsverfassung steht kein Wort vom Christentum, noch viel weniger, daß es die Grundlage des Deutschen Reichs sein solle. Am schlagendsten trat ja eben erst diese Thatsache bei der Beratung des Umsturzgesetzes zu Tage, wo in allen Verhandlungen auf Grund des vorgeschlagenen Gesetzes immer nur von Religion die Rede war und sein durfte, und nur ein Abgeordneter, von Buchka, ganz schüchtern vorschlug, man möge doch statt Religion im Gesetz ausdrück-

lich „chriſtliche Religion" ſetzen, aber natürlicherweiſe mit dieſem Vor=
ſchlage kein Gehör fand, auch nicht finden konnte.

Nein, wir haben Religions= und Gewiſſensfreiheit, und wir haben
reichlich genug den Fluch der Zuſtände erkannt, wo Religion und Ge=
wiſſen nicht frei waren, ſondern im Namen der Religion die ſchänd=
lichſte Heuchelei und Gewalt getrieben wurde. Wir wollen im Staate
die Politik unverquickt mit der Religion behalten. Vor der durch die
Polizei empfohlenen Religion habe ich einen Abſchen, Gott bewahre
unſer Volk davor! Und wenn ein Reichskanzler oder Kriegsminiſter
im Intereſſe des Staates der Religion das Wort redet, dann rufe ich
der Kirche zu, d. h. den wahren Proteſtanten: cavete, cavete!

Alſo: Die ſoziale Entwickelung hat der proteſtantiſchen Kirche und
Chriſtenheit große Aufgaben geſtellt. Dieſe Aufgaben beſtehen in der
Herbeiführung einer neuen und zwar einer höheren Stufe der Wirt=
ſchaftsordnung. Dieſe Ordnung kann nicht herbeigeführt werden da=
durch, daß wir Jeſus zum Sozialreformer machen, aber auch nicht da=
durch, daß wir bloß proteſtantiſches Glaubensbewußtſein wecken, und
ebenſowenig durch die in der Kirche geordneten Mittel der Predigt
und der Seelſorge, ſondern nur dadurch, daß die Chriſten auf die Geſetz=
gebung einzuwirken vermögen. Solche Einwirkung iſt, da der Staat religions=
los iſt, nur dadurch möglich daß die proteſtantiſchen Chriſten ihre Ver=
treter in den Reichstag ſchicken. Es handelt ſich dabei aber gar nicht
um proteſtantiſche Religionsvertretung als ſolche, und beileibe nicht um
eine neue Auflage des Kulturkampfs, ſondern lediglich um weltliche
Dinge und die Wirtſchaftsordnung in dieſer Welt, um die Sorge der
proteſtantiſchen Chriſten, daß dieſe Wirtſchaftsordnung ſo geſtaltet werde,
daß ſie den Grundſätzen der chriſtlichen Religion nach unſerer Auffaſſung
nicht widerſpricht. Da nun unſere chriſtliche Religion hier keine anderen
Grundſätze hat, als die von Gott in die Naturordnung gelegten, ſo hat
die chriſtlich=ſoziale Partei darauf zu dringen, daß alle Geſetze und
Einrichtungen vernünftig und gerecht ſeien, und findet den Maßſtab
dafür in der chriſtlichen Lehre von der menſchlichen Geſellſchaft. Dieſer
ſelbſtändigen chriſtlich=ſozialen Volkspartei aller Proteſtanten Deutſch=
lands ſtehen unendlich große Schwierigkeiten im Wege; die Schwierig=
keiten ſind ſo groß, daß vorläufig gewiß noch gar nicht auf die Ver=
wirklichung dieſer Gedanken gerechnet werden kann, und doch bin ich
überzeugt, daß in ihr allein das Heil des Vaterlandes beſtehen wird.

Zunächſt fehlt in der proteſtantiſchen Chriſtenheit Deutſchlands noch
jede Organiſation, und dazu iſt ſie inwendig ſo zerklüftet, daß einem

aufrichtigen, begeisterten Protestanten oft angst und bange um die Zu= kunft werden kann. Dazu kommt dann, daß die mit Fleiß genährte falsche Vorstellung vom Vorhandensein eines christlichen Staats und einer christlichen Obrigkeit diese neue Entwickelung geradezu hindern muß. Denn in dieser falschen Vorstellung hat das Staatskirchentum und das Landeskirchentum seine Wurzeln, und es sieht sein Ende vor Augen, sobald diese Verblendung der Erkenntnis der Wahrheit gewichen ist. Am Staatskirchentum hängen aber fast alle protestantischen Par= teien, fast mit alleiniger Ausnahme der sozialdemokratischen, die wir aber hier, weil sie von ganz andern Ideen getrieben wird, außer acht lassen können. Man fürchtet, das protestantische Christentum werde einen zu gewaltigen Stoß bekommen durch Abdeckung dieses Notdaches, und die Diener der Kirche sehen voller Sorge in die Zukunft und fragen, wer ihnen dann den Lebensunterhalt verbürgen solle, wenn dieses Notdach abgetragen wäre. Diese Sorge ist verständlich, aber sie ist doch nur ein Verzweifeln an dem echten protestantischen Glauben, eine Verzagtheit, die des Menschen Arm für stärker hält als Gottes Arm.

Es handelt sich doch darum, ob das Staatskirchentum den Grund= sätzen des Protestantismus noch entspricht. Ist diese Frage zu ver= neinen, dann ergeben sich die Folgen ganz von selbst: das Staats= kirchentum hält die gesunde Entwickelung wie mit eisernen Ketten gefangen und macht die Kirche zu einer Abteilung des religionslosen Staats, zu einer Dienerin der Mächte, die in dem gegenwärtigen Klassen= staate die Macht in den Händen haben.

Trotz aller Hindernisse aber muß die gestellte Aufgabe gelöst werden. Unser Volk bedarf einer sittlichen Wiedergeburt, wenn es nicht zu Grunde gehen soll. An dieser sittlichen Wiedergeburt mitzuarbeiten haben aber alle protestantischen Christen einen heiligen Beruf.

Inhaltsverzeichnis.

Lippert & Co. (G. Pätz'sche Buchdr.), Naumburg a. S.